JONI MITCHELL
Ein Porträt

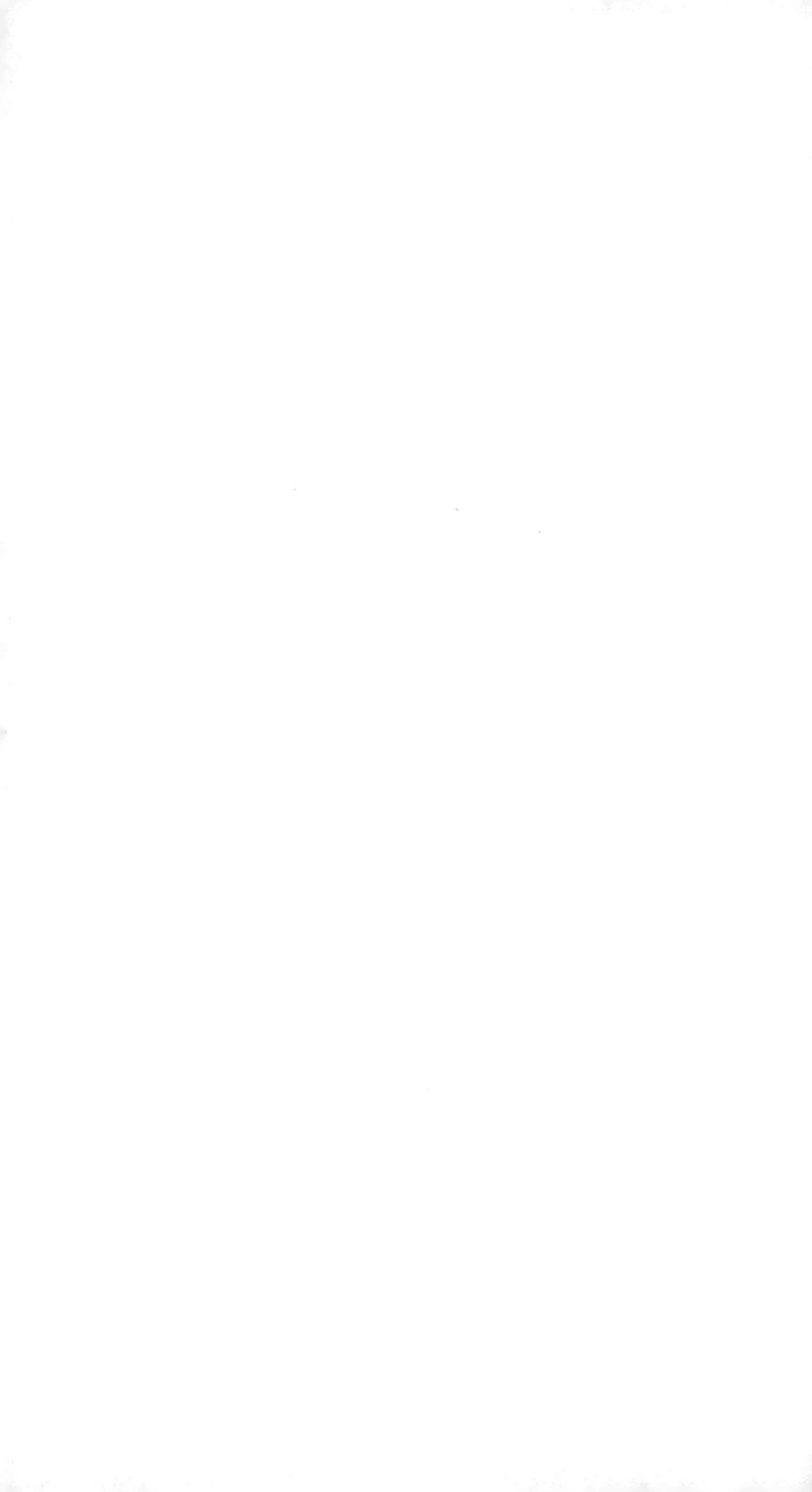

David Yaffe

JONI MITCHELL
Ein Porträt

Aus dem Englischen von
Michael Kellner
Mit einem Nachwort von
Thomas Steinfeld

Zweite, durchgesehene Auflage

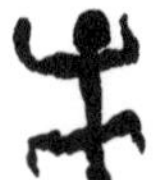

Für meine Eltern,
Martin und Connie Yaffe

Vorwort
Nichts ist von Dauer

Mit fünfzehn hatte ich eine Highschool-Freundin, die ein paar Jahre älter war als ich – und in diesem Alter zählt jedes Jahr mindestens doppelt. In ihrem Zimmer gab es ein Klavier und eine Stereoanlage, und sie hatte sehr tolerante Eltern. Wir beide gingen auf eine Mittelschule mit musikalischem Schwerpunkt in Dallas; sie sang, ich spielte Klavier. Wir hatten uns angewöhnt, im Stockdunkeln auf dem Bett zu liegen und uns voll und ganz auf das einzulassen, was wir gerade hörten – Velvet Underground, Miles Davis ... Eines Tages spielte sie mir Joni Mitchells *Blue* vor. Jahre später würde Joni mir erklären, dass sie sich in der Zeit, als sie dieses Album aufnahm, überhaupt nicht abgrenzen konnte, so verletzlich war wie »das Zellophanpapier um eine Schachtel Zigaretten«. Wenn man fünfzehn ist, dann ist alles neu und aufregend. Ich verliebte mich in ein Mädchen, und ich verliebte mich in diese Musik. In diesen zärtlichen Zellophanpapierjahren klammerte ich mich an beide.

Im Laufe der Zeit lernte ich, dass Joni, die für ihr sanftes Auftreten in der Öffentlichkeit berühmt war, im Privatleben zäh sein musste. Als *Blue* 1971 veröffentlicht wurde, hatte sie Polio sowie eine schlimme erste Ehe überstanden und gerade einen Heiratsantrag von Graham Nash ausgeschlagen, ihrem vormaligen Liebhaber. Damals wusste ich das alles nicht. Aber das Bedürfnis, alles über diese Frau zu wissen, die ich da hörte, brachte mich ihr schließlich immer näher.

Im Lauf der Jahre kam ich immer wieder auf Jonis Musik zurück, besonders dann, wenn ich mal wieder daran erinnert werden musste, dass ich auf mich allein gestellt war, wie sie mir in »Trouble Child« klar machte: »So what are you going to do about it / You can't live life and you can't leave it.«

Autsch. Und doch lag in dieser Stimme, in diesen Akkorden das unausgesprochene Versprechen, dass das Leben weitergehen und voller Überraschungen sein würde. Zwar suchte sie in ihrer Musik immer wieder ein aufmerksames, verständnisvolles Gegenüber, das ihre Sehnsüchte stillen würde, aber uns wies sie an, nicht auf sie, sondern auf uns selbst zu hören. Wir sollten eine Art Übertragung vollziehen. Auf sich selbst hören – das war keine Irreführung. Es war ein Gebot.

Abgesehen davon drängen Jonis Songs die Zuhörer, ihre eigene Biografie zu interpretieren; Joni wollte, dass sie verstehen, wie die Biografie vom Bewusstsein geformt wird. Das wollte auch ich verstehen, und das hoffte ich zu erfahren, als ich Joni Mitchell im Januar 2007 zum ersten Mal traf. Sie hatte gerade die Aufnahmen für *Shine* abgeschlossen, ihr erstes Album mit neuem Material seit zehn Jahren, und das Alberta Ballet studierte *The Fiddler and the Drum* ein, eine Zusammenarbeit von Joni und dem Choreographen Jean Grand-Maître. Ich war nach Los Angeles geflogen, um sie für die *New York Times* zu interviewen. v

Es war fünf Uhr nachmittags im La Scala Presto, einem italienischen Lokal in Brentwood. Joni hatte die Trattoria ausgewählt, weil sie zu jenen Restaurants der Stadt gehört, die Strafbescheide gern in Kauf nehmen, wenn sie dafür nur Joni Mitchell zu ihren Gästen zählen dürfen. Joni kam zum Essen und Rauchen hierher. Während in sämtlichen Ballungsgebieten der USA das Rauchen in der Öffentlichkeit verboten wurde, war das Leben für Joni Mitchell immer noch ein Film noir aus den Vierzigerjahren, nikotingesättigt und gespickt mit absurder Schlagfertigkeit. Sie rauchte Tabak, solange es irgendwie möglich war, doch am Ende sah sie sich gezwungen, auf E-Zigaretten umzusteigen.

Ich stand an der Bar des Restaurants und umklammerte mein Glas so fest, dass es in tausend Stücke zerbrach. Das

Personal begriff, dass ich auf Joni wartete, und fing an, mich zu beruhigen: Sie sei wirklich nett. Wirklich. Ich fragte, wo sie am liebsten sitzen würde. Natürlich am Tisch vor der Tür, der mit dem Aschenbecher. Es war für die Jahreszeit ungewöhnlich kühl in Los Angeles und ich bat darum, den Heizstrahler einzuschalten. Dann setzte ich mich auf den zweiten Stuhl an ihrem Lieblingstisch. Ich hatte einen Sammelband mit Nietzsches *Die Geburt der Tragödie* und *Nietzsche contra Wagner* mitgebracht, weil ich wusste, dass ihre Texte und ihre ›Weltanschauung‹ [Deutsch im Original, Anm. d. Ü.] dadurch beflügelt wurden, sowie Kiplings »If«, das sie vertont hatte. Ich schaute mir noch einmal die letzte Strophe an – die sie, wie ich später erfuhr, nicht in ihre Adaption aufgenommen hatte –, als eine Art Mantra, das mir Kraft geben sollte:

> Wenn du die erbarmungslosen Minuten füllen kannst
> mit sechzig vollen Sekunden eines Langstreckenläufers,
> gehört dir die Erde, und alles, was darauf ist, und –
> was mehr ist – du wirst ein Mann sein, mein Sohn![1]

Die Erde und alles, was darauf ist, war mir egal, und ich glaubte auch nicht, dass Joni in mir den Mann sehen würde, der ich laut Kipling sein sollte, aber ich wollte herausfinden, warum dieses Gedicht für sie wichtig war.

Mit nur dreißig Minuten Verspätung und damit absolut pünktlich reckte sich mir eine Hand entgegen, die mit so viel Schmuck bestückt war, dass ich sie kaum umfassen konnte. »Ich bin Joni«, sagte sie. »Ich weiß«, war meine Antwort. *Sei cool, hör einfach zu, atme. Und hör weiter zu.*

Keiner der Weine des La Scala Presto stellte sie zufrieden. Sie verkostete alle. Ein 1998er Château Margaux, den sie später zu Hause aus einer Kiste holte, war da schon mehr nach ihrem Geschmack.

Sie war aufgedreht wegen des Albums und nur zu bereit, mit Worten Luft aus diesem »Dampfkessel« zu lassen, wie sie es nannte. Wir sprachen über Miles Davis – wie ihr Schlagzeuger und Liebhaber Don Alias, der an *Bitches Brew* mitgewirkt hatte, sie ihm vorstellte, und wie Miles sich einmal an sie heranmachte und dann mit einer Art letztem Seufzer vor ihren Füßen zusammenbrach. Sie hatte immer von einer Zusammenarbeit mit ihm geträumt, sagte sie, und es wurde berichtet, dass er all ihre Alben besaß, die sie bis zu seinem Tod veröffentlicht hatte. Sie liebte Duke Ellington, hatte für Coltrane nichts übrig, war aber so vernarrt in *Kind of Blue*, dass sie auf diesem Album sogar Coltrane mochte. Und Debussy, den sie »De-Boosie« aussprach. Wenn sie *La Mer* hörte, dann sah sie die See vor sich.

Natürlich redeten wir über das Ballett und die neuen Songs, die außerhalb ihres Kreises bisher noch niemand gehört hatte. Wir redeten über die Umweltkatastrophe, über die Häuptlinge der Native Americans und ihren überlieferten Glauben und den Unverstand der westlichen Medizin. An einer Stelle sagte sie: »Ich bin wütend auf Sokrates.« Wir redeten über unsere gemeinsame Wertschätzung des serbischen Filmemachers Emir Kusturica; dass sie die Gespräche in New York City vermisste; wie großartig Dylans »Positively 4th Street« und »Mr. Tambourine Man« seien und *Blood on the Tracks* (die New Yorker Aufnahmen, nicht die aus Minnesota), während sie *Desire* nur »in Ordnung« fand und *Modern Times*, das gerade herausgekommen war und die Spitze der Hitparade erklommen hatte, einen »Abklatsch« nannte. »Trotzdem sollte man Bob nie unterschätzen«, sagte sie. »Er und Leonard sind meine besten Vorreiter.« Dann verriss sie Cohens Zeile aus »Master Song« – »Deine Schenkel sind verwelkt« sei einer älteren Frau gegenüber einfach nur grausam – und stellte fest, er hätte seinen Worten zwar Taten folgen lassen, indem er ein ordinierter buddhistischer Mönch wurde, jedoch sei er ein »verlogener Buddhist«.

So feindselig all das in gedruckter Form auch klingen mag: Die Lebensfreude war bei allem, was sie sagte, unüberhörbar. Sie liebte es zu provozieren. Sie liebte es, ein – wie sie es nannte – Unruhestifter zu sein. Sie bedeutete nichts als Ärger – und darin war sie richtig gut.

Wir blieben, bis das Lokal Feierabend machte. Die Karawane zog weiter zu ihrem Haus. Am Tor gab es eine Gegensprechanlage. Ich schaute mir ihre Bücherstapel an und bemerkte Simon Schamas *Rembrandt's Eyes*. Natürlich, dachte ich. In ihren Songs ist sie eine große Renaissance-Porträtistin. Jede Nuance ist wichtig, das Chiaroscuro der menschlichen Gefühle, die Obertöne, der Nachhall der Existenz.

Sie schlief tagsüber und arbeitete kettenrauchend in der Nacht. Wir hätten wohl noch bis in alle Ewigkeit reden können. (Und damit meine ich: sie reden und ich zuhören.) Obwohl sie als introvertierte Grüblerin gilt, die sich in »The Sire of Sorrow« mit Hiob vergleicht und von »Acid, booze and ass / Needles, guns and grass / Lots of laughs« singt, hat sie tatsächlich ein Faible für ›großes Gelächter‹. Sie ist einfach umwerfend, wenn sie andere imitiert und Geschichten erzählt, wobei sie im Sekundentakt geistreiche Bemerkungen von sich gibt, die einer Dorothy Parker alle Ehre machen würden.

Nach zwölf Stunden Joni und einer durchwachten Nacht hatte sich mein Realitätsempfinden nachhaltig verändert. Auf dem Flug zurück wollte ich, dass diese Erfahrung sich fortsetzte, und hörte *Hejira*. Es war eine andere Stimme, die ich zu hören bekam. In der 1976er Aufnahme tritt ihr Saskatchewan-Zungenschlag deutlicher hervor, ihre Freuden und ihre Schmerzen und alles dazwischen.

In den folgenden Wochen führten wir unsere Gespräche am Telefon weiter. Dann erschien mein Artikel über sie, und darin war von Dingen die Rede, die sich für sie wie ein Angriff, wie Betrug anfühlten.

Joni Mitchell machte mich zur Schnecke! Eine Beleidigung nach der anderen warf sie mir an den Kopf. Sie mochte das Bild nicht, das die *Times* ausgewählt hatte, und besonders ein Begriff war ihr im Hals steckengeblieben: »Mittelklasse«. So hatte ich ihr Zuhause beschrieben. Das Adjektiv hatte eine Saite in ihr angeschlagen – und beileibe keine chromatische –, die direkt ins Herz der Autorin von »The Boho Dance« zielte, der Kunstakademie-Abbrecherin, für die es nichts Schlimmeres gab, als bourgeois zu sein.

»Ich weiß ja nicht, was du dir unter Mittelklasse vorstellst, aber ich lebe in einer Villa, in einem Haus mit vielen Zimmern, und ich habe Renaissance-Antiquitäten.«

»Ich habe gemeint, dass dein Heim – zumindest der Teil, den ich gesehen habe – mich überhaupt nicht eingeschüchtert hat. Es war gastlich. Es war bodenständig.«

»Ja, das stimmt. Du warst im bodenständigen Teil meines Hauses.«

»Ja, bodenständig. Ich hätte ›bodenständig‹ schreiben sollen. Wenn ich könnte, würde ich das jetzt noch ändern.«

Sie war schrecklich enttäuscht von mir. Sie hatte geglaubt, ich sei anders, irgendwie besser als die anderen. Jetzt war ich der Schlimmste von allen.

Jahre vergingen. Eines Abends war ich mit einem Freund von ihr unterwegs, einem Bildhauer, der sie zu dem Song »Good Friends« auf *Dog Eat Dog* inspiriert hatte. Wir amüsierten uns blendend. Ohne dass ich ihn dazu gedrängt hätte, rief er Joni an und sagte ihr, dass sie unbedingt wieder mit mir reden müsse, was Joni dann auch tat.

Wieder flog ich nach Los Angeles, um sie zu treffen. Selbst im Licht der Leuchtstoffröhren in der Küche war sie noch schöner als auf den Werbeanzeigen für Yves Saint Laurent, die man in allen Zeitschriften zu sehen bekam. Sie wirkte stark, unverwüstlich, keck und hielt kampfbereit den Kopf hoch.

»Dein Konzentrationsvermögen ist gleich Null«, schnappte sie.

»Ich habe zwölf Stunden hier gesessen«, sagte ich. »In welchem Universum bedeutet das, ich hätte kein Konzentrationsvermögen?«

Ich bekam eine Vorstellung davon, welches Universum sie meinte. Ich hatte Fragen zu ihrer Musik vorbereitet, über Kunst, und wir redeten auch über diese Dinge, aber unweigerlich kamen wir immer wieder auf ihre Gefühle zu sprechen, ihren Körper, ihr Verlangen, welche Männer sie begehrte, die Unmöglichkeit von Beziehungen. Während der qualvollen Beschreibung ihrer Fehlgeburt hielt sie plötzlich inne.

»Warum reden wir über so was?«

»Keine Ahnung«, sagte ich. »Ich habe mich darauf vorbereitet, über Musik zu sprechen.« Aber über Musik zu sprechen hieß, über alles zu sprechen, denn Joni Mitchells Songs gehen zu Herzen, zielen ins Mark, auf das, was Leben heißt. Wir saßen nicht einfach einen halben Tag herum und redeten über offene Stimmungen, obwohl wir in gewisser Weise auch das taten.

Und dann spielte sie für mich. Sie schnitt ihre Nägel und schlug eine Sequenz von umwerfenden Akkorden an. Ich erkannte »Ladies' Man« von ihrem Album *Wild Things Run Fast* darin wieder, einen Song, zu dem sie der notorische Schürzenjäger David Naylor inspiriert hatte. Warum ausgerechnet diesen, fragte ich sie. »Diese Melodie ist mir gerade eingefallen«, sagte sie. Ich stand auf und betrachtete ihr Spiel aus verschiedenen Blickwinkeln. Ein Foto von 1968 zeigt Eric Clapton, der sie mit dem gleichen Erstaunen anschaut. Sein Gesichtsausdruck sagt ganz eindeutig: »Wie macht sie das bloß?« Noch immer hatte sie die Kraft zu verblüffen. Sie beehrte ihr Ein-Mann-Publikum mit einer Zugabe. Als sie fertig war, klatschte ich.

Nur ein paar Monate nach unserer Begegnung riss eine Ader in Joni Mitchells Gehirn. Wieder musste sie sich zurückkämpfen. Nichts ist von Dauer. Alle Romantiker gehen dem gleichen Schicksal entgegen. Ein Album ist wie ein Roman oder ein Gedicht, allerdings kann man es im Dunkeln hören. Man kann die Platte immer wieder umdrehen, eine neue CD einlegen, den iPod neu starten. Schließt eure Augen. Schon ist Joni Mitchell da, sie wartet auf euch.

Kapitel 1

Eigentlich würde ich doch lieber tanzen

Noch einmal musste sie erklären, wie sie geboren wurde, und wie die Bühne vorbereitet war, damit sie zur Heldin ihres eigenen Lebens werden konnte. Je unwahrscheinlicher, desto heroischer. Alle möglichen Dinge kamen zusammen – außergewöhnliche Dinge, die sich niemand hätte vorstellen können, in ihrer Heimat nicht und auch sonst nirgendwo. Sie hatte in ihrer Jugend keine Luftgitarre vor dem Spiegel gespielt. Aber sie malte, sie tanzte, starb fast, erholte sich, tanzte wieder und fing an, sich zu entfalten.

Roberta Joan Anderson wurde am 7. November 1943 in Fort Macleod, Alberta, geboren. Ihre Mutter hatte als Lehrerin gearbeitet, ihr Vater war beim Militär und wurde später Manager eines Lebensmittelgeschäfts. Die Welt sollte sie unter dem Namen Joni Mitchell kennenlernen, Gewinnerin von acht Grammys (darunter 2002 für ihr Lebenswerk) und seit 2007 Mitglied der Canadian Songwriters Hall of Fame. Ihr Song »Woodstock« spiegelte eine ganze Generation wider, fast routinemäßig tauchte sie unter den von Kritikern erstellten Top Ten der großartigsten Singer-Songwriter des 20. Jahrhunderts auf. »Big Yellow Taxi« und »Help Me« sind weiterhin täglich im Rock-Radio zu hören, Highschool-Schüler zitieren »The Circle Game« in Jahrbüchern, die Aufnahmen von *Blue* werden heruntergeladen oder auf Spotify und Pandora gestreamt und laufen rund um den Globus zu einem Café Mocha bei Starbucks. »They paved paradise and put up a parking lot« klingt so vertraut, dass es schon fast zum Klischee geworden ist. Im Jahr 2017 lief »Free Man in Paris« in voller Länge in der HBO-Serie *Girls*, und »Both Sides, Now« wurde bei der Oscar-Verleihung in Erinnerung an ein Jahr gesungen, in dem die Welt den Verlust einer überwältigenden Menge kreativer Größen zu beklagen hatte: von Prince (der Joni liebte) und Leonard Cohen (der Jonis Liebhaber war) über David Bowie, Gene Wilder und Mary Tyler

Moore bis hin zu Carrie Fisher. Heute ist Joni Mitchell für uns mehr als nur eine Ikone oder ein Popstar der Siebzigerjahre. Sie ist die unsterbliche Singer-Songwriterin unserer Sorgen, die uns durch unsere Hochs und Tiefs begleitet, die Meisterin des Kunstliedes im 20. Jahrhundert, dessen Tradition bis auf Franz Schubert zurückreicht. Joni ist so introspektiv und wortgewandt wie Bob Dylan und Leonard Cohen, aber in Melodie und Harmonie ist sie beiden voraus, wagt sich an Akkorde, die nur Jazzvirtuosen zu ihrer Zufriedenheit spielen können. Sie tritt nicht mehr auf, aber ihre Alben, Dokumente von Schönheit und Unvollkommenheit, werden noch immer gespielt. So lange Menschen Musik hören, wird ihre Geschichte durch ihre Stimme, die schrägen Akkorde und ihre unverwechselbare Art weitererzählt werden.

In ihren Songs werden große Geschichten großartig verdichtet. Und die Geschichte, mit der alle anderen Geschichten anfingen – die Geschichte von Leben und Heirat Jonis Mutter und ihrer Geburt – wird kurz, kraftvoll und voller Schönheit in einem erstaunlichen Song zum Besten gegeben: »The Tea Leaf Prophecy«.

»Es ist schon eine Menge Vergangenheit auf kleinstem Raum«, erzählte mir Joni. »Meine Mutter, Myrtle McKee, war Lehrerin auf dem Land, dann zog sie in die Stadt. Dort arbeitete sie in einer Bank, die neben einem Polizeirevier lag, aus dessen Fenstern man nach unten in den Kassenbereich schauen konnte. Die Polizisten flirteten ständig vom Fenster aus mit den Kassiererinnen. Die aber fanden Mounties und Cops widerlich. Sie ging mit einer Freundin in ein schickes Hotel, wo es jemanden gab, der aus Teeblättern, aber auch aus der Hand las. Sie trugen weiße Handschuhe und Hüte und alles war ziemlich affektiert, die letzten Tage der anglophilen Ära in Kanada. Es war also eine sehr vornehme Angelegenheit. Der Teeblätterleser sagte ihr drei Dinge: In einem Monat werden Sie verheiratet sein, und in einem Jahr werden Sie ein Kind haben, Sie werden lange leben und einen langsamen, qualvollen Tod sterben. Was schon ziemlich grausam ist zu sagen, selbst wenn man es tatsächlich in den Teeblättern gelesen hat.«

Als Joni den Song für ihr Album *Chalk Mark in a Rainstorm* (1988) das erste Mal aufnahm, verwendete sie noch ein Pseudonym für ihre Mutter: Aus Myrtle McKee wurde »Molly McGee«. Zunächst erzählt sie vom Besuch ihrer Mutter bei dem Wahrsager:

Newsreels rattle the Nazi dread
The able-bodied have shipped away
Molly McGee gets her tea leaves read
You'll be married in a month they say

»Diese Teeblätter spinnen«, sagte Molly McGee. Das ist alles ein Witz. Teeblätter zu befragen ist nicht verrückt, aber diese hier ergeben einfach keinen Sinn. Jonis musikalische Lösung ist figurativ. Da sind keine Männer, sondern nur »boys, talking to teacher in the treble clef«. Die nächste Strophe ist eine zauberhafte, schwärmerische Nacherzählung der unwahrscheinlichen Kriegsromanze ihrer Eltern. Der Mann in dieser Geschichte ist, wie ihr Vater William Anderson, genannt Bill, ein Feldwebel auf zweiwöchigem Fronturlaub. Sie treffen sich, und damit ist ihr Schicksal besiegelt. Joni stellt sich vor, wie ihre jungen Eltern sich zärtlich lieben – ein Thema, das den meisten wohl peinlich wäre:

Oh these nights are strong and soft
Private passions and secret storms
Nothin' about him ticks her off
And he looks so cute in his uniform

Dieser Liebesgeschichte folgen übergangslos die langen, harten Winter in der kanadischen Prärie, die das häusliche Leben ihrer Mutter bestimmen. Hausarbeit ohne Ende, eine unbarmherzige und banale Plackerei. Auch ihre immer wieder geäußerte Absicht, dem zu entkommen, wird zur Monotonie:

> She says »I'm leavin' here« but she don't go

Joni hat ihr ganzes Leben lang und auch in ihrer Musik versucht, die Geschichte ihrer Eltern zu enträtseln. Warum hatte das Schicksal Myrtle McGee, Lehrerin an einer Zwergschule und dann Angestellte einer Bank in Regina, und William Anderson, Feldwebel der Royal Canadian Air Force auf Fronturlaub, zusammengeführt? Andersons Familie stammte aus Schweden. Als die erwachsene Joni ihn fragte, warum sein Familienname sich nicht wie üblich »Andersen« schreiben würde, antwortete er, in Ellis Island hätten sie aus »Amberson« »Anderson« gemacht. Wegen ihrer hohen Wangenknochen vermutete sie, einen Schuss samisches Blut zu haben. Außerdem fragte sie sich, ob die Familie ihres Vaters nicht vielleicht einen jüdischen Namen kaschieren wollte.

Sie wuchs in den Babyboom-Jahren nach dem Zweiten Weltkrieg auf, aber sie war ein Einzelkind. Die Unzufriedenheit ihrer Mutter mit Heirat und Mutterschaft zieht sich wie ein roter Faden durch »The Tea Leaf Prophecy«: »She says ›I'm leavin' here‹ but she don't go.« Außerdem gibt Myrtle ihrer einzigen Tochter einen Rat:

> »Hiroshima cannot be pardoned!
> Don't have kids when you get grown.«

Joni fand diese Zeile aus dem wirklichen Leben verwirrend. »Sie sagte das immer wieder zu mir: ›Bekomm bloß keine

Kinder, wenn du erwachsen bist.‹ Ich war ein Einzelkind und fand das beleidigend. Es hieß einfach, dass ich eine Nervensäge war. Das war ein Streitpunkt zwischen uns. Sie war ziemlich intolerant, übervorsichtig und konservativ, sie ging keinerlei Risiken ein, zeigte keine Gefühle oder sonst irgendwas.«

Joni hielt ihre Eltern für unzulänglich. Als Kleinkind hatte sie einen wiederkehrenden Traum – eher Albtraum –, in dem sie mit ihren Eltern im Auto saß und der Vater die Kontrolle über den Wagen verlor. »Ich wachte mit einem fürchterlichen Gefühl auf«, erzählte sie mir. »Ich habe nie so richtig verstanden, was dieser Traum mir sagen wollte, und normalerweise fällt es mir nicht schwer, meine Träume zu deuten, denn ich kenne ihre Symbolik recht gut. Aber es ging um etwas, das tatsächlich passiert ist. [...] Mein Traum war ein gespeichertes Foto dessen, was seiner Irrationalität vorausging. Es war ein strahlender, sonniger Tag und die Straße vor uns war überschwemmt. Der Sumpf war übergelaufen und hatte die Straße unter Wasser gesetzt. Wir schwebten in Gefahr. Und auch als Kind war mir klar: Was macht er denn da? Wende dieses verdammte Auto. Also begann ich am Daumen zu nuckeln und bekam so einen Überbiss. Das Urteilsvermögen meiner Eltern war immer richtig beschissen. Diese Leute denken einfach nicht nach, und ich bin so klein und auf sie angewiesen. Hilfe! Ich musste also schon sehr früh auf mich selbst aufpassen.«

Viele Jahre später war sie mit ihrem Freund Tony Simon bei ihrem Vater und sie redeten über Träume; ihr Vater war normalerweise ein verblüffend guter Traumdeuter. Joni erzählte ihm ihren Traum, den sie immer noch nicht verstand. Ihr Vater ließ beschämt den Kopf sinken.

»Na ja, das ist tatsächlich passiert«, sagte er. »Das war absolut unvernünftig von mir.«

Joni hatte schon als Kind vermutet, dass ihre Eltern ihren Aufgaben als Erzieher nicht gewachsen waren, und bekam jetzt eine überzeugende Bestätigung dafür. Sie schwankte zwischen offener Verachtung und dem Drang, ihre Eltern zu beschützen. »Ich war gerade mal zweieinhalb Jahre alt und merkte, dass meine Eltern nicht ganz dicht waren – dass ihnen jegliches Urteilsvermögen fehlte. Oder dass sie sich verhielten, als seien sie in Gefahr. Nach diesem Vorfall erkannte ich, dass mein Vater angreifbar und ich ihm in gewisser Weise überlegen war. In der Schule musste ich mir immer wieder anhören: ›Wenn du noch einmal so über deinen Vater redest, dann hau ich dir eine runter.‹«

An die Defizite ihrer Mutter hatte sie ähnliche Erinnerungen. Jonis Kindheitsfreundin Sharon Bell (jetzt Sharon Veer) erinnerte sich: »Joni und ich hingen in ihrem Haus herum, und Myrt ging einkaufen. Es sollte Leber zum Abendessen geben, denn Joni mochte Leber, was ich damals überhaupt nicht verstand. Myrt ging in den Keller, stolperte, fiel hin, die Leber flog durch die Luft und Myrt lag auf dem Boden. Wir standen alle oben an der Treppe und starrten sie an. [Unsere Freundin] Marilyn sagte: ›Ist sie tot?‹ Und Joni antwortete: ›Ich weiß nicht, aber ich glaube, heute Abend gibt es keine Leber.‹ Aus irgendeinem Grund fand Joni das urkomisch. Sie hat mir diese Geschichte bestimmt jedes Mal erzählt, wenn wir uns trafen.«

Das Fast-Unglück und Jonis wiederkehrender, traumatischer Albtraum bestätigten ihr Gefühl, dass ihre Kindheit ein andauernder Autounfall war. Sie war mit ihren biederen und konservativen Eltern alleine in einem Haus auf dem Land, dessen Schönheit sie bewunderte, während sie den Provinzialismus hasste. Niemand konnte nachvollziehen, was die Kränkungen und Unzulänglichkeiten ihrer Eltern mit Joni machten. Niemand wusste, wie oft sie das Gefühl hatte, dass das Gefährt Familienleben sich überschlagen und zu Bruch gehen würde.

Joni spürte, dass es ihren Eltern an *vision* mangelte – sowohl bildlich als auch buchstäblich. Sobald sie Farben wahrnehmen konnte, war sie Bill und Myrtle Anderson immer etwas voraus. »Meine Eltern sind beide farbenblind und ich habe einen ausgeprägten Farbsinn«, erinnerte sich Joni. »Ich weiß nicht, wie sie sich im Straßenverkehr zurechtgefunden haben. Mein Vater wollte Pilot werden, aber er durfte nicht, und das hat ihm das Herz gebrochen. Er konnte die Farben der Landebahnbeleuchtung nicht erkennen. Sie haben nie versucht zu malen oder so was. Man kann schon malen, wenn man farbenblind ist, nur kommen dann eben grüne Himmel und rotes Wasser dabei heraus, was ja auch in Ordnung ist. Die Leute werden denken, dass man ziemlich modern ist, wagemutig.«

Jonis Mutter war Hausfrau, ihr Vater Einkäufer bei Shelly Bros., denen die »OK Economy«-Lebensmittelkette gehörte. Ihr Lebensstil war bescheiden, sie wollten nie zu viel Aufmerksamkeit erregen. Und dann bekamen sie Joni.

»Ich kannte ihre Eltern sehr gut«, sagte Tony Simon, Jonis Freund von der Nutana Collegiate High School und den Tanzabenden im YMCA in Saskatoon. »Sie waren mit meinen Eltern befreundet, aber das war eher eine Ausnahme. Meine Eltern waren sehr gesellig. Die Andersons nicht. Sie waren sehr nett, doch sie gingen nicht viel unter Leute. Wenn Joni jemanden mit nach Hause brachte, waren sie aber immer sehr aufgeschlossen. Sie waren aufmerksam. Besonders ihr Vater – wenn man ihn kennenlernte und selbst älter als fünfundsechzig war, dachte man, was für ein netter, entspannter Typ. Man bekam nicht mit, dass er ein ziemliches Konkurrenzdenken hatte. Nicht viele Golfer erreichen eine Punktzahl, die ihre Anzahl an Lebensjahren übertrifft. Er schon. Er war auch Tennis-Champion, und ich glaube, Joni hat ihr Konkurrenzdenken zum Teil von ihm. Aber er redete nicht groß darüber. In Saskatchewan gab es während des Krieges und kurz danach kaum Konkurrenzdenken. Manager eines Lebensmittelladens zu sein war durchaus prestigeträchtig. Die Familie hatte nicht viel Geld, aber damals gingen die Leute mit ihren Ressourcen sorgfältiger um. Verglichen mit dem, was man heute so sieht, hatte Joni ein verdammt gutes Leben. Musste sie sich nach der Decke strecken? Nicht wirklich.«

Joni wuchs in den Jahren nach dem Zweiten Weltkrieg auf – eine Zeit, die sie prägte. Sie machte sie zu einer Rebellin, mit einem Schuss von Rosie, der Nieterin, in ihrer DNA. Gleichzeitig war sie eine junge Frau der Fünfziger; sie wurde während der »Mad Men«-Ära erwachsen, als das Glück nur einen Einkaufsbummel entfernt zu sein schien. »Es gab nur zwei Läden in der Stadt«, erklärte Joni. »Meinem Vater gehörte der Lebensmittelladen und dem Vater von Marilyn McGee der Gemischtwarenladen. In unseren Kinderaugen war der Simpsons-Seals-Katalog etwas ganz Prächtiges, wir nannten ihn nur ›Das Buch der Träume‹ ... Wir lagen auf dem Bauch und schauten uns jede Seite an ... suchten unseren Lieblingshüfthalter und unsere Lieblingssäge und einen Lieblingshammer heraus. ›Den find ich total toll.‹ Seite für Seite, ›Der gefällt mir am besten‹. Auf diese Art lernte man zu shoppen, noch bevor man Geld hatte, man lernte, wie der Auswahlprozess süchtig machen kann.«[1] Die Lust am Shoppen ließ Joni nie wieder los. Noch heute sagt sie: »Du könntest mit mir irgendwohin gehen, egal, ob mit viel oder wenig Geld, ich verfalle sofort in ein ›Für das Geld ist das was Gutes. Das ist schön‹.« Und auch Musik mochte Joni schon immer. »Die *Hit Parade* lief eine Stunde am Tag – von vier bis fünf Uhr nachmittags«, erinnert sie sich. »Am Wochenende spielten sie die Top Twenty. Der Rest war Mantovani, Country und Western und eine Menge Radiojournalismus. Country und Western machten den Großteil aus, aber dafür konnte ich mich nicht begeistern. Das war mir zu einfach. Ich mochte schon als Kind komplexere Melodien. Und als Teenager liebte ich es zu tanzen. Das war mein Ding. Ich organisierte also einen Tanzabend am Mittwoch, weil ich es bis zum Wochenende kaum aushielt. Am liebsten tanzte ich zu Chuck Berry. Ray Charles. ›What I say.‹ Ich mochte Elvis Presley. Und die Everly Brothers.«[2]

Sie nannte sich selbst eine »Amüsiernudel«, und ihre Schulfreunde geben ihr da noch immer recht. Das Lachen am Ende von »Big Yellow Taxi« war ihnen so vertraut wie der Anruf eines alten Freundes. »Ich war antiintellektuell bis zum Abwinken«, erklärte sie. »Im Prinzip mochte ich tanzen und malen, und das wars dann auch. Ernsthafte Diskussionen waren zu der Zeit meistens pseudointellektuell und langweilig. Und wenn ich Teenager zusammensitzen sah, die die Probleme der Welt lösen wollten, dann dachte ich, ›Da würde ich doch lieber tanzen‹.«[3] Ihre Vorbehalte gegen das Intellektuelle rührten zum Teil daher, dass sie wenig Interesse am Auswendiglernen zeigte. Als kleines Mädchen hatte sie die Sonntagsschule im Gemeindehaus besucht, die stark an die der anglikanischen Kirche angelehnt war. Der Einfluss Englands auf die kanadische Kultur war sehr stark, und in den Vierziger- und Fünfzigerjahren, in denen Joni aufwuchs, kamen fast die Hälfte aller Einwanderer aus Großbritannien. Joni erinnert sich: »Ich ging wegen all der Babyboomer hin. In die dritte Klasse. Wir bekamen Noten und wurden in Gruppen eingeteilt. Und die alte Lady, die man aus dem Ruhestand geholt hatte, um diese Klasse zu unterrichten, war zwar fröhlich und wohlmeinend, aber in ihrer Lehrmethode ziemlich altmodisch. Sie prüfte uns und änderte die Sitzordnung. Die Einser-Schüler saßen von nun an in einer Reihe und hießen Hüttensänger. Auch die Zweier-Schüler setzte sie in eine Reihe, das waren die Rotkehlchen. Alle Dreier-Schüler hießen Zaunkönige und saßen in einer anderen Reihe. Erst dann kamen die Trittbrettfahrer, die sie Krähen nannte. Ich schaute mir die Einser-Schüler an, die ihre Hände auf die Tische pressten und aussahen, als hätten sie irgendetwas Wichtiges erreicht, und es war nicht einer dabei, den ich für besonders klug hielt. Sie sahen alle einfach stolz aus, und ich weiß noch, wie ich sie anschaute und dachte: ›Ihr habt nichts anderes gemacht, als etwas zu wiederholen, was sie euch vorgesagt hat.‹ In diesem Augenblick habe ich mich vom Schulwesen verabschiedet und gedacht: ›Von heute an versuche ich es gar nicht mehr, bis jemand eine Frage stellt, auf die niemand eine Antwort weiß.‹«

Dieses Hin und Her zog sich durch Jonis ganze Karriere: Zum einen wollte sie sich nicht auf das einlassen, was sie als zu vernachlässigende Parameter für Erfolg betrachtete, zum anderen aber wollte sie die Menschen auf ihre Begabungen aufmerksam machen. Später sollte sie sagen: »Ich kann mir gar nicht vorstellen, mir selbst untreu zu werden. Ich glaube, dazu bin ich gar nicht in der Lage. Damit meine ich den Versuch, ein kommerzielles Album zu machen. Ich mache einfach und denke: ›Wenn ich ein Kind wäre, dann würde mir dieser Song gefallen‹ … Man muss erstmal eine gewisse Greifbarkeit haben und dann etwas, das über Jahre hinaus funktioniert. Wenn es um Qualität geht, ist das einfach so. In der Malerei ist das anerkannt, aber ich arbeite nun mal in einer Wegwerfindustrie. Ich bin eine bildende Künstlerin, die in einem kommerziellen Umfeld arbeitet – das ist das Kreuz, das ich tragen muss.«[4] Dieses Kreuz, anders zu sein, nahm Joni schon in ihrer Kindheit auf sich. Sie suchte Trost, wo immer er ihr gewährt wurde. Als sie zum Beispiel anfing, sich mit Astrologie zu beschäftigen, stieß sie auf etwas, das ihr wie eine Bestätigung für ihr Interesse an schwierigen Fragen vorkam. »Ich begeisterte mich für Tierkreiszeichen und fand heraus, dass ich am gleichen Tag wie Marie Curie Geburtstag habe [7. November], dem Tag der Entdecker, in der Woche des

Tiefgangs. Es ist also die tiefgründigste Woche des Jahres, und ich bin durchaus eine Entdeckerin. Ich habe nicht nur eine künstlerische, sondern auch eine wissenschaftliche Begabung. Die Sterne haben mir auch diese wissenschaftliche Begabung geschenkt.«

Und so wenig sie Lust dazu hatte, wie ein Papagei das nachzuplappern, was ein Lehrer ihr vorsagte, so wenig konnte sie die Bibel für bare Münze nehmen. »Ich habe mich von der Kirche verabschiedet, denn ich fing an, Fragen zu stellen, die ihnen peinlich waren«, erzählte sie mir. Dann fuhr sie mit der Geschichte jenes Tages fort, an dem sie in der Sonntagsschule mit ihren Fragen für Aufruhr sorgte.

»Der erste Mann und die erste Frau waren Adam und Eva, nicht wahr?«

»Stimmt«, sagte die Lehrerin.

»Und sie hatten zwei Söhne, nicht wahr?«

»Stimmt, Kain und Abel.«

»Und Kain tötete Abel, und dann heiratete Kain. Aber wen hat er geheiratet? Eva?«

Das Gesicht der Lehrerin »verzog sich zu einer Grimasse«, erinnerte sich Joni. »Ich wusste ja, dass es bloß eine Frau gab. Und dann heiratete er. Also musste er die einzige Frau heiraten. Das verursachte eine Art Kurzschluss bei der Sonntagsschullehrerin, und ich ging nicht mehr hin. Sie sorgte dafür, dass ich mir ganz schäbig vorkam, also weigerte ich mich, weiter hinzugehen.«

Sie hatte so viel Mut gezeigt, und doch gab es diese verräterische Verletzlichkeit – sie hatte die Lehrerin herausgefordert, aber sie erinnerte sich hauptsächlich daran, dass diese dafür sorgte, dass sie sich *schäbig* vorkam. Dieses Muster sollte sich mit Freunden und Liebhabern, Managern der Musikindustrie und ihren wankelmütigen Fans wiederholen. Joni konnte laut werden, aber viele Menschen hatten keine Vorstellung davon, wie verletzlich sie war und wie schnell sie verbale Angriffe bemerkte und spürte, die ihr Gegenüber nicht einmal bewusst an sie richtete.

Sie hatte sich in den Kopf gesetzt, dass sie die Seele einer Wissenschaftlerin und das Herz einer Künstlerin hatte; sie war immer dabei, sich mit etwas zu beschäftigen, das man »die Wahrheit« nennen könnte. Sie erinnert sich, wie sie zu ihrer Mutter sagte: »Ich mag Geschichten, aber da fehlen ein paar Seiten.« Die Geschichten kamen ihr einfach nicht vollständig vor. Ein paar Jahrzehnte später stand Joni Mitchell immer noch zu ihrem jüngeren Ich und seinem mädchenhaften Blick auf die Welt. »Das habe ich wirklich gut erkannt. Denn in der Bibel fehlen ja tatsächlich ein paar Seiten, ganz buchstäblich. In dem Alter konnte mich niemand verspotten oder veralbern oder dazu bringen, etwas zu tun, was ich tun *sollte*. Ich zeichnete Kleider. Ich würde Modedesignerin werden. Ich zeichnete Cartoons, ich schrieb lustige Sachen. Ich lebte in meiner eigenen Welt.«

Joni war nicht das einzige Mädchen, das in der kanadischen Provinz aufwuchs, die es umgebende Welt ablehnte und sich eine eigene schuf. Als Margaret Atwood 2007 bei der »Canadian Songwriters Hall of Fame«-Zeremonie die Laudatio auf Joni Mitchell hielt, sprach sie über ihre vergleichbaren Kindheiten. »Keine Angst, ich fange nicht an zu singen«, witzelte sie und fuhr fort: »Joni Mitchell und ich haben einiges gemeinsam. Obwohl ich älter bin und sie blonder. Zum Beispiel gehörten wir beide zur ›Gesellschaft der kanadischen Verrückten‹. Das war Anfang der Sechzigerjahre, als Kanada ein weißer Fleck auf der kulturellen Weltkarte war. Wenn man sagte: ›Ich bin Romanschriftstellerin‹, oder: ›Hi, ich bin Joni Mitchell, ich werde mal eine weltbekannte Singer-Songwriterin sein‹, dann sagten die Leute: ›Du bist ja verrückt.‹« Atwood fügte noch hinzu, man müsse das »mit zehn multiplizieren, wenn man aus den Prärien kam. Aber Joni war das egal. Und sind wir nicht alle froh darüber?«[5]

Über den Witz mit den kanadischen Verrückten musste Joni laut lachen, aber wenn man sah, mit welch liebendem, wissendem Blick sie Atwood anschaute, merkte man, wie viel Mitleid sie mit ihrem jüngeren, isolierten Ich hatte. In der Welt, in der sie aufwuchs, konnte sie nicht verstehen, dass sie nicht verrückt war, als sie ihre erste Ukulele in die Hand nahm und nicht wieder aufhören wollte zu spielen, obwohl ihre Freunde sie darum baten. Es wäre schön gewesen zu verstehen, dass sie nicht bloß ein sehr schräger Vogel war, sondern ein hochfliegender Eistaucher, der wie Margaret Atwood zu einem weit verstreuten Schwarm mutiger, fantasievoller Frauen gehörte.

Joni kannte Margaret Atwood nicht, aber sie fand eine Geistesverwandte in Sharon Bell, deren Familie 1946 nach Maidstone zog. Die Mädchen wohnten zwei Jahre nah beieinander, bis Jonis Familie mal wieder umzog, nach North Battleford. Aber Sharon kam jedes Jahr für einen Musikwettbewerb dorthin, der volle zehn Tage dauerte. »Man konnte in die Kirche gehen und beim Wettsingen der Chöre zuhören, oder man konnte zur Schule gehen. Ich ging in die Kirche«, erinnerte sich Joni. Sie betrachtete sich damals nicht als Musikerin, sie hatte noch nicht einmal ein Instrument in die Hand genommen. Vielmehr entdeckte sie in sich eine Begabung für bildende Kunst. »Meine Hundehütte war die beste von allen«, sagte sie. »Die der anderen waren alle zu schmal oder schief. Wir sollten perspektivisch zeichnen. Ihre Perspektive war verzerrt. Meine Hundehütte war gut, solide, mit einem U-förmigen Eingang. Sie zeigte, dass ich die Perspektive verstanden und einen ruhigen Strich hatte. In diesem Augenblick hatte ich etwas gut gemacht. Ich war sogar die Beste. Also sagte ich: ›Ich bin eine Künstlerin.‹« Aber die meisten ihrer

Lehrer versagten Joni die entsprechende Anerkennung. Auf ihrem Zeugnis am Ende der sechsten Klasse steht: »Joan sollte sich auf andere Dinge als Kunst konzentrieren.«[6]

Joni ging zu den Musikwettbewerben – aber nur als Zuschauerin und unterstützende Freundin. Doch wie es nun mal ihre Art war, interessierte sie sich dafür, wie in diesen Wettbewerben Spitzenleistungen erzielt wurden. Sie hatte drei Freunde, die regelmäßig daran teilnahmen. »Die eine war Sharon, die anderen beiden Peter Armstrong – er trat später einem Ensemble bei, das italienische Opern aufführte – und Frankie McKitrick, ein frühreifer Pianist. Frankie und Peter waren meine besten Freunde in North Battleford. Sharon kam dann in die Stadt, und ich sah mir die Wettbewerbe an und achtete darauf, was die Preisrichterin sagte – was gut an dem Vortrag war und was nicht. Ich saß einfach da und hörte aufmerksam zu; die Herausforderung war, ob ich vorhersagen konnte, was die Preisrichterin sagen würde. Häufig waren wir einer Meinung, aber ebenso häufig bemerkte sie Sachen nicht, die ich bemerkte und die ich für Mängel in der Aufführung hielt. Das war eine Art indirekte musikalische Ausbildung.«

Vor allem Frankie hatte großen Einfluss auf Jonis frühen Musikkonsum. »Wir gingen zusammen in ein paar ziemlich abgefahrene Filme. Meine Mutter war entsetzt, dass der Direktor, sein Vater, uns die Schule schwänzen ließ, um ins Kino zu gehen.«[7] Dort schauten sie sich unter anderem *War es die große Liebe?* mit Kirk Douglas und James Mason an, dessen Titelsong eine »hinreißende träumerische, dunkle Melodie« hatte, die Joni so aufwühlte, dass sie danach Musikerin werden wollte. Es war Rachmaninows »Rhapsodie auf ein Thema von Paganini«. »Das Ballett im Film«, erzählte sie weiter, »kommt mir inzwischen blöd vor, aber als Kind fand ich es toll. Es war so aufregend.

Und dieses Musikstück begeisterte mich total. Es war das schönste Stück, das ich je gehört hatte. Ich musste die Schallplatte haben. Ich bat meine Eltern, sie mir zu kaufen, aber das war finanziell nicht drin. Sie kostete fünfundsiebzig Cent oder so. Also ging ich in Grubmans Kaufhaus, nahm die Platte aus ihrer braunen Hülle und spielte sie zwei oder drei Mal in der Hörkabine und war einfach hingerissen.«[8]

Im Alter von elf Jahren zog Joni nach Saskatoon um, und das Leben wurde erfreulicher. Sie kam in die Klasse von Arthur Kratzmann, der sich an der Queen Elizabeth School durchaus eines Rufes erfreute. »Er war der Held meiner Kindertage und … begeisterte mich für viele Dinge. Er las uns *Kim* von Rudyard Kipling vor. Er kam in das Klassenzimmer und sagte: ›Dieser Lehrplan ist einfach nur Mist. Ich werde euch das beibringen, was ich weiß. Ich weiß nicht viel. Ich weiß meinen Namen. Und ich bin Australier, also werden wir uns in dieser Klasse auf Australien konzentrieren, und ihr werdet alle mit Bravour bestehen, aber bis dahin werde ich euch etwas über Australien beibringen.‹ Er war auf seine Art ein kreativer Typ, und er fluchte. Das fand ich großartig.«

Joni sollte ihm ihr erstes Album widmen, *Song to a Seagull*: »For Mr. Kratzman [sic], who taught me to love words.« Joni ging voller Selbstvertrauen in Mr. Kratzmanns Unterricht, bekam aber für ihre Hausaufgaben in kreativem Schreiben nur Dreien. An ein Gedicht erinnert sie sich besonders, und auch an Kratzmanns Reaktion darauf: »Ich schrieb ein ambitioniertes Versepos für seinen Unterricht, das ging so: ›Softly now the colors of the day fade and are replaced by silver grey as God prepares his world for night and high upon a silver-shadowed hill, a stallion white as newly fallen snow stands deathly still, an equine statue bathed in silver light …‹ Als ich das Gedicht zurückbekam, strotzte es nur so von Rot. An alle eingekreisten Stellen hatte er ›Klischee, Klischee,

Klischee‹ geschrieben ... ich bekam eine 2 dafür. Dann las ich das Gedicht des Jungen, der neben mir saß und eine 1+ bekommen hatte, doch es war ganz fürchterlich, deshalb blieb ich nach Schulschluss noch da und fragte: ›Verzeihung, warum hat er eine 1+ bekommen, und ich nur eine 2?‹ Er sagte: ›Etwas Besseres wird er nie zustande kriegen, aber du, du kannst das viel besser. Selbst wenn du nur beschreibst, was du am Wochenende gemacht hast, würde etwas viel Interessanteres dabei herauskommen.‹«[9]

›Übrigens‹, fuhr er fort, ›wie oft hast du *Black Beauty* gesehen?‹«

Joni vergaß diese Lehrstunde nie. In den Neunzigern gab sie dem Gitarristen Robben Ford ein paar Tipps in Sachen Songwriting: »Wenn du ein Klischee entdeckst, dann streich es dir an und ersetz es durch etwas, das kein Klischee ist.«

Sharolyn Dickson war mit Joni in der siebten Klasse bei Mr. Kratzmann und wusste, wie sehr sie ihn bewunderte. »Ich glaube nicht, dass sie sich selbst für besonders gebildet hielt, aber er hat das aus ihr herausgekitzelt, denn er machte mit uns sehr viel kreatives Schreiben«, erinnerte sich Dickson. »Wenn sie also sagt, dass er ihr beibrachte, die Worte zu lieben, dann hat sie das wohl wirklich von ihm. Und bei den Noten war er bei ihr strenger als bei uns anderen. Seine Noten orientierten sich an den jeweiligen Fähigkeiten, und er hatte sehr hohe Ansprüche an sie. Wenn sie diese Erwartung nicht erfüllte, dann benotete er sie auch entsprechend.«

Damals verstand Joni seine pädagogischen Prinzipien, aber mit den Jahren, und besonders, als ihre Verbitterung gegenüber einer wachsenden Gruppe von Menschen aus ihrer Vergangenheit immer größer wurde, fragte sie sich doch, ob das fair gewesen war.

»Er nahm ihre Arbeiten oft als Beispiel, um uns etwas klarzumachen«, berichtete mir Dickson. »Er schrieb sie an die Tafel. Wir hatten das Gefühl, dass sie schon damals eine herausragende Autorin war. Und Kratzmann war völlig unkonventionell. In der sechsten Klasse hatten wir bereits von ihm gehört, daher waren wir alle ganz aufgeregt, als wir zu ihm kamen. Wenn unsere Eltern gewusst hätten, was er so von sich gab, dann hätten sie sofort vor seiner Tür gestanden. Er bewegte sich weit jenseits aller Normen.«

In Anspielung auf Nietzsche erklärte er Joni: »Du musst lernen, mit deinem eigenen Blut zu malen und zu schreiben.«[10] »Das hat sie aufgegriffen«, sagte Kratzmann. »Sie fing an, kurze Texte über ihr Leben zu schreiben, und natürlich würde man heute nie auf die Idee kommen, das Joni Mitchell jemals nicht kreativ war.«

In Susan Lacys Dokumentarfilm *American Masters* erzählte Joni 2003, dass Kratzmann zu ihr gesagt hatte: »Wenn du mit einem Pinsel malen kannst, dann kannst du auch mit Worten malen.«[11] Dies wurde zum roten Faden ihres im Fernsehen ausgestrahlten Konzerts *Painting with Words and Music.*

Kratzmann, der später Studiendekan an der University of Regina wurde und 2015 starb, erinnerte sich, dass Joni damals ganz am Anfang ihrer kreativen Entdeckungsfahrten stand. »[Joni] konnte gut schreiben ... Sie ahmte vieles nach. Sie sah ein Landschaftsbild und malte ein Duplikat, und wenn es um Gedichte ging, dann neigte sie dazu, zum Beispiel Wordsworths *Narzissen* zu nehmen und ein Gedicht über Tulpen zu schreiben, im gleichen Stil und Reimschema.«[12]

Joni brachte sich viel durch Kopieren bei. Sie musste selbst die Worte schreiben, die Bilder malen und Töne spielen – oder es zumindest versuchen. Ihren ersten Picasso und Matisse sah sie im Haus einer Klassenkameradin, der Enkelin des kanadischen Industriellen und Kunstsammlers Frederick S. Mendel. Mendel sollte auch der wichtigste Unterstützer von Saskatoons erster Kunstgalerie werden. Joni liebte Picasso. Sie fand es großartig, dass er ein Unruhestifter war, und bewunderte, wie sie sagte, »seine permanente Kreativität, seine Ruhelosigkeit«.[13] Auch ihre Beziehung zur Musik basierte auf den Persönlichkeiten der Künstler. Von Duke Ellington konnte sie nicht genug bekommen, und mit dem Altsaxophonisten Johnny Hodges verband sie etwas Intuitives. »So kokett«, sagte sie später. Joan Anderson zerlegte als Mädchen Bilder, Gedichte, Literatur und Songs, so wie andere Kinder Toaster auseinanderbauen.

Von Kratzmann abgesehen waren ihre Erfahrungen mit der Schule eine Serie von Enttäuschungen. Allerdings fand sie einen Weg, eine *engagierte* Unruhestifterin zu sein. »Ich habe schon in ganz jungen Jahren begriffen, dass das ganze Schulsystem darauf angelegt ist, einem beizubringen, was man denken sollte, und nicht, wie man denkt. Es gibt keinen echten Spielraum für freies Denken. Man wird darauf abgerichtet, sich in eine Gesellschaft einzugliedern, in der freies Denken ein Ärgernis ist. Ich mochte einige Lehrer wirklich gern, aber das, was sie unterrichteten, interessierte mich überhaupt nicht. Also versuchte ich, ihnen entgegenzukommen – ich glaube, sie bekamen mit, dass ich kein Idiot war, obwohl mein Zeugnis ganz danach aussah. Ich habe im ganzen Mathematikraum Tuschezeichnungen und Portraits von Mathematikern aufgehängt. Für meinen Biologielehrer habe ich einen Lebensbaum gemalt. Ich blieb nach dem Unterricht immer noch lange in der Schule, kniete auf dem Boden und malte etwas.«[14]

Damals verfasste sie nur wenige Gedichte, aber eines davon, das sie mit sechzehn schrieb, ragt heraus: »The Fishbowl«.

The fishbowl is a world diverse
where fishermen with hooks that dangle
from the bottom reel up their catch
on gilded bait without a fight.
Pike, pickerel, bass, the common fish

ogle through distorting glass see
only glitter, glamour, gaiety
and weep for fortune lost.
Envy the goldfish? Why?
His bubbles are breaking 'round the rim
while silly fishes faint for him.[15]

Joni weiß noch, dass sie das Gedicht über die Promis in den Teenagerzeitschriften schrieb, die sie zu jener Zeit verschlang. »Ich hatte Mitleid mit Prominenten, die begabt waren«, sagte sie. »Sandra Dee trennte sich von Bobby Darin, und in allen Zeitschriften waren Bilder, die zeigten, wie ihr Mascara über das Gesicht lief, lauter Paparazzi-Fotos.«[16] (Tatsächlich trennten sich Sandra Dee und Bobby Darin 1967, da war Joni vierundzwanzig – aber ihr Punkt wird klar.)

Man kann das Gedicht aber auch einfach als Allegorie darauf sehen, wie sie sich mit den Kindern in ihrer Umgebung vergleicht und sich von ihnen abheben will, sich fragt, wie weit sie gehen kann oder wie sehr sie dem ländlichen Leben ihrer Umgebung verhaftet ist. Als sie das Gedicht schrieb, erinnert sich Joni, »hatte ich nie das Gefühl, überhaupt Talent zu haben. Ich war Malerin, aber von meiner Begabung als Musikerin oder Texterin war noch nichts zu sehen – obwohl dieses Gedicht mir schon ziemlich viel bedeutet.«

Das größte Geschenk ihrer kanadischen Kindheit war die Natur: Diese war in gewisser Weise eine Religion für sich und stellte den genauesten Kompass dar, über den Joni je verfügen sollte. »Ich lebte im hintersten Winkel einer Kultur, in der Pferde einen zentralen Platz einnahmen«, erinnerte sie sich. »Wasser und Milch wurden immer noch von Pferden geliefert, und an Weihnachten kamen ein Haufen Päckchen in einem offenen Pferdeschlitten.«[17] Sharon Bell weiß noch, dass Joni und sie als Kinder durch die Prärie wanderten, und der freie Himmel erstreckte sich, so weit das Auge reichte. Einfache Freuden, wie Matsch zwischen den Zehen hindurchquetschen – und dann das Geschimpfe ihrer Mutter, der ewig korrekten Myrtle, die ihr die Füße wusch –, waren in späteren Jahren Erinnerungen, die Joni nicht missen wollte. »Wir alle erinnern uns immer mal wieder an Zeiten, als das Leben einfacher war«, sagte Bell, »aber Joni ganz besonders, denn sie hatte sich davon entfernt.«

Kurz vor ihrem Durchbruch im Jahre 1969 erzählte Joni der *New York Times*: »Meine Texte sind vollkommen urbanisiert und amerikanisiert, aber meine Musik ist von den Prärien beeinflusst. Als Kind nahm meine Mutter mich mit hinaus auf die Felder und brachte mir bei, Vogelstimmen zu erkennen. Jeder einzelne Klang stand da ganz für sich allein, hatte sehr viel Raum. Die Menschen in der Stadt sind an ein Klangwirrwarr gewöhnt, und wenn es dann ans Musikmachen geht, mischen sie alles Mögliche zusammen.«[18]

»Ich habe immer geglaubt, ich würde einen Farmer heiraten«, erinnerte sich Joni. »Ich habe das Land immer geliebt. Aber ich glaube nicht, dass ich als Frau eines Farmers glücklich geworden wäre. Das ist ein harter Job und viel Arbeit. Ich bin von Natur aus ein Nachtmensch, und die Arbeitszeiten auf einer Farm wären ziemlich schwierig für mich geworden.« Sie war ein Mädchen vom Lande, das die große Weite liebte, das gerne zeichnete und tanzte, aber man schrieb die Fünfzigerjahre und Kanada war, wie Margaret Atwood es beschrieben hatte, noch immer »ein weißer Fleck auf der kulturellen Weltkarte«. Joni fand es schwierig, von einem Leben jenseits der Ehe zu träumen, das es ihr ermöglichte, so zu leben, wie sie es wollte. Gab es andere Wege, seinen Lebensunterhalt zu verdienen und trotzdem in einem großen Haus auf dem Land zu leben, mit Blick auf Felder und Prärien, so weit das Auge reichte? Sie wusste es nicht, aber würde es noch herausfinden.

Kapitel 2

Let the Wind Carry Me: Lernen, eine Frau zu sein

In einem Interview mit CBC (Canadian Broadcasting Cooperation) erinnerte Joni sich an den Tag, an dem sie an Polio erkrankte.[1] »Es war der Tag, bevor die Lähmung einsetzte. Und ich weiß noch, was ich an diesem Tag trug. Ich hatte Schule. Ich wachte auf und ging mich anziehen, schaute in den Spiegel und sagte mir: ›Heute siehst du aus wie eine Frau.‹ Mein Gesicht war fülliger geworden. Etwas war geschehen, oder war es die drohende Krankheit … Hast du jemals Kinder mit Krebs im Fernsehen gesehen? Hast du gesehen, wie erwachsen sie wirken? Da passiert etwas, eine Reife, die einen auf den Kampf vorbereitet. Ich weiß nicht genau, was ich an jenem Morgen im Spiegel gesehen habe. Die Form meines Gesichts hatte sich verändert. Und da muss auch noch was in meinen Augen gewesen sein.«

Man schrieb November 1953. Joni hatte gerade ihren zehnten Geburtstag gefeiert.

»Ich ging mit einer Freundin Richtung Schule. Drei Blocks von der Schule entfernt musste ich mich hinsetzen und eine kleine Pause einlegen, denn ich hatte Schmerzen. Ich sagte: ›Meine Güte, ich werde alt. Ich habe bestimmt Rheuma, meine Großmutter hatte auch Rheuma.‹ Am nächsten Tag kam ich nicht aus dem Bett. Ich war gelähmt. Als die Diagnose feststand, schafften sie mich in eine Polio-Kolonie außerhalb des St. Paul-Krankenhauses in Saskatoon.« Die Station war wie eine Lepra-Kolonie aufgebaut und sollte die Verbreitung der entsetzlichen Krankheit eindämmen.

»[Wir waren in] miteinander verbundenen Trailern untergebracht, die irgendwie furchterregend waren, oder vielmehr die Geräusche, die man dort hörte. Nicht so sehr tagsüber, da war in den Fluren immer was los, aber nachts hörte man sie, die Eisernen Lungen. Dieses keuchende Atmen – das war ein schreckliches Geräusch, und wir fürchteten alle, in einer dieser Konservendosen zu enden. Wenn die Krankheit auf die

Lunge übergriff, dann kam man in die Eiserne Lunge, denn dann brauchte man diese maschinelle Hilfe. Und wenn man erst mal drin war, dann war es durchaus möglich, dass man nie wieder rauskam. Es bestand die Gefahr, dass ich nie wieder würde laufen können. Ich war gelähmt und viele Rückenmuskeln hatten sich zurückgebildet. Daher war meine Wirbelsäule verkrümmt und bog sich wie bei einer zerbrochenen Puppe.«

Das war ein starkes Bild für ein junges Mädchen, das sich in ihrem Zuhause mit einem Soldatenvater und einer Mutter, die ihrem tristen Leben entfliehen wollte, einsam fühlte: Sie war eine lebensgroße, zerbrochene Puppe.

»Es ging auf Weihnachten zu und ich sagte zu den Ärzten: ›Ich will Weihnachten zu Hause feiern.‹ Sie wandten die Köpfe ab, als sei das völlig unmöglich.« Jonas Salks Impfstoff gegen Kinderlähmung erreichte Kanada erst 1955; Joni Mitchell und Neil Young gehörten zu den Überlebenden der Epidemie von 1953.

»Ich weiß noch, wie ich Joni auf dieser Station besuchte, sie musste flach auf dem Rücken liegen und durfte sich ganz lange nicht bewegen«, erinnerte sich Sharon Bell. »Sie hatten ihr gesagt, dass die Lähmung sich weiter ausbreiten würde, wenn sie sich bewegte. Das ist für ein junges Mädchen wirklich gruselig. Wir wussten, was Polio war, und fragten uns, ob sie jemals wieder laufen könnte.«

Die vielen Monate, die sie im Krankenhaus verbrachte, hinterließen eine tiefe emotionale Narbe und vertieften die Kluft zwischen Joni und ihren Eltern. Bill besuchte sie nie und Myrtle nur ein einziges Mal – mit einer Schutzmaske vor dem Gesicht. Das war durchaus nicht unüblich. Eltern kamen nur selten zu Besuch – teilweise aufgrund der Entfernungen, aber auch wegen der Krankenhausvorschriften –, doch das war für ein zehnjähriges Mädchen, das bereits tief in den Kampf gegen seine Einsamkeit verstrickt war, nur ein schwacher Trost.

»Die Einsamkeit, die viele Polio-Patienten erlebten [...], wurde durch die sehr restriktiven Besuchsregeln der meisten Rehakrankenhäuser in den Vierziger- und Fünfzigerjahren noch verstärkt«, schrieb Daniel J. Wilson in seinem Buch *Polio*[2]. »Zum Beispiel erlaubte das Shrine's Hospital in San Francisco Elternbesuche ausschließlich am Sonntag, und das nur für eine halbe Stunde, wobei die Eltern nicht gemeinsam kommen durften. Andere Krankenhäuser entzogen die Besuchserlaubnis, wenn Eltern sich unpassend benommen hatten oder mit den Rechnungen im Rückstand waren. [...] Wenn sich Polio-Patienten in der Rehabilitation befanden, dann waren sie nicht mehr ansteckend. Es gab also keine medizinischen Gründe für eine derartige Einschränkung der Besuchszeiten; es ging dabei lediglich um die Bequemlichkeit des Krankenhauspersonals.«

Joni verbrachte Weihnachten schließlich in der Kolonie. Um sie aufzuheitern, kaufte ihre Mutter ihr einen kleinen Weihnachtsbaum, der allerdings kaum Trost spendete. Doch das Kind war außergewöhnlich willensstark und kämpfte: Es betete darum, gesund zu werden, oder genauer gesagt, es forderte es.

»Ich sagte: ›Gib mir meine Beine zurück, du wirst es nicht bereuen.‹ Ich hatte keine Ahnung, zu wem ich betete. Jedenfalls nicht zu Gott oder Jesus. Ich wusste, es gibt einen Geist des Schicksals oder so was. Ich konnte den Gedanken nicht ertragen, für den Rest meines Lebens in einem Rollstuhl zu sitzen. Ich konnte es einfach nicht glauben. ›Gib sie mir zurück, du wirst es nicht bereuen.‹ So kämpfte ich wie verrückt und verblüffte alle, als ich aufstand und wieder lief.«

Es war die erste von vielen bewussten, ja schöpferischen Trotzreaktionen. Sie war physisch lahmgelegt und sozial isoliert, aber sie mobilisierte alle inneren Kräfte, um die Effektivität der kümmerlichen Behandlung, die sie erhielt, zu steigern. Es ging nicht so sehr um eine Bewältigung des Schicksals, sondern darum, es grundsätzlich neu zu definieren.

»Irgendwann merkten alle Zellen: ›Oh, sie will das gar nicht!‹ Also machte ich in den folgenden Wochen alle Behandlungen, die aus kalten und heißen Umschlägen bestanden, mit wie ein Champion, und ich erlaubte dem Therapeuten, mich festzubinden. Ich war sehr tapfer und wild entschlossen, und am Ende konnte ich wieder gehen.«[3] Es überrascht nicht, dass Joni im Laufe ihrer Karriere immer wieder auf ihre Instinkte vertraute. Ihre Standhaftigkeit und ihre Ausdauer waren verlässlicher als die besten Ratgeber. Andere unterschätzten sie, doch sie selbst unterschätzte sich nie. »Als ich rauskam, war ich eine Tänzerin«, lautete ihr Kommentar zu den Ereignissen.

Und das war buchstäblich so. Mit fünfzehn ging Joni fast jeden Donnerstag, Freitag und Samstag mit ihrem Kumpel Tony Simon im YMCA tanzen. Im übertragenen Sinne wurde Joni durch den Kampf gegen die Kinderlähmung zur Künstlerin ihres eigenen, ausdrucksstarken Körpers. Abgeschoben in eine Polio-Kolonie in der Provinz lernte sie nicht nur hart zu kämpfen, sondern auch, Körper und Geist gleichzeitig zu formen. Die Ursprünge ihrer Stimme – diese unvergleichliche Stimme mit ihrer fast unbegrenzten Bandbreite – liegen figurativ und buchstäblich in diesem Polio-Jahr. Die einzigartige Verbindung zwischen ihrem Innenleben, ihren Gefühlen und ihrem Instrument – ihrem ganzen Körper – entstand, als sie ihre ganze Willenskraft mobilisierte, um aufstehen und wieder gehen zu können.

Ihr Betriebskapital war nicht Melancholie, sondern Widerstandsfähigkeit. Später sagte sie: »Ich feierte meine Beine. Ich hätte Sportlerin werden können. Aber ich verlor meine Schnelligkeit, sodass ich niemals einen Schwimmwettbewerb hätte gewinnen können. Ich würde nie wieder die Schnellste sein. Aber zumindest war ich mobil. Und so wandte ich mich der Anmut zu. Ich wandte mich Dingen zu, die keine Schnelligkeit erforderten: Wasserballett, Tanz. In gewisser Hinsicht war das ein Segen, denn so entwickelte ich meine künstlerische Seite.«[4] Allerdings brachte diese künstlerische Seite – wenig überraschend – einen ungewollten Nebeneffekt mit sich: Aufsässigkeit. Joni wusste um ihre eigene Stärke und misstraute ihren Eltern, die sie, so ihr Eindruck, den medizinischen Autoritäten ausgeliefert hatten. Sie fing also an, sich gegen die Konventionen ihres Elternhauses und des Kleinstadtlebens aufzulehnen.

In der elften Klasse wurde sie beim Stehlen einer Hose erwischt, die sie unter ihrer eigenen angezogen hatte. Die Polizei fuhr sie nach Hause. Es wurde zwar keine Anklage erhoben (Myrtle bezahlte die Hose), aber der Zwischenfall markierte das nächste Stadium in der Entwicklung nicht nur von Jonis Persönlichkeit, sondern auch von ihren häuslichen Beziehungen. Das Polio-Jahr hatte dazu geführt, dass sie sich ihrer mentalen und körperlichen Stärke bewusst geworden war; der Konflikt mit dem Gesetz leuchtete die unterschiedlichen Wege aus, die sich ihr anboten. Einem Mädchen, das sich mit Polio infizierte und dann aufstehen und schließlich das Krankenhaus zu Fuß verlassen konnte, hatte ein Leben als Kleinkriminelle wahrlich nichts zu bieten.

»Irgendwann [...] war es dann so weit, dass aus meinen Freunden, straffälligen Jugendlichen, richtige Straftäter wurden«, berichtete sie 1979 dem *Rolling Stone*.[5] »Sie konnten entweder langweilige Jobs annehmen oder Kriminelle werden. Wenn man jung ist, dann hat das Verbrechen etwas sehr Romantisches. Plötzlich dachte ich aber: ›Jetzt ist Schluss mit der Romantik. Ins Gefängnis will ich ganz bestimmt nicht.‹«

Myrtle traute ihrer Tochter eine solche Einsicht nicht zu. Den noch tiefer gewordenen Graben zwischen ihnen sollten sie Zeit ihres Lebens nicht überbrücken.

»Als Teenager habe ich sie ein Mal angelogen. Ich habe gesagt, ich würde irgendwohin gehen, und ging dann zu einer Tanzveranstaltung, wohin ich nicht gehen sollte. Danach war ich immer eine Lügnerin. Eine Lügnerin, eine Versagerin, eine Lesbe. Sie irrte sich in allen drei Punkten, wollte das aber nie einsehen. Sie hatte das nun mal beschlossen, und daran war nicht zu rütteln.«[6]

Myrtle war eine vorsichtige, konservative Frau, die es vermied, große Gefühle zu zeigen, und die Sorgen um ihre Tochter hauptsächlich durch Werturteile und Misstrauen ausdrückte. Sharon Bell zufolge war sie »äußerst korrekt« und hielt im Haus »alles absolut makellos«. Die Wände waren in »neutralen Farben« gehalten. Die einzige Ausnahme von Myrtles unabänderlichem Gesetz der Makellosigkeit war ein Baum, den Joni auf eine Wand in ihrem Zimmer malen durfte.

Es gab mehrere Wege, die konservative ländliche Engstirnigkeit ihrer Mutter zu unterlaufen: Einer davon führte in Viertel von Saskatoon, die ihre Eltern nie betreten hätten. »Ich definierte mich darüber, dass ich eine gute Tänzerin und eine Künstlerin war«, berichtete sie 1979 dem *Rolling Stone*[7], »denn über die Schulnoten war das nicht möglich. Außerdem war ich immer sehr gut gekleidet. Einen Großteil meiner Kleidung machte ich selbst. Ich arbeitete in der Damenkonfektion und modelte, so kam ich ziemlich günstig an Musterkollektionen, die für unseren Landstrich viel zu modisch waren. Ich trieb mich auf den Straßen herum und war aufgebrezelt bis zum Gehtnichtmehr, trug sogar Hut und Handschuhe. Ich hing Downtown mit den Ukrainern und Indern herum, die waren in Gefühlsdingen ehrlicher und auch die besseren Tänzer [...]. Immer wenn ich in meine Nachbarschaft zurückkam, merkte ich, dass ich durch meine Erscheinung provozierte. Alle glaubten, ich sei eine Schlampe, weil ich ein Faible für Halbstarke hatte. Ich fand die Art, wie die Kids in meiner

Schule tanzten, na ja, *komisch*. Ich weiß noch, dass mein Zeugnis immer den gleichen Eintrag enthielt: ›Joan findet keinen Anschluss.‹ Ich war tatsächlich sehr zurückhaltend. Vielleicht hielten einige mich auch für einen Snob.«

Sie gab ihren Tomboy-Neigungen nach, indem sie mit Tony Simon und seinen Kumpeln von der Bowling-Bahn abhing. »Wir waren eine Clique – im Grunde bloß ein halbes Dutzend Typen«, erinnert sich Simon. »Irgendwie wurde sie zu einem unserer Jungs. Sie trieb sich mit uns herum, und wir nahmen kein Blatt vor den Mund und sagten in ihrer Gegenwart alles, was wir vor einem Mädchen sonst nie gesagt hätten. Wir gingen in Saskatoon gewöhnlich runter zum Fluss und grillten Wiener Würstchen. Meistens tranken wir bloß Bier. Und alle sangen diese anzüglichen Lieder. Aber niemand von uns spielte ein Instrument – auch sie nicht. Vor langer Zeit hatte sie mal ein paar Stunden Klavierunterricht gehabt, aber richtig spielen konnte sie nicht. Also besorgte sie sich eine Ukulele, um uns bei unseren meist ziemlich schmutzigen Songs zu begleiten. Klassiker, wie dieser Limerick: ›There once was a man from Nantucket / Whose cock was so long he could suck it / He said with a grin as he wiped off his chin / If my ear was a cunt I would fuck it.‹ Wir hatten uns dazu eine Melodie ausgedacht und amüsierten uns bei dieser hochintellektuellen Angelegenheit prächtig.«

Joni erinnerte sich, dass der Rock and Roll damals eine »echte Nullachtfünfzehn-Phase« durchlief. »Und in dieser Zeit kam die Folkmusik auf und füllte die Leere. Damals hatte ich Freunde, die Partys veranstalteten und im Kreis sitzend Songs des Kingston Trios sangen. Da fing ich an zu singen. Darum habe ich mir ein Instrument gekauft: um bei diesen Partys zu singen. Mehr war nicht dahinter. Ich hatte die ganze Zeit vor, mal auf eine Kunstschule zu gehen.«[8]

Den Entschluss, eine Ukulele zu kaufen, fällte sie – wenig

überraschend – nach einem Streit mit Myrtle. »Als ich eine Gitarre wollte, sagte meine Mutter: ›Oh nein, nein. Du kaufst sie, und dann liegt sie in der Ecke. So ist das doch immer bei dir‹«, erinnerte sich Joni. »Ich hatte kein Geld, um mir selbst eine zu kaufen. Also sparte ich sechsunddreißig Dollar, und an dem Tag, als mir meine Weisheitszähne gezogen wurden, und ich den Mund voller blutiger Narben hatte, ging ich los, warf meine sechsunddreißig Dollar auf den Tresen und kaufte diese Ukulele. Überall spielte ich auf ihr herum, bis meine Freunde sagten: ›Anderson, wenn du das Ding jetzt nicht aus der Hand legst, dann hauen wir es kaputt.‹«[9]

Aber sie legte die Ukulele nicht aus der Hand; sie gab nicht auf. »Als sie diese Ukulele hatte«, so Simon, »rastete etwas in ihr aus seiner Halterung, und sie konnte das Ding einfach nicht mehr loslassen. Ich erinnere mich noch deutlich daran, wie wir in der Schlange vor einem Kino standen, und sie sagte kein Wort. Sie war einfach nur mit diesem verdammten Ding beschäftigt. Es war harte Arbeit für sie, bis sie die Ukulele beherrschte, aber das löste eine Dynamik in ihr aus, die nie wieder nachgelassen hat.«

Das winzige Instrument schloss eine große Lücke in Jonis ästhetischer Ausbildung. Im Haushalt der Andersons gab es nur wenige Schallplatten, und erst auf der Highschool fing sie an, mit Modeln im örtlichen Kaufhaus etwas Geld zu verdienen, um sich Alben von Miles Davis, Duke Ellington und Lambert, Hendricks und Ross zu kaufen und ihrer Muse Nahrung zu geben. Bill Anderson war ein Amateur-Trompeter, der auch unterrichtete; er stand auf Harry James. »Mein Vater hatte *Hummelflug* von Leroy Anderson, *Cribiribin* und *Cherry Pink and Apple Blossom White* von Harry James. Das waren seine drei Schallplatten. Meiner Mutter gehörten *Clair de Lune* und die *Mondscheinsonate*, beide Nocturnes. Mehr Schallplatten gab es bei uns nicht. Ich hatte noch die Filmmusik zu *Alice in Wonderland* und *Tubby the Tuba,* später kam noch Jimmy Boyd mit seiner Stimme eines Jungen vom Lande dazu, *God Bless the Postman*.«

Die Musik, die die drei in dieser Zeit gemeinsam hörten, hat in »The Tea Leaf Prophecy« ihre Spuren hinterlassen. Man kann den Schmerz spüren, wenn Joni davon singt, wie sie – Vater, Mutter und Tochter – »beim Radiohören lachten«. Denn sie wusste die ganze Zeit, dass ihre Mutter sich danach sehnte, Saskatoon den Rücken zu kehren, und vielleicht glaubte sie, dass ihre Mutter auch *sie* verlassen wollte.

Trotzdem gibt es viele Gründe anzunehmen, dass es in der Mutter-Tochter-Beziehung so etwas wie Freundschaft und manchmal sogar eine geheime Komplizenschaft gab. Dass Myrtle, eine Frau aus konservativeren Zeiten, Probleme damit hatte, Jonis freizügiges Verhalten zu tolerieren, ist verständlich – zum einen war sie wie jede Mutter in den Fünfzigerjahren versucht, den Freiheitsdrang ihrer Tochter im Zaum zu halten, zum anderen war sie, selbst eine Frau, dazu geneigt, ihren Enthusiasmus zu fördern.

Lorrie Wood, eine Mitverschworene beim Ladendiebstahl, erinnert sich daran, dass Myrtle sogar stolz auf ihre Tochter war und damit vielleicht unbewusst ein tieferes Verständnis des unverwechselbaren Charismas von Joni verriet. »Keine von uns legte es darauf an, besser als Joan zu sein. Damals nähten wir uns unsere Kleider selbst. In den Augen ihrer Mutter konnte niemand Joan übertreffen. Wenn man ein Kompliment für sein Kleid bekam, sagte ihre Mutter: ›Dann schau dir mal Joan an.‹ Joni ließ sich von niemandem ausstechen, und das hatte sie zu einem guten Teil von Myrtle.«

In den späten Fünfzigern und erst recht den frühen Sechzigern erfuhr das Frauenbild eine Umwertung und Neuinterpretation. Die Radikalität dieser Jahre war für Joni sowohl eine Bestätigung als auch eine Ermunterung. Anne Login, eine Freundin von der Highschool, erinnert sich an Joni als »den originellsten Menschen, den [sie] kannte«.[10]

Joni war immer die Anführerin. »In der Schulzeitung hatte ich eine Kolumne«, erzählte sie, »›Fads and Fashions‹. Ich startete mit ›Fads‹ und hörte dann wieder damit auf. Ich wusste, was hip sein bedeutete. Es ist hip, den Schlips deines Vaters in der Schule zu tragen. Bäh, das hatten wir doch erst letzte Woche. Mit sechzehn hatte ich verstanden, dass hip sein ein Herdentrieb ist; jemand macht etwas vor, und die anderen machen es nach, und wenn man dann sagt: ›Neeee, das ist jetzt nicht mehr hip‹, ist ihnen das echt peinlich. Und dann hören sie damit auf.«[11]

Diese Fähigkeit zu durchschauen, was hip war, kam Joni sehr zugute, als sie in die Musikindustrie einstieg. Sie hatte eine angeborene Sensibilität dafür, was kommerziell war, und die erlaubte es ihr, die Argumente von wichtigtuerischen Managern vorauszusehen und zu widerlegen, was sie immun gegenüber Eingriffen von Produzenten machte. (Ihren bevorzugten Produzenten degradierte sie irgendwann zum »Techniker«.) Joni war die unumschränkte Herrscherin über die Reihenfolge der Stücke und den Sound ihrer Alben, und ihre Entscheidungen waren im Allgemeinen richtig: richtig für sie und für ihr Publikum.

Langsam fügte sich alles zusammen – ihre Ablehnung der simplen Lebensweise ihrer Eltern, ihre Sehnsucht nach dem weiten, offenen Land, ihr Verlangen, Kunst zu machen, und wie sich das von allem unterschied, was ihr bisher als Lebensentwurf angeboten worden war. Im Song »Let the Wind Carry Me« besang sie Jahre später diese Zeit, in der ihre künstlerischen Ambitionen mit allem kollidierten, was sie in ihrer Kindheit gelernt hatte. Der Held dieses Songs war ihr Vater, während ihre Mutter diejenige war, die sie aufhalten wollte.

She don't like my kick pleat skirt
She don't like my eyelids painted green
She don't like me staying up late
In my high-heeled shoes

Mutter und Vater streiten sich. Die Mutter will Joni bremsen, weil sie weiß, wozu der Rock and Roll führen kann. Der Vater möchte Joni freigeben. Er will sie ihren »star eyes« folgen lassen, denn er hat den Eindruck, dass sie davon leben können wird. Joni erzählte immer wieder, dass ihre Mutter am gleichen Tag Geburtstag hatte wie Queen Victoria – eine extreme Sittenpredigerin. Und trotzdem vermittelte sie Joni »the deeper meaning«.

Gegen Ende der Highschool fing Joni an, mit aller Macht das Künstlerleben anzusteuern, zu dem sie sich berufen fühlte. Die *New York Times* schrieb über das Album *For the Roses*, auf dem der Song »Let the Wind Carry Me« veröffentlicht wurde: »Jeder Song von Mitchell ist ein Kleinod, das vor ihrem eleganten Umgang mit der Sprache glitzert, ihren zielsicheren ironischen Einsprengseln und ihren perfekt geformten Bildern. Sie ist eine geniale Singer-Songwriterin, die gar nicht anders kann als uns allen das Gefühl zu vermitteln, dass wir nicht allein sind.«[12]

Joni mochte sich als das missverstandene Mitglied einer verrückten kanadischen Generation fühlen, aber es war ihr Schicksal, diese Einsamkeit in eine Musik zu schmelzen, die den Menschen zu spüren gab, dass sie nicht alleine waren.

Wie Nietzsche, Jonis Lieblingsphilosoph, schrieb: »Ich würde nur an einen Gott glauben, der zu tanzen verstünde.«

Kapitel 3

Will you still love me tomorrow?

Sie hatte die Kinderlähmung überlebt. Saskatoon überlebt. Sie hatte die Highschool gerade so abgeschlossen, aber das war ihr ziemlich egal. In der zwölften Klasse war sie in Mathematik, Chemie und Physik durchgefallen. »Ich rasselte also durch und musste die Klasse wiederholen, was ziemlich blöd war. Alles, was ich auswendig gelernt hatte, war verdammt nochmal falsch«, berichtete mir Joni. »Wenn sie mir gesagt hätten: ›Licht sind pulsierende Teilchen‹, das wäre faszinierend gewesen. Licht ist Materie? Wie faszinierend.«

Sie schrieb sich am Alberta College of Art and Design ein. Damals wusste sie das nicht, aber seine Zeit an einer Kunsthochschule abzusitzen war echte Rock-and-Roll-Tradition, besonders in Großbritannien, wo Kunsthochschulen sich zu Auffanglagern für Aussteiger und Außenseiter entwickelt hatten. Wie Joni fiel auch Keith Richards in Chemie, Physik und Mathematik durch und landete auf einer Kunsthochschule, ebenso John Lennon, Pete Townshend und Jeff Beck (Lennon wurde rausgeworfen). Später fanden in den USA Musiker wie Michael Stipe und Mitglieder der Talking Heads Zuflucht in College-Kunstkursen und auf Kunsthochschulen wie der Rhode Island School of Design (RISD).

Trotz Jonis zeichnerischem Können bot ihr niemand ein Stipendium an. Also fand sie andere Wege, um über die Runden zu kommen. »Ich arbeitete als Model, was ziemlich lukrativ war«, erzählte Joni. »Die Einkäufer waren Großhändler und ich war eine Verwandlungskünstlerin, sodass sie mich eine ganze Modelllinie vorführen ließen. […] Größe acht war angesagt, und ich modelte auf einer Rampe für Warenhäuser, aber nur in Kleinstädten. […] Man trug einen schwarzen Model-Slip und ein eng anliegendes Futteralkleid, über das man alle anderen Sachen anzog, um nie in Unterwäsche dazustehen. Das brachte eine Menge Geld.«

Manchmal macht nicht das Offensichtliche, sondern das Verdeckte den Unterschied. Joni sollte die Kunst des Verdeckens schon bald erlernen. Während ihrer kurzen Zeit als Studentin in Calgary teilte sie sich ein Zimmer mit Lorrie Wood, die sie noch aus Saskatoon kannte, aus der Zeit der Partys und des Ladendiebstahls. »Als Joni und ich in Calgary zusammenwohnten«, erinnert sich Wood, »hatte sie gerade an der Kunsthochschule angefangen, ich war schon eine Weile dort. [...] Wir hatten nicht einmal jede ein eigenes Schlafzimmer. Es gab Trennwände und Doppelbetten. Sie interessierte sich für Malerei, Zeichnungen und Gedichte.«

Man schrieb das Jahr 1964, und der Kult um den Minimalisten Barnett Newman mit seinen großflächigen Farbfeldern, die Joni so wenig beseelt fand wie Grafikdesign, war auf seinem Höhepunkt. (Später verschlang sie *Das gemalte Wort*, Tom Wolfes harsche Kritik am Abstrakten Expressionismus und den Minimalisten, auf die ihr Song »The Boho Dance« von 1975 anspielt.) Wenn Newman Minimalist war, dann war Joni Maximalistin. Ihre Bilder, und später ihre Songs, basierten auf emotionalen Prämissen, während seine Arbeiten, wie sie spürte, darauf aus waren, den Betrachter kalt zu lassen. Es waren harte Zeiten für die junge Künstlerin Joan Anderson. Sie hatte wenig Sinn für die »fads and fashions« der abstrakten Expressionisten und Minimalisten. Jackson Pollock kam ihr einfach wie ein Farbenkleckser vor, und während das Werk von Mark Rothko vielleicht in seiner Tiefe eindrucksvoll war, suchte sie darin doch vergeblich nach dem Menschen. Beziehungen würden ihr Thema werden, ihr eigentlicher Gegenstand aber war die Liebe, auch in ihrer Abwesenheit.

Sie blieb nur ein Jahr an der Schule, aber vergaß nie ihre Kunst, die sie schließlich auch mit Erfolg ausstellte. Und wie sie viel später sagte: »Ich singe meinen Kummer, und ich male meine Freude.«[1]

Sie fing an, das Gitarre spielen mit einer Unterrichtsplatte von Pete Seeger zu erlernen. »Am Anfang bekam ich einfach nicht hin, was ich wollte«, schrieb sie 1999 im *Rolling Stone.* »Ich wollte ›Cotten Picking‹ lernen, etwas sehr Elementares. Elizabeth Cotten war Pete Seegers Haushälterin, eine Schwarze, und sie spielte ein Picking, das jedem Folkie gelang. Es wurde auch auf dieser Pete-Seeger-Platte unterrichtet, die damit begann, dass man die Gitarre stimmte. Das meiste davon interessierte mich nicht, aber ich versuchte, ›Cotten Picking‹ zu lernen.«[2]

Der Song hatte eine einfache I–V-Basslinie, war jedoch zu schwer für ihre von der Kinderlähmung geschwächte linke Hand. »Ich hatte einfach nicht die Geduld, einen schon bekannten Stil zu kopieren«, sagte sie. Also brachte sie sich das Gitarrenspielen selbst bei, so wie auch das Singen. Wie sie dem *Rolling Stone* 1969 erzählte: »Ursprünglich hatte ich einen dahingehauchten, kleinen Sopran. Dann fand ich eines Tages heraus, dass ich auch tief singen konnte. Zuerst dachte ich, ich hätte meine Stimme für immer verloren. Ich konnte entweder eine hohen, gehauchten Part singen oder einen kratzigen, tiefen. Irgendwann kamen beide wie von selbst zusammen. Eine Weile war das unangenehm, aber ich habe daran gearbeitet, und so habe ich jetzt diese Stimme.«[3]

Sobald sie ihre Stimme gefunden hatte, war sie bereit, an die Öffentlichkeit zu gehen und zu sehen, was sie damit anfangen konnte. In Calgary hatte John Uren kürzlich einen Club namens »Depression« eröffnet. Um zum Vorspiel zu gelangen, musste man eine düstere Treppe hinab, aber Joni ließ sich nicht beeindrucken. Sie hatte eine Bariton-Ukulele umgehängt, einen Gesangsstil, der sowohl an Joan Baez als auch an Judy Collins erinnerte, und ein Repertoire von englischen und schottischen Balladen, auch als Child-Balladen bekannt. Außerdem war sie mit einer Handvoll Shantys ausgerüstet.

Joni begann, jeweils drei Sets pro Abend zu spielen. Zum ersten Mal trat sie am 13. September 1964 auf, einem Freitag. Sie war zwanzig, schnell von Begriff und eine geborene Schauspielerin. In der Folkszene ging es nicht um Originalität, sondern um Authentizität. Sie spielte Songs wie »Reuben James« und »When Johnny Comes Marching Home Again«, wobei sie statt »Hurra, Hurra« das kanadische »Haroo, Haroo« intonierte. Es war eine ausgezeichnete Art, fünfzehn Dollar in der Woche zu verdienen, genug, um Zigaretten zu kaufen und ab und an mal eine Schallplatte.

»Joni sah ziemlich gut aus und hatte Selbstvertrauen«, erinnerte sich Uren. »Ihre Stimme war über alle Zweifel erhaben. Sie war redegewandt und fesselnd. Aber privat war sie wohl eher schüchtern.« Uren sollte nicht der Letzte sein, der fand, dass Joni Andersons Ausstrahlung komplex war: Sie hatte etwas Ernsthaftes, aber auch Spielerisches, war vertraulich und zurückhaltend gleichermaßen, kontaktfreudig und doch wortkarg.

In Calgary trat Brad MacMath in Jonis Leben – großgewachsen, blond, mit kantigen Gesichtszügen. »Sie ging zur Kunstschule, lernte dort Brad kennen und brachte ihn mit nach Hause, so wurden wir alle Kumpel«, erinnerte sich Wood, Jonis Mitbewohnerin. »Für uns war Brad der ›Schnorrer‹. Meiner Meinung nach glaubte Joni, er würde schnorren. Er kam zu uns, um zu essen. Aber sonst war er echt ein netter Typ. Als Paar konnte ich sie mir allerdings überhaupt nicht vorstellen. Damals war Joni die einzige Jungfrau an der Kunstschule, und sie suchte nach Möglichkeiten, das zu ändern. Und der Schnorrer war einfach ein Typ, der zur Verfügung stand.«

Joni wurde sofort schwanger und Brad MacMath zog bei ihr ein, ein erster Schritt, um seiner Verantwortung gerecht zu werden. »Es war ganz allein mein eigener blöder Fehler«, berichtete mir Joni. »Es war noch nicht mal eine Liebesaffäre. Ich war einfach die einzige Jungfrau an der Kunstschule und dachte: ›Worum gehts dabei eigentlich?‹ Und dann das. Das war gar nicht gut.«

Joni war jung, schwanger und weit weg von zu Hause. Ihre Reaktion knüpfte zum einen an ihre Vergangenheit an, war aber auch ein Ausblick auf die Zukunft: Joni verwandelte ihren Schmerz in Musik. In ihrem ersten »echten« eigenen Song, »Day After Day«, machte sie aus einer gar nicht so seltenen Notsituation Poesie. Sie rief sich die ernsten Ermahnungen ihres Lehrers, Mr. Kratzmann, ins Gedächtnis und war darauf bedacht, Klischees zu vermeiden. Die Melodie erinnert an eine irgendwie vertraute und bewegende Ballade in F-Moll. Nicht alle Zeilen reimen sich, aber die Melodie bringt den Hörer dazu, mit ihr zu bedauern, dass sie an einen furchterregenden und eigenartigen Ort kommen wird, wenn sie sich nach Osten bewegt, einen Ort, wo sie tatsächlich ganz auf sich gestellt sein wird. Die Uhr tickt. Das Baby wird kommen. Der Mann wird gehen. Die einzige Möglichkeit, im Takt zu bleiben, ist, die Situation in Musik zu verwandeln.

So this must be my fate
To sit and weep and wait
And pray my darlin' comes before too late

Es gibt kein Zurück. Der Zug hat sich in Bewegung gesetzt. Ein neues Leben voller Ungewissheit wartet. Es ist eine einsame Fahrt. Joni war nur ein weiterer Folkie, der sich den Kummer von der Seele sang. Aber der Song war wichtig, denn sie spürte zum ersten Mal, dass sie etwas Schönes erschaffen konnte, wenn sie mit dem Rücken zur Wand stand. Wenn sie verletzt und in die Enge getrieben und eingeschüchtert war, dann konnte sie schreiben und sich ihren Weg in eine Art Freiheit ersingen.

Man könnte denken, dass dies nur eine weitere Child-Ballade war, ein weiterer Song über eine Maid, die von einem Schuft entführt und unten am Fluss an die Eisenbahnschienen gekettet wird, wo sie auf ihren Prinz wartet, der sie retten soll. Der Song klang, als sei er Jahrhunderte alt, dabei ging es doch um eine sehr aktuelle Zwangslage.

In diesen Tagen vor den sozialen Medien war es für Joni ein Leichtes, unübersehbar schwanger aufzutreten, ohne Angst haben zu müssen, dass ihre Eltern von diesem Zustand erfuhren. Später versuchte sie, das Stigma und die Belastungen der Schwangerschaft zu erklären: »Es gab nichts Schlimmeres für eine Frau, als [unverheiratet] schwanger zu sein – man hätte genauso gut jemanden umbringen können. Es war ein Gesichtsverlust der schlimmsten Art.«[4] Joni und MacMath zogen nach Toronto, aber schon bald darauf haute er nach Kalifornien ab. Sein Abschiedsgeschenk war die Zeichnung einer schwangeren Frau, dazu ein Haiku des japanischen Zen-Mönches Ryōkan: »Der Dieb hat ihn zurückgelassen: den Mond an meinem Fenster.«

Joni scheute sich nie auszudrücken – weder in ihrer Musik noch im Leben –, wie viel ihr die romantische Liebe bedeutete. In den frühen Sechzigerjahren gehörte sie zu einem neuen Typ Frau: unabhängig, respektlos, eigenwillig, aber auch zutiefst an der Liebe interessiert und daran, wie man eine Ehe führen konnte, die modern und zufriedenstellend war. Im »Song for Sharon«, der 1976 auf dem Album *Hejira* erschien, heißt es:

When we were kids in Maidstone, Sharon
I went to every wedding in that little town
To see the tears and the kisses
And the pretty lady in the white lace wedding gown

Als sie noch klein war, konnte sie es nicht wissen, aber all das gehörte zu den »love's illusions«, wie sie es später in »Both Sides, Now« nennen sollte. Für ein Kind sind sie sehr real, und auch als erwachsene Künstlerin wurde sie noch immer davon beflügelt. Damals wollte sie alles haben: das weiße Kleid, die echte Liebe, die Illusionen. Aber in Toronto wurde es Realität, und das Erwachsenenleben war öde. Sie konnte sich die 149 Dollar Mitgliedsbeitrag für die lokale Musikergewerkschaft nicht leisten, also schlug sie sich damit durch, dass sie, wie sie sagte, in den besten jener »Streikbrecher-Clubs« auftrat, etwa im HalfBeat, The Place, Village Corner, und besonders im Purple Onion. Inzwischen hatte sie sich von der Ukulele zur Gitarre vorgearbeitet. Und als ihre Schwangerschaft unverkennbar wurde, machte sie mit der Tiple weiter, einer verkleinerten Gitarre, die sie auf ihrem Bauch abstützen konnte.

Was würde der morgige Tag bringen? Und der darauffolgende? Je dicker Jonis Bauch wurde, desto unsicherer schien ihre Zukunft zu werden. »Will you still love me tomorrow?«, hieß es in einem von Jonis Lieblingssongs aus Highschool-Zeiten. Und als sie Mutter wurde, nahm dieser Song, den sie noch immer liebte, eine andere Bedeutung an. Denn wenn es um ihr Baby ging, dann war ihre Antwort immer ein herzzerreißendes, lautstarkes Ja. Auch, nachdem sie ihre Tochter zur Adoption freigegeben hatte, hörte Joni nie auf, an sie zu denken, über sie zu schreiben, sie zu lieben.

Kapitel 4

Ein modernes Alltagsmärchen

Joan Anderson war 1964 bei Weitem nicht die einzige unverheiratete, schwangere junge Frau, die nach Hilfe und einem sicheren Hafen suchte. Sie erinnert sich, dass sie versuchte, in einem Haus für unverheiratete Mütter unterzukommen, aber sie wurde nicht aufgenommen. »Es war bis oben hin voll. Ich habe es versucht.«[1] Es war ihr überaus wichtig, ihren Eltern die Wahrheit zu ersparen, auch wenn sie sich ihnen nicht besonders nahe fühlte. »Ich versuchte, meine Eltern zu schonen, indem ich mich unter dem Vorwand, Musikerin werden zu wollen, in die Anonymität einer großen Stadt begab«, erzählte sie später ihrer Freundin Malka Marom. »Und meine Mutter glaubte das, weil sie schon lange der Meinung war, ich würde nie etwas zu Ende bringen.«

Als sie in Toronto ankam, hatte sie nicht mehr als sechs Dollar in der Tasche. Das billigste Zimmer, das sie fand, kostete fünfzehn Dollar die Woche. Sie weiß noch, dass es »eine Dachkammer war, von deren Balken nur noch jeder vierte vorhanden war; die anderen hatten Mieter im letzten Winter verheizt, um die Zimmer warm zu halten ... Und vor mir lagen sechs Monate, ohne Arbeit.«[2] Die Auftritte in den Streikbrecher-Clubs hielten sie gerade so über Wasser. Martin Ornot, der Organisator des Mariposa Folk Festivals, erinnert sich, dass Joni schön, bescheiden und freundlich war. »Sie trug lange Umhänge oder Jeans, Lederjacken, die Gitarre in der Hand ... Sie schien der ruhige Typ zu sein. Wenn Verletzlichkeit bedeutet, dass Menschen etwas für sie tun wollten, dann war sie verletzlich. Man wollte einfach bei ihr sein und ihr helfen, soweit man konnte. Es lag nicht daran, dass sie bedürftig war – sie war einfach so nett.«[3]

An einem kalten kanadischen Wintertag, dem 19. Februar 1965, brachte Joni ein Mädchen zur Welt. Das Baby erinnerte mit den blonden Haaren und blassen Gesichtszügen sehr an sie selbst, und Joni gab ihm den Namen Kelly Dale Anderson.

Joni war allein, aber sie wollte das Baby nicht zur Adoption freigeben, also ließ sie es bei Pflegeeltern und kehrte in ihre Dachkammer zurück, ohne zu wissen, wie sie die nächste Wochenmiete bezahlen sollte und ob sie in der Lage sein würde, das Kind zu behalten. Und da sie sich so von ihren Eltern entfremdet hatte, kann man sich kaum vorstellen, wie das Gefühl, ein Baby im Arm zu halten, Erinnerungen daran wachrufen musste, wie verlassen sie sich selbst Jahre zuvor auf der Polio-Station gefühlt hatte.

Erst Monate später unterschrieb Joni die Adoptionspapiere. Ihre alte Highschool-Freundin und Mitbewohnerin in Calgary, Lorrie Wood, besuchte Joni nach der Geburt und konnte ihr durchaus Ratschläge erteilen. »Ich hatte auch ein Kind weggegeben, ganz kurz bevor Joni Kilauren [so nannten die Adoptiveltern das Baby, Anm. d. Ü.] weggab«, erinnerte sich Wood. »Man gibt sein Kind nicht einfach so zur Adoption frei. Es ist eine angsteinflößende Situation. Ganz schwierig. Man weiß nie, ob man sich später noch einmal wiedersieht. Man muss damit rechnen, dass es Höhen und Tiefen geben wird. Ich habe Joni gesagt, dass sie darüberstehen müsse, dass das Leben weitergehe. Ich habe ihr gesagt, es sei das Beste gewesen, das ich je getan hätte. Sie hatte ihre Karriere und ihre Musik – wo sollte da Platz für ein Kind sein? Sie würde so viel besser dran sein, vor allem, da sie keinen Partner hatte, der sich wirklich kümmerte. […] Jedes Mal, wenn sie das Kind ansah, war sie sprachlos, wie ähnlich es ihr sah. Das machte es für sie noch schwieriger, es wegzugeben. Ich habe ihr gesagt, dass sie an das Wohl des Kindes denken müsse und ihren Egoismus und ihre Ichbezogenheit wegstecken sollte. Sie war völlig mittellos und hatte nichts gelernt. Sie hatte nichts als die Musik, und sie hatte keine Vorstellung, was daraus werden würde.«

* * *

Auftritt Chuck Mitchell, damals 29. Er war älter und als Folksänger bekannter als Joni. Er hatte einen Bachelor in Englisch vom Principia College in Missouri, weshalb er sie, wie sie sagte, mit einer gewissen Herablassung behandelte. Er war ein Traditionsapostel, und Joni hasste irgendwann den Traditionalismus, den er verkörperte. Sie war immer stolz darauf gewesen, fortschrittlich zu sein. Trotzdem war es Chuck, durch den sie zu Joni Mitchell wurde – und das nicht nur, weil sie bei der Heirat seinen Namen annahm.

Joni traf Chuck im Penny Farthing, wo sie seine Interpretation von »Mr. Tambourine Man« korrigierte. Chuck war der Meinung, seine Version von Dylans Klassiker sei gar nicht so schlecht gewesen. »Ich hatte ein bisschen an ›Tambourine Man‹ herumgebastelt, ein paar Worte geändert«, schrieb mir Chuck Mitchell. »Ich habe den Song seit Jahren nicht mehr gesungen und kann mich an die Änderungen nicht mehr erinnern, aber ich bin sicher, dass sie angemessen waren und den Text außerordentlich verbesserten – schließlich habe ich einen Englisch-Abschluss.« Jonis Erinnerungen lassen nicht unbedingt darauf schließen, aber Chuck Mitchell kann schon irgendwie witzig sein.

Mitchell war hochgewachsen, sah gut aus und war Gewerkschaftsmitglied. Außerdem besaß er die amerikanische Staatsbürgerschaft und war Jonis große Chance, nicht nur zu einem potenziellen Vater für ihr Kind, sondern auch zu einem Visum zu kommen. Der Plan war, dass Joni bei Mitchell in Detroit einziehen würde, sie dann als Paar aufträten und, sobald sie genug Geld verdient hätten, das Kind, in Jonis Worten, »auslösen«[4] würden.

Chuck kam aus einer gebildeten Familie. Sein Vater hatte die Antioch University besucht, seine Mutter ein Studium am Mills College absolviert. Joni war für ihn »ein Prärie-Mädchen [aus einem] Provinzkaff … Ich meine, sie ging gern bowlen – da wir gerade bei Kitsch sind! – und das mit so kleinen Kugeln, wie es in Kanada üblich war.«[5] Als sie später über Chuck schrieb, er habe sie »einfach rundherum verachtet«, hatte sie ihm seine vielen kleinen Sticheleien noch immer nicht verziehen.

Doch erstmal waren sie ineinander verliebt. Das Paar zog in ein Haus ohne Fahrstuhl, und Joni erinnerte sich: »Wir lebten in einem Schwarzenviertel. Die Gebäude waren schäbig … Aber es gab viel Platz, und es war billig. Wir hatten Übernachtungsgäste, und wenn wir unterwegs waren, dann übernachteten wir bei denen. Zu dieser Zeit konnten wir uns keine Hotels leisten, also nahmen die Leute uns auf. Das war wirklich nett, eine Art Gemeinschaft.«[6]

Auch heute noch spricht Joni nur ungern über diese von Armut geprägte Zeit, aber gegenüber der kanadischen Rundfunkjournalistin Malka Marom, die 1973 eine Reihe von Interviews mit ihr führte, ließ sie ihre diesbezügliche Zurückhaltung fallen; der Journalistin Sheila Weller gelang in ihrem Buch *Girls Like Us* eine bewegende Schilderung von Jonis Situation. Weller steckte den Rahmen ab: »Tagsüber strich die frisch verheiratete Joni in Jeans die düsteren, verzierten Holzbalken, die Chuck abgebeizt hatte, rauchte dabei Kette (Filterzigaretten der Marke Tareyton) und stattete die Wohnung mit indianischen Decken vom Kaufhaus J. L. Hudson's und mit Antiquitäten aus Second-Hand-Läden aus, womit sie die bedrückende, deprimierende Höhle schließlich in ein grünes Fantasieland verwandelte, das direkt der Bildwelt von J. R. R. Tolkien zu entstammen schien.«[7] Es war das erste Mal, dass Joni eine Wohnung einrichtete, und es sollte sich zeigen, dass dies eines ihrer größten Talente war. Um eine Zeile von Graham Nash aufzugreifen, zu der sie ihn inspiriert hatte: Joni konnte praktisch aus allem ein »very, very, very fine house« machen.

Chuck Mitchell berichtete Weller, dass sich in ihrer frühen gemeinsamen Zeit alles um das Schicksal von Jonis Baby gedreht hatte. »Wir haben nun mal dieses Problem, Chuck«, sagte Joni zum Beispiel, während die beiden zwischen Detroit und Kanada hin und her fuhren, wo Joni weiterhin in Clubs spielte. »Was sollen wir machen? Was soll ich machen?«[8] Schließlich besuchten sie bei einer dieser Fahrten in Kanada das Pflegeheim, in dem Jonis Tochter lebte. Joni hielt das Baby im Arm. Chuck hielt das Baby im Arm. Und dann unterschrieb Joni die Erklärung über die vollständige Abgabe des Sorgerechts. Unter den Adoptionspapieren war auch ein Formular, das »Anonyme Hintergrundinformationen« hieß. Darin wurden ein paar Informationen für das Baby hinterlegt, ohne die Namen der Eltern zu nennen: Dass der Vater überdurchschnittlich groß, die Mutter an Kinderlähmung erkrankt und in Saskatchewan aufgewachsen war; und dann diese eine Zeile: »Mutter hat Kanada verlassen, um in den USA einer Karriere als Folksängerin nachzugehen.«[9]

Nachdem die Angelegenheit mit dem Baby geklärt war, konnte Joni sich auf ihre Musik konzentrieren. Sie fing an, im Chess Mate, dem größten Folkclub Detroits, aufzutreten, und Chuck und sie knüpften Kontakte: Sie freundeten sich mit Tom Rush an, der in Harvard studiert hatte und gerade von der Cambridger Folkszene in die Stadt gekommen war; und mit Bruce Langhorne, einem der wenigen berühmten Afro-Amerikaner der Folkmusik. (Langhorne hatte Dylan zu »Mr. Tambourine Man« inspiriert.)

Chuck und Joni fingen an, gemeinsam aufzutreten. Joni konnte ganz sicher ihre Frau stehen, aber sie brauchte einen Anstoß, um sich aus dem Café hinaus auf noch größere Bühnen zu wagen. Und Chuck war vielleicht ein Traditionalist, aber er hatte genug Ehrgeiz für sie beide; er half Joni, ihren Musikverlag zu gründen. Per E-Mail berichtete er mir: »Man darf nicht vergessen, dass wir beide talentiert waren, wenn auch auf ziemlich unterschiedliche Art. Es hat einfach Spaß gemacht, und viele Dinge passierten gleichzeitig; Songs wurden geschrieben, Gitarrenstimmungen ausprobiert, Kleider genäht, Vorhänge entworfen und aufgehängt, Haushaltsauflösungen und Auktionen und Rinderbraten und Yorkshire Pudding und grüne Bohnen und Kartenspiele, die die ganze Nacht dauerten und Soireen mit Troubadouren (sprich, wir schlugen uns in den örtlichen Clubs mit Songs durch). Es. War. Eine. Tolle. Szene.«

Es ist das Porträt einer Ehe im Jahr 1965, die zum einen in den Fünfzigern wurzelt, zum anderen aber bereits die Kreativität und das Chaos der kommenden Jahre andeutet. Joni schrieb Texte und hängte Vorhänge auf, kochte Yorkshire Pudding und strampelte sich mit Songs in örtlichen Clubs ab. Sie war nicht wie ihre Mutter. Sie war nicht in alten Mustern von Häuslichkeit gefangen, aber etwas von Myrtle hatte sie doch in sich: Sie wollte ihre Freiheit haben, sehnte sich aber zugleich nach einem Zuhause. Dass Mitchell noch Jahrzehnte später die Notwendigkeit sah zu beteuern, auch er sei talentiert gewesen, gibt vielleicht einen Hinweis darauf, was das Paar schließlich zur Trennung trieb.

»Chuck Mitchell war mein erster richtiger Ausbeuter, ein totales Arschloch«, erzählte mir Joni. »Damals waren wir ein Duo. Er machte immer einfach nur das, was das Publikum wollte. Sein Musikgeschmack war mir völlig fremd. Er stand auf Musicalstücke: Flanders and Swann – ziemlich altmodisch und clever –, und The Fantasticks. Für mich war das alles nur Schmalz.«

Chuck Mitchell besteht darauf, dass Joni seine Musik damals nicht völlig schlecht fand. Per E-Mail schrieb er mir: »Sie sagte, sie würde ein Brecht/Weill-Stück gut finden, den ›Bilbao-Song‹. Das sei mein Metier, und ich solle mich auf diese Art (Kabarett-)Musik konzentrieren. Ich glaube immer noch, dass das ein kluger Rat war. Aber Kabarett, das ist New York, oder vielleicht noch Chicago, und wie sich herausgestellt hat, bin ich ja doch ein Kind des Heartlands; in Des Moines, Iowa, ist der ›Matrosen-Tango‹ nicht sehr gefragt.«

Fünfzehn Monate nach ihrer Trauung, im Juni 1966, verließen Chuck und Joni Detroit in Richtung New York. Sie spielten im legendären Gaslight Café, und im Publikum saß Joan Baez. Jahre später erinnerte sich die Königin des Folk an diesen Augenblick: »Ich habe Joni noch vor mit, mit ihrem Pony und den langen Haaren. Sie sang da noch immer zusammen mit ihrem Partner, und ich weiß noch, wie ich dachte: ›Du musst diesen Typ loswerden.‹« Die Musikszene Detroits und die urbanen »Jazzer«, wie Joni sie nannte, hatten sie zu neuen Klängen angeregt; sie blühte auf, ließ ihr Folkrepertoire hinter sich und fing an, außergewöhnliche Musik zu machen. Von Tag zu Tag wurde sie besser. Chuck Mitchell schaut noch heute voller Ehrfurcht auf ihr musikalisches Können zurück: »Jonis Fähigkeiten beim Stimmen ihrer Instrumente waren geradezu mystisch, genauso wie ihr Geschick beim Gin Rommé, das sie immer gewann«, sagte er. »Ich glaube nicht, dass sie das von Anfang an draufhatte, aber ihr Gespür wuchs mit ihrem Songwriting. Und egal, mit welcher Stimmung sie anfing, es war immer die passende Tonart für die Songs, die wir gemeinsam auf die Bühne brachten. Sie benutzte auch häufig die Standard-Stimmung. Ich kann mich nicht erinnern, dass das Stimmen jemals ein Problem für Joni gewesen wäre – so, fertig, lass uns singen. Hört euch mal Aufnahmen früher Auftritte an. Es kündigte sich an.«

Die Standard-Stimmung, häufig auch Konzert-Stimmung genannt, wird von den meisten Menschen genutzt, damit eine Gitarre harmonisch mit anderen Instrumenten zusammenklingt. Die sechs Saiten sind auf die folgenden Töne gestimmt:

E A D G H E. Es gibt allerdings auch »alternative« oder »offene Stimmungen«, derer man sich bedienen kann: verschiedene Formen des Folksongs, eine keltische Stimmung, Blues und so weiter. Diese alternativen und offenen Stimmungen sind bekannt für ihren besonders vollen Klang, da die offen gestimmten Saiten harmonisch klingen. Als Joni 1966 begann, Songs zu schreiben, fing sie mit diversen offenen Stimmungen an, die es schon gab, und verwandelte sie dann in etwas, das man noch nie gehört hatte: Sie schrieb Songs hauptsächlich in gedroppten Stimmungen. Einige ihrer frühesten Kompositionen hatten komplexe, fast orchestrale Melodien; sie verschob einfache Akkordgriffe über die Bünde. Ihr Songwriting nahm 1966 Fahrt auf. Die offene Stimmung hatte sie bei Eric Andersen und anderen Folkmusikern gelernt, die in Cafés auftraten, wobei sie diese Technik aber schnell ausbaute und so ihre eigenwilligen Vokalparts schuf. Für die meisten Zuhörer, die nichts über das Gitarrenspiel wussten, klangen diese Stimmungen absolut anders als alles, was sie bis dahin gehört hatten.

Joni wurde zur Songwriterin. »Born to Take the Highway« war ein Song über das Ausbrechen, über die Abenteuerlust, die sie aus Saskatoon fliehen und irgendwie auch aus ihrer Ehe ausbrechen lassen wollte. »Urge for Going« stellte beides sogar noch deutlicher heraus: Die Vögel wissen, wann sie aufbrechen müssen, um den Winter im Süden zu verbringen. Und Menschen wissen, wann eine Liebe zu Ende ist. Es wurde zu einem Hit von George Hamilton IV in den Country-Charts und zum festen Bestandteil des Repertoires von Tom Rush. Es war erst Jonis zweiter Song, ein gewaltiger Schritt nach »Day After Day«. Und noch größere Schritte standen unmittelbar bevor.

Am 4. Oktober 1965 trat »Joni Anderson« bei *Let's Sing Out* auf, einem populären Folk-Fernsehprogramm, das von

Oscar Brand präsentiert wurde; mit von der Partie war der legendäre Folkie Dave Van Ronk, der auch »Bürgermeister der MacDougal Street« genannt wurde. Es war ihr Debüt als Folkkünstlerin und gleichzeitig ihr Abschied. »Ich bin da zwei Mal aufgetreten«, erzählte mir Joni. »Damals, als Joni Anderson, war ich eine Folksängerin. Sobald ich Joni Mitchell wurde, war ich keine Folksängerin mehr. Die Musik, die ich dann selbst schrieb, war keine Folkmusik mehr.«

Für Joni wurde der neue Nachname zum Kennzeichen ihrer Unabhängigkeit, der Enthüllung ihrer sexuellen und emotionalen Abenteuer. Joni Mitchell war der Name einer Frau mit Herz und Verstand, nicht der einer Frau von diesem oder jenem, obwohl er das – rein technisch gesehen – sehr wohl war. Je mehr Zeit verging, und je umfangreicher ihr Repertoire eigener Songs wurde, desto mehr profilierte sie sich, sodass Chuck und sie schließlich aufhörten, gemeinsam aufzutreten. Jetzt kam das Publikum wegen *ihrer* Stimme, *ihrer* Gitarre, *ihrer* Geschichten, *ihrer* Idiosynkrasien, *ihrer* Songs. Die Menschen fingen an, sich in sie zu verlieben. Und in den dunklen Clubs war es immer noch intim genug, um sich der Frau, der sie zu Füßen lagen, verbunden fühlen zu können.

Joni hatte Lorrie Woods Rat befolgt, die Adoptionspapiere unterschrieben und ihre Kelly Dale weggegeben. Das schürte in den nächsten drei Jahrzehnten sowohl die Hoffnung als auch die Wehmut, und beides brauchte sie zum Schreiben ihrer Songs. »Little Green« von 1966 erzählte alles, aber verriet nichts. Es dauerte weitere fünf Jahre, bis sie den Song veröffentlichte – zu einer anderen Zeit, auf einem anderen Level von Ruhm, viele Leben später –, aber er wurde sofort zum festen Bestandteil ihrer Auftritte. Am 26. Oktober 1967 saß Joni auf der Bühne des brechend vollen Cafe Au Go Go an der Bleecker Street – die Kameras nahmen alles in Farbe auf, und das Folkpublikum hätte fabelhafter nicht sein können. Sie trug ein pinkfarbenes Button-Down-Hemd und eine enge violette Hose. Sie hatte immer noch die Angewohnheit, bei ihren Auftritten zu lächeln, oder ein Lächeln zu unterdrücken, als wollte sie sagen: *Ich weiß, dass ich hier etwas ziemlich Außergewöhnliches habe, und egal wie melancholisch das vom Inhalt her ist, ich bin stolz darauf.* Es war das gleiche stolze Grinsen, das sie aufgesetzt hatte, als sie in einem CBC-Interview sagte, dass »die durchgängige Botschaft [ihrer] Songs einfach ein Glücksgefühl [sei]«. »Selbst die traurigen Songs sind nicht bedrückend, sie sind nur irgendwie voller Sehnsucht.« Mit zunehmendem Alter wurde es für Joni immer schwieriger, sich so ausweichend zu äußern. Aber sie gab ihr erstes Fernsehinterview, und es war Showtime angesagt.

Der Song, den sie an jenem Abend im Cafe Au Go Go spielte, war »Little Green«. Sie hatte ihn im Second Fret in Philadelphia bereits aufgenommen. Joni war weiterhin darauf aus, dass die Menschen sich in sie verliebten, und dieses dicht gedrängt stehende und erwartungsvoll tuschelnde Publikum schien dafür genau richtig zu sein. Sie sang etwas, das den Zuhörern in aller Offenheit ein Geheimnis offenbarte. Als der Song jedoch schließlich auf dem Album *Blue* veröffentlicht wurde, beklagte Timothy Crouse in einer Besprechung für den *Rolling Stone*, »der schöne, ›poetische‹ Text [sei] in einen höchst kryptischen Bezugsrahmen gekleidet, der jegliches Verständnis verunmöglich[e]«.[10] Aber Crouse hatte sich wie jeder andere in die Irre führen lassen.

Es gibt nichts Ehrlicheres als die Zeilen:

Child with a child pretending
Weary of lies you are sending home

Oder:

So you sign all the papers in the family name
You're sad and you're sorry, but you're not ashamed
Little Green, have a happy ending

Im Cafe Au Go Go klatscht das eifrige Publikum pflichtbewusst, und Joni lässt ein breites und großzügiges Lächeln aufblitzen, aber tief dahinter – viel, viel tiefer – zerbricht sie im Schutz der poetischen Worte und volltönenden Akkorde, die anders sind und noch viel melancholischer als auf *Blue*. Später sollte Joni erklären, dass dies der Anfang der geheimen Botschaften an ihre Tochter war. Selbst Songs wie »Big Yellow Taxi« bezogen sich auf die Erde, die ihrer Tochter einmal hinterlassen würde.

Außerdem hatte sie damit angefangen, in Songs über das Ende ihrer kurzen Ehe zu berichten. »I Had a King« zeigt die Künstlerin ganz offenkundig als Biografin. Joni spielt Märchenprinzessin und macht aus ihrem ersten Ehemann einen König, der schon längst die Türschlösser ausgetauscht hat:

I can't go back there anymore
You know my keys won't fit the door
You know my thoughts don't fit the man
They never can, they never can

Sie singt diesen Song als eine Solo-Künstlerin, die noch vor gar nicht langer Zeit widerwilliger Teil eines Duos gewesen war. Chuck Mitchell, der selbst keine Songs schrieb, war die andere Hälfte und auch ihr Ehemann – aber in Sachen Kreativität keineswegs ihr König. Nachdem sie ausgezogen war, wechselte er die Schlösser, und sie sang: »My keys won't fit the door.« Joni Anderson gab für ihn ihren Namen auf und noch eine Menge mehr. Édith Piaf, eine ihrer musikalischen Heldinnen, sang *Je ne regrette rien*, aber Jonis Song sprudelt vor Bedauern über. Er lebt geradezu davon. Als sie ausprobierte, wie der Song in Clubs ankam, nannte sie ihn »ein alltägliches, modernes Märchen«.

Der Song hat den Schwung eines klassischen, romantischen Kunstlieds:

I had a king in a tenement castle
Lately he's taken to painting the pastel walls brown
He's taken the curtains down …
I had a king dressed in drip-dry and paisley
Lately he's taken to saying I'm crazy and blind
He lives in another time …
I had a king in a salt-rusted carriage
Who carried me off to his country for marriage too soon
Beware of the power of moons …

Die Gitarre wiederholt im Einklang mit der Stimme ein Grundmuster, entwickelt es und löst es wieder auf. Sie hatte einen König – in der Vergangenheit. Sie ist, was sie ist, weil sie das, was war, verwirft; Gitarre und Stimme geben ihr Form und Schönheit, das ist ihre Rache. Es ist nicht die höhnische Abfuhr von Dylans »It's All Over Now, Baby Blue« (ein Song, den sie viel später in ziemlich veränderter Form auch mal einspielte). Das hier ist viel feiner, viel elegischer. Sie erklärt darin nichts, nur, dass sie heirateten, weil sie ein Baby hatte, und das viel »zu früh«, aber jeder Zeitpunkt wäre der falsche gewesen. Das Bedauern ist in diesem Song unüberhörbar; es ist ja nicht so, dass es einfach nicht funktioniert hätte, sie hatte lediglich einen unwürdigen Partner. Allerdings werden auch die Kräfte deutlich, die sie im Begriff ist zu entwickeln – ein Verweis auf die Unbeugsamkeit, die ihre Kunst und ihr Leben vorantreiben wird:

Ladies in gingham still blush
While he sings them of wars and wine
But I in my leather and lace
I can never become that kind

Die Welt wird Joni Mitchell noch sehr lange als zarte Blondine wahrnehmen, als Folkie mit Gitarre, einem süßen Lächeln und glockenhellem Lachen. Aber eine andere Joni kündigt sich schon an, eine, die weiß, was sie will, die ihre eigenen Songs schreibt und den Laden schmeißt: Kein Mädchen, sondern eine Frau, die tatsächlich in »leather and lace« gekleidet ist. »Mein Mann glaubte, ich sei dumm, weil er einen Abschluss in Literatur hatte«, erzählte sie mir. »Für ihn war ich eine Trophäenfrau. Er mochte meinen Körper, aber nicht meinen Geist. Er hat mich ständig beleidigt, denn er hatte diesen Dünkel der Gebildeten, was häufig nichts als akademische Dummheit ist.«

Und während Chuck vielleicht über eine umfassendere Bildung verfügte, waren Jonis Talent und Intelligenz doch erstaunlich. Bei David Crosby, dem Joni viel erzählte, klang das später so: »Sie hat schon immer einen sehr starken Unabhängigkeitsdrang gehabt, aber du kennst die Chuck-Mitchell-Geschichte, oder? Dieser Typ hätte jeden nach Unabhängigkeit streben lassen. Er hat sie einfach nur benutzt und klein gehalten. Ein talentloser Niemand, der sich ein enorm talentiertes Mädchen gekrallt und sie geheiratet hat, um sie unter Kontrolle zu haben und durch sie die Möglichkeit zu bekommen, aufzutreten und so seinen Lebensunterhalt zu verdienen. Dieser Typ spielte genauso wenig in ihrer Liga, wie ein Schaf so groß wie ein Elefant ist.«

Joni sagte später: »Je weiter sich mein Werk entwickelte, desto stärker wuchs mein Bedürfnis, auch mich zu entwickeln. Ich spürte, dass ich mit Chuck nicht wachsen konnte. Dass wir nie zusammenwachsen könnten. Dass ich mich von dem Duo verabschieden musste, dass ich ein Individuum werden musste, um wachsen zu können. Und sobald sich das Duo aufgelöst hatte, löste sich auch die Ehe auf.«[11]

Joni war auch als vierundzwanzigjährige geschiedene Frau, die ihr Kind heimlich zur Adoption freigegeben hatte, resolut. »Ich bin für alle Schwierigkeiten dankbar, die ich durchgestanden habe«, sagte sie. »Unglück hat den Lauf meines Schicksals geändert. So wurde ich zur Musikerin.«[12]

Kapitel 5

Bleib dir selbst treu

Im Flugzeug las ich *Henderson the Rain King* von Saul Bellow, und am Anfang des Buches sitzt der Regenkönig Henderson ebenfalls im Flugzeug. Er ist auf dem Weg nach Afrika, schaut nach unten und sieht Wolken. Ich legte das Buch zur Seite, schaute ebenso nach unten, sah ebenfalls Wolken und fing sofort an, »Both Sides, Now« zu schreiben. Ich hatte keine Ahnung, dass der Song mal richtig populär werden würde.«[1]

Ihr baldiger Ex-Mann hatte ihr aufgetragen, das Buch zu lesen. Bellow beschreibt darin die Rätsel und Erhabenheit des Reisens mit dem Flugzeug. »Wir sind die erste Generation, die sich die Wolken von beiden Seiten ansehen kann. Was für ein Privileg! Zuerst träumten die Menschen aufwärts. Jetzt träumen sie hinauf wie hinab.«[2] Damals spottete Chuck Mitchell über den Song. Was konnte seine junge Frau schon über die beiden Seiten des Lebens wissen? Joni war tatsächlich erst 23, als sie das schrieb, aber sie hatte bereits mehr vom Leben gesehen als die meisten jungen Erwachsenen. Die Beschreibung von Hendersons durch Erfahrung gefilterte Ehrfurcht berührte sie. »Und ich träumte auf die Wolken hinunter und dachte daran, wie ich als Kind zu ihnen hinaufgeträumt hatte, und wenn man – wie keine Menschengeneration zuvor – die Wolken aus beiden Richtungen angeträumt hat, sollte man seinem Tod eigentlich leichten Herzens entgegensehen können.«[3]

Nach der Landung griff sie sich eine Gitarre, um Melodie und Worte miteinander zu verbinden, und unterlegte die Zeile »I've looked at life that way« mit einem Blues-Riff, das den Worten jegliche Rührseligkeit entzog, ja sogar dem Falsett, in dem sie sang. Dieses Blues-Riff wird bei jedem Turnaround wiederholt; eine Mahnung, dass die Bilder der Kindheit sich – zunächst harmonisch gesehen – in komplexere Tonarten auflösen, in diesem Fall in den Mixolydischen Modus, in das, was die Bebop-Musiker eine kleine Septime nennen – und dann auch thematisch.

»Both Sides, Now« ist ein frühes Beispiel für eine Methode, die Joni ihre ganze Karriere lang auslotete: Sie nutzt eine wiederkehrende Metapher (oder Anapher) als verbindende Klammer für ein Konzept, das sie im Laufe des Songs ausweitet. Zunächst singt sie:

I've looked at clouds from both sides now

Um in der zweiten Strophe einen Bogen zu schlagen:

I've looked at love from both sides now

Jedes Mal, wenn sie die Metapher wieder aufnimmt, ist sie ein wenig anders und ein wenig tiefgründiger. Ihr Songwriting ist auch deshalb so kraftvoll, weil sie sich im Rahmen der vertrauten Vier-Minuten-Melodie konsequent weigert, einen Refrain einfach nur einen einprägsamen Kehrreim sein zu lassen. Sie zertrümmert diesen, bis etwas noch Stärkeres sichtbar wird. In der dritten Wiederholung schließlich heißt es:

I've looked at life from both sides now

Aber als Wissenschaftlerin, die bohrende Fragen stellt, aufmerksam beobachtet und forscht, kann sie letztendlich mit den Fakten nicht zufrieden sein und stellt heraus, dass ihre Befunde wenig überzeugend sind:

It's life's illusions I recall
I really don't know life at all

Trotz allem, was sie durchgemacht hatte, war Joni im Herzen noch immer eine Romantikerin. »Ich mochte diese ganzen Melodien aus der Zeit der Schnulzensänger sehr. Allerdings waren die Texte ziemlich schlicht gestrickt, für poetische Beschreibungen blieb da wenig Raum. Sie sind wunderschön, doch die Sprache ist sehr direkt. Das passt auch zu diesen Melodien. Aber ich mag die Art des Geschichtenerzählens von Bob Dylan viel lieber.«[4] Sie verfolgte Dylans Weg aus den Cafés in die Konzerthallen, aber sie folgte auch dem Weg, den er als Songwriter geebnet hatte, den Möglichkeiten, die seine besondere musikalische Ausdrucksform für eine junge Musikerin geschaffen hatte, die auf der Suche nach ihrer eigenen Stimme war. »Mit seinem Konzept der persönlichen Ansprache hat Dylan mich inspiriert. Es ist, als würde er in seinen Songs mit einem echten Gegenüber reden. Etwa: ›You've got a lot of nerve to say you are my friend.‹ So etwas hat niemand zuvor in einem Song gebracht, so eine direkte, unmittelbare Äußerung. Ich habe daraufhin angefangen, meine Texte zu personalisieren. Ich empfinde das für dich, oder von dir, oder wegen dir. Das war der Schlüssel, der alle Pforten geöffnet hat. Jetzt können wir über alles schreiben.«

Joni musste ihren eigenen Weg finden – ein Gleichgewicht schaffen zwischen der angestrebten Komplexität ihrer Geschichten und der Musik. »Was ich nicht aufgegeben habe, ist der Sinn für das Melodische, das Harmonische. Dylan vermittelte in einer einzigen Strophe jede Menge Gedanken, allerdings auf Kosten der Musik. Er schwang sich zu einsamen Höhen auf. Mein Job war es, daraus eine Mischform zu destillieren, die in einem gewissen Umfang melodische und harmonische Sätze ermöglichte. Aber auch von einem bestimmten Level aus, um mich umfassender äußern zu können, um mehr zu sagen.«

Als Joni ihm »Both Sides, Now« vorspielte, saß Al Kooper in ihrer Wohnung in der 41 West Sixteenth Street. Seine Begeisterung für den Song, sein Instinkt für das, was er da hörte und was er in Joni gefunden hatte, sollte alles verändern. Al

Kooper war ein Meister darin, die Gunst der Stunde zu nutzen. Das bekannteste Beispiel dafür war seine Initiative im Aufnahmestudio, als Bob Dylan die Spuren von »Like a Rolling Stone« einspielte. Als Kooper bemerkte, dass der großartige Bluesgitarrist Mike Bloomfield zur Crew gehörte, wollte er schon seine Sachen packen. Doch dann fiel ihm auf, dass niemand an der Orgel saß, und er ergriff die Gelegenheit beim Schopf. Kooper bestand darauf, dass der Song einen Orgeltrack brauchte. Als er anfing, ein paar Akkorde zu spielen, drehte sich der Produzent Tom Wilson zu Dylan um und sagte: »Das ist kein Organist.« Dylan antwortete: »Sag du mir nicht, wer ein Organist ist und wer nicht.« Wilson hatte nicht ganz unrecht: Kooper wusste nicht, wie man eine Orgel spielt, jedenfalls nicht wirklich. Aber er sprang auf die Orgelbank und hatte binnen Sekunden den simplen Orgelpart kreiert, der »Like a Rolling Stone« eröffnet und Kultstatus gewonnen hat. Dylan lag richtig mit seinem Vertrauen in Kooper, und am nächsten Tag war Tom Wilson gegen einen anderen Produzenten ausgetauscht worden. Dieser Glücksfall machte aus einem unbekannten jungen Studiomusiker eine Musiklegende.

Als Kooper Joni Mitchell in ihrer Wohnung »Both Sides, Now« spielen hörte, sprang er trotz der frühen Stunde – es war drei Uhr morgens – zum Telefon und fing hektisch an, eine Nummer zu wählen. Judy Collins nahm ab und Kooper berichtete stürmisch von dem erstaunlichen Talent, das er gerade entdeckt hatte. Er war überzeugt davon, die noch fehlende Komponente für Collins' kommendes Album *Wildflowers* gefunden zu haben, und wenn sie sich den Song nicht sofort schnappen würde, dann würde sicher ein anderer daraus einen Hit machen.

Collins hatte zu diesem Zeitpunkt bereits einige musikalische Transformationen hinter sich. Zunächst ein klassisches Klavierwunderkind wurde sie zum Folk-Stimmwunder, dem nur Joan Baez das Wasser reichen konnte. (Bob Dylan schrieb »Daddy, You've Been on My Mind« für sie, auch wenn er die »Mama«-Version zusammen mit Joan Baez sang.) Mittlerweile sah sie sich eher als Entdeckerin, die die Songs anderer bekannt machte; darin wurde sie von ihrem Vater, einem blinden Diskjockey, sogar noch übertroffen.

Obwohl Judy inzwischen auch selbst Songs schrieb – Bob Dylan und Leonard Cohen hatten sie dazu ermutigt –, bestanden ihre Alben im Wesentlichen aus Kompilationen von neuem Rock und Folk in opulenten Orchestrierungen, die so klangen, als seien sie für den Soundtrack eines Broadway-Stücks gedacht. Und die Beatles zu covern hieß – selbst wenn ihr das sehr schön gelang –, dass man in Konkurrenz zu heißgeliebten Aufnahmen trat. Ein Talent zu entdecken, das noch nichts eingespielt hatte und nirgendwo unter Vertrag stand, war unbezahlbar.

Kooper entschuldigte sich, Collins aufgeweckt zu haben und versicherte ihr, dass es das wert sei. Ohne ein Wort der Begrüßung stürzte sich Joni, die mit gestimmter Gitarre nur auf ein Zeichen wartete, in »Both Sides, Now«, ein höchst persönlicher Song, den sie jetzt einem Menschen vorspielte, den sie noch nie getroffen hatte.

»Sie spielte mir am Telefon ›Both Sides, Now‹ vor, ein reines Wunder«, erinnerte sich Collins. »Kannst du dir das vorstellen? Dass mir das passierte? Wie unglaublich ist das denn? Absolut unfassbar. Ich hatte gerade ein Album in Arbeit und wollte den Song sofort aufnehmen. In dieser Nacht drehte ich durch und sagte: ›Ich muss diesen Song haben.‹ Am nächsten Tag fragte ich sie: ›Kann ich mit Jac Holzman zu dir kommen?‹ Daraufhin rief ich Jac an: ›Du wirst nicht glauben, was ich gerade gehört habe. Wir müssen Joni besuchen.‹ Also gingen wir zu Joni. Es gab noch ein paar Diskussionen, dass Dave Van Ronk den Song einspielen wollte und so. Dann sang sie uns den Song vor, und Jac sagte: ›Völlig klar! Der muss mit auf das Album.‹«

Der Song, den Joni ihnen vorspielte, war noch kein Hit – dazu brauchte es noch einige Studioarbeit –, aber Judy war einfach sprachlos, als sie die junge Frau über errungene und wieder verlorene Ideale singen hörte, über die Liebe in den Höhen von Hoffnung und Staunen und aus den Abgründen der Desillusion. Unter dem hochfliegenden Sopran und dem sich ergießenden Akkorden liegt ein bluesiger Turnaround; wenn man zugibt, dass man nichts über das Leben weiß, dann zerbricht die Fantasie in Realität, und man wendet sich dem Blues zu.

Judy erinnerte sich: »Wir gingen ins Studio, um ›Both Sides, Now‹ für *Wildflowers* aufzunehmen, und das ganze Setup war genau richtig, richtig für den Song in diesem Moment, denn wir hatten Josh Rivkin, der für die Instrumentierung zuständig war. Ich war wie verrückt nach Jonis Songs, einfach verrückt danach. Ich ging in ihre Wohnung, wo sie mir ›That Song About the Midway‹ und ›Michael from Mountains‹ vorspielte, die ich auch aufnahm. Es drehte sich alles darum, ihre Songs auf dieses spezielle Album zu bekommen, weil es ein wirklich großes Projekt war. Jeder bei Elektra stand dahinter. Es dauerte etwa neun Monate, bis es in die Charts kam. Wir haben immer wieder neue Anläufe genommen, immer wieder neu gemischt, bis es endlich das war, was wir uns vorgestellt hatten.«

Judy war achtundzwanzig und damit vier Jahre älter als Joni. Sie kannte sich aus mit Depressionen und Selbstmordgedanken, der Euphorie der Liebe, den Enttäuschungen der Scheidung und den Tücken und Freuden des kommerziellen Erfolgs. Ihre Betrachtungsweise war vielleicht nicht so allumfassend wie die Jonis, aber sie konnte sich ganz bestimmt in ihren Songs wiedererkennen – eine Erfahrung, die Joni in ihren Zuhörern wachrufen wollte, solange sie Musik machte.

»Ich war im Vorstand des Newport Festivals mit all diesen Jungs – George Wein, Harold Leventhal, Pete Seeger, Peter Yarrow. Die einzigen Frauen da waren Ronnie Gilbert [von den Weavers] und ich«, erklärte Judy. »Ich fing an, mich für einen Singer-Songwriter-Nachmittag stark zu machen, denn ich wollte Joni Mitchell auf der Bühne sehen. Und Leonard Cohen. Es war, als ob ich gegen eine Wand rennen würde. Sie wollten überhaupt nichts davon wissen. Sie waren in so einer merkwürdigen Retro-Phase, als hätten sie vergessen, dass Pete Seeger diese ganzen Songs geschrieben hatte. Alles, was sie interessierte, waren die alten Sachen. Wenn etwas nicht wenigstens zwanzig Jahre alt war, dann wollten sie nichts davon hören. Ich musste ihnen den Kopf waschen, damit sie kapierten, dass es dieses Nachmittagskonzert mit Joni und Leonard einfach geben musste. Tom Paxton war auch dabei, und Janis Ian. Es war wirklich eine riesengroße Sache. Ich wollte das für Joni, Leonard und Janis.«

Judy Collins konnte für einen aufstrebenden Singer-Songwriter wirklich ein Türöffner sein, das war Joni bewusst. Collins hatte die Telefonnummern der hohen Tiere von Newport und darüber hinaus, während Joni nur eine Musikerin für Musiker war und sich noch längst nicht in der Lage sah, jemanden abzuweisen, der sie an die große Öffentlichkeit bringen würde. Sie wurde zwar von Tom Rush, Ian and Sylvia und Buffy Sainte-Marie gecovert, aber sie lebte von Gig zu Gig.

Alle, die sie gesehen hatten, waren begeistert von dieser Stimme, die klang als entspränge sie einer Äolsharfe, von den eigenwilligen Gitarrenstimmungen und davon, wie sie von den Geheimnissen ihres Herzens wisperte und das mit einer Offenheit, die furchterregend sein konnte. Sie entwickelte eine Angewohnheit, die sie auch in den größten Hallen beibehalten sollte, nämlich intensiven Blickkontakt mit jemandem in der ersten Reihe aufzunehmen. Sie sang den ganzen

Auftritt über für genau diese Person, legte alles hinein, was sie hatte, und das möglicherweise für einen völlig Fremden. »Don't Give Yourself Away«, sang sie, aber genau das tat sie, Nacht für Nacht.

Doch bevor die meisten Menschen »Both Sides, Now« von Joni hören konnten, mussten sie es erst einmal von Judy Collins hören. Joni war nicht beeindruckt. Gegen die Tantiemen oder den Ruhm von Judys Grammy hatte sie nichts einzuwenden, aber was Judy mit ihrem Song gemacht hatte, das gefiel ihr nicht. Es gab ein paar Menschen, mit denen Joni ziemlich harsch sein konnte, und Judy gehörte dazu. »Judy Collins klingt wie die Jungfer im Greenroom«, sagte Joni herablassend. »Sie hat so etwas Affektiertes an sich.«

Joni hat aus ihrer Meinung zu Judy Collins kein Geheimnis gemacht, was Collins nun wieder Rätsel aufgab. »Joni ist nie darüber hinweggekommen, dass sie berühmt wurde, weil ich den Song eingespielt habe«, berichtete sie mir. »Es war erstaunlich, und ich bin ewig dankbar – Joni wohl eher nicht. Ich habe einmal David Crosby gefragt, wieso Joni so sauer auf mich ist. Er hat gesagt: ›Joni hasst jeden.‹ Wenn Joni eine Affäre hat, dann passieren noch ganz andere Dinge in ihrem Kopf, oder wenn andere etwas Tolles für sie tun. Ich habe etwas Tolles für sie getan. Und ich fühle mich geehrt, ein Teil davon zu sein. Wie kann man nur auf die Idee kommen, dass das nicht für uns beide ein Segen war? Es war der Beginn ihrer Karriere! Warum macht man jemanden herunter, der einem den größten Gefallen der Karriere getan hat? Das ist schon ziemlich unverschämt.«

Es gibt eine technisch schlechte Bootleg-Aufnahme des Songs von Joni, ein paar Monate, nachdem Judy ihn gehört hatte, und auch nach Newport. Die Aufnahme entstand im September 1967 im White Swan in Leicester, England. Später würde Joni über ihre Stimme während dieser Zeit sagen, sie höre sich an wie »ein piepsiges Mädchen auf Helium«, doch ihre Zuhörer waren offensichtlich begeistert. Damals hatte sie bereits einige ihrer künftigen Hits geschrieben – darunter »Urge for Going«, »The Circle Game« und »Chelsea Morning« –, sie aber noch nicht eingespielt. Kichernd und unprätentiös quasselt sie zwischen den Songs, während sie die Stimmung ihrer Gitarre anpasst.

James Taylor sagte später voller Bewunderung: »Joni hat ihre Musik selbst gemacht, inklusive der Gitarrenstimmungen. Von den Anfängen ihres Schreibens an hat sie auf einer Leinwand gemalt, die sie selbst aufgezogen hat. Niemand hat ihr etwas beigebracht, sie hat sich alles allein beigebracht. Und selbst in diesen frühen Kompositionen stößt sie auf eine Harmonie oder eine Akkordgruppe, die nie – wie könnte es anders sein – gewöhnlich ist.«[5]

Während sie die Gitarre auf einen offenen A-Akkord stimmt (die *Clouds*-Fassung wurde dann in Fis eingespielt – ein offener D-Akkord mit dem Kapodaster im siebten Bund), klingt sie schüchtern und schweift immer wieder ab, wie eine eifrige Studentin, die ihre Leseliste nicht abgearbeitet hat. Sie erklärt dem Publikum, das den Song damals schon gut kannte, was sie dazu angeregt hatte, ihn zu schreiben: »Vor kurzen gab mir ein Freund ein Buch, *Der Regenkönig*, und ich habe auch angefangen, es zu lesen, aber ich habe es nie durchgekriegt. Bei der Hälfte habe ich aufgehört, der Plot blieb irgendwie in der Luft hängen – im wahrsten Sinne des Wortes –, und dann hatte ich plötzlich die Idee für den nächsten Song … Ich fand die Vorstellung der Wolken von beiden Seiten sehr schön … und ein paar andere Sachen von beiden Seiten.«[6] Und dann fängt Joni an zu singen, wie nur sie es kann.

Kapitel 6

Der Mann der Worte: Leonard Cohen

Der Produzent George Wein rief 1954 das Newport Jazz Festival ins Leben. Im ersten Jahr fand es im Newport Casino statt, und Akademiker redeten bei Podiumsdiskussionen über die Notwendigkeit, dem Jazz mehr Ansehen zu verschaffen; schon bald darauf sprach man vom Jazz als der klassischen Musik Amerikas. Auf der weitläufigen Rasenfläche vor dem Kasino dieser Küstenstadt stand eine Bühne. Am Samstag, dem 17. Juli 1954, traten Ella Fitzgerald, Oscar Peterson, das Dizzy Gillespie Quintet und mehr als ein weiteres halbes Dutzend namhafter Jazzmusiker auf. Am 18. Juli feierte man Billie Holiday als Star des Abends. Das erste Festival verzeichnete mehr als dreizehntausend Besucher: ein überraschend junges und gemischtrassiges Publikum. Der Protest vieler weißer und großbürgerlicher Einwohner der Stadt gegen das Festival machte es nur noch populärer.

Fünf Jahre später lancierte Wein eine Schwesterveranstaltung: das Newport Folk Festival. Der Überraschungsgast war Joan Baez. 1963 schrieb Baez Geschichte, als sie Bob Dylan als *ihren* Überraschungsgast vorstellte. Judy Collins wusste also ganz genau, was sie tat, als sie die unbekannte Joni Mitchell und ihren kanadischen Kollegen Leonard Cohen auf die Festivalbühne brachte: Sie stellte sie damit der Welt vor. Was sie nicht wusste, war, dass sie auch Mitchell und Cohen einander vorstellte. Es war der Anfang einer romantischen und kreativen Freundschaft, die die Karrieren beider nachhaltig beeinflussen sollte.

Auf den Fotos, die an diesem Tag entstanden, wirkt es nicht so, als hätten die beiden sich gerade erst kennengelernt. Ein Albumcover würde auch nicht viel anders aussehen. Cohen ist dreiunddreißig, trägt einen Blazer, ein frisch gebügeltes Hemd und hält die Gitarre in Händen. Joni ist in ihrem Minikleid und T-Steg-Pumps das Ebenbild moderner Eleganz. Die beiden strotzen nur so vor Ausgelassenheit,

Jugend, Schönheit und künstlerischem Ehrgeiz. Sie wirken völlig entspannt, als wären sie bereits Liebhaber. Joni strahlt, und bei Cohen ist nichts von der *Angst* [Deutsch im Original, Anm. d. Ü.] zu spüren, die ihn im vergangenen halben Jahr immer wieder überfallen hatte. Obwohl er so labil war, hatte Judy Collins ihn vor ein paar Monaten zu einem Auftritt im Fillmore gedrängt, wo er in einem Anfall von Lampenfieber mitten im Song von der Bühne geflohen war. Collins überredete ihn, zurückzugehen und »Suzanne« fertig zu spielen. Das Publikum war von seiner glaubwürdigen Nervosität so beeindruckt, dass es in anerkennenden Beifall ausbrach.

Cohen hatte ein Gutteil des vergangenen Jahres im Studio verbracht, um sein Debütalbum *Songs of Leonard Cohen* einzuspielen – es zumindest zu versuchen. »[Der Produzent, John] Hammond schuf eine sehr freundliche Atmosphäre und saß mir nicht ständig im Nacken«, erinnerte sich Cohen. »Dann hatte er einen Herzinfarkt, und ich fuhr runter nach Costa Rica, um mich am Strand zu entspannen, weil ich so verängstigt war. Später ging ich zu einem Hypnotiseur und sagte ihm: ›Ich habe vergessen, worum es in all meinen Songs geht. Können Sie mich hypnotisieren, damit ich mich erinnern kann, was ich gemeint habe, als ich sie schrieb?‹« Jetzt in Newport hatte er wieder mehr Selbstvertrauen. Oder zumindest einen besseren Tag.

Als Musiker war Cohen Joni nicht ebenbürtig; er beherrschte nur eine begrenzte Anzahl von Akkorden auf der Gitarre, und seine Stimme war eher ein Brummen, das zwar hypnotisch sein konnte, allerdings nur bei denen Wirkung entfaltete, die sich von den Inhalten und seiner Persönlichkeit betören ließen. Aber Cohen bildete sich nichts auf seine musikalischen Fähigkeiten ein. Er war ein »Mann des Wortes«, ein selbstbewusster Autor, Leser, Verehrer, Liebhaber. Jedenfalls schlug Jonis »jive detector« zu diesem Zeitpunkt noch keinen Alarm.

Cohen wurde nach Chuck Mitchell der wichtigste Mann in Jonis Leben, und er war für sie sicher viel wichtiger als jener, auch wenn ihre Romanze mit Unterbrechungen nur ein paar Monate dauerte. Später sollte Joni ihn einen »Boudoir-Dichter«[1] nennen. Aber das Boudoir der beiden war nicht nur ein Ort der Verführung und Befriedigung – mit Cohen sollte daran nie Mangel herrschen –, es war ebenso ein Ort für Poesie, für spirituelle Sehnsüchte, für eine unermüdliche, ja zwanghafte Suche nach tiefer und immer tieferer Bedeutung. Bei ihrem Zusammentreffen war er neun Jahre älter als sie, und als er sein erstes Album aufnahm, *Songs of Leonard Cohen* (das Ende des Jahres 1967 herauskam), hatte er bereits vier Gedichtbände und zwei Romane veröffentlicht.

Doch Joni war unwiderstehlich – die Verbindung aus Stimme, Gitarre, Worten und Erscheinung; eine Schönheit, die nichts als Schönheit hervorbrachte. Und mit Cohen war nicht mal Gelegenheitssex nur eine Gelegenheit, sondern stets ein Pfad zu zwei Seelen, zu Wörtern, zu Inspiration. »Inspirieren« heißt wörtlich »Leben einhauchen«. Der Cohen dieser Jahre war die Kombination von sprühender geistiger und körperlicher Lust. Zur Kunst der Verführung gehörten für ihn die Verse von Lorca, Camus' Philosophie und die Weisheit der Zen-Meister. Und hier auf dem Newport Festival stand diese strahlende Frau vor ihm, die ihm nicht nur ihren Körper, sondern auch ihren Geist öffnete. Wenn Chuck Mitchell ihr Bücher vorschlug, hatte das immer etwas Herablassendes. Cohen hingegen rief in Joni die Lust aufs Lesen wach, ließ sie die Literatur als weitere Inspirationsquelle erkennen.

Joni erinnerte sich: »Ich habe gesagt: ›Leonard, ich muss lesen, ich bin ungebildet.‹ Ich habe gesagt: ›Meine Buchreferate habe ich über Comics gehalten.‹ Und er sagte: ›Für jemanden, der nichts gelesen hat, sind deine Texte ziemlich gut.‹ Zum Ende meiner Ehe hin war ich ziemlich verbittert und sagte zu Leonard: ›Ich brauche eine Leseliste, denn mein Mann hat bei mir Komplexe ausgelöst, weil ich nichts gelesen habe, von den Tolkien-Büchern mal abgesehen.‹«

Als sie dann anfing, Lorca, Camus und Rilke zu lesen, stellte sie enttäuscht fest, dass Cohen sich bei allen bedient hatte. Diese Enttäuschung lag daran, erklärte sie, dass sie am gleichen Tag Geburtstag hatte wie »die Entdeckerin« – Madame Curie. »In meinem Horoskop steht, dass ich Neues schöpfe«, sollte sie sagen, und von T. S. Eliots Maxime »Unreife Dichter imitieren, reife Dichter stehlen« hielt sie überhaupt nichts.

Damals wusste Leonard Cohen nicht, wie sehr seine literarische Prägung an der neuen Geliebten nagte. Später erzählte er: »Irgendwo habe ich gelesen, dass sie das Gefühl hatte, ich hätte sie irgendwie betrogen, weil ich ihr nicht gesagt hatte, dass Camus ein Buch mit dem Titel *The Stranger* [Der Fremde] geschrieben hatte, und einer meiner Songs ›The Stranger‹ hieß. Der Song hatte weder was mit dem Buch zu tun, noch war ich der erste mit dem Songtitel ›The Stranger‹. Sie glaubte, ich hätte Camus plagiiert.«

»Ich stieß auf eine Menge Lorca und Camus in seinen Texten«, erinnerte sich Joni. »Und er lebte auch wie Camus, bis hin zu seiner Kleidung und seinem Haus auf Hydra. Für mich war das enttäuschend, denn ich hatte ihn davor für ziemlich originell gehalten. Ich habe ein perverses Bedürfnis nach Originalität, Nachahmer interessieren mich überhaupt nicht. Ich bin kein Traditionalist. Mich reizen dic Entdecker. Nicht das ›Neue‹ im Sinne von einem neuen Gesicht, so wie ›neu‹ benutzt wird, um etwas zu verkaufen. Die sind überhaupt nicht neu. Das sind nur neue Leute, die denselben alten Kram machen. Trotzdem ist ›Suzanne‹ ein sehr schöner Song.«

Joni glaubte (fälschlicherweise), dass »Walk me to the corner / our steps will always rhyme« von Camus geklaut war, wobei ihr die Schönheit des Songs jedoch nicht entging. Es war ein Song über die Zurückhaltung, so, wie Cohens »Dress Rehearsal Rag« ein Song darüber ist, *keinen* Selbstmord zu begehen. In »Suzanne« geht es darum, eine schöne Frau eben *nicht* zu verführen. Jahrzehnte später wunderte sich Cohen: »Wir haben da eine Art Realität heraufbeschworen, die keiner von uns lebte. Die Songs waren viel besser als wir. Wir wussten gar nicht, wie gut sie waren. Ich hatte keine Ahnung, dass ich ›Suzanne‹ vierzig Jahre später immer noch singen würde.«

»Suzanne« machte Cohen berühmt. Judy Collins nahm den Song für *In My Life* auf, jenes Album, das *Wildflowers* vorausging. Inspiriert wurde er von der schönen Frau eines Freundes, die er dann doch nicht verführte. Dafür schrieb er einen Song, in dessen erster und dritter Strophe er ihre Schönheit beschreibt, und in deren zweiter er sich Jesus zuwendet – was bei einem Juden, der im größtenteils katholischen Montreal aufwuchs, durchaus überraschen mag. Cohen schien einfach ein Mann zu sein, der immer die richtigen Worte fand, ein Mann, der von Poesie, Mystizismus und Weisheit beseelt war und all dies in seine Kunst der Verführung einfließen ließ. *Songs of Leonard Cohen* ist eine einzige, raffinierte Verführung, und Joni – wohlwissend, dass eine Beziehung mit so einem Mann wenig Aussicht auf Dauer hatte – konnte seinem Charme nicht widerstehen.

Doch auch nach ihrer Enttäuschung prägte Cohen weiterhin ihr Werk. In Jonis Zeile aus »Chelsea Morning« – »The sun poured in like a butterscotch and stuck to all my senses« – hallt sein »The sun pours down like honey on our lady of the harbor« aus »Suzanne« wider. Außerdem schrieb sie einen unveröffentlichten Song mit dem Titel »The Wizard of Is«, der »Suzanne« bis aufs Haar gleicht; vielleicht war es ein persönliches Experiment, als wolle sie »Suzanne« für sich reklamieren, wenn auch nur heimlich.

Joni und Leonard waren noch ein Paar, als sie 1967 den Namen ihres Musikverlags änderte: Aus »Gandalf« (eine Anspielung auf den *Herrn der Ringe*) wurde »Siquomb«. »Frei nach Tolkien«, erzählte sie mir, »habe ich ein Königreich erfunden, das von Königin SIQUOMB (She Is Queen Undisputedly of Mind Beauty) und König HWIEFOB (He Who Is Especially Fond of Birds) regiert wird. Es hieß Fanta und lag an der Grenze zur Realität. Ich fing auch an, Fantasievögel zu zeichnen, Spatzen mit Pfauenschwänzen, alles ziemlich naiv. Auf dem ersten Albumcover sind eine ganze Menge davon zu sehen.«

Joni strebte nach »Mind Beauty«, nach geistiger Schönheit, während Leonard ihre Schönheit auf vielfältige Weise bewunderte. »Leonard glaubt wie viele andere Menschen, dass es dabei um mich geht. Aber es geht um die Frage: Was ist geistige Schönheit? Die finde ich nur ganz selten. Die meisten Menschen halten das für pure Einbildung. Sie denken, dass es immer nur um mich geht.«

In einer Hommage, die Leonard Cohen für das kanadische Luminato Festival schrieb, das Joni anlässlich ihres 70. Geburtstags ehrte, glaubte er offenbar immer noch, dass es bei »geistiger Schönheit« nur um sie ging:

> Master Poet. Master Painter. Most Subtle Technician of
> the Deep. You are indeed Queen Undisputed of Mind Beauty.
> Star-breasted, Disguised as a Ravishing Piece,
> You Changed the Way Women Sing, and the Way
> Men Listen. What an Astonishing Victory over
> the Unforgiving Years![2]

Leonard erkannte die Schönheit von Jonis Geist. Letztendlich mag er sie enttäuscht haben, aber dieses Gefühl beruhte keineswegs auf Gegenseitigkeit. »Ihre Schönheit war die exakte Manifestation ihres ganzen Wesens«, sinnierte Leonard.

»Sie war nicht bloß ein weiteres hübsches Gesicht, obwohl mir das damals, so jung wie ich war, natürlich auch auffiel. Aber irgendetwas an diesem Gesicht war wie gemeißelt.«

Dass Joni und Leonard beide einen Song mit dem Titel »Winter Lady« geschrieben hatten, bevor sie sich kennenlernten, war reiner Zufall. Aber in Jonis Song »Marcie« zeigt sich eine Feinfühligkeit im Umgang mit Sprache, Farben und Wiederholungen, die Cohens Einfluss zu belegen scheint, zumindest dem zufolge, was sie im Laufe der Jahre über das Stück gesagt hat.

»Marcie« ist die traurige und schlichte Geschichte eines Mädchens, das auf einen Brief wartet und auf Liebe hofft. Musikalisch ist der Song Cohen weit voraus, er geht quer durch alle Oktaven und mischt mit sicherem Gespür Klangfarben, die so dramatisch sind wie die Farben der Natur, der Gefühle, der Geschmäcker und der Stadt. Ursprünglich hieß der Song entweder »Portrait in Red and Green« oder »Ballad in Red and Green«, weil sie sich darin der Palette einer Malerin bedient: Es gibt ein gelbes Taxi, grüne und rote Ampellichter, rote Wut, grüne Eifersucht. Bilder türmen sich in schockierender Schönheit wie chromatische Harmonien mit Akkorden, die so unerwartet wie unausweichlich sind.

»Marcie« verdeutlicht, wie vielschichtig ein Joni-Mitchell-Song wirklich ist: die Klangfarben, der Text, die mehrere Oktaven umgreifende Stimme in all ihrer Pracht, gesungen von einer Frau voller Traurigkeit und Schönheit – man weiß gar nicht, wo man anfangen soll. Und wenn man ihr dabei zusieht, wie sie den Song auf die Bühne bringt – zum Beispiel im Cafe Au Go Go im Oktober 1967 in New York, als sie ihre rosa-glänzende Bluse und die purpurfarbene Hose trägt –, dann versteht man, dass sie die Leidenschaft von Leonard weckte – wie die all jener Männer, die noch folgen sollten.

1968 hatte sie keine Bedenken, Cohen den Verdienst an der Poesie von »Marcie« zuzuschreiben: »Meine Texte sind von Leonard beeinflusst [...]. Mein Song ›Marcie‹ hat eine Menge von ihm, und auch seine religiöse Bilderwelt [...] hat wohl ein bisschen auf mich abgefärbt.«[3]

Wie bei »Both Sides, Now« stecken die repetitiven Elemente in der Melodie und dem Wort *Marcie*, aber der Song hat keinen Refrain, keine Anapher. Zunächst singt sie:

Reds are sweet and greens are sour

Dann macht sie aus den bunten Bonbons Gefühle:

Red is angry green is jealous

Zeit vergeht, und schließlich werden aus den Farben des Herzens Jahreszeiten:

Red is autumn and green is summer

Und dann sind wir in der Stadt angekommen, dort gibt es ein »yellow cab« und »Red is stop und green's for going«.

Aus B-Dur wird A-Dur, dann a-Moll und G-Dur. »Marcie« hätte auch leicht der rührselige Popsong einer Girlgroup werden können – eine verliebte Frau, die auf einen Brief wartet –, doch in Jonis Händen wird unendlich viel mehr daraus. Girlgroup-Songs von Goffin/King oder Bacharach/David sind natürlich großartig, aber Joni erzählt die Geschichte um einiges reichhaltiger und detaillierter, besonders durch die Jahreszeiten und die Farben. Daniel Levitin, ein Neurowissenschaftler und Musiker, der an der McGill-Universität lehrt, Cohens Alma Mater, sagte später: »Joni ist unglaublich erfinderisch in Bezug auf die Struktur ihrer Songs und die Harmonien. Sie hat sich schon sehr früh in ihrer Karriere vom Standardformat der Schlagerindustrie – Strophe-Refrain-Strophe – gelöst.«[4]

Und trotz Jonis Behauptung aus dem Jahr 1968, dass der Song von Cohen beeinflusst sei, gibt es eine Einspielung von »Marcie«, die 1966 im Second-Fret-Club in Philadelphia entstand, noch bevor sie Cohen überhaupt kennengelernt oder auch nur von ihm gehört hatte. Die Erinnerung kann ein treuloser alter Liebhaber sein. Es mag Gründe geben, warum sie sagte, dass »Marcie« von Cohen beeinflusst war. Trotzdem steht der Song völlig auf eigenen Füßen. Er ist sogar eine Art Generalschlüssel zu Jonis Bildwelt. Diese sollte bald durch die traurige Geschichte eines anderen Mädchens angeregt werden.

* * *

Der Gedanke an Jonis Kreativität beschäftigte Leonard Cohen noch viele Jahre später. »Sie kann keine Noten lesen, aber von Anfang an ist alles da, wie ein Geschenk der Götter«, erzählte er mir. »Sie wurde einfach so geboren. Und als ich zusah, wie sie ihre Gitarre umstimmte – für mich ist schon das bloße Stimmen der Gitarre eine Tortur, ich habe immer Angst, das nicht hinzubekommen. Ich war echt erleichtert, als ich endlich einen Gitarrentechniker hatte. Damit hatte ich immer Probleme. Und dann sah ich, wie Joni einfach an diesen kleinen schwarzen Knöpfen drehte und die Saiten ihrer Gitarre innerhalb von dreißig Sekunden in eine Stimmung versetzte, die niemand zuvor je gehört oder gespielt hatte. Ich habe sofort verstanden, dass da etwas ganz Besonderes passiert. Genauso mit dem Klavier. Ich war gerade bei ihr in Laurel Canyon, als ihr Klavier geliefert wurde. Sie setzte sich davor und spielte los. Allein schon die ganzen Stimmungen im Kopf behalten zu können zeugt von ihrem außergewöhnlichen Verstand. Ich weiß noch, dass ich von der Kreativität und der Fülle ihrer künstlerischen Vorhaben überwältigt war. Es war alles so viel enormer und reichhaltiger und vielfältiger und anscheinend müheloser als das, was ich versuchte. Ich war wirklich stark beeindruckt und irgendwie auch eingeschüchtert.«

Während ihrer kurzen Romanze, die von Spätsommer 1967 bis Anfang 1968 dauerte (wenn Joni nicht gerade bei David Crosby war), fragte Noel Harrison, der Sohn von Rex Harrison, der ebenfalls »Suzanne« eingespielt hatte, Cohen: »Wie ist das, mit Beethoven zusammenzuleben?« Was für eine Frage – und welch ein Kompliment! Für Harrison machte Jonis Genie sie weniger attraktiv. Cohen sah das völlig anders. »Es war ganz klar, dass ihre Begabung schon voll entwickelt war und nur darauf wartete, sich zu verwirklichen«, erzählte mir Cohen. »Sie hatte schon alles, was sie brauchte: Sie hatte keine Bildung, keine Ahnung und nie Musikunterricht gehabt. Sie hatte alles und brauchte niemanden, um ihr zu zeigen, wie es geht. Dadurch konnte sie frei entscheiden, von wem sie was lernen wollte, soweit ich das verstehe. Ich bin glücklich, dass ich einer von denen war, wie viele es sonst auch gewesen sein mögen. Es ist offensichtlich, dass sie wählerisch war, und sie musste nichts mehr dazulernen. Die Songs waren vollkommen. ›Both Sides, Now‹, ›The Circle Game‹ – vollkommen. Ihre Schönheit war so unwiderstehlich, dass sie tief in meinem Herzen verwurzelt war. Ich glaube, in ›Joan of Arc‹ geht es um Joni.«

In Cohens Song »Joan of Arc« geht es natürlich eigentlich um Jeanne d'Arc. Cohen wuchs als Spross einer wohlhabenden jüdischen Familie in Quebec auf und war fasziniert von den Barmherzigen Schwestern, auf die er dort überall traf. Der Song handelt von einem Gespräch zwischen Jeanne d'Arc und dem Feuer, das sie töten wird. Einige waren der Meinung, Cohen schrieb über Nico – eine Frau, von der er glaubte, sie würde mit jedem schlafen, nur nicht mit ihm, was ihn maßlos verbitterte. Aber Cohen zufolge ging es auch um Joni – Joni d'Arc. Als sie einmal darüber grübelte, wie präsent sie in seinen Songs ist, sang sie mir diese Zeilen vor:

She said, »I'm tired of the war,
I want the kind of work I had before,
A wedding dress or something white
To wear upon my swollen appetite.«

Joni ist zäh, wie Jeanne d'Arc. Auch sie hat eine Mission, für die sie sogar zur Märtyrerin werden würde, aber bei ihr geht es um ihre Unabhängigkeit – und sie widmet sich ihr über einer Schachtel Zigaretten. (Der Song beschreibt morbiderweise Jeanne d'Arcs »long and smoky night«.) Was das Hochzeitskleid betrifft, so taucht es in vielen von Jonis Songs auf, ganz besonders in »Song for Sharon«.

»Swollen appetite« meint etwas ganz anderes, etwas, das mehr in Richtung »leben mit Beethoven« geht – oder mit einer weiblichen Version von Leonard Cohen, mit seiner Art der Liebe und seinem Freiheitsdrang. »Ich habe immer geglaubt, dass es in ›Joan of Arc‹ um mich geht«, erzählte mir Joni. »Aber was soll dann mein ›swollen appetite‹ sein? Ich denke, das ist eine Projektion. All diese Don Juans glauben, dass ich ein Don Juan bin. Ich bin mal auf einer Party Warren Beatty begegnet, der wurde in meiner Gegenwart ganz nervös. Ich hatte ihn schon jahrelang nicht mehr getroffen, und er nannte mich einen Don Juan. ›Ich bin kein Don Juan‹, habe ich gesagt. Aber wenn ein Kerl mich unterwerfen will, dann halt ich nicht still und lasse ihn machen. Aber darauf sind Männer wohl aus.«

Joni war außerdem davon überzeugt, dass Cohens »Bird on the Wire« von einem Bild inspiriert war, das sie ihm gezeigt hatte und in dem sie ausdrückte, wie wenig sie in die Familie ihres Ehemannes gepasst hatte. Sie dachte, Cohen würde es verstehen. »Das Bild war für die Mitchells. In dieser Familie war ich eine völlige Außenseiterin, und dann habe ich dieses Bild gemalt und es Leonard gezeigt. Auf dem Bild sitzen Spatzen auf einer Leitung. Der Hintergrund ist rosafarben, und es gibt Spatzen mit Pfauenschwänzen, all diese fiktiven Vögel – einer für jeden Mitchell, wobei einer von ihnen kopfüber von der Leitung hängt. Wer wohl? Ich glaube, das hatte einen gewissen Einfluss auf ›Bird on the Wire‹. […] Ich habe es an einem Sonntagmorgen gemalt, und es geht darum, dass ich nicht zu ihnen passte. Sie hatten alle die gleiche Erziehung. Es waren die ersten Yuppies. Sie waren Konsumenten reinsten Wassers. Sie waren Marken-Fetischisten. Ein Anzug musste von Brooks Brothers sein. Und nein, man trank nicht Canada Dry, man trank Vernors. Eis musste von Häagen-Dazs sein, als Auto kam nur ein Chevy Corvair infrage. Frank-Lloyd-Wright-Architektur und moderne dänische Möbel. Sie waren auf eine mir völlig unbekannte Art Materialisten, und ich hatte keinen blassen Schimmer, worüber sie eigentlich redeten.«

»Bird on the Wire« wurde enorm populär und immer wieder gecovert. Joni war sich sicher, dass die Popularität des Songs in diesem Porträt ihres eigentümlichen Ichs wurzelte – ein Vogel, der kopfüber an einer Leitung hängt, der nicht in den Schwarm passt. Cohen fing in Griechenland an, den Song zu schreiben, und vollendete ihn 1969 in Hollywood, nachdem Joni ihm das Bild gezeigt hatte. Kris Kristofferson sagte, er wolle die ersten Zeilen auf seinen Grabstein meißeln lassen, und Cohen meinte todernst, er wäre enttäuscht, wenn er es nicht täte.

Und was dieses Vöglein anging, das da kopfüber hing, so war er von Jonis Talent fasziniert, fühlte sich aber auch leidenschaftlich von ihr angezogen, wobei seine männliche Begierde sogar noch größer war als sein ästhetisches Feingefühl. Insofern war er davon überzeugt, nicht mit Beethoven zusammenzuleben. Andere mochten ihre eigenen Schlüsse ziehen, aber Cohen hatte ein klares Bild von ihrer Beziehung: »Die meisten Leute, die sie traf, waren von ihrer Ausstrahlung gefesselt«, sagte er mir. »Mich berührte ihre körperliche Schönheit allerdings mehr als ihre Musik. Beide sind natürlich miteinander verbunden, aber für einen jungen Mann inmitten eines hormonellen Wirbelsturms war sie eine strahlende Erscheinung. Die Musik gehörte dazu, doch für mich war sie einfach Athene, aber eine Athene mit Herz. Das Herz war Teil der Schönheit. Ich sah in Joni keine Konkurrentin. Ich war auf meinem eigenen Trip.«

»Ich war ein junger Mann, der von diesem strahlenden Menschen hingerissen war«, fuhr Cohen fort. »Zu der Zeit war ich mir schon ziemlich sicher, dass Joni eine Art musikalisches Monster war, dass sie durch ihre Begabung nicht in dieselbe Kategorie wie die anderen Folksänger gehörte. Zu dieser Begabung kam eine gewisse Wildheit. Sie war wie ein Sturm. Sie war eine wunderschöne junge Frau mit einer bemerkenswerten Begabung. Sie war eine großartige Malerin. Ich liebe ihre Bilder. Ihre Selbstporträts sind fantastisch. Sie hat eine ganze Reihe ihrer Bilder als Wandteppiche fertigen lassen, wunderschön. Sie ist eine Seele von Mensch. Eine beeindruckende Gestalt. Sie war schwierig, aber das konnte ich verkraften. Für mich war sie zuallererst eine begehrenswerte Frau, mit der ich durch die Musik viele Gemeinsamkeiten hatte.«

Joni nahm alles in sich auf, was sie von Cohen als Dichter lernen konnte. Gleich nachdem sie sich kennengelernt hatten, half Cohen ihr dabei, auf dem, was sie schon erreicht hatte, aufzubauen und jene tieferen Bereiche zu entdecken, die einem Song sein *Duende* geben – ein Begriff, der aus der spanischen Folklore stammt und bei Lorca eine Art poetische Dunkelheit bezeichnet.

Songs sind wie Tattoos, sollte sie später singen, und ihre Bildwelten entstammen manchmal schmerzvollen und sogar potenziell gefährlichen Tiefen der Leidenschaft. Kein Liebhaber hat sie zu solchen Texten inspiriert wie Leonard Cohen, und selbst, als sie sich getrennt hatten, blieb sie mit ihm über Songs in Verbindung, am denkwürdigsten in »A Case of You«.

Sie weiß noch, dass Cohen zu ihr sagte: »I'm as constant as the Northern Star.« Shakespeares Julius Cäsar sagt das zu Brutus, und von da ist es nicht mehr weit bis zu »Et tu, Brute«. »Mir war klar, dass das aus *Julius Cäsar* ist«, erinnerte sich Cohen, »aber ich habe das ohne die Shakespeare'sche Ironie gesagt. Ich glaube, es bezog sich tatsächlich auf sie.«

»Als ich ihm ›A Case of You‹ vorspielte, meinte er: ›Bin ich aber froh, dass ich das geschrieben habe‹«, erzählte mir Joni. Der Song fängt so an:

Just before our love got lost you said,
»I am as constant as a northern star.«
And I said, »Constantly in the darkness
Where's that at?
If you want me I'll be in the bar.«

Die Spannung entstand aus ihrer unterschiedlichen Arbeitsweise beim Schreiben eines Songs. »Leonard war stocksauer, weil ich in einem meiner Songs einen Satz verwendete, den er gesagt hatte«, erinnerte sich Joni. »Für mich ist das kein Plagiat. Entweder klaut man beim Leben, oder man klaut aus Büchern. Beim Leben gibt es kein Copyright, bei Büchern schon. Das ist meine persönliche Meinung. Wenn man sich bei der Kunst eines anderen bedient, dann ist das Betrug. Aber beim Leben – da kann man sich bedienen, nicht wahr?«[5] Joni erinnerte sich, dass Cohen zu ihr sagte: »Love is touching souls.« Diese Zeile ist Rainer Maria Rilkes Gedicht »Liebeslied« entlehnt:

Wie soll ich meine Seele halten, daß
sie nicht an deine rührt?

Jonis Musik und Leonards Musik klammerten aneinander wie zwei Liebende, die sich niemals wirklich trennen konnten, und ihre Bewunderung für ihn war grenzenlos. Als Bob Dylans »Rolling Thunder Revue« 1975 nach Montreal kam, platze Joni damit heraus, dass sie eine »beinharte Bewunderin«[6] von Cohen sei. Als sie ihn besuchte, begrüßte er sie mit den Worten: »Meine kleine Joni.« Und so, wie sie es mit den meisten ihrer Ex-Lover tat, versuchte sie, auch mit ihm befreundet zu bleiben. »In den späten Siebzigern oder frühen Achtzigern waren wir mal zum Essen verabredet, aber er war ganz in sich gekehrt. Ich bemühte mich, das Gespräch am Laufen zu halten, und sagte schließlich: ›Leonard, magst du mich überhaupt?‹, denn er war so frostig. Darauf antwortete er: ›Na ja, was soll man denn zu einer früheren Geliebten sagen?‹«

»Ich sagte: ›Ach du lieber Gott. Da gibt's doch sicher ein paar Sachen.‹«

»Und er: ›Gut, du magst Ideen.‹«

»Ich sagte: ›Und du kannst den Mund nicht aufmachen, ohne dass eine Idee herausfällt.‹«

Joni fragte sich: »Aber was bedeutete das? Ich mag Ideen? Ich dachte, vielleicht ist er gerade mit einer Zen-Übung beschäftigt. Und danach sagte er jedes Mal, wenn wir uns sahen, nicht mehr als: ›Sie werden uns niemals verstehen, Joni.‹«

Als ich Joni 2015 traf, sagte sie etwas, das von ihrer Verletzlichkeit und Sehnsucht zeugte, von der sie glaubte, dass nur ganz wenige Menschen sie verstanden. »Ich bin so leicht zurückzugewinnen«, sagte sie. »Aber wenn man sich nicht trifft und nicht miteinander redet und die Gefühle erkaltet sind, was kann man dann noch machen?« War Cohen das klar? Konnte sich jemand, der Joni einmal geliebt hatte, vorstellen, dass Joni Mitchell – tief in ihrem Herzen – leicht zurückzugewinnen war?

Kapitel 7

Experienced

Mit »Both Sides, Now« änderte sich für Joni alles. Der Song kletterte in der Einspielung von Judy Collins bis in die Top Ten und gewann 1968 den Grammy für die beste Folk-Performance. Es war nur noch eine Frage der Zeit, bis sie selbst berühmt sein würde – besonders wenn man berücksichtigte, dass niemand ihre Stücke besser singen oder spielen konnte als sie selbst. Sie konnte es sich bereits leisten, ein Angebot von Vanguard Records, dem Label von Joan Baez, abzulehnen, das sie als »Versklavung« empfand. Und sie griff auch nicht zu, als das Angebot kam, sich von Bob Dylans Svengali[1] Albert Grossman managen zu lassen (der später im Flugzeug an einem Herzinfarkt starb, bevor er die juristischen Streitigkeiten mit seinem berühmten Mandanten beilegen konnte). Nachdem er sie zum Sushi eingeladen hatte (ihr erstes Mal), gingen sie in ihr liebevoll ausgeschmücktes Zimmer in Chelsea. Er war von ihrem perfekten Dekor so überrascht, dass er ihr sofort seine nahegelegene Wohnung im Village zeigte, die nicht viel mehr war als eine Matratze auf dem Fußboden. Er war davon überzeugt, dass sie im falschen Business gelandet war, und dass sie als Ehefrau besser dran sein würde – vielleicht sogar als seine. »Ich werde dich nicht managen«, sagte Grossman.

»Warum nicht?«, fragte Joni.

»Du solltest mich managen«, entgegnete Grossman. Sie sei zu häuslich, sie würde das Business hassen. Jahre später räumte sie ein, dass er damit nicht völlig falsch gelegen hatte. »Er hatte recht«, erinnerte sich Joni. »Ich bin häuslich, und ich hasste das Business. Aber ich hatte eine Verantwortung gegenüber meiner Begabung, denn ich entwickelte mich immer noch weiter, ob die Leute das mitbekamen oder nicht.«

Nachdem Grossman sie abgewiesen hatte, wandte Joni sich an Arthur Gorson, zu dessen Klientel auch Phil Ochs und Tom Rush zählten. Er wollte sie vertreten, verlangte dafür aber einen Fünfzig-Prozent-Anteil an ihrem Musikverlag.

»Na gut«, sagte Joni, »wenn ich dafür fünfzig Prozent deiner Managementfirma bekomme.«

»Bist du verrückt?«, fragte Gorson.

»Dito«, antwortete Joni. »Bist du verrückt?« Und damit ging sie.

Joni spielte einfach weiter ihre Gigs. Als Songwriterin hatte sie schon Erfolg gehabt; jetzt musste sie nur noch den Sack schließen und den Rest regeln. Elliot Roberts war nicht allein mit der Überzeugung, dass ihr das schon bald gelingen sollte.

Elliot Roberts hatte sowohl die Highschool als auch zwei Colleges geschmissen und die Schauspielerei aufgegeben, als er an die Tür der berühmten Agentur William Morris klopfte. Bei William Morris fingen alle nach Höherem strebenden Agenten in der Poststelle an, und Roberts war da keine Ausnahme. Beim Sortieren der Briefe und Ausliefern der Pakete traf er einen anderen Assistenten, der eine entscheidende Rolle in ihrer aller Karrieren spielen sollte – David Geffen. (Geffen hatte sich den Job mit einem gefälschten Abschlusszeugnis der UCLA besorgt. Als die Universität der Agentur einen Brief schickte mit der Mitteilung, dass Geffen – der das Brooklyn College abgebrochen hatte – dort nie eingeschrieben war, öffnete Geffen den Umschlag mit Hilfe von Wasserdampf und ersetzte den Brief durch eine gefälschte Bestätigung.) Roberts zählte bereits die kanadische Singer-Songwriterin Buffy Sainte-Marie zu seinen Klienten, als diese ihn zu einem Auftritt von Joni mitschleppte.

Sainte-Marie und Joni gingen beide aus der Café-Szene in Yorkville, Toronto, hervor. Sainte-Marie wurde im Reservat der Piapot First Nation in Saskatchewan geboren und wuchs bei Adoptiveltern in Massachusetts auf. Ihr Hit »Cod'ine«, in dem es um ihre Abhängigkeit von dieser Droge ging, sollte von Künstlern wie Donovan und Janis Joplin, Gram Parsons und Courtney Love gecovert werden. Sainte-Marie war kurz zuvor von *Billboard* als beste Newcomerin ausgezeichnet worden. Sie war ein aufgehender Stern, aber als Roberts Joni hörte, da hatte er das Gefühl – um Carole King zu paraphrasieren –, dass die Erde unter seinen Füßen bebte.

Es war vor allem ihr Songwriting, das ihn schwer beeindruckte. »Schon bei ihren ersten Auftritten«, erinnerte sich Roberts, »hatte sie zwanzig bis fünfundzwanzig Songs in Arbeit, davon können die meisten in ihrer ganzen Karriere nicht mal träumen … es war umwerfend.«[2]

Aber nicht umwerfend genug, um ihr einen Vertrag zu verschaffen. »Alles bei Joni war einmalig und originell, aber wir bekamen einfach keinen Deal zustande«, erzählte Roberts. Er bot sie jedem großen Label an. »Die Zeit des Folk war vorbei, Joni lag völlig quer zum Zeitgeist. Jeder wollte eine Kopie des Demotapes für, zum Beispiel, seine Frau, aber niemand nahm sie unter Vertrag.« Auch Joni erinnerte sich, dass das Timing für ihre Musik mehr als ungünstig zu sein schien. »Als ich anfing, machten gerade überall die Folkclubs dicht. Rock and Roll wohin man schaute, außer hier und da ein Underground-Club.«[3]

»Elliot versuchte alles, um mein Manager zu werden«, erzählte Joni. »Ich sagte: ›Ich brauche keinen Manager, es läuft ganz gut bei mir.‹ Aber er war ein witziger Typ. Sein Humor machte mir viel Spaß.«[4] Also wurde Roberts ihr Manager und zog mit ihr zusammen los, wobei er für sich selbst zahlte. Auf dem Weg von einer Stadt zur nächsten entwickelte Roberts einen Schlachtplan, der die Weichen für ihre Karriere stellte. »Das Vorbild war Bob Dylan, es ging nicht um Hits und darum, wie oft ein Song im Radio gespielt wurde«, sagte er. »Es ging darum, dass die Menschen in deiner Musik einen Leitfaden sehen und sie zum Soundtrack ihres Lebens machen.«[5] Es war eine starke neue Idee, doch sollte es eine Weile dauern, bis sie Ertrag abwarf. Dabei sprach sie alles an, was Joni ausmachte: warum Männer sich in sie verliebten und Frauen das Gefühl hatten, sie würde von ihren eigenen Geheimnissen singen. Man schrieb das Jahr 1967, und Joni brach mit der Tradition dessen, was eine Sängerin tun wollte und tun sollte, genauso, wie Frauen in allen Bereichen die gesellschaftlichen Erwartungshaltungen und Konventionen über Bord warfen.

Joni war schön und begabt, aber sie arbeitete sich die Finger wund. Sie erinnert sich noch an all die Pessimisten – und das sehr lebendig. Bernie Fiedler und seine Frau betrieben den Club Mousehole in Toronto. Joni trat in einem Laden namens Half Beat auf. Sie weiß noch, wie Fiedler und seine Frau eines Abends dort vorbeikamen, wohl um »ein bisschen zu spionieren«. Fiedler hatte, wie Joni es nannte, »einen großartig trockenen Humor«. »Heute sind wir befreundet, aber damals habe ich ihn nicht so recht verstanden.«[6]

Fiedler ging zu Joni und sagte: »Du versuchst wohl, dir den Baez-Sound zuzulegen, was?«

Joni hatte immer wieder angefragt, bei ihm auftreten zu dürfen, aber Fiedler wollte nichts davon wissen. Einmal sagte er zu ihr: »Darling, lass mich in Ruhe, mit Versagern gebe ich mich nicht ab.« Ein andermal ließ er sie wissen: »Klar, ich rufe dich an, wenn ich einen guten Tellerwäscher brauche.«

Das ging Joni unter die Haut. »Beide Male war ich ziemlich wütend auf Bernie. [...] Ich fühlte mich richtig beleidigt. Das entsprach zwar alles seinem Humor, aber in gewisser Weise war es auch ernst gemeint. Er hatte kein Interesse. Er konnte mit mir kein Geld verdienen.«

Joni wurde zu Joni durch die mehr als zehntausend Stunden, die sie unterwegs war. Ihre Mutter mag sie eine Drückebergerin genannt haben, aber man brauchte schon eine außergewöhnliche Ausdauer und Disziplin, um all diese Auftritte selbst zu buchen und mit dem Auto durch ganz Kanada und die USA zu fahren und dann fit auf der Bühne zu stehen.

Joni hatte schon ziemlich früh verstanden, dass es zu der Art Erfolg, die sie anstrebte, keine Abkürzung gab. Mit einer gewissen Verlegenheit erinnerte sie sich daran, wie sie einmal Gordon Lightfoot angesprochen hatte, ein Folk-Rock-Sänger, der ein paar Jahre älter als sie war und sich international bereits einiger Bekanntheit erfreute. Robbie Robertson von The Band nannte Lightfoot ein »nationales Kulturgut«, und Bob Dylan sagte bekanntlich, sein einziger Wunsch beim Hören eines Lightfoot-Songs sei, dass er »nie zu Ende gehen würde«. Joni erinnerte sich daran, wie sie gehofft hatte, ein paar Lebensweisheiten zu hören; er hatte all das, was sie wollte – bessere Buchungen, einen Vertrag und die Rechte an seinen Texten. »Er konnte wirklich nichts für mich tun, aber irgendwie fühlte ich mich doch im Stich gelassen durch seine Haltung, mir nichts raten zu können.«[7]

Als Menschen sich später an sie wandten, sie um Karrieretipps baten und hofften, sie könnte ihnen Möglichkeiten aufzeigen, wie man es ins Musikbusiness schafft, dachte Joni an Lightfoot zurück und an »die Lage, in die [sie] ihn manövriert hatte«. Sie sinnierte: »Der Weg, über den ich zwischen 1965 und 1973 erfolgreich wurde [...], war der einzig mögliche. Er bedeutete eine Menge Arbeit auf der Bühne. Ich bin ständig aufgetreten, und das sage ich den Leuten [...]. Ich glaube, wenn man wirklich großartig ist, dann wird man auch entdeckt. Für diejenigen, die nur gut sind, wird es wahrscheinlich schwieriger.«[8] Joni wusste, dass sie mehr als »nur gut« war. Während einer Tour durch Clubs in Michigan, mit dem tapferen Elliot Roberts im Schlepptau, stattete Joni ihrem Ex, Chuck Mitchell, einen Besuch ab. Es war »eine regnerische Herbstnacht [...], und der Kronleuchter verströmte ein stimmungsvolles, goldenes Licht«.[9] Sie stand mit dem Rücken zu Chuck, ihrem »Mietwohnungskönig«, und starrte aus dem Fenster auf die unter ihr liegende Straße. Und Chuck erinnert sich daran, dass sie zu ihm sagte: »Es wird passieren, Charlie. Ich habe zwar Angst, aber ich werde ein Star sein.«

David Crosby war nicht der attraktivste aller Verehrer. Sein rundes Gesicht, Schnurrbart und Fedora brachten Joni dazu, ihn mit der Looney-Tunes-Figur Yosemite Sam zu vergleichen, was nicht besonders freundlich war. Aber dieser Typ war eine große Nummer. Er war es, der die Harmonien der Byrds arrangiert hatte – ein entscheidendes Element für ihren Sound, das der Band mit Dylans »Mr. Tambourine Man« einen Nummer-eins-Hit beschert hatte.

Der Rockstar Crosby hatte gerade nicht viel zu tun und jede Menge Zeit. Sein Abgang von den Byrds hatte einen ironischen Kommentar auf der Titelseite des ersten *Rolling Stone* nach sich gezogen (»Byrd Is Flipped« [»to flip the bird« bedeutet »den Mittelfinger zeigen«, Anm. d. Ü.]). Letzten Endes konnte Leadgitarrist und Sänger Roger McGuinn Crosbys Egotrips nicht mehr ertragen – ob er sich nun als erster Verschwörungstheoretiker im Fall Kennedy aufführte, wenn er auf Konzerten »He Was a Friend of Mine« ansagte, oder nicht von dem Song »Triad« lassen konnte, in dem es darum geht, wie viel Spaß ein Mann mit zwei Mädchen gleichzeitig haben kann.

Crosby plante, in die Fußstapfen seines Vaters, eines Filmemachers, zu treten und die Welt mit einem Segelschiff zu umrunden. Er hatte sich gerade 22000 Dollar von Peter Tork geliehen, dem Bassisten der Monkees, um ein Boot zu kaufen, das in Florida vor Anker lag. Er war in Miami, um nach neuen Talenten Ausschau zu halten und klapperte die Clubs ab, in denen er selbst als unerfahrener Folkie aufgetreten war. So kam er auch ins Gaslight South im Viertel Coconut Grove, das die Folkmusiker nur »The Grove« nannten. Was folgte, war ein Bekehrungserlebnis, das er jahrzehntelang wieder und wieder erzählen sollte. Joni saß auf einem Hocker, und ihr Kleid war gerade hoch genug gerutscht, um die Menge bei der

Stange zu halten, während sie Anekdoten erzählte und ihre Gitarre für den nächsten Song stimmte. Für einen heterosexuellen, männlichen Musikbegeisterten gab es da sehr viel zu sehen und zu hören. Dass er gerade arbeitslos war, konnte seinem Selbstwertgefühl als Ex-Byrd nichts anhaben. Und obwohl er sich darüber im Klaren war, dass er genug Einfluss hatte, um sie berühmt zu machen, war er plötzlich doch auf eine völlig neue Art wehrlos. Diese Schönheit war eine bessere Musikerin als er, da war er sich am Ende des Sets sicher.

»Sie sang ›Michael from Mountains‹ oder ›Both Sides, Now‹ oder irgendeinen anderen verdammt tollen Song«, berichtete mir Crosby. »Das haute mich einfach total um. Ich hatte keine Ahnung, dass jemand mit so etwas unterwegs war. Ich war ihr sofort verfallen. Qualitativ hochwertigeres Songwriting hatte ich nie gehört. Sie gefiel mir besser als Dylan oder wer auch immer. Sie war die wohl beste Songwriterin, der ich je begegnet war. Außerdem fühlte ich mich sehr zu ihr hingezogen. Als sie fertig war, hingen wir noch ein bisschen in Florida rum, dann habe ich sie nach Los Angeles gebracht und der dortigen Plattenszene vorgestellt, und ich produzierte ihr erstes Album. Es gibt dieses großartige Foto von uns beiden mit Eric Clapton, wir sitzen bei Mama Cass auf dem Rasen und Clapton hat diesen leicht verblüfften Ausdruck im Gesicht, denn er hatte sie noch nie gehört. Das habe ich häufig gemacht. Ich habe gesagt: ›Joni, könntest du mal was singen?‹, und dann habe ich mit Vergnügen gesehen, wie den Leuten das Gehirn zerbröselt und aus der Nase gerieselt ist, als sie dieses Mädchen hörten. Am Ende haben sie mir gesagt, dass sie die beste junge Singer-Songwriterin sei, die ihnen jemals über den Weg gelaufen sei, was schlicht die Wahrheit war. Niemand kannte die offenen Stimmungen, und bis dahin gab es nur sehr wenige von uns, die sie benutzten. Ich war einer von ihnen, aber ich war nicht annähernd so gut darin, wie Joni es wurde. Und die Texte, die gehen richtig in die Tiefe, Mann. Sie ist wirklich eine umwerfende Schreiberin.«

Wenn wir uns das Foto noch mal anschauen, auf das Crosby sich bezieht, dann sehen wir da noch etwas anderes. Abgesehen von Crosby, der zurückgelehnt dasitzt und den Augenblick zu genießen scheint, außer Joni, die in einem rot-blau-gestreiften T-Shirt Gitarre spielt, außer Clapton, der im Schneidersitz gebannt zuschaut, ist im Vordergrund des Fotos noch ein Kleinkind zu sehen, die Tochter von Mama Cass, die auf einer Filmdose herumkaut. Joni würdigt das Kind keines Blicks.

Joni zufolge hatten Crosby und sie eine kurze Sommerromanze – nichts Ernstes, aber es war schön. »Ich war schon irgendwie beeindruckt«, erinnerte sich Joni. »Er war ein Star. Er war in meine Musik vernarrt. Und er war an einem wirklich guten Punkt angelangt, den er so nie wieder erreichen sollte. Was Drogen betrifft, war er relativ sauber. Er rauchte einfach eine Menge Pot, aber Kokain spielte noch keine Rolle. Ich war damals so feminin. Inzwischen stehe ich selbst meinen Mann. Ich musste so viele Kämpfe durchstehen. Ich musste hart werden. Er war ernsthaft von meiner Musik begeistert, und ich war begeistert, dass jemand, der so etabliert war, glaubte, dass meine Musik gut sei. Ich war jung und wusste, dass ich gut war, aber ich wusste nicht, ob noch jemand anderer dieser Meinung sein würde. Und er hatte gerade dieses Boot gekauft, die *Mayan*, sie war wirklich wunderschön. Damals war Coconut Grove einfach zauberhaft. Es war wie Malibu, als ich dahin zog. Das Viertel war arm, es gab wenig Geld, aber eine Menge Künstler, Schriftsteller, so Leute halt. Es war entspannt, die Luft roch nach Blumen, es war ergreifend, es war warm, und David war tatsächlich eine Frohnatur. Wir radelten durch die Gegend und alberten herum, seine Augen strahlten, die zukünftigen Probleme konnte man nicht mal ahnen. Wir hatten eine Sommeraffäre, aber keine weiteren Pläne.«

Auf der *Mayan* zu segeln war der Höhepunkt dieser Liebelei. Als sie wieder in Jonis Wohnung in der West Sixteenth Street ankamen (in der Tony Simon untergekommen war), hatten die Streitereien bereits angefangen. »Es war eine Sommeraffäre, die sich auf keine andere Stadt oder irgendeinen anderen Ort übertragen ließ«, sagte Joni. »Sieh es als nette Erfahrung und mach dein Ding weiter. Denn so schön wird es nie wieder werden. Als er nach New York kam, um mich zu treffen, war er eine völlig andere Person. Er war paranoid und mürrisch. Er war paranoid, was sein Haar betraf. Er war in jeder Hinsicht unattraktiv und gebieterisch. Er war einfach ein anderer. Wir trennten uns. In Florida war es schön, in New York war es schrecklich.

Elliot, Geffen und ich zogen nach Kalifornien.«

Trotz der Streitereien hieß Crosby Joni in L. A. willkommen, seine Heimatstadt, die er bestens kannte. Er fuhr sie und ihren Freund Geffen zum Sound von *Sgt. Pepper* in einem Mercedes in der Stadt herum. Joni zog in ein Haus in Laurel Canyon, allerdings nicht in jenes auf Lookout Mountain, das sie später kaufen sollte. Immerhin hatte ihr kürzlich unterschriebener Plattenvertrag sie in die Lage versetzt, die Miete zu bezahlen.

In *Record World* erschien ein Foto, das auf den 16. März 1968 datiert ist. Joni sitzt an einem Schreibtisch und ist bereit, einen Vertrag zu unterschreiben. Sie sieht reizend aus, aber ihrem Gesicht sieht man die Anspannung an. Drei Männer stehen hinter ihr: der Geschäftsführer und Vizepräsident von Reprise Records, Mo Ostin, Elliot Roberts und David Crosby, der ein wenig von seinem Ruhm spendierte, indem er das Album mit seinem Namen schmückte, obwohl er keine Ahnung hatte, wie er dem Titel »Produzent« jemals gerecht werden sollte. Ostin schaut mit einem professionellen, breiten Grinsen direkt in die Kamera. Crosby und Roberts halten den Blick gesenkt und lächeln gelassen. Joni wirkt nachdenklich. Peggy Lee hätte das, was ihr durch den Kopf ging, wohl so zusammengefasst: »Is that all there is?«

Das nicht allzu üppige Angebot kommt von Andy Wickham, ein politisch rechtslastiger Engländer, der zwar in Laurel Canyon wohnte, aber so gar nicht dort hinzupassen scheint. Von Vanguard Records abgesehen ist er der Einzige, der Joni ein Angebot gemacht hat. Wickham hat einen ungewöhnlichen Job bei Reprise, um den sich Gerüchte ranken. Niemand scheint so richtig zu verstehen, was er da macht. Er ist mit Van Dyke Parks und Randy Newman befreundet, zwei Exzentrikern der Branche. Sein Lieblingssong ist Merle Haggards »Okie from Muskogee«, den er jedem vorspielt, den er trifft, ohne dass das ironisch gemeint wäre. »Andy Wickham hatte mich irgendwo gehört«, erinnerte sich Joni, »und bot mir den schlechtesten Deal aller Zeiten an. Er war allerdings nicht so schlecht wie das Angebot von Vanguard. Das war noch schlechter.«

Als Joni und Crosby nach Vertragsunterzeichnung dann endlich im Studio saßen – sein erster Versuch als Produzent und ihr erster am Mischpult –, hatte ihre Beziehung turbulente Züge angenommen. Doch Crosbys aufrichtige Begeisterung über Jonis Talent sollte sich nie legen. In seinen Augen brachen sie zu einem großen Abenteuer auf: Jonis Kompositionen der Öffentlichkeit vorzustellen, so wie sie sie selbst spielte. Crosby wollte den Zuhörern so genau wie möglich das vermitteln, was seine eigene Welt im Coconut Grove erschüttert hatte, und das bedeutete Joni pur: Gitarre und Gesang.

Fünf Jahre früher hätte das der üblichen Folk-Ästhetik entsprochen, aber 1968 war es total altmodisch. Dylan hatte 1965 auf Elektrogitarre umgesattelt. Bewusstseinserweiterung, LSD, Jimi Hendrix und *Sgt. Pepper* hatten bereits stattgefunden. Crosby schlug eine Kehrtwende vor, und das Ergebnis mochte für Insider der Branche leicht wie ein Demotape klingen. Die Herangehensweise war günstiger, was bei einem Deal von Jonis Größenordnung durchaus seine Vorteile hatte, und außerdem wurde so ihr orchestraler Umgang mit der Gitarre hervorgehoben.

Um zu verhindern, dass ein erstes Album nicht auch das letzte ist, werden Debütalben häufig wie Appetizer gehandhabt, vor allem damals. Als es im Musikbusiness noch richtig Geld zu verdienen gab, waren Deals langfristig angelegt, denn man wollte sich das gute Material für das zweite Album aufheben, wenn ein Name bereits eingeführt war und man sich ein Publikum erspielt hatte. Als Bob Dylan noch für eine fixe Idee von John Hammond gehalten und deshalb verspottet wurde, ging er ins Columbia Studio und spielte für sein nach ihm benanntes Debütalbum nur eine einzige Eigenkomposition ein und dazu ein paar Folkstandards, die er zum Teil nicht einmal live in Clubs gespielt hatte. Alles Weitere sparte er sich für das rasch folgende zweite Album auf, *The Freewheelin' Bob Dylan* (1963), das dann »Blowin' in the Wind«, »Masters of War«, »A Hard Rain's A-Gonna Fall« und »Girl from the North Country« enthielt. Und danach war alles anders. Simon & Garfunkel verbauten sich beinahe alle Chancen mit *Wednesday Morning, 3 A. M.* (1964), einem rein akustischen Debütalbum, auf dem auch »Sounds of Silence« zu hören war, zusammen mit ein paar Gospel und Messdiener-Songs, die mehr wie ein Versuch wirkten, von ihren jüdischen Namen abzulenken. Das Album war zunächst ein Flop, und ihre Karrieren wurden nur dadurch gerettet, dass ein Jahr später die elektrisch eingespielte Fassung von »Sounds of Silence« an die Spitze der Hitparade stürmte.

Mit der Aufnahme ihres ersten Albums befand sich Joni Mitchell in einer ähnlichen Situation wie Leonard Cohen, nur war sie erheblich jünger. Mit seinen dreiunddreißig Jahren war Cohen schon ein bisschen spät dran für ein Pop-Album. Er hatte jahrelang an den Texten gearbeitet, einige davon waren Gedichte, und er hielt für *Songs of Leonard Cohen* (1967) nichts zurück. Die Songs waren geschrieben und eingespielt, bevor er auf Joni traf, aber das Album wurde veröffentlicht, während sie sich gegenseitig anhimmelten. Ein weiteres Debütalbum in jenem Jahr war *The Velvet Underground & Nico*. Wie Brian Eno bekanntermaßen feststellte, kauften zunächst nur etwa hundert Menschen diese Platte – aber jeder von ihnen gründete anschließend eine Band. Inzwischen ist das Album ein Klassiker. Ebenfalls 1967 legte Jimi Hendrix die Karten auf den Tisch und veröffentlichte *Are You Experienced*, eines der außergewöhnlichsten Debütalben der Geschichte des Rock and Roll. Es revolutionierte die Wahrnehmung und die Einsatzweisen der elektrischen Gitarre – Tiefgründigkeit, kontrolliertes Feedback, überfallartiger Sound wurden zu seinem Markenzeichen – und strotzte nur so vor Hits, die wohl noch so lange gespielt werden, wie klassischer Rock ein Format ist.

Song to a Seagull ist ein frappierendes Debüt, aber das Album gab längst nicht alles preis. Joni hatte zu dem Zeitpunkt schon großartiges Material, das für drei Alben gereicht hätte, und sie arbeitete noch an einigen ihrer besten Songs mit dem Selbstvertrauen, dass ihre Karriere in Gang kommen würde; was immer sie auf dem Weg dahin dazulernte, konnte jenen Songs nur zugutekommen, die sich durch die Interpretation anderer bereits als erfolgreich erwiesen hatten. Ihr Erstling war, wie Simon & Garfunkels *Bookends* oder *The Kinks Are the Village Green Preservation Society*, ein Konzeptalbum im Kielwasser von *Sgt. Pepper*. Die A- und B-Seite wurden, um die literarischen Ambitionen zu betonen, Part 1 und Part 2 benannt. Part 1 hieß »I Came to the City« und enthielt einige Songs, die sie in Torontos Viertel Yorkville geschrieben hatte (wo sie, siehe »Night in the City«, die Leute dazu bringen wollte, auch mal aus dem Haus zu gehen). Andere Songs hatte sie geschrieben, als sie in New York am Rande von Chelsea in der 41 West Sixteenth Street wohnte.

Part 2 hieß »Out of the City and Down to the Seaside« – als David Crosby sie mit seinem Boot verzaubert und schließlich per Flieger zur anderen Küste befördert hatte, nach Laurel Canyon, und das alles nur ein paar Monate, bevor das Album eingespielt wurde. Thematisch gesehen war da kein Platz für »Both Sides, Now«, »The Circle Game« oder »Urge for Going«. Alles musste zu dem übergeordneten Konzept passen, und Joni wollte außerdem, dass das Album neu klang und nicht wie Coverversionen ihrer eigenen Songs. »Chelsea Morning«, das vor urbanem Überschwang nur so knisterte, hätte zum Stadt-Part gepasst, aber es bestand die Gefahr, dass der Song die ganze Seite erdrückte; er klang einfach zu sehr nach guter Laune für ein Album, auf dem – von »Night in the City« mal abgesehen – eine Märchenprinzessin Geschichten erzählt und dabei in einer Echokammer sitzt, die von ihrer Melancholie widerhallt. Es ist ein hinreißender, unwiderstehlicher Überdruss, der geradezu süchtig macht, und genau die Gemütslage, für die Joni einem breiteren Publikum bekannt werden sollte, auch wenn im Laufe ihrer Karriere noch viele andere dazukamen.

Vielleicht verspürte sie die Notwendigkeit, ein *ernst zu nehmendes* Statement abzugeben, da sie wusste, wie schwer es war, in diesem Jungensclub des amerikanischen Pop ernst genommen zu werden. Das Album wurde auf den Reklametafeln des Sunset Strip mit marktschreierischen Slogans angekündigt: zunächst »Joni Mitchell Is 90% Virgin«, dann »Joni Mitchell Takes Forever« und schließlich »Joni Mitchell Finally Comes Across«. Wer weiß, was die fleißigen Mitarbeiter des Plattenlabels sich dabei gedacht hatten, aber Joni konnte gar nicht anders, als diesen Attitüden mit einer Ernsthaftigkeit zu begegnen, von der sie glaubte, dass sie notwendig sei, um von einer Gruppe mächtiger Männer respektiert zu werden, die zwar alle Vorteile aus der sexuellen Revolution zogen, dabei aber den zweiten Teil des Begriffs unter den Tisch fallen ließen. Sie musste sogar ernst zu nehmender sein als die Konkurrenz. Auch auf *Bookends* fanden sich Skurrilitäten wie »Punky's Dilemma« und »At the Zoo«; selbst *Bringing It All Back Home* enthielt ein paar Songs, die eher ein Witz waren als alles andere (»Bob Dylan's 115th Dream«, »Outlaw Blues«). Natürlich gab es jede Menge Scherze im Werk der Beatles, und je mehr sie verehrt wurden, umso frecher wurden sie. Jonis Gemütslage schien mit der Melancholie Leonard Cohens vergleichbar zu sein, aber selbst sein Debüt enthielt das überschwängliche »So Long, Marianne«, und 1977 kam er schließlich mit »Don't Go Home With Your Hard-On« heraus (beim Refrain sangen Allen Ginsberg und Bob Dylan mit).

»Ich arbeite jetzt daran, einen eigenen Gesangsstil zu entwickeln«, sagte Joni 1968. »Er folgt mehr dem Gesetz des Durchschnitts. Damit es keinen Reinfall mehr gibt.«[10]

Als der *Rolling Stone* am 17. Mail 1969 sein erstes großes Feature über Joni brachte, erschien der Artikel dem Zeitgeist entsprechend mit einem Porträtfoto, das im Vorjahr bei einem Shooting für die *Vogue* entstanden war. Die Schwarzweißaufnahme zeigt sie in einer bestickten Bauernbluse beim Gitarrespielen. Das Porträt ist Woodstock-typische Standardware, aber der dazugehörige Text ist alles andere als das. Es ist unschwer zu erkennen, wie die Herausgeber sich bemühen zu erklären, warum Joni mehr ist, als die Oberfläche hergibt, dass sie sich vielleicht wie ihre Singer-Songwriter-Kolleginnen präsentiert, aber doch etwas Besonderes ist. Geschrieben hat den Artikel der legendäre *Rolling Stone*-Redakteur Ben Fong-Torres. Und die Frage, die er aufwirft, wird Joni noch sehr lange verfolgen: »Aber wer – und was – ist diese Joni Mitchell eigentlich, dieses Mädchen, das so offensichtlich bald berühmt sein wird?«[11]

Die alten Namen sind zurück, aber in kommerziellerem Gewand. Nach Jahren mit eher geringem Erfolg ist Judy Collins – milder, orchestraler, auf Country gewendet (und im nationalen Fernsehen sogar mit Minirock) – wieder regelmäßig in den Hitparaden zu finden. Die Musik (manche nennen es »Art Rock«, aber lassen wir das mal beiseite) zeichnet sich durch leichtere, lyrischere Texte aus, nach dem Beispiel Leonard Cohens. Als sei sie eine akustische Gegenreaktion auf »psy-ky-delick acid rock« und dem Hier-ist-der-Teufel-los von Aretha Franklin und Janis Joplin, ist die Musik sanft, feinfühlig und ansprechend. Heutzutage dominieren das Persönliche und Poetische, nicht die Botschaft.

Auf dieses frisch umgepflügte Feld tritt nun Joni Mitchell, Komponistin, Sängerin, Gitarrenspielerin, Malerin und Dichterin aus Alberta, Kanada.

Miss Mitchell, eine schlanke fünfundzwanzigjährige Blondine, ist hauptsächlich für ihre Kompositionen bekannt, von denen Judy Collins »Michael From Mountains« und »Both Sides, Now« eingespielt hat und Tom Rush »The Circle Game«. Ihre erste LP ist bei Reprise erschienen. Ein zweites Album, das bei erfolgreichen Konzerten an der University of Berkeley und in der Carnegie Hall mitgeschnitten wurde, wird in Kürze veröffentlicht, und ein weiteres Studioalbum ist bereits eingespielt. Sie arbeitet an einem Buch mit Gedichten und Illustrationen; ein Band mit ihren Kompositionen soll bald folgen; und sie hat ein Angebot für einen Film vorliegen (Konzept, Drehbuch und Filmmusik).

Nicht schlecht für ein Mädchen, das nie Gesangstunden hatte, in der Schule nie lesen wollte und sich das Gitarrespielen mit einer Lehrschallplatte von Pete Seeger selbst beigebracht hat.

Aber wer – und was – ist diese Joni Mitchell eigentlich, dieses Mädchen, das so offensichtlich bald berühmt sein wird?

Wer nicht Stunden in Hörlabors verbringt und die Schattierungen, Klänge und Nuancen der menschlichen Stimme studiert, für den ist Miss Mitchell nur eine Sängerin, die wie Joan Baez oder Judy Collins klingt. Sie hat diesen vibrierenden, aber kontrollierten Sopran, der mitten in einer Zeile mühelos aus der Mittellage in durchdringende Höhen gleiten kann.

Wie Baez spielt Miss Mitchell eine flüssige Akustikgitarre, wie Collins wechselt sie immer mal wieder zum Klavier. Und in ihren Kompositionen zeigt sich der Einfluss von Cohen.

Auf der Bühne jedoch steht sie ihre ganz eigene Frau. Wo Joan Baez die kampfbereite, aber immer noch charmante Jeanne d'Arc eines gewaltlosen Kreuzzugs ist, und Judy Collins die majestätische, langjährige Hofdame der Folk-Pop-Welt gibt, ist Joni Mitchell ein unglaublich schönes, unschuldiges Mädchen und eine unglaublich schöne, erfahrene Frau.

Wenn eine Gitarrensaite reißt, entlockt sie dem Publikum Applaus und entschuldigt sich dann mit einem A-capella-Vortrag des nächsten Songs, während die verwundete Gitarre in Habachtstellung ruht. Und wenn sie spricht, dann stolpern die Wörter aus ihrem Mund und formen freimütige, kleine Quasi-Anekdoten, die in völligem Gegensatz zu ihren sorgfältig konstruierten, ausgeklügelten Songs stehen. Aber es haut das Publikum fast jedes Mal völlig vom Hocker. In Berkeley zerstörte sie Dino Valentes wunderschönes »Get Together«, indem sie versuchte, ein mitreißendes Sing-along daraus zu machen. Es war vergebliche Liebesmühe, aber das Publikum unternahm einen heroischen Versuch, ihr darin zu folgen. Für einen Abend, für Joni Mitchell, waren sie glücklich, Schäflein zu sein.

Als Singer-Songwriterin wurde Joni Mitchell zu einer Kultfigur, aber ein echter Star im größtmöglichen Sinn wurde sie nie. Das hatte nichts mit fehlendem Talent zu tun. Sie hatte alles, was dazu nötig war: den Charme, das Charisma, die Poesie, die Stimme, das Aussehen, die technischen Fähigkeiten. Aber die Analyse des *Rolling Stone* weist auf einen Umstand hin, der nie so ganz ausgelotet worden ist: Schallplatten waren ein zu beschränktes Medium, um all das einzufangen, was Joni bei ihren Auftritten bot. Als durch und durch bildende Künstlerin wäre sie in der heutigen Zeit aufgeblüht, in der Künstlerinnen wie Beyoncé Konzeptalben à la *Lemonade* herausbringen, auf dem Kurzfilme, die mehr als Musikvideos sind, jeden Track begleiten.

Zum Zeitpunkt der Vertragsunterschrift bei Reprise konnte Joni bereits einen eindrucksvollen Songkatalog vorweisen, und einige der Songs, besonders solche, die nie veröffentlicht wurden, waren mindestens so verspielt wie »Big Yellow Taxi«, ein Stück von ihrem dritten Album, das mit Gelächter ausklingt. Ihre Improvisationen hob sie sich für die Bühne auf, wo sie »Mr. Blue« zum Besten gab, einen Song als Antwort auf das Gerücht, dass Dylan »A Hard Rain's A-Gonna Fall« aus nicht verwendeten Teilen anderer Songs zusammengesetzt hatte (was für Dylans assoziatives Schreiben während seines kreativen Höhenflugs 1965/66 wahrscheinlich bezeichnend war). Mr. Blue war »blue«, weil er seine Alte schlecht behandelte, berichtete Mitchell dem Publikum in den Cafés, also hatte er es nicht besser verdient. »Oh, Mr. Blue, you blew your chances long ago«, eine Zeile, die Joni offenbar nur zu gerne sang. Und sie war besonders stolz auf die skandalträchtigen Zeilen: »Hang on one more day or two / Then I promise I'll be laying you.« Mr. Blue hatte offenbar noch nicht alle Chancen verspielt.

Noch mehr Klamauk – und ein gutes Stück absichtsloser Selbstoffenbarung – gibt es in »Ballerina Valerie«, ein Song, der von einer Dokumentation über Vali Myers inspiriert wurde, einer rothaarigen Tänzerin, deren »Anfälle« so skandalträchtig waren, dass man sie sogar in Paris vor die Tür setzte. Und als Myers infolge eines Auftritts an der Seite von Donovan in »Season of the Witch« anfing, kommerzielle Angebote zu bekommen – der Song war für Wicca wie Vali eine todernste Angelegenheit –, verwirrte sie das so sehr, dass sie sich in einer Höhle versteckte. Die Tinte unter dem Reprise-Vertrag war noch nicht trocken, als Joni »Ballerina Valerie« auf kleinen Bühnen in Cafés ausprobierte, und es dauerte nicht lange, bis sie es sich anders überlegte und schließlich einen ganz eigenen Weg fand. Sie kündigte ihre Komposition als psychedelischen Song an, der eine perfekte Coca-Cola-Reklame abgeben würde – und lachte schon, während sie noch redete, wobei sie Coca-Cola mit ihrem kanadischen Zungenschlag auf der zweiten Silbe betonte. Joni hatte ihre Freude daran, aus dieser wilden Tänzerin eine Coca-Cola-Reklame zu machen, bis hin zur Jingle-Melodie:

Everything's bright as he draws on the pipe
And the bowl glows redder
And things go better with Coca-Cola

Dieses Finale führte in Clubs, in denen auch Stand-Up-Comedians wie Mort Sahl auftraten, immer zu großem Hallo und Gelächter. Ihre Monologe waren häufig getimed wie Screwball-Comedy-Witze. Als Frauen noch nicht zu politischer oder ökonomischer Macht gelangen konnten, stand ihnen immerhin eine Karriere à la Lucille Ball oder Elaine May offen. Joni hatte ein kräftiges Lachen, das ansteckend war – gelegentlich auch für sie selbst – und eine erfrischende Abwechslung zu der Introspektion, ihrem eigentlichen Markenzeichen. Die humoristischen Songs dieser Periode wurden nie aufgenommen, und die Zeilen, die die Menschen zum Lachen brachten, blieben außen vor, zumindest bei ihrem Debütalbum. Joni hatte Ernsthafteres mitzuteilen.

Aber ihr Erstling, ihr *ernst zu nehmendes* Statement, hatte einen Mangel, der nicht im Songmaterial begründet lag. Tontechnisch gesehen ist *Song to a Seagull* nicht das, was das Album sein wollte, und das hauptsächlich wegen einer technischen Panne, die ganz allein David Crosby als Produzent zu verantworten hat. »Meine Aufnahme war nicht gut genug«, erinnerte er sich später. »Es gab einfach zu viele Nebengeräusche – zu viel Rauschen im Nutzsignal – zu viel Zischen.«[12] Die Reduktion dieses Zischens nahm den Songs einen Gutteil ihrer Schwingungen, und ein fehlgeschlagenes Experiment ruinierte sie zusätzlich. Crosby kannte das Studio bis dahin nur als Musiker und dachte, es sei eine tolle Idee, Obertöne und Resonanzen direkt von den Klaviersaiten abzunehmen – auch Joni war von dieser Idee begeistert –, aber er hatte keine Ahnung, wie er die richtigen Pegel erhalten sollte.

Man muss die Tonqualität nur mit der ihres nächsten Albums vergleichen, *Clouds*, das von Henry Lewy aufgenommen wurde, ihrem hochgeschätzten Studio-Partner in den Siebzigern – dem Jahrzehnt ihrer großartigen Experimente. Es ergibt sich das akustische Äquivalent des Unterschieds zwischen einem unscharfen, trüben Objektiv und einer scharfen, klaren Linse. Schon kurz nach der Veröffentlichung sagte Joni, die Aufnahmen klängen, als seien sie unter einer Glasglocke entstanden, was angesichts des emotionalen Themas der Platte unbeabsichtigt passend war. Die Joni ihres Debütalbums ist im Widerhall ihrer eigenen Stimme gefangen, in der Echokammer ihres Kopfes. Trotzdem war Crosby von seiner zauberhaften Entdeckung begeistert und ebenso von sich selbst, weil er sie im Gaslight South wie eine reife Frucht gepflückt hatte.

»Er führte mich herum und zeigte mich stolz vor, als hätte er mich erfunden«, erzählte Joni. »Das war schon irgendwie peinlich. Man schaue sich nur seinen Gesichtsausdruck an [auf dem berühmten Foto im Garten von Mama Cass]. Clapton wurde aus dem, was ich da machte, nicht schlau. Er stütze sich auf seinen Fingern ab wie ein Affe. Sein Mund steht offen. Aber Crosby sitzt da wie ein stolzer Papa, als wäre ich seine Entdeckung. So jung ich auch war und wie sehr ich auch wollte, dass die Menschen meine Musik hörten, fand ich das doch peinlich. Er gab mit mir an, rief mich auf die Bühne und sah dann zu, wie ich sie alle umhaute.

Aber als wir dann ins Studio gingen hielt er da nur Hof und hatte eigentlich keine Ahnung«, erinnerte sich Joni. »Ich weiß wirklich nicht, wie er den Klang so verpfuschen konnte. Mit den Masterbändern hat das nichts zu tun. Auf den Mastern war kein Zischen, aber auf den Tonbändern. Er hatte versucht, die Schwingungen direkt von den Saiten abzunehmen. Sie hätten diese Spur nur löschen müssen, und alles wäre in Ordnung gewesen. Die Masterbänder waren einwandfrei, auf denen waren nur Gitarre und Gesang und ganz wenige Effekte. Was auch immer es war, das den Sound so versaut hat – das Ganze hätte in einer Nacht neu gemischt werden können. Man hätte nur die Gitarre und den Gesang ausbalancieren und ein klein bisschen Echo hinzufügen müssen. Doch stattdessen beauftragte er David Adderley, das Zischen zum Verschwinden zu bringen, und dabei schnitten sie die ganzen Höhen im Gesang weg. Das war ein selten dämlicher Auftrag. Ich weiß nicht, was mich das gekostet hat. Wenn man das Album mit ein paar anderen Platten auflegt, dann hört man, wie schlecht der Klang ist. Judy Collins sagte, es klinge, als sei es unter einer Schüssel aufgenommen worden. Eine starke Leistung, aber zerkratzt wie ein altes Stummfilmnegativ.«

Trotzdem ging das außerordentliche Material nicht im Rauschen unter. Es stand außer Frage, dass Joni auf dem Weg nach oben war.

* * *

Jonis Abende sind die Morgende der meisten Menschen, und in »Night in the City«, dem überschwänglichsten Stück auf *Song to a Seagull*, feiert sie ihre nächtliche Muse. 1967 sagte sie den Song folgendermaßen an:

»Er handelt von einer Nacht in einer beliebigen Stadt, in der man ausgeht, herumläuft und Musik hört. Ich habe ihn über einen Teil von Toronto geschrieben, der Yorkville heißt. Das ist ein kleines Dorf, wo sich ein Club an den nächsten reiht [...]. Man steht dort in Pfützen aus Musik, wie ich das nenne, von hier bis da, alle mögliche Musik, und wenn man sich zu weit in die eine oder andere Richtung bewegt, dann steht man ... in einer neuen Musikpfütze. Ich widme den Song all den Leuten, die heute Abend mit jemandem hierhergekommen sind, der viel zu lange gebraucht hat, um sich fertig zu machen.«[13]

Für Jonis Verhältnisse ist »Night in the City« ein schnörkelloser Blues mit lyrischer Melodie, von den Harmonien her nicht besonders abenteuerlustig – aber der Song handelt von jenen Stunden, in denen die meisten Menschen bereits schlafen, wenn man in unbekannte »Musikpfützen« tritt und alles möglich ist. Es ist das einzige Stück auf dem Album, bei dem man von einer Art Gruppenarbeit sprechen kann. Am Bass hört man Stephen Stills, der zufälligerweise ein paar Türen weiter im Studio von Sunset Sound mit Buffalo Springfield zugange war (Neil Young, das andere prägende Mitglied der Band, war ein alter Freund von Joni). Und Joni begleitete ihr Gitarrenspiel mit ein paar bluesigen Klavierriffs.

»Ich hatte zum letzten Mal Klavier gespielt, als ich acht Jahre alt war, und dann kam ich darauf, bei ›Night in the City‹

ein Klavier einzusetzen«, erinnerte sich Joni. »Aber erstmal musste ich die Töne finden. Ich fummelte etwa zwanzig Minuten herum, bis ich den Part zusammenhatte. Jetzt musste ich ihn nur noch schneller spielen. Es verging etwa eine Stunde, ich brauchte insgesamt eineinhalb Stunden, also gar nicht so lange. Ich habe Leute gesehen, die haben vier Tage geprobt, um einen verdammten Schlagzeugsound zustande zu bekommen. Und David Crosby sagte: ›Mensch, sollten wir nicht einen echten Klavierspieler holen?‹ Und ich dachte nur: Okay, ich brauche jetzt gerade niemanden, der mich entmutigt. Ich bin sicher, dass ich das schaffe. Ich konzentriere mich total darauf, gib mir nur noch ein ganz klein wenig Zeit. Solche Sachen machte er ziemlich häufig. Manchmal überschlug er sich vor Begeisterung, während ich wusste, dass ich es noch besser konnte. Ich dachte: ›Vertrau lieber deinem eigenen Urteil.‹«

»Night in the City« reicht vom rhythmischen Alt ihrer Bruststimme in den Strophen bis zum ätherischen Sopran im Refrain, als müsste die Tonlage für die Stadt einen rockigeren Anklang haben – der einzige Song auf dem Album, der dieses Gefühl hervorruft. Im Refrain hingegen klingt sie eher wie eine Märchenprinzessin. Letztlich ist es jedoch der Sprung in die verbotene Pfütze, der die prophetische Besonderheit des Songs ausmacht. »Music comes spilling out into the street / Colors go flashing in time«, singt sie, als würde die Grenzüberschreitung der Musik neue Farben auf die Leinwand der Nacht zaubern. In einem früheren Augenblick der Inspiration schrieb Wallace Stevens: »Die Nacht weiß nichts von den Gesängen der Nacht. / Sie ist, was sie ist, wie ich bin, was ich bin«[14]. 1967 war die Nacht noch ein wunderschönes Mysterium, durchdrungen von psychedelischen Farben und Klängen. Joni fügte dem Track einen bluesigen Pianopart hinzu, ihre erste Aufnahme mit diesem Instrument. Fehlen nur noch

Schlagzeug und Elektrogitarre; damit hätte Joni ganz allein ein Stück Acid Rock produzieren können.

Das letzte Stück auf *Song to a Seagull*, »Cactus Tree«, ist das bei Weitem anspruchsvollste. Joni sagte, dass D. A. Pennebakers Dokumentarfilm *Don't Look Back* sie dazu inspiriert hatte, in dem es um Bob Dylans Englandtournee im Frühjahr 1965 geht. Den ganzen Film über, der »einen starken Eindruck« bei Joni hinterließ, behandelt Dylan Joan Baez grob, widerlich und ganz besonders anmaßend. Joni identifizierte sich eindeutig mit Dylan und nicht mit Baez und schichtet in »Cactus Tree«, inspiriert von »It's alright, Ma (I'm only bleeding)« und »Gates of Eden« (die beide im Film gespielt werden), Bilder übereinander, aber mit größerer Euphonie. Sie sagte, dass sie sogar ihre »a's« dehnte, damit sie mehr nach Dylan klangen, obwohl weder ihre Stimme noch ihr Gitarrenspiel an ihn denken lassen. Sie blieb vollkommen eigenständig, auch wenn sie von Dylan beeinflusst wurde, und genau darum geht es in dem Song. Erfahrungen häufen sich, hinterlassen tiefe Eindrücke, aber sie bleibt in Bewegung. Jonis Metapher vom »Cactus Tree« entspricht der vom »rolling stone«, der kein Moos ansetzt, ist allerdings noch tiefgründiger. Sie verarbeitet Erfahrungen, wird widerstandsfähiger, und um die nächste Dürre zu überstehen, legt sie Vorräte an. Es geht um eine starke Frau, die niemanden braucht, der sie hegt und hätschelt.

Am Anfang des Songs geht es vorrangig darum, wie das Album entstanden ist, und wer es produziert hat: David Crosby, der Segler, »takes her to a schooner / And he treats her like a queen / Bearing beads from California«. Joni ist dabei durchzustarten. Die Frau in »Cactus Tree« sammelt Männer und entwickelt sich ihrem eigenen Tempo gemäß. Sie hat Angst davor, dass jemand sie »um Ewigkeit bittet«.

»In ›Cactus Tree‹ geht es um eine Frau, die eine Menge Verehrer hat, aber keiner von ihnen passt so richtig«, erinnerte sich Joni. »Und wie ironisch: Sie ist völlig damit beschäftigt, frei zu sein. Das trieft nur so von Ironie. Ich habe versucht, so frei zu bleiben, dass ich ganz ich selbst sein konnte, doch die Männer machen immer einen auf Svengali. Sie glauben, das ist ihr gutes Recht. Und jeder hat eine andere Vorstellung von dem, was man sein sollte.« Joni muss sich an keinen von ihnen klammern. Sie muss sich nicht einmal an den Menschen klammern, der sie war. Auf ihrem ersten Album breitet sie ihre vielen Ichs vor uns aus, von der Stadt bis zur Küste, mit Akkorden, die mit einem Fragezeichen enden.

Bevor ihr erstes Album herauskam, begegnete Joni 1967 Jimi Hendrix, einem anderen Revolutionär. Es gibt nur sehr wenige Musiker, egal welchen Genres, die ein Instrument nicht nur beherrschen, sondern die Art und Weise verändern, wie es wahrgenommen wird. Hendrix' Neuerfindung der Gitarre gehört in eine Reihe mit dem, was Louis Armstrong und Miles Davis für die Trompete leisteten, Charlie Parker für das Altsaxophon, Sonny Rollins und John Coltrane für das Tenorsaxophon sowie Bud Powell und Thelonious Monk für das Klavier. Das sind erlauchte Namen für einen Gitarristen, der nicht mal Noten lesen konnte (sehr zu Davis' Überraschung, als er Akkorddiagramme für ihn zusammenstellte), aber Hendrix konnte ihnen das Wasser reichen. Er schenkte seinem Publikum Feedback und Verzerrer, was einen Frontalangriff auf alles bedeutete, was die Rockgitarre vor ihm gewesen war, und er ließ diese im Vergleich dürr klingen. Es gab auch vor Hendrix großartige Rockgitarristen, aber die besten unter seinen Zeitgenossen – u. a. Jeff Beck, Eric Clapton, Pete Townshend, Jimmy Page und Robbie Robertson – nahmen diese revolutionären Techniken schnell in ihr Repertoire auf, einfach um konkurrenzfähig zu bleiben.

Die Welt der Rockgitarre teilt sich dementsprechend in zwei Zeitalter – vor Hendrix und nach Hendrix. Außerdem schrieb er eine ganze Reihe kraftvoller und wunderschöner Songs – »The Wind Cries Mary«, »Castles Made of Sand«, »Little Wing«, »Voodoo Child« und »Angie«, um nur ein paar zu nennen –, deren Coverversionen Akten der Piraterie gleichkamen. Er war, wie Harold Bloom vielleicht gesagt hätte, ein starker Dichter.

Und so geschah es, dass sowohl Joni als auch die Jimi Hendrix Experience im März 1968 in Ottawa auftraten. In Hendrix' Tagebüchern finden sich dazu folgende Einträge:

> *19. März*
> In Ottawa angekommen. Schönes Hotel. Merkwürdige Menschen ... Großartiges Dinner. Habe mit Joni Mitchell telefoniert. Ich glaube, ich werde sie heute Abend mit meinem tollen Tonbandgerät aufnehmen (dreimal auf Holz geklopft!). Hmmm ... kein Holz weit und breit ... alles aus Plastik hier. Tolle Aussicht.
>
> Wunderbarer Sound bei der ersten Show. Guter bei der zweiten. Gute Aufnahme. Ging in einen kleinen Club, um Joni zu treffen, fantastisches Mädchen mit himmlischen Worten. Gingen alle zusammen auf eine Party. OK, ein paar Tausend Mädchen. Aufnahme angehört und im Hotel einen geraucht.
>
> *20. März*
> Heute Ottawa verlassen. Abschiedskuss mit Joni, im Auto eine Zeitlang geschlafen ...[15]

Mitch Mitchell, der Schlagzeuger von Hendrix, schreibt über diesen Abend in seiner Biografie *Jimi Hendrix, Inside the Experience*:

> Wir hörten, dass diese tolle Sängerin auch in der Stadt sei, Joni Mitchell. Hendrix und ich hatten tragbare Sony-Ton-

bandgeräte, riesige Teile, die wir mit um die Welt schleppten. Also fuhren wir nach unserem Auftritt in diesen kleinen Folkclub und nahmen Hendrix' Bandmaschine mit. Wir waren erstaunt, sie war großartig. Also nahmen wir alles auf und fuhren zurück ins Hotel.

Und siehe da, sie ist nicht nur im selben Hotel wie wir, sondern auch auf derselben Etage. Wir also zurück ins Zimmer, nur wir drei, spulen das Band zurück, reden darüber. So Sachen halt. Es ist zwei Uhr morgens, aber wir machen keinen Lärm, als nach einer Stunde der Manager auftaucht. Er rastete richtig aus. »Kein Besuch auf dem Zimmer!«

Was? Wir glaubten es einfach nicht. Schließlich wohnten wir alle auf derselben Etage.

Also haben wir gesagt: »Wir dürfen in *diesem* Zimmer keinen Besuch haben, richtig?«

»Ja.«

Wir zogen in mein Zimmer um. Als wir auch da rausgeworfen wurden, gingen wir in Jonis. Und so ging das die ganze Nacht weiter. Dummerweise wurden die Bandmaschine und das Tape am nächsten Tag geklaut, und das wars dann mit dieser Geschichte, aber was für ein merkwürdiger Typ. Was hatte der bloß für ein Problem? Schwarzer Mann, weißer Mann, weißes Mädchen, ich weiß es nicht.[16]

Aber knapp ein halbes Jahrhundert später wusste Joni Bescheid. »Damals war alles, was Musik betraf, strikt voneinander getrennt«, erzählte mir Joni. »Rock and Roll war noch nicht in den großen Arenen angekommen, sondern war meistens Tanzmusik, und dabei hätte es bleiben sollen. Für mich war Rock and Roll die beste Tanzmusik überhaupt.« Es gab ein großes Kino in Ottawa, in dem auch Konzerte gegeben wurden. Ab 19:30 Uhr wurde vor einem sitzenden Publikum Rock and Roll gespielt, und um 22:30 Uhr war Schluss. Joni trat gewöhnlich in Cafés auf, wo es um 20:30 Uhr losging und bis Mitternacht vier Sets gespielt wurden. Noch später spielten die Jazzmusiker. Dem Rock-Veranstalter gehörte auch das Le Hibou Coffee House, in dem für Hendrix eine Party gegeben wurde, zu der auch Mitch Mitchell und Joni kamen. Mit der Bandmaschine in der Hand betrat Hendrix den Club und stellte sich schüchtern vor.

»Ich heiße Jimi Hendrix und habe gerade bei Reprise unterschrieben, du bist auch bei dem Label. Kann ich deinen Auftritt mitschneiden?«

»Na klar«, sagte Joni.

»Er stellte also die Bandmaschine ab«, erinnerte sich Joni. »Da waren das Mikro und ich, und er stellte das Gerät links von der Bühne hin und blieb den ganzen Auftritt darüber gebeugt und kontrollierte die Tonpegel. Er hat es nicht abgestellt und ist verschwunden. Er hat die ganze Zeit damit gearbeitet. Ab und zu hat er mal den Kopf gehoben und gelächelt, dann hat er sich wieder über dieses Ding gebeugt. Als dann Schluss war, sind wir alle zu dieser Party gegangen, die der Promoter veranstaltet hat, und ich schau mich rechts um und Jimi und Mitch links. Ein Typ kommt auf sie zu und fragt: ›Welches Tierkreiszeichen ist Joni?‹ Und sie antworten: ›Skorpion.‹ Und er sagt: ›Ich hab eine Menge Songs. Einen für jedes Tierkreiszeichen. Damit kann ich jedes Mädchen abschleppen.‹ Daraufhin sagte Jimi: ›Schön für dich, aber sie schleppst du nicht ab.‹ Ich kann mich nicht daran erinnern, dass irgendein Arschloch zu mir gekommen ist und einen Skorpionsong gesungen hat in der Hoffnung, mein Herz im Sturm zu erobern. Wir blieben da auch nicht lange und fuhren zurück ins Hotel. Ein spießiger alter Kasten, der an das Parlamentsgebäude gebaut war. Wir gingen erst in mein Zimmer und hörten uns Teile von Jimis Auftritt an, saßen auf dem Boden wie um ein Lagerfeuer, eng um das Gerät geschart.

Wirklich nicht laut. Im Schneidersitz. Und da kommt dieser Hotelschnüffler rein und sagt, dass wir Schluss machen müssen. Die Vorstellung, dass da drei Hippies, darunter auch noch ein Schwarzer, unbeaufsichtigt in diesem konservativen Hotel herumsaßen, passte ihnen gar nicht. Also gingen wir in Mitchs Zimmer und drehten den Ton so leise, dass wir ganz eng zusammenrücken mussten. Wieder wurden wir vertrieben. Wir dachten: ›Indianer macht sich großes Feuer, muss sich weit weg setzen, Indianer macht sich kleines Feuer, kann sich nah dran setzen.‹ Wir machten also ein kleines Feuer und rückten zusammen. Wir beugten uns über dieses Ding. Wir zogen von meinem Zimmer in Jimis Zimmer in Mitchs Zimmer, und dieser Schnüffler kam immer hinterher, und wir rotierten immer weiter. Wir haben im Laufe der Nacht wirklich nett geplaudert. Mitch hatte ein echt gutes Erinnerungsvermögen, ein besseres habe ich nie gesehen.«

In dieser Nacht bekannte Jimi, dass er es inzwischen satthatte, mit den Zähnen Gitarre zu spielen, aber er wollte seine Fans nicht enttäuschen. Ihm schwebte eher etwas nach dem Stil von Miles Davis vor: ein Ensemble, das ohne Theatralik auskam. Leider lebte Hendrix nicht lange genug, um sich in diese Richtung zu entfalten.

Nur einen Monat später platzte die Außenwelt in solch arglose Erinnerungen. Schließlich war 1968 nicht nur ein Jahr der Dekadenz und des Hedonismus, sondern auch eines der Attentate und Krawalle. Dylan hatte schon seit Ende 1963 keinen Protestsong mehr geschrieben. Joni hatte ihre durchdringende Stimme des Protests noch nicht erhoben, die in den Achtzigern einige ihrer Fans verprellen sollte. In dem Jahr, als *Song to a Seagull* veröffentlicht wurde, hatte sie lediglich Bedenken geäußert, was die Traumwelt eines großen Teils des Albums betraf. Sie schrieb über emotionale und erotische Turbulenzen, aber das hinderte sie nicht daran, ihren Protest in der Presse zu äußern. Im Interview mit dem *Melody Maker* (1968) offenbarte sie, dass sie bisher noch keinen Weg gefunden hatte, die Gewalt zu thematisieren, der Menschen ihres Alters ausgesetzt waren: »Ich komme einfach nicht darüber hinweg, was mit der Politik in Amerika los ist.

Ich denke immer noch: Wie kann ich ›night in the city looks pretty to me‹ singen, wenn ich weiß, dass die Nächte überhaupt nicht schön sind, weil Leute in Slums leben und von der Polizei verprügelt werden? Was mich wirklich ins Grübeln gebracht hat, sind die Ereignisse beim Parteitag der Demokraten in Chicago. All die Kids, die zusammengeschlagen wurden. Wenn ich Jeans getragen hätte, dann wäre ich auch dran gewesen, denn das ist die Uniform des Feindes. So nennen sie die Kids inzwischen: der Feind.«[17]

Das klang nicht nach dem naiven, kichernden Mädchen, das ihr Publikum auf der Tour durch die Folkszene bespaßte; eher lässt es die zutiefst prinzipientreue Künstlerin ahnen, die langsam zum Vorschein kommt. Joni schuf Schönheit und Wahrheit immer auf einer persönlichen Ebene. David Crosby glaubte, dass ihre Reife zu diesem frühen Tiefgang in ihrer Musik führte: »Ich glaube, sie verstand mehr von Menschen als die meisten anderen Leute. Sie hatte schon einige heftige Sachen erlebt. Menschen werden weise, indem sie sich Dinge hart erarbeiten. So in der Art: Man wird als Felsblock geboren und stößt sich die Ecken und Kanten ab, bis man so glatt und rund ist wie ein Flusskiesel. Ihr Feinschliff hatte bereits begonnen.«[18]

Kapitel 8

Clouds

Joni sah sich in erster Linie als Malerin, nicht als Musikerin. Aber Joni die Malerin stellte sich an der Kunstschule gegen sämtliche aktuellen Trends. Der einzige Maler des 20. Jahrhunderts, den sie wirklich schätzte, war Picasso. Für ihre eigene Kunst wandte sie sich noch weiter der Vergangenheit zu – Richtung Van Gogh und Rembrandt. In ihrer Musik hingegen war sie der Zukunft zugewandt, nahm Dylan, Cohen, Ellington, Piaf, Holiday, Miles Davis und so weiter und schuf aus deren Musik etwas Neues. Auf vielen ihrer bahnbrechenden Alben ist Joni, die altmodische Malerin, zu sehen, und damit brachte sie etwas ein, das von den Vorstellungen der Coverdesigner von Plattenfirmen meilenweit entfernt war. *Clouds* ist voller mutiger Gefühle, offener Stimmungen, schräger Akkorde, Liebreiz, Trauer und Überschwang und allem dazwischen. Es mangelt nicht an Schönheit, und doch geht jeder Song über die konventionellen Vorstellungen von Schönheit hinaus, zwingt die Zuhörer so zu überdenken, was ihnen als sicher erscheint oder was sie schätzen. Bei all den schlaftrunkenen Nächten und Chelsea-Mornings können diese Akkorde, diese Gefühle dunkel, exzentrisch, grüblerisch und schwierig sein. Und das Cover?

Die Frau, die darauf zu sehen ist, ist Joni. Sie lächelt nicht. Sie trägt schwarz, aber hält uns eine rote Blume mit sechs Blütenblättern entgegen. Sie will sie nicht abrupfen, um herauszufinden, ob sie geliebt wird. Ihre graublauen Augen versuchen nicht, uns zu bezwingen. Sie scheinen in einer Art Trance zu sein. Auf jeden Fall sind sie hinreißend. Aber wo bleibt das Chiaroscuro, das bei jemanden mit emotional so vagen Songs doch zu erwarten wäre? Hinter Joni geht die Sonne in Gelb, Orange und Rot über dem Pazifik unter. Wäre für ein Album mit so viel emotionaler Unbestimmtheit der Einbruch der Dunkelheit nicht passender? *Song to a Seagull* hatte sich nicht gut verkauft. Würde das hübsche Mädchen in den Hügeln von Laurel Canyon auf einem Album, das die altbewährten Songs »Chelsea Morning« und »Both Sides, Now« enthielt, den Rubel jetzt ins Rollen bringen? Es sollte nicht mehr lange dauern, bis Jonis Illustrationen gewagter wurden – die lebhaften und derben Gemälde auf *Mingus*, die Rousseau-Parodie auf *The Hissing of Summer Lawns* –, und das schöne Mädchen, das auf dieser Scheibe dazu einlädt, von einem gefährlichen Gebräu zu kosten, lässt dies bereits erahnen. Angst ist wie ein Wilderland, teilt sie uns mit. Wir werden von diesem atemberaubenden Gesicht dorthin geführt. Es ist unwiderstehlich.

Am 4. April 1968 wurde Martin Luther King ermordet, und nur wenige Stunden später stieg Joni zum ersten Mal in eine Limousine. Sie schaute aus dem Fenster auf ein New York, in dem berittene Polizei unterwegs war und überall Kämpfe ausbrachen. »Wir kamen nur langsam voran. Die Leute schlugen auf den Wagen ein.« Joni war gerade von Elliot Roberts unter Vertrag genommen worden, und er hatte sie für ein Konzert am Swarthmore College im Speckgürtel von Philadelphia gebucht, wo sie den Abend eröffnen sollte. Die Limo war auch nicht für Joni, sondern für die Sängerin Laura Nyro, die sie noch einsammeln sollten. Die Fahrt dauerte ewig. »Wir fuhren nach Philadelphia rein, und inzwischen musste dieser Gitarrenspieler anfangen – und damals wurde so viel Gewicht auf die Reihenfolge gelegt. Er musste also anfangen und war gerade mit seinem Set durch, als ich verspätet ankam. Ich wollte loslegen, aber das gefiel ihm gar nicht. Er spielte also einfach weiter, und dann ging das Publikum raus. Was für ein blöder Egoist! Ich glaube, wir sind über Nacht in Philly geblieben.«

Als sie in der Limousine durch Städte fuhr, in denen der Aufruhr tobte, spürte Joni den Atem der Geschichte. Sie war nie politisch gewesen, aber nun war die Politik zu ihr gekommen, und sie musste darauf reagieren, auf ihre eigene Art.

Dylan, der auf dem Marsch nach Washington noch voller Erbitterung über die Ermordung von Medgar Evers gesungen hatte, war schon lange kein Protestsänger mehr. Es sollten Jahre vergehen, bis U2 (»Pride«) und Paul Simon (»So Beautiful or So What«) schließlich ihre Elogen auf Martin Luther King veröffentlichten.

Bekanntermaßen witzelte Oscar Wilde: »Eine Weltkarte, die das Land Utopia nicht enthielte, wäre es nicht wert, dass man einen Blick auf sie wirft«, aber daran zu glauben wurde immer schwieriger. Joni hatte jedoch noch die fiktive Sisotowbell Lane ihres erfundenen Königreichs, an die sie sich klammern konnte (»Sisotowbell« war ein Akronym von »Somehow, in spite of troubles, ours will be ever lasting love«). »Es war mein Traum vom Glück. Ich träumte nicht davon, ein Rockstar zu sein. Mein Traum vom Glück war Sisotowbell Lane – mein Stückchen Land in Kanada ... weit draußen ...« Das Woodstock-Festival hielt die Utopie noch eine Weile am Leben, aber nicht für lange. Es waren turbulente Zeiten.

In seinem Roman *Die Enden der Parabel* (1973, deutsch 1981) verwandte Thomas Pynchon ursprünglich eine Strophe aus »Cactus Tree« als Motto für Teil 4, »Die Gegenmacht«. Pynchons Buch endet nach einer Menge Anarchie und Krieg mit der Apokalypse, ohne den philosophischen Komfort der Gegenkultur. Diese Zeilen sind eine Art unpolitische Freiheitserklärung:

»She has brought them to her senses,
They have laughed inside her laughter,
Now she rallies her defenses,
For she fears someone will ask her
For eternity –
And she's so busy being free ...«
– Joni Mitchell

In den Fahnen für die Presse waren diese Zeilen noch enthalten, aber im fertigen Buch las man stattdessen:

»Was?«
– Richard Nixon

Es waren Zeiten, in denen die Ansprüche an die Künstler größer waren als deren Lebenserfahrung, und Joni war nicht für das Schreiben über kollektive Bewegungen geschaffen. Sie war Buffy Sainte-Marie dankbar, dass sie vor ein paar Jahren ein Loblied auf sie gesungen und »Song to a Seagull« gecovert hatte, aber sie wollte keinen Klon ihres »Universal Soldier« schreiben. Sie brauchte das menschliche Element – Figuren, Geschichten, Menschlichkeit –, und das war umso lebenswichtiger, als ihr gerade erst adoptiertes, neues Land dabei war, sich selbst zu zerstören: Alt gegen Jung, Krieg gegen Frieden, schweigende Mehrheit gegen Weather Underground.

Joni war eine Emigrantin (später mehr eine herumreisende Botschafterin) aus Kanada, einem Land mit einem eher linken Premierminister; die größte politische Auseinandersetzung in den Jahren, während der sie aufwuchs, drehte sich darum, welche Fahne das Land repräsentieren sollte. »Es ist gut mitzubekommen, was hier in der Politik und überhaupt so los ist, aber es schadet mir auch«, erzählte sie einem Reporter für die Titelgeschichte im *Rolling Stone* vom 17. Mai 1969. »Zu viel davon, und es lähmt mich. Und wenn ich wirklich anfinge, darüber nachzudenken – die Gewalt, die Abartigkeit, all das –, dann würde ich, glaube ich, ausflippen.«[1]

Ein Jahr später, am 4. Mai 1970, erschoss die Nationalgarde von Ohio vier unbewaffnete Studenten, die an der Kent State University gegen den Vietnamkrieg demonstrierten. Neil Young, ihr alter Freund aus Kanada, reagierte darauf mit der zornigen Hymne »Ohio«. Und was konnte Joni tun? Sie war die Erste, die zugegeben hätte, dass ihr Metier eher die arglose Weisheit war und dass sie immer noch nach ihrem Weg in einer Welt suchte, die zunehmend schwer zu verstehen war. Als sie »I really don't know life at all« sang, meinte sie das auch so.

Joni und Neil hatten sich schon früher ihre Lieder gegenseitig vorgesungen. Sie erzählte die Geschichte 1970 auf einem Konzert in London, das von der BBC aufgenommen wurde, ihrem Publikum: »1965 war ich in Kanada, und ein Freund von mir war gerade aus einer Rock-and-Roll-Band ausgestiegen, in Winnipeg, Manitoba, in der Prärie, woher auch ich komme. Er wollte ein Folksänger à la Bob Dylan werden, der damals sein großes Vorbild war, und gleichzeitig wurde sein Leben von ein paar Brüchen erschüttert, und er schlug neue und aufregende Wege ein.

Er war gerade einundzwanzig geworden, was in Winnipeg bedeutete, dass er nicht länger in seinen Lieblingstreff durfte, eine Art Teenie-Club. Er fühlte sich wirklich schrecklich, weil seine Freundin und alle, mit denen er sich treffen wollte, und auch seine Band noch dahin gehen konnten, und das war einer der Gründe, warum er Folksänger werden wollte. Er durfte nicht mehr in diesem Club spielen. Er hatte seine besten Jahre einfach schon hinter sich.

Also schrieb er diesen Song ›Oh to Live on Sugar Mountain‹, worin er seine verlorene Jugend beklagte. Der ging ungefähr so ... [Sie singt ein paar Strophen.]

Und ich dachte: ›Oh Gott, einundzwanzig zu werden und danach kommt nichts mehr, das ist doch eine ziemlich öde Zukunft.‹ Also schrieb ich einen Song für ihn und auch für mich, einfach um mir selbst Hoffnung zu machen. Er heißt ›The Circle Game‹.«

Neil Young war ein mürrischer junger Mann: Er glaubte, es würde in dem Augenblick mit dem Leben abwärtsgehen, wenn man zu alt für die Teenie-Clubs, aber zu jung für die Bars war. Das Mädchen, das »The Circle Game« sang, tröstete den Jungen vom »Sugar Mountain«. Nur ein bisschen Geduld, Neil. Das Leben wird sehr viel besser werden. (Um *Sugar Mountain* 1967 während einer Radiosendung spielen zu können, versetzte Joni ihre Gitarre sogar in die Standardstimmung; die zweite Gitarre spielte Chuck Mitchell.)

Joni und Neil blieben Seelenverwandte. Später spielte er in ihrem Song »Furry Sings the Blues« Harmonika, und sie sang gemeinsam mit ihm »Helpless« in Martin Scorseses Konzertfilm *The Last Waltz*.

Die Welt um Joni veränderte sich rasch. Aber bevor ihre Musik nachziehen konnte, hatte sie ein Repertoire von Songs über ihre verschiedenen Lebensphasen, Liebhaber, die aufgetaucht und wieder verschwunden waren, Städte, in denen sie gelebt und die sie wieder verlassen hatte.

Die Songs auf Jonis zweitem Album, das im Mai 1969 herauskam, waren von Toronto über Detroit bis New York entstanden, unterwegs in Fayetteville, North Carolina, und schließlich in Laurel Canyon, Los Angeles. *Song to a Seagull* hatte es – nicht sehr verheißungsvoll – nur auf Platz 189 der *Billboard*-Charts geschafft, aber Reprise war wohl auch deshalb geduldig, weil Joni als Sängerin mit Gitarre relativ günstig zu produzieren war. Auf ihr zweites Album packte sie Songs, mit denen Judy Collins bereits Hits gelandet hatte – »Chelsea Morning«, »Michael From Mountains« und besonders »Both Sides, Now«. Die *Clouds*-Songs kamen praktisch aus ihrem Archiv – das »neue« Album wurde mit »altem« Material bestückt –, aber für Joni war es eine Gelegenheit, diese Songs zurückzuerobern.

* * *

Doch bevor es so weit war, musste sie erst mal mit einem Produzenten auskommen.

Er hieß Paul Rothchild und war vor allem für seine Arbeit mit den Doors bekannt. Die drei Wochen, in denen Rothchild versuchte, den Hauptsong des Albums, »Tin Angel«, auf Vordermann zu bringen, lösten eine Welle von schmerzhaften Erinnerungen bei Joni aus. »Als Kind hatte ich Klavierstunden und komponierte ein Stück, das ›Robin Walk‹ hieß. Ich wollte es meiner Klavierlehrerin vorspielen, und sie schlug mich mit einem Lineal auf die Knöchel. Ich dachte, das wäre nur mir passiert, aber dann zeigte sich, dass alle Klavierspieler meiner Generation von ihren Klavierlehrern mit einem Lineal auf die Knöchel geschlagen wurden. Sie sagte: ›Warum willst du nach Gehör spielen‹ – klatsch! –, ›wenn es die großen Meister gibt?‹ Na gut, aber woher hatten die großen Meister ihre Musik? Indem sie nach Gehör spielten, oder?«

Sogar als achtjährige Klavierschülerin hatte Joni schon ihre eigenen Vorstellungen. Und als das nächste Mal eine Autoritätsperson versuchte, ihrer Muse in die Quere zu kommen, blieb sie ganz ruhig. Nach der qualvollen Erfahrung bei der Überarbeitung des rührseligen Eröffnungstracks »Tin Angel« fragte Joni – wie ein Kind, das die Schule schwänzt – den Toningenieur Henry Lewy, ob er ihr nicht in den nächsten zwei Wochen helfen könnte, das Album fertigzustellen, bevor Rothchild von einem Produzentenjob bei den Doors zurückkommen würde. Joni wusste, dass Lewy ein gefragter Mann war. Sie wusste auch, dass sie ihn sofort verpflichten musste.

»Henry, ich steh das nicht durch«, sagte sie. »Wenn ich das noch mal durchmachen muss, geht meine ganze Liebe zur Musik dabei drauf, und ich werde nie wieder eine Platte aufnehmen. Können wir das nicht in zwei Wochen schaffen, bevor er zurück ist?«[2]

Ohne zu zögern sagte Lewy: »Na klar.« Es war der Beginn einer langen Beziehung. Lewy war ein Mann der leisen Töne, ein jüdischer Flüchtling aus Deutschland, der eine vielfältige Vita hatte und bereits mit vielen unterschiedlichen Künstlern – von den Mamas and Papas bis hin zu den Chipmunks – zusammengearbeitet hatte. Joni konnte davon nur profitieren; sie nutzte das Wissen des Toningenieurs bei allen technischen Aspekten, ohne dass ein Produzent des Typs George Martin oder Phil Spector das letzte Wort hatte.

»Mit Henry Lewy hatte sie einen Produzenten für ihre Platten, der als solcher keine Erwähnung fand«, sagte Larry Klein, ein Bassist und Produzent, der Jonis zweiter Ehemann werden sollte. Erst auf ihrem Album *The Hissing of Summer Lawns* (1975) würdigte Joni ihn in den Credits und sagte, er sei »mehr als ein Toningenieur«.

»Rothchild und Crosby sorgten dafür, dass das Wort ›Produzent‹ bei Joni Schrecken und Wut auslöste. Nach einer Weile hasste sie dieses Wort einfach. Es stimmt schon, dass es eine Menge schlechte Produzenten gibt, aber es gibt eine Menge schlechte irgendwas, die irgendwas machen«, sagte Klein. »Es gibt nur wenige Leute, die gut sind in dem, was sie machen, und eine Menge, die schlecht darin sind. Doch das Wort ›Produzent‹ trieb sie wirklich auf die Palme.«

Sie war eine junge Frau, die sich männlicher Autorität in einer von Männern beherrschten Welt entzog. »Ich merkte, dass alle Produzenten Männer waren, und wenn ich ihnen trotzte, dann nannte man mich ein ›Mannweib‹«[3], erinnerte sich Joni später. Sie hatte das Ego einer Malerin; autoritäre Übergriffe verbat sie sich. Mitten im Track darauf hingewiesen zu werden, dass sie ihren Einsatz verpasst hatte, war für sie wie ein Coitus interruptus. Sie kannte sich im Studio besser aus, als Rothchild glaubte. Aber hier ging es auch nicht um Musik, sondern um Macht, und Joni war dabei, diese zu ergreifen.

Dass Rothchild für zwei Wochen zu den Doors verschwand, war ein Geschenk. Joni schätzte Unterstützung, aber ohne Einflussnahme. »Henry ist ein Toningenieur«, insistierte sie später. »Einen Produzenten braucht man nicht. Ein Produzent ist ein Babysitter für den Fall, dass du nicht weißt, was du machst. Ein Produzent ist ein Inneneinrichter. Ich habe mein Haus selbst eingerichtet. Ich brauche keinen Dekorateur ... Ich habe auf das, was Henry und ich gemacht haben, nie das Label ›Produzent‹ geklebt, weil es keinen Produzenten gab. [...]

Aber was passiert, wenn man da eine Leerstelle lässt? Dann taucht in den Credits der zweite Toningenieur auf oder jemand Ähnliches.« Der zweite Toningenieur, erklärte Joni, holte Kaffee für den Toningenieur. »Ich bin der Produzent«, fuhr sie fort. »Henry war mein Assistent. Ich war der Meinung, dass ich keinen Produzenten brauchte. Ein Produzent ist ein Blutegel. Er ist ein Babysitter und ein Innendekorateur für Leute, die faul sind, oder keine echten Künstler.«

Joni hatte in Henry Lewy einen Partner gefunden, der ein vorzügliches Gehör besaß und wusste, wie alles funktionierte – und meistens, was Joni wollte –, und das alles ohne Eitelkeit und autoritäres Gehabe. Sie brauchte keinen Paul Rothchild mehr, der ihre Freiheit mit Füßen trat. Sie sah Rothchild wieder, als *Clouds* 1970 den Grammy für die beste Folk-Performance gewann und er als Produzent genannt wurde, aber nur für »Tin Angel«. Joni wirkte mit ihrem goldenen Haar, ihren Witzeleien, im Minirock und, natürlich, mit ihrer Drei-Oktaven-Stimme, die sich bis in den hohen Sopran aufschwang, so mädchenhaft, so süß. Aber wenn es darum ging, es denn Männern zu zeigen, dann fand sie Mittel und Wege.

Die Songs von *Clouds* mäandern auf schöne und elegante Weise Richtung Erkenntnis, schwelgen dabei gelegentlich in Fantasien, arrangieren sich manchmal mit einer Realität, in der jeder neue Tag mit Überschwang oder Unsicherheit begrüßt wird. Liebhaber können den Himmel zum Leuchten bringen oder eine Enttäuschung sein. Euphorie oder Rache oder Trübsal: Such dir deinen Song heraus und dann die optimale Stelle, denn die vieldeutigen Akkorde bringen Gefühle dazu, unerwartete Wege einzuschlagen.

Nach der Morbidität des ersten Songs, »Tin Angel«, mit seinen Unheil verkündenden Moll-Sequenzen und der Zeile »Roses dipped in sealing wax«, explodiert »Chelsea Morning« vor Lebensfreude. Joni schrieb den Song 1967, und wenn sie ihn in Clubs spielte, warf sie Warhol vor, in seinem Film *Chelsea Girls* ein schlechtes Licht auf Mädchen wie sie zu werfen. (Leonard Cohen hatte inzwischen zufällig mit der Factory-Truppe angebändelt und wohnte nur ein paar Blocks vom Chelsea Hotel entfernt.) Der Song tanzt vor der Freude des Präriegirls aus Saskatoon, das zwar kein Morgenmensch ist, sich aber dennoch allmorgendlich frohen Mutes fragt, was für aufregende Dinge der Tag und das (noch nicht gentrifizierte) Viertel heute wohl bringen werden. Klänge, die bei Club-Auftritten noch sehr verhalten gewirkt hatten und sich jetzt sehr viel optimistischer anhörten.

Joni verbrachte wegen der dortigen Folkclubs viel Zeit auf der Bleecker Street. Das goldene Zeitalter von Dylan und Baez war vergangen, aber das Publikum füllte in der Hoffnung, den nächsten Dylan oder die nächste Baez zu entdecken, noch immer die Clubs, und Joni mit ihrem selbstgestrickten Glamour ließ sie ins Cafe Au Go Go strömen.

»Ich schrieb [›Chelsea Morning‹] in Philadelphia«, erinnerte sich Joni Jahrzehnte später. »Ein paar Mädchen, die in dem Club arbeiteten, in dem ich auftrat, haben in einer Seitengasse Glasschlacke gefunden [...]. Wir haben jede Menge davon eingesammelt und daraus Glasmobiles gebaut, mit Kupferdraht und Kleiderbügeln. Meins habe ich mit nach New York genommen und an meinem Fenster an der West Sixteenth Street im Chelsea-Viertel aufgehängt. Wenn die Sonne auf das Mobile schien, dann tanzten die ganzen Farben durch das Zimmer. Als junges Mädchen fand ich das wunderschön.«[4]

Joni hatte ein kleines Zimmer, aber das Fenster und sein Widerschein brachten die Außenwelt herein. Während sie in dieser Gegend lebte, wurde Joni drei Mal auf offener Straße ausgeraubt, aber das ließ ihre Hoffnung nicht schwinden. Und obwohl sie in ein kleines Zimmer eingepfercht war, verstärkte das, was draußen geschah und wen sie von dort mitbrachte, die Lebhaftigkeit des Songs. (Chelsea Clinton erhielt ihren Namen wegen dieses Songs, auch wenn es die Coverversion von Judy Collins war, die ihren Eltern so gut gefiel.)

Die Begeisterung bewegte sich auf *Clouds* in viele Richtungen. Zwischen 1966 und 1969 veränderte Joni sich so schnell, dass die Zusammenstellung dieses Albums manchmal an ein multiples Ich denken lässt, dessen einer Teil sich erst später entwickelte, während andere Teile aufgegeben wurden; an Einflüsse, die verkümmerten, Unschuld, die im Zuge von Erfahrungen verloren ging. Der Tolkien-Bezug in »I Think I Understand« war nur dem Moment geschuldet und nichts Bleibendes. Als sie die Songs einspielte, die sie in Detroit und New York geschrieben hatte, lebte sie bereits in Laurel Canyon. Sie schrieb in rasendem Tempo und war Teil eines kulturellen Wandels, der sich mit gleicher Geschwindigkeit vollzog.

Natürlich gab es Wege, die sie nicht weiter verfolgte. Als sie 1967 in Fayetteville, North Carolina, spielte – sie hatte noch keinen Plattenvertrag –, fragte sie einen Freund, was sie sich dort ansehen könnte.

»Na ja, es gibt Fort Bragg, da könntest du mal hinfahren«, sagte er. Anders als die meisten Mitglieder der Woodstock-Generation hatte Joni gegen die Unterhaltung der Truppen nichts einzuwenden. Ihr Vater war Leutnant der kanadischen

Luftwaffe gewesen, und sie glaubte, nicht automatisch die Politik von Verteidigungsminister McNamara zu unterstützen, wenn sie für Soldaten spielte. Dennoch war Fort Bragg eine Enttäuschung. Sie fand die Eskapaden der selbsternannten »Fayette-Cong«, gelinde gesagt, unangenehm. Joni kaufte die Gitarre eines Hauptmanns, eine kleine klassische Martin. Das Instrument hatte es bis nach Vietnam und wieder zurück geschafft. Dem Hauptmann war nicht so viel Glück beschieden gewesen. Als sie gerade aufgeben wollte, irgendetwas Reizvolles an Fayetteville zu finden, kam die Inspiration von völlig unerwarteter Seite:

»Am letzten Tag sagte mein Freund: ›Mir ist gerade eingefallen, was du unbedingt noch tun solltest, bevor du fährst: Du solltest zum Zahnarzt gehen.‹ Ich hielt das zunächst für keine besonders aufregende Idee – bis wir dorthin kamen und ich merkte, dass der Zahnarzt nicht nur ein Zahnarzt war, sondern auch ein Amateur-Architekt, und wie viele Leute in North Carolina hatte er jede Menge rostigen Schrott gesammelt, der dann um sein Haus herum lag, weggeworfene und verwaiste Sachen: Autowracks und altersschwache Traktoren. Irgendwann schaute er aus dem Fenster und bemerkte, dass da unter ihm drei Morgen voller rostigem Schrott lagen, den er gesammelt und mit dem er nichts angefangen hatte. Also fing er an, [daraus] ein Haus zu bauen, und er baut noch immer daran. Ich glaube, er hört damit auch nicht mehr auf. Es besteht aus Bullaugen von Schiffen und Fernsehbildschirmen, Traktorrädern und Schaufelrädern aus Pepsi-Cola-Kisten; es gibt einen geometrisch angelegten Garten voller Unkraut und rostige Palmen mit kaputten Plastikenten am Fuß. Für die Touristen rieselt Musik aus Lautsprechern, und das Dach ist mit lauter sich drehenden Sachen bestückt, mit Fernsehantennen und so kleinen Klimaanlagen, die man von Hausdächern kennt. Ein wirklich großartiger Platz. Also schrieb ich nach meiner Rückkehr ein albernes kleines Gedicht mit dem Titel ›Dr. Junk, the Dentist Man‹ und vertonte es mit einer kleinen, albernen Bo-Diddley-Melodie. Es ist ein kleiner, alberner Song.«

Auf diesen skurrilen Song über einen Messie ließ Joni ein hinreißend schönes Liebeslied folgen, das damals zum Musterbeispiel dieses Genres wurde, einen Song über den ständigen Aufruhr der Gefühle, der jedem etwas sagt, der so etwas schon mal empfunden hat. Es gibt Dinge, die man wegwerfen muss, von denen es sich loszusagen gilt wie von den eingekreisten Klischees des Mr. Kratzmann. Aber manchmal braucht es das Grübeln über Abfall, um ein paar Blumen aufblühen zu lassen. Manchmal muss man eine einjährige Pflanze säen, um einen Dauerblüher ziehen zu können.

»In der Nacht, nachdem ich den verrückten alten Dr. Junk entdeckt hatte, blieb ich bis zum Morgengrauen wach und schrieb einen anderen Song, in dem ich ein kleines Trompetensolo spiele. Mein Daddy war Trompeter. Ich wollte schon immer ein Trompeter sein.« Der Song war »I Don't Know Where I Stand«.

Und obwohl es bei »I Don't Know Where I Stand« um Doppeldeutigkeiten geht – um den unsicheren Status einer Liebe, um eine Reihe nicht geklärter Erwartungen eines Liebhabers –, kommt er doch im Gewand eines klassischen Schlagers daher. Er startet in Moll und löst sich in einem Durakkord auf, aus dem wieder ein anderer Mollklang wird, als wolle er sagen, dass das Glück nicht lange währt und der Kummer viele Gesichter hat. Außerdem schreibt sie unterwegs, in der Einsamkeit eines Zimmers in Fayetteville. Die Joni der Nächte hatte vielleicht nicht allzu viele »Chelsea Mornings« mit ausgelassener Fröhlichkeit begrüßt, und vielleicht fühlte sie sich normalerweise auch nicht wie bei »I Don't Know Where I Stand«, nämlich »so drowsy now I'll take what sleep I can«. Die harmonischen Extravaganzen waren nicht offensichtlich ökonomischen Überlegungen geschuldet, aber Lyrismus und Gefühlswelt hätten auch zu den Schnulzensängern gepasst, die sie in ihrer Kindheit so gern gehört hatte. Seit seiner Veröffentlichung wurde der Song mehr als dreißig Mal gecovert, besonders hervorzuheben ist dabei die Version Barbra Streisands.

Wollte sie wirklich wissen, ›wo sie stand‹? War sie Fußabtreter oder Herzensbrecherin? Niemand schrieb Trennungssongs wie Bob Dylan, von »Don't Think Twice, It's All Right« bis »It Ain't Me, Babe«, oder auch jener Song, der Joni zu ihm bekehrt hatte: »Positively 4th Street«. Allerdings war sie immer darauf bedacht, dass der Text nicht auf Kosten der Musik ging. Also hatte ihr Trennungssong auf *Clouds*, »That Song About the Midway«, einen trügerischen Lyrismus und melodischen Schwung. Judy Collins erinnerte sich in ihren Memoiren: »Joni schrieb ›That Song About the Midway‹ über Leonard, das sagte sie jedenfalls. Und es klingt auch so: das Festival, der Typ, der Brilli im Ohr.«[5]

Obwohl etwas von Cohen in dem Song mitklang, war sich David Crosby vier Jahrzehnte später sicher, dass es darin um ihn ging. »Der ›Hallo David, ich liebe dich‹-Song war ›Dawntreader‹, und der ›Machs gut, David, das war's‹-Song war ›That Song About the Midway‹. Sie kam auf eine Party, auf der wir alle waren, und sah mir beim Singen des Songs direkt in die Augen, ein wütender Blick – sie sang den Song gleich zwei Mal hintereinander. Sie wollte nicht, dass da irgendwas unklar blieb.«

Joni sagte dazu: »Ich nehme an, die Leute identifizieren sich mit Songs und glauben, dass man sie für sie geschrieben hat.«[6] Nie sollte ihr Gesang inniger sein als bei »The Dawntreader«. Es ist ein atemberaubender Auftritt – von einer so anderen Welt wie eine Seejungfrau und so vertraut wie ein Liebhaber. Es ist kein Wunder, dass Crosby, der den Song für *Song to a Seagull* produzierte, gern die Quelle der Inspiration gewesen wäre. Ihre Affäre mit Crosby überlappte sich mit jener mit Cohen. Crosby förderte ihre Karriere; Cohen war unentbehrlich für ihre Kunst. Entscheidend war jedoch letztendlich Jonis Unabhängigkeit. Von der Melodie her klingt »That Song About the Midway« überhaupt nicht wie ein Trennungssong von Dylan, in seiner feinen Ausführung ist er aber ebenso bösartig. Und selbst wenn er an ein Mischwesen gerichtet war – den Leonard Cohen vom 1967er Newport Folk Festival und den David Crosby aus dem Gaslight South in Coconut Grove –, hinderte sie das nicht daran, ihn mehrfach wie eine Waffe auf Crosby zu richten und ihm seine Extravaganz ins Gesicht zu schleudern.

Am Anfang des Songs steht die Anziehung, obwohl bereits klar ist, dass der Mann ein fragwürdiger Geselle ist, der nicht nur mit der Gitarre, sondern auch mit Pferdewetten sein Glück probiert. Der Zocker wird zum Teufel, ein Mann, der auffällt »like a ruby in a black man's ear«. Ein anderer Abschnitt lässt an eine Zeile aus *Romeo und Julia* denken: »It seems she hangs upon the cheek of night / Like a rich jewel in an Ethiop's ear / Beauty too rich for use, for earth too dear!«[7]

Dieser Typ ist ein Spieler, ein Zuhälter (auf jeden Fall in Sachen Musik), ein Adler, der, hoch oben, einen unfairen Vorteil gegenüber seiner Beute hat. Die sonst so hartgesottene Joni – die sich an der Liebe und einem Liebhaber berauschen, aber trotzdem noch gerade stehen kann – hat die Nase voll. Am Ende ist der Typ immer noch am Spielen, und die Sängerin ist müde. »Slowin' down / I'm gettin' tired! Slowin' down / And I envy you the valley that you've found.« Handelt es sich bei diesem Tal um Laurel Canyon, ein Ort der endlosen musikalischen und erotischen Möglichkeiten? Wird der streunende Glücksspieler weiter die Würfel rollen lassen? Die Sängerin hat genug von all dem und ist bereit weiterzuziehen.

Auch »The Gallery« wurde mit Cohen in Verbindung gebracht, obwohl es in dem Song offensichtlich nicht um konkrete Erinnerungen geht, sondern um einen Künstler, der ein Kenner und Genießer des Schönen ist und fortwährend Schönheiten nachstellt, während seine Ehefrau auf der Strecke bleibt. Diese Fußabtreterrolle hätte Joni selbst niemals akzeptiert. Wenn überhaupt, dann identifiziert sie sich eher mit dem Künstler als mit seiner Ehefrau, der an das in erotischen Dingen unverwüstliche lyrische Ich in »Cactus Tree« auf *Song to a Seagull* erinnert. In »The Gallery« versetzt sich Joni in die Lage einer Frau, die viele Jahre mit einem solchen Flegel verbracht hat: »I gave you all my pretty years / Then we began to weather / And I was left to winter here / While you went west for pleasure.« Näher würde Joni einem »Stand by Your Man« nie kommen, und das Ganze endet mit Bitterkeit und Kummer.

Ein deutlich gruseligeres Gebräu wird in »Roses Blue« angemischt – eine Kuriosität in Jonis Gesamtwerk, nicht weniger exzentrisch als das unveröffentlichte »Dr. Junk«. Auf einem Konzert 1969 kündigte sie »Roses Blue« als einen »Song über eine Hexe [an], die in der Hauptstadt meines Vaterlandes lebt«, womit sie Ottawa und nicht Washington D. C. meinte. Sie sagte: »Um eine Hexe zu sein, braucht es nicht mehr als eine gehörige Portion Negativität und den Glauben, Macht zu haben.« Die bestens zu dem gruseligen Inhalt von »Roses Blue« passende Kombination von Dur und Moll erwies sich dabei über diesen Song hinaus als fruchtbar, indem sie den vielseitigen Jazztrompeter und Komponisten Dave Douglas zu einer Coverversion auf seinem Album *Moving Portrait* (1998) anregte – eine Erkundung unerwarteter chromatischer Tonfolgen in verschärftem Tempo, die doch ziemlich danach klingen, als hätte Wayne Shorter etwas für Miles Davis geschrieben (zum Ende hin zitiert Douglas sogar Shorters »Orbits«). »Für mich hatte ›Roses Blue‹ etwas

Beschwörendes und Magisches«, erinnerte sich Douglas. »Es ist ja offensichtlich, dass es in dem Text um das Übernatürliche geht, das Paranormale, die dunkle Seite, auf die wir uns begeben können. Dabei – und das gilt für alle Joni-Mitchell-Songs – unterstützt die Musik den Text dergestalt, dass die Wirkung des Ganzen vertieft und verstärkt wird. Es ist gespenstisch. Joni hat ein starkes, tiefgreifendes und fein gestimmtes Gehör für Harmonien und ihre Wirkungen.«

In der Version des großartigen Jazzpianisten Brad Mehldau, veröffentlicht auf seinem Album *Live in Tokio* (2004), jongliert dieser Virtuose mit den gruseligen Reihungen von Dur- und Molltonarten, würfelt sie durcheinander und lässt trotzdem Melodie und Akkorde intakt. Es gibt keinen Chorus, keine Bridge, einfach nur einen Refrain voller Gedanken an »roses blue«; die musikalische Zielrichtung ist ausdrücklich düster, als würden die Blütenblätter welken. Der Text nimmt seinen Anfang in einem malerischen Bild von »roses blue« – ein Stillleben mit einer unheilvollen Tönung –, dann erfahren wir assoziativ von einer Frau namens Rose, die hext, Zaubertränke mischt und Menschen heimsucht. Neben anderen dunklen Künsten praktiziert sie »Zodiac and Zen«. Selbst wenn Joni dem Bild einer Frau der Siebzigerjahre entspricht, die zumindest mit einem Augenzwinkern an Astrologie glaubt, selbst wenn ihr damaliger Liebhaber Leonard Cohen später in ein Zenkloster eintrat, Gedichte darüber schrieb und schließlich ein ordinierter Zenmönch wurde, ist dieser Song vom Text her eine Anomalie in Jonis Songkatalog. Musikalisch sprechen die außergewöhnlichen Jazz-Cover – und ihre Erkundung von erweiterten Harmonien weit jenseits des im Folk Üblichen – für sich selbst.

Spätestens seit der Tet-Offensive 1968 war man sich zunehmend einig, dass Amerika den Krieg – moralisch und strategisch – verlieren würde. Die Belege dafür waren täglich im Fernsehen zu sehen: ein brennendes Dorf, ein schreiendes vietnamesisches Kind. Junge Männer, die die Wahl hatten, in einen besonders ungerechten Krieg zu ziehen oder im Gefängnis zu landen, suchten bei Pop-Musikern nach Antworten, obwohl keiner von denen etwas von Außenpolitik verstand. Auch Dichter, die Bedeutsames über den Krieg geschrieben hatten – etwa Tennyson, Yeats, Auden – waren keine Außenpolitiker und mussten es auch nicht sein. Der beste Protestsänger dieser Jahre, Bob Dylan (ebenfalls kein Experte in Außenpolitik), saß diesen Krieg einfach aus, wobei einige seiner Songs aus dem Jahr 1963 – »Blowin' in the Wind«, »Masters of War« – auf jeden Krieg passten. John Lennon brachte, so stolz wie naiv, »Give Peace a Chance« heraus, ein Song mit einem Refrain, den wirklich jeder verstand, aber mit Zeilen, für die man einen Anmerkungsapparat brauchte, wenn man wirklich wissen wollte, von welchen obskuren Figuren darin die Rede war. David Crosbys Reaktion auf die Ermordung Robert Kennedys (»Almost Cut My Hair«) machte aus dem Krieg einen unterbrochenen Gang zum Frisör, und es war auch nur bedingt tröstlich, dass er weiter seine »freak flag« wehen lassen wollte. Jimmy Cliffs »Vietnam« war dem nicht unähnlich: eine simple Geschichte, aber mit einem neuen Groove – der für Ska gehalten wurde, aber genau genommen Reggae war, ein im damaligen Nordamerika noch relativ unbekannter Beat. Freda Paynes »Bring the Boys Home« war eine gefühlvolle Schnulze. Inmitten der jüngeren Antikriegshymnen klang Jonis eigener Versuch zu diesem Thema viel älter, sogar älter als »We Shall Overcome«. Der gruselige A-capella-Gesang von »The Fiddle and the Drum« ist wie »Blowin' in the Wind« ein Song, der auch Hunderte von Jahren früher hätte geschrieben worden sein können, ja eigentlich, seitdem es Kriege gibt, und die gibt es schon immer, länger jedenfalls als die Gitarre.

Wie Dylan benutzt Joni eine zeitlose Sprache, um ein aktuelles Problem anzugehen, aber mit einer überraschenden Wendung. Sie singt den Song für Amerika, ihren »Freund«, doch ihr Freund ist nicht das Land an sich. Sie lebte seit ein paar Jahren in den Staaten, allerdings mit einem Visum, und als Sängerin lebte sie im Exil, war eine Außenstehende, die Saskatoon weit hinter sich gelassen hatte – wofür? Sie war dabei, in Amerika Karriere zu machen, aber was genau war Amerika? Ihre Altersgenossen waren wegen Vietnam zunehmend aufgebracht, und die jungen Männer mehr als das, ihnen graute es davor. Für Joni waren Soldaten junge Männer, die zum Töten abgerichtet wurden. Sie sah bei Walter Cronkite jeden Abend die gleichen Bilder wie alle anderen auch. Sie schaute Nixon an und sah das Gesicht des Todes. Der Unterschied zu Pierre Trudeau, dem damaligen kanadischen Premierminister, hätte nicht größer sein können. Der Mainstream hatte in Amerika eine so merkwürdige Wendung genommen, dass eine Gegenkultur dringend notwendig war. Was stimmt nicht mit Amerika? Wer seid ihr überhaupt? Warum mischt man sich in einen fremden Bürgerkrieg ein und nimmt dafür so viele Tote auf allen Seiten in Kauf?

Der Song ist komplett im A-capella-Stil gehalten und bar ihrer üblichen chromatischen Harmonien, als wolle sie sagen: Das ist ein Skandal, der sich Zierrat oder Ausschmückungen verweigert. Man muss nicht grundsätzlich gegen Krieg sein, um gegen diesen hier zu sein. In »The Fiddle and the Drum« gibt es weder Geigen noch Trommeln – nur eine Stimme, eine Melodie und Worte, die gegen die Trommeln des Krieges aufbegehren. Joni ließ den Song 2007 für Jean Grand-Maîtres gleichnamiges Ballett wieder aufleben, anlässlich eines anderen Kriegs in einer anderen Zeit. Der Rock and Roll, in dessen Dunstkreis sie sich bewegte, klang zuweilen selbst wie die Trommeln des Krieges. Sie sang hingegen: »How did you come / To trade the fiddle for the drum?« Märsche waren noch nie Jonis Sache, im Gegensatz zu Rachmaninow, Debussy, Ellington oder Édith Piaf. »The Fiddle and the Drum« hätte perfekt in den New Generation Club vom Vorjahr gepasst. Und es stellt eine verblüffende Einführung zu »Both Sides, Now« dar, das sie nun endlich aufnahm. Als der Song schließlich als Schlusstitel auf *Clouds* erschien, war Joni zwei Jahre, drei Städte und viele Liebhaber weiter, lebte ein völlig anderes Leben als zu der Zeit, als er entstanden war. Judy Collins hatte einen Grammy für ihre Aufführung von »Both Sides, Now« bekommen, aber Joni hatte den Song gelebt, und sollte ihn auch weiterhin leben.

Kapitel 9

Our House

Joni zog mit ihrem Manager Elliot Roberts nach Kalifornien; im Schlepptau hatten sie David Geffen, der gerade selbst zum nächsten Karrieresprung ansetzte. »Ich war sozusagen ihr erstes Rennpferd«, berichtete Joni dem Musikkritiker Robert Hilburn. »Wir zogen zusammen aus dem Betondschungel hinaus in die Sonne und zu den Bäumen [...]. Ich werde nie den Geruch vergessen, als wir zum ersten Mal nach Laurel Canyon kamen. David zog nicht dorthin, aber Elliot und ich und der Rest von uns zog hinauf nach Lookout Mountain. Es war eine tolle Zeit.«[1]

Elliot Roberts beschrieb das viele Jahre später so: »Damals kamen einfach alle nach Kalifornien, der Kameradschaftsgeist zwischen den Künstlern war groß [...]. Im ganzen Canyon, von oben bis unten [...], spielten sie sich gegenseitig ihre neuen Songs vor. Es passierte so viel. Die Musik fing an, elektrisch zu werden. Es gab Acid Rock. Die Byrds, [Jefferson] Airplane, die Grateful Dead – all diese Bands spielten in kleinen Clubs.«[2]

Das Haus 8217 Lookout Mountain Avenue wurde zu jenem Fluchtort für Joni, den sie nach den Turbulenzen des Jahres 1969 brauchte. Es passte zu der eleganten Boheme-Prinzessin, die Joni inzwischen geworden war: ein kalifornischer Bungalow mit einem Aufgang aus Steinstufen, Fenster mit Tiffanyglas-Elementen und einem Panoramafenster, durch das die Spätnachmittagssonne hereinflutete. Es gab einen großen steinernen Kamin und einen Garten voller Wildblumen, Palmen und Eukalyptusbäumen. Der Sunset Boulevard mit seinem Verkehr, den Clubs und dem ganzen Trubel war mit dem Auto in wenigen Minuten erreichbar, aber das Haus am Lookout Mountain war durch Bäume und Büsche vor dem Lärm geschützt. Es waren nicht die Landstraßen und die wilde, weite Prärie, die Joni aus ihrer Kindheit kannte, aber es war genau jene Art Zuflucht, nach der sie sich gesehnt hatte. Die

Haustür aus Holz schmückte ein kompliziertes balinesisches Schnitzmuster. Als das Nachbarhaus abbrannte und Jonis Haus unversehrt blieb, ordnete sie an, dass der Ruß darauf nie entfernt werden dürfe: Sie sah darin einen Talisman, der ihr Haus beschützt hatte. Joni stattete ihr Heim mit Andenken an Menschen und Orte aus, die sie liebte: eine Standuhr von Leonard Cohen, Drucke von Maxfield Parrish, viktorianische Schattenboxer, Cloisonné-Dosen und Jugendstil-Lampen. Es gab auch ein Klavier, und das Haus wurde zu einem Treffpunkt der großartigen Musiker jener Zeit.

Joni hatte einen sehr weiten Weg von einem völlig anderen Ort zurückgelegt, aber sie passte zur Laurel-Canyon-Szene wie Katharine Hepburn auf ein Filmset. Wenn sie erst einmal da war, dann konnte man sich nicht mehr vorstellen, dass ein anderer ihre Rolle spielte. Der Musikautor Bill Flanagan erklärte: »Joni war die Verkörperung dieses mächtigen, beliebten Bildes, das sieben oder acht Jahre vorher entstanden war: das Kalifornien-Girl, das Beach-Boys-Girl, das wunderschöne Golden Girl mit den langen, blonden Haaren und Mittelscheitel. Joni *war* nicht nur dieses Mädchen, sie war außerdem Bob Dylan, Paul Simon und Lennon-McCartney, die diese Figur in ihren Songs überhaupt erst ins Leben geschrieben hatten. Sie war das komplette Programm. Sie war die Malerin und das Motiv, und darauf sprangen die Leute unheimlich an.«[3]

Für Graham Nash war und ist die Anziehungskraft von Joni und jene von Laurel Canyon ein und dieselbe. »Für mich ist das nur mit Wien zur Wende vom 19. zum 20. Jahrhundert vergleichbar […]. Laurel Canyon war insofern ganz ähnlich […], als dass eine Freiheit in der Luft lag, ein Gefühl dafür, dass wir alles machen konnten. Wir waren leicht verlotterte Kids, die – wenn auch nur in kleinem Maßstab – die Welt veränderten und die Art, wie Leute über die Dinge dachten.

Es herrschte ein reger Ideenaustausch, und wir waren enthusiastisch davon überzeugt, zur rechten Zeit am rechten Ort zu sein.«[4]

Graham Nash besuchte Joni und traf in ihrem Wohnzimmer auf jene zwei Männer, mit denen er auf die nächste Sprosse seiner Karriereleiter steigen sollte. In seinen Erinnerungen gibt er die Ereignisse wie folgt wieder: »Die Sonne stand bereits tief am Himmel und tauchte die Hollywood Hills in das goldene Licht des Sommers […]. Es war ein Ort, an dem Freigeister wie ich all das taten, was [sie wollten], nämlich kreativ sein und Musik machen […]. Hier fühlte ich mich zu Hause.«[5] Auf der Flucht vor seiner Vergangenheit als britischer Rockstar und mit dem Gefühl, ein »Junge aus Nordengland« zu sein (das ihn sein ganzes Leben nicht loslassen sollte), hatte Nash Joni vom Flughafen angerufen, und sie hatte ihn eingeladen, doch vorbeizuschauen. In der Auffahrt stand ein grüner VW-Bus, und von drinnen war ein »Stimmenwirrwarr« zu hören. Dann »stand Joni in der Tür, und alles andere war egal […]. Wir hatten sofort einen Draht zueinander. Joni Mitchell hatte einfach alles: Sie war eine schöne und grazile Frau mit rosigen Wangen, wie vom Wind gezaubert, und sie schien von innen heraus zu leuchten. Ihre Schönheit war ein beinahe genauso großes Geschenk wie ihr Talent, und sie zog mich in ihren Bann, faszinierte mich vom ersten Moment an.«

In Jonis Wohnzimmer saßen David Crosby und Stephen Stills, und Crosby, der Nashs Spitznamen kannte, sagte zu Stills: »Spiel Willy diesen Song vor.« Die beiden fingen an zweistimmig »You Don't Have to Cry« zu singen. Nash erinnerte sich: »Ein brillanter Song. Als sie ihn beendet hatten, sagte ich: ›Wow, Stephen, das ist ein unglaublicher Song.‹« Nash wollte ihn noch einmal hören. Danach bat er sie erneut um eine Wiederholung. »Und nach diesem dritten Mal hatte ich mir den Text und die Melodie eingeprägt und wusste, was ich tun musste.« Crosby, Stills & Nash wurden nicht nur in diesem Raum, sondern in genau jenem Augenblick geboren. »Der ganze Sound von Crosby, Stills & Nash entstand in nur dreißig Sekunden«, erinnerte sich Nash (immer noch) ungläubig. »So lange haben wir gebraucht, bis wir die Harmonien draufhatten. Das ging dermaßen schnell, dass wir laut losprusteten. Buffalo Springfield und die Hollies waren gute Harmonie-Bands, wir wussten also, was wir da machten. Wir hatten jahrelang Platten mit Harmoniegesang eingespielt. Doch das hier war etwas anderes. Keiner kann das, was wir singen, für sich beanspruchen. Aber es klingt auch keiner wie David, Stephen und ich, wenn wir unsere Stimmen zusammenwerfen.«

Und niemand hatte einen Blick für Musik und Texte wie Joni. »Es gab tatsächlich ein Ethos von Frieden und Liebe, Kunst und Dichtung«, sagte Elliot Roberts. »Dichtung genoss einen hohen Stellenwert bei diesen Leuten, sogar einen noch höheren als Musik, und der beste Dichter dieser Zeit war Joni. Damals hatte sie sehr viel zu sagen, und alle wollten hören, was es war.«[6]

Das erste große Porträt von Joni schrieb Susan Gordon Lydon für die *New York Times*. Sie besuchte Joni 1969, und diese spielte ihr die gerade fertiggestellte Aufnahme von »Both Sides, Now« vor. »Keiner kann den Song so singen wie sie«, bemerkte Nash. Lydon war der gleichen Meinung und schrieb: »Ihre Fassung des Songs klingt – dadurch dass sie ihn geschrieben und schon häufig vorgetragen hat, und durch die Bedeutungsdimensionen, die Dave Van Ronk und Judy Collins ihm hinzufügten – abgeklärt, er klingt jetzt unendlich reichhaltig und endgültig.«[7] Als sie zu Ende gesungen hatte, sprang ein liebestrunkener Nash auf und sagte: »Das war großartig, Baby. Ich könnte dich dafür küssen.« Elliot Roberts meinte nur: »Du hättest sie auch geküsst, wenn sie gespuckt hätte [...]. Es gibt tatsächlich jede Menge Liebe in diesem Haus.« Joni war weniger rührselig – zumindest in Anwesenheit der Reporterin. »Bleib einfach da sitzen und sieh groovy aus«, wies sie Nash zurecht, als der ihr Gitarrenspiel unterbrochen hatte. Joni unterhielt sich mit Lydon darüber, wie sie Songs schrieb und wie ein Song sich mit der Zeit entfaltete und verschiedene Interpretationen durchlief: »Melodien fallen mir leichter ein als Worte, aber ziemlich oft schreibe ich Gedichte und vertone sie dann. Ich schätze, ich bin in erster Hinsicht Künstlerin; am liebsten komponiere ich etwas Neues. Das ist wie in Trance zu verfallen; ich habe eine Melodie, setze mich hin und erinnere mich. Ich finde es einfacher, im Rückblick über meine Gefühle nachzudenken. Von jetzt an möchte ich so arbeiten, dass ich sofort ins Studio gehe, sobald ich einen Song fertig habe, wenn das Gefühl für den Song am intensivsten ist. Man sollte Songs dann einspielen, wenn man noch richtig an sie glaubt [...]. Aber es ist lustig – sobald ein Song fertig geschrieben ist, wird er zu etwas total anderem; er gehört einem nicht mehr. Ich liebe es, wenn Männer meine Songs singen, weil sie aus weiblicher Perspektive geschrieben worden sind, und Männer bringen da ganz andere Sachen rein.«

Nash bewunderte, wie Joni Songs schrieb. »Es war hochinteressant, sie dabei zu beobachten«, sagte er. »Es sah fast so aus, als würde sie Geister beschwören. Sie war stundenlang völlig abwesend. Ich meine, körperlich war sie anwesend, aber trotzdem war sie abwesend. Einfach weg. Ich sagte etwas zu ihr, aber sie hörte nicht zu, sie war weg. Das war großartig zu beobachten, zu sehen, wie jemand von seinen Visionen davongetragen wird.«[8] Auch wenn sie auf Lookout Mountain von Visionen davongetragen wurde, hinderte das die fünfundzwanzigjährige Joni nicht daran, sich mit Graham Nash häuslich einzurichten. In seiner Autobiografie schreibt er, dass das Haus, das er mit Joni teilte, »in den 1930ern von einem schwarzen Jazzmusiker gebaut worden war; es gab jede Menge Kiefern mit Astlöchern, knarrende Holzfußböden, verzogene Fensterflügel und handgefertigte Holzmöbel, die nicht zueinander passten. [Es] hatte etwa 40000 Dollar gekostet. Joni hatte zu dieser Zeit nicht viel Geld, also nutzte sie ihr künstlerisches Talent, um das Haus in ihrem unnachahmlichen Stil einzurichten.«[9]

Als die Herausgeber des *Rolling Stone* für ihren ersten großen Artikel über sie dort vorbeikamen, hatte Nash sich »auf einem englischen Kirchenstuhl niedergelassen« und Joni war dabei, »einen gedeckten Rhabarberkuchen zu backen«.[10] Wie immer stand sie mit einem Fuß in den Fünfzigerjahren ihrer Jugend und mit dem anderen in der neuen Gegenkultur. Sie erzählte ihnen: »In letzter Zeit besteht mein Leben hauptsächlich aus Unterbrechungen. Ich habe keine fünf Stunden am Stück für mich. Daher bin ich, glaube ich, weniger produktiv, aber ich stelle auch höhere Ansprüche an mich. Mir gehen ständig viele Melodien im Kopf herum, doch die Wörter sind jetzt andere. Wohl hauptsächlich deshalb, weil ich mich mehr auf meine eigenen Erfahrungen mit Texten verlasse.«

Kalifornien war ihr Zuhause, aber New York verlangte weiterhin nach ihr. In diesem Jahr, 1969, hatte Joni ihr erstes Konzert in der Carnegie Hall. Es gibt Bildmaterial: Sie trägt ein Kleid, hält die Gitarre in der Hand, das Mikrofon ist so groß, dass es wie eine Theaterrequisite wirkt, und Jonis Stirnfransen sind so lang, dass sie fast über die Augenbrauen fallen. Sie sieht glücklich aus. Während der Einführung sagt sie ausgelassen: »Es ist ein langer Weg von Saskatoon, Saskatchewan, bis zur Carnegie Hall.«[11] Sie lacht über ihren eigenen Witz, ein helles, fröhliches, unbeschwertes Lachen und das Publikum lacht laut mit. Ein Mann schreit auf eine dem Rahmen unwürdige Art »I LOVE YOU«, und Joni lacht wieder.

Graham war dabei gewesen und erinnerte sich, dass »das Publikum der Carnegie Hall *verzückt* und die Halle voll bis unters Dach war. Es war ihr erster Auftritt dieser Dimension. Ihre Karriere hatte einen Punkt erreicht, hinter den sie nicht mehr zurück konnte.«[12] Sie sang: »When morning comes to Morgantown / The merchants roll their awnings down / The milk trucks make their morning rounds / In morning Morgantown.« Und damit trug sie das Publikum davon, hin zu helleren, einfacheren und deutlich hoffnungsfroheren Orten. Joni war stolz auf ihr Carnegie-Hall-Debüt. Sie hatte ihre Eltern aus Kanada einfliegen lassen, und auf Fotos sind sie hinter der Bühne zu sehen. Myrtle hat ein breites Lachen im Gesicht, sie sitzt entspannt da, trägt ein schwarzes Kleid und eine doppelreihige Perlenkette. Aber unter der Oberfläche sah es anders aus. Joni und Graham trugen Maximäntel, bevor sie in Mode kamen, und die Leute drehten sich immer wieder nach ihnen um. Myrtle und Bill gingen zwei Meter hinter ihnen. Als konservative Prärie-Kanadier war es ihnen peinlich aufzufallen. Als Joni den Mantel auszog, kam ihre Zigeunerkleidung zum Vorschein. Eine Viertelstunde vor Beginn der Vorstellung schimpfte ihre Mutter mit ihr: »Also Joan, in diesen Lumpen willst doch wohl nicht auftreten.«

»Als würde ich sie mit meinem Aussehen erniedrigen«, erinnerte sich Joni. »Das war typisch für meine Mutter. Und die Leute, vor denen sie sich fürchtete, die oberen Zehntausend, die zeigten die gleiche Reaktion. Nervös und voller Angst, die Arme.«

Es gibt ein Foto vom Ende des Konzerts: Joni hält ein Blumenbouquet und ein riesiges ausgeschnittenes Herz in Händen, auf dem steht: »Liebe Joni, New York LIEBT DICH.«

Ein paar Monate später, im August 1969, spielten Crosby, Stills, Nash & Young in Woodstock. Auch Joni war eingeladen. David Geffen erinnerte sich, dass die Gruppe in LaGuardia landete und er, wie er sagte, »sich eine *New York Times* schnappte, in der stand: *400 000 Menschen sitzen im Matsch*«. Zu Joni meinte er: »Das lassen wir wohl besser.«[13] Am nächsten Abend sollte Joni bei Dick Cavett ihren ersten Auftritt im nationalen Fernsehen haben. Was, wenn sie in Woodstock festsäße? Joni fand das gar nicht lustig. Sie erinnerte sich: »Die Jungs wollten das keinesfalls verpassen und mieteten einen Helikopter. Sie flogen hin [...], sie kamen auch wieder zurück [und] platzten am nächsten Tag in die TV-Show.«[14]

»Dadurch, dass ich nicht hinfahren konnte, hatte ich einen etwas bitteren Blick auf Woodstock«, erinnerte sich Joni. »Aus irgendeinem Grund beeindruckte mich Woodstock und kam mir wie ein modernes Märchen vor, wie eine heutige Brot-und-Fische-Geschichte. Es war ziemlich bemerkenswert, dass so viele Menschen so gut miteinander klarkamen, und es herrschte ein unglaublicher Optimismus. Aus diesen Gefühlen heraus schrieb ich den Song ›Woodstock‹, und die ersten drei Male, die ich ihn auf einem Konzert sang, brach ich in Tränen aus, weil die Intensität dieser Erfahrung in mir wieder hochkam, es war so ergreifend.«[15]

Aber auf einer persönlichen Ebene war es kaum auszuhalten, wie ihr Freund Graham Nash und ihr Ex-Geliebter David Crosby über Woodstock ins Schwärmen gerieten. »Als sie wiederkamen, plapperten sie von nichts anderem«, sagte Joni in einem Interview mit *MTV News* in den Neunzigern, »das war Salz in der Wunde ... damals jung zu sein und etwas verpasst zu haben, das mir alles bedeutete, besonders weil es so nah war. Aber vermutlich war das auch für etwas gut, denn weil ich nicht hinkonnte, ging mir [Woodstock] überhaupt nicht mehr aus dem Kopf. Ich sah mir alles im Fernsehen an, ich saß vor dem Fernseher und schrieb den größten Teil des Songs während der ersten beiden Tage des Festivals, und am Samstagabend war er fertig.«[16]

Knapp vier Jahrzehnte später war Joni der Song wichtiger als das Ereignis, das sie als verpasste Gelegenheit sah. Sie sagte mir: »›Woodstock‹ hätte ich nicht geschrieben, wenn ich dort gewesen wäre, weil es bei solchen Veranstaltungen jede Menge Hinterzimmergeschichten gibt, jede Menge Rivalitäten. Es gibt kleine Inseln des Miteinanders, aber jeder will unbedingt der Erste sein. Auch wenn es keine Sportveranstaltung ist, ein bisschen davon hat es schon, und je näher der Premierenabend rückt, umso heftiger wird es, und das führt dazu, dass die Leute sich fürchterlich anstrengen. Manch einer spielt bei den Proben vielleicht wunderbar, doch sobald er dann auf der Bühne steht, liefert er einen vor lauter Anstrengung grotesken Auftritt ab. Bei solchen Veranstaltungen ist es wie bei konkurrierenden Kindern. Das Publikum sieht das nicht, aber Backstage bekommt man es mit. Wäre ich dort gewesen, hätte ich den Song nicht schreiben können, weil ich in diese Backstage-Neurosen verwickelt worden wäre. Letztendlich war ich ein Fan, der nicht dabei sein konnte, und deshalb konnte ich das alles romantischer sehen, als wenn ich dort gewesen wäre und die Wirklichkeit erlebt hätte. In meinen Augen wurden da viele Möglichkeiten verschenkt. Woodstock war der Anfang vieler Möglichkeiten, aber auch eine Beerdigung.«

Und während dieser kulturelle Wendepunkt in Frieden, Liebe und Musik, mit Schlamm und Meskalin und all den inzwischen legendären Bestandteilen seinen Lauf nahm, bereitete sich Joni im Sherry-Netherland Hotel darauf vor, mit Dick Cavett Songs zu spielen und zu witzeln. Cavett war nach dem Rausschmiss der Smothers Brothers zu einem TV-Bindeglied zwischen Gegenkultur und Massenmedien geworden. Er hatte in Yale graduiert und war ein Showmaster in der Tradition von Cole Porter, der sich einen Schlagabtausch mit Groucho Marx liefern oder als Schlichter in der Fehde zwischen Norman Mailer und Gore Vidal fungieren konnte (wobei er sich allerdings auf die Seite von Gore Vidal schlug). Er war nachsichtig gegenüber vormaligen Größen wie Marlon Brando, Orson Welles und Gloria Swanson, scherzte mit Woody Allen um die Wette, klatschte und tratschte mit Truman Capote und hatte keine Ahnung, wie er mit Stevie Wonder reden sollte. Er war intelligent und kam wie Johnny Carson aus Nebraska, war aber gebildeter und stolz darauf. Seine Woodstock-Show war einfach unvergleichlich: eine formlose Gesprächsrunde, bei der die aggressivsten Kids die meiste Sendezeit bekamen.

Da Joni nur wegen ihres Auftritts bei Dick Cavett auf Woodstock verzichtet hatte, musste es sie viele Nerven gekostet haben, bei ihrem ersten wichtigen Auftritt im amerikanischen Fernsehen mit Leuten auf einer Bühne zu stehen, die in Woodstock aufgetreten waren *und* es rechtzeitig zurückgeschafft hatten. Stephen Stills (der echten Woodstock-Schlamm auf seiner Jeans vorzuzeigen hatte) und David Crosby (der das Festival mit »einem Feldlager der mazedonischen Armee« verglich) repräsentierten den Flug (hin und zurück), den Joni auch hätte nehmen können. Jefferson Airplane war ebenfalls anwesend, und Cavett (der ständig damit angeben musste, wen er alles kannte) kabbelte sich mit Grace Slick und sprach sie mit »Miss Joplin« an, eine andere Rock-Ikone, die mehrfach bei ihm aufgetreten war; außerdem zog er sie mit ihrem Besuch der Finch Academy in der Upper East Side auf, einem Mädchenpensionat. Joni schaffte es, vier Songs zu spielen, und schaltete sich wann immer sie konnte ins Gespräch ein, zum Beispiel, wenn es um die Tugenden von Pierre Trudeau ging oder ihre Ansichten zur Astrologie (sie merkte an, dass David Crosby, ein Löwe, auch wie ein Löwe aussah). Die meiste Zeit aber musste sie untätig herumsitzen und sich persönliche Abenteuergeschichten von einem Ereignis anhören, das sie verpasst hatte, und das in *der* Sendung, wegen der sie es verpasst hatte. Cavett wusste damals nicht, dass Joni Woodstock *deswegen* verpasst hatte, und wenn er es gewusst hätte, dann hätte ihm das den Rest gegeben. »Wenn ich daraus eine Story machen würde, dann ließe ich Joni sagen: ›Ich muss einfach zu diesem Festival. Alle werden da sein‹«, grübelte Cavett vier Jahrzehnte später. »Und dann würde ich den Manager sagen lassen: ›Du willst auf irgendeiner Farm für ein paar Schweine und ein paar hundert Leute spielen, anstatt in der Cavett-Show aufzutreten?‹«

Auch nach so vielen Jahren konnte Cavett darin keinen Nachteil für Joni erkennen.

»Wer hat eigentlich die Vorstellung in die Welt gesetzt, dass es bei der Show um Joni gehen sollte? Die Sendung war nie als Joni-Mitchell-Show gedacht. Wir waren hocherfreut, dass wir sie bekommen konnten. Mein Produzent Tony sagte: ›Wir haben die Gelegenheit ergriffen, eine Sendung über Woodstock zu machen, weil Carson und all die anderen sowas nie machen würden.‹ Uns war klar, dass wir eine Menge Aufmerksamkeit erregen würden. Airplane, Jimi Hendrix und Joni Mitchell waren die vorgesehenen Künstler … Am nächsten Morgen erfuhren wir, dass man Hendrix, dessen Auftritt der krönende Abschluss von Woodstock gewesen war, nicht loseisen konnte, wohin auch immer er sich nach dem Festival zurückgezogen hatte, um wieder runterzukommen. Zufällig kamen dann Stills und Crosby im Studio vorbei, die bereit waren, für Jimi einzuspringen, ihn zu ersetzen. Weil Neil Young Kanadier ist, brauchten wir eine Ausnahmegenehmigung, damit er spielen durfte, und die konnten wir auf die Schnelle nicht bekommen, so sehr sich die ABC-Leute in Washington auch bemühten. Also erklärten sich Stills und Crosby einverstanden, mit einem ›Redebeitrag‹ das Loch in der Sendung zu füllen. The Jefferson Airplane trieben uns fast in den Wahnsinn. Da war diese Zeile ›Up against the wall, Motherfuckers‹ in einem ihrer Songs, der erst gesendet werden konnte, nachdem sie versprochen hatten, den Text zu ändern. So oder so, die Sendung war *nie* als Joni-Mitchell-Show geplant. Das haben wir auch nie behauptet. Nur mit Mitchell hätten wir auch in unserem Studio bleiben können.«

Das Set der Dick Cavett Show war so knallbunt wie eine »Brady Bunch«-Montage. Cavett saß im Kreis mit Joni, Crosby, Stills und Jefferson Airplane. Joni trug grün, saß zu seiner Rechten und schaute geradezu wehmütig drein, während die anderen Cavett mit Woodstock-Geschichten unterhielten. An einem Punkt – sie hat den Kopf in die Hand gestützt – sind ihr Bedauern und ihre Sehnsucht fast greifbar.

Auch ein Jahr später war sie noch immer nicht darüber hinweggekommen. Bei einem BBC-Konzert sitzt sie am Flügel, trägt ein pfirsichfarbenes Kleid mit Häkelelementen und eine türkise Halskette, und strahlt in goldener Pracht. Ihr blondes Haar ist in der Mitte gescheitelt. So wie sie bei den ersten Aufführungen von »Little Green« den Schmerz weglächelt, erklärt die junge Frau, die von allen zurückgelassen wurde, mit einem breiten Lächeln: »Ich blieb also zu Hause in New York und schaute den ganzen Tag Fernsehen. Ich sah zu, wie die anderen spielten und sangen. Ich glaube, es war ein wirklich schönes Festival, so wie das alles aussah.« Dann sagt sie: »Ich habe einen kleinen Song geschrieben, den meine Freunde singen sollen.« Sie hält kurz inne. »Und ich auch, er heißt ›Woodstock‹, und er geht so.«

Der neue Song ist ein echter Hammer, und Jonis Stimme ist so umwerfend wie nie wieder:

I came upon a child of God
He was walking along the road

And I asked him, where are you going
And this he told me

Graham erinnerte sich: »Als wir nach dieser fantastischen Erfahrung ins Hotel zurückkamen, hatte sie ›Woodstock‹ schon fertig geschrieben.«[17] Es ist heute kaum vorstellbar, dass dieses historische Ereignis noch keine vierundzwanzig Stunden her war, und doch hatte Joni alles eingefangen – wunderschön, höchst poetisch und ohne Klischees: »We are stardust. We are golden. / And we've got to get ourselves back to the garden.« David Crosby wunderte sich: »Sie hat mehr dazu beigetragen, dass die Leute verstehen, was da passiert ist, als alle, die dabei waren.«[18]

In den Händen von Crosby, Stills, Nash & Young, die aus dem Song eine überschwängliche Hymne machten, wurde »Woodstock« zu einem Rockklassiker. Aber Joni war es ernst, als sie die Veranstaltung mit einem Begräbnis verglich. Ihre Version des Songs ist ein modaler Klagegesang. Man braucht dafür nichts als die schwarzen Klaviertasten – ein Mollakkord, ein Vorhalteakkord und von da aus zu einem Nonenakkord. Es ist das Ergebnis ihres stundenlangen Hörens von *Kind of Blue*, ein Album, das auf modalen Variationen basiert. »Woodstock«, eine grüblerische Ballade, hätte gut dazu gepasst. Joni stößt einen wortlosen Seufzer aus, der tief aus ihrem Inneren kommt. Das ist nicht nur »song and celebration«. Das ist Läuterung. Es ist ein Vorzeichen, dass etwas sehr, sehr Übles passieren wird, wenn der Schlamm erstmal getrocknet ist und die Hippies nach Hause gegangen sind. Der Garten, zu dem sie zurück wollten, war eine Illusion. Joni muss sich sehr einsam gefühlt haben. Sie war die Einzige, die es erkannte.

* * *

Nach Cavett, nach Woodstock kehrten Joni und Graham heim nach Kalifornien. Sie waren wieder zurück im Garten, aber ihre Zeit in Eden war befristet. Jahre später erzählte Joni dem zwanzigjährigen Cameron Crowe: »Graham und ich hatten eine großartige und stabile Beziehung. Eine Zeitlang haben wir zusammengelebt – man könnte sagen, wir waren verheiratet. Unsere gemeinsame Zeit war für mich als Künstlerin hochgradig produktiv. Ich habe sehr viel gemalt, und der Großteil meiner besten Zeichnungen ist 1969 und 1970 entstanden, als wir zusammen waren. Um sich dieser hyperaktiven Frau gegenüber zu behaupten, versuchte Graham sich an verschiedenen Sachen. Malerei. Farbiges Glas. Und schließlich kam er auf die Kamera. Ich glaube, er ist nicht einfach nur ein guter Fotograf, er ist ein großartiger Fotograf. Seine Arbeiten sind so lyrisch. Einige seiner Fotos sagen mehr als tausend Worte. Sogar nach unserer Trennung schenkte Graham mir eine sehr gute Kamera und ein Buch mit Fotos von Cartier-Bresson. Ich wurde selbst eine begeisterte Fotografin. Er hat mir etwas zurückgeschenkt. Auch als unsere Liebesgeschichte zu Ende war, hat sich der kreative Aspekt unserer Beziehung immer weiter verästelt.«[19]

Doch bevor die Liebesgeschichte im Sande verlief, schrieb Nash den Song »Our House«. Seine Version der Geschichte beginnt so: »Ich weiß nicht, ob ihr euch in Los Angeles auskennt, aber am Ventura Boulevard im Valley gibt es einen ziemlich berühmten Deli, der Art's Delicatessen heißt. Dort waren wir zum Frühstück. Als wir zu Jonis Auto zurückgingen, kamen wir an einem Antiquitätengeschäft vorbei. Wir schauten uns die Auslage im Schaufenster an, und da sah sie eine sehr schöne Vase, die sie kaufen wollte [...]. Ich habe sie gedrängt, die Vase zu kaufen. Sie hat nicht viel gekostet, und wir haben sie mit nach Hause genommen. Es war ein ziemlich grauer, nieseliger L.A.-Morgen. Schließlich waren wir wieder in unserem Haus in Laurel Canyon, und ich habe gesagt: ›Weißt du was? Ich mache den Kamin an. Und du kannst ein paar Blumen in die Vase stellen, die du gerade gekauft hast.‹ Also ging sie in den Garten und pflückte Blumen. Was hieß, dass sie nicht am Klavier saß, aber jetzt saß ich daran ... Und eine Stunde später war ›Our House‹ fertig, aus einer unglaublich alltäglichen Situation entstanden, so wie sie schon viele Menschen erlebt haben.«[20]

Es war ein herrlicher Augenblick, eingefangen in einem zauberhaften Song. Aber der Alltag stellte sich für zwei talentierte Musiker, die echte Popstars waren, als Herausforderung heraus, wenn es darum ging, diesen idyllischen Ort zu teilen, den die drei Minuten Text zu »Our House« gemacht hatten. Nash erinnerte sich: »Es war eine anstrengende Zeit, in der es darum ging, wer als Erster ans Klavier durfte, um den Raum mit seiner Musik zu füllen.« Anders als bei ihrer Ehe mit Chuck Mitchell war das keine ungleiche Partnerschaft. Joni und Graham – das war anders, härter. »Es war ein interessanter Zusammenprall von ›Ich möchte dir so nah wie möglich sein‹ und ›Lass mich in Ruhe, ich muss arbeiten‹«, erinnerte sich Nash.[21] Joni sagte dazu: »Graham und ich waren die Quelle für viele Songs, die wir füreinander schrieben. So ist eine Menge wunderbarer Musik entstanden, und wir haben sehr schöne Zeiten miteinander erlebt.«[22]

Die Fotos aus dieser Zeit wirken wie Standbilder aus einem Film, den wir nie gesehen haben. Auf einem Foto wie aus einem Passbildautomaten – er trägt einen Pelzmantel, Joni ganz in Lila – sitzt Joni auf Grahams Schoß und lacht, Bild für Bild für Bild. Ein anderes zeigt Joni und Graham, wie sie Händchen haltend durch den Wald spazieren und sich zu einer Musik wiegen, die wir nicht hören können. Dann wieder sind sie in ihrem Haus: Joni trägt ein silbernes Armband, ihr goldenes Haar ist in der Mitte gescheitelt, und sie ist sowohl

Künstlerin als auch Muse. Das Fenster schwingt auf und Joni lächelt, wie immer ganz sanft.

Ein Ausschnitt des Fensterausblicks, von Joni gemalt, schmückt das Cover ihres nächsten Albums, *Ladies of the Canyon*. Das Haus war ein Andenken an so viele Songs und an so viel Liebe, dass sie es nie verkaufen sollte, auch nicht, als sie ein paar Jahre später auszog. Jahrelang hatte sie es an ihren Road Manager Ron Stone vermietet. Sie konnte es einfach nicht loslassen.

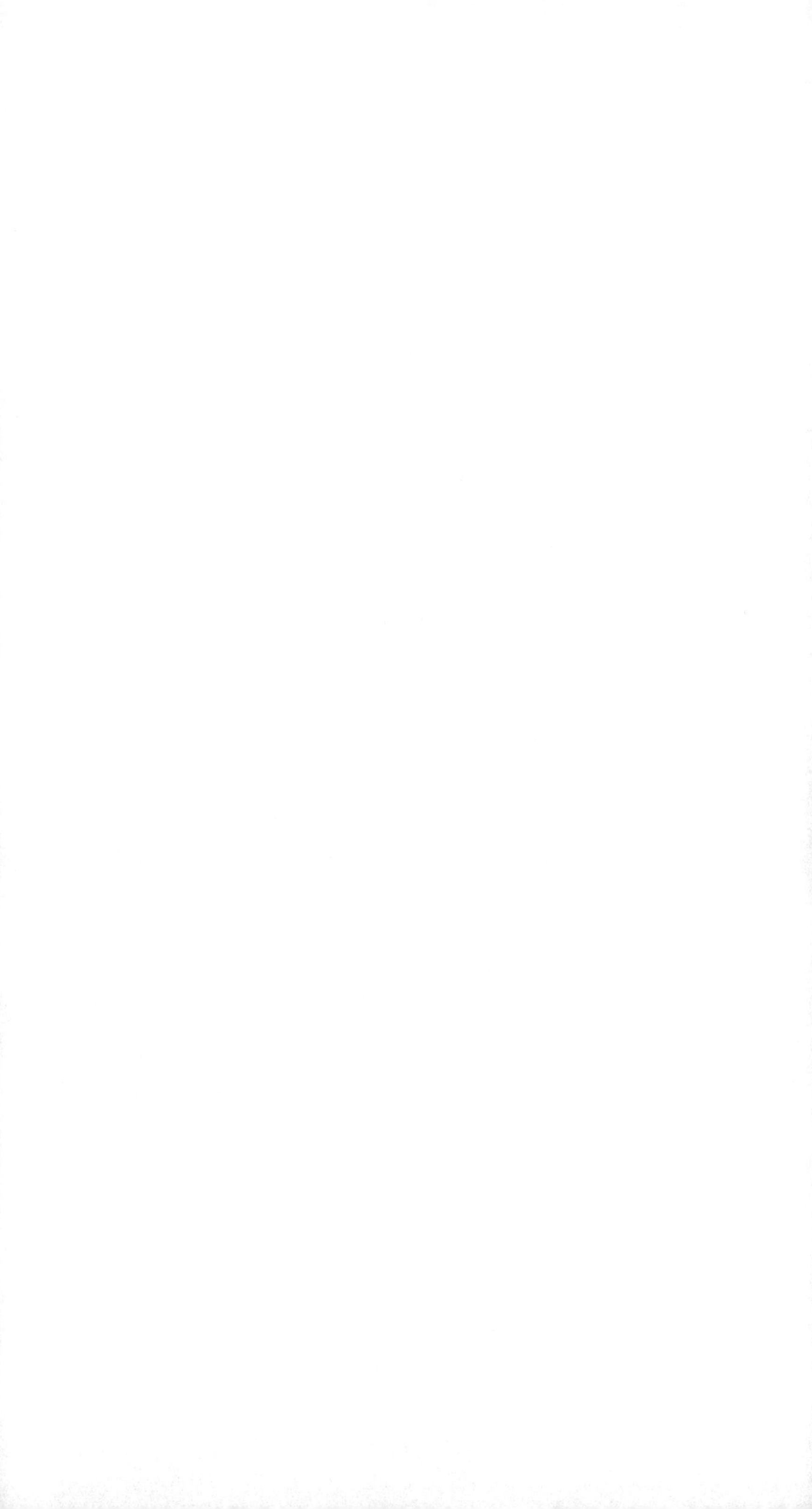

Kapitel 10

Ladies of the Canyon

Ladies of the Canyon wurde im April 1970 veröffentlicht und war ein Album der ersten und der letzten Male. Es war das erste Mal, dass Joni ein Klavier einsetzte; diverse Songs (darunter das lyrische »For Free« und »Willy«) hatte sie geschrieben, während sie das Instrument zum ersten Mal ausprobierte und sich dabei alle erdenklichen Freiheiten nahm. Es war geprägt von einer wilden Liebe zu Graham Nash, und das Präriemädchen Joni sollte mit »Big Yellow Taxi« etwas kreieren, das laut *New York Times* »vielleicht den Einstieg in ein neues Genre bedeutet, das man Öko-Folk nennen könnte«.[1] Das Album schloss mit drei gigantischen Hits – »Big Yellow Taxi«, »Woodstock« und »The Circle Game« – und war ihr erstes, das mit Platin ausgezeichnet werden sollte. Außerdem markierte es das Ende ihrer Tage als Folk-Prinzessin. Aus der Folk-Prinzessin war ein echter Popstar geworden.

Das Album eröffnet mit dem Song »Morning Morgantown«, eine Eruption schlichter Schönheit, geschrieben 1967. Klavier und Gitarre fügte sie per Overdub hinzu, wie sie es schon bei »Night in the City« getan hatte, aber hier arbeitete sie mit fast barocker Präzision. Und es gab noch eine weitere Neuerung: Die von Milt Holland gespielte Kuhglocke war das erste Schlaginstrument, das auf einem Joni-Mitchell-Album zu hören war, und selbst die sanftesten Besen hätten eine Veränderung ihrer rhythmischen Strukturen bedeutet. Von »Morning Morgantown« aus schreitet das Album zu einigen der unvergesslichsten Stücke voran – und auch zu ein paar, die nicht unbedingt im Gedächtnis bleiben. Es endet mit einem grandiosen Dreisprung: Nachdem man sich zum Bo-Diddley-Beat und philosophischen Abgrund von »Big Yellow Taxi« eingegroovt hat, wird man von »Woodstock« aus der Bahn geworfen und zur einsamen Spitze von »The Circle Game« katapultiert. Judy Collins und die anderen Hitproduzenten hatten dafür gesorgt, dass Joni sich ihres eigenen

Repertoires bewusst geworden war. Erst auf ihrem nächsten Album würde sie verkünden, dass »Songs wie Tattoos sind«, aber auch mit *Ladies of the Canyon* gab sie ihren Zuhörern etwas, das sie nie vergessen würden. Zwischen den großartigen Eröffnungs- und Abschlusssongs gibt es noch andere Besonderheiten sowie ein paar Kuriositäten, über die nur die Eingeweihten sprechen. Wer sonst würde über »The Arrangement« oder »Blue Boy« reden?

In »The Arrangement« geht es um eine »Mad Men«-artige Figur, die »more than a name on the door« hätte sein können. Diese Stimmung ist typisch für die Sechzigerjahre – man hätte so viel mehr erreichen können, wenn man sich nicht irgendwann verkauft hätte. Andererseits lernte Joni, dass es möglich ist zu verkaufen, ohne dass die Aufgabe seiner Selbst oder seiner Überzeugungen Teil des Deals ist. Genau das war der Fall bei ihrem ersten Platin-Album. Seine Verkaufszahlen waren zweimal »half a million strong«, und was war daran verkehrt? Sie verbreitete ihre Botschaft genau so, wie sie es wollte.

»Conversation« beginnt wie ein einfacher Rock-and-Roll-Song mit einem pulsierenden Beat auf zwei und vier – die Art von Brot-und-Butter-Rock-and-Roll, die Neil Young perfektionierte. Aber Milt Holland, sein Paar Besen und ein paar dezente lateinamerikanische Einsprengsel verändern die Wahrnehmung des Songs. Holland hatte unter Musikern einen ausgezeichneten Ruf. Er hatte bei James Taylor und Randy Newman Schlagzeug gespielt, Bongos beim Soundtrack der *West Side Story* und Marimba bei Aufnahmen der Beatles.

In einer früheren Fassung des Songs ist sehr viel mehr von Frustration die Rede. Joni kündigte ihn im Oktober 1967 im Second Fret in Philadelphia so an: »Manchmal erzählen sich auch beste Freunde nicht mal annähernd die Wahrheit, weil sie sie selbst nicht kennen. Das hier ist ein Song über eine Dreiecksgeschichte.«[2]

Die Version auf *Ladies of the Canyon* klingt mehr nach einer Party. Hier geht es nicht mehr ums Grübeln oder Jammern, sondern darum, das Mädchen zu sein, mit dem der Typ fremdgehen und für das er schließlich seine bisherige Freundin verlassen will. »She only brings him out to show her friends«, singt sie. »I want to free him.« Genau! »Love is a story told to a friend / It's secondhand.« Wir sind alle ganz Ohr.

Zu Hause in Kanada schwärmte der *Toronto Star*, dass »Jonis alte weitschweifige Folktexte verschwunden sind [...] und einer wesentlich niveauvolleren, dichteren und direkten Poesie Platz gemacht haben, die an Leonard Cohen erinnert. Die Worte und Melodien sind eher ungewöhnlich als naheliegend synkopisch.«[3] Im *Guardian* verkündete Geoffrey Cannon kühn: »Joni Mitchell kann besser als jeder andere Sänger erklären und feiern, was es heißt, und heißen sollte, heutzutage jung zu sein. Sie erzählt uns, was wir bereits wissen, aber uns durch die Lebensumstände bemüßigt gefühlt haben zu vergessen: dass wir frei sind. Dass wir ein Herz haben. Und sie tut dies allein durch akribisches Beobachten und Nachdenken über das, was sie selbst hört und sieht und fühlt.«[4]

Im wahren Leben mochte Joni eine Kämpferin gewesen sein, die sich in Theorie und Praxis mit ihren Kollegen, ihren Kritikern und ihren musikalisch Gleichaltrigen anlegte, aber sobald es um ihre Musik ging, stand sie unerschütterlich zur Wahrheit, so wie sie sie wahrnahm – auch wenn die Wahrheit ihr nicht immer schmeichelte. *Ladies of the Canyon* nimmt unter den frühen Alben einen besonderen Platz ein, weil ihr Vertrauen in ihre Fähigkeiten als Sängerin und Musikern gewachsen ist; allerdings ist sie inzwischen auch so sehr Teil ihrer Community, dass sie über sie schreiben, dass sie einem ganzen Album ein Gefühl für einen bestimmten Ort mitgeben kann. Sie ist keine Außenseiterin mehr, das Mädchen aus dem Norden, das sie bei ihrer Ankunft in der New Yorker

Folkszene noch gewesen war. Kalifornien im Allgemeinen, und im Besonderen Laurel Canyon, sind im Großen und im Kleinen zu ihrer Heimat geworden.

Der Titelsong beschreibt eindringlich eine offenbar utopische Gemeinschaft von Frauen aus der Perspektive einer, die – wie sie in Interviews immer wieder betont hat – die »Gesellschaft von Männern« vorzieht. Da ist die Künstlerin Trina mit ihren »wampum beads«, die Mäntel »trimmed with antique luxury«. Und Annie, die freigeistige Mutter, die »always makes you feel welcome« und »has cats and babies 'round her feet«. Die Dritte im Bunde ist das »circus girl« Estrella, das »comes wrapped in songs and gypsy shawls«.

Alle drei Frauen kannte Joni gut: Trina Robbins, Annie Burden und Estrella Berosini. Die Porträts im Song und ihre symbolische Strichzeichnung auf dem Plattencover trugen dazu bei, die Kunde von Laurel Canyon als dem Paradies der Gegenkultur zu verbreiten.

Als Annie Burden und Joni sich 1968 kennenlernten, war Annie zweiundzwanzig und zum zweiten Mal schwanger. Es war eine Zeit voller Unsicherheiten für Mütter und auch für die Welt, wie Annie sagte: »1968 standen wir alle an einem Wendepunkt. Martin Luther King und Robert Kennedy wurden ermordet. Andy Warhol wurde angeschossen. Von New York bis Paris über Prag und Mexico City bis hin zum Parteitag der Demokraten in Chicago und der Miss-America-Wahl schwappte eine Welle des Protests und der Demonstrationen für Frieden und Freiheit. Frauen versammelten sich auf der ersten National Women's Liberation Conference. Zum ersten Mal umkreisten Menschen den Mond. Die ganze Zeit würdigte ich die Titelzeilen der Zeitungen nur mit flüchtigen Blicken. Ich hatte einen blinden Glauben an die Zukunft und machte Babys und Brownies und wurde dabei durch die Tatsache bestätigt, dass Joni mich als eine Art Martha Stewart der Sechziger sah. Heute beschwört *Ladies of the Canyon* für mich eine liebevolle Momentaufnahme unserer Ahnungslosigkeit herauf, aber es ist auch eine schmerzhafte Erinnerung an meine eigene Naivität.«[5]

Annies Ehemann Gary Burden war ein Pionier in der Gestaltung von Covern. Seine Arbeit schmückt die Alben von Mama Cass, Crosby, Stills, Nash & Young, The Doors, von Jackson Browne und vieler anderer. Es gibt ein Foto von Henry Diltz, auf dem Pic Dawson – der zeitweilige Liebhaber und Dealer von Mama Cass –, Eric Clapton, Joni, David Crosby, Gary Burden, Mama Cass und Annies Tochter Amanda zu sehen sind, und Amanda purzelt vor ihnen im Gras herum. »Mein Mann Gary arbeitete in seinem Atelier hinter dem Haus«, sagte Annie. »Das führte zu einem ständigen Strom von Künstlern und Musikern, die kamen und gingen. Viele wurden Freunde, und an neun von zehn Tagen musste ich noch ein paar extra Stühle um den Esstisch stellen. Ich habe mich nie als Teil dieser Szene betrachtet – bis Joni mir die Rolle einer Hausfrau und Gastgeberin im Auge dieses kreativen Sturms zuwies. Ich habe es als große Ehre betrachtet, in diesem Song erwähnt zu werden, und tue es auch immer noch.«[6]

Trina Robbins war Zeichnerin von Underground-Comics, als diese Kunstform noch im Entstehen begriffen war. Wie viele Künstler dieser Zeit war sie in den Fünfzigern ein Science-Fiction-Fan. Das Herz der Alternativcomics schlug in den Sechzigern in San Francisco, aber Robbins sollte schnell feststellen, dass diese Szene ein Jungsclub war. Sie arbeitete für eine feministische Zeitung namens *It Ain't Me, Babe* und leitete schließlich die Comic-Ausgabe der Zeitung, in der nur Frauen veröffentlichten. Im Folgenden wurde sie die erste Künstlerin, die »Wonder Woman« für DC Comics zeichnete, jener Verlag, bei dem auch *Batman* und *Superman* erschienen. Einen Teil ihres Geldes verdiente Robbins mit dem Nähen von Kleidung, und sie kann sich noch daran erinnern, dass sie Joni 1970 nach der Veröffentlichung von *Ladies of the Canyon* »aus Dankbarkeit ein kleines schwarzes Minikleid genäht hat, ganz einfach gehalten, außer der kleinen aufgesetzten Tasche aus alter Spitze«.[7]

Estrella Berosini wiederum sagte über sich selbst: »Und damit zum Kern der Sache, will sagen, zu mir. Ich bin die Tochter eines tschechischen Hochseilartisten, Vaclav (Veno) Berosini, und wuchs in einem Zirkus auf. Bevor mein Vater seinen Namen amtlich in Berosini änderte, aus künstlerischen Gründen, hieß er Holtzknecht. Da er in Böhmen geboren wurde, zu dem Zeitpunkt, als aus Böhmen die Tschechoslowakei wurde, ist mein eigentlicher Name Estrella Holtzknecht. Es bedeutet auch, dass ich genetisch gesehen halbe Böhmin bin, und wenn ein Leben im Zirkus nicht das ist, was wir gemeinhin unter ›Boheme‹ verstehen, was dann? Jedenfalls ein Leben nach ganz eigenen Vorstellungen.«[8] Mit der Klugheit einer Künstlerin verdichtete Joni diese Geschichte zur Formulierung »Estrella circus girl«.

Und indem sie über diese Frauen schrieb, schrieb Joni natürlich auch über sich selbst. Wie Trina war sie eine bildende Künstlerin; auch sie zeichnete in ihr Skizzenbuch. Wie Annie war sie Mutter, auch wenn das nur wenige Menschen wussten, und sie bemutterte – ihre Liebhaber, ihre Freunde, den ganzen Kreis von Menschen, die zum Canyon gehörten. Ihr Haus war »a very fine house«, weil Joni es auf ihre Art mit Musik und Kuchen, Freunden und Katzen, Blumen und Liebe füllte. Und sie war auch ein wenig ein »circus girl«, indem sie inszenierte, schrieb und sang: ein Ein-Frau-Zirkus mit drei Manegen.

Während Laurel Canyon zu einem der angesagtesten Orte überhaupt wurde, geschah das Gleiche mit Hawaii. Die Geschichte der Insel, im Zusammenhang mit den USA, ist noch relativ jung: Sie wurde 1898 annektiert, aber erst 1959 zum Bundesstaat erklärt, keine zehn Jahre, bevor Joni 1968 dorthin fuhr, getragen von einer Welle der Faszination für das exotischste Mitglied der Nation. (Wichtige kulturelle Meilensteine: 1961 Elvis' Auftritt in *Blue Hawaii*, am 4. August desselben Jahres die Geburt von Barack Hussein Obama im Kaipolani Medical Center for Women and Children, Honolulu; und von 1968 bis 1980 die Krimiserie *Hawaii Five-O*.) Und genau so, wie sie es geschafft hatte, die Hoffnung, Energie und Magie von Woodstock in einem einzigen Song zu bündeln, so sollte sie nun in nur ein paar Tagen einen Song schreiben, der den Konflikt zwischen unserer Sehnsucht nach Schönheit und den Auswirkungen beschreibt, die wir als Touristen und Einheimische auf Orte haben, die wir in Massen aufsuchen.

Zwischen 1960 und 1970 wuchs der Tourismus auf Hawaii von 296000 auf 1,7 Millionen Besucher pro Jahr. Und schon 1960 beklagte ein Reiseredakteur der *Chicago Tribune*: »Hotels wohin man schaut. Apartmenthäuser schießen aus dem Boden wie Pilze. Läden und Büros entstehen auf Grundstücken, die vor nicht allzu langer Zeit noch Gärten waren.«[9] Als Joni nach Hawaii kam, schaute sie aus dem Fenster und sah eine magische Landschaft, die mit einem asphaltierten Parkplatz und dem kitschigen Royal Hawaiian Hotel geschändet worden war; das Hotel war tatsächlich rosafarben, wie es im Songtext heißt. Und sie jammerte – aber mit einem Beat, zu dem man tanzen konnte, und mit einem ansteckenden schallenden Gelächter am Schluss.

Nach der Veröffentlichung von *Ladies of the Canyon* wurde »Big Yellow Taxi« sofort populär – weil seine Protestbotschaft zeitgemäß und zutreffend war und der Song einfach mitriss. Es dauerte nicht lange, bis Bob Dylan ihn coverte und die letzte Zeile, in der das große gelbe Taxi »my old man«

entführt, änderte: Jetzt war es, ganz in der Art Woody Guthries, ein großer gelber Traktor, der mit seinem Haus und seinem Grund und Boden Schindluder trieb. Joni adaptierte diese Fassung für ihre Liveauftritte. Wie auch »The Circle Game« war »Big Yellow Taxi« bei Familien sehr beliebt, da der Song sowohl die Unschuld der Kinder, als auch die Hoffnung ihrer Eltern reflektierte, dass diese einmal in einer besseren Welt leben würden.

Mit »Big Yellow Taxi« ritt Joni nicht nur auf der Welle der Hawaii-Begeisterung, sondern trug auch dem zunehmenden Interesse für Umweltfragen Rechnung. Rachel Carson hatte 1962 ihr Buch *Der stumme Frühling*[10] veröffentlicht, eine vernichtende Abrechnung mit Chemiefirmen und Pestiziden, die als Geburtsstunde der modernen Umweltbewegung gilt und Joni zu der Zeile »Hey, farmer, farmer / Put away that DDT now« inspirierte. So wie Joni ohne Unterricht angefangen hatte zu komponieren, war Rachel Carson trotz ihrer außerordentlichen und offensichtlichen Begabung eine nichtpromovierte Querdenkerin, die gegen den Sexismus ankämpfen musste, der auch in ihrem Fachgebiet herrschte, um ihre wegweisende Arbeit durchführen zu können. Obwohl nicht ganz klar ist, wie viel Joni über Carsons Privatleben wusste, scheint sie in der Wissenschaftlerin doch zweifellos eine verwandte Seele gefunden zu haben. »Put some time in ecology«, sollte Joni in »Song for Sharon« fordern. Am einprägsamsten tat sie selbst das in »Big Yellow Taxi«. Marie Curie, Rachel Carson – das waren Wissenschaftlerinnen, die sich mit dem Status quo anlegten. Das waren Menschen ganz nach Jonis Geschmack.

Nach den Alarmglocken (wenn auch sanft und skurril klingend) von »Big Yellow Taxi« beendet Joni das Album mit einer philosophischeren Mitteilung. Sie singt:

Sixteen springs and sixteen summers gone now
Cartwheels turn to car wheels thru the town
And they tell him, »Take your time, it won't be long now
Till you drag your feet to slow the circles down«

Mit »The Circle Game« hatten 1970 bereits Tom Rush und Buffy Sainte-Marie einen Hit gelandet. Es ist ein schwermütiger Song, den Sänger lieben, und er verändert sich mit jedem Interpreten – je nachdem, wie er präsentiert wird. Das Karussell ist gleichermaßen Kreis und Spiel. Es bewegt sich vielleicht nicht vorwärts, aber es ist das Leben, und als solches ist das Karussell auch mit all seinen Unzulänglichkeiten eine ziemlich gute Reise. Selbst wenn niemand weiß, wohin sie führt.

Die Kritiker lobten *Ladies of the Canyon*, und wie inzwischen üblich für ihre Auseinandersetzung mit Jonis Arbeit gingen die Würdigung ihrer Schönheit und die ihrer Musik ineinander über. In der *New York Times* gestand Doc Heckman: »Seit dem unangekündigten Erscheinen ihrer ersten brillanten Platte bin ich hoffnungslos in Joni Mitchell verliebt. Das hier ist ihr drittes Album, und sie wird immer besser und besser. Ihre kristallklare Bildsprache überstrahlt weiterhin alles, und auch ihre Melodien machen noch stets Fortschritte. Sie ist immer eine ausgezeichnete Gitarristin gewesen, aber jetzt wird tatsächlich auch eine zunehmend kraftvollere Sängerin aus ihr. Anders als beim manchmal zarten Vokalisieren auf den beiden ersten Alben gibt Miss Mitchell sich hier einer Lust am Risiko hin.«[11]

Die Einsätze sollten bald höher schnellen, als irgendjemand ahnen konnte.

Kapitel 11

Sand

Einer der lieblichsten Songs auf *Ladies of the Canyon* ist »Willy«, der von Graham Nash handelt; aber er ist auch voller Wehmut, denn als das Album 1970 herauskam, war die Beziehung schon Vergangenheit. »Ich hatte Graham auf eine Art mein Herz geschenkt, die ich mir davor nie hätte vorstellen können, und er wollte mich heiraten«, sagte Joni später. »Erst habe ich ›Ja‹ gesagt, aber dann gedacht: ›Meine Großmutter war eine frustrierte Dichterin und Musikerin. Sie hat vor Frust die Küchentür aus den Angeln getreten.‹ Und dann, dass ich vielleicht diejenige bin, die das Gen hat, es besser zu machen [...]. So gern ich Graham auch hatte, dachte ich trotzdem: ›Ich werde so wie meine Großmutter enden und die Tür aus den Angeln treten. Lass es besser bleiben.‹ Aber es hat mir das Herz gebrochen.«[1]

Man schrieb das Jahr 1969 und Joni war sechsundzwanzig. Die ganze Welt veränderte sich, und junge Männer und Frauen schrieben mit jeder Beziehung die Regeln von Liebe, Lust, Ehe und Bindung neu. Joni machte sich nach Griechenland auf und schickte von Kreta ein Telegramm: »Wenn du den Sand in deiner Hand zu fest umklammerst, dann wird er dir durch die Finger rieseln.«[2] Noch auf Jahre hinaus würde sie mit großer Zärtlichkeit von Graham Nash sprechen. Sie machte ihre Zeitgenossen rechts und links zur Schnecke, aber Graham war ihr heilig. »Ich habe diesen Mann geliebt, also kann ich nichts Schlechtes über ihn sagen.«

Doch das sollte sich ändern, als 2013 seine Memoiren *Wild Tales* erschienen. Da beschreibt Nash eine Segeltour mit David Crosby auf dessen Boot, der *Mayan*. Die Trennung von Joni lag schon ein paar Monate zurück, als sie am 23. Januar 1970 Segel setzten. »Joni stieß in Panama zu uns, und damit änderte sich die Stimmung. [Ich wusste, dass sie kommen würde, und es war alles andere als angenehm.] Wir hatten einen Streit, und Joan brüllte, dass ich alle Frauen hassen würde. Hätte irgendjemand anderes das behauptet, ich hätte diese absurde Behauptung sofort zurückgewiesen. Aber da sie aus ihrem Mund kam, musste ich darüber nachdenken, und das tat sehr weh. Letzten Endes wollte sie mich damit nur verletzen. [Sie war für einen netten Segeltörn mit David und mir nach Panama gekommen, aber jetzt hatte alles eine hässliche Wendung genommen.]«[3]

Als wir uns trafen, widersprach Joni allen wichtigen Details von Grahams Segelgeschichte: »Es ist unglaublich, was er ausgelassen hat – das Drama, das wirkliche Drama«, erinnerte sie sich im Januar 2015. Und weil sie Joni ist, dreht sich ihre Haarspalterei zunächst um die Art und Weise, wie die Geschichte dieser Segeltour erzählt wird. Sie stimmt zu, dass es ein gewaltiger Trip war. Aber sie findet Grahams *Erzählung* mangelhaft. »Diese Leute sind einfach keine Geschichtenerzähler. Sie verschlafen ihr ganzes Leben.« Es stört sie, dass er sich eher daran erinnert, wo sie ihre Drogenvorräte versteckt hatten als an Details ihrer Beziehung. »Vor allem erinnert er sich daran, wo die Drogen versteckt waren: Das sagt schon alles. Kurz bevor ich zu ihnen stieß, hatten die Cops das Boot durchsucht und das Dope nicht gefunden. Es war in einem Glas im Kühlschrank. Daran erinnert er sich. Wo das Dope versteckt war. Unterdessen hackten alle auf mir herum, weil ich Graham verlassen hatte.«

Und plötzlich wird die empfindliche Stelle unter den eisenharten Schichten deutlich, für die Joni bekannt geworden ist. In Büchern über Rock-and-Roll-Legenden klingt die Liebesgeschichte der beiden wie ein Märchen: Joni, das blonde Mädchen mit den blauen Augen, das sowohl backen als auch teuflisch gut Gitarre spielen konnte, und Graham, der braunhaarige britische Traumprinz, der nichts anderes wollte, als mit ihr, dem Mädchen, dem musikalischen Genie, das er bewunderte, in dem kleinen Schloss auf dem Hügel in Laurel

Canyon leben. In dieser Lesart ist Graham unschuldig. Warum ist sie so vorherrschend? Weil er mehr mit der Presse redete als Joni und einen Bestseller über ihre Beziehung schrieb, seine Memoiren.

Graham hat auch nach all den Jahren nicht von seiner Fassung der Geschichte gelassen, also bleibt diese Version hängen. Und dafür gibt es noch einen weiteren Grund: »Our House« schaffte es nicht nur auf der ganzen Welt in die Hitparaden, es wurde sogar zur ultimativen Hymne des häuslichen Glücks, ein Song, der bei Hochzeiten gespielt wird. Mit anderen Worten, Grahams Fassung fühlt sich deshalb wie die Wahrheit an, weil wir sie mitsummen können.

Es überrascht nicht, dass Joni das unter die Haut geht. Nicht nur, weil sie ehrgeizig ist oder sich etwas darauf einbildet, mehr als jeder andere der Laurel-Canyon-Truppe die Wahrheit zu erzählen, sondern weil sie ihn geliebt hat. Sie ist nicht einfach so abgehauen, ohne reiflich darüber nachzudenken. Sie hat darüber nachgedacht, nicht nur zwei Mal, sondern drei Mal, und als ich sie interviewte, hatte sie sicher tausend Mal darüber nachgedacht. »Ich war die große Liebe seines Lebens, und ich habe ihm das Herz gebrochen«, sagte sie ein wenig spöttisch. »Aber mein Herz war viel gebrochener als seines. Er hat sich einfach wieder in Affären gestürzt, eine nach der anderen. Und ich litt, weil ich geglaubt hatte, dass wir eine wirklich gute Beziehung hatten. Aber da ich ihn irgendwann wieder mit David [Crosby] zusammengebracht hatte, musste ich jetzt mit Graham und David klarkommen. Und dann war es, als wären die beiden verheiratet, und er zog mir David vor. Ich habe es vorgezogen zu gehen.«

Joni erinnerte sich daran, dass der Bootstrip eine Qual gewesen war und darüber hinaus schlecht geplant. »Graham sagt, dass ich ›irgendwo in der Nähe von Panama‹ dazugestoßen sei«, spöttelte sie. »Es gab kein ›in der Nähe von Panama‹.

Wir sind von Jamaika aus nach Panama gesegelt. Dazwischen gibt es nichts.«

In Jonis Erinnerung waren Crosby und Nash für diese Reise schlecht ausgestattet: Es gab weder Funkgerät noch Rettungsboot. »Graham war vorher noch nie gesegelt, aber er war ein schlauer Hund und David lernte ihn als zweiten Maat an«, berichtete mir Joni. »Was er nicht erzählte, war der völlig unnormale Seegang, zehn Stockwerke hohe Wellen, und das bei gutem, sonnigem Wetter. Und bei diesem extremen Auf und Ab bekam ich meinen vielleicht ersten Schub von Morgellons, einen Ausschlag am ganzen Körper. Jede einzelne Pore stülpte sich um wie bei Windpocken. Sie wickelten mich in eine Decke und banden mich wegen des starken Seegangs an der Reling fest. Und da blieb ich dann drei Tage und erbrach mich über Bord. Als wir wieder an Land waren, rannte ich einfach los, so glücklich war ich, wieder Boden unter den Füßen zu haben.«

In Panama angekommen, fingen Graham und Joni an, sich ernsthaft zu streiten. »Es wurde hässlich. Wir hatten uns gerade getrennt. Ich hatte nicht erwartet, dass er auch auf dem Boot sein würde. David hatte mich eingeladen, wir waren beileibe nicht die Einzigen auf dem Boot. Ich hatte das Segeln mit ihm immer genossen, er ist ein guter Segler. Aber kein so guter, dass er bei einem so langen Törn keine Rettungsboote und keinen Funk braucht, wenn man auf solche Anomalien stößt. Es war einfach dumm. Man könnte meinen, Graham hat Panik geschoben, weil wir uns ohne angemessene Ausrüstung in einer so außergewöhnlichen Situation wiederfanden. Er sagt, dass ich hässlich wurde, als wir wieder an Land waren, und ihn einen Frauenhasser nannte. Ich habe mir den Kopf zerbrochen und dachte, ich würde eher David Crosby einen Frauenhasser nennen, und Graham einen Menschenhasser. Er bewundert mein Talent, kann mir das aber nicht direkt sagen. Sie bewundern beide mein Talent, aber in sozialer Hinsicht führt das zu Problemen. Sie müssen mich schlechtmachen. Es ist krank.«

Graham hat nie mit seiner Bewunderung für Joni und seiner Liebe zu ihr hinter dem Berg gehalten. Ihre Reaktion auf seine Erinnerungen verraten sowohl ihre eigenen tiefen Gefühle für ihn, als auch ihren Kampf gegen den Eindruck, sie alleine sei schuld an ihrer Trennung, und wenn sie nur ein bisschen weniger rücksichtslos mit seinem Herzen umgegangen wäre, dann würden die beiden auf dem Lookout Mountain noch immer Klavier spielen und auf dem Markt Blumen kaufen.

Graham Nash schreibt in seinen Erinnerungen, dass Joni und er ihre Eltern in Saskatoon besucht hätten, die die beiden nicht in einem Zimmer schlafen lassen wollten: »Ich habe keine Ahnung, wie Joans Zimmer aussah, denn ich durfte mich ihm nicht auf zwanzig Schritte nähern! Bill und Myrtle waren bürgerlich-religiös, sie hätten einem langhaarigen Hippie wie mir niemals Gelegenheit gegeben, unter ihrem Dach in einem Bett mit ihrer Tochter zu schlafen. Es ging nicht darum, dass sie Jungfrau war, das war sie ganz bestimmt nicht. Aber um ganz sicher zu gehen, brachten sie mich in einem ebenerdigen Schlafzimmer unter, eine Etage unter Joan, und machten unmissverständlich klar, dass ich schon eine Armee an meiner Seite haben müsste, wenn ich vorhätte, mich nach oben zu schleichen.«[4]

Joni fand die Formulierung »das war sie ganz bestimmt nicht« zutiefst verletzend.

»Sagt ein Mann so etwas über die große Liebe seines Lebens?«, fragte sie mich. »Nein, das sagt er nicht.«

Sie ereiferte sich immer mehr. »Es stimmt noch nicht einmal. Im Sommer der Liebe war ich eine der am wenigsten promiskuitiven Leute überhaupt. Ich wurde sofort von meinem ersten Freund schwanger. Ich hatte es darauf ankommen lassen. Dann habe ich im Versuch, mein Kind behalten zu können, den falschen Mann geheiratet, dann hatte ich eine Affäre mit einem Drummer in New York, dessen Freundin weg war, und als sie zurückkam, was das vorbei. Das sind vier! Ist das ›davon war sie weit entfernt‹?«

Als sie Jahrzehnte später auf den Sommer der Liebe zurückschaute, sagte Joni: »Freie Liebe – inzwischen wissen wir, dass es das nicht gibt. Irgendwann zahlt man immer.«[5] Sie witzelte, aber nicht so richtig. Es war schon lange her, dass der Sand durch Grahams Finger gerieselt war, aber die beiden alten Liebhaber erzählten immer noch rivalisierende Versionen ihrer Geschichte. Joni war davon überzeugt, dass ihr visuelles Gedächtnis – gespeichert wie ein Film, sagte sie – am Ende gewinnen würde. Sie hatte recht, sie wusste das, und sie wusste, dass er es auch wissen musste. Die Berichte mögen sich unterscheiden, aber das Ergebnis ist dasselbe: Man weiß nicht, was man hat, bis es verschwunden ist.

Kapitel 12

Blue

Als das Jahr 1970 seinem Ende zuging, trat Joni bei einem weiteren wichtigen Benefizkonzert in Amchitka, Alaska, auf, wo eine kleine Gruppe Menschen gegen dort geplante Atomversuche protestierte. Aus diesen Protesten ging ein Jahr später die Umweltorganisation Greenpeace hervor. Joni flog also hin, und als Überraschungsgast gesellte sich ein junger James Taylor zu ihr, der für eine kurze, aber wichtige Zeit ihr »Old Man«, ihr Liebhaber wurde (aber nicht der »Old Man« ihres Songs, der war eine Erinnerung an ihre Romanze mit Graham Nash). Beide waren Stammgäste im Troubadour, einem Club am La Cienega Boulevard in West Hollywood, der als Sprungbrett für eine ganze Generation von Singer-Songwritern bekannt werden sollte. Taylor war zweiundzwanzig, Joni sechsundzwanzig. Später sagte sie: »Als wir uns kennenlernten, war er noch nicht so bekannt, und ich hatte ganz unterschiedliche Sachen über ihn gehört. Aber ich habe mich sofort in ihn verliebt, denn er war so locker und ein Freigeist. Wir hatten eine Menge gemeinsame Interessen, eine Menge Gemeinsamkeiten.«[1] Auch Taylor verliebte sich schwer in Joni und schrieb ihr Gedichte und Liebesbriefe. Er sagte: »Sie ist so sinnlich und freigiebig mit ihrem Körper. Sie ist wie eine Göttin: die Göttin der Liebe.«

Auf dem Amchitka-Konzert spielten sie zusammen »Mr. Tambourine Man«, und als sie den Text vergaß, sprang er ein. Später im Monat traten sie wieder zusammen auf, dieses Mal im Paris Theatre in London. Auf der Bühne sangen sie honigsüß und zweistimmig »You Can Close Your Eyes«, das er angeblich für sie geschrieben hatte. Auf der Live-Aufnahme, die von der BBC gesendet wurde, kann man Joni lachen hören, bevor ihre beiden Stimmen sich mischen, als wären sie füreinander bestimmt, als würden sie die Augen schließen und in einen Traum hinübergleiten. »I don't know love songs / And I can't sing the blues anymore / But I can sing this song, and you can sing this song when I'm gone.« Der Song war von James Taylor, doch er handelte von dem, was sie beide erlebten und erschufen, es war kein richtiges Liebeslied, aber auch kein richtiger Blues. Beide konnten diesen Song singen – wie auch all die anderen Songs, die sie zusammen geschrieben hatten –, als sie nicht mehr zusammen waren. Wenn sie gemeinsam sangen – auf der Bühne oder auf seinem Album *Mud Slide Slim and the Blue Horizon* –, wirkten beide wie in Ekstase, da schien mehr zu harmonieren als nur ihre Stimmen. Aber hinter der Bühne wurde deutlich, dass sie offenbar ernsthafte Probleme hatten. Die Euphonie war jedenfalls nicht von Dauer. Es gibt ein vielsagendes Foto, auf dem Taylor nach unten blickt und stoisch etwas sehr Düsteres zu erwarten scheint, das schon bald kommen wird. Über Jonis Schulter hängt ein Zopf, und sie schaut sorgenvoll drein: Ihr eigener »Blue Horizon«, das Album *Blue*, tat sich schon vor ihr auf. Wenn man Taylors Geschichte bedenkt, ist es nicht übertrieben zu sagen, dass er sich einer Selbstmedikation unterwarf, die Joni Material für ein paar neue Songs lieferte. Allerdings war ihr klar, dass es mit seiner Karriere zwar steil aufwärts ging, er selbst aber auf dem absteigenden Ast war, und auf diesem Weg wollte sie ihm nicht bis zum Ende folgen.

Taylors »Fire and Rain«, einer seiner populärsten Songs, war der krasse Bericht vom Selbstmord einer Freundin und seiner eigenen Schocktherapie; er ist das großartige Destillat einer Am-Ende-der-Kräfte-sein-Trauer und Melancholie. Hätte er mehr solche Songs geschrieben, wäre er der frappierenden Verletzlichkeit von *Blue* vielleicht näher gekommen. Die klinische Depression, über die er in »Fire and Rain« so offen schreibt, hatte zu einem Aufenthalt im McLean Hospital in Belmont, Massachusetts, geführt, wo auch Robert Lowell, Sylvia Plath, Ray Charles und später David Foster Wallace behandelt wurden. Die Depression stürzte ihn in eine Heroinabhängigkeit, und während er immer weiter abrutschte, blieb Joni bei ihm, lange und nah genug, dass sie daraus mit mehreren neuen Songs hervorging, von denen einige düsterer und verstörender waren als je zuvor. Bei so viel Kummer gibt es tatsächlich keinen Trost, aber manchmal entsteht etwas daraus, das mehr ist als ein Überleben, um die Geschichte zu erzählen; es kann etwas entstehen, das größer ist als alles, was man bisher geschaffen hat – Songs, die so tiefgehend, ehrlich und auf ihre Art quälend großartig sind wie nichts, was bis dahin geschrieben wurde. Genau das tat Joni schließlich mit *Blue*. All das Leiden und die Wirren waren nicht vergebens gewesen.

Im Jahr 1962 gründeten Herb Alpert, der später mit seiner Tijuana Brass Band berühmt werden sollte, und sein Geschäftspartner Jerry Moss in Alperts Garage ein Label, das sie Carnival Records nannten. Als sie herausfanden, dass dieser Name bereits vergeben war, formten sie aus ihren Initialen den Namen A&M Records – eine der wichtigsten unabhängigen Plattenfirmen in der amerikanischen Musikgeschichte. Dann kauften sie die alten Charlie-Chaplin-Studios in Hollywood, 1416 North La Brea Avenue, und bauten sie zu einem topaktuellen Studiokomplex mit einer Reihe von Büros für die Geschäftsführung aus. In den Sechzigern und Siebzigern trafen sich hier viele Künstler, um mit den besten Mixern und Toningenieuren zu arbeiten. Burt Bacharach, Sergio Mendes & Brasil'66, Quincy Jones, Paul Williams, Joan Baez, Phil Ochs, Liza Minelli, Cat Stevens, Joan Armatrading und Peter Frampton – sie alle wirkten Wunder in den vier Studios A, B, C und D.

Joni nahm *Blue* in Studio C auf. Die Carpenters arbeiteten in Studio A. Carole King war in Studio B mit *Tapestry* beschäftigt. King schrieb später in ihren Erinnerungen *A Natural Woman*: »Es gab einen ständigen Strom von Sängern,

Musikern, Freunden und Familienmitgliedern, die in den Musikstudios am Sunset Boulevard ein und aus gingen. Bei A&M pendelten wir [zwischen den Studios] über die Flure. Manchmal pendelten wir zwischen A&M und Sunset Sound [...]. Wenn ich mal nicht an meinem eigenen Album arbeitete, dann fuhr ich zu Sunset Sound und spielte als Begleitmusikerin oder sang Background bei James [Taylor] [...]. James kam regelmäßig zu A&M, er spielte Akustikgitarre und sang Background auf meiner Platte. Physische Nähe zu mir und romantische Nähe zu James führten dazu, dass Jonis wunderschöne Stimme sowohl auf meinen, als auch auf James' Alben zu hören war. Manchmal kam es mir so vor, als würden James und ich ein einziges gewaltiges Album in zwei verschiedenen Studios aufnehmen.«[2]

Der Mythos, der um das Studio C rankte, wurde durch Jonis feines Gespür für Qualiät noch weiter genährt. Carole King erinnerte sich: »In Studio C stand ein Steinway-Flügel aus rotbraunem Holz, von dem alle behaupteten, er sei etwas Besonderes. Eines Morgens schaffte ich es, hineinzuschlüpfen und ihn auszuprobieren. Ich konnte gar nicht anders, als zuzustimmen; er hatte wirklich etwas Besonderes. Er ließ sich wunderbar spielen und sein außergewöhnlicher Klang war auch schon Lou [Adler] und [Toningenieur] Hank [Cicalo] aufgefallen. Leider hatten auch Joni und Henry Lewy ein Ohr dafür, und so wetteiferten Joni und ich darum, Basistracks in Studio C einspielen zu können. Ich wusste nicht, dass Hank diverse Versuche unternahm, den roten Steinway nach B bringen zu lassen, aber Joni und Henry waren strikt dagegen.«[3] Eines Abends hörte Carole, dass Studio C frei war – drei Stunden lang, bevor Joni kommen würde. Hals über Kopf besetzte sie es mit ihrem Team, und in drei Takes spielten sie »I Feel the Earth Move« ein.

Das schlichte grafische Äußere von *Blue* war eine völlige Abkehr von den Covern ihrer ersten drei Alben, die alle mit ihren verspielten Illustrationen verziert waren. Tim Considine schoss das Foto, das sie beim Singen zeigt, möglicherweise ekstatisch, vielleicht voller Kummer, womöglich beides, und sie sinkt in das Blau hinein. In *Stomping the Blues*, seiner Studie über »schwarze« Musik, schreibt Albert Murray 1976, dass der Blues der Katharsis in der griechischen Tragödie ähnele, denn während man ihn spiele oder singe, tanze man sich ihn auch vom Hals. Aber Jonis Blues war wohl von einer anderen Art.

»Ich mag den Blick der Agonie«, schrieb Emily Dickinson.[4] Joni mochte ihren Klang, auch wenn er bei ihr als Euphonie auftrat, mit einem gewissen Etwas – mit Dreiklängen, einer Stimme, die über mehrere Oktaven klettert, klirrenden offenen Akkorden. Doch in *Blue* geht es ebenso sehr um die Flucht vor melancholischen Gefühlen als auch darum, tief in sich und all das einzutauchen, was man auf dem Weg hinaus entdeckt. Der griechische Dramatiker Aeschylus, auch bekannt als Vater der Tragödie, schrieb πα΄θει μα΄θος (patheimathos): Weisheit entsteht durch Leiden.

In der letzten Zeile von »All I Want« heißt es wieder und wieder »I want to make you feel free«, wobei die Stimme Sprünge vollführt, die die Grenzen dessen, was Freiheit sein kann, immer mehr ausweitet. In einem der wenigen Interviews, die Joni in den Siebzigerjahren gab, definierte sie 1974 Freiheit als »den Luxus, im Stande zu sein, dem Weg des Herzens zu folgen«[5] – ein weiter Weg von Kris Kristoffersons »just another word for nothing left to lose«. Jonis Definition zufolge gibt es eine Menge zu verlieren. Freiheit ist ein Luxus, auch wenn sie ebenso häufig auf Hass wie auf Liebe hinausläuft. Mit seinen Extremen, zwischen denen der Song hin und her springt, ist »All I Want« emotional erschöpfend. Es ist die erste von vielen Herausforderungen – das Album hat gerade erst angefangen.

Joni erinnerte sich, dass der Prozess, zur Wahrheit, zu einer tieferen Weisheit durchzustoßen, sehr stark mit dieser Zeit und diesem Ort zusammenhing. »Ich habe eine Überdosis Acid genommen. Ich habe nur einen Trip geworfen, und dabei viel zu viel genommen. Nach einer Tablette passierte nichts, und da habe ich noch eine genommen. Dann begriff ich, dass sich alles um Elektrizität drehte. Am Anfang des Trips hatte ich Halluzinationen. Aber danach führte er wirklich zu einer Erweiterung des Bewusstseins, und ich sah die Dinge auf neue Art. Ich konnte die neuesten Erkenntnisse der Physik nachvollziehen, Dinge, über die die Mystiker und die Ureinwohner gesprochen haben. Die leuchtenden Fasern, die alles miteinander verbinden. Ich verlor den Kontakt zur Gesellschaft, denn ich musste über unsere Gesellschaft weinen. Und ich musste über Menschen weinen. Ich konnte direkt in sie hineinsehen. Wenn ich einem Dieb begegnete, dann wusste ich gleich, dass er ein Dieb war. Im Buddhismus heißt es, dass auf der Vierten Ebene dein sechster Sinn erwacht. Er ist es, der die Tiere rechtzeitig vor einem Tsunami fliehen lässt. All deine Sinne sind unglaublich geschärft. Wenn du ein Tier bist und siehst, dass Vögel sich nicht wie gewohnt bewegen und anders klingen, dann kannst du vielleicht die Welle hören, die viel zu nahe kommen wird. Dazu musst du all deine Sinne koordinieren. Ich glaube, genau das ist damals passiert. Ich habe damals überhaupt nicht gelesen, doch es war kein Nervenzusammenbruch, sondern der sechste Sinn, über den ich plötzlich verfügte – allerdings ohne Führung, ohne jemanden, der erkannte, dass es hier um etwas Schamanistisches ging, ich habe keinen besseren Begriff dafür. Ich weiß, das klingt ziemlich nach Medizinmann. Es ist eine Steigerung der Intelligenz, mit der umzugehen man lernen muss.«

Trotzdem gab es auch die »Gute-Laune-Tante«, wie Freunde aus dem Großen Weißen Norden sie häufig nannten. Je mehr sie reiste, desto mehr Menschen und unterschiedliche Charaktere lernte sie kennen – schillernde Persönlichkeiten, die für das Promi-Raten, das Zeitschriften wie *People* pflegten, nicht infrage kamen. Eines dieser Exemplare war Cary Raditz, ein Koch in Matala auf Kreta, wo sie in einer Höhle schlief und zum Garten zurückzufinden versuchte. Doch sie blieb nicht allzu lange, weil sie ihre saubere weiße Bettwäsche und das schicke französische Eau de Cologne vermisste.

Jahrzehnte später erinnerte Joni sich an Raditz als einen von vielen »Freaks und Glücksrittern«, die sie unterwegs traf und die Eingang in ihre Songs fanden. »Er kam aus einem Restaurant in Matala geflogen«, erinnerte sie sich. »So habe ich ihn kennengelernt. Ich starrte bei Sonnenuntergang aufs Wasser in Richtung Afrika, als ich plötzlich so ein Rawumms hörte. Da sah ich einen Rotschopf mit einem weißen Turban, der aus einem Restaurant geflogen kam, und dachte: ›Toller Kerl, den muss ich kennenlernen.‹ Er platzte einfach so in mein Leben. Das war echt 'ne Type.« Sie gingen eine lockere Beziehung ein; auch wenn sie ihn bald darauf nach L. A. kommen ließ, war ihr klar, dass dieses kleine Abenteuer bald vorbei sein würde.

»Als mein viertes Album herauskam«, erzählte Joni später Cameron Crowe in einer Titelgeschichte für den *Rolling Stone*, »war ich an einem weiteren Wendepunkt angelangt – diese schrecklichen Chancen, die das Leben den Menschen bietet. Der Tag, an dem sie entdecken, dass sie bis in die Zehenspitzen Arschlöcher sind [ernstes Innehalten, dann stürmisches Gelächter]. Und von diesem Punkt aus musstest du dann weiterarbeiten. Dich entscheiden, was dir wirklich wichtig ist. Was du nicht mehr brauchst, was zum Ende der Kindheit gehört. *Blue* war wirklich in vielerlei Hinsicht ein Wendepunkt.«[6]

Joni hatte merkwürdige Träume und war zu noch merkwürdigeren Zeiten wach. Die jahrelang aufgestaute Melancholie drängte aus ihr heraus – das war gut fürs Songschreiben, aber im echten Leben schwer erträglich. »Ich hatte meine Tochter verloren«, erklärte Joni später. »Ich hatte den falschen Mann geheiratet. Ich war danach einige Beziehungen eingegangen, die nicht gut waren. Und dann bekam ich diese Krankheit – ich musste ständig weinen. Meine Mutter hielt mich für eine Heulsuse und kam mit guten Ratschlägen à la ›Kopf hoch, wird schon wieder‹. Ein paar Jahre später ging sie durch einen Supermarkt und fing plötzlich an zu weinen, völlig grundlos. Sie hatte es also auch, nur etwas milder. Sie rief mich an und entschuldigte sich. Gleichzeitig wurden meine Wahrnehmung und meine Einsichten immer schärfer, und es war – schmerzhaft, Sachen bei Menschen zu erkennen, die ich gar nicht wissen wollte. Ich brauchte jemanden nur anzusehen, und ich wusste viel zu viel über ihn, was ich gar nicht wissen wollte. Und weil alles so transparent wurde, hatte ich das Gefühl, ich war auch transparent, und ich weinte. Ich träumte, ich sei eine Plastiktüte, die im Publikum saß und einer Tuba-Band dicker großer Frauen lauschte. Frauen in Kittelschürzen mit großen Hörnern und heruntergerollten Nylons spielten Musik für Tuba und große Hörner, und ich war eine Plastiktüte, all meine Organe waren entblößt, und ich schluchzte auf diesem Stuhl im Publikum. Genau so fühlte ich mich. Als wären meine Innereien nach außen gekehrt. In diesem Zustand schrieb ich *Blue*.«[7]

Für ein so schlankes Mädchen war das ein ziemlich fleischiger Traum. Man muss kein Freudianer sein, um den Symbolgehalt zu erkennen. Hier ging es um den entblößten Körper einer Frau, eine Form von emotionaler Nacktheit. Sie entblößte sich auf eine Art, dass die Männer in ihrer Umgebung anfingen, sich unwohl zu fühlen. Vielleicht waren sie ernsthaft beunruhigt, doch vielleicht stießen sie auch einfach auf unbekanntes Terrain, das sie nicht betreten wollten. Ingmar Bergman konnte seine Gefühle in seinen Filmen verarbeiten, Marlon Brando vermochte sie für seine Schauspielerei fruchtbar zu machen. Aber für Singer-Songwriter gab es kein Method Acting. Joni war ganz auf sich allein gestellt, und das spürte sie. 2015 fragte sie sich, ob das Vokabular der westlichen Psychologie überhaupt anwendbar war, oder ob sie plötzlich schamanistische Fähigkeiten hatte. »War das ein Nervenzusammenbruch?«, fragte mich Joni. »Die Menschen wurden so durchschaubar für mich. Die Leute fingen an zu glauben, ich hätte den bösen Blick. Deshalb haben wir uns bei den *Blue*-Sessions eingeschlossen. Niemand durfte rein. Wenn doch jemand reinkam, brach ich sofort in Tränen aus.«

Während dieser *Blue*-Sessions hinter verschlossenen Türen übersetzte Joni jene Gefühle, von denen niemand hören wollte, in Musik, die alle hören wollten – dort in Studio C. Den Eröffnungstrack, »All I Want«, hatte sie beinahe als Letztes geschrieben, und er war das optimistische Gegenstück zum Schlusssong des Albums, »The Last Time I saw Richard«. Die Dulcimer hatte Joni 1969 während des Big-Sur-Festivals für sich entdeckt. Die meisten *Blue*-Songs schrieb sie im nächsten Jahr auf Griechenland mit Hilfe dieses Saiteninstruments. Sie schleppte es überall mit hin und schlug es wie eine Conga. Dann merkte sie irgendwann, dass ihr Stil sich verändert hatte. Sie hatte Stephen Stills beobachtet und Teile seines aggressiven Stils adaptiert, doch dann etwas unverwechselbar Eigenes daraus gemacht. Jetzt hatte sie einen Sound, der zu diesem Augenblick und ihrer Empfindsamkeit passte, zu ihrer nächsten Stufe des Erwachens. Er klang wie das Leben und die Liebe selbst.

Das Erste, was man auf *Blue* hört, ist die Dulcimer. So, als würde die Maschine anspringen, der Eröffnungszug. Erst rasseln die Akkorde, dann folgt ein sich wiederholendes Riff.

Daraufhin klingt zwölf Takte lang ein Fragment der Melodie auf und bereitet den Weg für die Stimme. Eine Stimme, die sich ganz anders anhört als auf den ersten drei Alben. Der Einfluss von Crosby, Stills & Nash ist verschwunden – sie klingt dunkler und satter, hat aber noch dieselbe Bandbreite und dasselbe geschmeidige Tempo. Die Stimme erzählt uns Geschichten vom groovy »Carey« [Raditz] mit seinem Wanderstock, vom grübelnden Richard in irgendeinem düsteren Café, ein Romantiker, den das Schicksal aller Romantiker ereilt. Auf dem Album treffen sich diese Romantiker auf Entzug wieder, aber alles entspricht ihrer Wahrnehmung, ist ein Bericht ihrer Gefühle.

Der Klang ist schlicht. Das Schlagwerk gedämpft und auf Besen reduziert. Gitarre und andere Saiteninstrumente – darunter auch der begehrte Flügel in Studio C –, rein akustisch. Die Gefühle sind nach außen gekehrt, pulsierend und offen wie Russ Kunkels Conga. Mit diesem Song beginnt ein Zyklus über die Risiken und Freuden der Liebe und Jonis Unbehagen daran; sie bietet ihr angeschlagenes Herz jedem dar, der es schon mal gewagt hat, sich verletzlich zu machen, und das anschließende Desaster überlebt hat. Joni fragt: Seid ihr sicher, dass ihr wissen wollt, was in mir vorgeht? Und so, mit »All I Want«, beginnt die Gesichte von *Blue*:

I am a lonely road and I am traveling
Traveling, traveling, traveling
Looking for something, what can it be?
Oh, I hate you some, I hate you some, I love you some
Oh, I love you when I forget about me

Die unbestimmte Stimmungslage des Albums kündigt sich schon mit dem ersten Vorhalteakkord an. Sein Klirren leitet einen Song mit unterschiedlichen Botschaften ein. Niemand will einen Lover, der sagt »Oh, I hate you some, I hate you some, I love you some« – obwohl viele das ertragen würden –, aber Joni hat gesagt, dass ihr größter Fluch die Ehrlichkeit sei. Zwei Mal »hate« und nur ein Mal »love«, das ist normalerweise kein verheißungsvoller Start für eine Beziehung, doch dann wirft der Song die Frage auf, was diese Emotionen aneinander bindet. Der Titel ist trügerisch. Hier ist eine Frau, die nie bekommen hat, was sie wollte, aber das steigert die Neugier nur. Wir hören weiter zu und fragen uns, was diese Frau sucht und wieso sie unzufrieden bleibt, wenn sie es gefunden hat, was uns nur noch genauer hinhören lässt. Wie der Eros selbst kündet auch »All I Want« davon, ständig »unvollständig« zu sein, aber trotzdem nach Vervollständigung zu suchen. (Zwei Alben später wird Joni im Titeltrack von *Court and Spark* einen Vorschlag machen: »You could complete me / I'd complete you.«) Nach der Ankündigung, dass sie eine Liebe sucht, die das Beste in beiden zum Vorschein bringt, und nach dem Reim von »talk to you« und »shampoo you«, verklingt das Spielerische wieder, wenn all das Reden und Lieben in der Traurigsten aller Farben untergeht:

> Do you see – do you see – do you see how you hurt me, baby
> So I hurt you too
> Then we both get so blue

Die letzte Strophe formuliert die erste neu, davon abgesehen, dass sie jetzt nur noch einmal auf Reisen geht. Der Song neigt sich seinem Ende zu. Er macht Platz für die Eröffnungsakkorde von »My Old Man«, eine Erinnerung an frühere Zeiten, die Lieblichkeit der Vergangenheit. Die Zuhörer fühlen mit der Schiffsbrüchigen. Ihre Herzen sind bereits gekentert.

Mehr als vierzig Jahre nach den Aufnahmen für *Blue* betonte der Schlagzeuger Russ Kunkel, wie wichtig es im

Studio gewesen war, gleichzeitig emotional und ungerührt zu sein. »Im Takt bleiben ist wie der Herzschlag«, sagte Kunkel, mit der Betonung auf *Herz* und *Schlag*. »Man musste beständig, aber auch flexibel sein, ohne abrupte Taktänderungen. Für Jonis Musik gab es immer eine rhythmische Vorgabe, die von ihr kam: Mit dem, was sie spielte, oder mit dem Rhythmus ihres Gesangs, oder indem sie das Tempo des Gesangs und das Tempo ihres Spiels voneinander abweichen ließ, wobei sie noch immer bestens zusammenpassten. Meine Aufgabe bestand also darin, etwas zu finden, das diese Vorgabe akzentuierte, ohne dabei aufdringlich zu sein. Und genau das habe ich immer versucht – einfach zu unterstützen, ohne in die Quere zu kommen.«

»Jonis Gitarren- und auch Dulcimerspiel ist unglaublich rhythmisch«, erinnerte Kunkel sich. »Ein Auf und Ab wie Ebbe und Flut. Ich habe nichts anderes versucht, als das mit einem anderen Klang zu unterlegen. Ich wollte nicht eingreifen, ich wollte erweitern.«

Russ Kunkel und Joni Mitchell lernten sich folgendermaßen kennen: Cass Elliot (für ihre Freunde Mama Cass) war, wie Graham Nash es ausdrückte, die Gertrude Stein des Laurel Canyon. Ihr Haus war ein Treffpunkt für viele der berühmten Musiker, die dort lebten, und Russ Kunkel war mit ihrer jüngeren Schwester Leah verheiratet. Über Cass lernte Russ Crosby und Nash kennen, die ihn wiederum mit Joni bekannt machten. »Joni war nachmittags und am Wochenende bei Cass, wie auch Eric Clapton und Jimi Hendrix«, erinnerte sich Kunkel. Er weiß auch noch, dass Joni vor den *Blue*-Sessions in seinen Loft kam und ihm die Songs vorspielte, wobei er sie begeistert auf der Conga begleitete. »Im Rückblick würde ich sagen, dass sie mich vielleicht hat vorspielen lassen«, sagte er. Außerdem meinte er, er hätte auch in »All I Want« Conga gespielt, aber ohne Credit. »Wenn man Congas runterstimmt, dann wird der Ton richtig flach. Ich habe sie so weit runtergestimmt, dass sie in gewisser Weise menschlich klangen, als würdest du auf deine Brust trommeln.«

Wenn sein Congaspiel in »All I Want« auch unerwähnt blieb, so wurde er doch bei drei Tracks als Schlagzeuger genannt: »California«, »A Case of You« und »Carey«.

Da im Studio nur ein paar wenige Menschen anwesend waren, konnte Joni jede verfügbare Unterstützung gebrauchen. Kunkel erinnerte sich, dass die Probleme, mit denen sie sich zu dieser Zeit konfrontiert sah, ins Schreiben der Songs einflossen, aber nicht in deren musikalische Umsetzung. In Jonis Erinnerung verhielt es sich anders: »Ironischerweise verlief mein psychischer Absturz parallel zu meinem öffentlichen Aufstieg. Sie stellten mich auf ein Podest, und ich schwankte. Aber da alle meine Stimme hören konnten und diese bizarre Verehrung dazukam, fühlte ich mich in der Verantwortung zu erklären, wen sie da so verehrten. Ich verlangte von mir eine immer tiefer gehende Ehrlichkeit, eine immer weiter reichende Selbstoffenbarung in meinem Werk.«[8]

»River« war ein Solostück von Joni, und als solches so persönlich wie überhaupt nur möglich. Thematisch baut der Song auf dem Zwei-Küsten-Thema von Irving Berlins »White Christmas« auf – dem größten Kassenschlager des American Songbook. Wie Philip Roth das Genie des jüdischen Songwriters lobte: »He took Christmas, took Christ out of it, and made it about the weather.« In Jonis Fassung kommt die Sehnsucht nach Eis dazu: Sie wünscht sich, in Schlittschuhen davongleiten zu können, nachdem sie ihr Baby zum Weinen gebracht hat, und dann klingt sie fast wie eine Eiskönigin. Aber das ist sie nicht.

Am Anfang mag der Song wie »Jingle Bells« klingen, aber es ist keine Anspielung auf den Song über Freude und Frieden. »River« ist kraftvoll, weil es Jonis Reise in einem einzigen

Song zusammenfasst, so ähnlich wie »Woodstock« für eine ganze Bewegung steht. Es ist Weihnachten, das Mädchen aus der kanadischen Prärie findet sich an einem Ort ohne Schnee und Eis wieder und wünscht sich einen Fluss, auf dem sie davongleiten kann. Sie hat sich von ihrem Liebsten getrennt, jemand, der sie heftig geliebt und versucht hat, ihr zu helfen – das klingt ziemlich nach Graham Nash, aber Joni hat das nie bestätigt. Glaubhaft klingt allerdings das Gefühl des Verlustes: Verlust und Selbsterkenntnis. »I'm so hard to handle / I'm selfish and I'm sad / Now I've gone and lost the best baby / That I ever had«, singt sie, und schreibt damit das Genre des Liebeslieds neu. Sie sagt nicht: »Du hast mir das Herz gebrochen«, und auch nicht: »Baby, komm doch zurück.« Sie weist das Bild des schmachtenden guten Mädchens strikt von sich. Sie hat Probleme, und das weiß sie. Joni erklärte 2014 im National Public Radio: »Es bedeutet, die persönliche Verantwortung für das Scheitern einer Beziehung zu übernehmen.«[9] Es war ein großer Schritt für alle, fügte sie hinzu, die Teil der Me-Generation waren. Aber der Song reicht über all das hinaus, weil sie dabei nicht vergisst, dass sie ein Mensch ist und ihr Herz einen Ort braucht und auch einen Weg, um den Schmerz empfinden zu können, bevor es wieder heilt. Es dürfte kaum einen lebenden Menschen geben, der sich nicht irgendwann einmal nach so einem Fluss gesehnt hat, einem Fluss, auf dem er einfach davongleiten kann.

Janet Jackson war noch ein Teenager, als sie in denselben Studios Tracks aufnahm, in denen Joni einige ihrer besten Stücke eingespielt hatte. Fünfundzwanzig Jahre später schrieb Jackson einen Song namens »Got 'Til It's Gone«, in dem sie ausgiebig, charmant und durchaus überraschend »Big Yellow Taxi« sampelte. Die noch größere Überraschung steuerte Rapper Q-Tip bei, der im Hintergrund immer wieder »Joni Mitchell never lies … lies … lies …« intonierte. Joni war sicherlich begeistert, und mehr noch geehrt von dem Respekt, der ihr hier entgegengebracht wurde, verstand sie es doch als ihre Berufung, die Wahrheit zu sagen. Und »River«, dieser Song über ihre Berufung, schwingt sich von einem typischen Bekennerstück im Stil der Siebzigerjahre zu einer von allen geliebten Hymne über die Wahrheit auf. Joni hat mal gewitzelt, dass sie einen Song mit dem Titel »Macht euch doch ein morbides, kleines Weihnachten« schreiben sollte. »River« wird zwar jedes Jahr immer häufiger während der Feiertage gespielt, aber es ist ein Song für diejenigen, denen das Herz in dieser Zeit nicht übergeht, ein Song für jene, die überall, nur nicht zu Hause sind, wenn andere die Wohnzimmer dekorieren und fröhlich feiern.

Mehr als fünfhundert Musiker haben »River« gecovert, und noch viel mehr haben den Song aufgeführt. Die englische Musikerin Beth Orton sagte dem *Wall Street Journal*: »Ich habe diesen Song gehört, als ich zutiefst traurig war, habe dabei geheult und aus voller Kehle mitgesungen, einfach weil sich das so gut anfühlt ... Ich widme diesen Song denen, die nicht mehr wissen, wo sie sind, die eine geliebte Person oder ihre Familie verloren haben.«[10] James Taylor spielte den Song für sein Album *James Taylor at Christmas* ein und erklärte der *Washington Post*: »Es ist großartig, sich von dieser kommerziellen Hysterie zu verabschieden, zu der Weihnachten geworden ist, und einfach mal den Duft von Kiefernnadeln einzuatmen. Dieser Song ist tatsächlich *blue*.«[11]

Als *Blue* im Jahr 1971 veröffentlicht wurde, schockierte die emotionale Offenheit einige aus ihrem Freundeskreis. Johnny Cash sagte: »Du hast dir das Gewicht der Welt aufgebürdet.«

In der Oktoberausgabe von *Stereo Review* rühmte Peter Reilly, dass »Arrangements und Begleitmusiker so gut wie perfekt« seien, und merkte an, Jonis »ausgewogene Sachlichkeit [mache] ihr Werk zu dem einer Frau, und nicht nur eines Mädchens«, um dann fortzufahren: »Das Beste an *Blue* ist allerdings, dass [das Album] eine Überlebensbotschaft darstellt.«[12] Anschließend zitiert er einige der hoffnungsfrohsten Zeilen aus dem Titelsong: »Well, there's so many sinking now / You've got to keep thinking / You can make it through these waves.« Und während die frühen Siebziger ein paar besonders betrübliche Lektionen in Sachen Verlust erteilten, die Themen gebrochene Versprechen und herzzerreißende Verzweiflung immer aktuell blieben, sollte sich herausstellen, dass die Ära von *Blue* kein Monopol auf jugendliche Ängste hatte. In jeder Dekade, in jedem Zeitalter gab es jene, die untergingen, die daran erinnert werden mussten, dass »Joni Mitchell niemals lügt« und stattdessen die Wahrheit verkündet: »You can make it through these waves.«

Mit der Zeit wurde *Blue* zu Jonis meistverkauftem Album, das sogar das kommerziell sehr erfolgreiche *Court and Spark* von 1974 ausstach. Allein in den USA wurde *Blue* über zehn Millionen Mal verkauft, der *Rolling Stone* setzte es in seiner Hitliste der »500 Greatest Albums« vom 31. Mai 2012 auf Platz 30. Doch dieser Erfolg war ursprünglich nicht abzusehen. In der *New York Times* würdigte Don Heckman die künstlerischen Meriten des Albums, sagte aber einen kommerziellen Misserfolg voraus: »Ich vermute, dass dies das unbeliebteste Album von Miss Mitchell werden wird«, schrieb er am 8. August 1971, »trotz der Tatsache, dass sie sehr viel mehr ausprobiert und ihr Talent deutlicher fordert, als auf all ihren anderen Alben. Das Publikum für Kunstlieder ist bei Weitem nicht so groß wie das für Folkballaden, und Joni Mitchell wird sich demnächst für die eine oder andere Form entscheiden müssen.«[13] Joni Mitchell musste diese Entscheidung nie treffen. Sie bewegte sich zwar tatsächlich in Richtung Kunstlied, ja, schrieb diese Songs bereits, aber ihre

Musik würde nie so berechenbar sein. Es gab nur eine Frage, und die hatte sie uns allen bereits in »California« gestellt: »Will you take me as I am?«

Kapitel 13

Zwischen Durchbruch und Zusammenbruch

James Baldwin schrieb: »Liebe fängt niemals so an und endet nie so, wie wir uns das vorstellen. Liebe ist eine Schlacht. Liebe ist Krieg. Liebe ist ein *Erwachsenwerden.*«[1] Vor *Blue* hatte noch nie jemand so über das Erwachsenwerden der Liebe geschrieben wie Joni. Nach *Blue* war im Genre Liebeslied nichts mehr wie vorher; über allem schwebte Jonis ausgezehrter Schmerz und ihr klarsichtiges Erkennen. Natürlich wurden im westlichen Kulturkreis weiterhin seichte, krause Liebeslieder geschrieben. Aber nach *Blue* war das immer eine Entscheidungssache. Wir konnten nicht mehr so tun, als hätten wir die B-Seite nie mitbekommen, und dass wir es, tief drinnen, nicht besser wussten.

»Ich bin offen«, sagte Joni 2015 zu mir. »Ich bin ein lebendes Bilderbuch.« Wenn das stimmt, dann ist *Blue* vielleicht dessen aufrichtigstes und wahrstes Kapitel. Es war nicht das Leben, das sie sich als Mädchen in Saskatchewan erträumt hatte, aber so war es nun mal. In den späten Sechzigerjahren gab es in Kanada eine neue Nachrichtensendung, die *The Way It Is* hieß [»So ist es nun mal«]. Die Sendung sollte ein junges, politisches Publikum begeistern, und der Sender fragte Joni, ob sie nicht die Erkennungsmelodie schreiben wolle. Sie lehnte ab. »Ich war in Sachen Politik total grün hinter den Ohren«, erinnerte sich Joni. »Ich dachte: ›Wie kann ich die Erkennungsmelodie für eine Nachrichtensendung schreiben?‹ Meine Mutter hatte mich immer gedrängt, auf dem Laufenden zu bleiben, was die aktuellen Ereignisse anging. Aber ich wollte nichts anderes als tanzen. Und küssen.« Ein paar Jahre und ein paar Liebesgeschichten später war Joni in Sachen Liebe weniger blauäugig. In *Blue* geht es, und das ist eines der Kennzeichen des Albums, um das, was man zu sehen bekommt, wenn die Märchenstunde vorbei ist. »Diese ganze Auffassung von Liebe als Leiden war mir ziemlich fremd«, erzählte sie mir, »selbst wenn es in vielen meiner Arbeiten genau darum geht. Für mich sollte Liebe etwas Hawaiianisches sein, ohne dass die Kirche dazwischenfunkte. Sie sollte fröhlich und freundlich und stark sein.«

»*Blue* war sehr offen und angreifbar, das hatte es in der Popmusik noch nie gegeben«, sagte sie. »Die Männer in meiner Umgebung waren echt nervös. Sie wanden sich. Sie schämten sich für mich. Die Leute fingen an, mich für einen *Confessional Poet* zu halten, und damit war die Treibjagd eröffnet. Ich hatte das Gefühl, die Leute wollten zusehen, wie ich von einem Drahtseil fiel oder so was.«

Die Faust im Nacken kam 1954 in die Kinos, als Joni zur Grundschule ging, und noch Jahrzehnte später grübelte sie darüber nach, welchen Einfluss Brandos Auftritt auf *Blue* gehabt hatte. »Praktisch jeder Schauspieler nach ihm bewunderte Brando für seine Rolle in *Die Faust im Nacken*. So was hatten sie noch nicht gesehen, und alle waren sich einig, dass er damit die Messlatte deutlich nach oben verschoben hatte. [...] Es hatte nichts mit Method Acting zu tun, aber alles mit Brandos ganz eigenem Genie. Ich arbeite mit Method. Für mich bedeutet Method einfach, dass man die Zeilen so bringt, als seien sie dir gerade erst in den Sinn gekommen, dass der Song sich also jedes Mal so anhört, als hätte man ihn noch nie gehört. Deshalb betone ich jedes Mal anders, damit alles spontan bleibt. Marlon wollte einfach die Probeaufnahmen nicht sehen. Sein Auftritt war ihm total peinlich. Und als die Leute anfingen, mir dieses confessional-Ding anzuhängen, war mir das total peinlich [...]. *Blue* war zunächst nicht besonders beliebt und schockierte die Männer in meinem Umfeld. Sie waren verblüfft und aufgebracht. Kris Kristofferson sagte: ›Oh Joni, behalt wenigstens ein bisschen was für dich.‹ Es machte ihnen eine Höllenangst, dass ich mich so angreifbar zeigte.«

Was also musste passieren, damit aus dem anfänglich wenig erfolgreichen Album Jonis erfolgreichste und geradezu kanonisierte Platte wurde? Ein wichtiger Grund findet sich in der Great-Album-Theorie der Popmusik, die auf *Blue* einfach passt. Wie bei der Great American Novel, die in der Literatur die Maßstäbe setzt, geht es bei der Great-Album-Theorie um Popmusik mit allerhöchsten Ansprüchen. Wenn jemand in seinem Plattenstapel nur ein Album von Joni Mitchell hat, dann ist es höchstwahrscheinlich *Blue*.

Ein »Great Album« entsteht meistens während einer Krise oder Veränderung oder Übergangsphase, manchmal kommt auch alles zusammen. Im Fall von *Pet Sounds* der Beach Boys (1966) hing Brian Wilsons drohender Nervenzusammenbruch wie eine dunkle Wolke über der Produktion; mit *Sgt. Pepper's* (1967) wollte Paul McCartney Wilson unbedingt übertreffen und die Band den engen Grenzen entkommen, die ihr die Auftritte vor kreischenden Mädchen in Sportstadien setzten. Sie nahmen sich in den Abbey Road Studios also viel Zeit und wurden mit reichlich LSD versorgt; nur ein paar Jahre später sollten sie versuchen, einander auszustechen. Bei *Astral Weeks* von Van Morrison (1968) sorgten dessen von W. B. Yeats inspirierte Texte und die mit Jazz-Virtuosen gespickte Band (Mingus-Gitarrist Jay Berliner, Dolphy-Bassist Richard Davis und der Schlagzeuger des Modern Jazz Quartetts, Connie Kay) für einen faszinierenden Spannungsbogen und nahmen damit Jonis brillante Zusammenarbeit mit Jaco Pastorius, Herbie Hancock und Wayne Shorter vorweg. Bei Simon & Garfunkels *Bookends* (1968) griffen die maßgeschneiderten Songs so gut ineinander wie die Kapitel eines Buches – daher der Titel –, *The Kinks Are the Village Green Preservation Society* war ein gleichermaßen in sich geschlossenes Album. Auf *What's Going On* (erschienen 1971, im selben Jahr wie *Blue*) brach Marvin Gaye mit der Hit-Fabrik Motown und brachte ein bedeutendes Werk voller abenteuerlicher Harmoniegesänge heraus, das seinen früheren Motown-Kumpel

Stevie Wonder zum großen Sprung ansetzen und mit *Innervisions* (1973) ein eigenes Meisterwerk vorlegen ließ, auf dem er jedes Instrument selbst spielte und auch jeden Vokalpart sang. *Blood on the Tracks* (1975) wiederum war Bob Dylans höchst persönliches und waidwundes Trennungsalbum; während er den Eröffnungssong »Tangled Up in Blue« schrieb, war er, eigenen Aussagen nach, in Gedanken ganz in Jonis *Blue* verwickelt.

Selbst unter diesen und anderen »Great Albums« nimmt *Blue* eine Sonderstellung ein. Mit den zahlreichen und wunderbar herausgearbeiteten persönlichen Enthüllungen, der puren Innigkeit und seelischen Preisgabe sucht es seinesgleichen. Obwohl es häufig als das ultimative Album für Depressive bezeichnet wird, findet sich darauf jede Menge Lebensfreude, auch wenn die grüblerischen Songs einen tieferen Eindruck hinterlassen. Tatsächlich bietet das Album ein ganzes Füllhorn von Stimmungen und Zuständen: Freude, Leid, Langeweile, Selbstzerstörung und so bösartige Liebe, dass einem die Knie weich werden. Joni hat die Popmusik oft dafür kritisiert, dass traurige Songs immer in Moll und fröhliche in Dur daherkommen, denn das Leben kennt viele Nuancen. Joni hat ihren Ansatz – viele verminderte Akkorde, das Mischen und Anpassen von Akkorden mit den Grundtönen verschiedener Akkorde und mit unkonventionellen Sequenzen – einmal als »glücklich-trauriges Weitermachen« bezeichnet. Auch wenn die traurigen Klänge eines Albums bei den Hörern im Allgemeinen am längsten im Gedächtnis bleiben, so geht es bei *Blue* keineswegs nur um traurige Gefühle. Es geht um Gefühle an sich, und das in Songs, die so innig sind, dass Joni von ihnen als »persönliche Briefe, die an die Öffentlichkeit gelangt sind«, gesprochen hat.[2]

Diese Briefe sind an Kalifornien adressiert; an Cary Raditz, den Peace-Corps-Freiwilligen, den sie auf Kreta kennenlernte, während sie Hippie in der Höhle spielte; an Graham Nash, ihren abgelegten »Old Man«; an Kilauren Gibb, die Tochter, die sie vermisste, hier ihr »Little Green«; an all die »Mischwesen« (darunter Leonard Cohen), die sie zu »A Case of You« und »This Flight Tonight« inspirierten; an ihre eigene Melancholie in »River« und »Blue« (dessen »needles, guns, and grass« sich auf James Taylors Sucht bezieht – und sie war noch nicht durch mit diesem Thema). Allerdings ist es weniger wichtig, *an wen* diese Briefe gerichtet sind, als vielmehr *von wem* sie sind. Joni hat oft gesagt, dass es falsch sei, die Songs zu hören und dabei an sie zu denken. Die Hörer sollten dabei an sich selbst denken und sich selbst finden. »Andernfalls«, sagte sie 2013, »bist du bloß wie ein Gaffer bei einem Autounfall.«[3]

Joni wollte den Menschen mit *Blue* »etwas zurückgeben, das in ihrem Leben eine Rolle spielt und sie nährt, und sie eine andere Richtung einschlagen lässt, damit ihnen ein Licht aufgeht und sie anfangen zu *fühlen*«, erklärte sie. »[Das Album] ist überhaupt nicht vage. Es berührt die ganz zentralen Themen ihres Lebens, und um die zu erreichen, muss man sich mit seinen eigenen zentralen Themen auseinandersetzen.«[4]

Bevor *Blue* erschien und von Timothy Crouse in der *Rolling Stone*-Ausgabe vom 5. August 1971 als »einer der wunderbarsten Augenblicke in der gegenwärtigen Popmusik«[5] gelobt wurde, hatte dieselbe Zeitschrift in der Februarausgabe dieses Jahres, in der es um Auszeichnungen ging, Joni den Titel der »Old Lady of the Year« zuerkannt. In einer grausam respektlosen Weise wurde ein bebildertes Diagramm präsentiert, das zeigte, wer mit wem in der Musikindustrie verbandelt war – ein Thema, das sich zeitloser Beliebtheit zu erfreuen scheint. Es gab Karten und Listen von Schriftstellern und Künstlern – wer mit wem zusammengearbeitet oder wer wen inspiriert hatte –, und wer mit wem im Bett gewesen war, was natürlich auf das größte Interesse stieß. Joni wurde auf dem Diagramm mit einem Kussmund wiedergegeben, der von einer ganzen Reihe gebrochener Herzen umgeben war, die zu David Crosby, Graham Nash und James Taylor führten. Sie hatten ihr den Titel »the Queen of El Lay«[6] verliehen.

Es war zutiefst ungerecht. Männliche Rockstars wurden für ihre vielen Frauengeschichten gefeiert, und niemand parodierte Stephen Stills, weil er »Love the One You're With« geschrieben hatte (ein Song, in dessen Refrain Jonis Sopran alles überstrahlt). *Blue* drehte sich um das, was zu viel war, um exzessive Liebe, exzessiven Schmerz, eine Reise durch alle Hochs und Tiefs. Wie tief sie dabei geht? So tief wie »blue«, wie die Melancholie sie führt, als Stimmung, als Lebensweise, als Blick durch ein gerußtes Glas. Die Deutschen haben ein Wort für dieses poetische Sich-Einrichten im Kummer: *Weltschmerz*. Joni hat eine Farbe gewählt, und sie versucht nicht, deren Tönung aufzuhellen, sondern überlässt sich dem Dunkeln in den Tiefen der Wahrheit mehr noch als in »Both Sides, Now« und »The Circle Game«. Der Lebenszyklus ist an einer düsteren und gefährlichen Stelle zum Stehen gekommen und dahin nimmt sie uns mit. Es ist nicht zu vergessen, dass Joni an erster Stelle Malerin ist, für die Farben eine zentrale Rolle spielen. Bei dem Titelsong »Blue« kann man an Picassos Meisterwerk von 1902 denken, *Blue Nude*, auf dem eine abgewandte, nackte Frau den Kopf auf die angezogenen Knie gelegt hat und das Gesicht in ihren Armen verbirgt. Gäbe es die verschiedenen Blautöne um sie herum nicht, wären die Gefühle eher indifferent. Aber durch das stürmische Blau wirkt das Bild wie die Studie einer leidenden Frau, ein Thema, das in Picassos Leben und Werk immer wieder aufkam. Und doch bewundert der Betrachter die überwältigenden Pinselstriche, während er gleichzeitig die Traurigkeit der Figur nachfühlt. Picasso vor Augen kleidet Joni ihr trauriges

Subjekt in eindringliche Klänge und überwältigende vokale Sprünge. Es gibt so viele Schattierungen von Blau, so viele Orte, zu denen man gehen kann. »Acid, booze, and ass / Needles, guns, and grass / Lots of laughs«, singt sie mit makelloser Stimme, und wir wissen, dass sie das tatsächlich lebt. Jede Menge Gelächter? Wirklich? Unüberhörbar ist in diesem Song die Anspielung auf »My Old Man«, das Liebeslied für Graham Nash – eine kurze Erinnerung an fröhliche Zeiten, bevor es wieder auf den Abgrund zugeht.

So bahnbrechend es war, *Blue* zu schreiben, so viele Menschen das Album auch gekauft und angehört und in bester Erinnerung behalten haben – die Veröffentlichung war von der gleichen Einsamkeit begleitet wie der Schreibprozess. Es dauerte lange, bis das Echo der Zustimmung und Anerkennung, das das Album hervorrief, zu Joni durchdrang. »*Blue* ist einfach nur menschlich«, sagte sie mir. »Jeder, der eine Seele hat, macht diese Veränderungen durch, aber bisher hatte noch niemand einen Song darüber geschrieben, allerdings vielleicht einen Film gedreht – Bergmann ganz sicher.«

Dieses unterschwellige Gefühl, das der Sturzflut der Tränen und den Wogen des Kummers vorausgeht, hat Joni in ihrer Arbeit meisterlich eingefangen.

Wir erfahren gleich zu Beginn, dass Songs wie Tattoos sein können. Wenn man selbst nicht heroinabhängig ist, sondern einen Süchtigen liebt, dann sind Tattoos die Metapher, die dem am nächsten kommt, was James Taylor sich selbst antat, um high zu werden, wieder runterzukommen, abzustürzen, und – als ein Künstler mit unlöschbarer Tinte – seine Spuren zu hinterlassen. »Ink on a pin« reimt sich mit »underneath the skin«. Ihr guter alter Landsmann Neil Young sang eindringlich von »the needle and the damage done«, aber Joni ging weiter, ging den Dingen auf den Grund. Die richtige Art von Song kann auch eine Spritze sein. Wenn man nicht selbst drinsteckt, heißt es: »Hell's the hippest way to go.« Das fand sie gar nicht, aber sie wollte sich »da trotzdem mal umsehen«.

Joni sagte, dass sie in dieser Zeit in Tränen ausbrechen konnte, wenn man sie auch nur ansah. Das stellte durchaus ein Problem dar für jemanden, der bereits in der Carnegie Hall gespielt hatte und das im nächsten Jahr wieder tun sollte. »Die Clubs, das war irgendwie lustig«, hat sie gesagt.[7] Und es ist unüberhörbar: Bei jeder Aufnahme in einem kleineren Raum lacht sie vor sich hin. Da ist sie wieder das Schulmädchen, das mit ihren Freunden Gitarre spielt. »Ich habe die große Bühne von dem Augenblick an gehasst, da ich sie betrat. Ich mochte diese hehre Verehrung nie. Es kam mir unecht vor. Die Vorstellung, dass Leute mir zu Füßen liegen, finde ich gruselig.«

Das ist einer der Unterschiede zwischen Joni und ihrem Freund Leonard Cohen. Cohen war mittlerweile verrückt nach der Bühne. Dem *Rolling Stone* sagte er einmal: »Tourneen sind wie Stierkämpfe. Da ist jeder Abend ein Charaktertest. [Das] zu untersuchen interessiert mich.«[8]

Am Ende des Songs bietet sie Blue etwas an – der Farbe, der Stimmung, einfach allem. Der Song an sich sollte schon reichen, aber sie setzt noch mal einen drauf. Es ist eine Muschel, und wenn Blue sie ans Ohr legt, ist ein »foggy lullaby« zu hören. Ruhe, ruhe, geplagter Geist. Auf ihrem nächsten Album sollte Joni singen: »when you dig down deep, you lose good sleep«. Aber selbst Blue muss sich mal ausruhen, und so wird es am Ende zu einem langsam ausklingenden Schlaflied.

In jenen Tagen des Vinyls, als *Blue* entstand, war damit das Ende von Seite eins erreicht. Um das nächste Stück hören zu können, musste man aufstehen und die Platte umdrehen. Die trügerischen Kadenzen am Schluss von »Blue« klingen im Ohr des Hörers länger nach, auch wenn sie langsam ausgeblendet werden. Seite zwei setzt mit einer bemerkenswert anderen Stimmung ein, eine wehmütige Erinnerung an Laurel Canyon und das Haus am Lookout Mountain, in dem sie jetzt ohne Graham Nash wohnt. Obwohl Joni ständig auf Veränderung aus ist – stilistisch, chromatisch, romantisch –, hat sie doch auch eine nostalgische Ader; sie schwelgt in Erinnerungen, als »es auf Weihnachten zugeht«, und wünscht sich, von Laurel Canyon mit seinem stets perfekten Wetter in die kanadische Prärie zurückzuziehen, der sie einst doch gar nicht schnell genug entkommen konnte.

Auf der zweiten Seite des Albums, in »California«, zeichnet Joni Porträts der Orte, an denen sie sich Anfang des Jahres 1970 aufhält und wo wir, ihre Zuhörer, uns vielleicht auch befinden. Sie erzählt uns, dass sie auf einer Parkbank in »Paris, Frankreich«, sitzt, und legt so eine Spur zu dem Schulkind, das sie einmal war – es heißt da nicht nur Paris, sondern »Paris, Frankreich«, als würde sie noch immer mit den Augen des Mädchens in einem Klassenzimmer in Saskatchewan schauen, das auf eine Landkarte starrt und die Hauptstädte aller Länder der Welt auswendig lernt. Sie erwähnt ihre Reise nach Griechenland und natürlich auch ihren früheren Lover Cary, den Spitzbuben mit den roten Haaren. Ohne Jetset-Ambitionen fährt sie nach Spanien, wo sie von den »pretty people« eingeladen wird, die *Rolling Stone* und *Vogue* lesen, und obwohl es ihr dort gefällt, weiß sie, dass sie nicht lange bleiben kann. Der komplette Refrain ist allerdings Kalifornien vorbehalten, wo es nie kalt wird und nichts alt und in seinen Gleisen festgefahren ist – Kalifornien, wo sie so akzeptiert wird, wie sie ist. Mit der Liebe hat es noch nicht geklappt. »[She's] strung out on another man«, sie ist auf einen anderen Mann abgefahren, aber jetzt will sie wieder nach Hause, das wahrste Zuhause, das sie je hatte, und dort wird sie es wieder versuchen. Das wirklich Unglaubliche an »California« ist, dass der Song zwar ein wenig Siebzigerjahre-Jargon enthält – »the folks I dig« –, sich davon abgesehen aber überhaupt nicht altmodisch anhört. In Jonis besten Songs klingt ein starkes Gefühl für das Immerwährende durch. Es könnten die Siebziger-, die Achtziger-, die Neunziger- oder die Nuller-Jahre sein, und wenn sich nicht irgendetwas radikal ändert, könnte man noch immer in Paris sitzen, die ganzen schlechten Nachrichten von Zuhause – »more about the war« – in der Zeitung lesen und von Kalifornien träumen, wo man sich wohlfühlt wie eine Rock-and-Roll-Band.

Das Kalifornien des Songs ist eher eine Ansammlung von Erinnerungen aus der Ferne, als dass es um tatsächliche Orte und Räume ginge. Auch »A Case of You« würfelt Erinnerungen an Liebe und Verlust zusammen, wobei die Sängerin zunehmend rauer und härter erscheint, mit einem gebrochenen, aber noch immer starken und widerstandsfähigen Herzen, das groß genug ist, um das Gewicht der Welt zu tragen. Cohen zitiert den Talmud, wenn er sagt: »In jeder Generation gibt es guten Wein«, aber dass »wir für die Sänger ein besonderes Gefühl haben, mit denen wir mal im Bett waren.«[9] Auch »A Case of You« ist von diesem besonderen Gefühl durchdrungen, und wie Cohen spricht Joni davon in der Vergangenheitsform und sinniert über das Bouquet einer edlen Flasche Wein. Mit der Dulcimer bringt sie perkussive, wilde Akkorde hervor, während James Taylors normal gestimmte Gitarre Entschlossenheit beisteuern soll, aber übertönt wird. Was »A Case of You« zu einem lyrischen Meisterwerk macht, ist das bereits erwähnte Zwiegespräch mit Leonard Cohen, von »I am constant as the northern star«, Cohens »Julius Cäsar«-Zitat, bis hin zu »constantly in the darkness, where's that at? If you want me, I'll be in the bar«, was Joni gerne gesagt *hätte*. Und als sie sich an den »Rainy Night House«-Trip mit Cohen erinnert, beschwört sie das Bild seiner Mutter herauf, aber mit dem Auge einer Malerin:

I met a woman
She had a mouth like yours
She knew your life
She knew your devils and your deeds
And she said
»Go to him, stay with him if you can
But be prepared to bleed«

»Da ging es um Leonards Mutter. Sie hatten den gleichen Mund. Sie hat mich gewarnt: ›Mach dich darauf gefasst, dass du bluten musst.‹ Alle Mütter haben mich vor ihren Söhnen gewarnt.« 2014 sang Cohen, wohlgemerkt praktizierender Jude, der sich spirituell dem Buddhismus zugewandt hatte: »My father says I'm chosen, my mother says I'm not.« Marsha Klonitsky liebte ihren Sohn, doch sie war Realistin. Allerdings haben sich Joni und Leonard nie ein Ausschließlichkeitsversprechen gegeben, das gebrochen werden konnte. Das Muster der warnenden Mütter – ein ganzer Chor Kassandras – ist dennoch bemerkenswert.

»Der Rest von ›A Case of You‹ zählt nicht«, sagte Joni. »Das ist einfach ein Fußabtreter-Song. Songs für Frauen waren immer Fußabtreter-Songs. Songs wie ›Stand by Your Man‹ wurden von Männern geschrieben. Das sind alles Männerfantasien und mein Song ist überhaupt keine Männerfantasie. Er soll einfach dafür sorgen, dass Männer etwas besser durchblicken.« Jonis stimmliche Sprünge sind atemberaubend und klingen, als wäre sie diejenige, die bis zur letzten Bestellung vor der Schließung ausharrt. Wenn du sie willst, dann findest du sie an der Bar, und sie könnte all ihre früheren Liebhaber zusammen unter den Tisch trinken. Aber das darf man nicht wörtlich nehmen. Ihr früherer Liebhaber David Crosby sollte neue Maßstäbe setzen, was Drogenmissbrauch anging, und James Taylor, der so lieblich spielte, war ganz dem Heroin verfallen, was Joni nach eigener Aussage nie probiert hat. Natürlich haben diese Typen ihr das Leben schwer gemacht, und natürlich konnte sie das verkraften, aber der Song steht vielmehr für Schönheit und Wahrheit. Das ist die Joni Mitchell, nach der ihre Fans verlangten, mit ihren stimmlichen Sprüngen und emotionalen Tiefen, leidenschaftlich, sinnlich, voller Erinnerungen. Aber das alles hat sie im Griff. Hier ist eine wunderschöne Frau, sensibel, sinnlich, doch inzwischen weit davon entfernt, sich das Herz brechen zu lassen. Sie dämonisiert ihre ehemaligen Liebhaber nicht. »A Case of You« ist ein Tribut, aber weniger an ihre Ex-Lover, als vielmehr an sich selbst. Sie ist diejenige, die sich an ihren Liebhabern berauscht und trotzdem noch aufrecht gehen kann. Wenn der Song ein Liebeslied an irgendwen oder irgendwas ist, dann an ihre eigene Widerstandsfähigkeit.

Ende 1999 stellten die Popmusikkritiker der *New York Times* eine Liste der fünfundzwanzig Alben zusammen, die das 20. Jahrhundert repräsentierten. Es ging um Alben, nicht Singles – obwohl Alben erst in den späten Vierzigerjahren eine Rolle in der öffentlichen Wahrnehmung spielten –, da sie auf künstlerische Statements abzielten, die in ihrer Darstellung umfassend waren. Zu den ausgewählten Werken zählte Tito Puentes 1957 erschienenes Meisterwerk *Dance Mania* ebenso wie ein sehr unterschiedliches Album aus dem Folgejahr, *Frank Sinatra Sings for Only the Lonely*. Michael Jacksons *Thriller* schaffte es auch auf die Liste, genauso wie LPs der Ramones, der Beatles, von Nirvana, Public Enemy und Bob Dylan. Es war für niemanden eine Überraschung, dass Joni Mitchell eine von nur drei Solokünstlerinnen war, die auf der Liste auftauchten. Ende des 20. Jahrhunderts war die Joni-Renaissance in vollem Gange. Über *Blue* schrieben die Kritiker: »Eine rastlose Künstlerin reist, verliebt sich und sehnt sich, während sie weiterzieht, nach dem, was sie hinter sich gelassen hat; und im Hintergrund zerbröckeln die Ideale der Sechziger. Joni Mitchell schöpft aus einer schonungslosen Autobiografie ebenso schonungslose Songs, die sich in aller Stille jeglicher Symmetrie und einem Happyend verweigern, während sie sich ihre Sehnsüchte von der Seele singt. Als sie sich zu einem solchen Confessional Poet entwickelte, verstanden nur wenige ihrer Nachahmer, dass ihre scheinbar allzu offenen Enthüllungen sorgfältig ausgearbeitet waren.«[10] Ihre Aufnahme in die Liste war einer der wenigen Augenblicke, da Joni und ihre Kritiker einer Meinung waren. Schließlich war es Joni gewesen, die einmal gesagt hatte: »Man muss erstmal eine gewisse Greifbarkeit haben und dann etwas, das über Jahre hinaus funktioniert.«[11]

Kapitel 14

Die Sunshine Coast

Nach *Blue* war nicht ein weiterer Liebhaber Symbol der Hoffnung, sondern ein Ort: Kanada, oh Kanada. Obwohl sie tief im Binnenland aufgewachsen war, wandte sie sich jetzt der Westküste zu, der Sunshine Coast British Columbias. Schon der Name klingt wie ein Heilmittel für jemanden, der mit Depressionen zu kämpfen hat. Die Gegend war mit ihrem unverstellten Blick auf das Meer, den unberührten Wäldern, Kieselstränden und Dutzenden von Wasserfällen das genaue Gegenteil des boomenden Los Angeles der Siebzigerjahre. Die »First Nation«-Stämme der Küste, die Squamish und die Sechelt, hielten ihre Geschichte durch mündliche Überlieferung und ökologische Wachsamkeit lebendig: Auch das war ganz nach Jonis Geschmack. »Ich kenne meine Nachbarn und fahre auch in die Stadt«, erzählte mir Joni. »Ich bin keine Einsiedlerin. Ich radele in der Gegend herum, rauche und beobachte die Vögel. Und wenn ich nach Hause komme, fühle ich mich großartig. Besonders glücklich bin ich, wenn ich das Wasser betrachte. Das war also mein Seelenklempner.«

Sie kaufte Land, hisste ihre kanadische Flagge und zog sich »in ein kleines Steinhaus [zurück], wie ein Kloster, wo [sie] einfach verschwinden und [sich] verstecken konnte«.[1] Dort lebte sie größtenteils ohne Elektrizität, von der sie glaubte, sie sei krebserregend. »Ich hatte, was das angeht, eine Offenbarung. Man wird Krebs nie heilen, wenn man nicht zum Kerzenlicht zurückkehrt.«

Damals war Tony Simon häufig in ihrer Nähe zu finden, ein Vertrauter aus alten Saskatoon-Tagen und gelegentlicher Liebhaber in einer Zeit, als sie nur sehr wenigen Menschen vertraute. »Das Haus, das sie 1971 baute, hatte sie selbst entworfen«, erinnerte sich Simon. »Und veränderte es auch immer wieder. Sie baute das Haus praktisch um sich herum, deshalb spiegelt es auch ihre Persönlichkeit auf vielfache Weise wider. Dieses kleine Haus, das inzwischen nicht mehr bewohnbar ist, war ein Juwel. Auf einem Felsbrocken stand ein zahmer Fischreiher. Vieles an dem Haus war völlig natürlich. Es sah so aus, als würde es schon seit sechshundert Jahren dort stehen – eine Steinhütte ohne irgendwelchen Schnickschnack. Ihre Erinnerungen an diesen Ort dürften rundherum positiv sein. Ursprünglich hatte sie etwa sechzig Morgen Land gekauft, vielleicht die schönsten sechzig Morgen, die auf der Welt zu finden waren. Das Wasser war für die Gegend untypisch warm. Es gab große Bäume, der ganze Fleck entzog sich einfach jeder Beschreibung. Sie kaufte noch ein paar angrenzende Grundstücke dazu, um mehr Platz zu haben und damit niemand in der Nähe bauen konnte. Die Gegend ist einfach unglaublich schön. Es war Teil ihres Gesamtkunstwerks.«

Aber ihr Heim war denkwürdig beeindruckend, denn sich häuslich einrichten zu können war eine ihrer besonderen Begabungen. Wie Graham Nash einmal sagte: »Sie war in der Lage, eine Bretterbude schick aussehen zu lassen.«[2] Und Leonard Cohen erinnerte sich: »Ich war dort einmal, jenseits von Vancouver. Muss kurz nachdem sie es gekauft hatte gewesen sein. Ein wunderschönes Haus. Sehr schmucklos, wie eine Steinklause. Wunderschön. Asketisch.«

Genau das war der Plan – Schönheit, Askese, Einsamkeit. Sie hatte sich davongemacht und war in einem kleinen Paradies gelandet, das sie »Walden Woods« nannte, und wie Henry David Thoreau wollte sie bewusst leben. Sie verlegte die Elektrizitätsleitung unter die Erde – das war Standard – und vermied den Kontakt mit der Außenwelt. Aber wenn sie wirklich Gesellschaft brauchte, dann besuchte sie Freunde in Vancouver oder lud Gäste zu sich ein. Sie hatte nur einen Fernsehkanal, und *Midnight Special* war nicht immer zu empfangen, was ihr noch mehr Zeit gab, in sich zu gehen.

* * *

Dass eine Künstlerin, die gerade auf dem Gipfel ihres kommerziellen Erfolges angekommen war, sich dazu entschied, so primitiv zu hausen, mag überraschen, doch was für Jonis Leben notwendig war, wurde für ihre Kunst entscheidend. Sie konnte nicht einfach weiter Beziehungs-Songs schreiben, wenn die Beziehungen immer aberwitziger zu werden schienen.

Nach *Blue* war sie mehr als nur ein bisschen angeschlagen, wollte jetzt ihren eigenen Worten Taten folgen lassen und echt zurück in den Garten. Es musste doch noch etwas mehr im Leben geben, dachte sie. »Ich kaufte jedes Psychologie-Buch, das ich zu fassen bekam. Freud, Jung, Religionswissenschaft, Selbsthilfe, Psychiatrie«, sagte sie, nur um sie alle wieder an die Wand zu werfen.[3] Dann empfahl ihr die Sängerin Ronee Blakley Nietzsche. Blakley war eine weitere Sängerin von David Geffens neuem Label, Asylum; für ihre Rolle als fiktionale Country-Sängerin in Robert Altmans Film *Nashville* wurde sie für den Oscar nominiert. An Nietzsche sollte Joni sich lange halten. Die Beschäftigung mit ihm lehrte sie unter anderem, »dass Leben Leiden bedeutet, und Überleben, dem Leiden einen Sinn zu geben«.[4] Nietzsche schrieb: »Ohne Musik wäre das Leben ein Irrtum«[5], und diese beiden Vorstellungen begleiteten sie beim Schreiben der Songs, die 1972 auf *For the Roses* erschienen, Jonis erstem Album bei Geffens Label. Die ironisch so genannte »Sunshine Coast« war ein guter Ort für schlechte Laune. Ihr Blick auf das Meer war atemberaubend, und es regnete ohne Ende. Emily Carr, eine kanadische Schriftstellerin und Malerin des 19. Jahrhunderts, hatte die Gegend einmal als den feuchtesten Ort der Erde bezeichnet.

An dieser verregneten, felsigen Küste erhielt Joni, wie sie auf dem Album sang, »lessons in survival«. Das Mädchen, das bekanntermaßen »I'm selfish and I'm sad« gesungen hatte, wollte das nicht nur gesagt haben, sondern in dieser Sache auch etwas unternehmen. »Depressionen können das Sandkorn sein, aus dem die Perle entsteht. Der Großteil meiner besten Arbeiten entstand aus dieser Stimmung heraus. Wenn du deine Dämonen und alles, was dich verstört, verscheuchst, dann fliegen auch die Engel davon. In all diesem Morast liegt auch die Möglichkeit einer Offenbarung.«

Joni stieß auf ein Bändchen mit dem Titel *Beethoven: His Spiritual Development*[6]. Die Studie, erschienen erstmals 1927, war ein bahnbrechender Text, weil der Autor, J. W. N. Sullivan, behauptete: »Ich glaube, dass es Beethoven in seinen großartigsten Werken hauptsächlich darum ging, seiner persönlichen Sicht auf das Leben Ausdruck zu verleihen. Diese Sicht war natürlich Produkt seines Charakters und seiner Erfahrungen. Beethoven, der Mann, und Beethoven, der Komponist, sind keine getrennten Entitäten, und das, was man über das Leben des Mannes weiß, mag vielleicht ein Licht auf das Wesen seiner Musik werfen.«

Für Joni war das Buch eine hilfreiche Analyse: Wie kommt ein Musiker mit dem Druck zurecht, den sowohl Leben als auch Kreativität auf ihn ausüben? Sie sagte dem *Toronto Star*: »Es ging um seine Kämpfe, seine Selbstzweifel und Ängste, wie seine Arbeit wohl aufgenommen würde und was das alles auf einer tieferen Ebene bedeutete, und natürlich darum, dass er langsam taub wurde. Genau über so etwas dachte ich zu der Zeit auch nach. Wie komme ich wieder in die Spur? Und was ist mit dem Publikum? Würdet ihr mich immer noch lieben, wenn ihr wüsstet, wie ich wirklich bin?«[7]

Joni, die in der Einsamkeit nach Weisheit gesucht hatte, weit ab vom Medienzirkus, wie sie ihn in »For the Roses« beschreibt, fand ein Genie, das wie ihr geliebter Van Gogh zu viele Ecken und Kanten hatte, um in seiner eigenen Zeit Anerkennung zu finden. Bekanntlich schnitt Van Gogh sich ein Ohr ab, während Beethoven seine Hörkraft gänzlich verlor, der ultimative Verrat. Joni hatte ihre Kinderlähmung überlebt und war vertraut mit den Bösartigkeiten des Körpers. In den Monaten an der Sunshine Coast fing sie an, auf dem Klavier ein Stück zu komponieren, das größer und ambitionierter war als alles, woran sie sich bisher gewagt hatte. Eine Zeitlang fiel ihr kein Text dazu ein, deshalb nannte sie es erst einmal »Roll Over Beethoven Revisited«. Schließlich entschied sie sich für »Judgement of the Moon and Stars« und dahinter in Klammern »Ludwig's Tune« – eine Hommage an Beethoven, komponiert von jemanden, der nie Unterricht in klassischer Musik gehabt hatte. Selbst taube Ohren hören immer noch die Muse hinter der Musik. Joni schätzte Beethoven mehr als Mozart, der ihr, wenn er nicht seine dunkelsten Seiten hervorkehrte, zu perfekt klang, zu höfisch, zu sehr nach – wie sie sagen würde – Hintergrundmusik für Fürstenhöfe. Beethoven war der Klang all dessen, was der Hof ablehnte. Sie identifizierte sich mit einem Mann, der zu empfindsam und wild für diese Welt war, dem die Fähigkeit zu hören auf dem Höhepunkt seiner Schaffenskraft genommen wurde. Am 10. Juni 1972, ein paar Monate, bevor *For the Roses* herauskam, spielte Joni den Song bei der BBC, und obwohl Beethoven im Radio keine Seltenheit war, war dies doch etwas völlig Neues:

> Jetzt kommt ein Song über Beethoven. Ich habe ein Buch über seine spirituelle Entwicklung gelesen und mir ging wirklich das Herz auf, denn da war er plötzlich mit all seinem Genie, das in seiner Zeit nie so recht gewürdigt wurde. Die Menschen fanden ihn radikal und durchgedreht, und Quintparallelen durften nun gar nicht sein. Das war einfach keine Musik, oder? Dazu kam, dass er kein besonders geschmeidiger Mensch war und nach den Standards der damaligen Hofetikette eher grob. Immer wieder warf er ein Auge auf

die Hofdamen, aber die ließen ihn links liegen. Auch in dieser Hinsicht war sein Leben ziemlich frustrierend, und dann noch die Tatsache, dass er einige seiner letzten Werke gar nicht mehr hören konnte.[8]

Das Publikum auf Rockkonzerten ist manchmal rüpelhaft, und beim Jazz ist es manchmal zu hip, aber am schlimmsten ist das Publikum in der klassischen Musik: Das ist so versnobt, dass es sämtliche Regungen unterdrücken muss. Schumann war zu ungestüm, um ein ganzes Konzert lang stillzusitzen, und auch Beethoven wollte sich nicht anpassen. Am Ende war er ein tauber Musiker, welche Rolle spielten da noch Manieren?

Joni wurde erst dann zur Künstlerin, als die Kinderlähmung ihr die körperliche Bewegungsfreiheit genommen hatte. Als sie »Judgement of the Moon and Stars« schrieb, hatte sie bereits gelernt, dass es noch viel mehr zu verlieren gab: Ihre Tochter war verschwunden, und viele Beziehungen hatten sich zerschlagen. Sie hatte immer noch ihre Musik und war im Vollbesitz ihrer Stimmkraft, aber ihr war klar, dass sie auch diese eines Tages verlieren würde. Als sie von Beethovens *Geist* [diese und folgende Kursivierung im Original deutsch] las, wusste sie, dass dieser zum Zeitpunkt der Neunten Symphonie und der späten Quartette alles war, was ihm noch blieb: Seine *Zeit* ließ ihm keine Gerechtigkeit widerfahren. So wie Jonis Publikum aus einem raschelnden Erdbeerbaum bestand, so war das einzige Publikum, das für Beethoven zählte, der Mond und die Sterne. Ihr Urteil war alles, was ihm geblieben war. »So you get to keep the pictures / That don't seem like much«, sang sie. Taubheit war eine grobe Ungerechtigkeit für diesen sperrigen Geist. Die Tasten unter seinen Fingern waren kalt, und jede Berührung war nur die Erinnerung an einen Klang. Beethoven war der erste große Komponist für das Hammerklavier, aber seine Bedeutung geht weit über jegliche Art Instrument hinaus. »Condemned to wires and hammers / Strike every chord that you feel / That broken trees / And elephant ivories conceal.« Musikinstrumente sind etwas Artifizielles, selbst wenn sie aus natürlichen Materialien gemacht sind. Das taube Genie musste nur in die Tasten dieses Klaviers hauen, je wilder, desto besser.

Während Jonis Ruhm sich mehrte, hörte man immer wieder, dass sie sich mit Van Gogh, Picasso, Miles Davis und Beethoven verglich. Bescheidenheit ist nie ihre Stärke gewesen, aber »Judgement of the Moon and Stars« beweist, dass ihre Identifikation mit diesen verehrten Gestalten legitimer ist, als die meisten Menschen wissen können.

Kapitel 15

For the Roses

In ihrem Häuschen nördlich von Vancouver therapierte Joni sich mittels Meeresluft und Beethoven selbst, und dort fing sie auch an, die Songs für ihr fünftes Studioalbum zu schreiben, *For the Roses*. Viele dieser Songs spielte sie am 23. Februar 1972 während eines Konzerts in der Carnegie Hall, etwa acht Monate, bevor das Album auf den Markt kam. Allesamt erhielten sie donnernden Applaus. Das Publikum lernte die verschiedenen Seiten Joni Mitchells kennen: die dunkle und die helle – und ja, sie liebten sie immer noch. Aber in »For the Roses« geht es um die Vielschichtigkeit von Beifall, und nachdem das Klatschen verklungen war, erklärte sie ihren begeisterten Fans die Bedeutung des Titels:

> Das geht auf den Ausdruck »to run for the roses« zurück [...]. Wenn ein Pferd in einem Rennen über die Ziellinie gestürmt ist, bekommt es einen Blumenkranz um den Hals gelegt, doch eines Tages bringt man es irgendwohin und erschießt es. Das ist doch ein ziemlich makaberer Ausdruck, nicht wahr?[1]

Sie beendete diese »makabre« Geschichte mit einem Kichern, aber es war ihr todernst. Sie wusste, dass man sie zum Paradepferd gemacht hatte, das man irgendwann auf die Weide abschieben würde, genau wie James Taylor und den nächsten Dichter, der zitternd Liebeslieder schrieb und seinen Kummer dem Schallloch anvertraute. Schon früh, nachdem sie richtig populär geworden war, fragten die Reporter nach ihrem Management-Team, Elliot Roberts und David Geffen, und sie antwortete: »Ich war sozusagen ihr erstes Rennpferd.«[2] Sie war sich immer darüber im Klaren, dass Ehrgeiz und Erfolg ihren Preis haben würden. Aber sie hatte sich vor langer Zeit entschlossen, das Rennen aufzunehmen, und wusste was passieren würde, wenn man ihr erst mal das Blumengebinde um den Hals gelegt hätte.

Bevor sie an die Sunshine Coast gezogen war, hatte Joni gesagt: »Ich habe immer ein bisschen Ehrfurcht vor Städten, da ich in der Prärie von Saskatchewan aufgewachsen bin. Damals glaubte ich, dass Städte wunderschön sind. Ich habe sie nach ihrem Neon beurteilt. Als ich dann nach New York kam, fand ich Städte geradezu vulgär. Ich sah den Schmutz, die ganze Künstlichkeit und die Jagd nach Dollars. Jetzt werde ich wieder aufs Land zurückkehren. Ich bin es mir selbst schuldig, im Grünen zu leben.«[3] Sie hat ihren eigenen Ratschlag befolgt und war in den Garten zurückgekehrt, aber inzwischen war sie mehr Stadtmensch geworden, als sie wahrgenommen hatte. Nach nur einem Jahr war sie wieder zurück in Kalifornien. Da sie keine Bleibe hatte, wurde sie von David Geffen beherbergt. »Ich war sowas wie ›Die Frau, die zum Essen kam‹. Schließlich blieb ich eine ganze Weile.«[4] Geffen hat nur freundliche Erinnerungen an diese Phase: »Wir wohnten da einfach zusammen. Für mich war es eine schwindelerregende Zeit. Ich hatte gerade Bob Dylan unter Vertrag genommen und war mit Cher liiert. Alles war ziemlich stürmisch und mit einer Menge Spaß verbunden, ziemlich Siebziger halt.«[5]

Man schrieb das Jahr 1972, und Chaos war das Gebot der Stunde, was The Temptations immer wieder in ihrem prophetischen Meisterwerk »Ball of Confusion« besangen. Die Atmosphäre war von heftigen Auseinandersetzungen geprägt und einem Klammern an all die Möglichkeiten, die die Sechziger geboten hatten. Drogen hatten die Innenstädte Amerikas überflutet und damit die Rechtfertigung für einen Gefängnisstaat geliefert. Angela Davis kam wieder auf freien Fuß und Shirley Chisholm gab ihre historische Bewerbung für das Prädentenamt ab. Die USA führten immer noch Krieg in Vietnam, und der Watergate-Skandal stand kurz bevor. Loretta Lynn schrieb mit »Coal Miner's Daughter« Musikgeschichte, die erste Nummer der Zeitschrift *Ms.* war gerade erschienen und das FBI begann, Agentinnen einzustellen. Joni war in den Fünfzigern aufgewachsen und in den Sechzigern erwachsen geworden; jetzt brachte sie ein Album heraus, das von dem Zwiespalt dieser Zeit kündete, wie es nur ganz wenige Musiker vermocht hätten. Die *Los Angeles Times* notierte: »Zu einer Zeit, in der so viele unserer erfolgreichsten und angesehensten Songwriter – von Carole King über Gordon Lightfoot bis hin zu James Taylor – Schwierigkeiten haben, etwas Neues in ihrer Musik zu entwickeln, bringt Joni Mitchell, überhaupt die Literarischste von ihnen, weiterhin Werke von großem Reichtum und Wert hervor.«[6]

Auf *For the Roses* lotete Joni zum ersten Mal ein Potenzial ihrer Stimme aus, das sie vorher nicht besaß und das sie mit der Zeit vertiefte und reifen ließ. Es verdankte sich zum einen ihrer fortschreitenden Emanzipation von Crosby, Stills & Nash und deren Gesangsstil, zum anderen ihrem Alter und vor allem den Zigaretten, denn sie rauchte, seitdem sie neun Jahre alt war. All das beschleunigte den Reifeprozess, den man zu diesem Zeitpunkt am besten mit dem eines hochwertigen Weins vergleichen konnte.

Aber nicht nur ihr Stimmumfang, auch ihre Sorgen hatten zugenommen. »For the Roses« ist handwerklich so elegant, wie wir es von Joni gewöhnt sind, aber hinter den zauberhaften Phrasierungen, Wendungen und Dissonanzen scheint ein Zynismus auf, der aus einem einsam verbrachten Sommer resultiert. In eindringlichem Sopran tut sie kund, dass das Leben in der Einsamkeit der Sunshine Coast sie zum Nachdenken über Dinge gebracht hat, die viel tiefer gehen als der auf *Blue* geschilderte Kreislauf von Liebe, Liebschaft und untröstlicher Melancholie. Dabei ist sie auf diesem Album nicht der einzige Pilger. Überall sind Suchende, die den Blick nach oben auf das Göttliche und nach unten auf Junk richten. »Some turn to Jesus / And some turn to Heroin« singt sie in »Banquet«, ohne Raum für irgendetwas dazwischen zu lassen. Der Anspielung auf ihre Tochter, die sie weggegeben hat, lässt sie folgen: »Some watch their kids grow up.« Und inmitten dieser für Joni so typischen Bildwelt erklingt die schmetternde Fanfare einer Revolutionärin:

Who let the greedy in
And who left the needy out
Who made this salty soup
Tell him we're very hungry now

Der titelgebende sechste Song des Albums eröffnet eine Serie von Stücken, die Joni »Ich hasse das Showbusiness« nannte, und zu der auch »The Boho Dance« (1975) und »Taming the Tiger« (1998) gehörten; in Letzterem bezeichnete sie sich selbst als »Flüchtling vor der Musikindustrie«. Aber nie hasste sie das Showbiz eindringlicher als in den trügerischen Dulcimer-Akkorden von »For the Roses«.

Der Song beginnt mit Klängen, die an Applaus erinnern. Er schließt mit den gleichen Klängen, aber es ist nur das Rascheln des Erdbeerbaums. Der Arbutus ist ein Baum, der Joni faszinierte. Er wächst an Orten, wo man ihn nie erwarten würde, sogar auf nacktem Boden. Als Vancouver jedoch versuchte, ein paar Bäume zu importieren, um sie an einer nach ihnen benannten Straße zu pflanzen, gingen sie ein. Sie blühen und gedeihen nur dort, wo sie wollen, auch wenn dort kein Krümel Erde zu sein schien. Joni kannte dieses Gefühl. Sie ging nirgendwohin, wo es ihr nicht gefiel, und sie lebte an selbstgewählten Orten, auch wenn sie vom Land wieder in die Stadt zog oder vom Rücktritt zurücktrat und sich wieder in die Arbeit stürzte. Als sie zum ersten Mal das Rascheln eines Erdbeerbaums hörte, hatte sie ihren Worten nach das Gefühl, vortreten und sich verbeugen zu müssen. Natürlich war das ein Scherz, aber sie war sich auch bewusst, dass sie – eine Songs-schreibende Waldnymphe, eine ›Lady of the Canyon‹ – nicht vollständig in den Garten zurückkehren konnte, solange sie im Licht der Öffentlichkeit stand.

Dickens schrieb, dass er seine Romane hinaus in die Welt der Schatten schickte, und verglich sie, wie Joni ihre Songs, mit seinen Kindern. »For the Roses« war ihr launisches Kind, aber es war auch wunderhübsch und brillant. In erster Linie ist der Song, wie sie sagte, eine Warnung für ihren Ex-Lover James Taylor, die in der zweiten Person beginnt und in der ersten endet – wie ein Gedicht in der Tradition des pastoralen Klagegesangs, in dem der Dichter um die Toten, aber eigentlich um sich selbst trauert. Im Grunde redet Joni mit sich selbst und stellt sich dabei den Applaus vor, mit dem man sie bei ihrem nächsten Auftritt bedachen wird.

Jahrzehnte, bevor Musikvideos es Künstlern ermöglichten – besonders Künstler*innen*, von Annie Lennox über Madonna bis hin zu Björk und Beyoncé –, Film als Mittel einzusetzen, um ihr öffentliches Image zu formen, trieb Joni ein kunstvolles Spiel mit Bildern. Es fing an mit den Selbstporträts, die sie für ihre Plattencover malte. Bei *For the Roses* setzte sie noch einen drauf. Für das Aufklapp-Cover wagte sie sich auf eine felsige Landzunge im glasklaren Wasser ihres Hauses in Britisch Columbia. Sie war nackt, hinreißend, verrückt und nicht zu bändigen. »Joel Bernstein hat das Foto für *For the Roses* unter meiner Anleitung gemacht«, erinnerte sich Joni. »Es war für das Plattencover gedacht. Es sollte wie ein Magritte sein oder die *Sternennacht* von Van Gogh. Die Nacktheit ist völlig unschuldig. Wie bei der Aphrodite von Botticelli. Es gab ein paar Kommentare zu meinem Hintern. Es ist ein hübscher Hintern. Nichts Besonderes. Das leicht abgewinkelte Bein ist Aphrodite in der Muschel. Es ist eine Körperhaltung, die aus der Kunst kommt, die ich mir von Gemälden abgeschaut habe.«

Ihr Manager Elliot Roberts hatte Bedenken. »Joan, stell dir mal vor, man klebt ein 5,98 Dollar-Etikett auf deinen Hintern?«[7], fragte er und fand Gehör. Das umwerfende Bild wurde auf das Gatefold verschoben, und für die Vorderseite posierte Joni in dunkelgrünem Samt und braunen Wildlederstiefeln als eine Art Waldnymphe an einem Meeresarm; die Haut so gebräunt wie bei jemanden, der nur zum Schlafen ins Haus geht. Als der *Rolling Stone* zu dem Cover anmerkte, dass es »das einzigartige Gefühl [unterstreicht], das man von der Person bekommt, die dieses Album gemacht hat, die aus den schemenhaften Wasserfarben des Lebens hervortritt und sagt: ›Ich bin als Mensch das Beste, was ich aus mir machen kann. Hier bin ich‹«[8], dann war das ein Zeichen dafür, dass die Musikwelt begann, Joni und den Standpunkt, den sie mit ihrer Arbeit vertrat, tatsächlich zu verstehen.

For the Roses war Jonis letztes Album vor ihrem kommerziellen Durchbruch, der alles verändern sollte. Adieu Folkclubs, adieu Privatleben. Die zweischneidigen Segnungen der Göttin des Ruhms waren schon unterwegs, und sie würden sie hart treffen. Würden sie sie glücklich machen? Jeder konnte glücklich sein. Je berühmter Joni wurde, desto prophetischer klangen die Worte Nietzsches: »Da ist ein Musiker, der mehr als irgendein Musiker seine Meisterschaft darin hat, die Töne aus dem Reich leidender, gedrückter, gemarterter Seelen zu finden und auch noch dem stummen Elend Sprache zu geben. [...] Er schöpft am glücklichsten von allen aus dem untersten Grunde des menschlichen Glücks und gleichsam aus dessen ausgetrunkenem Becher, wo die herbsten und widrigsten Tropfen zu guter- und böserletzt mit den süßesten zusammengelaufen sind.«[9] Es scheint fast, als würde Nietzsche, der sich hier über Wagner auslässt, über den heiligen Wein reden, den Joni in »A Case of You« verewigte. Diese Mischung aus Bitterem und Süßem, gepaart mit ihrer Sehnsucht, der eigenen Definition von kreativer Meisterschaft genüge zu tun, ist es, die sie auch auf *For the Roses* fasziniert und schließlich für immer den eingefahrenen Gleisen der Pop-Hitparade entfremden wird.

Es ist nicht schwer, sich in diesen Akkorden zu verlieren, in dieser Stimme, dieser Melodie, der nackten Joni auf dem Gatefold und der bekleideten, nachdenklichen und faszinierenden Frau auf dem Cover. Sie scheint uns zu durchschauen. »You turn me on«, wird sie singen, aber Vorsicht. Sie kredenzt uns gleichermaßen eine Reihe verstörender Songs, über die Crème de la Crème bei ihrem schicken Bankett, den Junkie, der sich einen Schuss setzt, ein musikalisches Genie, das in seiner Taubheit gefangen ist, die elektrischen Ströme, die unsere Spezies zerstören werden, ein hochdotiertes Rennpferd, das erschossen werden soll. Die Songs auf dem Album folgen natürlichen Kreisläufen. Etliche haben die perfekte Form, wie wir sie von Joni kennen. Andere sind wütender, streitlustiger, schweifen eher ab als die Songs auf *Blue*, gehen aber auch mehr in die Tiefe.

Streitlustiger als in »Woman of Heart and Mind« wird sie allerdings nie sein:

> bargains
> Push your papers
> Win your medals
> Fuck your strangers
> Don't it leave you on the empty side

Vielleicht versuchst du ja, Joni zu beeindrucken, meint der Song, aber sie ist weit davon entfernt, von dir beeindruckt zu sein. *For the Roses* hat nie den kanonischen Status von *Blue* erreicht, vielleicht, weil das Album emotional anstrengender ist als sein Vorläufer. Auch war es härter und damit eine Herausforderung für jene, die Wehrlosigkeit für eine Tugend hielten. Dennoch gehörte es 2007 zu den fünfundzwanzig

Alben, die die Library of Congress in ihr »National Recording Registry« aufnahm. Es ist das einzige Album Jonis, dem dieser erhabene Rang verliehen wurde – immerhin eines in all den Jahrzehnten.

Don Hackman schrieb für die *New York Times* eine Kritik ihres Auftritts in der Carnegie Hall 1972: »Ihre Stimme hat einen weitaus größeren Umfang von Klangfarbe und Lautbildung [als früher], wobei die warmen, dunklen Brusttöne besonders eindrucksvoll sind. Aber was Joni Mitchell zu etwas wirklich Besonderem macht, ist die hohe ästhetische Dichte ihrer Musik. Als Basis dient ihr ihre eigene Psyche, und von dort aus unternimmt sie Ausflüge ins Leben, die uns allen vertraut sind. Und das mit einem brillanten Gespür für Harmonien, lyrische Melodien und einer geradezu mühelosen Poesie. Mir scheint, dass Joni Mitchell auf ihre ganz eigene Art eine der begabtesten Komponistinnen geworden ist, die Nordamerika bisher hervorgebracht hat. Dass sie beschlossen hat, ihre Kunst in kleinen Formen und persönlichen Empfindungen auszudrücken, mindert weder ihren Einfluss noch ihre Bedeutsamkeit.«[10]

Diese letzte Zeile war wichtig, denn von Anfang an hatte man Joni vorgeworfen, dass sie zwar eine eloquente Sängerin in Herzensangelegenheiten sei, aber kein echtes Genie wie ihre männlichen Altersgenossen, darunter Dylan. 1969 hatte *Newsweek* Joni und ihre Generation von Singer-Songwritern in dem Artikel »The Girls – Letting Go« aufs Schild gehoben. Die Schreiber konstatierten zunächst: »Bei aller Individualität lässt die Rockmusik-Szene einen persönlichen Touch vermissen. Zum größten Teil ist dies eine Welt männlicher Gruppen mit dröhnender, hämmernder Musik, die nur selten spontan ist.«[11] Sie priesen Joni für ihre »Liebe zu den Worten, ihre Lust an Bildwelten [und] komplexen inneren Rhythmen«. Aber im gleichen Absatz kritisierten sie die Songs auf *Clouds* dafür, dass sie »kaum ein Thema und kaum eine Form« hätten, und »unsicher [seien], was ihre poetische Wirkung angeht«.

Der *Newsweek*-Artikel spiegelte die damals neue Vorstellung wider, dass das Persönliche politisch ist.[12] Dieser Gedanke wurde etwa zu der Zeit zum Slogan der modernen Frauenbewegung, als Joni *Clouds* veröffentlichte, was erklärt, warum ihre Musik von so vielen Frauen geschätzt wurde, die damals erwachsen wurden. In ihrem bahnbrechenden Essay »The Personal Is Political«, der 1969 veröffentlicht wurde, schrieb Carol Hanisch über die Sitzungen der Bewusstseinsbildungs-Gruppen, denen sie beiwohnte: »Ich habe an diesen Meetings nicht teilgenommen, um persönliche Probleme zu lösen. Eine der ersten Erkenntnisse in diesen Gruppen war, dass persönliche Probleme politische Probleme sind. Gegenwärtig gibt es keine privaten Lösungen [...]. Ich wurde gezwungen, die rosarote Brille abzulegen und der schrecklichen Wahrheit ins Auge zu sehen, wie trostlos das Leben als Frau tatsächlich ist.« Diese Empfindung hätte Joni vielleicht geteilt, wäre sie durch Ruhm und Beruf nicht so isoliert von den jungen Frauen ihres Alters gewesen.

Hanisch fährt mit einer Frage fort, die auch Joni hätte stellen können: »Kann man sich vorstellen, was passiert, wenn Frauen [...] aufhörten, sich selbst die Schuld an ihrer schlimmen Situation zu geben? Zum ersten Mal in unserem Leben denken wir selbst. Der Cartoon in *Lilith* bringt es auf den Punkt: ›Ich verändere mich. Meinem Gehirn wachsen Muskeln.‹«

For the Roses ist ein Wendepunkt für Joni und das nicht nur, weil es eine Brücke zwischen zwei Meisterwerken schlägt. Man kann auf diesem Album hören, dass sie sich verändert, man spürt, dass ihrem Gehirn Muskeln wachsen. Und zu dem Zeitpunkt, da *For the Roses* veröffentlicht wurde, hatten es sogar die Journalisten der etablierten Medien verstanden:

Dass Jonis Musik so persönlich war hieß noch lange nicht, dass sie nicht kraftvoll sein konnte. Jonis Musik war viel, viel viel mehr als die großkotzige Grübelei eines langhaarigen Mädchens. Selbst wenn sie über ihre ganz eigene Traurigkeit schrieb, ihre Kämpfe und Depressionen, waren ihre Texte und Melodien doch von einem ausgeprägten Sinn für das Universelle erfüllt, als hätte sie die Türen ihres Herzens weit geöffnet die Welt willkommen geheißen. Der *Rolling Stone* schwärmte: »Die Spannungsfelder der Liebe sind Mitchells Medium – sie formt und modelliert sie wie eine Bildhauerin, macht diesen klumpigen Lehm mit machtvollen Gefühlen und einer wiegenden, hypnotischen Musik formbar, die ihre Hörer auf eine weitere ihrer großen Stärken vorbereitet, eine bittere Leichtigkeit im Umgang mit Ironie und Widersprüchen. Und während die winzigen Muskeln entlang der Wirbelsäule sich langsam entspannen, weil sie von ein paar umwerfenden Takten Klavier oder einer einfachen Einleitung mit Gitarre oder Stimme massiert werden, bekommt man leise aber unverblümt eine heftige Dosis weiblicher Wahrheiten um die Ohren gehauen.«[13]

Nach ihrem klösterlichen Jahr an der Sunshine Coast muss ihr das Lob, das *For the Roses* einheimste, enorm gut getan haben. Die Kritiker und ihre immer noch wachsende Schar von Fans gestanden ein, dass Joni, jawohl, unkonventionell war. Dass sie nicht immer kommerziell dachte. Aber sie war unwidersprochen außerordentlich begabt, und sie sollte auf jeden Fall weitermachen.

Blue war ihr letztes Album bei Reprise gewesen, und David Geffen und Elliot Roberts hatten es eilig gehabt, sie bei ihrem neuen Label Asylum unter Vertrag zu nehmen. Geffen und Joni waren befreundet, aber trotz ihres enormen Erfolgs bei Kritikern drängte er sie, zumindest einen Song einzuspielen, der das war, was sein neues Label am dringendsten brauchte:

ein Top-40-Hit. »Ich habe Joni mehrfach gesagt, dass sie einen Hit schreiben soll«, erinnerte sich Geffen. »Sie hat sich immer wieder über die Vorstellung lustig gemacht, dass sie einen Hit haben sollte. Aber ich wollte, dass sie viele Platten verkauft.«[14] Er weiß auch noch, wie sie ihm das erste Mal vorsang: »I'm a radio / I'm a country station / I'm a little bit corny / I'm a wildwood flower.« »Als sie mir den Song das erste Mal vorsang«, sagte er, »klang es, als wollte sie sich darüber lustig machen, dass ich sie drängte, einen Hit zu schreiben.«

»Von ihr einen Hit zu verlangen, war wie zu jemandem, der als Freiwilliger in einem Krankenhaus arbeitet, zu sagen: ›Geh doch Zeitungen austragen, wenn du schon was für die Allgemeinheit tun willst‹«, bemerkte Russ Kunkel.

Joni war der Herausforderung gewachsen. Ihre Marketingkampagne hätte direkter nicht sein können, denn um die DJs zu erreichen, verwandte sie deren Slang: »Dial in the number«, »Broadcasting tower«, »Who needs the static?«. Der verspielte, augenzwinkernde Song »You Turn Me On, I'm A Radio« – ganz im Stil ihres, wie sie selbst es nannte, »höchst eigenen verqueren Sinns für Humor« – schaffte es auf Platz 25 von *Billboard*. Vielleicht würde es beim nächsten Mal besser klappen, wenn sie es nicht so offensichtlich auf einen Hit anlegte.

Kapitel 16

Star-Crossed

Das noch junge Jahr 1973 sah Carly Simons »You're So Vain« an der Spitze der Charts. Den Gerüchten zufolge ging es in dem Song um Warren Beatty. Erst in den letzten Jahren hat Simon darauf bestanden, dass es (größtenteils) um jemand anderen ging, aber so richtig scheint ihr das niemand zu glauben. Selbst Beatty rief Simon an und dankte ihr für den Song.

Für die einen begann das Jahr mit dem Vorwurf, eitel zu sein, bei Joni entfaltete sich Selbstverliebtheit jeglicher Couleur.

Joni durchlebte keinen Kulturschock oder so etwas; sie blühte bei all den Veränderungen auf, sie brauchte die Extreme. Mach etwas ganz, oder lass dich gar nicht erst darauf ein: Steh im Zentrum des Showbiz, oder zieh dich in die Wälder zurück. »Sieh dir meine Akkordwechsel an«, sagte sie zu mir. »Es *gibt* abrupte Tonartwechsel. Ich habe alles, was nötig ist, um große Veränderungen durchzuziehen. Ich hatte keine Probleme mit so einem Übergang.« Aber sie war auch nicht blauäugig. »Das sind ernste Menschen«, sagte sie. »Stars haben praktisch nie Spaß. Sie sind neurotisch, sie sind egozentrisch, sie sind nervös, sie sind unsicher, besonders Filmstars. Ich fühle mich bei Menschen vom Land wohler.«

Auch wenn Joni sich unbehaglich fühlte, so sprudelte sie doch vor Inspiration über. Es gibt ein Foto von ihr, da steht sie mit Stift und Papier an Geffens Flügel, neben ihr ein Aschenbecher. Ihre angespannte Freude ist mit Händen zu greifen; sie konnte es einfach nicht erwarten, auf die Tasten zu hauen. Dieses Material war einfach zu gut, um nicht genutzt zu werden. Starruhm, Psychoanalyse, Dekadenz: 1973 war Hollywood voller Schauspieler und Regisseure, die die neuen Freiheiten beim Schopfe griffen, die der Zusammenbruch des Studiosystems und, fünf Jahre früher, die Abschaffung des prüden Hays Codes mit sich gebracht hatten. Jetzt konnte man in einem Film mit praktisch allem durchkommen, und Joni spürte, dass sie in ihren Songs ihre eigenen Filme machte; dass auch sie alles auf eine Karte setzen konnte.

Die Melancholie der Sunshine Coast verschwand in Hollywood nicht wie von selbst. Warren Beatty schlug ihr vor, das zu machen, was er und die meisten seiner prominenten Freunde taten: sich an den angesehenen deutschen Psychoanalytiker Martin Grotjahn zu wenden. Grotjahn hatte das erste psychoanalytische Ausbildungszentrum in Südkalifornien gegründet, das Los Angeles Psychoanalytic Institute, behandelte in Beverly Hills aber auch in einer Privatklinik. Dr. Grotjahn, so erinnerte sich Joni, war »Freudianer, stolz und glücklich, ein Narzisst zu sein«.

Es gab eine Menge, worüber Joni reden wollte, hatte sie doch eine ganze Reihe von gescheiterten Beziehungen hinter sich. Auf der Couch liegend beantwortete sie die gleiche Art Fragen, die ihr auch Journalisten gestellt hätten. Aber mit Journalisten redete sie kaum, und wenn doch, waren das genau die Themen, die sie vermeiden wollte. »James [Taylor] ging es sehr schlecht, und es funktionierte einfach nicht«, berichtete sie dem Arzt. »Er hatte Heroin entzogen und war auf Methadon. Er war grüblerisch und launisch, und ich versuchte, ihn aufzuheitern, aber das war völlig verkehrt. Wenn man selbstzerstörerisch drauf ist, dann zerstört man auch alles in seiner Umgebung.« Joni hielt es nicht allzu lange aus, diesen Weg der Zerstörung mitzugehen.

Taylor war nicht einfach nur mürrisch, er war verbittert. »Er sagte: ›Du hältst dich wohl für das Geilste überhaupt.‹ Er war einfach nicht zu einer Beziehung fähig [...]. James hatte ein paar sehr liebenswerte Seiten, aber zumeist war er einfach nicht in der Lage, Zuneigung zu zeigen. Ihm ging es wirklich miserabel. Wenn jemand düster und grüblerisch ist, dann solltest du besser mitgrübeln. Versuch nicht, ihn aufzumuntern. Damit erinnerst du ihn nur an das, was ihm fehlt, und dafür wird er dich hassen. Wenn man so deprimiert ist, dann ist ein fröhlicher Mensch das Letzte, was man sehen will. Das habe ich damals gelernt. Und dann habe ich das Grundstück gekauft und mich dort ein Jahr von all dem abgeschottet.«

Nachdem sie, mit James Tylor im Hinterkopf, einen Großteil der Songs von *For the Roses* geschrieben hatte, sollte sie unbedingt mit Jackson Browne auf Tour gehen, einem anderen grüblerischen Singer-Songwriter, der für Jonis sowieso schon fragilen Gemütszustand noch schädlicher war. »Ich habe geliebt, so gut wie ich konnte, manchmal wurde meine Liebe eine Zeitlang erwidert, aber manchmal war dieser Mensch schon viel zu sehr auf Drogen oder was auch immer, als dass er dazu noch fähig gewesen wäre. James betäubte sich mit Drogen, und Jackson Browne fühlte sich nie zu mir hingezogen. Wir wurden also gezwungen, zusammen auf Tournee zu gehen, und reisten hierhin und dorthin. Wir waren Gefährten, weil wir in Amsterdam und von London bis New Orleans gemeinsam auftraten. Aber wenn er von früheren Geliebten erzählte, dann grinste er anzüglich. Er war ein lüsterner Narzisst.«

Die Beziehung dauerte nur kurz, und die Trennung war weniger geräuschvoll, als an anderer Stelle berichtet. Aber Browne beging den unverzeihlichen Fehler, der Initiator der Trennung zu sein. Larry Klein, Jonis Ehemann von 1982 bis 1994, ist sich sicher, dass Browne deshalb von Joni diffamiert wurde. »Joni war ziemlich wütend auf Jackson«, sagte Klein. »Ich kenne nicht ihre ganze Geschichte. Aber natürlich weiß ich einiges, zumindest aus Jonis Perspektive. Vielleicht war ihre Wut darauf zurückzuführen, dass er es war, der die Beziehung beendete. Ich glaube, das ist ein Muster in ihrem Leben. Sie machte Sachen, die zum Ende einer Beziehung führten. Sie ließ dem anderen keine Wahl und fühlte sich dann ungerechterweise verlassen.«

»Jacksons Mutter hat mich vor ihm gewarnt«, erinnerte sich Joni. Eine weitere Stimme im Chor der Kassandras. Joni sah in Müttern weibliche Verbündete, mit denen sie gesammelte Erfahrungen und gemeinsame Bedenken austauschen konnte. Chuck Mitchell war, seiner Mutter zufolge, der Erstgeborene und ein »Oberschwafler«, den man hätte rausschmeißen sollen. Und Leonard Cohens Mutter hatte ihr, wie wir bereits gehört haben, gesagt: »Mach dich darauf gefasst, dass du bluten musst.« Eines Abends war Joni bei Familie Browne zum Essen eingeladen. Beatrice, Jacksons Mutter und Lehrerin, wandte sich an Joni: »Ich habe mich gefragt, welcher Perversion du dich wohl widmest?« Hielt Mrs. Browne sie für eine Perverse? Joni hatte schließlich das Gefühl, dass dies eine Vorwarnung sein sollte. Vielleicht hatten Jacksons Beziehungen etwas Merkwürdiges. Mit seinen männlichen Freunden schien er jedenfalls immer viel ausgelassener zu sein als mit einer Frau … Und warum war er so besessen von Löchern in Frauenkleidung? Er jagte ihre Pullover ein Dutzend Mal durch die Waschmaschine, nur damit sie ausfaserten. Dieser Typ hatte offenbar echt Probleme.

Sowohl James Taylor als auch Jackson Browne zogen weiter, auch wenn sie nie so völlig aus Jonis Leben verschwanden (wozu jeder eine eigene Meinung zu haben schien). Joni zufolge kam Carole King einmal auf sie zu und sagte: »Du magst dich nicht. Ich kann das beurteilen. Ich mag mich.« Dann ging sie wieder. »Was für eine blöde Kuh«, dachte Joni und: »So viel zur Frauensolidarität.«

Es gab eine Menge Dinge zu entwirren auf Dr. Grotjahns Couch in Beverly Hills. Joni suchte ihn nicht nur auf, um über ihre letzten Enttäuschungen in Liebesdingen zu reden, sondern ebenso über ihr aktuelles Leben, zu dem auch Warren Beatty gehörte, ein anderer seiner Patienten. Zu dieser Zeit waren Beatty und sein Freund Jack Nicholson die beiden größten männlichen Sexsymbole in Hollywood – und beide waren hinter Joni her. Seit dem Erfolg von *Bonnie und Clyde* galt Beatty als Mischung aus Cary Grant und Orson Welles – zu gleichen Teilen Sexsymbol, Drehbuchautor-Regisseur-Schauspieler (eine dreifache Bedrohung) und Kontrollfreak. Dieser Typ hatte Hollywood fest in der Hand. Auch Jack Nicholson war ein legendäres Schlitzohr, aber sein Leben wäre vermutlich etwas einfacher gewesen, wenn er nicht mit jeder schönen und faszinierenden Frau auf dem Globus hätte schlafen können. Er war Stammgast auf Jonis Partys in Bel Air. Er war sowohl ein Fan als auch ein Freund.

Beatty und Nicholson baggerten Joni an – ihre Methoden gehörten zu den ausgefeiltesten der Stadt –, aber Joni dachte: »Kommt nicht infrage.« Die drei gingen regelmäßig gemeinsam essen, aber Joni kam immer mit ihrem eigenen Wagen. Sie nahm an, die beiden hätten eine Wette laufen, wer es als Erster mit ihr ins Bett schaffen würde.

Diese Spielchen waren sicherlich unterhaltsam, doch Joni hatte nicht vor, bis zum Ende mitzuspielen; was Warren Beatty ziemlich durcheinander brachte, denn er war es gewohnt, dass jede Frau, deren Aktien gut standen – und dazu gehörte Joni –, ihm sein Vergnügen auf dem Silberteller präsentierte. Für Beatty war Jonis Verhalten absurd, und das sagte er Dr. Grotjahn auch.

Joni meinte nur: »Die meisten Frauen wären [von seiner Aufmerksamkeit] geschmeichelt gewesen. Es war auch schmeichelhaft, aber ich wollte mich auf gar keinen Fall darauf einlassen […]. Mein Problem war, dass ich traurig war. Ich war da nicht psychisch krank. Ich war traurig, weil ich in unmöglichen Situationen etwas auf die Reihe zu bekommen versuchte. Es ist keine besonders gesunde Situation, wenn jemand versucht, dein Selbstwertgefühl zu untergraben. Na gut, es war nicht der Fehler von James, er war einfach am

Arsch. Und Jackson war einfach ein Widerling. Und nach dem einen und dann dem anderen hatte ich Angst vor einer weiteren Beziehung. Ich kannte das Spielchen, das [Beatty] trieb. Er erzählte Grotjahn, ich sei die einzige Frau, die ihn bei seinem eigenen Spiel schlagen würde, und an dem Punkt sagte ich dann: ›Ich habe keine Ahnung, von was für einem Spiel er spricht, aber ich fühle mich nicht als Sieger. Was soll ich denn gewonnen haben?‹«

Die Avancen von Jack Nicholson und Warren Beatty auszuschlagen, war weniger Wettkampfsport als Selbstschutz. Joni piesackte Beatty häufig und nannte ihn »Pussycat«; dabei spielte sie auf seinen berühmten Anmachspruch »What's new, Pussycat?« an, der Woody Allen zu seinem ersten Theaterstück inspiriert hatte. Das aber war ein kultureller Abgrund, der für den Deutschen Dr. Grotjahn offenbar nicht zu überwinden war. (Er und seine Familie waren aus Berlin geflohen, als er merkte, dass »für Hitler und [ihn] kein Platz in derselben Stadt [war]«.)

»Sie nennen ihn Miezekätzchen?«, fragte Dr. Grotjahn mit seinem starken deutschen Akzent.

»Na klar, der Grund ist doch offensichtlich«, antwortete sie, wohl ohne zu begreifen, dass dieser Grund für den guten Doktor im Dunkeln lag.

»Und was macht eine Miezekatze?«, fragte er. »Sie ist süß und flauschig und eines Tages, da kratzt sie einen: *Miau!*«

An diesem Punkt schlug Joni verzweifelt die Hände über dem Kopf zusammen.

»Warren ist nicht mein Problem!«

»Aber Sie sind seines.«

»Jetzt sind Sie indiskret. Glauben Sie mir, Warren ist nicht mein Problem und wird es auch nie sein. Wenn er ein Problem damit hat, dass ich es nicht zulasse, dass er mein Problem wird, dann hat er ein Problem.«

Joni hätte genauso gut weiter Psychologiebücher an die Wand schmeißen können. Die Sitzungen wurden immer absurder. Wenn Joni einen Traum hatte, dann war Dr. Grotjahn sicher, dass er darin eine Rolle spielte. »Sie sind wie John Lennon!«, sagte er. Lennon hatte damals seine eigene Hollywood-Krise. Spielte er auch darin eine Rolle?

Dann sagte er: »Sie sind ja wie Marilyn Monroe!«

Joni liebte Monroes Zeile aus *The Misfits – Nicht gesellschaftsfähig*: »Wenn ich mich schon einsam fühlen muss, dann mach ich das doch lieber allein.«[1] Joni sollte zeitlebens versuchen, den Unterschied zwischen »alleine« und »einsam« herauszufinden. »Auf meinen Platten geht es häufig um Einsamkeit [...]. Ich habe das fast wie in öffentlichen Briefen bekundet [...]. Ich brauche viel Zeit, Zeit nur für mich. Am liebsten würde ich mich in einem Raum voller Menschen in eine Ecke verkriechen und arbeiten. Ich finde das Gewühl in einem Raum voller Menschen großartig, wo ich für mich sein und an meinem eigenen Projekt arbeiten kann.« Sie wusste, wo sie alleine sein konnte, ohne sich einsam zu fühlen. »Manchmal fahre ich hinauf zu meinem Haus in British Columbia und bin einfach allein auf dem Land, inmitten der Schönheit der Natur. Dort ist alles von einem Zauber umgeben, der normalerweise überhaupt kein Selbstmitleid aufkommen lässt.« Aber zurück in Los Angeles hatte sie auch das Gefühl, »von Menschen umgeben zu sein, die ständig was miteinander zu tun haben, und die Einsamkeit fühlt sich an, als hätte man gesündigt, wie Leonard Cohen mal sagte«.

Joni hatte keine Angst davor, die Abgründe ihres Herzens und Kopfes zu erkunden. Aber Dr. Grotjahn pflanzte ihr düstere Gedanken ins Gehirn. Sie traute ihm nicht. Sie konnte keine Bindung zu ihm aufbauen. Schließlich sagte er zu ihr: »Sie sind zum falschen Psychiater gegangen.«

Dann steckte er sie in eine Gruppe mit acht anderen Patienten, allesamt Psychiater. Dort bekam sie mit, was hinter den Kulissen wirklich abging.

Auf diese Therapie für Therapeuten sollte sie später in »Troubled Child« zurückkommen, aber zunächst gab es Songs zu schreiben, Musik einzuspielen und Grenzen zu überschreiten. Bei ihren Liebesaffären neigte Joni eher zu anderen Musikern und nicht zu Männern, die mehr Macht hatten als sie. Ein Filmstar hatte eine andere Art von Macht. Wenn sie sich schon angreifbar machte, dann würde sie die gleichen Ängste fühlen wie ihre Liebhaber. Und selbst wenn die Menschen ihrer Umgebung zeitweise glaubten, es liefe da etwas zwischen Joni und Warren Beatty – einige vermuteten, bei dem Mann »weighing the beauty and the imperfection« aus »The Same Situation« würde es um ihn gehen –, so blieb sie doch wachsam. Vielleicht mochte sie sich doch mehr, als Carole King glaubte.

Kapitel 17

Court and Spark: Etwas Merkwürdiges geschieht

Von außen betrachtet sah es so aus: Wenn man nicht Joni Mitchell war, aber gern Joni Mitchell sein wollte, dann war dies genau der richtige Augenblick, um Joni zu sein. Aber wäre Joni eine Aktie, dann war dies der beste Zeitpunkt, um zu verkaufen.

Als David Geffen das Gerücht hörte, Joni wäre nach der Trennung von Jackson Browne selbstmordgefährdet, beorderte er sie zurück in die Stadt der gefallenen Engel. (Für das Protokoll: Sie besteht darauf, dass sie nicht selbstmordgefährdet war.) Sie zog in Geffens Villa am Copley Drive ein, die er von Blake Edwards und dessen Frau Julie Andrews gemietet hatte. (»The hills are alive with The Sound Of Music«, hatte Julie Andrews im fast gleichnamigen Musikfilm gesungen! Ach ja, und Geffen lebte mit Cher zusammen.)

Joni war wieder unter Menschen, aber anderen als die ihres bisherigen Lebens. Es gab eine ganze Reihe neuer Charaktere, die sie zu einer ganzen Reihe neuer Songs inspirierten; alle wurden mit einer Band eingespielt, und ein paar sogar mit einem Orchester. Nach der Flucht aus der Gesellschaft, die die grüblerische Nabelschau von *For the Roses* hervorgebracht hatte, warf Joni sich jetzt der Zivilisation und all ihren Schattenseiten in die Arme: gebrochene Existenzen, Lust, die sich als Liebe tarnte, Partys, die aus dem Ruder liefen, und die Suche nach Sinn, so unstillbar wie eh und je. Das Spektakel lockte, und Joni folgte ihm nach; das Ergebnis war dieses Album.

Vieles in den Siebzigerjahren schien damals eine gute Idee zu sein, und der Schlagzeuger John Guerin gehörte dazu. »I'm frightend by the devil«, sang Joni in »A Case of You«. »And I'm drawn to those that ain't afraid.« Guerin war einer von denen. Mit seinen kantigen Gesichtszügen und den strubbeligen Haaren sah er etwas abgerissen aus. (In »Just Like This Train« macht Joni sich ein wenig über den zurückweichenden Haaransatz ihres eitlen Geliebten lustig.)

Joni und Guerin verbrachten Stunden im Bett und hörten Miles Davis (den sie bewunderte und verehrte) und John Coltrane (den sie für überbewertet hielt, dem Klang und der Wahl der Töne nach, seinem »total simplen, kitschigen Gedudel«, und für einen »Zwerg«, verglichen mit dem Ellington-Altisten Johnny Hodges, einem »Giganten«, der sie zum »Schmelzen« brachte). Auch Guerin brachte sie zum Schmelzen. Er spielte den Herumtreiber und Virtuosen. Die Funken sprühten nur so und reichten für ein Album und eine Tour, was für die Siebziger ziemlich beeindruckend war.

Guerin war wichtig, weil er die Messlatte für musikalisches Handwerk höher legte – bis zu einem Punkt, den Joni schon erreichen wollte, noch bevor sie sich auch nur vorstellen konnte, wie man dorthin gelangte. Folkmusiker sind es gewohnt, sich gegenseitig auf die linke Hand zu schauen und so den Akkorden von Bund zu Bund zu folgen. Bob Dylan zum Beispiel spielte *Desire* (1976) ohne Proben oder Akkorddiagramme ein. Der Bassist Rob Stoner lavierte sich durch die Sessions, indem er Dylans Akkordgriffen folgte. Aber es war Zeitverschwendung, so mit Joni spielen zu wollen. Ihre linke Hand, die von der Kinderlähmung geschwächt war, bestand nur aus einem Finger, der auf dem Gitarrenhals auf und ab gleitete. Die Hauptarbeit übernahm ihre rechte Hand, die mittels offener Stimmungen Polychorde schuf. Sie konnte sie nicht benennen, aber sie waren die Basis ihrer chromatischen Harmonien, die ihren Akkorden Farbe und Leichtigkeit gaben. Man stelle sich Songs vor, die nur ein paar Akkorde übereinander türmen – die trotzdem einen komplexen harmonischen Sinn ergeben –, und man hat eine Vorstellung davon, wie es war, mit Joni zu spielen. Man musste dafür keine offenen Stimmungen erlernen. Man brauchte nur – wie George Martin sagte – Ohren.

John Guerin war Schlagzeuger des Jazz-Pop-Ensembles L.A. Express, das an Jonis Exzentrizitäten auf eine neue Art anknüpfte, die für sie ebenso aufregend war wie für ihre Zuhörer; ein Kreis, der umso größer wurde, je mehr sie sich musikalisch weiterentwickelte. Im Jazz war es so wie in vielen anderen Bereichen des Kulturbetriebs: Was in New York im Trend war, war in gewisser Weise auch in Los Angeles angesagt. Doch in den Fünfzigern gab es im Jazz einen erkennbaren West-Coast-Sound. Alles ging auf die Adaption und Imitation des Count-Basie-Zöglings Lester Young zurück, dem großen Tenorsaxophonisten der Swing-Ära, dessen entspannter Stil seiner letzten Lebensjahre wohl auch mit einer gewissen Lustlosigkeit zu tun hatte. (Er und sein musikalischer Zwilling, Billie Holiday, klangen beide so, als hätten sie eigentlich keine Lust mehr gehabt, und beide starben im selben Jahr.) Gerry Mulligan, Chet Baker und Stan Getz – alles erstklassige Musiker – machten diesen Stil populär und sorgten dafür, dass die Musik »cool« klang – um ein Wort zu benutzen, das an Miles Davis denken lässt. Davis' Musik war es auch, zu der in den Siebzigern wieder improvisiert wurde. Sein enorm populäres Album *Bitches Brew* brachte eine ganze Generation von Bands hervor, die Klang und Rhythmus von James Brown, Jimi Hendrix und Sly and the Family Stone mit ausgedehnten Improvisationen kombinierten. Ein Teil dieser Musik war kraftvoll und innovativ. Manches klang wie meisterhaft gespielte Soundtracks. Einiges kam so schnell wieder aus der Mode wie die »Pet Rocks«. Viele Jazzpuristen erkannten diese Musik nicht als wahren Jazz an; Joni gehörte nicht zu ihnen.

Die Siebzigerjahre waren das goldene Zeitalter der Studiomusiker, sowohl in New York als auch in L. A. Viele von ihnen, darunter Jonis spätere Freunde Herbie Hancock und Wayne Shorter, mit denen sie zusammenarbeiten sollte, zogen von New York nach L. A. und blieben dort. Spitzenmusiker konnten in der Stadt der Engel sehr viel mehr als den Tariflohn verdienen und mussten nicht einmal ihre Häuser in Südkalifornien verlassen, wenn sie nicht wollten. (Victor Feldman, der zukünftige Keyboarder von L.A. Express, der Joni auf ihren Tourneen begleitete, schlug eine Einladung von Miles Davis aus, weil er bei seinen Gigs in L.A. deutlich mehr verdienen konnte.) Die Top-Leute konnten alle »echten Jazz«, aber auch den neuen Stil spielen. Wenn sie arbeiten wollten, dann war keiner von ihnen Purist. Und Joni schon gar nicht. Sie liebte die Musik ihrer Jugend, war aber stolz darauf, nach vorn zu schauen. Künstlerische Überzeugungen gingen Hand in Hand mit etwas, das, beinahe zufällig, immens populär wurde.

Joni hatte für *For the Roses* intensiv mit Tom Scott zusammengearbeitet; er hatte seine Holzblas- und Rohrblatt-Instrumentalspuren ebenso per Overdub eingespielt wie Joni ihre eigenen. Nachdem sie seine Band L.A. Express in Studio City in einem Club namens »The Baked Potato« gesehen hatte, lud sie ihn zu sich ins Studio ein und kappte damit die letzten Wurzeln, die sie noch mit der Folk-Ära verbunden hatten. Die Musik, die sie spielten, ähnelte zweifellos dem Jazz-Rock-Crossover in der Folge von *Bitches Brew*. Es klang überhaupt nicht nach der ernsthaft bizarren und avantgardistischen Musik, die Davis 1973 machte, oder den kompositorischen Innovationen von Wayne Shorters und Joe Zawinuls Weather Report. Joni und Co. spielten elementare Rock-and-Roll-Hausmannkost mit abgefahrenen Soli und großartigen Rhythmen. Wenn man sich das Album *Tom Scott and the L.A. Express* von 1974 anhört, dann versteht man, warum Guerin von anderen Schlagzeugern hofiert wurde. Es klang, als würde er einfach alles spielen können. Und jetzt stellten diese herausragenden Musiker ihre Fähigkeiten in den Dienst von Jonis Musik. Die Proben liefen gut, und es dauerte nicht lange, bis sie im Studio mit Scott, dem Bassisten Max Bennett, dem Keyboarder Joe Sample und natürlich Guerin zusammenarbeitete.

Als Joni anfing, nach Begleitmusikern für ihr nächstes Album (das *Court and Spark* werden sollte) Ausschau zu halten, gab ihr Russ Kunkel, der Schlagzeuger auf *Blue* und *For the Roses*, einen Rat. »Du musst mit Jazzmusikern zusammenarbeiten«, erklärte er ihr und lehnte es ab, noch einmal auf dem Hocker Platz zu nehmen. »Ich dachte, bei der Richtung, in die sie sich entwickelt, wäre es bestimmt gut, wenn sie mit einer eingespielten Rhythmusgruppe zusammenarbeiten könnte«, erinnerte er sich. Kunkel hatte sich bei den beiden Alben, die er mit ihr eingespielt hatte, nicht eingemischt, aber dieses Mal entschloss er sich, ihr diesen Rat zu geben. »Vermutlich hatte ich, wenn man das bis in die x-te Potenz durchdekliniert, so was im Kopf wie: ›Wie toll wäre es für sie, wenn sie mit Bill Evans oder Miles Davis oder Philly Joe Jones zusammenspielen könnte? Aber was sie hatte, waren die unglaublichen Musiker in L. A.‹ Und wie die Geschichte gezeigt hat – es funktionierte.«

Kunkel lag offenbar richtig. Diese Typen begriffen schnell. Max Bennett, der Bassist, war das älteste Mitglied der Band. Er hatte mit Charlie Parker zusammengespielt, mit Dizzy Gillespie, Ella Fitzgerald, Billie Holiday und Stan Getz; bekanntermaßen hatte er eine junge Sängerin namens Peggy Lee dazu ermutigt, einen Song mit dem Titel »Fever« einzuspielen, auf dem sein unvergesslich synkopierter Basslauf zu hören ist. Und trotz seiner Erfahrungen mit der musikalischen Elite war das Spielen mit Joni etwas Besonderes für ihn. »Ich hatte den Eindruck, dass es bei allem, was sie tat, um etwas oder jemanden ging und sie sehr aufrichtig war«, erinnerte sich Bennett. »Sie hat keinen Ton wegen eines besonderen Effekts gesungen oder um jemanden zu beeindrucken. Es war immer: ›Genau so fühle ich mich dabei.‹ Ich habe mit vielen großartigen Sängerinnen und Sängern zusammengearbeitet, aber sie war anders. Sie spielte großartig. Sie war eine großartige Musikern. Rhythmisch konnte sie wunderbar Takt halten. Auf den Punkt genau. Sie konnte mit echten Profis gut mithalten. Wir waren alle Jazzmusiker; und Jazzer sind flexibler als jeder andere Typ Musiker, in allen musikalischen Aspekten.«

Larry Carlton, der Leadgitarrist der Crusaders (»Street Life«) und ein extrem produktiver Sessionmusiker, war gerade zu L. A. Express gestoßen; als er ins Studio kam, brachte ihn das unorthodoxe Vorgehen überhaupt nicht aus dem Konzept. »Ehrlich gesagt konnte ich die Akkordwechsel raushören. Ich musste ihr nicht auf die Finger schauen. Keiner von uns hatte Probleme mit den Harmonien oder damit, herauszufinden, was er mit ihren großartigen Akkorden anfangen sollte.« Hier waren hervorragende Jazzmusiker versammelt, die außerdem damit einverstanden waren, sich auf Jazzrhythmen und Jazzharmonien einzulassen, ohne dabei Jazz zu spielen. Keiner von ihnen klammerte sich an im Jazz übliche Vorstellungen darüber, wie lange ihre Soli zu sein hätten, oder fragte sich, ob es da noch etwas anderes gäbe, als zu ihrem Gesang passend zu riffen.

»Als wir mit Joni ins Studio gingen«, sagte Carlton, »war es mein Job, ihr zu helfen, ihre Musik zu machen. Es ging dabei nicht um mich. Ich war da, um zu helfen, damit diese Songs so großartig wie möglich wurden, mit allem, was ich dazu beitragen konnte. Unser Job war es, sie bei den Arrangements zu unterstützen, damit sie die tollen Akkorde spielen konnte. Nimm zum Beispiel einen C-Dur-Septakkord und setz einen G-Dur-Akkord darauf. Jetzt hast du einen C-Dur-9#11-Akkord. Joni hörte diese Art Klänge instinktiv. Ich hörte sie auch und schrieb sie als Akkorddiagramme auf. Ich erinnere mich, dass sie eine Kassette einlegte und Tom Scott und ich zu Stift und Papier griffen und Akkorde notierten.«

Auch fand Carlton heraus, wie Jonis rhythmisches Spiel am besten zu ergänzen sei; Robben Ford (auf der »Miles of

Aisles«-Tour 1974) und Pat Metheny (auf der »Shadows and Lights«-Tour 1979) sollten sich später derselben Methode bedienen. »1971 bekam ich ein Volumenpedal, das ich auf den ersten Crusaders-Platten einsetzte. So entstand ein wiedererkennbarer Larry-Carlton-Klang, den ich verwendete, wenn ich nicht einfach Rhythmus oder Licks spielte«, erinnerte er sich. »Richtig eingesetzt kann das einen Track tatsächlich aufwerten, ohne dass es so typisch nach Gitarre klingt.«

Was Carlton beschreibt, könnte man auch mit der italienischen Spielanweisung *una corda* fassen: Drama, aber gedämpft. Bei der Zusammensetzung dieser Gruppe herrschte wahrlich kein Mangel an Drama – eine Menge davon war in der Beziehung zwischen Joni und Guerin zu finden, die sich mit der Zeit zu einer richtigen Seifenoper entwickeln sollte –, aber ein Mangel an Präzision war nicht festzustellen. Das Volumenpedal stützte einzelne Töne und Akkorde und ergänzte so jeden Rhythmus, den Joni spielte. Auch kreierte es die besondere akustische Atmosphäre, die sie sich häufig wünschte. Joni hatte jetzt eine kontrapunktische Stimme. Sie schrieb weiterhin allein – und sie war immer noch die Maestra –, aber im Studio war sie nun nicht mehr ganz auf sich gestellt.

Das Ergebnis war außerordentlich. Jon Landau, der später Bruce Springsteen managen und produzieren sollte, schwärmte 1974 im *Rolling Stone*: »Beim ersten Hören klingt Joni Mitchells *Court and Spark*, das erste wirklich großartige Popalbum dieses Jahres, erstaunlich leicht; erst beim dritten oder vierten Mal offenbaren sich die unterschwelligen Spannungen.«[1]

Gerade diese Leichtigkeit zieht den Hörer wie magisch an, ist verführerisch und kraftvoll. Joni hatte einen Auftritt in Woodstock verpasst, aber auf *Court and Spark* inszeniert sie ein Festival geradezu epischen Ausmaßes.

Wenn man die Augen schließt, fühlt man sich sofort, als säße man an einem strahlend hellen Tag auf einem weiten, offenen Feld. Auf der Bühne stehen Joni und ihre Band, und als die Musik einsetzt, ist die Sonne dabei, unterzugehen. Auch wenn man sich das Album alleine anhört, hat man den Eindruck, von Tausenden von Musikfreaks umgeben zu sein, die sich alle zum Beat wiegen und bereit sind, sich zu verlieben, einzustimmen und anzutörnen. Der Eröffnungssong »Court and Spark« beschwört einerseits den Delta-Blues des amerikanischen Südens, andererseits die mit Palmen gespickte Silhouette von Los Angeles herauf. Während Joni singt, hat sie Erde und Wildblumen unter den Füßen, aber über ihrem Kopf dreht sich der glamourgesättigte Sternenhimmel. Sie ist gleichermaßen die Boho-Queen der Festivalwelt als auch der A-Promi im Abendkleid auf dem roten Teppich; beide Rollen hat Joni während ihrer Karriere auf eine Art ausgefüllt, die sie zutiefst fesselnd und einzigartig macht. Auch wenn viele Menschen zu ihrer Musik grooven, so ist sie doch innig, vertraulich, herausfordernd, komplex und nimmt jeden Zuhörer in sein eigenes verdunkeltes Schlafzimmer mit. Es ist ein Festival für einen Besucher, und jede Begegnung mit *Court and Spark* ist ein bisschen anders als die vorherige. Öffne die Augen, und du bist allein, oder vielleicht liegt noch jemand neben dir. Schließ die Augen wieder. Das Festival findet in deinem Kopf statt.

Der erste Track eröffnet mit einem E-Dur-Akkord, der in einen Vorhalteakkord übergeht, und wenn wir erfahren, dass Verliebtheit über Nacht in Zurückweisung umschlagen kann, wird er schließlich zu einem Moll-Akkord – wobei die Sängerin alles unter Kontrolle hat. Ob Absicht oder nicht: Dieser Akkord und die Richtung, in die er sich entwickelt – D-Dur, zurück zu E-Dur, dann zu G-Dur und wieder zum E-Vorhalteakkord (D-Dur mit E im Bass, eine Kombination, die ihr besonders gefällt) –, beschwört eines von Jonis liebsten Musikstücken ihrer Kindheit herauf, »Clair de Lune«, den dritten Satz von Claude Debussys *Suite bergamasque* mit seinem dramatischen Des-Dur, das den Zuhörer in eine der beliebtesten Sequenzen der spätromantischen Musik entführt.

Court and Spark ist romantisch, jedenfalls im musikalischen Sinn, denn schließlich geht es um Verführung, die Verrücktheiten und Illusionen des Eros. »Love comes to my door« singt sie, und wir hören Liebeswerben im Timbre und dem Register der Stimme, während diese durch übereinanderliegende und verminderte Akkorde gleitet. Ihre musikalische Vorstellung von »den Hof machen« (to court) und »Funken sprühen« (to spark) – mit Kadenzen und Akkorden, die mit dem Zuhörer flirten – ist wesentlich fesselnder als dieser Fanatiker, der da vor ihrer Tür steht. Klar, er scheint ihre Gedanken lesen zu können, macht sogar einen verlockenden Vorschlag: »You could complete me / I'd complete you.« Aber die Erzählerin dieses Albums ist eine Sünderin, eine jener »guilty people«, gegen die der Verrückte wettert. Später, in »The Same Situation«, schickt Joni ein Gebet gen Himmel und fragt sich, wer es hören wird, in einem »Heaven full of Astronauts / And the Lord on Death Row«. Es klingt, als würde sie für sich selbst predigen. Doch auf diesem Album geht es nicht um Erlösung, sondern um Verführung, selbst wenn die Verführung ohne die Suche nach Liebe, die »don't seem to cease«, sich leer anfühlt.

Der Schauplatz dieser durch und durch korrupten, schuldbewussten und gebrochenen menschlichen Komödie ist L. A. Der Verrückte vor der Tür (»Court and Spark«), wer immer er ist, inspiriert Joni zu einem schwülen, brodelnden Chaos von Meisterwerk, das in weniger als drei Minuten abläuft. Für die Dauer des Albums kann er allerdings nicht bleiben. Als sie ihn zur Tür bringt, wird sie daran erinnert, dass L. A. zwar voller seelenloser Menschen ist, die keine Liebe haben, die sie teilen könnten, sondern höchstens Koks – aber dass es jede Menge scheinheilige Typen gibt, die glauben, auf alles eine Antwort zu haben. Joni behauptet nicht, Antworten zu kennen, doch sie macht sich auf die Suche nach einem tieferen Sinn, wo immer sie kann. Und uns nimmt sie mit.

Am Ende des Stücks erklingen Glocken. Keine Hochzeitsglocken, aber auch kein Friedhofsgeläut. Es ist irgendetwas dazwischen – ein amouröser Schwebezustand, in dem die Partner sich alle Wege offenhalten.

Als nächstes hören wir »Help Me«, und der Song kommt zu seinen Hörern wie durch die sonnengetränkte Linse einer Polaroid-Kamera aus den Siebzigern. Er beginnt mit aufsteigenden Gitarrenakkorden, und man hat das Gefühl, Joni fährt ein Auto voller Tagträumer, wie sie vor jemandes Haus herumhängen. Sie sitzt am Steuer eines himmelblauen 1974er Mustang-Cabrio, das zur Farbe ihrer Augen passt. Wohin fahren sie? Irgendwie überall dorthin, wo man schon immer mal hinwollte. Joni hat sich selbst einmal als frustrierte Filmemacherin bezeichnet, und das wird nie offensichtlicher als in »Help Me«, einem drei Minuten und vierundzwanzig Sekunden langen Kurzfilm aus Musik und Worten. Es gibt eine Heldin, die entweder der Liebe ihres Lebens begegnet ist, oder, wie Sheryl Crow es so gekonnt beschrieben hat, ihrem »liebsten Missgriff«. Der Liebhaber ist »a rambler and a gambler and a sweet talking ladies man«. Sie reden, tanzen, liegen schweigend herum, und alles fühlt sich großartig an. Aber es ist nicht für die Ewigkeit. Nicht, weil er ein Herumtreiber ist. Er liebt zwar seine Freiheit mehr als das Lieben an sich, aber das geht ihr nicht anders. Es ist *Love, American Style*, wie nur Joni sie beschreiben konnte.

»Help Me« sollte Jonis einzige Top-10-Single werden, und zwei Monate nach der Veröffentlichung war *Court and Spark* auf Platz 2 der *Billboard*-Charts angekommen, eine erstaunliche Leistung. Das Album verkaufte sich im ersten Jahr mehr als zwei Millionen Mal, wofür es schließlich mit Doppelt-Platin ausgezeichnet wurde.

In seiner Monografie über *Court and Spark* erläutert der Musikautor Sean Nelson den eigentlichen Stellenwert dieses Erfolgs: »Die wahre Bedeutung eines solch quantifizierbar riesigen Erfolgs ist angesichts der Tatsache, dass Joni Mitchell fraglos bereits ein großer Star war und ein paar goldene Schallplatten ihr Eigen nennen konnte, kaum richtig vorstellbar, auch angesichts der Tatsache, dass Rockmusik immer noch ein so entscheidender kultureller Einfluss auf die Jugend Amerikas war, dass das erwachsene Amerika sie ernst nehmen musste. Der Unterschied zwischen den Top 20 – bis dorthin hatten es ihre bisherigen Hitalben immer geschafft – und der Nummer zwei ist größer als ein paar Zahlen. Der Unterschied liegt darin, einen Namen innerhalb deines Fachgebiets zu haben, oder aber *allen* ein Begriff zu sein. Es ist ein Unterschied, ob du Fans hast, die dir treu ergeben sind und deine Arbeit verfolgen, oder ob du Menschen erreichst, die alles kaufen, was in der Hitparade im Radio läuft, welche Woche auch immer [...]. 1974, vor Kabelfernsehen, vor dem Internet, vor der bombastischen Vermehrung der Freizeitangebote, die die offensichtlichste Form von Fortschritt der letzten dreißig Jahre ausmachen, bedeutete ein Nummer-1-Album, dass mehr oder weniger alle dich hörten.«[2]

Mind if I turn on the radio?
Oh, my favorite song, she said
And it was Joni singing,
Help me, I think I'm falling ...

So Prince, der ein begeisterter Joni-Mitchell-Fan war, in seinem sinnlichen Liebe-und-Lust-Song »The Ballad of Dorothy Parker«, in dem Kraft und Einfluss ihrer Musik nachhallen.

In einer Titelstory der kanadischen Zeitschrift *Maclean's* sprach Joni mit ihrer Freundin Malka Marom darüber, was der rasante Erfolg von *Court and Spark* für sie bedeutete. Im Interview räumte sie ein, nie mit einem so großen Erfolg gerechnet zu haben: »Ich habe mir immer erreichbare Ziele gesetzt, wie zum Beispiel in einem Café zu spielen, also habe ich das gemacht. Ich wollte gern in den USA spielen, in den ›Staaten‹, die Magie der Grenzüberquerung. Also habe ich das gemacht. Ich wollte genug Geld im Jahr verdienen, um die Freiheit zu haben, mir die Kleider zu kaufen, die ich wollte, und alte Möbel und einfach so ein paar Frauensachen, eine hübsche Wohnung in New York, die ich mir leisten könnte, ohne ständig zu arbeiten. Aber ich hätte nie geglaubt, dass ich so erfolgreich sein würde, besonders, da ich ja angefangen habe, als die Folkmusik praktisch schon tot war.«[3]

Jonis entscheidende Qualitäten – ihre außerordentliche Musikalität und ihre scharfe Beobachtungsgabe – führten dazu, dass sie ihrer Zeit stets voraus war. Wenn man sich vorstellt, dass die Popkultur eine kurvenreiche Straße ist, die vom Sunset Boulevard in die Hollywood Hills führt, dann fuhr Joni im Pace Car voraus. »People's Parties« zum Beispiel kam in perfektem Timing ein paar Wochen vor dem Start der Zeitschrift *People* heraus. Time Inc. hatte die erste Ausgabe der Zeitschrift mit großem Tamtam und unter Einsatz von vierzig Millionen Dollar am 4. März 1974 auf den Markt gebracht;[4] das Cover zierte Mia Farrow. Dreitausend Meilen weiter westlich hing Joni Mitchell auf vielen dieser Hollywood-Partys herum – fasziniert, angelockt und manchmal abgestoßen –, und ihr Song funktioniert wie der Bericht eines Reporters von der vordersten Front der Unterhaltungsindustrie.

Some are friendly, some are cutting
Some are watching it from the wings
Some are standing in the center
Giving to get something

Joni ist unsere Emissärin und betrachtet die Welt der Schickeria; sie sieht Eitelkeit, Erfolg und Versagen, äußere Schönheit und innere Leere. Aber was ist mit ihr? Ist sie etwas so Besonderes? Sie sagt, sie sei nicht das hellste Licht im Hafen und laufe mit einem »weak and lazy mind« herum. Der britische Musikproduzent Trevor Horn, den manche »den Mann, der die Achtziger erfunden hat« nennen, hat einmal auf BBC[4] gesagt, »People's Parties« sei der Song, den er seinen Kindern besonders ans Herz legen würde. Er meinte, er hätte überlegt, »Bob Dylan als ein Beispiel für exzellente Texte zu nennen und Debussy als Meister der Melodie, aber dann [sei ihm] eingefallen, dass Joni Mitchell ja beides in sich [vereine]«. »*Court and Spark*«, stellte Horn fest, »wird meiner Meinung nach auch in zweihundert Jahren noch einen herausragenden Platz einnehmen.«[5] Joni stand mit einem Fuß in den Siebzigern und mit dem anderen in zeitlosen Gefilden. Bei ihr finden wir jeden zarten und jeden grellen Aspekt der Liebe – die Suche, die Verführung, das Verlieben, das Entlieben, das Sich-wieder-Verlieben, den Schwindel, die Enttäuschung und alles dazwischen. Und wir fühlen das nicht nur, wir *hören* es. »Car on a Hill« ist eine kunstvolle Beschreibung davon, wie es ist, versetzt zu werden. Man ist alleine, wartet auf seinen Lover, und die Hügel von Hollywood sind Sinnbild für das, was seinem Nichterscheinen zugrunde liegt. Vielleicht steckt der Wagen im Verkehr fest, sagt man sich. Aber der Wagen könnte auch unterwegs sein, um ein anderes Mädchen abzuschleppen, das vielleicht schon mal abgeschleppt worden ist. Man plant seinen nächsten Schritt, denkt an Rache, ist wütend, aber sich immer noch nicht sicher.

Joe Sample tippelt auf dem Keyboard die Tasten rauf und runter, Larry Carltons Gitarre lässt an Verkehr denken, John Guerins Stöcke bearbeiten die Felle wie trampelnde Füße und der Bläser-Part signalisiert ein weiteres Auto. Autos waren nie größer und protziger als 1974. Diese Spritfresser waren so groß wie Boote. Man musste sich schon anstrengen, nicht mitzubekommen, wenn eines vorfuhr. Die Sängerin weiß, dass Männer wie Autos sind – es wird immer wieder einer kommen. Trotzdem macht das Warten einsam. Es ist wie eine Filmszene, für die es keine Auflösung gibt, und mit jeder Zeile wird die Hoffnung geringer. »There is no buzzer, they roll on«, singt sie, »and I'm waiting for this car on the hill.« Die Action dieses Songs liegt in den Dingen, die nicht passieren.

Dasselbe könnte man in gewisser Weise über »Free Man in Paris« sagen, dessen lebenslustiger Protagonist sich von nichts gebremst fühlt: »Nobody calling me up for favors / And no one's future to decide.« Geffen hatte Joni gebeten, den Song nicht auf dem Album zu veröffentlichen. Er handelt von einem Kurztrip der beiden mit Robbie Robertson von The Band; der in diesen Augenblicken so ungebundene Geist war Geffen.

»Aber warum?«, fragte sie. »Das ist doch kein unschmeichelhaftes Porträt.«

Das war es tatsächlich nicht – aber die Freiheit in dem Song ist keine Flucht vor »dreamers and telephone screamers«. Er flaniert auf den Champs Élysées, von Café zu Cabaret, während er darüber nachdenkt, wie er sich wohl fühlen wird, wenn er »diesen sehr guten Freund« trifft. Es ging um die Freiheit, seine wirkliche Sexualität auszuleben.

Geffen war schwul und hatte Angst, dass der Song ihn outen würde. Die Stonewall-Krawalle von 1969 waren erst fünf Jahre her, eine Reaktion auf die Behandlung schwuler Männer, die bei Razzien in New Yorker Schwulenbars festgenommen worden waren und deren Namen zur Strafe in der *New York Times* veröffentlicht wurden – egal, ob sie Schullehrer oder Chirurgen am Mount Sinai Hospital waren. »Gay Liberation« war als Bewegung nur ein Nebenschauplatz, und jemand, der so ehrgeizig war wie Geffen, betrachtete es als unmittelbare Gefahr, geoutet zu werden. Die geniale, aber labile Songwriterin Judee Sill setzte ihren Vertrag bei Asylum in den Sand, als sie in einem Radiointerview anfing, Geffens Sexualität bekannt zu machen. (Sie war sauer, dass er sich mehr um Joni kümmerte als um sie.) Geffen war im Grunde seines Herzens ein Geschäftsmann, so gerissen wie kaum einer in der Musikindustrie. Er hatte ein ausgezeichnetes Gespür dafür, wen er unter Vertrag nehmen musste – und als er zu alt wurde, um noch sicher sein zu können, was die jungen Leute wollten, wusste er ebenso, wen er anheuern musste, um diesen Job an seiner Stelle zu erledigen. Als er merkte, dass das traditionelle Musikbusiness den Bach runterging, verkaufte er seine Firma zum besten Kurs, den der Markt hergab. Geffen brauchte zwanzig Jahre, um sich zu outen. Die Zeiten hatten sich geändert – und er war zu reich und mächtig, als dass ihm jemand hätte an den Karren fahren können.

Es ist schon jenseits jeder Ironie, dass eine so unabhängige Künstlerin wie Joni eine Zeitlang beim Boss ihres Labels zur Untermiete wohnt und außerdem noch einen warmherzigen Song schreibt, zu dem er sie inspirierte. Die Stones liebten Ahmet Ertegun, aber hätte der sich vorstellen können, dass Jagger und Richards einen Song über einen türkischen Musikmogul im Urlaub schreiben? »Free Man in Istanbul«? Weder Bob Dylan noch Leonard Cohen schrieben je einen Song für John Hammond, und bei ihm eingezogen wären sie auch nicht. (Dylan und Hammond als Wohnungsgenossen? Ernsthaft?) Am Ende hasste Joni die Musikindustrie wie fast jeder, der darin erfolgreich gewesen ist, aber zu ihrem Boss hatte sie eine besondere Verbindung. (Wenn man wirklich wissen wollte, was mit David Geffen nicht stimmte, musste man auf Aimee Manns Song »Nothing Is Good Enough« warten, der erst viele Jahre später herauskam.) Joni hatte einen eher philosophischen Blick auf ihren alten Freund. »Das Musikgeschäft wurde schon immer von Gaunern dominiert ... aber immerhin von Gaunern, die Musik lieben«[6], sagte sie. Bemerkenswert ist, dass man in den Siebzigerjahren nur verreisen musste, um seine Ruhe zu haben. Die Pariser zum Beispiel wussten nicht, wer David Geffen war, und wenn doch, dann wäre es ihnen völlig egal gewesen. Man ging in einen Club, und wenn man herauskam, war man einanderer. Hetero-schwul, reich-arm, Jude-Nichtjude: Diese Unterschiede lösten sich im atemberaubenden Pariser Nachtleben in Luft auf.

2017 belegt Geffen auf der Liste der reichsten Menschen der Welt mit einem Vermögen von 7,35 Milliarden Dollar Platz 190. Joni ließ seine Tarnung nicht auffliegen – denn mal ehrlich, wie viele Menschen verstanden, als der Song herauskam, um was es dabei ging? Trotzdem macht er eines klar: Niemand ist dagegen gefeit, einsam zu sein.

In »The Same Situation« geht es nicht per se um Einsamkeit. Der Song ist eher ein Nachdenken über das, was passiert, wenn man dabei ist, sich auf eine intime Beziehung einzulassen, oder das zumindest versucht. Es geht um Tricks, um ein Telefon, das nicht mehr klingelt, und um ein Zimmer voller Spiegel, das sich während des simplen Rituals des sich Herausputzens in ein Gruselkabinett verwandelt. Der Song beginnt mit Joni, die, wie wir alle, ihr Gesicht für all die Gesichter herrichtet, denen sie begegnen wird. Sie ist nicht die unverwüstliche Frau aus »Cactus Tree«, die Männer sammelt, aber dabei völlig autark ist, noch ist sie die altkluge Weise, die das Leben bereits von allen Seiten, von »both sides, now«, kennengelernt hat. Sie schaut auf ihr Spiegelbild in einem »room full of mirrors«. Diese Spiegel sollen ihre am wenigsten schmeichelhafte Seite einfangen, und wie der Titel sagt, war sie schon einmal in einer solchen Situation. Die Sängerin fragt sich, ob sie es mit einem anderen Mädchen aufnehmen kann, das in einen anderen Spiegel schaut. Das hat nichts mit

Narzissmus zu tun, sondern mit Reflexion als Gewaltsport. In »El Lay« schaut immer ein hübsches Mädchen in einen anderen Spiegel, und vielleicht hat dieses Mädchen die gleichen Zweifel. Aber in diesem Song geht es nicht um Konkurrenz. Die Regeln änderten sich 1974 rasant. Ein Mann hat ihr gesagt, dass er sie liebt, aber sie fragt sich, ob das auch ehrlich gemeint ist. Die Akkorde klettern die Klaviatur rauf und runter, der Bass und die Zimbeln setzen im richtigen Augenblick ein. Die Band ist bei ihr, aber Joni fühlt sich einsam, und nichts kann sie trösten. Es gibt einen Mann, doch es ist nicht einfach.

Es heißt, dass Joni ein Verhältnis mit Warren Beatty hatte, während sie diese Songs schrieb, jedenfalls den Klatschblättern und dem Foto in einer Boulevardzeitung zufolge, auf dem sie nebeneinander gehen, die Köpfe gesenkt halten und in irgendetwas vertieft sind. Aber was immer da auch war, Beatty hatte für Joni in diesen berauschenden Tagen 1973/1974 sicher eine Rolle gespielt. Drehbuchschreiber, Schauspieler, Regisseur, Casanova, Obernervensäge – Beatty war bei seinen Mätressen nicht weniger anspruchsvoll als bei seiner eigenen Arbeit. Er war der Mann, der mit Robert Altman *McCabe & Mrs. Miller* realisierte und Szenen Altmans neu drehte, wenn ihm die Muster vom Vortag nicht gefielen. Beatty, der in dieser Zeit eine Liebschaft mit Julie Christie hatte, strebte immer nach Perfektion; die akribisch ausgearbeiteten Songs von *Court and Spark* zielten punktgenau auf einen solchen Mann: »Weighing the beauty and the imperfection, to see if I'm worthy«.

David Crosby sagte, Joni sei »so bescheiden wie Mussolini«[7] gewesen. Trotzdem ist die Sängerin in »The Same Situation« unsicher, was dieser Mann, der schon so viele Frauen gehabt hat, in ihr sehen wird. Unvollkommenheit entzieht sich einer Definition. Geht es um Körperliches? Geht es um Gefühle? Ist es das, was sie so verletzlich macht, und ist es diese Verletzlichkeit, die sie zu einer Künstlerin macht? Lässt sich die Schönheit der Kunst von der unvollkommenen Frau trennen, die sie hervorgebracht hat? Schönheit und Unvollkommenheit sind große Themen für einen Song, der nicht einmal drei Minuten dauert. Wenn die Suche nach Liebe sich in astronomischen Höhen abspielt, wird die Luft ziemlich dünn. Es ist ein echter Strudel von Neurosen, ein Sturm, wie gemacht für einen Joni-Mitchell-Song. Von der Sängerin wird erwartet, allen Erwartungen in Sachen Schönheit zu genügen und zugleich ein moralisches Vorbild zu sein: »like the church, like a cop, like a mother«. Larry Carltons Slide-Gitarre wimmert aus der Ferne, und die von Tom Scott arrangierten Streicher schwellen an. Die »Same Situation« wird nicht allzu lange anhalten. Der Himmel ist voller Astronauten. Gott sitzt in der Todeszelle. Das Gewicht der Welt wiegt noch schwerer als der abschätzende Blick irgendeines Mädchenschwarms. Sie möchte die Anerkennung dieses Mannes, aber weiß auch, was danach kommt. Die Suche nach Liebe wird weitergehen.

»Was war zuerst da, die Musik oder das Unglücklichsein? Hörte ich mir Musik an, weil ich unglücklich war? Oder war ich unglücklich, weil ich Musik hörte?«[8], fragt sich der Protagonist in Nick Hornbys Roman *High Fidelity*, ein Meilenstein in Sachen Musik und Liebe. *Court and Spark* war 1974 vielleicht auch deshalb so unglaublich populär, weil es von so vielen einsamen Menschen angehört wurde. »What are you gonna do now / You got no one / To give your love to.« Diese Frage, die Bridge von »Just Like This Train«, schwingt unausgesprochen auch in »Down to You« mit, wenngleich sie hier im Kontext eines verspielteren Songs gestellt wird, einem über das Ansammeln von Liebhabern (»I used to count lovers like railroad cars«), das ewige Zuspätkommen der Erfolgreichen. Joni verließ sich auf nichts mehr, warum also sollte jemand sich auf sie verlassen? Der Bildhauer Nathan Slate Joseph, der Joni von 1978 bis 1987 einen Loft in Soho vermietet hatte, erinnerte sich, dass Pläne für einen Sonntagsbrunch mit ihr stets ein Glücksspiel waren: Nicht selten verlor sie sich in einem Song oder einem Gemälde und ging mit einem Achselzucken über die Verabredung hinweg. Welchen Preis zahlt man für seine Unabhängigkeit? Einen Brunch plant man mit Freunden; ein Song ist etwas für die ganze Welt.

Die Sängerin von »Down to You«, einem Stück über die Suche nach Liebe und das Finden von Lust, hat immer noch ein Herz, und damit beginnt der Ärger. Die lockere Affäre lässt sie einen kalten, ungeschminkten Blick auf die Einsamkeit werfen. »Blue« ist ein Song an eine Farbe, eine Stimmung, an ein ganzes Spektrum der Melancholie. »Down to You« behandelt all das und den ganzen Rest, alles in der zweiten Person singular. Sie singt für einen Zuhörer oder für jeden auf der Suche nach Wärme und Schönheit, gibt sich nicht mit Faszination und dem Bedauern am nächsten Morgen zufrieden. »Everything comes and goes«, heißt es in der ersten Zeile des Songs. Die meisten Dinge sind nicht von Dauer: Mode, Beziehungen, Popsongs und Tanzfimmel werden mit dem Treibgut davon geschwemmt.

In »Down to You« geht es um das größere Ganze. Das »you« ist ein »constant stranger«, sowohl freundlich als auch eiskalt. Du, sagt Joni, hast die Wahl. Und obwohl sie auf der Top-10-Single dieses Albums davon singt, dass sie ihre Freiheit noch mehr liebt als die Liebe, ist die Frau, die der *Rolling Stone* zur »Queen of El Lay« gekrönt hatte, in Sachen Moral unerbittlich mit ihrem Gesprächspartner. »Du« könntest ein Leben führen, das Bedeutung hat. »Du« bist besser als Gelegenheitssex. »Du« bist mehr als ein Hedonist. Joni sagt, dass sie nie einen selbsternannten Hedonisten getroffen habe, der kein totales Arschloch war.

Das »You« im Song ist vielleicht kein totales Arschloch, aber es hat einen so akuten Hedonismusanfall, dass es mit jedem

Drink weniger anspruchsvoll wird, Sehnsucht nach »warmth and beauty« zeigt, sich mit weniger als Faszination abfindet und mit einem emotionalen Kater aufwacht. Der unstrittigen Beobachtung des Songs entsprechend, »Pleasure moves on too early / And trouble leaves too slow«, folgt auf die Sehnsucht nach Wärme und Schönheit das Schamgefühl, wobei das Dunkel der Nacht den Körper wie ein Feigenblatt bedeckt. Es ist unmöglich, tiefer als »Blue« zu gehen, aber »Down to You« lotet den Abgrund noch weiter aus, erschließt die Melancholie innerhalb einer Geschichte. »You« ist eine Projektion: bestialisch und engelsgleich, auf allen Vieren und in die Luft aufsteigend. »Down to You« macht keine Lösungsvorschläge. »You«, das bist du, und du musst es selbst herausfinden.

Joni führte den Song nur ein einziges Mal öffentlich auf, mit Unterstützung des London Symphony Orchestra während ihrer »Miles of Aisles«-Tour. Aber als sie beim Übergang zwischen der dritten und vierten Strophe zu improvisieren versuchte, verlor sie den Faden und brach ab, was einen ziemlichen Wirbel verursachte. Das London Symphony Orchestra war empört, nicht zu reden vom Publikum der Royal Albert Hall. Sie versuchte nie wieder, den Song live zu spielen. Und obwohl sie und die Londoner Symphoniker erneut zusammen auftraten, bleibt »Down to You« für immer unbewältigt.

Das Album schließ mit Jonis Coverversion von Annie Ross, und Wardell Grays Juwel »Twisted«. Vielleicht hatte der Entertainmentguru Geffen ihr gesagt: »Am Schluss müssen sie lachen«, aber das wusste Joni auch selbst. Nach so viel Seelenstriptease zeugte es von echtem Showbiz-Genie, »Twisted« ans Ende dieses emotional erschöpfenden und doch befriedigenden Albums zu stellen. Trag es mit Humor. Alles hat seine Zeit. Und die Jazzinterpretation von »Twisted« war wie ein Trailer für ihre nächsten Alben, der ihre Zuhörer wissen ließ, in welche Richtung sie sich musikalisch bewegen würde.

Joni hat einmal gesagt, dass auf der Highschool Lambert, Hendricks and Ross ihre Beatles waren. Dave Lambert, Jon Hendricks und Annie Ross sangen Scat – jazzige Silbenfolgen ohne Bedeutung, erfunden von Louis Armstrong, perfektioniert von Ella Fitzgerald, Sarah Vaughan und Betty Carter – und übernahmen die schwierige, skurrile Aufgabe, das alles in Worte zu fassen, die sich reimten, Geschichten erzählten und swingten. Ein Charlie-Parker-Solo mit unterhaltsamen Texten zu versehen ist in etwa so, als würde man einen Zehn-Meter-Sprint mit einem Ringer auf dem Rücken absolvieren und dabei witzige Sonette schreiben. Dieses Kunststück wird »Vocalese«[9] genannt, wobei exzentrische Texte nicht nur auf Jazzmelodien, sondern auch auf Jazzsoli aufgesetzt werden. Für einen Teenager in Saskatoon war das der Sound der Freiheit, die Vorstellung, dass mit Wörtern und Musik alles möglich war – dass etwas Schwieriges und Komplexes auch unbeschwert und lustig sein konnte.

Annie Ross war 1952 gerade mal zwanzig Jahre alt, als der Inhaber von Prestige Records, Bob Weinstock, die junge Sängerin (die bereits mit sieben im Kleine-Strolche-Film *Our Gang Follies of 1938* aufgetreten war) aufforderte, eine Bebop-Nummer des Labels mit Text zu versehen. Sie wählte Wardell Grays Titel »Twisted« und schrieb über Nacht einen Text zu Melodie und Solo. Dieser wurde kanonisiert, und die erste Zeile, »My analyst told me that I was right out of my head«, wurde zum »Call me Ishmael«[10] aller Jazz-Libretti. Im Rückblick erinnerte sich Annie Ross: »Ich habe eine Geschichte erzählt, und nichts anderes mache ich, wenn ich singe. Ich wollte schnell damit fertig werden, denn ich war pleite.« Diese Geschichte hatte genau die richtige Portion Humor für ein Album, das einen gehörigen Anteil Blues aufwies und auch etwas Wahnsinn. »I had a brain, it was insane«, so der rhythmisch sehr geschmeidige Text von »Twisted«.

Der Song rundete die düsteren Gefühle des Albums mit einer cleveren Pointe ab: »Instead of one head / I got two / And you know two heads are better than one.« Und obwohl es ein so populäres Album werden sollte, war es doch ein Schlag ins Kontor. *Court and Spark* kam einem Wendepunkt gleich. Es dauerte nicht lange, und Joni würde noch viel mehr von ihren Zuhörern fordern.

Der Erfolg des Albums trug Früchte auf einer Tournee, die auf einem weiteren Hit-Album dokumentiert wurde, *Miles of Aisles*. Während der Tour stellte Joni zwei neue Songs vor. Einer von ihnen, die biblische, erotische, gefühlvolle Ballade »Jericho«, in der überall Mauern einstürzen, erhielt drei Jahre später eine zweite Chance auf *Don Juan's Reckless Daughter*, die er zu nutzen wusste. Der Track »Love or Money« wurde ans Ende von *Miles of Aisles* gestellt, nie wieder neu aufgenommen oder live gespielt und – merkwürdig für ein so populäres Album – auch sonst eher mit Schweigen gestraft. Er handelt von der prekären Lage, in die Joni sich manövriert hat. Sie denkt über einen verkannten Künstler am »firmament of Tinsel Town« nach, der sich fragt: »Where's my own shining hour?« Bei diesem vorwärtspreschenden Rocksong vergisst man leicht, dass es die liebevolle Story eines »well-kept secret of the underground« ist, die Geschichte von jemanden, der vielleicht ein oder zwei Alben für Asylum eingespielt hat, die es nie geschafft haben, jemand, der nie Geffens Hausgast sein würde. Er schreibt Songs über Niederlagen – »stacks and stacks of words that rhyme / Describing what it is to lose«. Er will Erfolg und dieses Mädchen haben, bekommt aber weder das eine noch das andere. In Sachen Liebe und Geld kriegt er einfach nichts auf die Reihe. Es dauert nicht mehr lange, und er wird seine guten Songs umsonst spielen. Am Ende des Stücks, einer Live-Einspielung, brandet donnernder Applaus auf.

So wie Dylans Geschichtenerzählen die Tür für Jonis eigenes Komponieren weit aufgestoßen hatte, war es nun sie, die ein breites Spektrum von Musikern zu beeinflussen begann. Bekanntermaßen war Led Zeppelins »Going to California« ein Liebeslied für Joni:

To find a queen without a king;
They say she plays guitars and cries and sings

Auf der Bühne murmelte Robert Plant nach diesen Zeilen immer »Joni«; es war eine Anspielung auf »I Had a King«, den Eröffnungstrack ihres ersten Albums, *Song to a Seagull*. Jimmy Page erzählte einem Reporter: »Zu Hause höre ich ständig die Musik von Joni Mitchell. Ich liebe *Court and Spark*, weil ich immer gehofft habe, dass sie mal mit einer Band zusammenarbeitet. Aber die Hauptsache bei Joni ist, dass sie etwas erlebt hat, woraufhin sie einen Schritt zurücktritt, sich die Situation anschaut und etwas herauskristallisiert, über das sie dann schreibt. Es treibt mir die Tränen in die Augen, was soll ich sonst noch sagen? Es ist verflucht unheimlich.«[11]

In *Hammer of the Gods: The Led Zeppelin Saga* berichtete Stephen Davis: »Später kam Jimmy freudestrahlend zurück ins Hotel, weil er im Greenhouse, einem Restaurant in Westwood, Joni Mitchell vorgestellt worden war. Es hatte zwar nur etwas Smalltalk gegeben, aber endlich hatte er eines seiner Idole kennengelernt. Später ließ Robert die Gelegenheit sausen, La Mitchell auf einer Party kennenzulernen; er sagte, er sei einfach zu scheu gewesen, um mit ihr zu reden.«[12]

Als *Court and Spark* im ganzen Land in den Radios zu hören war, ging Prince Rogers Nelson auf eine Highschool in Minnesota. In einem Interview mit der Zeitschrift *New York* erinnerte sich Joni: »Prince besuchte eines meiner Konzerte in Minnesota. Ich weiß noch, dass ich ihn in der ersten

Reihe sitzen sah, und er war ziemlich jung. Er muss ungefähr fünfzehn gewesen sein. Er sah sich die ganze Show mit hochgeschlagenem Kragen an und ließ den Blick wandern. Man konnte ihn gar nicht übersehen – er war ein kleiner Prince-ling.« Sie lachte. »Prince schrieb mir Fanpost mit all diesen U und Herzchen, wie er halt so schreibt. Im Büro hielten sie das für Briefe von einem Verrückten und warfen sie einfach weg.«[13]

Jahrzehnte, bevor Künstlerinnen wie Lady Gaga ihre Fans dazu ermutigten – frei nach David Crosby –, ihre »freak flag« zu hissen, durchdrangen Joni Mitchells Songs die Städte und Vororte Nordamerikas und versicherten den Hörern, dass sie weder allein noch verrückt waren. Eines der schönsten Komplimente erhielt sie, erzählte Joni, als in den Neunzigern zwei Teenagermädchen auf sie zukamen und sagten: »Bevor es Prozac gab, hatten wir dich.«[14]

Kapitel 18

Miles of Aisles

Jonis erstem Album mit Band folgte eine Tournee mit Band, auch das ein Novum für sie. Am Anfang war nicht abzusehen, wie wichtig die Auftrittsserie werden sollte. Das dabei entstandene Live-Album, *Miles of Aisles*, wurde so populär, dass es bis auf Platz 2 der Charts kletterte. Die Tournee begann am 18. Januar 1974; im selben Monat kam *Court and Spark* heraus. Zunächst spielten sie an Universitäten (Yale, Cornell) und in renommierten Konzerthallen (Massey Hall in Toronto, Avery Fisher Hall in New York, Constitution Hall in Washington D. C.), die für ein großes Rockkonzert immer noch anheimelnd waren. *Miles of Aisles* wurde während zweier Abende im Berkeley Community Theater eingespielt (wo sie im Song »For Free« das Fairmont Hotel in San Francisco namentlich erwähnte), an einem Abend im L. A. Music Center und fünf kolossalen Nächten in Folge im Universal Amphitheatre in Universal City, Kalifornien, das gerade erst für eine neue Generation von Rockkonzerten eröffnet hatte. In das Rund passten 5 200 Besucher, was bei fünf brechend vollen Abenden mehr als 25 000 verkaufte Tickets bedeutete – etwa ein Sechzehntel der zumeist nicht zahlenden Besucher des Woodstock-Festivals, das sie so gedenkwürdig verpasst hatte. Die bloße Existenz des Amphitheaters – der Veranstaltungsort für Andrew Lloyd Webbers fulminante Rockoper *Jesus Christ Superstar* – war der Beweis, dass die Utopie von Woodstock schnell in Kapitalismus reinsten Wassers umgeschlagen war. Typen mit langen Haaren spielten schmutzigen, lauten Rock and Roll und wurden schnell vom System vereinnahmt. Mit »stardust and golden« war das große Geld zu machen, und Joni schnupperte selbst daran. »Ich fühlte mich, als hätte ich meinen Durchbruch gehabt«, berichtete sie der Zeitschrift *Circus* 1974. »Ich habe ein wenig am Erfolg geschnuppert und die Konsequenzen erlebt – was er dir gibt und was er dir nimmt mit dem, was du *glaubst,* dass er dir gibt.«[1]

Wie auch früher hatte Joni die Implikationen ihres Erfolges schon vorhergesehen, als er noch im Entstehen begriffen war. Und doch wurden all ihre Entscheidungen, selbst wenn sie nicht unbedingt avantgardistisch waren (das sollte bald kommen), von der Musik bestimmt. David Geffen mag im Hintergrund die Strippen gezogen haben, doch sie ließ sich von niemandem in der Musikbranche Vorschriften machen. Sie wollte einfach mit der Band auf Tour gehen, die die Magie von *Court and Spark* entfesselt hatte, und sie unterwegs stolz herumzeigen. John Guerin, ihr Partner in musikalischen und all den Lust- und Liebesdingen, von denen sie sang (in Songs über frühere Liebhaber), saß am Schlagzeug, Max Bennett war am Bass und Tom Scott an den Rohrblattinstrumenten. Joe Sample und Larry Carlton hatten Verpflichtungen bei Studioaufnahmen und hätten eine Menge Geld verloren, wenn sie mit auf Tour gegangen wären, aber an ihrer Stelle stieß Robben Ford, ein zweiundzwanzigjähriger Gitarrist, dazu. Er hatte kurz zuvor einen Gig mit dem Blues-Shouter Jimmy Witherspoon abgesagt. Joni war kein Shouter, jedenfalls nicht auf der Bühne, aber sie konnte auf andere Art fordernd sein und animierte damit alle anderen. Jedenfalls hatte Ford, wie schon Larry Carlton, kein Problem damit, ihre Sprache der offenen Akkorde zu übersetzen.

Vierzig Jahre später erinnerte er sich: »Ich habe die offene Stimmung nicht verwendet, das war einfach nicht notwendig. Es war kein Problem. Sie verwendet die offene Stimmung so, als würde man einen Akkord auf einen anderen aufsetzen. Es ist völlig problemlos – wie die weißen Tasten beim Klavier. Es ist einfach C-Dur, und man setzt einen G-Dur-Akkord auf den C-Grundakkord. Ihre Musik klingt so anders wegen dieser übereinandergeschichteten Akkorde. Anstatt einen C-Dur-Akkord zu spielen, spielt man einen G-Dur-Akkord mit einem C-Akkord im Grundton. Als Begleiter hatte man da einfach eine andere Herangehensweise. Ich hatte so eine Musik noch nie gehört. Und natürlich räumten wir ihr beim Vortrag viel Raum ein [...]. Ich hatte einfach das Gefühl, alle Möglichkeiten der Welt zu haben. Es ist auch eine Fähigkeit, als Begleitmusiker glücklich zu sein. Dort habe ich das gelernt. Mir macht es große Freude, ein Begleitmusiker zu sein.« Zweiundzwanzig zu sein und ein geschickter Gitarrenspieler in einer Joni-Mitchell-Band im Jahr 1974, das war, mit Wordsworths Worten, geradezu himmlisch.

Die Tour 1974 dauerte fünfundsiebzig Tage, vom 18. Januar in St. Louis bis zum 2. September in Boulder. Sie war schon fast vorüber, als am 9. August 1974 Richard Nixon als erster US-Präsident der Geschichte von seinem Amt zurücktrat. An diesem Abend spielte Jonis Band im Pine Knob Music Theatre in Clarkson, Michigan. »Ich war so unpolitisch«, erinnerte sich Joni. »Ich finde Politiker einfach nicht so interessant. Ich halte es mit Lincoln, der bei seinem Ausscheiden aus dem Kongress sagte, dass es für einen Politiker besser sei, nicht allzu intelligent zu sein. Ich habe Watergate verfolgt. Ich hatte nicht das Gefühl, einen Kommentar dazu abgeben zu müssen. Neil Young wohl schon. Aber die Politik des Rock and Rolls war so teenagerhaft, so Baby-anarchistisch.«

L. A. Express war sowohl Vorgruppe als auch Begleitband. Ein paar lustlose Keyborder kamen und gingen. Roger Kellaway beklagte sich, dass er Pop-Dreiklänge spielen müsse, und zog nach ein paar Monaten ab, um wieder ein Jazz-Trio zu leiten. Larry Nash bestand plötzlich darauf, bar bezahlt zu werden. Drei Abende brauchten sie ihn noch, bezahlten ihn also bar und warfen ihn dann hinaus. Victor Feldman hatte bei der Hälfte der Stücke von Miles Davis' *Seven Steps to Heaven* gespielt, mit ihm den Titelsong geschrieben und dann Davis' Angebot abgelehnt, zur Band zu stoßen, weil er als Studiomusiker ein Vermögen verdienen konnte und selbst bei einer erstklassigen, aber kleinen Jazz-Combo zu spielen einen finanziellen Abstieg bedeutet hätte – dennoch blieb er bis zum letzten Auftritt bei L.A. Express, auch wenn er die gleichen Beschwerden wie Kellaway vorbrachte. Andererseits war er ein bekannter Misanthrop, und der Rest der Band fühlte sich geehrt, dass er bis zum Ende der Tour dabeiblieb.

Selbst für diese Profis war Jonis Musik nicht einfach zu spielen, so dass sie sich nach jeder Unterbrechung der Tour erst wieder reinfinden mussten. »Die harmonischen Strukturen ihrer Songs waren so schwer zu fassen, dass wir nach zwei Wochen Pause von der Tour erst mal wieder im Studio üben mussten«, erinnerte sich Max Bennett. »Wenn man einige von ihnen analysiert, merkt man, dass die Akkordwechsel sich niemals dorthin bewegen, wo man es erwartet. Der ganze Gestus war schwer zu fassen, aber großartig.«

Bennett und Guerin waren die Organisatoren der Band; sie bekamen einen Bonus, wenn mehr als 15 000 Tickets verkauft wurden, und das war immer häufiger der Fall. Joni und Guerin waren unzertrennlich. Sie stiegen immer in einem gemeinsamen Hotelzimmer ab, und nachdem Joni bei Geffen ausgezogen war, aber das Haus in Bel Air noch nicht gekauft hatte, wohnten sie in Burbank bei Bennett, der ein geräumiges Haus, einen Pool und keine Ehefrau hatte. Die Begleitmusiker verdienten 5 000 Dollar pro Woche.

Und die Tour ging weiter. Joni spielte vor so vielen Menschen wie noch nie zuvor. Die Besprechungen waren Liebesbriefe, *Court and Spark* verkaufte sich weiterhin gut, und das Live-Doppelalbum *Miles of Aisles* schaffte es bis auf Platz Nr. 2 bei Billboard, für Live-Alben eine ungewöhnliche Platzierung (abgesehen von Goldeseln der Industrie wie *Frampton Comes Alive!*, das aber noch nicht erschienen war). Am 22. August sprach sie in Amber, Pennsylvania, in der Vorstellung ihres Songs »Barangrill« von den Eindrücken, die sie bei ihrer

Nietzsche-Lektüre gewonnen hatte. Dabei merkte sie an, dass solche Dinge eine bestimmte Wärme vermissen lassen, »wenn man jemanden mag«. Joni mochte tatsächlich jemanden, und die Welt hatte beschlossen, dass sie Joni Mitchell außerordentlich mochte. Was konnte da noch schiefgehen?

Kapitel 19

The Queen of Queens

Joni will den Boho-Dance nicht mehr tanzen. Er ist ermüdend, ein Klischee und außerdem nichts als ein Märchen. Edle Armut hilft auch nicht weiter. Sind angeborenes Talent und, nicht zu vergessen, Vorstellungskraft gegeben, dann sorgt das Leben dafür, dass alles zusammenkommt, damit jemand ein Künstler wird.« Niedrige Löhne und arme Arbeiterviertel sind, was sie sind. Als Joni jung war, konnte sie sich keine Schallplatten kaufen, sie musste sie mieten. Sie nähte ihr Hochzeitskleid selbst und trat bei ihrer eigenen Hochzeit auf. Als sie, kurz bevor »Both Sides, Now« ihr Leben für immer veränderte, ein Girokonto mit ein paar Hundert Dollar Guthaben ihr Eigen nannte, war das eine große Sache. Sie musste kämpfen, bevor der Erfolg einsetzte, gab sogar ihre Tochter zur Adoption frei. Wenn sie also jetzt, da sie ein Star war, ein Haus mit Pool haben wollte, dann kaufte sie ein Haus mit Pool. Und wenn sie ein kurzes Bad in ihrem Pool nehmen und dabei ihren athletischen, straffen Körper jedem zeigen wollte, der 5,98 Dollar für ihr neues Album auf den Tresen legt, dann tat sie das. Auf dem Gatefold von *For the Roses* ist sie nackt zu sehen, wenn auch aus größerer Entfernung. Drei Jahre später trug sie, wieder auf dem Gatefold, einen Bikini, der vage an ein Feigenblatt erinnern mag, aber der Garten war nun ein ganz anderer.

In Bezug auf Plattenlabel und ihre Chefs stand Joni am Scheideweg – besser gesagt in Bezug auf einen Chef, David Geffen – und fragte sich, wie viele *Court and Sparks* sie noch liefern sollte, bis man sie mit einem letzten Blumenkranz ehren würde. In dieser gleichnishaften Geschichte ist Joni die dem Untergang geweihte Édith Piaf, und der »Free Man in Paris« ist ihr Zuhälter. Niemand hat Van Gogh gebeten, *Sternennacht* noch einmal zu malen, denn zunächst hatte das Bild niemand kaufen wollen. *Court and Spark* war von vielen Menschen gekauft worden, und jetzt konnte Joni sich den

Luxus leisten, die Leute zu verachten, denen sie ihre Popularität verdankte. »You're still fucking peasants as far as I can see«, sang John Lennon, der Joni besuchte, während sie *Court and Spark* aufnahm, und ihr den Rat gab, ein paar Geigen einzubauen, wenn sie einen Hit haben wollte. Er war ein gemeiner Säufer, der Joni erklärte: »Kommt alles von zu viel Bildung«, dabei hatten beide dasselbe Bildungsprofil: Kunsthochschulabbrecher.

The Hissing of Summer Lawns ist nicht gerade ein Album, wie die Plattenfirmenchefs es sich wünschen. Es ist besessen von der unterschwelligen Zügellosigkeit des Lebens in den Vororten, und es zielt direkt auf die *haute bourgeoisie*, die Joni nicht bespaßen, sondern zur Rede stellen will. Hört die Gesänge aus den Ausbeuterbetrieben, die eure Kleidung herstellen, schaut euch die Zuhälter und Huren an, die sich abrackern, während ihr schlaft, und den Boho-Dance, bei dem Künstler Schwindler und Kritiker Sophisten sind. Seht die Welt, wie ich sie sehe, sagt sie, mit all ihren Aufs und Abs. Auf bürgerliche Familien – Menschen, die gutes Geld für ein Ticket zu einem ihrer Konzerte auf den Tisch gelegt haben – reagiert sie mit Kritik an der Gesellschaft, und *sie* sind diejenigen, die sie kritisiert.

Der Titelsong – ihre erste Zusammenarbeit mit John Guerin – war eine ironische Reaktion auf José Feliciano und ein Haus im Valley, das er kurz nach seiner Heirat gekauft hatte. Die neue Mrs. Feliciano »patroll[ed] that fence of his / To a latin drum« – oder zu seiner lateinamerikanischen Gitarre. Das war inzwischen die Art Mensch, mit der sie zu tun hatte – exzentrische Peace-Corps-Freiwillige wie Cary Raditz waren in weiter Ferne. In gewisser Weise wollte Joni noch immer zurück in den Garten, aber der ihre wurde mittlerweile von Profis gepflegt. Die Straßen, über die sie jetzt schrieb, führten nun durch exklusive, bewachte Wohnanlagen.

Überall waren Sprinkler zu hören; alles wirkte vollkommen künstlich.

»Paper wives / And paper kids / Paper the walls to keep their gut reactions hid«, sang sie großartig in dem kinematographischen Schwenk durch »Harry's House«. Aber während Joni über eine unbefriedigende Ehe sang, war das Musikmachen mit ihrem Liebhaber Guerin weiterhin aufregend. »Man muss sich nur ›Harry's House‹ anhören; als wir das gespielt haben, haben wir uns verliebt«, erzählte mir Joni. »Alles, was er über dieses Musikstück sagte, war so scharfsinnig und schlau. Also sagte ich zu Henry [Lewy]: ›Setz mich vor den Drummer‹, und Henry sagte: ›Willst wohl schäkern, was?‹ Jedenfalls habe ich mich bei diesem Stück in ihn verliebt.«

Joni verliebte sich zu einer Musik, die bei einigen Zuhörern wohl das Gegenteil bewirkte. Bei dem bezaubernden »Don't Interrupt the Sorrow« sind die Akkorde, der Rhythmus, die Trance musikalisch so stimmig, dass der Zuhörer den Song nicht unterbrechen möchte. Aber was sollte das *bedeuten*? Der Song entstand aus einer Blödelei mit Bob Neuwirth, einem Pop-Künstler, der als der coole Typ bekannt wurde, der in *Dont't Look Back* mit Bob Dylan herumhing, Gitarre spielte und ein paar Harmonien während der Rolling Thunder Revue beisteuerte, zu der auch Joni bald stoßen sollte. Eines Nachts waren die beiden ziemlich betrunken und entschlossen sich, einen »Suffsong« zu schreiben. »Wie soll er heißen?«, fragte Joni. »Don't Interrupt the Sorrow«, schlug Neuwirth vor. »Verdammt richtig«, antwortete sie. Der Rest war Gelaber. Joni trat alles in die Tonne, außer den Titel und die Erwiderung. Erst später sollte ihr klar werden, dass sie mit »Anima rising, queen of the queens« die Jung'schen Archetypen auf den Kopf gestellt hatte. Ein Mann hat eine Anima, eine Frau einen Animus. Ob dies nun Absicht war oder ein Freud'scher Versprecher ist für den Song völlig unerheblich. Es war einfach ein geglückter Missgriff, da der Song so, wie er ist, perfekt ist. »God goes up the chimney / Like childhood Santa Claus«, zieht die Religion schon ganz schön durch den Kakao für jemanden, der auf Fotos aus der Graham-Nash/Laurel-Canyon-Zeit eine Halskette mit Kreuz trägt und einen Song über den barmherzigen Samariter geschrieben hatte (er wurde auf *Blue* gestrichen).

Man erwartete von Joni, eine Märtyrerin zu sein, die für ihr Publikum litt, aber sie wurde härter und wandelte sich vom Subjekt zu einer Beobachterin. Ohne die Songs über gebrochene Herzen, auf die *Blue* Erwartungen geweckt hatte, setzte sie neue Standards für Porträts aus der Dritte-Person-Perspektive, anspruchsvoller und weitgreifender als alles, was sie bisher herausgebracht hatte. Das Album war eine Inspiration für Elvis Costello und Prince, beide noch jung, ihre eigenen Songs in der dritten Person zu schreiben. Es waren keine Stücke für alle und jeden, aber für die musikalisch Anspruchsvollen waren sie ein Geschenk.

»Edith and the Kingpin« hat wohl bei einigen Zuhörern für Überraschung gesorgt. Das ist keine Satire auf die Boheme oder eine Parodie auf die Vorstädte. Und auch kein Liebeslied. Anders als etwa bei einem Romanautor oder Filmregisseur wurde 1975 von einem Popsongschreiber erwartet, dass er eher schlichte Ware lieferte. Sich auf diese Weise offenkundig zu verkaufen, konnte auch schnell für Prostitution gehalten werden, und am Rande geht es in diesem Song auch darum. ›Edith and the Kingpin‹ handelt zum einen von einem Zuhälter aus Vancouver, den ich kennengelernt habe, und zum anderen von Édith Piaf«, erzählte mir Joni. »Es ist eine Mischung, aber alles zusammen ist die reine Wahrheit.« Die selbstzerstörerische Piaf ist eine Hure, die auf ihren Big Daddy Loddel wartet. Die größte aller französischen Chansonsängerinnen braucht immer noch jemanden, der sie herausputzt. Das ist kein Song, in dem jemand mit gebrochenem Herzen darauf wartet, dass ihr Liebhaber aufkreuzt, ihr »sugar to show« wie in »Car on the Hill« nur ein Album zuvor. Dies ist eine narkotisierte Welt, in der die Liebe auf den Kommerz reduziert ist. »Women he has taken grow old too soon / He tilts their tired faces / Gently to the spoon.« Das kommt Jonis Haltung zum Musikgeschäft schon ziemlich nahe, sobald es für sie nicht mehr so gut lief. Ein Label nimmt eine hübsche junge Frau unter Vertrag. Es schickt sie im ganzen Land herum, versorgt sie mit Drogen und verfrachtet sie dann in ein Studio, wo es ihr jeden Dollar in Rechnung stellt, den sie noch nicht verdient hat. Schließlich verliert das Label das Interesse, hört auf, ihre Arbeit zu bewerben, und findet eine jüngere Ausgabe von ihr, die den Stempel »Neu und besser« aufgedrückt bekommt. Voller Zynismus beobachtet der Macker seine Hure und fragt sich, ob sie ein »Siegerpferd« ist. Wie viele potente Freier wird sie noch aufreißen können?

Zwischen all den gesellschaftlichen Kommentaren, Dritte-Person-Geschichten, mythologisch-psychologischen Referenzen eines Tauschs der Geschlechterrollen und 50er-Rock-and-Roll-Madeleines taucht in einem Song auch der Mensch Joni wieder auf, dem wir auf *Blue* und *Court and Spark* so begierig gefolgt sind. Mit dem Herz auf der Zunge singt sie in »Sweet Bird« von einer Schönheit, die noch nicht verblüht ist, was aber unausweichlich gewesen wäre, wenn sie bis zum Umfallen gearbeitet und nicht das Glück gehabt hätte, einfach zu verstummen. Diese Reflexion, so unmittelbar und nah, wie ihr die eigene Haut ist, zieht sich in »Sweet Bird«, dem vorletzten Track des Albums, von Anfang bis Ende. Und was die Orchestrierung angeht, kommt kein Song des Albums mit weniger aus: Joni am Klavier und der Akustikgitarre, Larry Carlton an der elektrischen Gitarre. Was die Themen betrifft, greift sie die Fragestellungen ihrer frühesten, noch jugendlichen Arbeiten wieder auf, deren Weisheit so gar nicht ihrem damaligen Alter zu entsprechen scheint: Wenn »Both Sides, Now« Prophetie ist, dann beschreibt »Sweet Bird« Schicksal. Joni war einundzwanzig, als sie es wagte zu verkünden, sie hätte das Leben inzwischen von allen Seiten kennengelernt. Sie war einunddreißig, als sie sich fühlte, als hätte sie sich zu »goldenen Zeiten« schlafen gelegt und als wäre sie nun, da sie wieder erwacht war, »im Verschwinden begriffen«.

Der Titel des Songs ist ein Verweis auf Tennessee Williams' *Sweet Bird of Youth*; sein Inhalt bezieht sich auf jeden Menschen auf der Erde, tot oder lebendig, und zweifellos auf jede Frau. Der »sweet bird of time and change« lacht über diese Frau mit der so schönen Stimme, ihre Worte, ihre Musik und diesen zauberhaften Körper, den sie auf dem Gatefold ihres Albums ausbreitet. Sie ist die Sängerin, die Gitarristin, die Pianistin, die Schreiberin, die Malerin und das Thema. Kein Wunder, dass sie den Leuten Angst einjagt. Doch die Versprechungen der »Schönheitscremes« sind allesamt leer. Joni überprüft ihr immer noch junges und schönes Gesicht.

Behind our eyes
Calendars of our lives
Circled with compromise
Sweet bird of time and change
You must be laughing

Schon im Alter von zweiunzwanzig Jahren hatte Joni das ganze »circle game« im Blick. Dieses Album breitet alles aus: den Pool, das Haus, den Körper, das Genie, die Stimme. Alles schien auf Unsterblichkeit angelegt, aber es war sehr sterblich, und mit einunddreißig spürte sie das in jeder Minute.

Joni ging wie mit *Court and Spark* auf Tournee, um Werbung für *The Hissing of Summer Lawns* zu machen – doch etwas verzögerte den Beginn der Tour. Noch bevor sie aufbrechen konnte, stieß sie auf Bob Dylans Rolling Thunder Revue und sprang, wie sie später sagte, auf den Zirkuswagen auf, so dass sie sich zunächst auf einer Umleitung wiederfand. Ihre Reise mit Rolling Thunder dauerte knapp einen Monat. Sie begann am 13. November in New Haven und endete am 8. Dezember 1974 im Madison Square Garden mit einer Spendensammlung für die Verteidigung von Rubin »Hurricane« Carter, einem Boxer, von dem Dylan überzeugt war, dass er zu Unrecht verurteilt worden war, wovon er jeden Abend auf der Tour in seinem Song »Hurricane« sang.

Mit den Mitstreitern Joan Baez, Ramblin' Jack Elliott und Roger McGuinn an der Seite tauchten Dylan und seine Crew überall im Land zu kleinen, ungeplanten Gigs auf. Dylan vermisste immer noch die Bleeker Street von 1961 und versuchte, sie in gewisser Weise wieder auferstehen zu lassen. Seine Frau Sara war kurz davor, ihn zu verlassen, sie kam aber trotzdem mit, und er sang jeden Abend »Sara« für sie. Wenn sie das nicht wieder zusammenbringen würde, was dann. (Wie sich herausstellte, half es nichts.)

Joni hat sich ihnen angeschlossen, weil einerseits Dylan das ganze Singer-Songwriter-Ding erfunden hatte, andererseits, weil sie Dylan und Leonard Cohen für ihre besten »Vorreiter« hielt. Ein Teil von Joni neigte dazu, Entschlüsse immer wieder zu überdenken und zu korrigieren, während ein anderer Teil sich spontan auf eine Tour einließ. Wie konnte sie Bob Dylan auch etwas abschlagen? Konkurrenzdenken und die Vorstellung, für jemand anderen den Vorreiter zu spielen, lagen Dylan jedenfalls fern, als er 1978 in einem Interview sagte, er hätte ein ganzes Wochenende lang *Blue* gehört (nicht nur den Song, sondern das komplette Album) und dann seinen gefeierten Song »Tangled Up in Blue« geschrieben. Joni konnte das damals nicht wissen, aber sie war von *Blood on the Tracks* begeistert; sie sah darin eine Fortsetzung der großartigen drei Alben *Bringing It All Back Home* (1965), *Highway 61 Revisited* (1965), und *Blonde on Blonde* (1966). Sie war völlig vernarrt in diese Alben, die neue Standards in der Popmusik gesetzt hatten, für sie die Messlatte höher legten und es ihr ermöglichten, etwas Neues anzugehen. Mit *Blood on the Tracks* kam eine neue Innigkeit, eine neue Verletzlichkeit ins Spiel, ein Dylan, der von Joni inspiriert war. Sie konnte diesen Einfluss aufgreifen und so ihr handwerkliches Können beträchtlich steigern.

Dylan hatte immer noch eine Aura, und hier hatte sie die Möglichkeit, sich in seiner Gegenwart zu behaupten; keiner musste sein Ego an der Garderobe abgeben.

Die Rolling Thunder Revue startete am 30. Oktober 1975 in Plymouth, Massachusetts. Joni stieß zwei Wochen später dazu. Und obwohl sie ihre Künstlerkollegen hautnah erlebte, von Sam Shepard inspiriert und wütend über Joan Baez war, war es in Wirklichkeit die Kraft einer frühen Acetat-Pressung von *Blood on the Tracks*, die sie zu dieser Mischung aus kernigen, Koks-getriebenen Egos hinzog, die diese Erfahrung zu einem Traum, einem Albtraum und einen Zufluchtsort vor der Realität werden ließ. Es gab Ärger im Paradies mit John Guerin, ihrem musikalisch intuitiven Kompagnon und leidenschaftlichen Liebhaber. Joni fand sich nicht nur magisch angezogen von der Tour, sondern geradezu gekidnappt. Eine eifersüchtige Joan Baez, die als Eröffnungszug Joni erst mal den Part der Hauptattraktion des Abends zuschob. Allen Ginsberg, der ihr erklärte, sie sei eine Masochistin. (Für wen hielt er sich? Carole King?) Und Elliot Roberts, der dies bestätigte. Sie sei *tatsächlich* eine Masochistin.

»Warum ordnest du dich ihnen unter? Die haben alle ihre Glanzzeit hinter sich.«

»Na ja, so würde ich das auch nicht sagen. Bob zuzuhören lohnt sich noch immer.«

Sie glaubte, dass Dylan seit *Blonde on Blonde* auf seinen Platten überhaupt nicht mehr richtig er selbst war. Sie meinte, darauf nur eine »Collage der Gedanken anderer Leute« zu hören. Aber das hier war anders. Auf dieser ersten Version von *Blood on the Tracks* war Dylan ganz er selbst und verletzlich, viel zu verletzlich für die beste Sendezeit. Mehr als vierzig Jahre später erinnerte sie sich, dass sie von der Originaleinspielung begeistert war, aber von der endgültigen Fassung enttäuscht:

»Joel Bernstein gab mir ein Tape, das richtig gut war. Aber die Leute sagten: ›Oh, klingt ja wie von Joni Mitchell‹, also machte er sich darüber her und schnitt mit seinem Bruder in Minnesota alles neu. Sie haben es kaltblütig niedergemacht. Sind darauf herumgetrampelt. Beim Original waren auch die Texte anders, verletzlicher, und die Orchestrierung war dezenter, ganz ähnlich wie bei mir. Al Kooper war auch dabei, aber der ist beim Mischen fast verloren gegangen, wie schon ein paar andere bei Dylans früheren Aufnahmen. Es war wunderschön. Und eines Abends habe ich hier eine Party gegeben, die war so gespickt mit Stars, du kannst es dir nicht vorstellen. Sie stand sogar in den Zeitungen. Die schrieben: ›Wenn Joni Mitchells Haus von einer Bombe getroffen worden wäre, dann hätte das die Musikindustrie und die Filmindustrie ausgelöscht.‹ Und du glaubst gar nicht, wer alles einfach so auftauchte. Robert De Niro schaute vorbei, David Bowie, auch Robin Williams, und dann kam Bobby. Das Bootleg dieser ersten *Blood on the Tracks*-Aufnahmen lief gerade. Sie waren draußen im Garten, und jemand sagte, Bobby wolle mit mir reden. Das Bootleg lief immer noch, und ich fragte: ›Warum hast du das nicht veröffentlicht?‹ Und er antwortete: ›Jemand hat das Band gestohlen.‹ Aber das stimmte nicht. Er hatte einfach den Schwanz eingezogen. Die Leute sagten, es würde sich wie ein Joni-Mitchell-Album anhören.

Die Überarbeitungen bezogen sich nicht auf das Material, es klang alles nur viel stilisierter. Es [die frühere Fassung] war einfach ehrlicher. Er hatte die Verletzlichkeit rausgenommen und damit war auch die Tiefe verschwunden. Die New-Yorker-Einspielungen haben mich berührt, die Minnesota-Aufnahmen überhaupt nicht. Der Mann in ihm hatte sich mal wieder durchgesetzt.«

Als die Gäste spät in der Nacht gegangen waren, war das Tape verschwunden. »Es verschwand, als sie gingen«, erinnerte sich Joni. Aber diese New-Yorker-Aufnahmen sind nicht schwer ausfindig zu machen. Einige Tracks waren schon auf Dylans erster *Bootleg*-Serie (1991) zu hören, und der Rest ist als Raubpressung weit verbreitet; vielleicht werden sie als Teil der fortlaufenden *Bootleg Series* auch einmal kommerzielle Verwendung finden.

Die neuen Songs, die auf der Tour gespielt wurden, landeten schließlich auf *Desire* (1976); Joni war enttäuscht von ihnen, aber da war sie bereits auf den Zirkuswagen aufgesprungen. Woodstock hatte sie verpasst. So etwas sollte ihr nicht noch einmal passieren. Sie lehnte es ab, sich für *Renaldo und Clara* filmen zu lassen, einen Experimentalfilm, der während der Tour gedreht wurde und auf Drehbuchentwürfen von Sam Shepard beruhte. Der größtenteils improvisierte Film wurde ein Flop und lief nur ein paar Wochen in den Kinos. Es ist in keiner Hinsicht ein guter Film, aber die Konzerte waren hervorragend und die Szene mit Dylan und Allen Ginsberg an Jack Kerouacs Grab ist für die Ewigkeit bestimmt. Joni erinnerte sich, dass fast jeder – ausgenommen Joan Baez – während der Tour kokste, was für sie kein Problem darstellte, da sie mit »the devils dandruff« (so Gilda Radner) durchaus vertraut war. Während der ganzen Tour hatte sie mit einer Grippe zu kämpfen, also blieb sie nachts wach und schrieb Songs, die gleich am nächsten Tag aufgeführt wurden, wo auch immer sie sich gerade befanden. Allen Ginsberg war der Hausdichter, Joan Baez die Königin des Folk, und Joni die Königin des Rock – eine Busladung von Egomanen, Koks für alle und Dylan, der einen seiner großartigen kreativen Momente hatte und nach Lust und Laune Entscheidungen fällte, aber nicht unbedingt den Zeremonienmeister geben wollte.

Dylan war mit seiner lang erwarteten 1974er-Tour mit The Band unzufrieden gewesen – der ersten nach acht Jahren –, und hatte eine Idee: Warum nicht einfach Musik machen, ohne Rockstars zu sein? Er wollte zurück in die Clubs, zu den kleinen und vertrauten Orten, die auch Joni vermisste. Ironischerweise bewirkte die ganze Unternehmung, dass zwar die Veranstaltungsorte kleiner wurden, die Egos sich aber immer weiter aufblähten – ebenso wie die Konzerte: Sie traten im War Memorial Coliseum in Rochester auf, im Quebec City Coliseum und so weiter. Trotzdem reisten und schliefen sie nach wie vor in Wohnwagen, wie Zirkusartisten. Wie konnten so viele illustre Menschen es auf so engem Raum aushalten, ohne dass es zu geschwisterlichen Rivalitäten kam? Dylans Ehe war am Ende, aber er versuchte weiterhin, zu seiner Version des Gartens zurückzukehren, die nichts mit Jonis Woodstock zu tun hatte, aber viel mit seinen Erinnerungen an das New York von 1961, mit »music in the cafés at night and revolution in the air«, wie er in »Tangled Up in Blue« sang. Bei so vielen Krisen und so vielen Drogen ist es nicht überraschend, dass Dylans nächste Station Jesus hieß. Er war auf seiner Reise und Joni auf der ihren. Bevor er konvertierte, hatte er ihr noch gesagt: »Gott ist nur ein Wort.« Als er dann im Jahr 1979 zum evangelikalem Christentum übertrat und anfing, ihr zu predigen, sagte sie ihm: »Bobby, weißt du nicht, dass die Bibel von Dichtern wie dir und mir geschrieben wurde?«

Die Tour fand zwischen diesen Auseinandersetzungen um Gott statt. Unterwegs verlor Joni durch das Singen im Regen und ihre Erkrankung, wie sie später sagte, wohl eine ganze Oktave Stimmumfang; aber sie wollte unbedingt in der Nähe von Bobby sein. Er war ihr ebenbürtig, jemand, der Größe so verstehen konnte, wie es nur einer großen Persönlichkeit möglich war. Doch sie merkte bald, dass zwischen Joan Baez und Sara Dylan wenig Platz für sie blieb. (Auch Baez und Sara Dylan waren frustriert. Wenn Dylan mal greifbar war, dann war er kompliziert, und wenn er nicht da war, dann war er doch allgegenwärtiger Gesprächsgegenstand, so in der Art »Wir hier unter uns dreien«.) Joni erinnerte sich, dass sie während der drei Wochen tatsächlich nur zwei Mal mit Dylan reden konnte. Und wenn du Joni Mitchell bist und die Gespräche nicht bekommst, die du erwartet hast, was kannst du dann anderes tun, als einen Song zu schreiben? In diesem Fall war es »Talk to Me«, den sie im nächsten Jahr während ihrer »The Hissing of Summer Lawns«-Tour aufführen sollte.

Please just talk to me
Any old theme you choose
Just come and talk to me
Mr. Mystery, talk to me

Während Joni unter großen Schwierigkeiten versuchte, ein sinnvolles Gespräch mit Dylan zu führen, stieß der Journalist Larry »Ratso« Sloman, der die Tour für den *Rolling Stone* begleitete, bei seinem Versuch, mit ihr zu reden, auf große Widerstände. »Ich bin viel ›jiver‹ als meine Arbeit und lasse die Leute lieber glauben, dass ich meine Arbeit bin«, ließ sie ihn wissen, und das klang schon fast wie ein Manifest. Sie benutzte das Wort »jive« auf eine für die Siebziger typische Weise, so wie die Bee Gees es in diesem Jahr in »Jive Talking«

verwendeten. Sie hätte ihm auch gleich »Talk to Me« vorsingen können: »You could talk like a fool (I'd listen) / You could talk like a sage / Anyway the best of my mind / All goes down the strings and the page.« Dylan hätte dasselbe erwidern können. Da waren sie also: zwei Dichter, die die Bibel hätten schreiben können, doch stattdessen schlossen sie sich dem Zirkus an.

Was faszinierte Joni an dieser Revue? Sie konnte Joan Baez nicht ausstehen, war von Bobby enttäuscht und stand kurz vor einer eigenen Tour. Warum also bei diesem Zirkus mitmachen? Mehr als vierzig Jahre später entwickelte die Revue eine ganz eigene Dynamik, selbst wenn damals verrückte Menschen und Berge von Koks im Spiel waren: »Bei Rolling Thunder ging ich mir die Show ansehen, und es war völlig bizarr. Alle waren so durchgeknallt, wirklich durchgeknallt, dass ich beschlossen habe, mir noch eine Show anzusehen, und dann haben sie mich genötigt aufzutreten, was ich auch in zwei Städten gemacht habe, und in Boston war ich dann schon richtig mit dabei. In Boston hat Joan Baez das erste und einzige Mal mit mir gesprochen. Sie kam an meine Tür und sagte: ›Heute Abend hast du den größten Applaus bekommen‹, und ich sagte: ›Oh.‹ Daraufhin sie: ›Ach, komm schon. Das weißt du doch auch.‹ Und ich: ›Wie soll ich das wissen? Ich habe gar nicht die komplette Show gesehen.‹ Einmal hatte ich sie gesehen, als ich noch nicht dabei war, und da hatte Joan Baez den größten Applaus bekommen, und das durch einen billigen Trick. Sie sang einen sehr hohen Ton und reckte dabei den Arm hoch. Das macht man nur, wenn man unbedingt Applaus bekommen will. Ich selbst finde es viel ergreifender, wenn das Publikum so hingerissen ist, dass es vergisst zu klatschen. Ich habe ihr gesagt: ›Keine Ahnung. Ich nutze den Applaus, um meine Gitarre umzustimmen‹, und das stimmt. Wenn er aufhört, und ich bin noch nicht fertig, muss ich anfangen, Geschichten zu erzählen, bis ich fertig bin.«

Baez kann sich nicht erinnern, dass sie darüber gesprochen haben, wer den meisten Applaus bekommen hat. »Falls ich ihr gesagt habe, dass sie mehr Applaus bekommen hat als ich, dann wollte ich ihr nur entgegenkommen«, sagte sie. »Ich wusste, dass ich die Königin dieser Truppe war. Es klingt wie etwas, das ich gesagt haben könnte, damit sie sich wohlfühlt. Aber offenbar hat es nicht funktioniert.«

Joni blieb wach und schrieb weiter. Jeder außer Baez war auf Koks, und das bedeutete: auch Joni. »John Guerins Großvater war Zirkusbesitzer, bei ihm wurden die Clowns mit Schnaps bezahlt«, erinnerte sich Joni. »Also habe ich gesagt: ›Bezahlt mich mit Koks‹, weil alle völlig durchgedreht waren. Ich war die einzige Normale. Oder jedenfalls habe ich versucht, normal zu sein. Aber dann dachte ich mir: Ich kann genauso gut die bittere Pille schlucken und mal sehen, was es damit überhaupt auf sich hat. Na ja, es hatte einen ziemlich unglaublichen Effekt. Es machte mich so aggressiv, dass ich sofort anfing, auf Cops loszugehen. Und ich konnte nicht schlafen. Ich las Freuds *Schriften über Kokain*. Das war das Einzige, das ich von ihm lesen konnte, denn Freud war so ein Idiot und Narzisst. Er war selbst abhängig von Koks, also versuchte er, andere dazu zu bekehren. Er glaubte, es sei ein Heilmittel gegen Minderwertigkeitskomplexe. Und ich glaubte eine Weile, es sei eine Droge für Krieger. Man ist dann wie Scarface. Auch wenn man schon zehnmal getroffen wurde, man schießt immer noch weiter. Aber erst mal sorgt es dafür, dass man einen anderen Kopf bekommt, und es führt zu unglaublichen Gedanken, sehr vielen Gedanken. Ich denke sowieso viel zu viel.«

Joni klaute Polizisten tatsächlich Dienstmarken und sammelte sie in einem Schatzkästlein. Die meisten Cops waren offenbar glücklich, dass Joni Mitchell ihre Dienstmarken klaute – das konnte sich auch nur eine Person des öffentlichen Lebens erlauben.

Den Song »Coyote« führte Joni bereits auf, während sie ihn noch schrieb. Er entstand unter dem Einfluss von Kokain und Sam Shepard, der verheiratet war (mit O-Lan Jones), aber das interessierte niemanden. Shepard hatte nicht nur das kantige Aussehen und die Meriten eines Filmstars, sondern auch ein schriftstellerisches Talent, das ihm einen Pulitzer Preis einbringen sollte. Shepard wollte zurück in die Wüsten des amerikanischen Westens, die er liebte und als noch nicht korrumpierten Landstrich schätzte – ein langer Weg von Bel Air. In seinem Theaterstück *True West* (1980), Teil einer »Familientrilogie« (mit *Curse of the Starving Class* und *Buried Child*), bringen sich zwei Brüder gegenseitig fast um bei dem Versuch, einen authentischen Western für Hollywood zu schreiben. Der Drehbuchautor Austin sehnt sich nach dem wirklichen amerikanischen Westen, den er nie gekannt hat:

> Hier unten gibt es für mich nichts [zu holen]. Gab es auch nie. Es war anders, als wir hier noch Kinder waren. Damals gab es hier noch Leben. Aber jetzt – immer wenn ich hier runter komme, glaube ich, dass wir immer noch in den Fünfzigern leben oder so. Ich erwische mich immer wieder dabei, wie ich an bestimmten Stellen vom Freeway abbiege, die ich zu kennen glaube, die sich aber als unbekannt herausstellen. Auf dem Weg zu Terminen. Wenn ich Straßen entlanggehe, die ich wiederzuerkennen glaube, und die sich dann als Kopien jener Straßen entpuppen, an die ich mich erinnere. Straßen, an die ich mich falsch erinnere. Straßen, von denen ich nicht mehr sagen kann, ob ich dort mal gewohnt habe, oder ob ich sie nur auf einer Postkarte gesehen habe. Felder, die nicht einmal mehr existieren.[1]

In Shepards *Rolling Thunder Logbook* bestaunt der Barde des amerikanischen Westens die Sirene der kanadischen Prärie mit ihrer Gitarre, ihrer Baskenmütze und der »Geschichte ihrer Wortcollagen«. Es ist ihm auch nicht entgangen, dass das Publikum an all diesen Wörtern hängt. Auch er hängt daran. Er zitiert aus »Don't Interrupt the Sorrow«, und er ist hingerissen:

> Ihre Wortfolgen sind wirklich fast unheimlich. »I got a head full of quandary and a mighty, mighty, mighty thirst.« Sie scheint es geschafft zu haben, spezifische Jazzarrangements mit Texten und rhythmischen Strukturen zu verschmelzen und selbst damit die Ohren der Massen zu erreichen.[2]

Shepard und Patti Smith hatten eine Affäre gehabt, als beide noch Downtown-Nobodies waren. Patti hatte auch einen Abend in ihrem gemeinsam geschriebenen Rock-and-Roll-Off-Off-Broadwaystück *Cowboy Mouth* auf der Bühne gestanden; zu diesem Titel hatte Dylan sie inspiriert. Als Dylan mit Smith für das Cover der *Village Voice* fotografiert wurde, bat er sie, sich Rolling Thunder anzuschließen, aber sie lehnte ab. *Horses* bekam gerade hymnische Besprechungen, und außerdem war sie jetzt die Doyenne der CBGB-Szene. Warum also sollte sie sich von größeren Stars aus einer völlig anderen Szene die Show stehlen lassen? Wie es aussah, stritten Joan und Joni um den ersten Platz im Scheinwerferlicht. Und so konnte Shepard sich ganz auf Joni konzentrieren.

Es dauerte nicht lange, und die ganze Revue wusste, dass Joni und Sam eine lockere Affäre hatten, auch wenn die Hingabe an ihre jeweilige Kunst durchaus ernst war (und sie sich gegenseitig inspirierten). Chris O'Dell erinnert sich in ihren Memoiren über ihr Leben als Tourmanagerin an das merkwürdige Gefühl, als sie herausfand, dass der verheiratete Mann, mit dem sie schlief, Joni Mitchell Gesellschaft leistete. »Wie konnte ich mit ihr mithalten?«[3] In »Coyote« schreibt Joni über Shepards Balanceakt: »He's got a woman at home /

He’s got another woman down the hall / He seems to want me anyway.« Der Song wurde zum Mantra der ganzen »Rolling Thunder«-Tour; er greift die Rhythmen des Busses auf, den Anblick der weißen Streifen auf dem Highway. Die Melodie gibt all den Silben Raum, die es unterzubringen gilt, um den Coyoten, ein wildes und animalisches Tier, im Song lebendig werden zu lassen. »What happens in Vegas, stays in Vegas«, lautete das Motto der Tour. Aber die Musik war natürlich eine Ausnahme:

No regrets, Coyote
We just come from such different sets of circumstance
I’m up all night in the studios
And you’re up early on your ranch …

Joni und Sam feierten beide ihren 32. Geburtstag, kurz bevor die Tour begann: er am 5. November und Joni zwei Tage später. In »Don Juan’s Reckless Daughter«, eine Reaktion auf Carlos Castaneda, gibt es eine unverhohlene Anspielung auf diese Nähe ihrer Geburtstage: »I’m Don Juan’s reckless daughter / I came out two days on your tail / Those two bald-headed days in November / Before the first snowflakes sail.« Auch wenn das eine ziemlich exakte Beschreibung des Wettergeschehens in Saskatoon ist, haben wir es hier doch mit einem Song über das Zusammentreffen zweier Genies zu tun, beide verwegen, »Geistesverwandte«, aber so verschieden wie Feder und Stahl. Er hat eine Frau, die auf ihn wartet, sie eine Tour, die sie antreten muss. Der Zirkus wird bald vorüber sein.

»Das Ziel ist, den Schrecken, am Leben zu sein, mit dem Wunder, am Leben zu sein, auszubalancieren«, schrieb Carlos Castaneda in seinem Buch *Die Lehren des Don Juan*, einer angesagten Lektüre in den Siebzigern. Es war ein Mantra, das Joni ernst nahm. In diesen umnebelten, verrückten letzten

Monaten des Jahres 1975 überwog das Wunder den Schrecken, auch wenn ein bisschen Gefahr die Dinge nur interessanter machte.

»Sam und ich hatten einen kleinen Flirt«, erinnerte Joni sich vierzig Jahre später. »Dann bekam er Angst vor mir. Er geriet in Panik, als wir in einer kleinen Bar saßen und redeten. Plötzlich sagte er: ›Du bist wirklich klug.‹ Immer, wenn Leute das zu mir sagen, halten sie daraufhin Abstand, als hätte ich eine ansteckende Krankheit. Dann strich er sich mit der Hand über die Augen, eine sizilianische Geste oder so was. Wir redeten ein bisschen weiter, ich erzählte irgendwas, und er fragte ständig: ›Woher weißt du das?‹ Es war, als wären wir Zwillinge. Die Sterne standen wirklich seltsam. Er wurde am 5. November geboren, ich am 7. November. Bei mir standen die Sterne in wirklich machtvollen Konstellationen, und ich glaube, bei ihm auch. Er ist ein echtes Multitalent. Er schreibt Theaterstücke, er singt, er schauspielert, und er ist in allem gut. Ich glaube, ich habe die ganze Zeit lang Sätze formuliert, wie sie auch von ihm hätten kommen können. Das hat eine ständige Abwehrhaltung bei ihm hervorgerufen. Aber ich war auf Koks und fand ihn sehr attraktiv. Er erinnerte mich an die Menschen der Gegend, aus der ich komme. Er ist dann aus der Tour ausgestiegen.«

Am 7. Dezember, einen Tag vor dem »Night of the Hurricane«-Benefizkonzert für die Verteidigung von Rubin Carter, dem letzten Konzert der Tour, spielte die Rolling Thunder Revue in dem Gefängnis, in dem Carter einsaß. Wegen der riesigen Medienaufmerksamkeit – unter anderem wurde eigens ein inszeniertes Pressefoto mit Dylan für die Zeitschrift *People* geschossen – wurde Carter in die Clinton Correctional Facility for Women in Clinton, New Jersey, verlegt. In Rahway wurde Joni praktisch von der Bühne gebuht, woraufhin sie dem Publikum entgegenschleuderte: »Wir sind hierher gekommen, weil wir euch lieben. Wenn ihr damit nicht klarkommt, ist das euer Problem.«[4] Die Ablehnung, die ihr aus einem Saal voller meist schwarzer Frauen entgegenschlug – die Feinheiten der Songs wie »Coyote« und »Don't Interrupt the Sorrow« waren für diese spezielle Bevölkerungsgruppe wahrscheinlich nicht von Bedeutung –, muss sie geschmerzt haben, und ganz besonders, weil Joan Baez Applaus bekam, als sie den höchsten Ton von »Amazing Grace« anstimmte. An diesem Tag hatte Baez Mitleid mit Joni. »Es war offensichtlich, dass sie nicht wusste, wie sie mit den schwarzen Frauen umgehen sollte«, erinnerte sich Baez. »Sie war sehr weiß, und ihre Songs waren sehr weiß. Ich habe nur gebetet, dass sie schnell von der Bühne verschwindet. Ich glaube auch, es war noch komplizierter für sie, weil sie nicht verstand, warum die nicht reagierten.«

Baez verstand Joni nie so richtig. Vor Rolling Thunder hatte Joni, die bei A&M Studios *Court and Spark* einspielte, als Sängerin bei dem Stück »Dida« mitgewirkt, das Baez für ihr Album *Gracias da la Vida* ebenfalls bei A&M aufnahm. Auch *Gracias da la Vida* wurde von Henry Lewy produziert. »Ich wurde zu diesem ›Doo-dah‹-Track gedrängt und habe nur Henry und David Blue zuliebe mitgemacht«, erinnerte sich Joni. »Der Song war so bescheuert. Ich habe nach einem Weg gesucht, mit ihrem Vibrato zu harmonieren, um rein musikalisch etwas zu diesem albernen Musikstück beizutragen. Ich habe versucht, mich ihr anzupassen, und nicht, meinen Stimmumfang da reinzudrängen. Ich habe nur nach Harmonien gesucht.«

Die Harmonie war rein musikalisch. »*Unnahbar* war nicht das richtige Wort für sie«, erinnerte sich Baez. »Sie war jenseits von unnahbar. Aber es war egal. Wir haben den Song aufgenommen. Und dann noch einmal. Die Arbeit mit ihr war gut. Sie hat eine wunderbare Stimme. Ich weiß nicht, ob sie einfach schüchtern war oder so.« »Oder so« ist wohl die wahrscheinlichste Erklärung. Die Distanz zwischen den beiden Frauen vergrößerte sich noch, als sie sich während der Tour ein Wohnmobil teilten. Baez war nicht zum ersten Mal sozial isoliert, weil sie die einzige populäre Sängerin der Sechzigerjahre war, die nie rauchte oder Drogen nahm. (Sie hat in ihrem ganzen Leben vier Joints geraucht. Reaktion: Paranoia.) Sie tat alles, um ihre Stimme zu schützen, und mied Rauch um jeden Preis. Joni hingegen vermied es natürlich, das Rauchen zu vermeiden. Für Joan Baez lief das auf eine schlaflose Nacht hinaus:

»Eines Nachts, jedenfalls soweit ich mich erinnere, zog der Rummel von einer Stadt in die nächste. Ich hatte Joni bei niemandem einsteigen sehen und wusste auch nicht, ob sie jemandem zugeteilt war, also hielten wir an, und ich sagte: ›Lasst sie rein.‹ Sie stieg also in unseren Wagen und räucherte mich praktisch aus. Es war fürchterlich. Sie hörte einfach nicht auf zu rauchen, und dann kletterte sie zu meinen beiden Roadmanagern nach vorn. Ich weiß nicht, was die da die ganze Nacht gemacht haben, aber eine schöne Erfahrung war das nicht. Ich habe sie gebeten aufzuhören. Ich glaube, sie war auf Koks und Gras. Ich hatte die obere Pritsche, aber schlafen war einfach unmöglich.«

Im Rückblick bewundert Baez Joni. »Sie hat es sich redlich verdient, ›fuck you‹ zu sagen. Ich bewundere sie wirklich. Sie ist eine starke Frau, der es völlig egal ist, was irgendjemand denkt. Wir alle wünschen uns, so zu sein, aber schaffen das nicht.«

Der Höhepunkt der Rolling Thunder Revue war das Benefizkonzert im Madison Square Garden, einen Tag nach dem Gefängniskonzert; die Revue zog danach weiter, doch für Joni war es der perfekte Moment auszusteigen – ihre eigene Tour sollte beginnen. Auch kamen ihr etwa zu dieser Zeit zum ersten Mal Zweifel auf, was den Fall »Hurricane« und damit den guten Zweck der Benefizkonzerte betraf. »Ich hatte diverse Male mit ihm telefoniert, aber mit meiner Meinung, dass er ein gewalttätiger Mensch und ein Opportunist war, stand ich alleine da.« Sie fand es nichts als ironisch, dass Dylan und Baez sich die Gesichter weiß anmalten, wie in der Commedia dell'arte. »Ich dachte: ›Oh mein Gott, wir sind nichts als ein Haufen leichtgläubiger Liberaler. Das ist ein schlechter Mensch. Das ist alles Fake.‹«[5] Noch während Joni sich bereitmachte, bei der »Night of the Hurricane« aus der Reihe zu tanzen, tauchte Muhammad Ali bei der Veranstaltung auf, und Baez fragte Joni, ob sie ihn vorstellen wolle. Ihrer Erinnerung zufolge antwortete Joni: »Klar, ich werde sagen (was ich natürlich nie getan hätte): ›Wir sind heute Abend hier im Namen eines jive-ass N******, der vielleicht Boxweltmeister geworden wäre, und jetzt möchte ich euch jemanden vorstellen, der genau das ist.‹ Sie starrte mich nur an und entzog mir diesen Auftrag sofort wieder ... Wie auch immer, Hurricane kam frei, und am nächsten Tag prügelte er eine Frau krankenhausreif ...« Joni wusste, dass sie mit dem rassistischsten Schimpfwort, das die englische Sprache hergab, über den Säulenheiligen der Linken herzog und damit alle in Rage bringen würde. (Baez konnte sich später nicht an diesen Wortwechsel erinnern.)

Warum glaubte diese Blondine aus Saskatoon, sich so etwas erlauben zu können? Joni war davon überzeugt, ein schwarzes zweites Ich zu haben, das sie mit der Zeit in provokanten Äußerungen immer deutlicher hervortreten ließ, und alles in dem Versuch – wie waghalsig auch immer –, Schranken zu durchbrechen. Das war zweifellos mehr *jive* als ihre Musik, aber sie hatte sich schon ganz ähnlich geäußert, als sie das Interview mit dem *Rolling Stone* absagte. Und das war es dann mit Joni und der Revue. Allerdings hatte sie dort auch Kinky

Friedman kennengelernt, der sich als Neuling mit Quasi-Country-Songs à la »They Ain't Making Jews Like Jesus Anymore« und »Proud to Be an Asshole from El Paso« ziemlich weit aus dem Fenster lehnte; Joni sang gemeinsam mit ihm »El Paso« und trug dazu einen Sombrero. Im März ging Joni zu einer Party in Friedmans Wohnung in Hollywood, die laut Dennis Quaid und anderen die Party des Jahrzehnts war. Dylan und Joni verschwanden für ein paar Stunden in einem Zimmer. Als Dylan eingeschlafen war, starrten ihn die Leute einfach an. Joni und Dylan gingen als Letzte. Sie blieben die ganze Nacht und trampten am Morgen zusammen nach Malibu.

* * *

Joni war von Dylan inspiriert, aber nie über einen längeren Zeitraum hinweg. Sie stand ihre eigene Frau. Und abgesehen davon musste sie ihre nächsten Auftritte planen, denn die »The Hissing of Summer Lawns«-Tour sollte demnächst beginnen. Tom Scott wurde durch David Luell ersetzt. (»Eine Art Blabla-Saxophonist«, erinnerte sich Joni. »Er machte als Saxophonist ehrlich gesagt keinen großen Eindruck auf mich. Aber er war gut genug.«) Neue Songs mussten einstudiert werden, von denen einige während der Rolling Thunder Revue geschrieben worden waren.

Jonis Tour begann Mitte Januar, einen guten Monat, nachdem sie bei Rolling Thunder ausgestiegen war. Die Verkaufszahlen von *The Hissing of Summer Lawns* ließen im Vergleich zum Blockbuster-Erfolg von *Court and Spark* zu wünschen übrig, doch die Menschen füllten immer noch die Hallen, um sie zu sehen. Viele von ihnen wollten zweifellos Songs von früheren Alben hören, während andere wohl realisierten, dass sie das Privileg hatten, eine brillante Künstlerin auf dem Höhepunkt ihrer Kräfte zu erleben, die sich immer weiterentwickelte und gerade dabei war, ihre wichtigsten Werke zu schaffen. Die Band machte nicht nur Material von *The Hissing of Summer Lawns* für eine Gruppe von Musikern bühnentauglich und ersetzte Studioeffekte durch Gruppenkadenzen, sondern führte auch »Talk to Me« und »Don Juan's Reckless Daughter« als Medley mit »Coyote« zum ersten Mal öffentlich auf. Am 28. Januar erschien Bob Dylan als Überraschungsgast auf der Bühne des Municipal Auditoriums in Austin, Texas.

Es gibt Fotos davon, wie die beiden gemeinsam »Both Sides, Now« singen, aber die stimmen nicht mit Jonis Erinnerungen an den sehr spannungsgeladenen Abend überein. »Dylan kreuzte bei dem Konzert in Austin auf und benahm sich wirklich äußerst merkwürdig. Er kam wie ein Verrückter auf die Bühne und lief zwischen den Verstärkern hin und her. Er ließ beim Publikum keinen Zweifel aufkommen, dass er da war, aber sonst machte er nichts. Er kam bloß auf die Bühne und lief herum. Wir sangen auch nicht zusammen. Das machte John nervös.«

John Guerin glaubte, Gründe für seine Nervosität zu haben. »Wir waren auf eine Party [von Bob Dylan] eingeladen, aber John wollte nicht mitkommen«, erinnerte sich Joni. »Ich war ziemlich kratzbürstig, weil er einfach nur eifersüchtig auf Dylan war. *Aber da war gar nichts*. Dylan benahm sich wie ein Verrückter, doch zwischen uns lief nichts. Doch da ich ja mit Rolling Thunder unterwegs gewesen war, stellte er [John] sich alles Mögliche vor. Ich gehe also zu dieser Party, und Bob ist da, und mein Freund Boyd Elder ist da, und Bob und ich landen schließlich in Boyds Schlafzimmer.« Boyd Elder kam aus Texas und war ein Freund von Kinky Friedman; Joni und er kannten sich schon seit den Laurel-Canyon-Tagen mit Graham Nash. Er war Grafiker und wurde – zu seinem großen Bedauern – am bekanntesten für seine Eagles-Cover.

Joni und Bob sprachen über Gott wie College-Kids in einem Schlafsaal. »Wir drei waren dort, es war dunkel, und Boyd saß auf einem Stuhl direkt hinter der Tür; Bob schaute aus dem Fenster, und ich saß am Fußende des Bettes.« Sie unterhielten sich darüber, was es bedeutete, wenn Dylan das Wort »Gott« benutzte. War es der alttestamentarische Gott? »In dem Augenblick fliegt die Tür auf, und da steht John Guerin, der Boyd nicht sieht, weil er von der Tür verdeckt wird. [John] schaut mich an, als wäre ich ein Monster, und dann haut er ab und fährt zurück zum Hotel.«

Offenbar glaubte Guerin (fälschlicherweise), dass Joni und Dylan etwas miteinander hatten, also gabelte er die nächstbeste Frau auf. Er bildete sich ein, Joni sei untreu, und für einen Frauenheld wie ihn war die einzig mögliche Antwort, mit einer anderen zu schlafen. Joni verließ Dylans Party wie geplant, ohne eine Antwort darauf bekommen zu haben, was er denn genau meinte, wenn er von Gott sprach. (Die Antwort erhielt sie ein paar Jahre später während seiner Phase als wiedergeborener Christ.) Zu Hause angekommen, ging Joni hoch in ihr Zimmer. Das Zimmer hatte zwei Türen, eine zum Wohnzimmer und eine zum Schlafzimmer, beide dicht beieinander. Als sie an der Schlafzimmertür vorbeiging, hörte sie etwas, das sie als »weibliches Keuchen« bezeichnete.

»Aha, er hat also ein Mädchen bei sich«, dachte sie. Joni klopfte an die eine Tür und stellte sich hinter die andere, und – na klar – das Mädchen kam heraus. Joni und Guerin wurden handgreiflich. Sie war wirklich wütend auf ihn.

»Die Schulter meines Mantels zerriss bei diesem Handgemenge, aber er wehrte sich wie ein Gentleman«, erinnerte sich Joni Jahrzehnte später. »Er hatte eine anständige Mutter und eine anständige Großmutter. Er hatte großartige Frauen, die hinter ihm standen. Also wehrte er einfach meine Schläge ab, während ich schimpfte: ›Wie kannst du es wagen, eine

Frau mit in unser Zimmer zu nehmen?‹ Es stellte sich heraus, dass er eifersüchtig auf Bob war, aber da war ja nichts, weswegen er eifersüchtig zu sein brauchte. Wie dem auch sei, ich hatte an diesem Abend dann noch ein interessantes Erlebnis, wegen all der Emotionen, die da hochkochten. Ich lag in meinem Zimmer und machte etwas Yoga, diese Chakra-Übungen. Mein Hals-Chakra öffnete sich wie eine Lotusblüte, und zwar so weit, dass die Blütenblätter die Kehle berührten und das Atmen erschwerten. Ich rannte zum Fenster und machte so Atemübungen, und es war, als würde eine große Blüte in mir aufsteigen. Sie war zart, aber nahm mir auch den Atem. Also öffnete ich das Fenster und atmete ein paar Mal tief durch, dann ging es wieder. Wir setzten die Tour noch in ein paar Städten fort, hatten dann aber getrennte Zimmer.«

Kurz nachdem es sich innerhalb der Band herumgesprochen hatte, dass Joni und John in getrennten Zimmern schliefen, schob John die Grenzen seiner Freiheit noch weiter hinaus. Joni spielte im Spectrum in Philadelphia, und obwohl sie sonst viel Begeisterung zeigte, einen neuen Song mit einer schillernden Geschichte vorzustellen, wie »Furry Sings the Blues« es einer war, klang ihre Stimme dieses Mal völlig flach und ausdruckslos. Als sie monoton sagte: »Ich liebe eine gute Geschichte«, machte das alles noch merkwürdiger. Joni war schlichtweg nicht in der Lage, eine gute Geschichte zu lieben, wenn sie selbst im Mittelpunkt einer anderen Geschichte stand, die immer ruppiger wurde. Max Bennett erinnerte sich, dass Joni zu diesem Zeitpunkt offenkundig stinksauer war. Bei »Harry's House« sang sie, anstatt von der Akkordsequenz zu dem Vocalese-Take von Lambert, Hendricks & Ross überzuleiten, den Text von Jon Hendricks, der auf dem *Everybody's Boppin'*-Album von Lambert, Hendricks & Ross und *The Hissing of Summer Lawns* der hippste aller Liebesbriefe ist, als zwölftaktiger Blues vertont: »The more I'm with you, pretty baby / The more I feel my love increase / I'm building all my dreams around you / My happiness will never cease / But nothing's any good without you / 'Cause baby, you're my centerpiece.« Doch inmitten des Dramas mit John Guerin sang sie den Text nicht als zwölftaktigen Blues, sondern mit den »Harry's House«-Akkordwechseln, die sie unglücklich herunterklimperte. Plötzlich klang der Text noch ironischer als auf der Platte, wo Joni in der Rolle als Harrys dominierende Frau wiederholt: »Nothing's any good.« Nein, gut war tatsächlich überhaupt nichts.

* * *

Auch auf anderem, für sie neuem Terrain musste Joni ihre Frau stehen: als Bandleaderin. Sie wollte weiter mit John zusammenarbeiten, ihn auch nicht daran hindern, anderen Beziehungen nachzugehen, aber sie musste ihr Herz und ihre Position innerhalb der Band schützen. Wie man so schön sagt: Es war kompliziert. »John war ein Liebhaber, und er war Skorpion. [Skorpione] sind in gewisser Weise extrem loyal, und wenn wir mal jemanden geliebt haben, dann möchten wir, dass die Beziehung weitergeht, wir wollen im Fluss mit den Veränderungen bleiben. Jedenfalls hatte er, auch nachdem wir uns getrennt hatten, auf eine komische Art immer noch eine starke Bindung an mich. Schließlich heiratete er die Vierte, die nach mir kam, aber das Mädchen vor mir hieß Judy, also sagte er: ›Ich möchte, dass Judy mitkommt. Ich kann unterwegs nicht einfach Frauen aufreißen.‹ Er war ein sehr sexueller Mann, und ich sagte: ›Jetzt ist mal Schluss mit dieser Tyrannei! Darauf kann ich verzichten. Aber wenn du das unbedingt willst, dann blamier mich nicht. Ich will mich nicht mies fühlen. Dann musst du halt mit ihr Linienflüge nehmen (denn wir hatten ein Privatflugzeug) […], und sie muss im Hotel bleiben. Du darfst sie auch nicht mit zum Gig bringen, denn dann bedauern mich alle, und ich bin völlig von der Rolle. Sie muss dein Geheimnis bleiben, und du musst ihr klarmachen, dass das die Bedingungen sind. Von mir aus kann sie also kommen, aber du musst mir auch ein bisschen Respekt entgegenbringen.‹ Das hat er alles akzeptiert, und in der nächsten Stadt wurde ich krank. Von dem ganzen Stress bekam ich eine Grippe.«

Judy war nicht nur eine junge Frau, und auch nicht nur eine, mit der John in der Vergangenheit schon mal liiert gewesen war, sondern – wie die Bandmitglieder sagten – außerdem Jonis Ebenbild. Es muss wie ein surrealer visueller Gag gewirkt haben, dieses Joni-Double mit den beiden in Jonis Limo sitzen zu sehen und zu hören, wie die Fans Jonis Namen kreischten, wenn sie ihre Doppelgängerin sahen.

Joni selbst fand nicht, dass Judy ihr zum Verwechseln ähnlich sah. »Judy war viel dünner als ich«, erinnerte sie sich. »Sie war so dünn wie ein Model. Ich bin etwas rundlicher. Wir sind ein Mal aneinandergeraten, in einer Limo, aber nur ein Mal. Ich habe das Flugzeug gerufen und wollte noch in der Nacht fliegen. Ich wollte eine Pause in New York einlegen, denn ich würde dort krank auftreten müssen. Ich wollte mich lieber in New York ausruhen als in Boston. Es sollte also spät am Abend nach New York gehen – halb elf oder elf. Wir kommen also zum Flieger und der Hornist ... Hornisten sind meistens wie Klempner. Sie sind wirklich wie Bier trinkende Klempner. Jedenfalls spielten sie bei den Notsitzen für die Stewardessen Poker, und die Karten hatten eine rote Rückseite mit drei nackten, rosigen Mädchen, die vor einem Vorhang posierten. Die Roadies starrten mich erschreckt an. Und ich dachte: ›Was ist denn hier los?‹ Ich kam da rein, und alle erstarrten. Sie versteckten ihre Münder hinter diesen rosigen Nackten. Ich ging in den nächsten Teil der Kabine und zu meinem

Sitz. John hatte sich dahin gesetzt, wo er immer saß, aber er hatte Judy mitgebracht. Judy saß auf meinem Platz, und für mich war kein Platz mehr. Das war unglaublich dumm von ihm, besonders angesichts dessen, was ich ihm gesagt hatte, und da war ich schon mehr als großzügig gewesen. Es war wirklich zum Kotzen, diese Großzügigkeit. Manchmal neige ich dazu, lächerlich fair zu sein, das ist so ein Beispiel dafür.«

Während der »Miles of Aisles«-Tour hatte Joni es immer genossen, ein Kumpel, einer der Jungs zu sein. Aber jetzt verschlechterten sich die Schwingungen rapide. Erst war die neue Freundin in Jonis Limo mitgefahren, jetzt saß sie in Jonis Privatflugzeug von Boston nach New York. An diesem Punkt sagte Joni zu Elliot Roberts, dass sie unter diesen Bedingungen wirklich nicht arbeiten konnte, aber er drängte sie weiterzumachen. Und als Joni mit Gayle Ford, der Frau des Gitarristen Robben Ford, aneinandergeriet, verschlechterte sie auch die Lage in der Limo.

»Gayle Ford bedeutete nichts als Ärger. Gayle Ford war ein Alphaweibchen. Sie saß in unserer Limo, und als ich einsteige und mir eine Zigarette anzünde, da sagt sie: ›Wirf die raus. Ich mag keinen Rauch.‹ Und ich antwortete: ›Ich werf *dich* raus. Das ist mein Wagen, und du nimmst den Bus.‹ Ich könnte dir zwanzig Beispiele von diesem dominanten Gehabe nennen. Richtig schlechtes Benehmen. Unsensibel. Und ich habe das toleriert. Normalerweise gebe ich nicht so schnell klein bei. Sie hatte gesagt, dass sie mit Robben auf Tour gehen will. Dass sie gerade erst geheiratet haben. Und ich hatte gesagt: ›Frauen haben auf Tour nichts zu suchen. Sie machen ihre Männer verrückt, sie bringen die Musik durcheinander. Deshalb lautet das Gesetz: Keine Frauen auf der Tour. Und es ist ein gutes Gesetz.‹«

Doch Gayle Ford war wild entschlossen, mit auf Tournee zu gehen. Sie appellierte an Jonis fleißige Seite und bat nicht um Nachsicht für sich als Ehefrau, sondern um einen Job. Joni erinnert sich noch, dass Gayle zu ihr kam und sagte: »Ich will euch nicht im Weg stehen. Ich will euch helfen. Gib mir einen Job. Gib mir etwas zu tun.« Joni war einverstanden. Ihre Garderobe war für sie ein komplizierteres Problem als für ihre männlichen Kollegen. Die Roadies hatten John Guerins nasse blaue Wildlederjacke mit Jonis wunderbaren Kleidern zusammengepackt. Als sie in Memphis ankamen, waren die Kleider voller tintenblauer Flecken und damit ruiniert. Joni dachte, es wäre vielleicht gar nicht schlecht, Gayle Ford als Gewandmeisterin der Tour einzustellen. Aber wie Joni die Geschichte erzählt, waren Gayles Konkurrenzdenken und ihre unverhohlene Lust an Jonis Garderobe Stolpersteine, die sie daran hinderten, einen auch nur halbwegs anständigen Job zu machen. »Sie ist ein Klamottenfreak«, erzählte mir Joni. »Ich hatte ein paar meiner Sachen in meinem Koffer gelassen, und sie sagte: ›Da sind noch ein paar Sachen in deinem Koffer. Zähl auf, woran du dich erinnerst, und der Rest gehört mir.‹ Also sagte ich: ›Na gut, Gewandmeisterin ist vielleicht nicht das Richtige. Von jetzt an bist du verantwortlich für die Verpflegung.‹«

Als Bandleaderin war Joni ihrer Zeit voraus und wollte, dass die Musiker sich unterwegs gut ernährten. »Wenn wir ankommen, ist in vielen Städten meistens schon alles geschlossen, und wir brauchen frische Karotten und gesundes Knabberzeug in unseren Zimmern«, sagte Joni zu Gayle Ford. »›Darum kannst du dich kümmern.‹ Also kommt sie, unmittelbar bevor wir auscheckten, mit einem Plastikkühler voller Nüsse und solchen Sachen an. Wir waren immer noch am Proben. Ich griff mir also eine Tüte mit Mandeln, diese knisternden Plastiktütchen, die man einrollen kann, die sich aber von selbst wieder aufrollen. Ich nahm ein paar Mandeln heraus und rollte die Tüte zusammen, aber sie rollte sich wieder auf, also stellte ich sie aufrecht zurück zu den anderen aufrecht stehenden Tüten. Und plötzlich fängt sie an zu kreischen: ›Wer war das?‹ Irgendjemand hatte in die Kühlbox gegriffen, so dass die Mandeln aus der Tüte gefallen waren. Sie rastete aus, und ich habe nur gedacht: ›Diese Frau ist einfach unmöglich. Sie macht mit ihrem Größenwahn alles kaputt. Sie ist ein Albtraum.‹«

In New York traf sich Joni mit Emmett Grogan, dem Gründungsmitglied einer anarchistischen Straßentheatergruppe [Diggers], die in Haight-Ashbury kostenlos Lebensmittel verteilte. Grogan, allen Berichten nach ein Charmeur, wuchs in Bay Ridge, Brooklyn, auf, hatte schon als Teenager eine Heroinsucht überwunden, gewann ein Stipendium für eine noble Privatschule und stahl in den Park-Avenue-Häusern seiner Klassenkameraden. Joni war mehr als fasziniert. Sie hatte Grogan in Paris kennengelernt und wusste noch: »Er sprach Französisch mit einem Brooklyner Akzent.« Sie wollte unbedingt einen netten Abend mit Grogan verbringen und nahm Gayle Ford ins Gebet. »Ich habe zu ihr gesagt: ›Hör gut zu, heute Abend will ich keine Dummheiten.‹ Es war das erste Mal, dass ich sie in die Schranken wies, außer das eine Mal im Wagen, als ich zu ihr sagte: ›Das ist mein Wagen, und ich rauche, wann ich will.‹ Emmett sagte dann, ich sei ja wie de Gaulle. Er sagte, wenn mich irgendjemand an diesem Abend mit einer Pistole bedroht und auf mich geschossen hätte, dann wären die Kugeln von mir abgeprallt und hätten mich nicht getroffen. Ich war sehr stark, weil ich sehr krank war und es satthatte.«

Joni konnte nur kurze Zeit de Gaulle sein. Am 20. Februar stand sie einen Gig im Nassau Coliseum durch. Als sie am 22. Februar im Cole Field House der University of Maryland, College Park, spielten, hatte sie eindeutig die Nase voll. Sie sah, wie ihr Ex-Liebhaber mit einer – natürlich nur optischen –

Kopie ihrer selbst herumprotzte und doch hinter ihr im Takt blieb (den Russ Kunkel mit der Intimität eines Herzschlages verglichen hat).

An jenem Abend in Maryland hatte L.A. Express wie üblich das Vorprogramm bestritten. Jonis Verbitterung war seit dem Zwischenfall am Flughafen in Boston noch größer geworden. Diese Frau würde den ganzen Gig über vor ihrer Nase herumtanzen, und das wegen eines Typs, der nicht nur ihr Ex, sondern auch ihr Angestellter war, und ein ziemlich gut bezahlter noch dazu. Joni musste das schon seit Tagen ertragen, und es wurde immer schwieriger. Sie hatte nicht gescherzt, als sie Elliot Roberts sagte, sie könne es nicht mehr ertragen – und jetzt sollte sie auf die Bühne und ein Stadion mit 18000 Zuhörern bespaßen, davon singend, wie es ist, nicht genug von ihrem Lover zu bekommen oder zu balzen und jemanden zu umwerben oder durchzudrehen? Joni war hart im Nehmen, aber sie war auch sensibel. Und sie wusste, wenn es Zeit war, die Reißleine zu ziehen.

Schon der Soundcheck verhieß nichts Gutes. »Der Sound hallte von den Wänden wider, und zwischen meiner Krankheit und dem schrecklichen Sound dachte ich: ›Unter diesen Umständen kann ich nicht auftreten.‹ Ich hörte nichts als mein eigenes Echo. So wie wenn man am Telefon ist, und es gibt eine Rückkopplung, sodass man nicht richtig mit dem anderen sprechen kann.« An diesem Abend war Joni in ihrer ganz eigenen Echokammer. Als es Zeit für ihren Eröffnungssong war, spielte die Band den vertrauten Groove, Joni griff zum Mikro und intonierte »Help me ...«, bevor sie fluchtartig die Bühne verließ. Sie brauchte *wirklich* Hilfe. 18000 Tickets wurden zurückgegeben. Fünf weitere Inlandsauftritte wurden abgesagt. Der Europateil der Tour wurde gestrichen. Max Bennett schätzte, dass er persönlich dabei 60000 Dollar verlor – nach damaligem Wert. Joni spielte danach noch ein paar Gigs – beim »Last Waltz«-Konzert von The Band an Thanksgiving 1976, einem Save-The-Whales-Benefizkonzert und beim zweiten »Bread and Roses«-Festival 1978 –, doch sie zog sich zurück, weil sie spürte, dass ihr Wohlbefinden wertvoller war als alle Deals, die die Männer, die sie managten, aushandelten. Es fühlte sich nicht so an, als würde sie ihre Fans im Stich lassen, sondern eher, als rette sie ihre Seele. Emmett Grogan starb 1978 im F-Train von New York City nach Coney Island an einem Herzinfarkt, obwohl andere glaubten, dass eine Überdosis Heroin im Spiel war. Bob Dylan widmete ihm 1978 sein Album *Street Legal.*

Eine Autoreise nach Maine entwickelte sich zu einem umständlichen Solo-Trip zurück nach Hause, nach Los Angeles. Auf der langen Fahrt schrieb sie eine Menge Songs, und mit denen, die sie schon angesammelt hatte, reichte es für ein weiteres Album. Ein Song hieß versuchsweise »Travelling«, aber sie blätterte in einem Lexikon, auf der Suche nach einem besseren Wort. Schließlich fand sie es – Hejira: Flucht und Ankunft.

Kapitel 20

Hejira und die Kunst des Verlusts

»Die Kunst des Verlusts ist nicht schwer zu meistern; / so viele Dinge scheinen voll des Vorsatzes, / verloren zu gehen, sodass ihr Verlust keine Katastrophe ist«, schrieb Elizabeth Bishop in ihrem späten Gedicht »One Art« (1976). Jonis Musik fing schon von Anfang an die beunruhigende Wahrheit ein, wie schnell das Leben uns lehrt, die Kunst des Verlusts zu meistern, wie viele Dinge – Orte und Menschen ebenso wie geliebte Habseligkeiten – mit voller *Absicht* verloren zu gehen scheinen. Das Jahr 1976 lehrte Joni in ganz besonderem Maße die Kunst des Verlusts. Sie hatte bereits ihre Tochter weggegeben, Liebhaber hinter sich gelassen und eine zweimonatige Tour abgebrochen, die viel länger hätte dauern sollen. Von etwas anderem war sie ganz sicher, dass sie es verlieren sollte – ihr Ego, dieses aufgeblähte Monster, das von Kokain genährt wurde.

Dass man nicht weiß, was man hat, bevor es verschwunden ist, hatte sie uns schon mitgeteilt, aber inzwischen hatte sie die Nase voll von Verlusten. Dabei standen ihr noch so viele bevor: ihr kompletter Stimmumfang, ihr Sopran, einen Großteil ihres Publikums, die Gunst der Kritiker. Mit *The Hissing of Summer Lawns* hatte es angefangen, und je abenteuerlustiger sie wurde, desto begriffsstutziger waren die Reaktionen. Bei dieser Lotterie drohten herbe Verluste: je anspruchsvoller die Kunst, desto größer der Verlust. Allerdings beginnt für Joni die Kreativität dort, wo ein Verlust zu verbuchen ist. Das war schon so, als die Kinderlähmung sie ihres Traums beraubte, Sportlerin zu werden. Sie war noch ein Kind, als sie aus dem Krankenhaus zurückkam und feststellen musste, dass sie nicht mehr die Erste war, die in ein Team gewählt wurde; sie zog sich in sich selbst zurück und fand schließlich heraus, dass sie eine Künstlerin war. Eine Joni Mitchell ohne Polio hätte leicht eine Joni Mitchell werden können, der die Tiefe und Düsternis von *Blue* verschlossen geblieben wäre.

Der Abbruch der »The Hissing of Summer Lawns«-Tour brachte eine andere Art von Verlust mit sich, und zwar einen finanziellen Verlust für die Musiker von L.A.Express (natürlich auch für sie selbst). Und doch führten diese Monate ohne Verpflichtungen – zunächst mit Reisegefährten, dann alleine – zu Entdeckungen, die sie vielleicht nicht gemacht hätte, wäre das Leben wie geplant verlaufen. Und bestimmt hätten sie nicht zu dem perfekten Aufruhr von *Hejira* (1976) geführt, einem Album, das von ihren glühendsten Fans nicht weniger geliebt wird als *Blue*, und das es an die Spitze einiger Listen mit Lieblingsplatten von Joni Mitchell geschafft hat. Perry Meisel, Englischprofessor an der NYU, kritisierte *Hejira* in der *Village Voice* scharf, weil das Album sowohl Freud als auch literarische Theorien ignoriere. Meisel regt sich über ihr Aussehen und ihre Klamotten auf und erinnert die Leser an die Schmähungen im *Rolling Stone*, bevor er ihre Sprache zerpflückt:

> *Hejira* präsentiert die Queen of El Lay deutlicher als jemals zuvor im Gewand einer Dichterin, mit Umhang, Baskenmütze, abgespreiztem kleinen Finger und vor einer entschieden abstrakten Landschaft. Na ja, so müssen Dichter wohl aussehen, aber Mitchells (Selbst-)Porträt scheint sich dessen ein wenig zu bewusst zu sein. Mitchell hat natürlich ständig versucht, sich als Dichterin zu verkaufen, hat ihre Texte auf der Hülle ihrer Schallplatten abdrucken lassen. Sie sind kaum mehr als eine Hörhilfe, erzeugen aber doch eine unterschwellige Verpflichtung zu Prüfung und erneuten Lektüre. Metaphern wild zusammenzuwürfeln ist eine Sache, aber mit seinen Ansprüchen in schwarz auf weiß hausieren zu gehen, schon eine andere.[1]

Weil Joni die Möglichkeit hatte, im Titeltrack einen Blick zurück auf ihre Zeit der »Kleinkriege«, wie sie es nannte, mit

John Guerin zu werfen (der auf diesem Album weiterhin am Schlagzeug sitzt), und zwischendurch ein paar kleinen Liebeleien nachging, konnte sie wieder tief in das Arsenal der Herzschmerz- und Love-'em-and-leave-'em-Songs greifen, nach denen ihre Fans von *Blue* und *Court and Spark* so schmachteten, auch wenn die Rückkehr zu alten Themen immer auf neuen Wegen erfolgte. *Hejira* ist von nichts die Fortsetzung. Es geht darum, voll auf Koks und besoffen vor Liebe zu sein, und schließlich um einen Augenblick nüchterner Klarheit. Es ist die nächtliche Party und der Morgen danach. »Down to You« hat die Zuhörer schon gelehrt, dass alles kommt und geht; dieses Mal kommen Ebbe und Flut des Lebens zurück, aber in der Ich-Perspektive. Jetzt stürzen die Dinge auf *sie* ein. Ob sie über Amelia Earharts mutigen, autarken, aber zum Scheitern verurteilten Flug entlang des Äquators grübelt, oder die Implikationen des 30. Geburtstags – die Musik scheint die ihr gesetzten Grenzen zu überwinden und schafft ebenso viel Raum, wie sie einnimmt. Seit *Blue* waren fünf Jahre vergangen, aber es klang nach einem ganzen Leben.

Vieles hatte sich in dieser Zeit geändert. Sie war erwachsen geworden, hatte Fortschritte im Leben gemacht, und all das auf ihren Alben in Echtzeit eingefangen. Sie behauptete, bei Rolling Thunder eine ganze Oktave eingebüßt zu haben (wobei ihr Sopran beim »Last Waltz«-Konzert noch immer über Neil Youngs Stimme schwebte). Ihre Stimme klang gewiss schwerer, sowohl wörtlich als auch figurativ. 1971 hatte es sie noch schockiert, dass ihr Leben nicht die erwartete Richtung nahm. 1976 war das finstere Realität, auch wenn ihre Leidenschaft unverändert stark blieb. Die Songs von *Blue* hätten auch nicht abgeschickte, private Briefe sein können. Und auch *Hejira* brachte jede Menge persönliche Enthüllungen für alle, die sie hören wollten. Dabei war Gott (oder der Teufel) in den Details zu finden: Coyote schnuppert an seinen Fingern, die nach einer Frau riechen, Mama trägt Nylons unter ihren Cowgirl-Jeans, ein Mann und eine Frau sitzen auf einem Felsen, der entweder schmelzen oder gefrieren wird. Jonis Kopf schnappt Bilder auf und wandelt sie in Worte. Sie war nicht auf der Suche nach Dichtung, sondern eher nach Kopfkino. »Mädchen, du machst, dass ich vor meinem inneren Auge Bilder sehe«, sagte ihr eine Frau Backstage während der Grammys. Joni hat viele Komplimente erhalten, aber das, verriet sie mir, gehört zu ihren liebsten.

Kurz nach Abbruch der »The Hissing of Summer Lawns«-Tour machte Joni im März 1976 mit zwei männlichen Begleitern eine Autoreise – einem australischen Ex-Geliebten und einem jungen Flugbegleiter, der in »A Strange Boy« verewigt werden sollte. Die Idee war ihnen am Strand von Neil Youngs Haus gekommen. Ziel der Reise war Damariscotta, Maine, wo sie die Tochter ihres Ex-Lovers vor dessen Verwandten retten wollten. Selbstredend war der beste Weg, die Probleme um einen Ex-Lover zu vergessen, mit einem *anderen* Ex-Lover und einem weiteren Mann zu verreisen und mit letzterem eine Affäre zu beginnen, deren Verfallsdatum von vornherein feststand. Als sie Robben Ford anrief, den Gitarristen der letzten beiden Touren und von *The Hissing of Summer Lawns*, der sich vom Abbruch der Tour wohl noch nicht erholt hatte, war sie noch immer auf Koks. »He, Robben, ich bin demnächst in Boulder«, ließ sie ihn wissen. »Prima, komm doch vorbei«, sagte er. Warum zum Teufel auch nicht? Er hatte schließlich vor Kurzem bei ihr in L.A. gepennt, wo sie unlängst in ihre Bel-Air-Zuflucht eingezogen war. Wenn sie nicht gerade einen Nervenzusammenbruch hatte, dann war Joni ein echter Knaller. Davon abgesehen hatte er etwas für sie, von dem er wusste, dass sie darauf abfahren würde – eine Vorabpressung von Jaco Pastorious' gleichnamigem erstem Album, das 1976 bei Epic erschien.

Es war alles andere als eine beiläufige Empfehlung – zu einer Zeit, als man eine Aufnahme nicht praktisch überall zu hören bekam, blieben bestimmte Veröffentlichungen selbst großer Label praktisch unbekannt. Als das Album herauskam, hatten die meisten Menschen im Musikgeschäft den Namen Pastorius noch nie gehört, kannten aber andere Musiker, mit denen er gespielt hatte: Herbie Hancock, Wayne Shorter, Michael Brecker, sogar auf einem Track der wiedervereinigten Sam & Dave war er zu hören. Und sobald man ihn einmal gehört hatte, sprach sich das schnell herum. Die meisten elektrischen Bassisten machten 1976 nichts anderes, als im Takt zu bleiben oder die Slap-Technik des damaligen Funk zu reproduzieren. Pastorius schien aus dem Nichts zu kommen und zwang jeden E-Bassisten, sein Spiel zu überdenken – oder besser noch, sein Leben. »If Charlie Parker Was a Gunslinger, There'd Be a Whole Lot of Dead Copycats«, war der provokative Titel einer Komposition von Charles Mingus, der ein paar Jahre später in Jonis Dunstkreis treten sollte. Auch in Pastorius' Kielwasser tummelten sich eine ganze Reihe Nachahmer. Pastorius brachte den E-Bass zum Singen und das in einer Bandbreite, von der andere Bassisten nicht einmal zu träumen wagten, er spielte die Klänge, nutzte die Rhythmen und ließ die Räume, nach denen Joni sich sehnte und die sie von anderen Musikern vergeblich einforderte.

Robben Ford spielte Joni Pastorius' Solo-Bass-Ballade »Portrait of Tracy« vor, die Harmonien höchst eigenwillig und extravagant nutzt und dabei die höheren Lagen auslotet, wie noch kein Bassist vor ihm. Der Song klingt wie ein Duo mit nur einem Sänger, mit Bassklängen, die gerade genug Unterstützung für die Akrobatik in den höheren Lagen liefern. Es war, als würde ein Bariton anfangen, Sopran zu singen. Pastorius befreite den Bass von seinen Bünden im Versuch, das Volumen eines elektrischen Instruments mit den Freiheiten, die ein Kontrabass bietet, zu kombinieren. Er war nicht der Erste, der den E-Bass ohne Bünde spielte – Bill Wyman von den Stones, Jack Bruce von Cream, Rick Danko von The Band und John Paul Jones von Led Zeppelin gingen ihm darin voraus –, aber er war der erste Virtuose. Pastorius verglich Bünde mit Bodenschwellen. Er musste den Bass mutwillig zerstören, um diese Töne herauszukitzeln. Der daraus resultierende Klang war etwas völlig Neues, als hätte er die verborgene Schönheit eines Instruments entdeckt, das für diesen Tonumfang nicht gebaut war. Und er blieb mit einer solchen Genauigkeit im Takt, dass er all diese originellen Schnörkel spielen konnte, ohne das Ganze aus den Augen zu verlieren.

Einige der wagemutigsten Erneuerer haben die Barrieren zwischen den Instrumenten überwunden. Man weiß, dass Charlie Parker mit Geigennoten geübt hat. John Coltrane spielte nach Harfennoten und versuchte, dem Tenorsaxophon einzelne Töne zu entlocken, die Akkordinstrumente als Klangkaskaden spielen würden; mit dem Versuch, Harfenakkorde auf dem Saxophon zu spielen – tut man es schnell genug, dann frieren die Akkorde gewissermaßen ein –, verschob Coltrane die dem Instrument immanenten Grenzen. »Portrait of Tracy« war ein Stück, über das sich viele Musiker den Kopf zerbrachen und sich fragten, wie Pastorius machte, was er da machte, besonders mit einer Ballade, die emotional ebenso tief wie bahnbrechend war. Erst als er das Stück live aufführte, glaubten ihm die Skeptiker schließlich, dass keine Studio-Tricks im Spiel waren. Es wäre ein Understatement zu behaupten, dass Pastorius – der so oft von sich sagte, er sei der Coolste, dass es auf seinem Grabstein hätte stehen sollen – kein bescheidener Mann war; die prometheischen Abenteuer auf seinem Instrument zeigen, warum.

Joni sagte, Jaco würde so klingen, als hätte sie ihn sich ausgedacht. Sie hatte sich immer nach einem Bassisten gesehnt, der sein Instrument so anging, dass er damit ihre Sopranhöhe erreichen konnte. Max Bennett, der ein großartiger Begleitmusiker war, sträubte sich gegen einige der verwegenen Dinge, die Joni forderte. Selbst als Joni sich Jahre später noch einmal die Stücke anhörte, die sie von *Court and Spark* (»Trouble Child«) bis *Hejira* mit Bennett eingespielt hatte, und erkannte, dass er recht damit gehabt hatte, sich querzustellen, hörte sie doch in Pastorius einen Geistesverwandten. Joni erfuhr, dass dieser Typ in Miami war und mit Bob Hope und Phyllis Diller auftrat. Wenn sie das nächste Mal ins Studio ging, musste sie ihn herüberholen.

Allerdings hatte sie noch nicht alle Songs für das nächste Album geschrieben, und in diesen reiselustigen Monaten verbrachte sie so viel Zeit auf der Straße, wie sie es während der Tour getan hätte, vor der sie davongelaufen war – nur ohne Limos, Privatflugzeuge, einem Gefolge und zahlenden Zuhörern, die Schlange standen, um sie zu sehen. Sie umgab sich nur mit Menschen, in deren Gesellschaft sie sein wollte – und dazu zählte sicher nicht John Guerin, zumindest so lange nicht, bis die Lage sich beruhigt hatte und sie wieder im Studio war, wo sie sich darauf verlassen konnte, dass er so Schlagzeug spielte, wie nur er es konnte.

Ihre Reiseroute war strapaziös. Sie war der Tour entkommen und weiter auf der Flucht. Kokain ließ Energie und Selbstvertrauen übersprudeln und erwies sich auch als Marschpulver für einige Tracks – besonders für die nicht enden wollenden Zeilen von »Song for Sharon«. Zehn Strophen ohne Refrain oder Bridge – vielleicht reine Verwegenheit, doch anders kann man sich den Song nun nicht mehr vorstellen. Joni pokerte hoch, wenn sie auf Koks war – aber wann hatte sie jemals nicht hoch gepokert? Der aufgedrehte Sprechgesang war auf Koks entstanden, ebenso das assoziationsreiche »Don Juan's Reckless Daughter« und das redselige

»Talk to Me«. Auch früher war Joni schon aufgedreht, assoziationsreich und redselig gewesen, aber mittlerweile steckte sie ihre Ziele höher. Der romantische Schwung so vieler Songs, von »Both Sides, Now« bis zu »Sweet Bird« (und auch jetzt noch in »Amelia«) machte Zeilen voller Gesprächsfetzen aus dem Mund einer Frau Platz, die bereits viel redete, jetzt aber offenkundig noch mitteilsamer wurde, »always talkin'« wie sie es ausdrückte, »chicken squawkin'«.

Die dahingehauchten Folksongs früherer Jahre waren passé, wenn auch nicht für immer. Später sollte sie oft sagen, dass Kokain das Herz zerstören würde und dass es für so vieles, was mit der Popmusik nicht mehr stimme, verantwortlich sei. Die Kokain-Phase war vielleicht nicht *der*, aber doch ein Wesenskern ihrer Arbeit zu dieser Zeit, und mit der anschließenden Abstinenz verhielt es sich nicht anders. Auch der Entzug war Teil der Reise. Sie fuhr nach Maine, verabschiedete ihre beiden Mitreisenden, landete in New York City, machte einen Schwenk über Florida, reiste inkognito durch den tiefsten Süden der USA und dann durch die Wüste. Als sie wieder zu Hause war, konnte *Hejira* eingespielt werden.

Kapitel 21

Crazy Wisdom

Robben Ford machte Joni nicht nur mit Jaco Pastorius bekannt; seine Frau Gayle, die ihr auf der »The Hissing of Summer Lawns«-Tour so viel Ärger gemacht hatte, warf bloß einen Blick auf Joni: »[Sie] sagte, ich sei in einer schlechten Verfassung, und nahm mich mit zu ihrem Guru.« Und das war nicht irgendein Guru. Vidyadhara Chögyam Trungpa Rinpoche war Gründer der Shambhala-Methode und der Naropa University in Boulder. Der tibetische Buddhismus sah in Trungpa einen wiedergeborenen Lama, den elften »Trungpa Tulku«, sowie Linienhalter der Kagyü- und Nyingma-Tradition. Er war bereits in Jugendjahren Abt der Surmang-Klöster und erhielt eine umfassende Ausbildung, bevor er 1959 im Zuge der chinesischen Invasion Tibets ins Exil nach Indien floh.

»Ich bin dem Buddhismus schon auf der Kunstschule begegnet, als überall für den mystischen Osten geschwärmt wurde«, berichtete Joni Malka Marom viele Jahre später. »Damals zog mich das nicht besonders an. Ich hielt das alles für mystisches Kauderwelsch.«[1]

Aber in Trungpa fand Joni ihr spirituelles Gegenüber.

Manchmal braucht es einen Dieb, um einen Dieb zu fangen. Der tibetische Buddhismuslehrer und Joni trafen sich kurz vor Ostern. »Er fragte mich: ›Glaubst du an Gott?‹«, erzählte mir Joni. »Ich sagte: ›Ja, hier ist mein Gott und hier mein Gebet.‹ Ich holte das Kokain raus und zog vor seinen Augen eine Linie. Ich war in Anwesenheit eines spirituellen Meisters also sehr, sehr, sehr unhöflich.«

Mit an Sicherheit grenzender Wahrscheinlichkeit hatte Trungpa schon Schlimmeres gesehen. Wahrscheinlich hatte er auch schon Schlimmeres *getan*. In Kreisen der Popkultur war er am ehesten durch seine Verbindung zu Allen Ginsberg bekannt, dem berühmten Beat-Dichter, mit dem Joni Ende 1975 einen unvergesslichen Monat auf der »Rolling Thunder«-

Tour verbracht hatte. Trungpa war ein ungewöhnlich charismatischer Lehrer, und er spielte nicht nach den Regeln. Er war ein schwerer Trinker –Alkoholkonsum verstößt gegen das buddhistische Verbot von Rauschmittelgenuss –, und es leuchtet, gelinde gesagt, nicht gerade ein, dass ein selbsternannter »Heiler«, auch ein so gefeierter, jemandem helfen sollte, von einem Stoff wie Kokain loszukommen, wenn er selbst alkoholabhängig war. (Tatsächlich *starb* Trungpa 1987 an den Folgen seines Alkoholismus.)

Trungpa hatte nie versucht, sein Saufen zu verheimlichen – bei öffentlichen Vorträgen war er häufig betrunken –, sowie die Neigung, mit seinen Studentinnen Affären zu haben. Es verhielt sich wie in diesem alten Witz: »Make me one with everything«, sagte der Buddhist zum Hot-Dog-Verkäufer und reichte ihm einen Fünfzig-Dollar-Schein. Dann bekommt er den Hotdog mit allem drum und dran, aber kein Wechselgeld. Die Pointe? »Change comes only from within.« Es war sicher schwierig, mit Hilfe eines betrunkenen Heilers clean zu werden, aber Joni fand ihren eigenen Weg, mit allem eins zu werden und sich von innen heraus zu verändern. »Crazy wisdom« – Trungpas Redewendung – war metaphysischer Dünkel, der aber doch irgendwie funktionierte.

Pema Chödrön[2] wurde ein paar Jahre vor ihrer Begegnung mit Joni Trungpas Schülerin. Über die Erfahrung, ihn als Lehrer zu haben, schrieb sie Folgendes:

> Als ich Trungpa Rinpoche 1974 fragte, ob er mich als Schülerin annehmen würde, war ich noch nicht bereit, mich bedingungslos an ihn zu binden. Aber zum ersten Mal im Leben hatte ich einen Menschen getroffen, der nicht in etwas verstrickt war – einen Menschen, dessen Geist nie von etwas abgelenkt war –, und ich begriff, dass ich das auch erreichen konnte. Ich war unglaublich von ihm angezogen, weil ich merkte, dass

ich ihn nicht manipulieren konnte. Fühlte man sich von ihm durchschaut? So persönlich war das gar nicht. Eher: Hier ist ein Mann, der die Menschen von ihren Egotrips herunterbringt. [...] Wenn wir eng mit einem Lehrer zusammenarbeiten, dann werden uns all die Verhaltensweisen klar, mit denen wir uns abschotten und abkapseln, all das Anklammern und Umklammern, all die Arten, auf die wir unsere Welt beschränken und somit erstarren lassen, und an die wir uns so gewöhnt haben. Das ist nervenaufreibend. An einem solchen Punkt wollen wir entweder dem Lehrer die Schuld geben oder uns selbst, oder irgendetwas machen, das uns vertraut ist oder das uns tröstet und dafür sorgt, dass wir wieder Boden unter den Füßen verspüren. Aber wenn wir uns bedingungslos darauf eingelassen haben, wenn wir durchhalten, dann laufen wir nicht vor dem Schmerz davon, den der Anblick unseres Selbst verursacht – und das ist ziemlich revolutionär und verändert uns. Doch wie viele von uns sind dazu bereit? Man muss schrittweise das Vertrauen entwickeln, dass es letzten Endes eine Befreiung ist, wenn wir die Annahmen über die Realität, an die wir uns so geklammert haben, loslassen.[3]

Die meisten von Trungpas Schülern versuchten, ihn zu beeindrucken, aber Joni glaubte nicht, dass das der richtige Weg sei, um ihn kennenzulernen. »Ich hatte keine besonders hohe Meinung von ihm, weil die Frau [Gayle Ford], die mich zu ihm schleppte, ein Trottel war. Aber dann sah ich, dass er es schon draufhatte, also schaute ich ihn ehrfürchtig an und schmeichelte ihm und flog damit voll auf die Nase.« Wie schon Pema Chödrön von Trungpa sagte: Egotrips waren seine Sache nicht.

Es brauchte nicht länger als eine Viertelstunde: Sie trafen sich, Barrieren brachen zusammen. Plötzlich ging sie in die Knie vor etwas, das noch mächtiger war als Kokain. Trungpa begann mit einer Atemtechnik, die – für Joni – Gnade verströmte. Joni verlor ihr Ich. Ein Ego, das so aufwendig mit Ruhm, Kokain und der Bewunderung durch attraktive Männer gepäppelt worden war, hörte auf zu existieren. In Tibet nennen sie das den »schnellen Weg«. Als sie ging, hatte sie das Gefühl, »erweckt« zu sein. In »Refuge of the Roads« zollte sie ihm Tribut als »friend of spirit«, der »drank and womanized«. Als sie den Song 2002 noch einmal für *Travelogue* einspielte, änderte sie das in »a drunk with sage's eyes«. Trungpa war all dies – das einzig Wahre, davon war Joni überzeugt.

Mit anderen Worten, es entwickelte sich eine nachhaltige Lehrer-Schülerin-Beziehung daraus. Als sie, ihrer eigenen Einschätzung nach, die vierte Ebene des Buddhismus erreicht hatte – auch die vierte der vier Stufen der Verwirklichung genannt –, glaubte sie, ihm eine Frage stellen zu können, die sie selbst als eine »beliebige, dumme Anfängerfrage« bezeichnete: »Was ist der Sinn des Lebens?« Trungpa antwortete so zynisch, wie sie es verdient hatte. »Als er fertig war, musste ich lachen, und ich fühlte mich wie eine Eingeweihte«, erzählte sie mir. »Ich hatte das Gefühl, dass er mit mir nicht wie mit einer Anfängerin redete. Wir beide brachen in ein Gelächter aus, das nie zu enden schien. Es wurde immer besser. Es war köstlich. Seine Antwort war zynisch, aber auch realistisch, da gab es keine Zweifel. Sie lautete: ›Das Leben ist scheiße, und dann stirbt man.‹«

Vielleicht ist das so. Aber Joni war noch nicht bereit zu sterben. Sie musste noch ihrer Muse gerecht werden, war auf einem ihrer kreativen Höhepunkte und hatte Songs zu liefern. Als das Ego zurückkehrte, wusste sie, damit umzugehen. Es war genauestens justiert, nuanciert und dekantiert. Das Album, das sie demnächst einspielen sollte, profitierte von allen möglichen Inspirationen. Es entstand in absoluter Klarheit und Ruhe, und auch ihr Maler-Ego war wieder zurückgekehrt, wie ein alter Freund.

Auch wenn einige starke Songs auf *Hejira* vom Kokain befeuert waren, so brachte ihr Entzug und die damit einhergehende Klarheit auch Songs hervor, die von einer anderen und nicht weniger fesselnden Kraft hervorgebracht wurden. Dazu musste sie jenes Ego loslassen, von dem sie bereits in »Coyote« gesprochen hatte: »I tried to run away myself / To run away and wrestle with my ego.«

Die unvergessliche Baskenmütze, die sie auf Normann Seffs wunderschönem Albumcover trägt, gehört zu den Insignien der Malerin Joni. Auf dem Gatefold bildete Joel Bernstein Joni in der Wildnis ab, wie schon auf dem Foto für *For the Roses.* Joni wusste ganz genau, was sie wollte, und machte sehr genaue Vorgaben für die Aufnahmen, sodass nichts dem Zufall überlassen blieb. Nachdem sie vor dem Debakel an der University of Maryland geflohen war, spielte die Band am 29. Februar 1976 noch einen weiteren Gig im Dane County Coliseum in Madison, Wisconsin. Dort in der Nähe entstanden auf einem gefrorenen See beim Edgewater Inn die Schlittschuhbilder für das Gatefold des Albums. Joni war wie für eine Beerdigung komplett schwarz gekleidet: schwarze Stola, Krepp-Kleid und wollene Baskenmütze. Alles, was sie jetzt noch brauchte, waren schwarze Schlittschuhe. Allerdings schrieben wir die Siebziger: Frauen trugen weiße, pink- oder fleischfarbene Schlittschuhe, Männer schwarze oder waldgrüne. Es war, als wollte sie auf dem Spielplatz wieder Roy Rogers spielen. Und es war für eine Frau schwieriger, als man vielleicht glaubt, einen Händler zu überzeugen, ihr doch schwarze Schlittschuhe zu verkaufen.

»Hören Sie! Ich brauche einfach Schlittschuhe für Männer.«

»Aber die sind für Männer.«

Joni stritt sich mit dem Verkäufer. Schließlich sagte sie: »Verkaufen Sie mir einfach schwarze Schlittschuhe.«

Ihr war klar, dass sie merkwürdig aussah. Sie wusste aber

auch, dass die schwarze Kleidung vor dem schneeweißen Hintergrund auf jeden Fall den Kontrast bilden würde, den sie erreichen wollte. Sie instruierte Bernstein. »›Du weißt schon, schieß einfach eine Menge Bilder.‹ Und das wurden die besten Bilder überhaupt, besser als die mit dem nackten Hintern, obwohl das auch ein eindrucksvolles Foto von Landschaft und Körper ist.«

Ob es nun um schwarze Stiefel oder ein nacktes Hinterteil ging, Jonis Cover wurden immer genau so, wie sie sich das vorstellte – als hätte sie selbst fotografiert. Und was die Platte betraf, die in der Hülle steckte, so hatte sie gute Gründe für ihre konkreten Vorstellungen des Äußeren. Denn der Inhalt bedeutete einen weiteren Durchbruch.

Es war schon ein besonderer Trip nach Boulder. Robben Ford hatte ihr »Portrait of Tracy« vorgespielt, Gayle Ford sie mit Trungpa bekannt gemacht. Anschließend fuhr Joni weiter, von Küste zu Küste, hin und her. Auf diesem Trip schrieb sie den Rest der *Hejira*-Songs, in Motelzimmern, die sie manchmal unter dem Namen »Charlene Latimer« buchte. Während der »Rolling Thunder«-Tour hatte sie »Coyote« geschrieben, ebenso wie »Don Juan's Reckless Daughter« und »Talk to Me«, die sie sich aber für ein späteres Album aufhob. »Furry Sings the Blues« entstand bei der »The Hissing of Summer Lawns«-Tour. Diese Songs wurden vom Kokain befeuert. Der Rest von etwas anderem. Trungpa half ihr, Klarheit zu finden. Und Jaco führte sie in eine neue Welt der Harmonien. Diese beiden erleuchteten Außenseiter spielten eine entscheidende Rolle beim Zustandekommen jenes exzentrischen, inspirierten Meisterwerks, das *Hejira* nun mal ist. Und sobald Joni mit Trungpas Hilfe herausgefunden hatte, wie sie sich von ihrem Ego befreien konnte, trat es zügellos in den Vordergrund, besonders, wenn es vom wilden, ungezähmten Genius des Jaco Pastorius hervorgelockt wurde. Obwohl er nur auf vier der neun Songs des Albums mitspielt – »Coyote«, »Hejira«, »Black Crow« und »Refuge on the Roads« –, ist seine Präsenz doch so umfassend, dass sie über diese Songs hinauszugehen scheint. Seine Begeisterung ist überall zu spüren. Dass »Coyote« einem das Gefühl zu geben vermag, auf einem Highway unterwegs zu sein, ist nicht zuletzt sein Verdienst: Die wechselnd angeschlagenen Akkorde mit der kontrapunktischen Bassbegleitung sind das akustische Äquivalent eines Fahrens unter Highwayleuchten, wo hell und dunkel sich abwechseln.

Max Bennett spielte seinen Bass in »Furry Sings the Blues« und »Song for Sharon« so handfest, präzise und emphatisch wie immer. Pastorius und er trafen im Studio nie zusammen, und Bennett fühlte sich Joni so entfremdet, dass er sich nie mit dem Album identifizierte. Larry Carlton spielte in »Coyote«, »Amelia«, »A Strange Boy«, »Blue Motel Room« und »Black Crow« Gitarre – alles per Overdubs. Im gleichen Jahr spielte Carlton auf Steely Dans *The Royal Scam* – darunter auch das legendäre Solo in »Kid Charlemagne« –, wobei er sowohl mit Rock-Theatralik als auch mit einem hoch entwickelten Verständnis von jazzigen Akkordwechseln renommierte. Carltons Beiträge sind unvergesslich: lyrisch in »Amelia«, aggressiv in »A Strange Boy« und komplex in »Black Crow«. Pastorius oder Bennett ist er nie begegnet. Er war tagsüber im Studio, sie nachts. Joni hatte alles so weit im Griff, dass ihre Mitspieler jeweils unabhängig an ihren Overdubs arbeiten konnten.

»Bei *Hejira* spielten wir kaum zusammen«, berichtete Joni. »Bei diesen großartigen Musikern musste ich nicht mehr sagen als ›Spielt, was ihr fühlt‹. Sie hatten alles aufgeschrieben, also kannten sie die harmonischen Strukturen. Nur mit Carlton kam es zu einem Streit. Ich riss die Gitarre herum und spielte sie ziemlich verwegen, vor allem für eine Frau. Carlton hatte viele Techniken drauf, die ich nicht beherrschte, aber besonders wild hat er nie gespielt. Er ist eher der filigrane Typ.

Dieses Mal wollte ich, dass er bei diesem einen Ton richtig abgeht, und das machte er einfach nicht mit. Das war die einzige Anweisung, die ich ihm jemals gegeben habe. Und er machte das einfach nicht. Also habe ich seinen Einsatz auf Vier statt auf Eins gelegt und beim Mix die Lautstärke angehoben. So habe ich diesen Klang hinbekommen.«

Viele, viele Jahre und kulturelle Höhepunkte später gab Joni 2013 ihr vorerst letztes öffentliches Interview, bevor sie ein paar Tage später zum letzten Mal öffentlich auftrat, und beides während des Luminato Festivals in Toronto, das in der Massey Hall ein zweitägiges Programm zur Feier ihrer Musik veranstaltete. Der Popmusikkritiker der *New York Times*, Jon Pareles, fragte sie im Zuge des Interviews behutsam, welcher Teil ihrer Arbeit ihr am meisten Freude bereitet hätte. Ihr fiel die zweite Strophe von »Furry Sings the Blues« ein, ihr Klagelied über den Niedergang der Beale Street in Memphis, Tennessee, mit einem todgeweihten Furry Lewis, der schon nicht mehr laufen kann, aber bis zum letzten Atemzug singt. Lewis war eine weniger bedeutende Figur der Bluesszene von Memphis, er hatte vierzig Jahre als Straßenkehrer gearbeitet und gerüchteweise mit W. C. Handy höchstselbst zusammengespielt. Handy hatte sich bekanntermaßen gefragt, was wohl passieren würde, wenn die Beale Street reden könnte. Jetzt, da die Beale Street im Sterben lag, erhob Joni die Stimme für sie. Man schrieb das Jahr 1976, und Blaxploitation, Disco und Drogen schossen in diesem Landstrich, der den Blues hervorgebracht hatte, überall aus dem Boden. In Toronto erinnerte Joni sich an den Niedergang der Beale Street und an all die glanzvollen Details, die sie hervorgebracht hatte:

> Ich weiß nicht, ob das das Beste ist, aber was mir beim Schreiben am meisten Freude gemacht hat […], war der zweite Teil der zweiten Strophe von »Furry Sings the Blues«. Ich versu-

che diesen Trip in die alte Geisterstadt zu beschreiben, das schwarze Musikerviertel, wo die Abrissbagger schon herumstanden, während die Stadtväter noch überlegten, ob das Viertel aus historischen Gründen erhalten bleiben sollte. Außerdem hatten drei neue Geschäfte eröffnet, in denen es nur um Blaxploitation ging. Im New Daisy Theater liefern zwei Blaxploitation-Filme, und es gab zwei Pfandhäuser [...]. [Der Song] sprudelte praktisch in ungereimten Zeilen aus mir heraus ... Ich dachte: »Mädchen Mädchen, du bist wirklich eine Quasselstrippe.«

Die Strophe beschreibt den Niedergang eines einstmals stolzen kulturellen Wahrzeichens und verwandelt seine letzten Zuckungen in Dichtung. Wäre *Der große Gatsby* (in dem der »Beale Street Blues« Erwähnung findet) in der Ära von *Shaft* und Kahlschlagsanierung geschrieben worden, hätten ein paar von Fitzgeralds Bildern vielleicht so ausgesehen.

Pawnshops glitter like gold tooth caps
In the grey decay
They chew the last few dollars off
Old Beale Street's carcass

Wo die Abrissbirne schon bereitsteht, um selbst das Wenige wegzuräumen, was von der Beale Street noch geblieben ist – ein heruntergekommenes kleines Kino und der traurige kleine Schuppen, in dem Furry seine letzten Songs herauskrächzte –, da kommt Joni als trauernde Besucherin gerade richtig. Die Pfandhäuser glitzern, und die Pfandleiher läuten die letzte Runde für Geschäfte ein. Die Musik stirbt und mit ihr Old Furry, und das Paradies wird mal wieder zubetoniert.

Auszüge des »Last Waltz«-Konzerts und der Videomitschnitt ihrer Performance von »Furry Sings the Blues« auf einem Konzert 1979 (die Audioaufnahme wurde später auf dem Live-Doppelalbum *Shadows and Light* veröffentlicht) zeigten Joni in ihren Dreißigern, eine umwerfende und vitale Frau in voller Blüte und mit voller Stimmkraft. »Mach dir Notizen, und der Schmerz verschwindet«, schrieb Virginia Woolfe. Jonis Songs sind Notizen, die auch den Schmerz anderer Leute verschwinden lassen können. Als sie »Furry Sings the Blues« ein paar Tage nach dem Interview von 2013 aufführte, ließ die Erinnerung an den Versuch, eine gemeinsame Basis mit Lewis zu finden, weil sie beide in offenen Stimmungen spielten, sie improvisieren: »I can play in Spanish tunings.« Und sie zitierte ihn, wie sie ihn auch schon im Song zitiert hatte: »I don't like you!«

Dieses Material allein hätte aus *Hejira* schon ein hervorragendes Album gemacht; auch wenn Bennett auf jedem Track Bass gespielt hätte, der einen Bassisten braucht, wäre es ein Klassiker geworden. Wer das Ganze aber ein paar Level anhebt, ist Jaco Pastorius. Im Takt zu bleiben und Support zu liefern ist für jeden professionellen Bassisten eine Selbstverständlichkeit. Pastorius war selbstbewusst genug, um zu wissen, dass er diesen Aspekt seiner Rolle ohnehin perfekt erfüllte, sodass er sich stattdessen darauf konzentrieren konnte, Harmonien zu kreieren, die ein Höchstmaß an Dramatik produzierten und das Schwierige einfach aussehen ließen. Es war, als würde er ein schnelles Riff spielen – mit dem melodischen Schwung eines Solos und zugleich dem Support in Rhythmus und Harmonie eines Begleitmusikers –, das so natürlich war wie atmen, essen, trinken und Sex. Und so verschiebt sich die Figur des animalischen »Lovers« in »Coyote« von Sam Shepard, der Joni zu dem Song inspirierte, hin zu Pastorius, der diese Rolle im Studio übernahm. Der Text feierte eine gewisse Wildheit. Seine Alliterationen – »privately probing the public rooms« und »pills and powders to get them through this passion play« – necken die Zuhörer, und Pastorius neckt mit harmonischen Entgegnungen zurück. Pastorius, der wie Shepard verheiratet war, wurde Jonis Liebhaber. Er war, wie sie sagte, der Bassist ihrer Träume.

»Er konnte diese breiten, fetten Klangschneisen hervorbringen«, erinnerte sie sich später.[4] Zu dieser Zeit war Pastorius tatsächlich berauscht vom Leben und berauscht von der manischen Seite seiner bipolaren Störung, einem Phänomen, das kaum von seinem Ego und seinem Genie zu trennen war und das wie eine tiefgründige und überwältigende Lebensfreude wirkte. Damals war er ständig überdreht, er rannte herum, stürzte sich in alles hinein, lief Amok und verstieß gegen sämtliche Regeln. Er brach die Bünde aus seinem Bass, um einen Klang zu schaffen, der überall und von allen imitiert wurde, selbst als er während seiner letzten Jahre in Parks übernachtete. Als Joni ihn 1976 kennenlernte, stellte er sich wie folgt vor: »Ich heiße John Francis Pastorius der Dritte, und ich bin der großartigste Bassist der Welt.« Sobald die Menschen ihn gehört hatten, glaubten sie das sofort und waren überzeugt, dass er der Muhammad Ali der »Fretless« war. Sein Gesicht auf seinem Debüt-Album erinnerte Joni an einen tibetischen Weisen. Wie Trungpa war er völlig unkonventionell, ein böser Junge, ein Ausgestoßener. Trotzdem schien er einer der Erleuchteten zu sein. Er zeigte ihr neue Wege auf. Trungpa war ihr »Freund im Geiste«, Jaco ihr Führer zu den tieferen Frequenzen. Auf die fuhr er völlig ab, sie machten ihn regelrecht euphorisch. Er brachte Joni dazu, sich auf eine Art zu öffnen, nach der sie sich schon immer gesehnt hatte. Sie wusste nicht, wie sie das nennen sollte, denn dafür gab es keinen Begriff.

Sie wurden Liebhaber, aber ohne sich aneinander zu binden.[5] Jene Tracy, die ihn zu »Portrait of Tracy« inspiriert hatte, war seine Ehefrau und Mutter seiner Kinder. Joni spürte die biologische Uhr ticken und wollte ein Kind von ihm; sie war überzeugt, dass es ein musikalisches Genie werden würde. Mit Joni herumzuvögeln war eine Sache – hey, schließlich war er ihr Angestellter –, aber er war trotzdem noch Ehemann und Vater, zumindest dachte er so darüber. Tracy wusste, was los war. Sie rief sogar spät in der Nacht bei Joni in Bel Air an, und Jaco nahm den Hörer ab. »Mir war immer klar, dass du eine Hexe bist«, ließ er sie wissen. Aber diese Hexe war immer noch Mrs. Pastorius.

In Sachen Musik kam ihnen jedoch niemand in die Quere. Er trieb Joni dazu, immer noch einen Schritt weiterzugehen, und sie ließ ihn tun und machen, was er wollte. Pastorius hatte seine eigene Art, sich selbst einzuladen und zu präsentieren. Als *Down Beat* ihn zum Bassisten des Jahres kürte, stürmte er in einen Gig von Oscar Peterson und hüpfte vor Ray Brown auf und ab, dem großen Kontrabass-Spieler, der keine Ahnung hatte, was das bedeuten sollte. Pastorius übertrat permanent Grenzen. In der Musik nannte man das »Genie«. Im wahren Leben waren es Regelverstoße, mit denen er durchkam, eine Zeitlang zumindest.

* * *

Der erste Track, den Pastorius für *Hejira* einspielte, sollte sich auch als der radikalste entpuppen: Es war das stimmungsvolle, eindringliche und großartig nachdenkliche Titelstück des Albums, zu abgelöst von allem für einen typischen Bass-Support. In den Liner Notes von *The Hissing of Summer Lawns* hatte Joni John Guerin dafür gedankt, dass er ihr gezeigt hatte, »wo der Akkordgrundton war und was 1 bedeutete«. Wenn der Akkord C-Dur ist, und der Bassist C spielt, dann definiert er, wo die 1. Stufe beziehungsweise die Tonika ist. Als Joni *Hejira* einspielte, brauchte ihr niemand mehr zu zeigen, wo die Tonika war, denn wenn man mit Virtuosen arbeitet, dann sollte sich das von selbst verstehen. Pastorius jedoch lief Amok und nahm dabei die Tonika mit. Joni vermisste sie nicht. Der beste Bassist der Welt behauptete, vorher keine Ahnung von Jonis Musik gehabt zu haben. Als gut beschäftigter Musiker habe er keine Zeit zum Platten hören gehabt. Aber er kannte die Beatles und James Brown und hatte genug Ahnung von Stravinsky, um in »Hejira« ein Zitat aus *Le sacre du printemps* einzubauen (was er auf »Talk to Me« wiederholen sollte).

»Hejira« ist eine Feier des Höhenflugs an sich. Pastorius' Ton ist gedämpft, aber der Effekt entspricht der gedämpften Trompete von Miles Davis. Dämpfte man den natürlichen Klang des Instruments, so blieb der lyrische Ausdruck erhalten, während alles übermäßig Strahlende ausgeblendet wurde. Auf diese Weise kam er dem Klang nahe, den Joni ursprünglich in den rhapsodischen Harmonien von »Portrait of Tracy« gehört hatte. Außerdem spielte er seinen Part per Overdubs ein, was es ihm ermöglichte, mehr als nur einen verschrobenen Klang synchron aufzuspielen; gelegentlich riffte er sogar auf Jonis melodische Schnörkel. Joni schien alles zu wollen – Freiheit und Bindungen, menschlichen Kontakt und Abgeschiedenheit. Sie wollte wissen, wo der Grundton ist, und dann einen Bassisten, der genau das glückselig ignorierte. Widersprach sie sich damit? »I'm porous with travel fever / But you know I'm so glad to be on my own / Still somehow the slightest touch of a stranger / Can set up trembling in my bones.«

Hier kommt auch Albert Camus wieder ins Spiel, der in *Tagebücher, 1935–1951* schrieb: »Was den Wert des Reisens ausmacht ist die Angst. Denn in einem gewissen Augenblick, so fern von unserer Heimat, von unserer Sprache [...], überfällt uns eine unbestimmte Angst, und wir empfinden unwillkürlich das Verlangen, in den Schutz unserer alten Gewohnheiten zurückzukehren. Das ist das augenfälligste Ergebnis des Reisens. In diesem Moment *fiebern* wir und sind zugleich *durchlässig*. Der *geringste Stoß* erschüttert uns bis auf den Grund unseres Wesens.«[6] (Hervorhebungen vom Autor.)

Camus beschreibt die Entfremdung vom eigenen Ich, wenn man sich an einem fremden Ort aufhält. Für die Existentialisten ist das Ich alles. Joni wollte darüber hinaus gehen: über das Ich hinaus, und dann wieder zurück, aber mit größerem Durchblick. Die Vorstellung von Durchlässigkeit und dem »geringsten Stoß« war Joni wohlvertraut, allerdings, und das ist entscheidend, kommt bei ihr ein Fremder dazu (aber ganz bestimmt nicht jener Camus'), und genau das macht das Bild eindeutig zu ihrem eigenen. Entfremdung bleibt Entfremdung, auch wenn Dichter und Philosophen sie von einem zum anderen weiterreichen. Das Erzittern vor einem Fremden – das ist Joni Mitchell pur. Für solche Einsichten muss sie alleine sein. Sie ergreift die Flucht vor den Scharmützeln mit Guerin und anderen. Aber sie weiß, dass die Liebe wieder zu ihr zurückfinden wird.

Joni sagt, dass ihre Songs häufig zunächst viele Strophen haben, die sie anschließend kürzt, denn die meisten Menschen mögen keine übermäßig langen Songs. Von diesen Kürzungen ausgenommen war offenbar »Song for Sharon«, der mit zehn Strophen und ohne Refrain nach acht Minuten und vierzig Sekunden ausklingt. Er hat kein Zentrum, weil sie ein Leben ohne Zentrum beschreibt. »Sharon« ist Sharon Bell, eine Freundin aus Kindertagen in Maidstone, die Joni seit ihrem Debüt in Saskatoon 1963 nur selten gesehen hatte. Bell sagte später, dass ihre Gespräche meistens mit einem »Weißt du noch …« anfingen, und sie, oberflächlich gesehen, nur für die reine Nostalgie stand, jemand, der noch immer das Verblüffende heraufbeschwor, die Rückkehr des Unterdrückten. Joni, die stets nach vorn schaut, selbst im Rückblick, versucht den Dingen auf den Grund zu gehen, überlegt, was sie verloren und was sie gewonnen hat. Sie betrachtet die Freundin aus der fernen Vergangenheit, um der Gegenwart einen Sinn abzugewinnen. Wie im Song beschrieben nahm Joni tatsächlich die Staten Island Ferry nach North Shore und zu den Mandolin Brothers, wo sie eine Gibson Mandocello von 1915 und eine Martin-Herringbone-Gitarre kaufte. Dieser Erwerb steht am Anfang des Songs, aber trotzdem ist Sharon schon der Adressat dieses offenen Briefes, in dem Joni über ihre lang vergangene Kindheit in der kanadischen Prärie sinniert, damals, als sie auf der Jagd nach weißer Spitze zu jeder Hochzeit ging, die in der Stadt gefeiert wurde. In der jüngeren Vergangenheit war sie eher dem weißen Pulver hinterhergejagt, wovon sie jetzt versuchte, die Finger zu lassen – nur eine der versuchten »Hejiras« dieses Albums, sprich Fluchten. Joni sagt auch, dass sie mit dem Fluch der Ehrlichkeit geschlagen sei. Anders als Cohen oder Dylan trägt sie keine Maske, hinter der sie sich verstecken kann. Deshalb ist ihr Werk so menschlich, so persönlich, und sie selbst so verletzlich.

Mit der Hilfe Trungpas hatte Joni eine höhere Stufe erreicht, auf der es ihr möglich war, in Einklang zu bringen, was sie war und was sie werden wollte. »Als Chögyam mich hinauskatapultierte, verbrachte ich drei Tage im Zustand der Erweckung«, erzählte sie mir. »Es gibt Scharlatane, die das verherrlichen – Glückseligkeit, Nirvana. Doch da ist überhaupt nichts Herrliches dran. Es ist ein wunderbarer Zustand. Aber vollkommen profan. Dein Ich ist einfach verschwunden. Man könnte auch ›Ego‹ sagen, allerdings führt das in die falsche Richtung. Dein ganzes Ich ist weg. Dieses Ding, von dem du glaubst, dass du es bist, ist nicht mehr da. Dafür hast du deine wahre Natur gefunden. Deine Seele. Seit dieser Erfahrung weiß ich, was eine Seele ist. Was auch immer deine wahre Natur ist – es ist deine Seele. Wenn du zum Beispiel boshaft bist, dann bist du sogar ohne dein Ich-Ding boshaft. Es gibt nichts, bei dem man sich zurückmelden kann. Unser Kopf ist voll mit irrwitzigem Entertainment und Mutmaßungen, aber dann ist man nichts als eine lebendige, eine sehende Maschine.« Joni konnte sich dabei beobachten, wie sie die Vergangenheit betrachtete, wohin sie zu gehen versuchte, wer sie war, und das alles, während sie sich eine Auszeit von ihrem Ich nahm. Und mitten in dieser Phase, während der sie herauszubekommen versuchte, wie sie leben wollte, erinnerte sie sich, auf ihre Art, an die Toten: Phyllis Major, die Frau von Jackson Browne, hatte sich 1976 das Leben genommen. Joni widmete ihr in »Song for Sharon«, ihrem lauten, kokainbefeuerten Ruf nach ihrer Kindheitsfreundin Sharon, eine Strophe. Jonis Beziehung zu Jackson lag schon vier Jahre zurück, und so viel war inzwischen passiert! Es war lange, bevor sie – wenn auch nur für drei Tage – ihr Ich losgelassen hatte. Und trotzdem kamen diese Gefühle wieder hoch, mussten dringend in neuen Texten in Erinnerung gerufen und in Musik umgesetzt werden. Das Ich war verschwunden, und dann doch wieder nicht. Aber mit dem Verschwinden hatten sich ihr neue Perspektiven eröffnet. Nun konnte sie sich selbst als eines jener Teilchen der Veränderung begreifen, die die Sonne umkreisten, erzitterte aber zutiefst von der leisesten Berührung durch einen Fremden. Die Frau eines Ex-Liebhabers hat sich umgebracht. Sie fühlt sich schlecht. Und sie kann die Bitterkeit jenem Mann gegenüber nicht verwinden, der die Frau bestimmt in den Selbstmord getrieben hat, was zu noch mehr Mitgefühl, zu noch mehr Wut führt. Das koreanische Wort *han*, eine Mischung aus Melancholie, Groll und Wut beschreibt dieses emotionale Spektrum. Sie ist traurig, sie ist verbittert und wütend. Sie möchte keine alten Rechnungen mehr begleichen, aber genau dazu wird sie gezwungen.

Alles stürzte wieder auf sie ein. Jackson hatte die Frechheit besessen, sie zu verlassen. Sie hatte eine sehr lebhafte Vorstellung davon, was mit ihm nicht stimmte, und ihr war klar, was er mit den Frauen machte, die nach ihr kamen. Arme Phyllis, dachte sie. Joni war auf dem Weg, ein neues Verständnis ihres Hier-Seins zu entwickeln, als sie wieder mit ihrer Vergangenheit konfrontiert wurde. Also greift sie noch weiter zurück – viel, viel weiter zurück, auf ihre Freundin aus frühen Kindheitstagen in Maidstone. In der mäandernden Zwiesprache mit Sharon Bell denkt Joni darüber nach, wie aus dem Traum der weißen Spitze ein Albtraum wird:

A woman I knew just drowned herself
The well was deep and muddy
She was just shaking off futility
Or punishing somebody

Im Laufe der Jahre wurde immer mal wieder berichtet, Joni hätte nach der Trennung von Jackson Browne ebenfalls selbstverletzendes Verhalten gezeigt. Nichts da, sagte sie 2015. »Ich habe das in einem dieser Bücher gelesen. Da hieß es, ich hätte einen Selbstmordversuch unternommen, nachdem Jackson mich fallengelassen hatte, und angefangen, an mir herumzuschneiden. Ein Ritzer! Ein Selbstverstümmler! Ich dachte: ›Woher haben die diesen Blödsinn? So verrückt bin ich nicht. Ich bin zwar verrückt, aber nicht so verrückt.‹«

Phyllis Major war offenbar so verzweifelt. Sie war schon mit Jonis Freund Eric Andersen liiert gewesen, der Joni 1965 in den frühen Folk-Tagen die offene G-Dur-Stimmung gezeigt hatte. Es hatte weder gut angefangen noch gut geendet. »Mein Freund Eric Andersen war mit Debbie Green verheiratet. Kurz nach der Geburt ihres Babys war er abgehauen. Mit Phyllis. Phyllis war ein ausgesprochen hübsches Mädchen, und er hatte sie, als sie noch sehr jung war, in die [Roger-] Vadim-Szene eingeführt. Das war eine Frauenhasser-Szene. Phyllis war ein sensibles, künstlerisch veranlagtes, wunderschönes Mädchen, das von einem Typ zum nächsten weitergereicht wurde. Ihr Bruder hat sich auch umgebracht.«

Joni beschrieb Major als ein »poetisches, wunderschönes Mädchen«, doch sie hatte diesen »bescheuerten ›Someday My Prince Will Come‹-Traum«, der, wie Joni sagt, in ihrer Generation sehr verbreitet gewesen war. »Besonders wenn du hübsch warst, nahmst du an, dass dein Prinz dich erwählen würde. Dann war man noch anfälliger dafür, betrogen zu werden.«

Joni erinnerte sich daran, dass Eric Andersen sie angerufen und sich darüber ausgelassen hatte, was für ein schönes Mädchen er kennengelernt hatte. Er war, sagte Joni, »genau der Typ, der wie ein Prinz wirkte: so sensibel, so romantisch, so poetisch.« Eine Woche später rief er wieder an und war ganz außer sich. Phyllis hatte sich eine Grippe eingefangen und Joni hörte, wie sie sich im Hintergrund übergab. Joni konnte einfach nicht glauben, dass Andersen anrief und um Mitleid bettelte. »So etwa: ›Oh Gott, sie ist krank. *Mein Spielzeug ist kaputt!*‹ Im Grunde haben alle Männer meiner Generation, die ich kennengelernt habe, genau diese Mentalität; es sind einfach Narzissten, Schönwetter-Typen. Sie tat mir richtig leid.«

Als Phyllis später bei Jackson Browne landete, gab Joni das noch mehr Anlass zur Sorge. »Hier kommt also der Nächste – der Schlimmste von allen. *Der Allerschlimmste.* Als hätte sie nicht schon genug Scheiße erlebt, jetzt musste sie auch noch ihm in die Fänge geraten.« Die Beerdigung kam in einem späteren Song noch ein weiteres Mal zur Sprache, in »Not to Blame«, mit stärkeren Schuldzuweisungen an Jackson Browne. Bei »Song for Sharon« geht es nur in einer Strophe um die Beerdigung von Phyllis Major. Der Song wird nicht von Tragik, sondern von Enttäuschung und Frustration dominiert.

Aber auch hier wird deutlich, dass mit den falschen Menschen weiße Spitze schnell zu einem Leichentuch werden kann.

Als Joni ein Kind war, gab es so was wie Singer-Songwriter nicht, und sie wusste, dass ihr die Fähigkeiten fehlten, klassische Musik wie das Rachmaninow-Thema aus »War es die große Liebe?« zu spielen, das sie schon damals fasziniert hatte. Sie sah sich nicht als Interpretin, aber träumte von einem Weg zur Liebe, was, wie sie sagte, ihre Illusionen mehr als alles andere befeuerte. Doch aus den Kindheitsträumen von weißer Spitze sollte sie schnell erwachen. Sie wurde zu der Einundzwanzigjährigen, die das Leben schon von beiden Seiten kennengelernt hatte. Eine Dekade später, und nachdem sie sich als Künstlerin und unabhängige Frau behauptet hatte, sah sie in Sharons Leben einen Weg, den sie selbst nicht beschritten hatte. »I've got the apple of temptation,« sang sie, »and a diamond snake around my arm.« Jonis Beschreibung ihres Schmucks spielt auf den Garten Eden an – eine Schlange, die nur darauf wartet zu verführen, ein Apfel, der gegessen werden will. Nach all dem »Sex, Drugs and Rock 'n' Roll« beendet Joni den Song mit Psalm 23: »Der Herr ist mein Hirte, nichts wird mir fehlen. Er lässt mich lagern auf grünen Auen und führt mich zum Ruheplatz am Wasser. Meine Lebenskraft bringt er zurück. Er führt mich auf Pfaden der Gerechtigkeit, getreu seinem Namen.« Joni, eine erweckte Sünderin, sagt uns, dass sie demnächst durch blühende Landschaften spazieren wird.

Die vielen einsamen Nächte in Motels hatten aus Joni eine Bibel-Leserin gemacht. Doch kann irgendjemand sich eine Joni vorstellen, der es »an nichts fehlen« wird? Die Joni von »All I Want« will, dass ihr Liebhaber sich frei fühlt, und sie selbst möchte sich sogar *noch* freier fühlen. Joni hört sich am Schluss von »Song for Sharon« und nach achteinhalb Minuten Tagträumerei, die sicher auch noch länger hätten dauern können, nicht besonders zufrieden an. Die Psalm-Anspielung ist das letzte Wort des Songs, aber diese blühenden Landschaften haben nicht das letzte Wort auf dem Album. Da wird noch einiges an »crazy wisdom« zu verteilen sein, ehe die Hedschra auf *Hejira* an ihr Ziel gelangt.

In »Amelia« gibt es kein Vaterunser, obwohl man sich vorstellen kann, dass die Fliegerin im Augenblick des Absturzes verzweifelt eins gen Himmel schickt. Natürlich war die berühmte Amelia Earhart gemeint, die eine Reihe von Rekordflügen absolvierte, ehe sie beim Versuch, ihren eigenen Rekord zu brechen, über dem Pazifik verloren ging. Ihr Verschwinden ist der ungeklärteste aller ungeklärten Kriminalfälle. Joni beobachtete sechs Düsenjets am Himmel über der Wüste und musste an die sechs Saiten ihrer Gitarre denken, was sie zu dem Song inspirierte. Earhart hatte wie sie, aber vier Jahrzehnte früher, die Vorstellung von dem, was Frau-Sein bedeutete, verworfen, ignoriert und neu definiert, wobei sie sich zu immer größeren Höhen aufschwang, um schließlich zu einem Mysterium zu werden. Als Joni »Amelia« schrieb, war diese schon seit fast vierzig Jahren verschollen, und trotzdem spricht Joni sie ebenso vertraut an wie Sharon Bell – wenn nicht sogar *noch* vertrauter. Ihre Flucht vor John Guerin (und allen, die ihm vorausgingen und noch folgen sollten) gestaltete sich als ein Solotrip quer durchs Land. Sie vergleicht sich nicht mit Earhart, jedenfalls nicht so richtig. Sie denkt einfach über sie nach und tritt mit ihr in Zwiesprache.

Oh, Amelia, it was just a false alarm.

Joni war auf Entzug, und ihr seit Kurzem wieder klarer Kopf verschaffte ihr die Einsicht, woran es lag, dass jemand so spektakulär selbstzerstörerisch werden konnte. Koks zu entziehen war nun wirklich kein Kinderspiel, und doch litt sie nie unter Entzugserscheinungen – eines der Wunder, die sie Trungpa zuschrieb. Amelia hatte vor dem finalen Alarm sicher einige falsche Alarme erlebt. Und Joni, die von ihren eigenen Begegnungen mit dem Desaster berichtet, weiß, dass sie leben wird, um ihre Geschichte zu erzählen und von ihrem Kummer zu singen, und das in einem sinnlichen Alt, ohne – jedenfalls in diesem Song – einem einzigen Ausflug in den Sopran. Joni mietet sich in »Amelia« in einer imaginären Unterkunft ein, die nach einem ihrer Songs benannt ist – das Cactus Tree Motel –, und beschwört ihre eigene Widerstandsfähigkeit herauf. Sie träumt von Jumbo Jets (»747«), von »geometric farms«, von »dreams and false alarms«. Joni hat möglicherweise Teile ihres Lebens in Wolken, in eisigen Höhen verbracht. »Maybe I never really loved«, improvisiert sie über Mariannes Zeile in Ingmar Bergmans *Szenen einer Ehe*. Allerdings ist sie mit der norwegischen Liv Ullmann überhaupt nicht zu vergleichen. Sie fühlte sich nur so in diesem Augenblick, während ihrer Reise mit dem Auto. Sie hat wirklich geliebt und wird auch wieder wirklich lieben. Es ist ihr großes Thema, auch wenn die Liebe durch Abwesenheit glänzt. Sie weiß, dass bei Amelia schließlich der echte Alarm losschrillen wird.

Auch nach ihrer Ankunft beschäftigt Joni das Thema Reisen immer wieder – seit der Sehnsucht zu fliehen in »Urge for Going« war es nie verschwunden –, und zwar nicht nur das Ziel ihrer Reise, sondern auch die schrecklichen Schwierigkeiten, es zu erreichen. Viele assoziieren Reisen mit Vergnügen, Begeisterung, mit Sonntagsbeilagen in Zeitungen und Hochglanzzeitschriften. Jonis Songs über das Reisen sind eher düster und grüblerisch – es geht um Flucht, Rastlosigkeit, Unzufriedenheit, um Ausreißen und namenlose Sehnsucht. Schon ihre Reiseroute – per Fähre zu einem Wasserflugzeug zu einem Taxi zu einem Zug – ist strapaziös. In »Black Crow«

geht es um eine Art Hedschra, aber nicht vor den Reisen, die einen Großteil des Albums inspiriert haben; stattdessen sitzt sie an der Endstation in British Columbia und hängt ihren Gedanken nach. Musikalisch gesehen handelt es sich bei »Black Crow« um einen Funk-Song ohne Schlagzeuger, sodass Pistorius mehr Raum bleibt, um ein paar exzentrische Harmonien einzustreuen und Larry Carlton jede Menge Platz zu lassen, um mit jener verzerrten Gitarre durch den Song zu fegen, die er bei Joni schon immer eingebracht hatte. In der dritten Klasse war Joni nur eine mittelprächtige Schülerin, sie saß in der Reihe der »Zaunkönige«. Die noch schlechteren Schüler wurden »Krähen« genannt. Damals schienen diese Klassenkameraden tatsächlich im Hintertreffen zu sein, aber jetzt sammelt die »schwarze Krähe« einen Preis ein, der wesentlich reizvoller ist, als sich beim Lehrer einzuschmeicheln. Auf ihrem Grundstück an der Sunshine Coast sah Joni zu, wie eine Krähe sich aus dem Himmel auf etwas Glitzerndes stürzte, und das konnte sie nachempfinden. Die Joni von »Black Crow« war nicht das kleine Mädchen aus »Song for Sharon«, das der weißen Spitze hinterherjagte. Hier war sie eine Künstlerin auf der Suche nach Liebe und Musik, eine erschöpfende Suche, wie ihr ausgezehrtes Gesicht im Badezimmerspiegel verrät, das »haggard face in the bathroom light«. Außerdem war sie reisemüde. Sie staunt darüber, wie eine Krähe immer auf der Jagd sein kann, immer das Glitzernde sucht, während die Menschen einen Jetlag bekommen, seekrank, liebeskrank werden, krank vor Heimweh sind oder die Straße überhaben.

Und mit den Straßen beendet Joni *Hejira*, damit wir für immer in Bewegung bleiben. Das letzte Stück – »Refuge of the Roads«, sagt alles; das Oxymoron – wie Trungpas »crazy wisdom« – zerlegt sich als metaphysische Überheblichkeit ganz von selbst. Trungpas »crazy wisdom« führte dazu, dass

Joni ihre eigene Weisheit fand. Sie erklärte ihm, dass sie seinen Rat, nicht ständig zu analysieren, als Künstlerin nicht beherzigen konnte, aber das bedeutete nicht, dass sie nicht gründlich darüber nachdachte. Joni genoss es, auf ihren Reisen normale Menschen zu treffen, besonders im tiefen Süden, wo sie weniger bekannt war. »Das war echt eine Erleichterung«, gestand sie dem *Ottawa Citizen* anlässlich des dreißigjährigen Jubiläums der Veröffentlichung von *Hejira*. »Wie bei *Der Prinz und der Bettelknabe* war ich da keine Berühmtheit und konnte einfach so herumlaufen wie ein ganz normaler Mensch.« Und inmitten dieser Reiserei erwischt Joni sich dabei, wie sie zu viel nachdenkt. »Till I started analyzing / And I brought on my old ways / A thunderhead of judgement was / Gathering in my gaze.«[7] Es lag Joni im Blut zu analysieren; wenn sie dem Rat ihres Gurus tatsächlich gefolgt wäre, dann gäbe es diesen Song nicht. Loslassen war ein Prozess, aber kein Ziel. Eine von Trungpas größten Leistungen war seine Übersetzung des Tibetischen Totenbuchs ins Englische, von der auch John Lennon beim Text zu »Tomorrow Never Knows« profitiert hatte. »Turn off your mind«, beginnt der Beatles-Song und gibt damit im Grunde den gleichen Rat. Aber Joni macht lieber immer genau das, was sie *nicht* tun soll. *Hejira* ist kein Ratgeber-Album.

Und trotzdem geht es in »Refuge of the Roads« um eine Art Erwachen. Joni war im Kampf-oder-Flucht-Modus. Sie musste herausfinden, wohin die Reise gehen sollte, und dafür hatte sie einen klaren Kopf nötig. Manchmal brauchte sie ein prächtig ausgestattetes Haus, manchmal eine asketische Klause. Manchmal war sie auf der Suche nach Liebe und Musik, manchmal verlangte sie nach Malerei und Einsamkeit. Das Ganze war wie ein mentaler Fruchtwechsel. Als Buddha (dem Religionswissenschaftler Huston Smith zufolge) einmal nicht gefragt wurde: »Wer bist du?«, sondern: »Was bist du?«, soll er geantwortet haben: »Ich bin erwacht.« Als Joni von Trungpa »hinauskatapultiert« und wachgerüttelt wurde, existierte sie völlig in der Gegenwart, ohne von Erinnerungen oder Zukunftsfantasien abgelenkt zu werden, und nahm jeden Augenblick mit einem aufmerksamen, erwachten Geist auf. Jetzt war sie tatsächlich dabei, die Wolken von allen Seiten zu betrachten. Sie leuchteten, waren voller Leben. Sie konnte um sie herum sehen, von oben, von unten. Sie fühlte sich, als könnte sie alles sehen:

These are the clouds of Michelangelo
Muscular with gods and sungold
Shine on your witness in the refuge of the roads

Das waren nicht wirklich Michelangelos Wolken, aber in Jonis Kopf und Musik wirkten sie so. Und in diesem Augenblick bedeuteten sie Seligkeit, wie auch das Herumtreiben mit Landstreichern, das Kennenlernen wahlloser Menschen, das Kaufen von Aufschnitt bei Winn-Dixie, das Unternehmen einer merkwürdigen Reise, die irgendwie erleuchtet war. Das alles war in diesem Augenblick Gegenwart, real, lebendig. »Refuge of the Roads« ist erfüllt von den Schwingungen des Erwachtseins. Wie kann man Kokain mit der Hilfe eines Alkoholikers entziehen? Einen Bassisten engagieren, der dir nie gezeigt hat, wo der Grundton ist? Und wie findet man Zuflucht auf den Straßen? Das Auto fährt. Die weißen Linien auf dem Freeway sausen vorbei. Versuch mal, mitten auf dem Freeway einen sicheren Platz zu finden, und schau dir an, was passiert. Nur eine Verrückte kommt auf so eine Idee. Nur jemand, der nichts mehr zu verlieren hat.

Kapitel 22

Discokugel

Während ihrer ganzen Karriere verbrachte Joni die Zeit zwischen den Alben mit Malen. Sie selbst nannte das »Fruchtwechsel«. Wie Dylan auf eine Never Ending Tour zu gehen, kam für sie nicht infrage. Auch wenn *Hejira* so wirkte, als sei ihr Tatendrang ungebrochen, waren ihm doch Grenzen gesetzt. Deshalb klingt in »Black Crow« auch so viel Weltverdrossenheit durch. Wie sollte sie, nachdem sie so lange auf Reisen war, überhaupt noch wissen, was ein Zuhause ist? Sie hatte kürzlich von dem Bildhauer Nathan Joseph einen Loft in Manhattan gemietet. Er lag an der Varick Street, nur ein paar Blocks südlich der Houston St. Station und ganz in der Nähe des Filmforums, wo sie sich jetzt reihenweise europäische Filme ansah. Als sie eine Affäre mit dem Schlagzeuger Don Alias begann, wurde der Loft zum Übungsraum für seine Bands. Sie machte das Beste aus beiden Küsten, genoss das kulturelle Leben und die Gespräche in New York City, zog sich aber immer wieder in die Privatsphäre ihres Hauses in Bel Air zurück. »Zuhause«, das konnte die Sunshine Coast in British Columbia sein, SoHo oder Bel Air.

Aber an Thanksgiving, dem Tag, an dem eigentlich *jeder* zu Hause ist, war Joni weder hier noch dort, und dafür gab es gute Gründe. Robbie Robertson löste The Band auf, und aus diesem Anlass gab es im Winterland in San Francisco das (so die Werbung) größte Gruppen-Rockkonzert seit Woodstock oder der Isle of Wight, um der Abschlussklasse von 1976 Lebewohl zu sagen. Wenn man den Kritikern glauben konnte, dann waren The Clash, Patti Smith, die Ramones und Talking Heads dabei, die alte Garde der Rockmusik nicht gerade vom Markt, aber doch aus den Schlagzeilen zu drängen.

Die angekündigten Künstler – darunter Van Morrison, Eric Clapton, Neil Young, Bob Dylan und Joni – repräsentierten eine andere Sicht der Dinge; sie waren Erwachsene, die mit dem wütenden und blasierten Auftritt der neuen Generation nichts am Hut hatten, obwohl Neil Young als Vorreiter von Punk bis Grunge akzeptiert werden würde. (Muddy Waters war mit seinen einundsechzig Jahren der Elder Statesman. Neil Diamond war angeblich als Repräsentant der Schlagerindustrie geladen, wohl aber eher, weil Robertson überzeugt war, dass sie mit »Beautiful Noise« gemeinsam ein Riesenalbum auf die Beine gestellt hatten.)

Noch konnte keiner wissen, dass das »Classic Rock«-Radioformat vielen von Jonis Zeitgenossen weiterhin Sendezeit erhalten würde – während sie selbst vorwiegend in der CSNY-Coverversion von »Woodstock« weiterleben sollte. Das Lebewohl von The Band schien einen Punkt zu markieren, an dem die Wege sich trennten. Martin Scorsese drehte darüber einen Film, in dem er spleenige Interviews mit den Musikern der Band zeigte – darunter eine herzzerreißende Geschichte über Sonny Boy Williamson, wie er Blut spuckte, und ein paar zwinker-zwinker, kicher-kicher Bemerkungen darüber, wie die »women on the road« sie viel mehr als die Musik bei der Stange hielten. Und damit wurde zu Joni übergeleitet, der einzigen Frau auf der Ankündigung.

Außer Levon Helm, dem Schlagzeuger, der aus Arkansas kam und vielen der bekanntesten Songs, die Robbie Robertson für The Band schrieb, seine Stimme lieh, kamen alle Mitglieder der Gruppe aus Kanada. Ihr Debütalbum, *Music from Big Pink,* erschien 1968, im selben Jahr wie *Song to a Seagull.* Noch Jahrzehnte später staunte Garth Hudson, der hoch angesehene Keyborder von The Band, über *Song to a Seagull.* »Wir hatten uns alle in Joni verliebt. Es gibt bestimmte Kanada-ismen, die es bis in die USA schaffen, und Joni war in der Platzierung ihrer Vignetten sehr sorgfältig«, erinnerte sich Hudson. »Ich habe mich immer gefragt, woher sie diese Melodien hatte – so analytisch kreativ.«

The Band hatte in Malibu ein Studio, das sie Shangri-La nannte; es hatte früher Sammy Davis Jr. gehört, und der Swimmingpool funktionierte immer noch. Joni besuchte Garth Hudson vor dem »Last Waltz«-Konzert, um sich seinen Yamaha CS-80 anzusehen, den ersten komplett polyphonen Synthesizer. Sie zählte damals nicht zu den »women on the road«. Sie war nur eine weitere Musikerin im Studio, mit der man fachsimpeln konnte. In genau diesem Sinne war sie auch die Alibifrau der Festivitäten. Sie war eine von ihnen. Bei »The Last Waltz« gab es keine Garderobe für Frauen; Joni teilte sich einen Wohnwagen mit ihrem alten Freund Neil Young. So war es auf der einen Seite zwar eine Ehre, die einzige Künstlerin dort zu sein, aber sie fühlte sich auch ein wenig einsam. Scorsese spürte diesen Missstand offenbar und fügte im Film noch eine nachgedrehte Sequenz mit Emmylou Harris und Mavis Staples (sowie zwei ihrer Schwestern) hinzu.

Scorsese war bei *Woodstock* Regieassistent gewesen und hatte sich zur Zeit des Winterland-Konzerts mit *Mean Streets* (1973) und *Taxi Driver* (1976) bereits einen Ruf als Filmemacher erarbeitet; *Taxi Driver* hatte das Publikum nach der Veröffentlichung im Februar sprachlos zurückgelassen. Nun plante er nicht weniger, als den großartigsten Rockkonzertfilm aller Zeiten zu drehen, und die Kritiker sind sich einig, dass ihm das gelang.

Dass The Band Mitte der Siebziger Abschied von der Straße nahm, war für eine ganze Generation Rockstars die Gelegenheit zu überdenken, was sie sich selbst antaten. Robertson sagte, sie seien sechzehn Jahre unterwegs gewesen – und für ihn es war völlig unvorstellbar, an die zwanzig auch nur zu denken. Die Straße, das waren Drogen, One-Night-Stands, die man bedauerte, Erschöpfung, Entfremdung, Verzweiflung. Rock and Roll war angeblich ein Ausweg, doch er schien eher eine Falle zu sein. »Die Straße hat eine Menge

Größen auf dem Gewissen: Hank Williams, Buddy Holly, Otis Redding, Janis Joplin, Jimi Hendrix, Elvis«, krächzte Robertson am Ende des Films. »Ein verdammt unmöglicher Lebensstil.«[1] (Worauf Levon Helm, der gegen die Trennung war, entgegnete: »Ich bin doch nicht meiner Gesundheit wegen hier!«)

Zufällig fand das »Last Waltz«-Konzert in dem Monat statt, in dem auch *Hejira* veröffentlicht wurde. Joni sang mit Neil Young zweistimmig »Helpless« und präsentierte »Coyote« (die Fassung schaffte es in den Film), »Shadow and Light« (nur sie an der Gitarre, wie auf der »Rolling Thunder«-Tour) und »Furry Sings the Blues« (mit Neil Young und seinem chaotischen Mundharmonika-Part, wie auf dem Album zu hören); Levon Helm unterstützte sie mit seinen Besen, Garth Hudson mit Orgelabenteuern und Robbie Robertson mit seiner dezenten und eleganten Gitarrenbegleitung.

Es ist viel Aufhebens über die Bemühungen der Filmemacher gemacht worden, Neil Youngs berüchtigten »Kokain-Popel« zu verbergen, der allzu sichtbar in seinen Nasenlöchern klebte. Weniger bekannt ist, wie stark auch der Sound abgeändert werden musste. »Als Robbie und Neil mich baten, beim Last Waltz zu singen, da waren sie so high und sangen so falsch, dass ich dachte: ›Wie soll ich das nur hinbekommen?‹«, berichtete mir Joni.

Die Geschichte, dass Joni bei »Helpless« hinter einem Vorhang sang, damit sie nicht schon vor ihrem großen Auftritt auf die Bühne musste, ist häufig erzählt worden. Jonis Erinnerungen klingen ein wenig anders. »Ich sagte: ›Das kann ich nur offstage‹, denn ich musste mich total konzentrieren.« Neil und Robbie wollten, dass sie dreistimmig mit ihnen sang. »Aber das ging überhaupt nicht«, erinnerte sie sich. »Ihre Tonhöhe dominierte alles andere. Und Neil rief: ›Du musst irgendwie mit mir singen‹, bekam aber gar nicht mit, warum ich nicht konnte. Er wusste es einfach nicht. CSN sangen immer falsch. Sie haben nie richtig mitbekommen, wie falsch sie gesungen haben, wahrscheinlich zum Teil wegen der Drogen. Bei ›Furry Sings the Blues‹ musste Neil auf vier Harmonikas spielen. Das war ziemlich abenteuerlich. Ein sehr außergewöhnlicher Harmonika-Part.«

In der ersten Einstellung von Scorseses Film richtet Bassist Rick Danko einen Poolbillard-Tisch her und erklärt dabei die Regeln einer Spielvariante namens »Cutthroat«. Diese Jungs duldeten wirklich niemanden neben sich. Nach dem Konzert hörte Danko sich Playbacks an und war völlig unsicher, was die Zukunft bringen sollte – ein trauriger Anblick. Als The Band schließlich ohne Robbie Robertson auf Tour ging, wurden die Veranstaltungsorte immer kleiner und jämmerlicher. Songs wie »The Shape I'm In« von Richard Manuel schienen ein Hilfeschrei zu sein, ebenso wie »Tears of Rage«, den er zusammen mit Bob Dylan schrieb und dessen Refrain mit »And life is brief« endet; Manuel erhängte sich 1986 zwischen zwei Auftritten in einem Hotelzimmer.

Joni wollte weder Tour-Groupie noch Opfer der Reiserei sein. Konzerte waren für sie eine Art Zuflucht, und sie weigerte sich, »The Last Waltz« als Ende einer Ära zu sehen, hatte sie doch noch so viel zu entdecken. Trotzdem dauerte es drei Jahre, bis sie wieder auf Tournee ging. Außerdem war ihr die Lust, ins Studio zu gehen, völlig abhandengekommen, bis sie plötzlich 1977 eines Tages in Bel Air zum Klavier humpelte und anfing, Akkorde zu improvisieren. Auf der Gitarre wäre das mit neuen, offenen Stimmungen einhergegangen. Aber sie war zu schwach für die Gitarre. Sie war eine Zeitlang krank und immer wieder im Krankenhaus gewesen. Auch hatte sie seit der abgebrochenen Tour Anfang 1976 kein Klavier mehr angefasst, sodass die achtundachtzig Tasten in gewisser Weise wieder etwas Neues waren. In ihrem geschwächten Zustand schien etwas Unheimliches von ihr Besitz zu ergreifen – irgendwie schien es ihr unmöglich zu sein, einen falschen Ton anzuschlagen. Je weiter sie sich vorwagte, desto faszinierender und komplexer wurde es, und schließlich erreichte die Kombination von Dissonanz und Wohlklang ihr Maximum. Selbst derart entkräftet irrte ihr Jive-Detektor nicht. Ihr war klar, dass sie das so schnell wie möglich festhalten musste. Ein Anruf bei Henry Lewy war angesagt.

»Henry, ich weiß nicht, was passiert ist, aber ich bin ein Idiot savant«, erzählte ihm Joni. »Ich habe seit drei Jahren nicht gespielt, und jetzt spiele ich plötzlich wieder. Du musst ins Studio kommen und das aufnehmen. Jeder Akkord, den ich spiele, sitzt. Wir müssen ins Studio gehen.«

»Ich bin krank«, war die Antwort.

»Ich auch. Was hast du denn?«

»Ich habe eine Schleimbeutelentzündung.«

»Na, ich erhole mich gerade von entzündeten Eierstöcken«, sagte sie. »Ich kehre gerade wieder unter die Lebenden zurück und humpele herum. Wir müssen ins Studio.«

Sie waren zwar alles andere als gesund und munter, machten sich aber, beflügelt von Jonis Muse, auf ins A&M Studio. Joni spielte Schritt für Schritt (und mit eingeplanten Zigarettenpausen) eine Reihe jener Akkordfolgen ein, die ihr mit dem Gefühl, eine Inselbegabung zu haben, auch die nötige Motivation gegeben hatten, das Krankenbett zu verlassen. Das summierte sich schließlich auf zwei Stunden Musik, die ganz vordigital auf Band zusammengeschnitten wurden. Wenn Joni etwas über das Klavierspielen weiß, dann, wo das eingestrichene C ist, und das wurde zum Mittelpunkt; wohin sie auch abschweifte, es ging immer wieder zum eingestrichenen C zurück. Als Nächstes kam sie mit Texten, die schließlich zu »Paprika Plains« ausuferten, einem Song, der am Ende über sechzehn Minuten dauerte. Er umfasste mehr als siebzig Zeilen, von denen einige einer abschließenden Kürzung zum Opfer fielen, aber im abgedruckten Text dennoch in Klammern aufgeführt sind.

Ganz anders als bei »Both Sides, Now«, wo gewaltige Themen – Unschuld und Erfahrung – in nur drei Strophen abgehandelt werden, ist »Paprika Plains« doppelt so lang wie »Song for Sharon« und enthält eher diffuses Material, das aus einem kokainbefeuerten Traum herrührte, den sie auf der »Rolling Thunder«-Tour gehabt hatte.

Verstreute Kindheitserinnerungen. Fragmente ihres Lebens als junge Erwachsene. Dann die Erinnerung an ein Konzert mit Chuck Mitchell in Winnipeg, 1965 – der Abend, an dem sie Neil Young kennenlernte –, als würde sie die Ergebnisse einer anthropologischen Feldstudie über das Verhalten der Bewohner Zentralkanadas beschreiben: »Back in my hometown / They would have cleared the floor / Just to watch the rain come down / They're such sky-oriented people / Geared to changing weather.« Und genau das passierte auch während des Konzerts: Ein Sturm brach los, und das ganze Publikum rannte zu den Fenstern. Joni erinnert sich an eine ländliche Stadt in der Prärie, wo Regenfälle entweder ein Festgelage oder eine Hungersnot bedeuteten. Das Schicksal hatte mit ihr und Neil anderes vor, aber das wussten sie damals noch nicht. Von ihrem Hochsitz in Bel Air aus schaute sie auf die Menschen zurück, mit denen sie aufgewachsen war, und die nichts als ihre Ernte im Sinn hatten. Damals in Saskatoon war das die einzige Realität, die Joni kannte. Ein Dutzend Jahre später hatte sie viele weitere Leben gelebt. Sie hatte gespürt, dass Menschen aus einem anderen Klima selbst wärmer waren, offener, warmherziger. Trotzdem vergaß sie den Zyklus der Jahreszeiten im Großen Weißen Norden nie. Er verfolgte sie bis in ihre Träume, und bis in »Paprika Plains«. Das Präriemädchen lebte darin, aber es brauchte einen sehr langen Song, um ihre Herkunft mit dem zu versöhnen, wo sie schließlich gelandet war.

Als Bob Dylan mit dem sechsminütigen »Like a Rolling Stone« einen Hit landete, waren die Leute schockiert, und noch viel schockierter waren sie, als den Beatles das mit »Hey Jude« gelang, das noch zwei Minuten länger war. Aber wirklich niemand konnte sich vorstellen, dass ein Song mit einer stolzen Dauer von sechzehn Minuten ein Hit werden würde. Joni dachte sowieso nicht in solchen Kategorien. Ihr ging es um Kunst, ganz im Geiste von Beethoven, der seinen Zuhörern mit den über fünfzig Minuten der *Eroica* einiges abverlangte und dann mit der Neunten Symphonie, die normalerweise mehr als siebzig Minuten dauert, noch einen draufsetzte.

»Paprika Plains« beginnt als Kindertraum, als früheste Erinnerung. Es geht um den Zusammenprall von Kreativität und – im schlechtesten wie auch im besten Sinn – Zivilisation, oder, wie Huckleberry Finn sagte, »sivilisation«. Natürlich kann Zivilisation unzufrieden machen, in diesem Fall die Ureinwohner, die »cut off their braids and lost some link with nature«. In »Paprika Plains« geht es darum, diesen »link with nature« zurückzugewinnen: dank der Erinnerungen eines kleinen, blonden Mädchens und Jonis ungezügeltem Klavier. Genau dieses Mädchen verliebte sich erst in Rachmaninow, dann in Debussy. Und genau dieses inspirierte Mädchen bekam als Frau etwas Ursprüngliches, Stammesmäßiges und Improvisiertes zu fassen, das es in eine Orchestersuite übersetzte. Dies gelang ihr mit Hilfe von Michael Gibbs, einem Arrangeur und Professor an der Berklee School of Music – zwar nicht ganz perfekt, aber beseelt.

Gibbs war ihr von Jaco Pastorius empfohlen worden, und Pastorius hatte Gibbs erzählt, dass er Joni einige Klavierübungen gezeigt hatte, die sie sehr beflügelten. »Als ich mir das anhörte, wusste ich schon, dass Jaco ihr ein paar Sachen gezeigt hatte, die ihr eine gewisse Freiheit gaben. Erst dadurch konnte das Stück überhaupt entstehen«, erzählte mir Gibbs. »Sie hatte plötzlich etwas abgeworfen, und die Musik floss einfach aus ihr heraus. Sie spielte etwa eine halbe Stunde ein und gab mir dann eine editierte Version. Das Orchester anschließend hinzuzufügen war, als zäumte man das Pferd von hinten auf, aber es kam mir wie eine ganz natürliche Herausforderung vor.«

Jaco hatte den richtigen Mann mit den passenden Fähigkeiten und dem passenden Eklektizismus angesprochen. Die Aufnahmen fanden im Columbia 30th Street Studio in New York statt, einer ehemaligen griechisch-orthodoxen Kirche, auch bekannt als »das großartigste Studio der Welt«; Glenn Gould hatte dort sowohl seine 1955er- als auch die 1982er-Fassung der *Goldberg Variations* eingespielt, und Miles Davis *Kind of Blue*.

Joni war nervös, vielleicht auch von der Herausforderung eingeschüchtert, ein improvisiertes Klavierstück davor zu bewahren, in der orchestralen Übertragung verloren zu gehen. Sie musste Henry Lewy überreden, nach New York zu kommen, und schaffte das nur, weil Dizzy Gillespie in jener Woche im Birdland spielte. Lewy war so schwach, dass er das, was passierte, nicht aufhalten konnte, aber das hätte er auch nicht vermocht, wenn er gut bei Kräften gewesen wäre. Seine Hände an der Konsole zitterten, doch das war immer noch besser, als die Aufnahme dem zweiten Tontechniker zu überlassen, den sie beide für inkompetent hielten. »Paprika Plains« war zu lang für einen Song, hatte aber auch nicht die einzelnen Sätze, die das Stück zu einer Symphonie gemacht hätten. Wenn man unbedingt eine Bezeichnung vergeben wollte, dann liefe es auf »Rhapsodie in C« hinaus.

Gibbs war von dem Material fasziniert. »Das Unfertige ihres Spiels ist Teil seines Charmes. Es ging darum, den Klavierpart einzubetten. Er war ziemlich nackt, und es gab nichts, das ihn hielt, nicht nur strukturell, sondern auch nichts, das ihn wie ein Umhang umhüllte. Ich weiß noch, dass ich im Flugzeug auf dem Weg zu ihr auf den Grand Canyon blickte, und dadurch bekam ich eine Vorstellung von Ebenen, von weiten, offenen Räumen, und von scharfen Paprika. Und so verdichtete sich eine Idee zu etwas Essentiellem. Das Ergebnis kam mir eiskalt vor, doch das war bedeutungslos. Als ich anfing, Henry und Joni davon zu erzählen, sah Joni richtig glücklich aus, denn ich redete nicht über Viertelnoten oder Achtel. Ich redete nicht über technische Aspekte der Musik, sondern über poetische Vorstellungen. Wir haben uns von Anfang an bestens verstanden, und sie gab mir nie irgendwelche Anweisungen. Sie sagte mir nie, dass ich dieses tun oder jenes lassen sollte.«

Gibbs brachte hervorragende Musiker mit, die sowohl in der Klassik als auch im Jazz versiert und von dem Geiger David Nadien handverlesen waren. Der Jazzviolinist Harry Lookofsky war dabei, ebenso wie Ron Carter, einer der größten Kontrabassisten der Jazzgeschichte.

Man fragte sich angesichts all dieser musikalischen Koryphäen, wie das Orchester so falsch spielen konnte. Die meisten Menschen hören es nicht einmal. Und, wie Gibbs darlegt, »es spielt nicht permanent falsch, nur einen kurzen Augenblick lang«, obwohl dieser Augenblick fast die gesamte achte Minute währt. Joni zufolge konnten weder Gibbs noch Henry Lewy noch der zweite Tontechniker es hören, als sie es ihnen zu erklären versuchte. Jaco Pastorius aber bemerkte es sofort: »Es gibt ein paar Stellen, die klingen falsch«, sagte er. Und als Joni im folgenden Jahr Charles Mingus kennenlernte, war das Erste, was er sagte: »Die Streicher in ›Paprika Plains‹ sind verstimmt.« Sie war beeindruckt, dass er es bemerkt hatte, und antwortete: »Allerdings! Du hast es gehört?« Mingus war sprachlos. Er hatte geglaubt, ihr etwas zu sagen, das sie noch nicht wusste.

Was war passiert? Das Problem waren die Improvisationen, die Joni und Lewy hastig in den A&M Studios eingespielt hatten, um die Magie festzuhalten, bevor sie verflog. Es gab vier Stücke, die jeweils etwa eine halbe Stunde dauerten: eins war einunddreißig Minuten lang, eins neunundzwanzig und zwei weitere dauerten dreißig Minuten. (Sie hatte immer so lange gespielt, bis sie eine Zigarette brauchte.) Dann kürzten Joni und Lewy die einzelnen Teile und schnitten sie wieder zusammen. Das Problem, sagte Gibbs, war Folgendes: »Die Aufnahmen wurden an verschiedenen Tagen gemacht, und währenddessen änderte sich die Stimmung des Flügels. Als wir anfingen, stimmten wir die Instrumente nach dem Flügel. Als die Stimmung des Flügels sich dann geändert hatte, wurde das Orchester entsprechend anders gestimmt als bei den vorherigen Aufnahmen. Normalerweise steht bei einem Stück für Klavier und Orchester der gesamte Piano-Part, bevor der Pianist mit dem Orchester arbeitet. So wie Joni das machte, war es bestimmt nicht normal. Ich habe nie von jemandem gehört, der in dieser Reihenfolge gearbeitet hat.«

Dazu sagte Joni: »Mit Pro Tools hätte ich den Mittelteil genauer hinbekommen, aber wir mussten schneiden, und so wurde es ziemlich holperig – das Timing und die Abstände zwischen den Edits –, weil ich zwei Stunden Improvisation auf zehn Minuten kürzte.« Aber die falschen Klänge waren nur ein Teil der Geschichte dieses ambitionierten und schöpferischen Musikstücks. Sie wurden deutlich überragt von dem ambitioniertesten und überschwänglichsten Text, den sie je schreiben sollte und der so offen und weit war wie der Himmel über der Prärie.

Ein paar Jahre zuvor und weit von der Prärie entfernt fand Joni sich auf einer Party wieder, die Paul McCartney und die Wings auf der *Queen Mary* schmissen. Man hatte sie neben Bob Dylan gesetzt, der – im Gegenteil zu Joni – nicht tanzte.

Sie redeten über Malerei. Dylan studierte seit Kurzem bei Norman Raeben, einem in Russland geborenen Maler, der im elften Stockwerk der Carnegie Hall unterrichtete. Später sagte Dylan: »Ich ging fünf Tage in der Woche da hoch, und die beiden anderen Tage dachte ich darüber nach. Ich blieb jeweils von acht bis vier. Zwei Monate lang habe ich nichts anderes gemacht … Das hat mich verändert. Danach fuhr ich wieder nach Hause, und als ich dort ankam, verstand meine Frau mich nicht mehr. Von dem Punkt an ging meine Ehe in die Brüche. Sie hatte keine Ahnung, wovon ich redete, worüber ich nachdachte. Und ich konnte es ihr nicht mal erklären.«[2]

Auf der Party fragte Joni ihn, was er malen würde, wenn er irgendetwas hier im Raum malen sollte.

»Ich würde diese Tasse Kaffee malen«, antwortete er.

Joni hob den Blick und sagte: »Ich würde diese Discokugel malen.«

Es war symbolisch für ihre Freundschaft, dass dieses scheinbar oberflächliche Geplauder sich in naher Zukunft in Songs niederschlagen würde. Dylan schrieb bald darauf »One More Cup of Coffee«, und in der letzten Strophe von »Paprika Plains« heißt es:

You see that mirrored ball begin to sputter lights
And spin
Dizzy on the dancers
Geared to changing rhythms

Der Wetterwechsel wird zu einem Rhythmuswechsel. Jetzt strahlt die Discokugel über den Tänzern, die von dem künstlichen Globus beleuchtet werden. Alles ist miteinander verbunden. Sie ist immer noch so »wide-eyed open to it all« wie damals, als sie »three feet tall« war. Wohin sie auch schaut, sie sieht Muster, aus denen sie dann poetische Bilder macht.

Die Discokugel bewegt sich wie ein Medizinball, aber sie ist auch ein Zentrum, gleich einer Rückkehr zum eingestrichenen C. Diese Discokugel scheint auf die Gäste nieder. Jaco Pastorius, John Guerin und, zum ersten Mal, der große Jazzsaxophonist Wayne Shorter – sie alle sind da, um Joni zu begleiten, und um den Song zu dem zu machen, was er ist: harmonisch reichhaltig wie Jazz und rhythmisch so geradeheraus wie Rock and Roll. Sie stellen das große und mächtige Fundament eines Songs dar, der tief in jener Erde gräbt, von der Joni singt. Davonlaufen, zurückkehren, wieder davonlaufen: ein Kreislauf, den zu durchqueren eine ganze Seite des Albums in Anspruch nimmt. Es hätte sogar noch länger dauern können, wenn sie bloß Raum für die weiteren siebzig Zeilen gefunden hätte, die auf der Plattenhülle abgedruckt sind. Doch es war genug, Joni wurde reichlich aufgedeckt und voll eingeschenkt. Der Song war das Grandioseste und Mitreißendste, was sie jemals hervorbringen sollte. Die Tänzer, die Musiker, die Träume, all das: Sie verlangte viel von sich, also schien es nur fair zu sein, auch viel von ihren Zuhörern zu verlangen. Am Schluss singt sie: »I'm floating back to you«. Zu Don Alias? Zu ihren Zuhörern? Um ihr Präriemädchen-Ich mit ihrem urbanen Pop-Ich zu versöhnen? »Paprika Plains« ist Jonis bis dahin größte Herausforderung – zu groß und ausufernd für einen Popsong, aber zu wild und ungestüm für ein Konzert. Ihr glaubt, ihr könnt mit mir mithalten? Das wollen wir erstmal sehen!

Kapitel 23

Don Juan's Reckless Daughter

Es gibt nur drei Saxophonisten, die Joni wirklich großartig fand: Johnny Hodges, der in der im Duke Ellington Orchestra spielte, Charlie Parker, den Bebop-Pionier, und Wayne Shorter.

Sie lernte Shorter 1974 kennen, als beide ins Roxy gingen, um Miles Davis spielen zu hören. Shorter und Jaco Pastorius waren Kollegen in der Band Weather Report, ein Kollektiv, das – größtenteils wegen des Kults um Jaco – Stadien füllte und vor einem Publikum spielte, das sonst nur Rock-and-Roll-Bands erreichten. Je mehr Pastorius in den Mittelpunkt rückte, desto weiter schien Shorter im Hintergrund zu verschwinden – so weit, dass ein Weather-Report-Album *Mr. Gone* hieß. Pastorius leitete beim Publikum ein Umdenken über die tiefen Tonlagen ein. Shorter dagegen ließ die Zuhörer über seine Fähigkeit staunen, Räume mit perfekten und genialen impressionistischen Farbtupfern zu gestalten.

Als sie ihn sich drei Jahre später für ein Album angelte, das schließlich *Don Juan's Reckless Daughter* wurde, hörte sie, wie er zu der Rhythmusgruppe bei »Paprika Plains« sagte, sie sollten sich eine Frau mit Baby in einem Boot auf einem Teich vorstellen. *Peng!* Schon möglich, dass er bei Weather Report »Mr. Gone« war und »Mr. Weird« auf seinen Saxophonkoffer gepinselt hatte, aber er betitelte auch eines seiner eigenen Alben *The All Seeing Eye*. Es war genau diese Wahrnehmung, die Shorter zu Jonis Saxophonisten erster Wahl machte. Er verstand ihre bizarren Akkorde, und noch eine ganze Menge mehr. Für Joni war Mr. Gone genau da, wo er gebraucht wurde.

Shorter trat als Tenorsaxophonist zuerst bei Art Blakey in Erscheinung, dessen wichtigster Komponist er wurde, und dann in Miles Davis', wie dieser sagte, zweitem großartigen Quartett (1964–1968). Davis, der es gewohnt war, seinen Kopf durchzusetzen, musste vier Jahre auf Shorter warten, da dieser noch bei Blakey unter Vertrag stand. Aber das Warten sollte sich lohnen. Davis lehnte den Free Jazz ab, der bei Kritikern und jüngeren, progressiven Musikern jedoch angesagt war. Er heuerte eine Gruppe jüngerer Virtuosen an, darunter den noch sehr jungen Herbie Hancock, die ihrer Kreativität freien Lauf lassen wollten (was ihnen trotz der Angst gelang, die der »Fürst der Finsternis« ihnen einflößte). In dieser Zeit komponierte Shorter Stücke, die Teil des Jazz-Kanons wurden: »Speak No Evil«, »Footprints«, »Wild Flower«, »Masqualero«, »Night Dreamer«, »The All Seeing Eye« und noch viele mehr. Einige dieser Songs wurden auf Shorters Blue-Note-Alben veröffentlicht, andere entwickelten sich zum Grundstock von Davis' Repertoire.

Als Jazz Fusion zum nächsten großen Ding der Musikindustrie wurde und ganze Stadien füllte, war Shorter als Mitglied von Weather Report wieder ganz vorne mit dabei und tauschte sein Tenor- gegen ein Sopransaxophon, um zwischen all den elektrischen Instrumenten besser hörbar zu sein. Die Art, wie er Sopransaxophon spielte, unterschied sich völlig von seinem Tenorspiel. Plötzlich gehörte er nicht mehr zur Schule von Sonny Rollins und John Coltrane, sondern bildete seine eigene. Plötzlich begann er, mehr Raum zu füllen, ähnlich wie Miles. Das kam Joni äußerst gelegen. Pastorius war der wilde Mann, der Maximalist, der Größte. Shorter war der Visionär, der das große Ganze im Auge hatte, die Weite ausmaß und den richtigen Ton zum richtigen Zeitpunkt einbrachte. Wie bei Miles Davis war das, was er *nicht* spielte, genauso wichtig wie das, was er spielte.

In den Jahren, während der Joni nicht im Studio war, hatte sie genug Material für zwei weitere Doppel-Alben angesammelt. »Paprika Plains« nahm wie gesagt eine ganze Plattenseite ein. Und dann war da »Jericho«. Sie hatte den Song ursprünglich mit L. A. Express für *Miles of Aisles* eingespielt, nutzte jedoch jetzt die Gelegenheit, ihn mit Pastorius und

Shorter neu aufzunehmen. »Talk to Me« und »Don Juan's Reckless Daughter« wurden 1975 während der Rolling Thunder Revue geschrieben und 1976 während der kurzen »The Hissing of Summer Lawns«-Tour gespielt. »Dreamland« begann 1975 als Demo für *The Hissing of Summer Lawns*.

Pastorius stand Joni für all diese Songs zur Verfügung, und für »Dreamland« versammelte sie eine eindrucksvolle Truppe von Schlagwerkern: Airto an der Surdo (Basstrommel), Jaco an Kuhglocken, Manolo Badrena an Kongas, Alejandro (Alex) Acuña an Shakern und ihren Liebhaber Don Alias an Snare und Schleifklötzen. Trotzdem hatte sie das Gefühl, dass noch etwas fehlte. Also rief sie, wie man das so macht, mitten in der Nacht ihre Freundin Chaka Khan an. Khan war Leadsängerin der Funkband Rufus, die einen Grammy für den Funk-Klassiker »Tell Me Something Good« gewonnen hatte (geschrieben und produziert von Stevie Wonder). Khan verehrte Jonis Musik, und die freundschaftliche Bewunderung und Nähe in Gefühlsdingen war durchaus gegenseitig – was beileibe nicht selbstverständlich war, da sie beide die Gesellschaft von Männern bevorzugten.

»Sie rief mich um drei Uhr morgens an und wollte, dass ich ins Studio komme«, erinnerte sich Khan Jahre später. »Ich zog mir was über und fuhr hin. Wir machten unsere eigene kleine Party. Der Track war wie ein Drum-Circle-Song. Jonis Stimme kam erst später dazu. Sie wollte, dass ich etwas singe. Die Bassstimme stand bereits – ›Dreamland, Dreamland, Dreamland‹ –, ich hatte also die Tonart. Und sie wollte, dass ich etwas Shanty-mäßiges singe ... Ich war natürlich froh, mit ihr zu arbeiten, aber nicht unbedingt an diesem Song. Ich wollte an einem richtigen Song mit ihr arbeiten. ›Dreamland‹ war eher so eine Art Sprechgesang. Ich wollte mit Joni singen, weißt du, mit ihr zusammen *singen*.«

Chaka Khan, die beseelte Coverversionen von »Don't

Interrupt the Sorrow«, »The Hissing of Summer Lawns« und »Two Grey Rooms« (von Jonis Album *Night Ride Home*, 1991) eingespielt hat, dachte dabei an einen bestimmten Song. Trotzdem trug sie zu »Dreamland« etwas bei, was man bis dahin in noch keinem Joni-Song gehört hatte. Jahre später, 2002, sollte Chaka Khan bei einem Tribute-Konzert für Joni, das der Sender TNT ausstrahlte, »Dreamland« covern. Sie musste den Termin in letzter Minute absagen und wurde durch die feministische Gospelgruppe Sweet Honey in the Rock ersetzt, die bei ihrem Auftritt Jonis Texte kritisierten und sie rassistisch nannten.

Khan war fassungslos. »Und weißt du was? Wenn ich etwas an Joni liebe, dann, dass sie immer kompromisslos die Wahrheit singt. Dieser ganze gesellschaftliche Kram interessiert sie nicht. Sie kommt sofort zur Sache, und das liebe ich an ihr.« Ob es nun die Zeilen über schwarze Babys waren, die mit Backpulver bestreut wurden, oder das Bild vom »Tar Baby and the Great White Wonder« – Joni breitete immer ihr Unterbewusstsein aus, und das war voller verstörender Bilder.

Oder wie Joni sagte: »Es ist ein sehr, sehr weiter Weg von Kanada.«

Zwei Jahre, nachdem Joni von schwarzen Häftlingen in einem Frauengefängnis ausgebuht worden war, kam im Dezember 1977 *Don Juan's Reckless Daughter* heraus. Wahrscheinlich haben nur wenige beim Anblick des Covers bemerkt, dass der Schwarze im Zuhälteroutfit, den Norman Seeffs Kamera eingefangen hatte, Joni höchstpersönlich ist. Jonis Provokation – eine weiße Frau, die sich als schwarzer Oberpimp verkleidet – ist historisch nicht ganz so unbelastet, wie sie vielleicht geglaubt haben mag. Die populärste Form der Unterhaltung nach dem Bürgerkrieg und bis zur Vaudeville-Ära der Zwanzigerjahre hinein waren Minstrel-Shows – weiße Künstler, die sich das Gesicht mit angekokeltem Kork schwarz anmalten und »coon songs« [wörtlich »Nigger-Songs«] aufführten, deren berühmtester Vertreter Ernest Hogan und sein Stück »All Coons Look Alike to Me« war. Weiße Künstler traten in schreckenerregendem Make-up auf und imitierten – mal als Groteske, mal als Hommage – schwarze Künstler, die frühe Jazz- und Blues-Songs in wesentlich besseren Versionen auf die Bühne brachten. Dabei gab es jedoch auch berühmte schwarze Minstrelkünstler, allen voran Bert Williams und Johnny Hudgins. Der erste Tonfilm, *The Jazz Singer* (1927), war ein sentimentales Biopic über Al Jolson, der zwischen den Ansprüchen seiner Familie, die ihn als Kantor sah, und seiner eigenen Leidenschaft, mit schwarz gefärbtem Gesicht »Mammy« zu singen, hin und her gerissen war.

Joni verteidigte ihren Aufzug, und sie verteidigte auch Jolson. »Al Jolson war kein Stepin Fetchit«, erklärte sie mir. »Er war ein Jude mit einem schwarz geschminkten Gesicht, also gehörte er irgendwie immer zu den Gewinnern, so ähnlich wie Bugs Bunny. Für mich hat das überhaupt nichts Abwertendes. Aber es gab riesige Vorurteile. Als ich das machte, glaubten die Leute, das sei ein Kumpel von mir. Und es war überhaupt nicht stereotyp, es war etwas ganz Individuelles. Keine Ahnung, warum ich damit durchgekommen bin … Ich habe die tollsten Besprechungen in schwarzen Zeitschriften bekommen. Die haben da den Kumpel gesehen, sie haben es besprochen, und sie haben es *kapiert*.«

Es lässt sich nicht mehr feststellen, wie viele schwarze Journalisten überhaupt gemerkt haben, dass Joni da auf dem Cover war, oder wie viele schwarze Zeitschriften das Album besprochen haben. Der schwarze Musikjournalist Greg Tate, der Joni 1998 für die Zeitschrift *Vibe* interviewte und ein paar Jahre später anlässlich der Verleihung der Ehrendoktorwürde an Joni das Gedicht »How Black Is Joni Mitchell?« schrieb, verteidigte sie leidenschaftlich für das, was er ihren »Stunt«

nannte. Die einzige Journalistin, die Joni für das Cover kritisierte, und das auch noch für den *Rolling Stone*, war Janet Maslin. »Man kann nur hoffen, dass mit diesem niedlichen Cover eine Grenze erreicht ist«, schrieb Maslin. Ihre Kritik ist schonungslos. »Hier und auch sonst scheint der Eindruck vorzuherrschen, dass die Schwarzen und Menschen aus der Dritten Welt mehr Rhythmus im Blut, mehr Spaß und ein Geheimnis haben, das die Künstlerin, die auf dem Cover wie ein Schwarzer gekleidet ist, mit ihnen zu teilen glaubt.«[1]

Maslin schien damit nicht einverstanden gewesen zu sein. Sie war allerdings eine der wenigen Journalisten, die überhaupt kapierten, was los war. Jonis Verkleidung war so überzeugend, dass die meisten Menschen gar nicht verstanden, dass *sie* es war.

Nachdem Joni es nicht geschafft hatte, bei einem Saal voller schwarzer Gefängnisinsassinnen anzukommen, weil sie, wie Baez sagte, »Schwarz nicht im Programm hatte«, beschloss sie, noch einen draufzusetzen und schwarz zu *sein*. »Es war also Halloween, und ich ging den Hollywood Boulevard entlang«, erinnerte sie sich. »Auf den Straßen waren eine Menge Leute unterwegs, die Perücken und Masken und Schminke trugen, und ich dachte: ›Als was könnte ich mich denn verkleiden?‹ Dann stolzierte ein schwarzer Typ an mir vorbei, so richtig New-York-Style, und säuselte ganz großartig: *Schaust gut aus, Schwester, schaust guuuuut aus*. Das war richtig ansteckend, und ich dachte: ›Ich gehe als er.‹ Ich kaufte also das Make-up, die Perücke und Koteletten, fand in einem schäbigen Laden für Männerklamotten einen schäbigen Hut und einen schäbigen Anzug und ging am gleichen Abend auf eine Halloween-Party, wo niemand mich erkannte, wirklich niemand.«[2]

Als Joni einmal vorhatte, ein Buch mit Erinnerungen zu schreiben, sollte der erste Satz lauten: »Ich war der einzige

Schwarze auf der Party.« Sie hatte eine Mischung aus Zuhälter und Kunstfigur kreiert. Von Zeit zu Zeit verwandelte sie sich in diese Figur, wobei sie nie erkannt wurde, sogar von Männern nicht, die es besser hätten wissen müssen. Manchmal nannte sie ihre Schöpfung »Art Nouveau«, gelegentlich auch »Claude the Pimp«. 1979 verwandelte sie sich während eines Konzerts, das für Showtime aufgezeichnet wurde, mitten in »Furry Sings the Blues« bei der Zeile »everybody's fly« in diesen Zuhälter. Beunruhigend an ihrem Bedürfnis, ein Schwarzer auf der Straße zu sein, war die verstörende Vorgeschichte der Figur. Art Nouveau / Claude the Pimp wirkt auf dem Cover von *Don Juan's Reckless Daughter* wie ein Doppelgänger Zip Coons, einer Minstrel-Figur, die verspottet wird, weil sie versucht, sich wie ein Gentleman zu kleiden. Zip Coon gehörte, wie Jim Crow und Tambo, zu den Standardcharakteren in Minstrel-Shows. Zip Coon war der Dandy, Tambo der singende und tanzende Dummkopf und Jim Crow der ungebildete Arme – eine ziemlich deutlicher Hinweis auf die Intentionen hinter den Jim-Crow-Gesetzen[3]. Und trotzdem hatte Chaka Khan, die als Teenager bei der militanten Black-Panther-Bewegung gewesen war, mit der Gestaltung des Covers keine Probleme. »Ich fand das Cover von *Don Juan's Reckless Daughter* großartig«, sagte sie unmissverständlich. »Sie steht einfach auf Farbige. Sie hat so viele verschiedene Persönlichkeiten, und sie lebt das auch, sie singt das, sie ist das. Und ich auch. Das ist wunderschön. Das ist großartig.«

Joni trug das Kostüm zum ersten Mal auf der Halloween-Party im Haus von Peter Asher, dem Manager von James Taylor und Linda Ronstadt. Zehn Jahre später sollte Asher auch Jonis Manager werden. »Sie sah toll aus«, erinnerte er sich. »Sie hatte sich wirklich toll hergerichtet. Niemand ahnte etwas, nicht mal John David Souther.« John David, bekannt als J. D. Souther, der Co-Autor einiger Hits der Eagles war und auch eigene Songs aufnahm, war tatsächlich unter all den Gästen, die sich täuschen ließen – ein ganz besonderer Triumph für Joni, wenn man sich vor Augen hält, dass er zu der Zeit mit ihr schlief. »Joan und ich, das war nie etwas Exklusives«, erinnerte sich Souther Jahrzehnte später. »Durch sie haben sich meine Texte wirklich verändert. Sie sagte: ›Also, John David, wir warten immer noch darauf, dass du deinem Ego endlich mal gerecht wirst.‹«

Vielleicht hätte Joni sich darüber Gedanken machen sollen, wie ihre neue Schöpfung ankam. Machte sie aber nicht. Sie hatte nie Zweifel, dass die Menschen – schwarze oder weiße – es schon »kapieren« würden. Und wahrscheinlich war es ihr auch einfach egal.

* * *

Als Joni *Don Juan's Reckless Daughter* einspielte, imitierte sie nicht nur einen schwarzen Mann, sondern hatte auch eine ernsthafte Beziehung mit einem. Sie war mit ihren 1,70 fast dreißig Zentimeter kleiner als Don Alias. Alias war ein Bär von einem Percussionisten, den sie nicht nur als swingenden und gefühlvollen Schlagzeuger schätzte, sondern auch für einen der drei weltbesten Begleitmusiker hielt – besonders an Congas und Bongos. Don Alias begleitete sie auf *Don Juan's Reckless Daughter* und spielte 1979 Schlagzeug auf ihrer »Shadows and Light«-Tour. Zu der Zeit hatte er bereits eine imposante Vita vorzuweisen: Er gehörte zu Nina Simones Trio und hatte auf drei Miles-Davis-Alben gespielt, darunter den Schlagzeugpart von »Miles Runs the Voodoo Down« auf *Bitches Brew*, weil er der Einzige war, der ein Gespür für das langsame, funky swingende Feeling hatte, auf das Davis aus war. Joni war schon seit der Highschool in die Musik von Miles Davis vernarrt und wies oft auf seine Vorbildfunktion für ihren Gesang hin, besonders beim Titelstück von *Blue*. Es war ihr Traum, eines Tages mit Miles Davis zusammenzuspielen. Vielleicht konnte Alias da weiterhelfen.

In den Jahren von 1975 bis 1981 hatte Davis sich aus dem Musikbusiness zurückgezogen. Er versteckte sich in seinem Unterschlupf in der West 77th Street, warf jede Droge ein, die er in die Finger bekam, und stürzte sich in Gruppensex, wobei er häufig nur zuschaute, da die Drogen seiner Libido zugesetzt hatten.

Alias war normalerweise sehr besitzergreifend, aber Miles war ein Gott für ihn. Er bot seine Frau diesem Gott dar. Der Rest war Schmierentheater.

Im Jahr 2015, neun Jahre nach dem Tod von Alias, zeigt Joni sich noch immer belustigt über ihre Begegnung mit Miles, jedenfalls in gewisser Weise. Alias und Joni fuhren zu seiner Wohnung. Joni hatte ein kleines Budget für eine Fernsehsendung zur Verfügung gestellt bekommen, die sich aber nie realisierte. Joni wollte ihn als Gast in dieser Sendung haben, aber typischerweise verlangte er das gesamte Budget für sich; und die Show fiel mitten in seine sechsjährige Schweigeperiode. Wie Joni hasste er das Musikbusiness und verlangte sogar eine Art Lösegeld: Er würde erst dann wieder auftreten, wenn jemand ihm eine Million Dollar zahlen würde. »Das war damals, als eine Million Dollar noch eine Million Dollar war«, erinnerte sich Joni. »Ich konnte ihm keinen Vorwurf machen, ich hatte vollstes Verständnis, aber in der Zwischenzeit brachte er sich um; er war total auf Koks. [Don brachte Joni zu Miles und] Miles warf ihn raus. Und dann baggerte er mich an. Und ich dachte: ›Ach du gütiger Himmel. Der so eifersüchtige Don ist abgehauen, anstatt mich zu beschützen.‹ Also musste ich mich selbst beschützen, was ich ganz gut kann. Es war echt ziemlich lustig. Und ich hatte mich ja schließlich auf eigene Gefahr in seine Fänge begeben. Er machte da nichts anderes, als in Drogen und Sex zu fliehen. Er war Don gegenüber völlig respektlos, aber alle bewunderten Miles grenzenlos, auch Don. Er stürzte sich also auf mich auf die Couch, aber ich sprang auf. Und er flog von der Couch, umklammerte dabei mein Fußgelenk – und wurde ohnmächtig. Da war ich also mit einem bewusstlosen Miles, der sich an meinen Knöchel klammerte. Jetzt musste ich diesen durchgedrehten, eifersüchtigen Don reinrufen und hatte Angst, er würde mir vorwerfen, ihn zu betrügen. Er war krankhaft eifersüchtig. Aber wie auch immer, wir mussten meinen Knöchel von Miles befreien, und der klammerte mit der Kraft eines Toten daran. Es war wirklich ziemlich lustig.«

Vielleicht würde Miles ja eines Tages einen Entzug machen und sie bitten, mit ihm zusammenzuarbeiten. Es gab nicht viele Menschen, die sie bewunderte, aber Miles Davis in Hochform war einer von ihnen. Natürlich konnte er sich wie ein Monster benehmen, doch das konnte Picasso auch. Mit *The Man with the Horn* gelang Miles ein Comeback, allerdings sollte es nie mehr wie früher werden. Joni war klar, dass der großartige Mann inzwischen deutlich weniger großartig war. Für alle, die ihn während seiner Spitzenzeit lieben gelernt hatten, war sein letztes Jahrzehnt ein Trauerspiel. »Am Ende spielte Miles nur noch drei Töne und lief dann herum, weil seine Bands so schrecklich waren und die Inspiration völlig verschwunden war«, sagte sie.

Joni hatte nicht das bekommen, was sie wollte. Aber es ergab sich eine Gelegenheit, bei der sie viel von einem anderen Giganten des Jazz lernen sollte.

Kapitel 24

Mingus

Als *Don Juan's Reckless Daughter* Gold-Status erreichte, obwohl keine der Singleauskopplungen auch nur in die Top 40 kam, schien es so, als sei Joni die große Ausnahme der Popmusik: eine kompromisslose Künstlerin, die keinen Gedanken an kommerziellen Druck verschwendete, sich in aller Öffentlichkeit entfaltete und experimentierte und immer noch die Nase vorn hatte. Nach drei Monaten waren eine halbe Million Exemplare von *Don Juan's Reckless Daughter* verkauft – oder zumindest ausgeliefert –, und das Album tauchte zunächst auf Platz fünfundzwanzig in den Charts auf – nicht gerade überwältigend, aber respektabel. Die Single »Off Night Backstreet« mit den Backgroundsängern Glenn Frey und J. D. Souther, die mit noch anderen Titeln in den Charts vertreten waren, konnte sich nicht durchsetzen. Auch wenn eine halbe Million Plattenkäufer den Wagemut eines Jaco Pastorius nicht unbedingt hip finden mussten, ebenso wenig wie das subtile Spiel eines Wayne Shorter oder eine Rhapsodie, die länger als sechzehn Minuten dauerte und eine ganze Plattenseite einnahm (weshalb ein deutlich teureres Doppelalbum daraus wurde), so investierten sie immerhin in eine Frau, die bei allen Veränderungen doch aufrichtig geblieben war. Sie floh zwar vor dem Mainstream, nicht aber vor ihren Zuhörern, jedenfalls noch nicht.

Das Jahrzehnt hatte mit *Ladies of the Canyon* begonnen, ein Album, das den Zeitgeist einfing und mit der Dreifaltigkeit von »Big Yellow Taxi«, »Woodstock« und »The Circle Game« voller Hits war. Von da aus war es ein weiter Weg zu den Experimenten und Freiheiten von *Don Juan's Reckless Daughter*. Aber auch wenn Joni Aufmerksamkeitsspannen austestete und einige Kritiker verwirrte, so hatte sie doch immer noch ihre Zuhörer im Auge, die ja selbst älter wurden. Auch ihre Fans hatten sich auf sexuelle Experimente eingelassen, auf spirituelle Abenteuerreisen begeben und mussten mit zerbrochenen Familien leben. Joni hatte vielleicht nur für sich und ihren engsten Kreis geschrieben, doch ihr Output in den Siebzigern gab, wenn auch unbeabsichtigt, das private und öffentliche Leben dieses Jahrzehnts wieder. Später sollte sie die Achtziger »das verlorene Jahrzehnt« nennen. Man würde ihr mitteilen, dass sie kein Spiegel ihrer Zeit mehr sei. Gott sei Dank, dachte sie und schrieb dann: Mit den Achtzigern übereinzustimmen hätte »eine moralische und künstlerische Degeneration«[1] bedeutet. Es standen noch ein weiteres Album und eine Tour vor ihr, bis sie mit diesem Jahrzehnt durch war.

Einer ihrer Zuhörer, der auf *Don Juan's Reckless Daughter* reagierte – die beiden LPs, die unersättliche musikalische Ambition, den vermeintlich Schwarzen auf dem Cover –, war Daniele Senatore. Der italienische Platten- und Filmproduzent hatte 1976 für den Film *Todo Modo* die Musik des legendären Charles Mingus aufgenommen, doch war diese in der endgültigen Schnittfassung schlicht verschwunden. (Der gesamte Soundtrack war jetzt von Ennio Morricone.) Die nicht benutzte Filmmusik war allerdings genau der Weg, den Mingus schon immer hatte einschlagen wollen, seit er als Teenager begonnen hatte, Musiktheorie in Eigenregie zu lernen – darunter die Zwölftonmusik von Arnold Schönberg, mit der er sich bereits beschäftigt hatte, lange bevor Schönberg an Schulen gelehrt wurde. Doch gerade, als er soweit war, den nächsten Schritt zu gehen, wurde bei ihm überraschend Amyotrophische Lateralsklerose (ALS) diagnostiziert, eine schnell voranschreitende und nicht heilbare degenerative Erkrankung des motorischen Nervensystems – ein Schock. Die meisten Menschen, die daran erkranken, sterben innerhalb weniger Jahre. (Der Quantenphysiker Stephen Hawking war eine extrem prominente und seltene Ausnahme.) Der Koloss am Kontrabass – das laute, wütende Genie, der Unruhestifter – würde an den Rollstuhl gefesselt sein und nur noch mit Mühe sprechen können.

Mingus galt als einer der größten Bassisten und Bandleader des Jazz, aber er wollte in erster Linie als großartiger Komponist anerkannt werden. Er hatte im Schatten von Louis Armstrong, Duke Ellington und Charlie Parker gespielt, drei der bedeutendsten Figuren der Jazzgeschichte, und trotzdem sah er in diesen Auftritten nicht mehr als eine Episode. Er hatte ein riesiges und höchst ambitioniertes Œuvre geschaffen, ein unverwechselbares Werk, das es in mehr als nur einer Hinsicht in sich hatte. Mingus war ein chaotischer Typ und bekannt dafür, dass er Musiker während eines Auftritts feuerte und wieder einstellte. Er zerstörte einen Scheinwerfer der Bühnenbeleuchtung im Village Vanguard, der nie ersetzt wurde. Er versetzte dem Posaunisten Jimmy Knepper einen Schlag auf den Mund, der diesen einen Zahn und die obere Oktave kostete und außerdem seine Embouchure für ein paar Monate ruinierte. Trotzdem arbeitete Knepper weiter für Mingus.

Joni wusste, woher Mingus kam. »Ich höre einfach zu gut, und ich brauche einen reinen Geist«, sagte sie mir. »Mit meinem Meister Chögyam Trungpa war es genau dasselbe. Die Leute spielten ihm Musik vor. Er hasste das alles. Er sagte ihnen, sie sollten mir zuhören. Ich weiß, warum. Aus demselben Grund hörte Mingus meine Musik, oder Judy Garland – noch jemand, der ... rein ist. In dieser Musik gibt es keine Arglist. Auch bei Miles gibt es keine Arglist, obwohl er backstage ein schlimmer Finger war. Aber auf der Bühne war er so rein wie nur irgendwas. Mingus schlug andere Musiker mit der Faust und sagte: ›Du verfälschst deine Gefühle!‹ Die meisten Menschen hören das gar nicht. Die falschen Töne.« Joni und Mingus lagen auf derselben Wellenlänge.

Mingus konnte auch zart und sensibel sein und wunderbare und komplexe Liebeslieder schreiben, die sein stürmisches, romantisches, nur allzu menschliches Herz widerspiegelten (so etwa »Celia« für seine zweite Frau und »Sue's Changes« für die vierte). Sein Werk ist ebenso anstrengend wie vergnüglich. Melodiestimmen führen zu unbekannten Orten. Hörner geraten aneinander und tragen den Konflikt auf der Bühne aus. Mingus nahm all den Ärger, die Anmut und die Konfusion und packte sie in seine Kompositionen, schwelgte in der Bravour des Multiinstrumentalisten Eric Dolphy und des Pianisten Don Pullen, zwei unorthodoxe Virtuosen, die sich außerhalb der Gesetze der Harmonie bewegten, aber in gewisser Weise zu seinen kunstvollen Kompositionen passten, in denen das Chaos kam und ging und wieder zurückkam. Jede Zusammenstellung von Meisterwerken des Jazz wäre ohne die folgenden Alben unvollständig: *Pithecanthropus Erectus* (1956), *East Coasting* (1957), *Mingus Ah Um* (1959), *Mingus Dynasty* (1959), *The Black Saint and the Sinner Lady* (1963), *Mingus in Europe* (Volumes 1 & 2, 1964), *Let My Children Hear Music* (1972), *Changes One* (1974) und *Changes Two* (1975) sowie noch ein paar andere. Gegen Ende seiner Karriere und der Plattenaufnahmen wandte er sich den noch nicht erforschten südamerikanischen Rhythmen des Cumbia zu. Auch sein bitteres Ende konnte ihn nicht davon abbringen, nach Neuem Ausschau zu halten.

Mingus hielt die Vergangenheit am Leben, während sein Blick auf die Zukunft gerichtet war. Seine Musik ist brechend voll mit Dixieland, religiösen Tanzeinlagen und Jubelgesängen, Ellingtonia, Bebop und Ehrgeiz in Sachen klassischer Musik. In einer Mingus-Komposition finden viele Elemente der Jazzgeschichte gleichzeitig statt. Mingus prügelt seinen Bass wie sonst niemand, und es gelingt ihm, das Chaos wie Absicht erscheinen zu lassen, so leidenschaftlich, gewalttätig und voller Leben wie Picassos *Guernica*. Einige seiner Ensembles trugen die Bezeichnung »Jazz Workshop« in ihren Namen und waren wie Gruppentherapie, ein Ringkampf oder ein Thinktank für Improvisatoren, ein Ort, an dem sich Instrumente treffen, miteinander streiten und dann doch wieder zusammenkommen konnten. Er schaute tief in sich hinein und schrieb einmal einen Song namens »All the Things You Could Be by Now If Sigmund Freud's Wife Was Your Mother«.

In einem Business, in dem selbst Duke Ellington, Charlie Parker und Miles Davis die Urheberschaft an Songs beanspruchten, die sie gar nicht oder nicht alleine geschrieben hatten, stehen Mingus' Leistungen völlig außer Frage. Auch wenn seine emotionale Unbeständigkeit es ihm erschwerte, seinen Alltag zu organisieren und jene Art von Loyalität seinen Bandmitgliedern gegenüber aufrechtzuerhalten, die ein Teil von Ellingtons Genie und Miles Aura war, seine Kompositionen waren von ihm und nur von ihm, mit eigenwilligen Feinheiten wie Flamenco-Gitarre, weitschweifigen Spoken-Word-Einlagen und Kakofonien, die trotzdem musikalisch immer sinnvoll waren. So einen wie ihn gab es nicht noch einmal. Mingus war eine Legende, die sogar stärker als der Tod zu sein schien. Die Demütigung durch eine derart schreckliche Krankheit war eine Sache, die er mit jenem Gott ausmachen musste, für den er noch immer schreiben wollte. Als Miles Davis und all die anderen in den späten Sechzigern auf Fusion umschwenkten, komponierte er einfach weiter für Kontrabass, akustisches Klavier und Blechbläser und hatte so noch ein paar großartige Jahre, bevor ALS ihn dahinraffte. In seinem letzten, schrecklichen Jahr, 1978, schwand sein Leben jeden Tag ein Stück mehr, und er musste etwas tun, um es allen mitzuteilen – vielleicht auch, um ein neues Publikum für seine Platten zu finden. Verdammt, er war fünfundfünfzig und noch nicht bereit abzutreten. Endlich öffneten sich die Konzertbühnen für ihn! Er machte sich an die Renaissance seines Werks.

Sue Graham Mingus, seine unermüdliche Ehefrau – die sich seit ihrer Zeit als Herausgeberin der hippen Zeitschrift *Changes* bestens mit der Presse auskannte –, hielt verzweifelt nach einem letzten Projekt Ausschau. Sie schrieb ein paar Texte für seine Songs, aber die waren nicht gut genug. Die Philharmonie war gebucht. Sie brauchte etwas Großes, und zwar sofort. Daniele Senatore zeigte Sue und Charles das Cover von *Don Juan's Reckless Daughter* und spielte ihnen das Album vor. Joni war, was Jazz betraf, eindeutig mehr als nur wissbegierig und benutzte sogar das Cover der Platten, um ihrem inneren (und äußeren) schwarzen Mann nachzugehen. War dies die Frau, die Charles einen angemessenen Abschied ausrichten konnte? War das eine Möglichkeit für Joni, musikalisch etwas von einem der großen Meister zu lernen? Sie schickten Rauchsignale in Jonis Richtung und wollten den Eindruck vermitteln, dass Mingus – der Jonis Werk in der Tat nicht kannte – ein Fan von »Paprika Plains« war und bewunderte, was sie mit Jaco Pastorius und anderen Musikern fertigbrachte, die er nicht auf seinem Radar hatte. Es spielte keine große Rolle. Joni wurde nicht nur herbeizitiert, sondern geradezu bestürmt, und das von dem großen Meister selbst – ein ziemlich gerissener Schachzug von Sue.

Kurz nachdem er erfahren hatte, dass er an ALS sterben würde, lud Mingus Senatore zu sich ein. »Ich möchte mit dir über Gott reden«, sagte er. Daniele antwortete: »Da hast du dir den Falschen ausgesucht«, und schlug Mingus vor, er solle die *Vier Quartette* von T. S. Eliot lesen. *Vier Quartette* ist ein religiöses, aber zugleich apokalyptisches Gedicht, das 1943 herauskam, zwei Jahre vor dem Ende des Zweiten Weltkriegs. Obwohl Eliot noch bis 1965 lebte – und 1948 den Nobelpreis verliehen bekam –, war *Vier Quartette* sein letztes großes dichterisches Werk. Mingus hatte ein Gespür für eloquente Abschiede. »Burnt Norton«, das erste der Quartette, ursprünglich als einzelner Text und Abschied von dieser Form gedacht, beginnt mit den Zeilen »Zeit Gegenwart und Zeit Vergangenheit / Sind vielleicht beide in Zeit Zukunft gewärtig« und endet mit »Rasch jetzt, hier, jetzt, immer / Lächerlich die traurig wüste Zeit / Die sich davor und danach erstreckt.«[2] Das war absurd, das war der Versuch, der Zeit auf der Spur zu bleiben, das waren Erinnerungen, und das alles war unbestreitbar schön.

»Rasch jetzt, hier, jetzt, immer«: Hinsichtlich der Zeit ist das Gedicht zyklisch. Das Feuer der Einäscherung und die Rose der Fruchtbarkeit waren eins. Mingus, dessen schöpferische Kraft schnell nachließ, war von dieser Mischung aus Hirtenbrief, Eulogie und Epitaph berührt. Er glaubte, er könnte das Gedicht als Abschied vertonen, als das Epitaph, das zu komponieren er im Lauf der Jahre immer mal wieder versucht hatte. Aber es musste schnell gehen, und noch ein paar Dollar abwerfen, während er dransaß.

Joni konnte mit den *Vier Quartetten* nichts anfangen, und außerdem war sie überzeugt, dass Mingus kaum etwas davon verstand. Wie gut, dass sie das für sich behielt. Obwohl Joni poetische Texte schrieb, interessierte sie sich nicht besonders für Gedichte, und wenn, dann eher für jene, die sie an der Highschool hatte auswendig lernen müssen, dazu noch ein bisschen Leonard Cohen und das, was er ihr damals 1967 empfohlen hatte. »Das war bestimmt nicht die angemessene Literatur für jemanden, der gerade erfahren hatte, dass er demnächst sterben würde«, erzählte sie mir, auch wenn es doch ganz passend schien. »Mingus hatte nichts davon. Und er verstand große Teile gar nicht. Es gab jede Menge Pseudo-Tiefgang, jede Menge knifflige Wortklauberei, aber nicht viel Substanz. In meinen Augen sind Gedichte, selbst die gefeierten, immer wie der Versuch, Sonnenblumenkernschalen mit den Fingernägeln zu knacken, um an den Kern zu kommen.

Es ist, in den meisten Fällen, viel Arbeit für ein mageres Resultat. Ich fand, dass diese Texte keinerlei Relevanz für Charles und seine Situation hatten. Aber trotzdem, sein erster Vorschlag war, einen Engländer zu engagieren, der mir Teile der *Vier Quartette* mit einem schrecklich vornehmen Oxford- oder Eton-Zungenschlag vorlesen würde. Dann wollte er, dass ich sie in – wie er es nannte – Umgangssprache übersetzte, damit man sie verstand. Damit man ihnen überhaupt etwas abgewinnen konnte und sie nicht mit den Fingernägeln knacken musste. Für ihn war das wie ›tag-team preaching‹ in der Kirche. Da gab es manchmal zwei Priester in einem Gottesdienst, einer las die alttestamentarischen Texte wie gehabt, und ein anderer Priester übersetzte sie dann in Straßensprache oder Bebop. Und er wollte, dass ich Akustikgitarre spielte. Er war einfach ein akustischer Musiker. Er war ein Folkie des Jazz. Elektrischen Jazz mochte er überhaupt nicht.«

Joni wusste so gut wie nichts über Charles Mingus – also auch nichts über sein Vermögen, T. S. Eliot zu verstehen. Und im Gegensatz zu Joni liebte Mingus Gedichte. Seine zweite Frau, Celia Zaentz, erinnerte sich noch, wie er sie mit eigenen Gedichten umwarb. Er nahm Teile eines Albums mit Langston Hughes auf und zwangsverpflichtete Allen Ginsberg, spontan eine Hochzeitszeremonie für ihn und Sue Graham auszurichten. Er trat mit dem Dichter Kenneth Patchen auf, ein Mentor der Beat-Poetry, und schrieb 1972 ein eigenwilliges Streichquartett (zwei Bratschen und zwei Celli) als Vertonung von »The Clown«, einem Gedicht des großartigen Frank O'Hara, der zur New York School der modernen amerikanischen Dichtung gehörte. In der Charles Mingus Collection der Library of Congress findet sich die Vertonung des Gedichts »A Sane Revolution« von D. H. Lawrence. Und so weiter.

John Guerin schimpfte mit ihr und sagte, sie sei verrückt, wenn sie diese Chance ausschlüge. Darüber hinaus war er mehr als enttäuscht, dass eine solche Anfrage bei jemandem auf dem Tisch gelandet war, der so wenig mit Mingus vertraut war. Sie müsse das *auf alle Fälle* machen, drängte er. Die meisten der ihm bekannten Musiker würden für sich nach so einer Gelegenheit die Finger lecken. Sie solle sich ranhalten und mehr herausfinden.

Elliot Roberts und David Geffen, die Jonis Karriere fürsorglich begleitet und ihr sehr viele Freiheiten gelassen hatten, fanden es nun an der Zeit, einzuschreiten. Sie baten sie, sich nicht auf diese Zusammenarbeit einzulassen. Joni, du wirst dein Publikum verlieren! Joni, die Radiosender werden aufhören, dich zu spielen! Davon wirst du dich nie mehr erholen!

Als Joni sich zum ersten Mal mit Mingus traf, saß er schon im Rollstuhl und schaute auf den Hudson River. Die Fähigkeit zu provozieren hatte er allerdings noch nicht verloren. »Bei diesem Song ›Paprika Plains‹«, ließ er sie gleich wissen, »spielen die Streicher falsch.« Mingus wollte Joni testen, aber sie himmelte ihn daraufhin nur noch mehr an und stimmte ihm natürlich zu, was die Streicher betraf. Sie wünschte sich, dass auch andere das erkannt hätten. Die Krankheit hatte Mingus anfällig gemacht. Er war freundlich, aber sie sah auch das Teufelchen in ihm. Joni ist stolz darauf zu merken, wenn sie jemand Besonderem gegenübersteht, und in Gegenwart von Mingus spürte sie, dass er das einzig Wahre war.

Nachdem Joni die *Vier Quartette* gelesen hatte, meinte sie, sie würde lieber die King-James-Bibel vertonen. Es war nicht so, dass das Gedicht sie abschreckte – sie fand bloß, dass es zu wenig »Substanz« hatte. Es erinnerte sie an einen Nietzsche-Spruch, den sie immer wieder gern zitierte: »Dichter trüben das Wasser, damit es tief erscheint.« Und wollte er sie nicht für die Texte haben? Es erwies sich als Segen, dass Joni mit Eliot nichts anfangen konnte; so sollte sie schließlich die Textarbeit übernehmen. Mingus hatte den Vorteil der Planänderung ziemlich schnell erkannt. Es dauerte nicht lange, und er teilte ihr mit, dass er sieben Stücke geschrieben hatte, die »Joni I«, »Joni II« und so weiter bis »Joni VII« hießen. Mingus komponierte, indem er die Melodien mit schwacher Stimme auf Tonband sang; dann wurden sie von Sy Johnson bearbeitet und in Akkorde umgesetzt. Die Melodien klangen sehr rastlos, und überhaupt Worte für drei von ihnen gefunden zu haben ist ein Ausweis von Jonis Fähigkeiten. In den Liner Notes zu dem Album verglich sie die Arbeit, aus den Melodien Songs mit Texten zu machen, mit einem Sprung in tiefes Wasser, und das war keine Übertreibung. Es war eine Sache, Jaco und Wayne im Rücken vor sich hin improvisieren zu lassen; aber dieses Projekt war die größte musikalische Herausforderung, der sie sich je gestellt hatte, noch größer als »Paprika Plains«. Man hatte ihr Charles Mingus' letzte Melodien anvertraut – mit Akkorden, die noch viel sonderbarer und düsterer waren als alles, was man ihr jemals vorgeworfen hatte, selbst zu spielen –, und sie sollte nicht nur irgendwelche Worte dafür finden, sondern solche, die die Todeswünsche dieses überlebensgroßen Genies ausdrückten.

»Worum geht es bei der ersten Melodie?«, fragte Joni. Sie konnte keine Noten lesen, also fragte sie nach dem Thema, bevor sie die Melodie überhaupt gehört hatte.

»Ein paar Sachen, die ich vermissen werde«, sagte Mingus.

Joni sah, wie Mingus auf den Hudson River schaute – nach Norden auf die Wildnis der New Jersey Palisades und direkt gegenüber auf eine Wolkenkratzerbaustelle, deren Fertigstellung er nicht mehr erleben würde – und vielleicht an all jene Musikstile dachte, die er nicht mehr würde erkunden können, all die Musiker, die er nicht mehr anheuern und wieder feuern, die Freunde, die er vermissen würde und natürlich all die wunderbaren Gespielinnen, die er nicht mehr küssen konnte. Mingus befand sich in der Grauzone zwischen Leben und

Tod. ALS ließ Mingus um sich selbst trauern und zugleich dabei zusehen, wie andere ihn betrauerten.

Die Wohnung im 44. Stockwerk des Manhattan Plaza hatte eine spektakuläre Aussicht, doch er fühlte sich wie eine Geisel. Die Zeit der Abenteuer ging zu Ende. Joni nahm seine Stimme in sich auf, sein Aufbegehren gegen das Erlöschen des Lichts. In diesem seinem letzten Sommer wurde Mingus ins Weiße Haus eingeladen – der ehemalige Erdnussfarmer Jimmy Carter sang zusammen mit Dizzy Gillespie »Salt Peanuts« –, und als sich alle für ihn von den Plätzen erhoben, wurde aus dem Mann, der seinen Bass mit so viel Wucht und wie kein anderer traktiert hatte, aber jetzt nicht mehr spielen konnte, ein weinendes und zitterndes Häufchen Elend. Joni war überrascht, wie ernst sein Zustand war, und schrieb eine Elegie. Mingus wusste, dass ihre Stimme seine Musik, sein Leben nacherzählen würde. Irgendwie würde die taffe Blondine zu seinem Geist werden und seine letzten Melodien hinaus in die Welt tragen. Er nannte sie »Hillbilly« und »diese verdammt dünne Folksängerin«. Sie bewunderte ihn. Er vertraute ihr. Nachdem sie ein paar Texte geschrieben hatte, rief sie ihn an und fragte: »Wie geht's dir?«

»Na ja«, sagte er. »Ich sterbe.«

Joni hatte ihre Stimme oder Texte noch nie der Musik eines anderen geliehen, aber dies war eine außergewöhnliche Persönlichkeit mit einem sehr traurigen Schicksal. Die Vorstellung, was er alles vermissen würde, warf genug Material für einen Song ab. Sonny Rollins kam regelmäßig zu Besuch, ebenso andere Musiker, darunter Dexter Gordon und Jack Walrath, der bei einigen der letzten Ensembles von Mingus Trompete gespielt hatte und im gleichen Gebäude wohnte. Und trotz des zweifelhaften Kompliments, das Mingus ihm 1959 gemacht hatte (er würde »wrong right« spielen), besuchte ihn auch Ornette Coleman. Selbst Jimmy Knepper, den er auf der Bühne ins Gesicht geschlagen und dabei schwer verletzt hatte, rief ihn im April 1978 an – zu seinem, wie sich zeigte, letzten Geburtstag. Alte Rivalitäten und Bündnisse, alles verschmolz miteinander während seiner »Abschiedstournee«.

Zusätzlich zu den sieben Melodien hatte Mingus noch Texte für zwei weitere Melodien bei Joni in Auftrag gegeben, die auf sein zeitloses Album *Mingus Ah Um* zurückgingen. Eine trug den malerischen Titel »Self-Portrait in Three Colors« – eine Komposition, die viel mehr nach Jonis Herangehensweise an Mingus klingt als nach Mingus selbst. Der Song hat eine ausgefeilte Melodie, in der sich Euphonie und Dissonanz auf eine impressionistische Art und damit bei Jonis Sweetspot treffen. Doch was ihn am meisten mit Jonis Mingus-Album verbindet, sind die fehlenden Soli. »Self-Portrait in Three Colors« ist ein klassisches Stück für Jazz-Ensembles. Auch »Nefertiti« von Miles Davis, das zu Jonis Favoriten gehört, wurde ohne Soli eingespielt, aber nur, weil die Band spontan beschlossen hatte, die Melodie ständig zu wiederholen und mit jedem Turnaround Schwung aufzunehmen. »Self-Portrait in Three Colors« war ohne Soli gedacht, und mit jeder neuen Strophe kamen subtile Klangvariationen zum Tragen. Die drei Farben entsprechen den drei Strophen. In der ersten finden Altsaxophonist John Handy und die Tenorsaxophonisten Booker Ervin und Shafi Hadi zueinander; in der zweiten stößt Posaunist Jimmy Knepper dazu; in der dritten lösen sich Handy, Ervin und Hadi voneinander, um dann wieder zusammenzukommen, bevor Handy den Song mit einer ausklingenden, fröhlichen Arabeske beendet. Als Joni an *Mingus* arbeitete, schien »Self-Portrait in Three Colors« für sie noch zu den möglichen Stücken des Albums zu gehören. Und obwohl der Track nie abschließend bearbeitet wurde, diente er doch, ob bewusst oder nicht, als Schablone für Jonis

Herangehensweise und Gefühle. Das balladenhafte Tempo passte zu einem Trauergesang.

»Goodbye Pork Pie Hat«, auch eine Ballade und vielleicht die beliebteste Komposition von Mingus, war ein Requiem für Lester Young, den großen Tenorsaxophonisten, dessen cooler Stil zu Mingus' Leidwesen von einer ganzen Richtung namens »Cool Jazz« imitiert wurde. Obwohl Rahsaan Roland Kirk schon 1976 Texte dafür geschrieben hatte (zu hören auf seinem Album *The Return of the 5000 Lb. Man*) war Mingus überzeugt, dass Joni bessere schreiben konnte. Er beauftragte sie auch, zu John Handys Solo einen Vocalese-Text zu verfassen. Anfänglich schreckte Joni davor zurück.

»Warum fragst du nicht Jon Hendricks?«, fragte sie. »Das ist doch der beste Bebop-Texter.«

»Habe ich gemacht«, sagte Mingus. »Willst du es hören?«

Mingus spielte es Joni vor. »Wie findest du das?«, fragte er dann.

»Um Himmels Willen, das ist aber sentimental«, sagte Joni.

»Nicht wahr? Der arme schwarze Kerl dies und der arme schwarze Kerl das.«

Jetzt musste Joni einen ihrer ganz frühen Helden ausstechen. Sie durchstreifte Manhattan, summte Handys Solo vor sich hin, hielt nach etwas Ausschau, das sie inspirieren würde. Wenn man an die Kraft der Gedanken glaubt, dann nimmt man auch an, dass das Universum – oder in diesem Fall Manhattan – für einen höchstpersönlich gemacht worden ist. Und tatsächlich: Während sie in Harlem herumlief, schien ihr jemand ein Zeichen zu geben. Jetzt hatte der Song eine Struktur. Sie musste nur noch herausbekommen, was sie damit anfangen konnte. Mingus hatte mit Joni über Lester Young gesprochen, der ihn zu dem Song angeregt hatte. »Der Typ war überhaupt das Süüüüüßeste«, wusste Mingus zu berichten.[3] Mingus beklagte einen der Großen, der gegangen war, dabei war auch er einer der Großen und würde selbst bald gehen müssen. Die erste Strophe war einfach, doch der Rest war ihr immer noch ein Rätsel. »SCHLUSS JETZT BITTE FEIERABEND«, schrieb T.S.Eliot in *The Waste Land*.[4] Daran war nicht zu rütteln. Zu dieser Zeit war Joni mit Don Alias liiert, und die beiden beschlossen einmal, eine Station früher aus der Subway auszusteigen. »Wir kamen ganz nah bei einem Gullydeckel raus und waren sofort von weißem Dampf eingehüllt, und zwei Blocks weiter standen ein paar schwarze Typen – ihren Hüten nach Zuhälter –, sie standen da nach vorn gebeugt in einem Kreis zusammen«, erinnerte sich Joni. »Es gab eine kleine Bar mit einer Marquise, die bis auf den Gehweg reichte. In dem Kreis waren zwei Jungen, vielleicht neun oder jünger, die diesen Robotertanz aufführten, so einen modernen Tanz, und einer der Kerle in dem Kreis klatscht sich auf die Schenkel und sagt: ›Ahhhh, das sieht mir ganz nach dem Ende des Stepps aus, ganz bestimmt!‹ Wir schauen uns also weiter um, und sahen über der nächsten Bar die leuchtend roten Neonbuchstaben, ›Charlie's‹. Und plötzlich habe ich so eine Vision. Ich schaue die rote Schrift an, ich schaue die beiden Kids an und denke: ›Generationen ... hier sind wieder zwei Kids, die auf der Straße groß werden – Talent haben, wahrscheinlich zum ersten Mal vor einem Publikum tanzen, und das ist ... für mich ist das wie Charlie und Lester. Das war für mich schon genug Magie, aber der Hammer kam, als wir nach oben auf die Marquise schauten, unter der das alles geschah. Da stand in Großbuchstaben: ›PORK PIE HAT BAR‹. Ich musste das jetzt nur noch reimen, und schon hatte ich die letzte Strophe.«[5]

Eine Bar namens »Charlie's«, ein Club »Pork Pie Hat Bar« – sie stolperte geradezu über Tipps für den Text. Es war einfach mehr als perfekt. Wie konnte Mingus nur ein so grausames Schicksal erleiden, während Joni ihre Inspiration praktisch beim Spazierengehen fand? Joni würde sich erst später mit ihrem Schicksal auseinandersetzen müssen, obwohl es ihr nicht so brutal mitspielte wie Mingus. Es gab die Geschichte von Joni und Mingus, und es gab die Geschichte von Mingus und Lester, die der Startschuss für den Song gewesen war und den Kreis in gewisser Weise auch wieder schloss.

Joni erinnerte sich, dass es ein paar Jahre nach der Veröffentlichung von *Mingus* zu einer Auseinandersetzung mit Vic Garbarini kam, den sie als einen »aufgeblasenen, korpulenten und völlig von sich selbst überzeugten Jazzautor« beschrieb, der glaubte, sie hätte keine Ahnung. Er sagte, dass die Leute auf der Straße sie für prätentiös hielten. Etwa zur gleichen Zeit behauptete Rickie Lee Jones, dass Joni keine Jazzsängerin sei, dass sie den Jazz nicht leben würde. Sie verglich Jonis Art, Jazz zu singen, mit Barbra Streisands Rock-Interpretationen. Rickie Lee Jones sang mit einem künstlichen schwarzen Zungenschlag. Wenn das nicht prätentiös war, was dann? Und jetzt warf Garbarini Joni vor, prätentiös zu sein.

»Okay, was maße ich mir denn an, das ich nicht bin?«

Schweigen.

»Wissen Sie denn überhaupt, was das Wort ›prätentiös‹ bedeutet?«

Schweigen.

»Was bedeutet ›prätentiös‹?«

Daraufhin zitierte Garbarini: »The sweetest swinging music man had a Porky Pig hat on.«

»Und Sie glauben, das sei prätentiös? Das ist von Mingus. Denn ich bin seine Schreiberin. Wenn er zu mir sagt, Lester Young trug einen ›Porky Pig hat‹, dann ist das anschaulich. Ich schreib das nicht einfach so hin. Was ist daran prätentiös?«

»Aber das bedeutet etwas anderes«, sagte Garbarini. »Das ist ein abfälliger Begriff für ›porkpie hat‹.«

Worauf Joni antwortete: »Das besprechen Sie besser mal mit dem Geist von Charles Mingus. Wo liegt das Problem?

Das Problem ist doch Folgendes: Sie picken mich hier heraus und behaupten, ich sei prätentiös, und das in einem Land, in dem 99 Prozent aller Sänger, egal woher sie kommen, mit einem künstlichen schwarzen Südstaatenakzent singen. Vielleicht ist das Problem, dass ich die am wenigsten Prätentiöse bin, und genau das ist das Prätentiöseste an mir.« Bam.

Lester Young trug diesen Porkpie-Hut damals in den Dreißigerjahren während der glücklichen Tage mit Count Basie in Kansas City, als er und Coleman Hawkins sich nächtliche Saxophonduelle lieferten. Und als Mingus Young kennenlernte, war er in der gleichen Position wie zwanzig Jahre später Joni. Auch Mingus war in seinen späten Dreißigern, und es lagen noch viele Triumphe und Niederlagen vor ihm; jung und voller Lebensfreude musste er zusehen, wie dieser große Mann, der noch keine fünfzig Jahre alt war, auf seine letzten Monate zusteuerte. Seine Frau hatte ihn in Long Island rausgeworfen, und er verbrachte seine letzten Monate in einer Wohnung in Manhattan, Ecke 52nd Street und Broadway, nicht allzu weit von dem Platz, von dem aus Mingus über den Hudson schauen würde. Mingus und Young beobachteten einen Cadillac, von dem sie wussten, dass er Stan Getz gehörte – ein Mann, den Young in der ihm eigenen Art »einen halben Scheißkerl« hätte nennen können. »Es gibt einen Typen, der spielt wie ich und verdient damit so viel Geld, dass er sich einen Cadillac leisten kann«, sagte Young.[6] Mingus' Elegie gilt Youngs Sound, der oft kopiert, ausgeschlachtet und missverstanden wurde; was so cool klang, war in Wirklichkeit Youngs Lyrismus, sein »mellow tone« (siehe Ellington) und seine makellose Beherrschung der Freiräume. Als er und Billie Holiday zusammen auftraten und Platten einspielten, nannte sie ihn Mr. President und er sie Lady Day, und das hatte nichts mit cool zu tun. Sie spielten und sangen Balladen, wie Balladen gesungen und gespielt werden sollten, bedienten den Beat, na klar, aber Körper und Seele sprudelten nur so über. In Jonis Texten taucht Lester Young allerdings so gut wie nicht auf. Sie handeln davon, wie eine »Black and Tan Fantasy« zum Schicksal wurde und die New Yorker Straßen inzwischen keine Bedrohung mehr für ein schwarzweißes Paar darstellen. Lester Young musste die Demütigungen eines großen Mannes ertragen, der nicht einmal von Billie Holiday zum Präsident erwählt wurde und sich immer noch nach hinten in einen Bus setzen musste:

> Black musician
> In those days they put him in an
> Underdog position

Die »underdog position« ist eine Anspielung auf *Beneath the Underdog*, die ungewöhnliche Autobiografie von Mingus, in der Joni für ein paar schnelle Anregungen herumblätterte. Doch die Anspielung hätte auch den kommerziellen Aussichten von *Mingus* gelten können; das Album stieg zwar auf Platz 17 in die Charts ein (phänomenal für ein Jazz-Thema), war aber ebenso schnell wieder verschwunden.

Das alles war neu für Joni. Seitdem sie damals die Flucht vor Paul Rothchild ergriffen und sich mit Henry Lewy, ihrem »mehr als ein Toningenieur« zusammengetan hatte, musste sie niemandem mehr gerecht werden, nur sich selbst. Natürlich war es eine große Ehre, von Mingus angerufen zu werden, aber er war anstrengend und eine Herausforderung. Wenn sie auch nur einen Ton von dem abwich, was er geschrieben hatte, würde er mit ihr schimpfen, und sie war es nicht gewöhnt, dass jemand mit ihr schimpfte, auch kein sterbender Jazz-Gott. Wie konnte Joni ihren Ansprüchen treu bleiben und gleichzeitig die letzten Wünsche eines großen Mannes erfüllen? »Mir war nicht so ganz klar, was die Krankheit mit ihm anstellen würde«, erzählte mir Joni. »Er saß schon im Rollstuhl, sein Sprechen war auch schon beeinträchtigt, funktionierte allerdings noch. Aber ich lebe ja eher für das, was gerade passiert, daher hatte ich keine paranoiden Gedanken. Als es dann aufs Ende zuging, wollte ich unbedingt, dass er ›Goodbye Pork Pie Hat‹ noch hört, das ich noch nicht fertig hatte. Es war höllisch schwer mit dieser dritten Strophe, bis schließlich das Wunder passierte. Und dann hasste er, was ich da gemacht hatte.«

Ihr Wunsch, *ihm* gerecht zu werden, wurde von ihrem Verlangen verdrängt, *sich selbst* gerecht zu bleiben.

Schließlich wurde die nach Mingus benannte Platte doch ein Joni-Mitchell-Album. Sie beobachtete ihn, lernte ihn kennen, seine Persönlichkeit, seine Erinnerungen, seine Traurigkeit. Am Ende aber wurde er ein weiteres *ihrer* Themen. Und selbst wenn sie andere bat, sich Mingus beim Singen vorzustellen, als sie ihnen die Musik vorspielte, so konnte sie sich doch bloß ihrer eigenen Musiker sicher sein, die die elektrischen Instrumente spielten, die Mingus so verabscheute. Er hätte ein Klaviersolo von, sagen wir, Don Pullen geschätzt – dem aktuellen Pianisten seiner Wahl und ein Meister von perkussiver Dissonanz und Swing. Herbie Hancock hingegen erzeugte auf einem elektrischen Fender-Rhodes-Piano, wie eloquent er es auch spielte, keine Klänge, die Mingus behagten. Allerdings war allen, die Joni kannten, klar, dass sie sowieso nicht in der Lage sein würde, sich seinen Vorlieben unterzuordnen. Das Fender Rhodes und der bundlose Bass mussten einfach dabei sein. Drei Mitglieder von Weather Report würden ihre Band bilden, dazu noch der Kopf der Headhunters. Das war keine Musik, die Mingus goutierte, aber er war nicht da und konnte sich nicht beschweren. Und so ging sie wieder zurück in die A&M Studios und spielte alles mit Herbie Hancock, Wayne Shorter, Jaco Pastorius und

Peter Erskine ein. Schließlich hatte Mingus ja sie beauftragt, seinen Epitaph zu schreiben.

Manche haben sich gefragt, warum *Mingus* so langsam ist. Das lag zum einen an der elegischen Natur des Materials. Das Tempo entsprach sicher nicht Mingus' Musik, und auch Weather Report legte sonst zumeist ein halsbrecherisches Tempo vor. Der rhythmische Variantenreichtum von *Don Juan's Reckless Daughter* fehlte auf dem Album ebenfalls. Bei *Mingus* lag der Schwerpunkt auf der Stimme, auf den Texten, auf der Melodie. Eine überbordende Session à la Mingus hätte zu viel Ablenkung von den Worten bedeuten können – oder Joni und ihren Ansprüchen an die Kühnheit von Pastorius und dem Minimalismus all der anderen nicht genügend Raum gelassen.

Gleichermaßen fragte sich die Jazz-Welt, warum bei einem Album, auf dem es (größtenteils) um die Musik von Charles Mingus ging und auf dem einige der großartigsten Improvisatoren des Jazz (wenn auch nicht aus Mingus' innerem Zirkel) zu hören waren, Herbie Hancock und Wayne Shorter nur dezent hinter Jonis Rücken improvisierten, ohne ein einziges echtes Solo abzuliefern. Das Album war weniger als vierzig Minuten lang, Platz wäre also noch gewesen. Aber Peter Erskine erklärte, dass die Tempi eine Herausforderung waren und es sich einfach nicht richtig anfühlte, die Songs weiter in die Länge zu ziehen. Soli von Herbie, Jaco und Wayne konnte man auf vielen anderen Schallplatten hören. Auf dieser Scheibe war die Stimme federführend.

Für Herbie Hancock war dieses Album der Beginn einer jahrzehntelangen Freundschaft und überzeugenden Zusammenarbeit mit Joni. Hancock hatte sich als ein Wunderkind am klassischen Klavier erwiesen und spielte bereits im Alter von elf Jahren mit Rafael Kubelík und dem Chicago Symphony Orchestra einen Satz aus einem Mozart-Klavierkonzert.

Seine Liebe zu Ravel führte ihn zum Jazz-Impressionismus eines Bill Evans, den er sich ebenso zu eigen machte wie den ihn nicht weniger begeisternden Rhythm and Blues. Mit dreiundzwanzig trat er dem Miles Davis Quintet bei. Zu dem Zeitpunkt hatte er mit der Coverversion seines Songs »Watermelon Man« durch Mongo Santamaría bereits einen Hit gelandet. Irgendwann einmal murmelte Miles ihm zu: »Take out the butter notes.« Er meinte zwar »Take out the bottom notes«, aber die Botschaft blieb hängen. Hancock lernte, dass weniger mehr ist – außer wenn man mit mehr so viel mehr erreichen konnte. Der dominierende Komponist der Band war Wayne Shorter, und beide waren Seelenverwandte, spielten jeweils bei den Blue-Note-Aufnahmen des anderen, während sie in Miles' zweiten großartigen Ensemble die tragenden Säulen waren.

Shorter und Hancock wurden beide Nichiren-Buddhisten, weil sie nach etwas suchten, das jenseits des Jazz lag, jenseits eines Stils. Es durfte durchaus etwas Populäres sein, aber nur, wenn es der Muse gefiel. Anfang der Siebziger waren die zwei nach Los Angeles gezogen. Shorter spielte bei Weather Report, die inzwischen Stadien füllten, die sonst Rockstars vorbehalten schienen, und Hancock brachte äußerst erfolgreiche Alben mit den Headhunters heraus. Hancock und Shorter trafen sich auch immer wieder bei VSOP (Very Special Occasion Project), der Miles-Band ohne Miles, in der Freddie Hubbard die Stelle des Großmeisters einnahm. Es war in dieser Zeit der sporadischen Begegnungen, zwischen Fusion und traditionellem Jazz, dass sie sich auf dem *Mingus*-Album wiederfanden. Sie kamen aus der Schule von Miles, nicht aus der von Mingus, und Joni war das nur recht, da auch sie eine Miles-Schülerin war. Sie alle waren Musiker, die über einen bestimmten Stil hinausgewachsen waren, und fühlten sich in einem Projekt zu Hause, bei dem Joni mit den musikalischen

Vorstellungen von Mingus zu kämpfen hatte, um es heimelig zu halten.

Joni und Hancock spielten »A Chair in the Sky« zum ersten Mal beim »Bread and Butter«-Festival im Sommer 1978 in Berkeley. Hinterher verriet sie dem Publikum: »Es ist toll, mit Herbie zu spielen«, selbst wenn es manchmal schwer für sie war, einen Punkt zu finden, an dem sie einsteigen konnte. Machte sie das auch unsicher, so wusste sie doch: Das Ergebnis würde wunderbar sein. Beide hatten Ambitionen wie Miles und fühlten sich gleichermaßen vorwärtsgetrieben – zum Teufel mit den Puristen! –, bis hin zu dem Album, das mit einem Grammy ausgezeichnet werden sollte: *River – The Joni Letters.*

Mingus ging es gesundheitlich immer schlechter, und irgendwann war Joni klar, dass er das fertige Album nicht mehr erleben würde.

Seine letzten Monate waren geprägt von fruchtlosen Bemühungen, den fortschreitenden Verfall aufzuhalten. Gerry Mulligan empfahl eine Wunderheilerin in Mexiko namens Pachita, und Mingus war so verzweifelt, dass er die Reise auf sich nahm. Joni schloss sich dem Trip zehn Tage lang an. Pachita behauptete, ihr Ritual würde etwas mit Mingus, Blut machen, aber dem war nicht so. Mingus und Joni schauten einander an, als sie merkten, dass alles ein Schwindel war. Auch wenn Mingus nicht mehr reden konnte, so funktionierte ihre Kommunikation doch nonverbal.

Vielleicht dachte er: Mach mir meine Songs nicht kaputt. Aber sie sang: »It's my solo while you're away.«

Mingus starb am 5. Januar 1979 (wie, den Liner Notes zufolge, auch fünfundsechzig an der mexikanischen Küste gestrandet Wale). Das Album erschien im Juni.

Auf *Mingus* gibt es zwei Songs, die komplett von Joni komponiert waren – »The Wolf That Lives in Lindsey« und

»God Must Be a Boogie Man«, der Song, den sie als letzten geschrieben hatte. Und obwohl Joni als Autorin von Text und Musik angegeben wird, paraphrasieren die ersten Zeilen doch den Anfang der Mingus-Autobiografie *Beneath the Underdog*. Darin versucht Mingus, etwas über seine Träume, sein existentielles Dilemma und seine Identität, sein Ich, herauszufinden. »Mit anderen Worten: Ich bin drei«, heißt es in der ersten Zeile. »Der Eine steht immer in der Mitte, unbekümmert und unbeteiligt. Er beobachtet und wartet darauf, den anderen beiden sagen zu können, was er sieht. Der Zweite ist wie ein ängstliches Tier, das angreift aus Angst, selbst angegriffen zu werden. Und dann ist da noch ein liebevolles, sanftes Wesen, das jeden in die entlegenste und heiligste Kammer seines Innern lässt. Es wird beleidigt, unterschreibt vertrauensvoll Verträge, ohne sie zu lesen und lässt sich überreden, umsonst zu arbeiten. Wenn es jedoch merkt, was mit ihm gemacht wird, dann möchte es alles und jeden in seiner Umgebung umbringen, auch sich selbst, für seine Dummheit. Doch es kann nicht – es zieht sich wieder in sich selbst zurück.«[7]

Wenn man sich vor Augen hält, was für Ambitionen Mingus hegte, welche Bürden er zu tragen hatte, seine Geschichte, seine Ausflüge ins Triviale, dann war es wohl ein psychologisches Wunder, dass er all diese für ihn notwendigen Ichs auf nur drei reduzieren konnte. Im Jahr 1903 schrieb der große W. E. B. Du Bois über das »doppelte Bewusstsein«, das diejenigen entwickeln, die als Minorität in einer Majoritätskultur leben:

> Es ist sonderbar, dieses doppelte Bewusstsein, dieses Gefühl, sich immer nur durch die Augen anderer wahrzunehmen, der eigenen Seele den Maßstab einer Welt anzulegen, die nur Spott und Mitleid für einen übrighat. Stets fühlt man seine Zweiheit, als Amerikaner, als Schwarzer. Zwei Seelen, zwei Gedanken, zwei unversöhnliche Streben, zwei sich

> bekämpfende Vorstellungen in einem dunklen Körper, den Ausdauer und Stärke allein vor dem Zerreißen bewahren.[8]

Dieses »doppelte Bewusstsein« bildet sich auch in Jonis Karriere mehr als deutlich ab. Sie will sich als Songwriterin behaupten, aber ebenso als Bandleaderin und als Produzentin im Studio. Gleichzeitig jedoch sucht sie nach dem nächsten Liebhaber, ist sie das Mädchen, das in seiner kleinen Heimatstadt auf jede Hochzeit ging, eine Frau, die eingesteht, dass »Liebe mehr als alles andere [ihre] Illusionen angeregt hat«. Black Cool kann eine Haltung der Stärke gegenüber einer Mainstream-Gesellschaft sein, die es einem nicht erlaubt, sein ganzes Menschsein auszuleben. In den Jahren nach »Rolling Thunder«, nach »The Last Waltz«, ging Joni auf ihre eigene Art gegen die Grenzen an, die ihr eine Gesellschaft setzte, die nicht wusste, was sie mit ihrer Mischung aus kreativer Stärke und ausgeprägt weiblicher Sensibilität anfangen sollte – um auf Du Bois zurückzukommen: »zwei sich bekämpfende Vorstellungen in einem dunklen Körper, den Ausdauer und Stärke allein vor dem Zerreißen bewahren.«

Kapitel 25

Ein penetrantes Weibsstück

Louis Menand brachte einst in *The New Yorker* eine Theorie in Umlauf, die er »Das eiserne Gesetz des Ruhms« nannte.[1] Er behauptete, dass Starruhm auf drei Jahre begrenzt sei, weil »dieses Gesetz festlegt, dass niemand länger als drei Jahre ein Star sein kann. Ein Gesetzesbruch kann aus einem einfachen Grund nicht bestraft werden: Es gibt keine Möglichkeit, das Gesetz zu brechen.« Menand erklärte weiter, wir würden, wenn wir glaubten, uns an eine Berühmtheit zu erinnern, die dieses Gesetz gebrochen hätte, nur Zeugen sein, dass diese Berühmtheit zwei Drei-Jahres-Phasen erleben durfte. Er führte aus, dass die Beatles zum Beispiel eine Phase als »liebenswerte Pilzköpfe« (1964–1967) und eine weitere als »Hippie-Künstler« (1967–1970) genossen hätten. Madonna, ein anderes Beispiel, hätte sich »dreier Jahre (1985–1988) als Downtown-Queen einer hippen Sexualität erfreut, und dann dreier weiteren Jahre (1989–1992) als Uptown-Ausgabe derselben Sache«.

Man könnte behaupten, dass Joni bereits zwei unterschiedliche Runden auf dem Promi-Karussell hinter sich hatte, als sie siebenunddreißig wurde: Da war zunächst das Mädchen, das die quicklebendige Rockszene im Laurel Canyon verkörpert hatte (1968–1971), und dann die Göttin der *Court and Spark*- und *Hejira*-Jahre (1973–1976). Anschließend hatte sie sich dem Erwartbaren verweigert und aufgehört, die Pop/Rock/Jazz-Welle zu reiten. Sie veränderte sich weiterhin, und es war schmerzhaft, vielleicht sogar überraschend zu sehen, dass ihr Publikum Schwierigkeiten hatte, ihr zu folgen. Menand fuhr in seinem Essay fort: »Ruhm ist eine Phase der Unausweichlichkeit, eine Zeit, in der alles auf eine Art und Weise funktioniert, die einen glauben lässt, es würde immer so funktionieren. Der jeweilige Empfänger scheint ständig auf die Frequenz justiert zu sein, auf der der jeweilige Star sendet. Ein Star zu sein (falls du ein Star bist) bedeutet, dass alles, was du machst, synchron zu den Erwartungen der Leute verläuft […]. Ruhm ist die Kreuzung von Individuum und Geschichte, eine perfekte Übereinstimmung von der Welt, wie sie nun mal ist, und der Art und Weise des Stars. Allerdings bewegt die Welt sich weiter.«

Nach so vielen Veränderungen im Musikgeschäft, nach all den Überdosen und den Bands, die sich getrennt hatten, nach den persönlichen Nervenzusammenbrüchen, die sie erlitten hatte, war Joni jetzt jedoch bereit für die nächste Runde Ruhm. In Sachen *Mingus* war sie eine brave Soldatin. Sie sprach wieder mit dem *Rolling Stone*, was sie seit acht Jahren, seit der Veröffentlichung der »Old Lady of the Year«-Grafik, nicht mehr getan hatte, und das sogar zwei Mal: zum einen mit Ben Sidran, als das Album noch in der Mache und Charles Mingus noch am Leben war; zum anderen mit dem blutjungen Cameron Crowe, der sie für ihre zweite und bisher auch letzte Titelgeschichte interviewte. Er war so sehr darauf bedacht, sie zufrieden zu stellen, dass er ihr sogar die Fahnen nach Hause brachte. Sie war wie immer enttäuscht, ließ sich das aber nicht anmerken. Außerdem sprach sie mit *Down Beat* und mit Leonard Feathers von der *Los Angeles Times* – dem einzigen wichtigen Jazzkritiker, der das Projekt ohne Einschränkungen guthieß –, mit Larry Kart von der *Chicago Tribune*, Michael Watts vom *Melody Maker* und Bob Protzman vom *Charlotte Observer* sowie ein paar anderen. Die öffentlichkeitsscheue Joni öffnete sich plötzlich. Sie tat alles, was sie konnte, um Geffen und Roberts zu beweisen, dass sie unrecht hatten – nicht nur durch ihre Gespräche mit der Presse, sondern auch, indem sie ihre erste umfassende Tournee seit dem Debakel der abgebrochenen »The Hissing of Summer Lawns«-Tour vor mehr als drei Jahren in Angriff nahm. Ursprünglich wollte sie Weather Report als Vor- und Begleitgruppe engagieren, so wie damals L. A. Express. Die Erklärung, warum daraus nichts wurde, kam von Joe Zawinul, dem (neben Wayne Shorter) Co-Leader der Band. »Wir sind doch kein verdammter L. A. Express.«[2]

Und so machte Joni Jaco Pastorius zu ihrem musikalischen Direktor, der gleich nach seiner Ernennung erstmal wochenlang den Proben fernblieb. Er wurde ersetzt durch den erst fünfundzwanzigjährigen Pat Metheny, den Jaco als Gitarristen ausgesucht hatte. Jaco hatte bereits auf Methenys Album *Bright Size Life* (1976) mitgespielt, und seitdem war Jacos Ruf exponentiell gewachsen, ja kurz vor dem explodieren. Methenys Spiel war subtil, ein stiller Kontrast zu Jacos virtuosem Rockstarpathos. Ans Keybord wurde Lyle Mays beordert, ebenfalls ein eher ruhiger Kollege. Michael Brecker nahm den Platz von Wayne Shorter ein, den Joni sich so sehnlichst gewünscht hatte. (»Ich wollte Genie und musste mich mit Talent zufriedengeben«, erinnerte sie sich.) Brecker war ein exzellenter Musiker, aber ganz offensichtlich stark von John Coltrane beeinflusst, den – wie wir schon wissen – Joni für überschätzt hielt. (Breite Einigkeit herrschte allerdings darüber, dass er viel zu häufig imitiert wurde.) Als Pastorius schließlich wieder bei den Proben auftauchte, wollte er Brecker feuern, was Joni ihm jedoch ausredete. Am Schlagzeug saß Don Alias.

Joni erklärte der *Washington Post*, dass sie zwar weiterhin Songs wie »Big Yellow Taxi« spielte, aber einigen ihrer älteren Hits, und besonders »Both Sides, Now«, aus dem Weg ging. »Ich habe den Song viel zu oft in Supermärkten und Fahrstühlen gehört«, sagte sie. »Zuerst war ich immer ganz stolz – er ist inzwischen Allgemeingut, fast schon wie ›Happy Birthday‹. Aber ich höre ihn auch kritisch. Meistens haben sie ihn bis auf den kleinsten gemeinsamen Nenner reduziert.«[3]

Der Band wurde nur wenig Platz für Soli eingeräumt. Abgesehen von seiner minutenlangen Einleitung zu »Hejira« hatte Metheney nur ein einziges Solo. Als zweite Gitarristen der Rolling Stones hatten Mick Taylor oder Ron Wood bei einem Konzert wesentlich mehr Freiräume. Der geschasste musikalische Direktor war ein Fan von *Hejira*, also spielten sie viel mehr Songs von *Hejira* als von *Don Juan's Reckless Daughter* oder sogar *Mingus*, dabei war dieses Album doch der Anlass der Tour gewesen. Die Doo-Wop-Gruppe The Persuasions eröffnete die Konzerte und sang auch mit Joni »Shadows and Light« sowie den 50er-Standard »Why Do Fools Fall in Love«. Brecker wurden echte Soli für zwei Songs zugestanden. Die Frustration, die Victor Feldman oder Roger Kellaway 1974 bei der »Court and Spark«-Tour verspürt hatten, machte sich auch hier bei einigen der Musiker bemerkbar, die es nicht gewohnt waren, im Schatten zu schuften. Lyle Mays schien es nichts auszumachen, hinter einem Popstar unterzugehen, aber Metheney sagte später, Musiker von so einem Kaliber zu engagieren und ihnen dann keine Freiräume einzuräumen sei, wie einen Ferrari zu kaufen und dann nur um den Block zu fahren.

Doch von diesen Klagen abgesehen hörte Metheney Joni nur zu gerne beim Singen zu und benutzte wie Larry Carlton oder Robben Ford ein Volume Pedal, um ihr rhythmisches Dämpfen der Seiten subtil zu untermalen. Anders als Carlton oder Ford fand er das musikalisch allerdings nicht besonders aufregend. Joni war auf den Jazz eingestiegen, aber sie wollte nicht an die Wand gespielt werden oder sich von langen, virtuosen Soli ihrer Geschichte beraubt sehen. Charles Mingus hatte sie bekanntermaßen ein »penetrantes Weibsstück«[4] genannt, und ihre energische Seite zeigt sich vielleicht ganz besonders in ihrer Funktion als Bandleaderin. »Weil ich so wortlastig bin, bin ich auch zuallererst meinen Worten gegenüber verantwortlich«, erklärte sie später. »Wenn ich also mit einer Band spiele, muss ich das Sagen haben. Die Worte müssen an erster Stelle stehen. Und wenn dann noch genug Raum für einen anderen ist, um da einzusteigen, na denn, viel Erfolg.«[5]

Mit anderen Worten, die Bands waren weiterhin nur eine Erweiterung ihrer Gitarre, ihrer Stimme, ihrer Songs. Sie steuerten ausgefeiltes musikalisches Handwerk bei, das aber über die Aufmerksamkeitsspanne für einen Popsong nicht hinausging. Im September 1980 brachte Joni das Live-Doppelalbum *Shadows and Light* heraus, das im September 1979 in der Santa Barbara County Bowl mitgeschnitten wurde; ein Video des Konzerts war in verschiedenen Formaten lieferbar und wurde im Kabelfernsehen ausgestrahlt. Es ist das einzige kommerziell verfügbare Filmmaterial ihrer Auftritte mit Jaco Pastorius, der noch renitenter und unkontrollierbarer war als je zuvor. Kokain und bipolare Störungen sind eine tödliche Kombination. Irgendwann war er für Joni verloren, und für fast alle anderen auch. Geschichten machten die Runde, wie er nackt in einem Brunnen in Japan herumlief und im Washington Square Park lebte, nachdem sein Vermieter ihm gekündigt hatte, weil er seine Wohnung unter Wasser gesetzt und Leute eingeladen hatte, darin zu schwimmen.

Ein Jahrzehnt des ständigen Forcierens, des Ausprobierens mit vollem Risiko ging seinem Ende entgegen. Und es stellte sich heraus, dass Geffen und Roberts recht behalten sollten. Das Album verkaufte sich nicht. Es war das erste ihrer Alben aus den Siebzigern, das keinen Gold-Status erreichte, obwohl es bis auf Platz 17 der Charts kletterte und mit Silber ausgezeichnet wurde, eine große Leistung für eine so experimentelle Platte. Recht behielten sie auch mit ihrer Vermutung, dass Joni aus den Radios verschwand, und zwar für immer. *Je ne regrette rien!*

Sie würde es immer wieder so machen, wird sie sagen. Und trotzdem beschritt sie anschließend ganz andere musikalische Wege, als das experimentelle *Mingus*-Album erwarten ließ. Während sie noch an *Mingus* arbeitete, sagte sie dem *Melody Maker*, eine Rückkehr zum Rock and Roll käme einer Rückkehr zum Metronom gleich. Aber genau das tat sie, sie kehrte zum Metronom zurück. In der nächsten Dekade folgte sie Trends, anstatt welche zu setzen, und schimpfte auf die Achtzigerjahre, mit deren kommerziellen Klängen sie arbeitete, dem akustischen Äquivalent des flackernden Neonlichts.

Als David Geffen Asylum an Elektra verkaufte und 1980 Geffen Records gründete, war klar, dass die Ära Elektra/Asylum vorbei war. Geffen nahm sogleich Joni, Elton John und John Lennon unter Vertrag. Es überrascht nicht, dass Elliot Roberts Joni zu diesem Wechsel drängte.

»Ich will das nicht alles noch mal mitmachen. Er wird sich langweilen, und was dann passiert, weiß ich«, sagte Joni.

»Joni, wir reden hier von David«, erwiderte Roberts. »Es wird wie in den guten alten Zeiten werden.«

»Also zahlt er mir einen Vorschuss«, berichtete mir Joni. »Keinen großen, aber auch keinen schlechten. Dann zieht er mir davon ein Viertel wieder ab und sagt, dass brauche er, um mich bei Elektra rauszukaufen. Und er sagt noch: ›Joni, du willst doch, dass ich Geld für dich verdiene, oder?‹ Ekelhaft, aber ich habe das hingenommen ... Mir war gar nicht klar, was er da machte, aber er blockte das Geld, das ich verdiente, bis die 225 000 Dollar wieder eingespielt waren.«

»Ich habe seit zwanzig Jahren keinen Honorarscheck mehr gesehen«, erzählte Joni 1996 Brantley Bardin von der Zeitschrift *Details*. »Und ab einem bestimmten Punkt hielt Geffen auch meine einzigen Einkünfte zurück – die Einkünfte als Autorin aus meinem Musikverlag –, da hatte ich dann also *gar keine* Einkünfte mehr. Ich ging zu David Geffen und sagte: ›Ich will aussteigen.‹ Er versuchte, mir das auszureden: ›Joni, einen besseren Deal bekommst du nirgends. Ich lass dich nicht gehen – niemals.‹ Und da sagte ich: ›Eine Festanstellung als Sklavin interessiert mich nicht.‹«[6]

Geffen kaufte Jonis Vertrag im Hinblick auf ihre kommenden Arbeiten, auch wenn Elektra weiterhin die Rechte daran für sich reklamierte. Im Grunde stellte er Joni den Buyout in Rechnung. Das ist eine durchaus gängige Praxis – nicht selten beklagen sich Künstler, dass sie bei ihren Firmen in der Kreide stehen, auch wenn sie Millionen verdient haben. Zumindest erwartete Geffen die Erstattung der 225 000 Dollar, als er den Vertrag aufsetzte. Ungewöhnlich war nur, jedenfalls Joni zufolge, dass Geffen die Umsätze zweier Firmen mischte, jene aus den Plattenverkäufen und die aus den Autorenrechten. Zu den Umsätzen aus den Autorenrechten gehörten auch Honorare für öffentliche Auftritte im Radio, Tonträger und so weiter. Normalerweise werden Rückzahlungen lediglich aus *einer* Quelle bedient. Das alles schien nicht das Werk eines sehr zugeneigten Mentors zu sein, sondern eines Tycoons, der sein Geschäft auf dem Rücken der Künstler aufbaute.

Geffen hoffte, dass auch die Achtziger ein Multiplatin-Album wie *Court and Spark* bringen würden, doch das stellte sich als unmöglich heraus. Der kommerzielle und künstlerische Wirbelwind von *Court and Spark* gehörte zu einem anderen Jahrzehnt.

Joni klammerte sich immer noch an ihre Beziehung zu Don Alias. In einem Interview mit der *Washington Post* kam dies zur Sprache. »Wir haben auch überlegt zu heiraten«, sagte sie. »Ich weiß nicht recht. Kinder? Weiß ich auch nicht so recht.« Um dann fortzufahren: »Was das gebärfähige Alter angeht, habe ich wirklich keine Bedenken. Aber es sind schwierige Zeiten, um Kinder in die Welt zu setzen.«[7] Man kann sich kaum vorstellen, wie schwer ihr diese Worte gefallen sein mögen, denn sie dachte dabei bestimmt an ihre Tochter, Kelly Dale, die zu dieser Zeit ein Teenager war.

Am 5. Februar 1981 – Joni war siebenunddreißig – wurde sie von Premierminister Pierre Trudeau in die Canadian

Hall of Fame eingeführt. Jonis stolze, aber rassistische Eltern kamen widerwillig an der Seite ihres afroamerikanischen Freundes mit. In ihrer kurzen Rede, in der sie Henry Lewy als ihrem »Assistenten im Aufnahmestudio« dankte, musste sie einen Augenblick nachdenken, bevor ihr der Name »Elliot Roberts« wieder einfiel, und sie dankte ihren Fans dafür, dass sie ihr auch in ihrer experimentellen Phase treu geblieben waren (hieß das, dass sie jetzt mit Experimenten durch war?), und besonders ihren engen Freunden, die »diese Herausforderung namens Ruhm zu einer – angenehmen – und wunderschönen Erfahrung gemacht haben«.[8]

Joni war sich durchaus des Trudeau'schen Winkelzugs bewusst, ein Mädchen aus den Prärien auszuzeichnen, um so seine politische Basis zu verbreitern. »Ich wurde zwar in Alberta geboren, bin aber im Alter von zweieinhalb dort weg«, erzählte mir Joni. »Trotzdem sagte er, ich sei ein Kind Albertas. Er hat mich einfach politisch benutzt. Zuerst dachte ich, er wollte mich anmoderieren, weil er meine Musik mag, aber dann war es doch wie immer nur Politik.« Und »wie immer« musste sie sich auch vor ihren Eltern rechtfertigen, dass sie ihren Freund Don Alias mitgebracht hatte.

Myrtle Anderson war empört. Den Premierminister treffen, mit einem schwarzen Mann! Ach du lieber Himmel! »Was wird Trudeau bloß sagen?«, fragte sie.

»Mutter, das ist ein Mann von Welt«, verteidigte sich Joni. »Er hat mit schwarzen Führern zu tun. Er ist ein gebildeter Mann.« Myrtle war trotzdem verärgert.

Nach der Zeremonie saßen Joni, ihre Eltern und Don Alias am Ende einer langen Tafel. Bill und Myrtle Anderson war das sichtbar peinlich. »Sie mussten da mit diesem umwerfenden Schwarzen sitzen, und alle Aufmerksamkeit galt uns«, erinnerte sich Joni. »Trudeau saß bei uns. Außerdem war da ein sehr netter, gutaussehender Mann, eine Seele von Mensch, aber er war in einen Skandal verwickelt. Er hatte eine Frau geschwängert, während er verheiratet war. Und dann machte er etwas für einen Politiker sehr Ungewöhnliches. Er kümmerte sich um die Frau und das Kind und sprach mit seiner Frau darüber, und die Frauen bewunderten ihn, weil er sich nicht drückte. Viele Frauen wählten ihn, einfach weil er sich als Mensch erwiesen hatte. Er saß also auf der einen Seite neben mir und Trudeau auf der anderen, und uns gegenüber saß eine französische Singer-Songwriterin.«

Als sie sich gesetzt hatte, sagte Trudeau mit Blick auf Alias: »Gut aussehender Kerl.«

»Ja, sehr attraktiv«, bestätigte Joni. »Aber außerdem ist er der beste Congaspieler der Welt. Er ist ein Meister, auf eine sehr unlukrative Art. Nicht einfach nur ein hübsches Gesicht.«

Die französische Singer-Songwriterin pflichtete ihr bei. »Ja, Don Alias ist fantastisch.«

Weiter gings mit Politik. »Wissen Sie«, sagte Trudeau, »das Problem mit Alberta ist, dass es [wie] der Osten sein will.«

»Das Problem mit dem Osten ist, dass er wie New York sein will«, erwiderte Joni.

Trudeau war vergrätzt und wollte nichts mehr von ihr wissen. Das wars dann mit den Weihnachtskarten. Das Verhältnis zwischen Joni und Pierre Trudeau war damit beendet.

Das Ende der vierjährigen und komplizierten Beziehung mit Don Alias kam bald darauf. Auch wenn er bereit gewesen war, sie mit Miles Davis zu verkuppeln, so führte doch seine brutale Eifersucht zur Trennung.

»Don Alias war unberechenbar eifersüchtig und hat mich ein paar Mal verprügelt«, erinnerte Joni sich 2015. »Nach dem ersten Mal legten wir eine lange Pause ein. Dann ging er zu allen meinen Freunden und redete auf sie ein. Also kam ich zu ihm zurück, und dann machte er es wieder, völlig unberechenbar. Er glaubte, ich würde ihn betrügen. Das war alles erfunden. Und Paranoia, und wahrscheinlich lag es daran, dass er die ganze Zeit auf Tour war und wahrscheinlich mich betrog. Ich würde sagen, es war Projektion. Er konnte sehr süß sein, aber man will wirklich nicht von einem Congaspieler geschlagen werden – ins Gesicht. Er ist sehr stark, und diese Hände sind tödliche Waffen. Er hat mich ziemlich übel zugerichtet.«

Das zweite Mal, dass er sie verprügelte, war sie mit John Guerin Essen gewesen, und das *mit Dons Erlaubnis*. Sie einigten sich auf eine Zeit, zu der Joni wieder zu Hause sein sollte. Jeder, der Jonis mäandernde Unterhaltungen kannte, hätte mit nichts anderem als einer Verspätung gerechnet. Und sie war verspätet. Sie kam morgens um Vier heim, um verprügelt zu werden. Immerhin war sie mit einem früheren Liebhaber aus gewesen, einem Langzeitliebhaber, einem Liebhaber, von dessen Fähigkeiten Alias schon seit einiger Zeit immer wieder gehört hatte. Alias muss gewusst haben, dass Joni immer versuchte, mit ihren Ex befreundet zu bleiben, aber er wusste auch, dass Joni von Guerin nie so richtig hatte lassen können. Sie heuerte ihn immer wieder für Alben an und sah ihm alles nach, was sie wegen ihm durchgemacht hatte.

»Wenn ich monogam bin, dann bin ich monogam«, erzählte mir Joni. »Und es war mit Dons Erlaubnis. Ich kam also nach Hause, er verprügelte mich, und am nächsten Tag musste John, der damals mit Pixie zusammenlebte, zur Arbeit – er ist Studiomusiker, er muss also pünktlich sein –, aber wir hatten eine richtig tiefe, seelische Beziehung. Meine Haushälterin sagte, dass wir noch im Schlaf miteinander redeten. Meine Mutter sagte, dass keiner der Männer, die ich mir ausgesucht habe, zu mir passte. Das hat mich wirklich verrückt gemacht, und damals bekam ich gerade eine doppelte Lungenentzündung. Ich habe sie zurückgerufen und gesagt: ›Hör zu, ich erklär dir diese Beziehungen, die du nicht verstehst.‹ John Guerin und ich haben in dem Gästezimmer von Max [Bennett] übernachtet. Wir schliefen in einem Doppelbett. Und wenn man beim Umdrehen nicht aufwachte, dann fiel man ganz schnell raus. In dieser Nacht schlief ich also an der Außenkante und fiel im Schlaf raus. Und im Schlaf streckte John den Arm aus und zog mich wieder rein. Im Schlaf! Am anderen Ende der Leitung wurde es ruhig und dann sagte meine Mutter: ›Verstehe.‹«

Diese außergewöhnliche Bindung verspürte Guerin noch lange. Am nächsten Morgen war er auf dem Weg zur Arbeit, hielt vor dem Studio an und dachte: »Etwas stimmt nicht mit Joni.« Also wendete er – er würde zu spät zum Gig erscheinen, ein unverantwortliches Verhalten für einen Studiomusiker – und fuhr zu Jonis Haus. Er hatte immer noch einen Schlüssel. Er ging ins Schlafzimmer und zum Himmelbett, dessen Vorhänge geschlossen waren. Er hörte sie stöhnen. Zunächst dachte er, sie hätte einen Liebhaber da, zögerte heranzutreten, aber dann dachte er: »Nein, da stimmt was nicht.« Er zog den Vorhang zurück und sah die misshandelte Joni. Ihr Gesicht war blau und schwarz. »Stell dir mal diese Intuition vor«, sagte Joni.

Der Schlagzeuger und Ex-Lover kam, um eine Joni zu trösten, die von ihrem aktuellen Lover schwarz und blau geschlagen worden war – und der demnächst ein Ex-Liebhaber sein würde. Guerin war ein Schürzenjäger, doch wie Joni war er auch immer ein Liebender. Er liebte Frauen mehr als alles andere, und er liebte sie wirklich. Als er diese Frau sah, die er einmal geliebt hatte – sicher nicht ohne Fehler, aber tief und leidenschaftlich –, so voller körperlicher und emotionaler Schmerzen, die ihr sein Nachfolger verursacht hatte, war er überwältigt. Er konnte gar nicht anders, als sie sanft zu trösten. Er war von Frauen erzogen worden, die ihm beigebracht hatten, Frauen zu lieben, wenn auch auf seine neckische Art. »Johns Mutter war eine wunderbare Frau mit einem ausgeprägten Sinn für Humor. Sie war Reiterin und hatte eine wunderbare Körperhaltung« erinnerte sich Joni. »Es waren Zirkus-Leute. Die Großmutter war eine echte Schaustellerin und spielte Patience, während ihr eine Zigarette im Mundwinkel hing und sie ständig irgendwelche kleinen Witze riss. Als Kind kam John immer wieder zu ihr und fragte: ›Bin ich jetzt unartig, Oma?‹ Und sie flüsterte: ›Ja, du bist ganz unartig, John.‹ Das ermutigte ihn.«

Trotz allem hatte sie doch auch gute Erinnerungen an Alias, besonders, was die Musik betraf. »Bei ›The Wolf That Lives in Lindsey‹ kann ich unsere Liebe raushören. Solche Dinge sind ergreifend und wunderschön und wertvoll, und die Tatsache, dass da keine Dauer entsteht, oder dass es ernsthafte Probleme wie die tätlichen Attacken gibt, das ist schon ziemlich heftig. Ich konnte nicht mehr mit ihm leben.« Als Alias zum dritten Mal versuchte, Joni zu schlagen, ergriff sie die Flucht. »Das war's«, schrie sie. »Du rührst mich nicht noch mal an. Du kannst dich nicht beherrschen, und ich halte das nicht mehr aus.«

»Das war die einzige üble körperliche Beziehung«, erinnerte sich Joni. »Die anderen waren psychisch schlimm. Ich würde aber trotzdem nicht sagen, dass auch nur eine davon Zeitverschwendung war. Für keinen von uns. Es war ein ganz gesunder Austausch. Wir haben wunderbare Musik gemacht und Dinge voneinander gelernt. Ich bedauere also nichts …«

John hatte irgendwie gewusst, dass Joni ihn brauchte. Er war für sie da. Man konnte sich nicht auf ihn verlassen, wenn es um Treue in Liebesbeziehungen ging, aber dafür bei anderen Dingen. Joni heuerte ihn für ihr nächstes Album an. Die Achtzigerjahre waren hart für sie, und sie war ständig in der Defensive: gegen Tontechniker, die ihre Musik niedermachten; fahrlässige Zahnärzte; ein Steuergesetz, das für ein Dutzend Leute maßgeschneidert wurde und gegen das sie zweimal zu Felde zog und schließlich gewann, aber nicht ohne dass Anwälte sich an ihr eine goldene Nase verdienten. Das Board of Equalization fand in ihr ein leichtes Opfer. Weil sie eine unabhängige Unternehmerin war, die keinen Produzenten hatte, hinter dem sie in Deckung gehen konnte, hatte der kalifornische Staat – von dem sie so warmherzig gesungen hatte – das Recht, die Hand auf einen Teil ihrer Einkünfte zu legen, denn im Grunde war sie ein unabhängiges Unternehmen, das etwas produzierte und dann an eine Plattenfirma vermietete. Diese Dinge hatten ihre Anwälte und ihr Management in ihren Vertrag geschrieben, um sie zu schützen. Manchmal ist die Vergangenheit etwas, auf das man zurückblickt und sich fragt: Wie zum Teufel konnte das passieren?

Ihre Polio-Symptome sollten zurückkommen, ihr Sopran verschwinden und bei einem Liveauftritt im Fernsehen würde man sie mit Eiswürfeln bewerfen. Und so sehr sie ihn auch liebte, sie konnte Don Alias keine dritte Chance geben. Außerdem würde sie sich 1982 nach *Wild Things Run Fast* von ihrem »mehr als ein Toningenieur« und akustischen Zwilling Henry Lewy trennen. Vielleicht war die Ära des Analogen vorbei. Vielleicht gehörten Klaviere und akustische Gitarren der Vergangenheit an. Die Achtziger waren eine schöne neue Welt. »Hippie, Yippie, Yuppie«, so beschrieb Joni das. Sie legte sich eine Dauerwelle zu, trug helle, leuchtende Farben und Schulterpolster und wehrte sich nicht gegen die Machtübernahme der Synthesizer. Ihr Alt – der Mutter zufolge ihre natürliche Stimmlage – wurde klirrender und rauer. Die Leute vermuteten, dass das von ihrem Kettenrauchen kam, Joni jedoch bestand darauf, dass es an Stimmbandknötchen lag, die sie sich beim Rock-and-Roll-Singen zugezogen hatte. Was auch immer der Grund für diese Veränderung war, die

Aufnahmen belegen sie. Angefangen mit *Dog Eat Dog* (1985) ging ihre Stimme allerdings völlig in einer digitalen Lawine unter, sodass man kaum feststellen konnte, was davon noch übrig war. Sie konnte klagen, über wen sie wollte, aber nach einer Dekade voller Kreativität steckte sie jetzt zurück und besorgte sich den neuesten Fairlight CMI, um mehr nach Techno zu klingen als Techno-Pop, so synthesizer-gesättigt wie Madonna, die Joni verehrte, die Joni ihrerseits aber mit Nero verglich. Doch bevor sie gänzlich in den Sound Patches der Achtziger versank, brachte sie noch ein weiteres Album heraus, das auf Gitarre und Klavier basierte, und auf dem sie einen weiteren ihrer »privaten Briefe« veröffentlichte.

Kapitel 26

Wild Things Run Fast

Die meisten Jahrzehnte beginnen nicht mit ihrem Jahr Null. Die Fünfziger begannen wahrscheinlich 1952 mit den McCarthy-Anhörungen. Für die Sechziger waren es wohl der Marsch auf Washington oder die Ermordung John F. Kennedys, beide 1963, oder auch die Ankunft der Beatles in den USA, 1964. Die Siebziger wurden vom Niedergang der Sechziger und dem Rücktritt von Richard Nixon 1974 geprägt, als Joni mit *Court and Spark* gerade ganz obenauf war. Die Achtziger setzten sofort und mit einem Knall ein: der Wahl von Ronald Reagan und der Ermordung von John Lennon. Grausame Zeiten. Obwohl Joni Lennon nur volltrunken und aggressiv erlebt hatte, war sie von seiner Ermordung doch so bewegt, dass sie ihn 1985 in ihrem Song »Impossible Dreamer« mit Robert Kennedy und Martin Luther King verglich. Und je länger die Achtziger andauerten, desto stärker verblasste der Traum von Woodstock. 1981 wurde AIDS entdeckt, und die Discos und Dampfbäder leerten sich. MTV startete mit einem Song der Buggles, »Video Killed the Radio Star«. The Buggles wurden keine Video-Stars, aber Michael Jackson, Duran Duran, The Police und andere wurden es in geradezu epischen Ausmaßen.

Prince war eine der Ikonen der Achtziger, die Joni ewige Treue schworen. *The Hissing of Summer Lawns* war nicht nur sein Lieblings-Joni-Mitchell-Album, sondern auch »das letzte, das [er] von A bis Z liebte«. Joni freute sich über seine Bewunderung, hatte aber Probleme, ihren Einfluss auf seine Musik herauszuhören. Sie hielt ihn für einen der großartigsten Performer, den sie je gesehen hatte – vielleicht sogar *den* großartigsten –, eine unwiderstehliche Kreuzung aus Sly Stone und, nun ja, ihr selbst. Wie mit »Manic Monday« für die Bangles und »Nothing Compares 2 U« für Sinéad O'Connor schrieb er auch einen Song für Joni – »Emotional Pump«. Der Refrain war einhundert Prozent Prince: »You are my emotional pump / You make my body jump.« Keine Chance, dass Joni so etwas jemals singen würde.

Peter Asher, der Elliot Roberts als Jonis Manager abgelöst hatte und scharf darauf war, dass seine neue Klientin Umsatz machte, wurde Zeuge, wie Prince Joni Tipps in Sachen »Hits« gab. »Ich weiß noch, dass er Joni erzählte, wie man einen Hit macht«, erinnerte er sich. »Er war ein besessener Joni-Fan. Er könne nicht verstehen, sagte er, warum sie keine Hit-Single hinbekam. Für eine kommerziell erfolgreiche Platte müsse sie dies und jenes tun, meinte er. Aber sie hörte überhaupt nicht zu, sie hatte kein Interesse an dem, was er sagte.«

Trotzdem blieben sie befreundet, wie seine langjährige Bandkollegin Wendy Melvoin erzählte. »Prince beschloss, zu meinem 20. Geburtstag eine Überraschungsparty in einem Club namens Tramps in Minneapolis zu schmeißen. Er flog sogar meine Schwester Susannah ein. Irgendwann im Laufe des Abends sagte er: ›Tu mir den Gefallen und setz dich an diesen Tisch und warte.‹ Ich wartete also, und dann kam Prince mit Joni Mitchell rein, und beide setzten sich zu mir, und Joni schenkte mir drei ihrer Lithografien. Das war ein zutiefst berührender Augenblick in meinem Leben. Prince war ein Fan von Joni, genauso wie Lisa [Coleman] und ich, und sie kennenzulernen war einfach unglaublich. Ich weiß noch, dass wir einmal in Kalifornien waren, und Prince rief mich an und sagte: ›Lass uns ausgehen und bei Joni in Malibu zu Abend essen.‹ Ich dachte nur: ›Ach du heiliges Kanonenrohr!‹ Wir drei also in einen Wagen, und auf dem Weg zu ihr spielten wir *Blue*. Wir kommen an, die Tür geht auf, und Joni ruft mit dieser wunderbaren Stimme nach ihrer Katze Puss-Puss. Die Wände ihres Hauses waren voller Porträts von Leuten wie Miles Davis – es war beeindruckend. Dann saßen wir auf der Couch und waren in ganz ernsthafte Gespräche mit Joni vertieft, als Prince irgendwann zum Flügel ging und anfing, ›A

Case of You‹ zu spielen. Und Joni sagte: ›Wow! Das ist wirklich hübsch. Was spielst du da?‹ Und wir alle riefen: ›Das ist ein Song von dir!‹ Prince bekam sich gar nicht wieder ein.«[1]

1982 ging MTV ins zweite Sendejahr. Ronald Reagan saß im Weißen Haus, Margaret Thatcher in der Downing Street 10, und Michael Jacksons *Thriller* war in allen Medien präsent. Joni aber hatte noch immer so viel Material aus den Siebzigern, dass sie ein weiteres Album herausbringen konnte, das eindeutig Joni in den Siebzigern war.

Wild Things Run Fast kam im Oktober 1982 auf den Markt und schaffte es nie, irgendjemandes Lieblingsalbum zu werden, obwohl ein paar ihrer Fans einige der Songs hegten und pflegten wie überängstliche Eltern. Sogar das Bild auf dem Cover – Joni in Jackett und Hosen, wie sie an einem Fernseher lehnt – erscheint beliebig. Eine an einem Fernseher lehnende Joni können wir uns nur schwer vorstellen; in unseren Köpfen rennt sie vielmehr mit den Wölfen heulend durch Lindsey. Aber das Album wird von zwei vollkommen verrückten Meisterwerken eingerahmt – das eine, »Chinese Café«, war so aufschlussreich wie immer, wenn sie ein Geheimnis ihrer Vergangenheit enthüllte. Das andere, »Love«, verwendet Worte aus dem Neuen Testament, um zu fragen, was Liebe ist und was nicht, und ist meilenweit entfernt von einer Olivia Newton-John im Gymnastikanzug, die 1982 mit »Let's Get Physical« bis auf Platz 1 der Charts stürmte.

Zum letzten Mal saß John Guerin bei Aufnahmen mit Joni am Schlagzeug. (Außer bei »Love« spielte er noch bei »Chinese Café«, »Ladies' Man«, »Moon at the Window«, »Be Cool« und »Man to Man«.) Und ein neuer Bassist ersetzte den inzwischen völlig unberechenbaren Jaco Pastorius.

»Ich hatte mit John Guerin schon bei einer Reihe von Projekten zusammengearbeitet«, erinnerte sich Larry Klein, damals ein fünfundzwanzigjähriger Bassist und Toningenieur.

»Wir sind gemeinsam in Victor Feldmans Band aufgetreten. Wir haben wirklich häufig zusammengespielt, im Studio und in Clubs. Jaco hat mein Spiel in mancher Hinsicht beeinflusst. Ich glaube, es war damals unmöglich, Bass zu spielen und nicht von ihm beeinflusst zu sein. Er wurde von vielen imitiert, und dabei wurde eine Menge von ihm geklaut, entweder um es selbst weiterzuverarbeiten oder um seine bekanntesten Partien zu assimilieren. Aber ich wusste schon sehr früh, dass das überhaupt keinen Sinn macht. Dabei kann man nur verlieren.«

Alles hat seine Zeit und seinen Augenblick, dachte Joni vielleicht. Dieser junge Mann war sicher nicht der nächste Jaco Pastorius, doch er gab ihr, was sie haben wollte. Damals, das erzählte sie gerne, richtete sie ihren Blick gen Himmel und sagte: »Schau mal, ich weiß, dass ich nicht anrufe. Ich weiß, dass ich nicht schreibe. Aber ich brauche einfach jemanden, der gut küssen kann und gerne flippert.« Als Klein fragte, ob Joni Videospiele mochte, hob sie den Kopf und sagte nur: »Danke, das kommt dem nah genug.« Es dauerte nicht lange, und sie waren wie siamesische Zwillinge, in Gefühlsdingen und auch anderweitig. Am 21. November 1982 wurden sie nach einer buddhistischen Zeremonie getraut. Sie war dreizehn Jahre älter als er, und wäre sie ein Mann gewesen und er eine Frau, dann hätte niemand so richtig Notiz davon genommen. Sie hatte sich mit ihm ein niedliches Küken geangelt und ihn dann, weil er jung war und ein bisschen voreilig behauptete, auch Toningenieur zu sein, auf ihren nächsten Alben als Co-Produzent verzeichnet, womit sie die Unabhängigkeit der Siebziger, als sie überhaupt keinen Produzenten hatte, aufgab.

Larry Klein berichtete: »Sie sagte zu mir: ›Du musst mir bei meinen Platten helfen.‹ Und ich antwortete: ›Bisher scheinst du doch ganz alleine einen guten Job gemacht zu haben.‹ Und sie: ›Nein, nein, ich will, dass du mir hilfst.‹ Mir war schon klar, dass sie etwas anderes suchte. Wie jeder Künstler, der nicht scheintot ist, war auch sie immer auf der Suche nach Neuem. So kam ich dann dazu, mit ihr diese Platten zu produzieren. Sie hat das ganz klar gesagt und darauf bestanden, dass sie mich brauchte und wollte, dass ich an den Platten arbeite. Ich war damals ziemlich jung und hielt das erst mal für eine gute Idee, aber ich sah auch die Gefahr. Ich habe nicht mit ihr coproduziert, solange wir nicht verheiratet waren. Und als wir verheiratet waren, habe ich nie ein Honorar in Rechnung gestellt, nie irgendeine Art Vorschuss oder Bezahlung genommen. Das Ganze hat mich eher nervös gemacht. Mir war klar, was passieren könnte, wenn sie mich für meine Rolle bei der Produktion bezahlte. Ich dachte, es würde irgendwann Probleme geben. Es war naiv von mir – vielleicht verliebte Naivität –, aber wir hatten in Gelddingen keine Geheimnisse voreinander, warum sollte ich sie also bitten, mich zu bezahlen?«

Nachdem Joni und er geheiratet hatten, kam Kleins Karriere richtig in Schwung, er spielte Bass unter anderem mit Robbie Robertson, Don Henley, Bob Dylan, Dianne Reeves, Bobby McFerrin, Neil Diamond, Tracy Chapman, Peter Gabriel, Warren Zevon und Bryan Adams. Als an Stelle von Joni 1988 Tracy Chapman einen Grammy gewann, die von Elliot Roberts gemanagt wurde, bekam sie ihn für ein Album, auf dem Larry Klein mitspielte.

»Als wir uns kennenlernten und miteinander arbeiteten, hatte sie einen riesigen Einfluss auf mich«, erinnerte sich Klein. »Sie hatte mich da schon für eine ihrer Platten angeheuert, so haben wir uns getroffen, und dann arbeiteten wir fünfzehn Jahre zusammen. Ich war damals vierundzwanzig und hatte noch nie eine Frau wie sie getroffen. Auf diesem Planeten gibt es auch keine Frau wie sie. Sie war eine unglaubliche Kombination von allem Möglichen. Eine Beziehung mit ihr zu führen war für mich in vielem eine Lernerfahrung, ob es nun um die Arbeit oder persönliche Dinge ging, weil wir ständig und über alles auf Erden diskutierten, und sie hatte schon unglaublich viele Erfahrungen gemacht. Ich bin ein sehr neugieriger Mensch. Für mich war es ein unglaubliches Milieu, um zu wachsen. Sie war dreizehn Jahre älter als ich und natürlich eine Ikonoklastin und ziemlich eigenwillig, in jeder Hinsicht eine interessante Denkerin.«

Zu Beginn war zwischen Joni und Klein alles wunderbar. Klein begriff erst mit den Jahren, dass in einer solchen Atmosphäre der Kreativität, Inspiration und voll erblühter romantischer Liebe, wie Joni sie in »Chinese Café« besingt, nichts von Dauer ist. »Ich glaube, die wütenden, narzisstischen Elemente ihrer Persönlichkeit waren immer da, aber sie wurden im Laufe der Zeit immer stärker, während die spielerischen und neugierigen Anteile allmählich verschwanden«, erinnerte Klein sich 2015. »Am Anfang war sie einfach eine unglaublich anregende, clevere und natürlich unglaublich talentierte, lustige und brillante Frau. Ich war total begeistert von ihr. Ich hatte noch nie eine Frau mit auch nur einem Bruchteil ihrer Intelligenz getroffen. Ich war im San Gabriel Valley aufgewachsen, zur Musikschule gegangen und dann fünf Jahre lang mit all meinen Jazz-Heroen unterwegs gewesen. Ich spielte während der ersten Sessions für *Wild Things Run Fast* sogar noch mit Freddie Hubbard. Sie war bei den Sessions immer auf der Suche nach Input, und ich hatte ein paar klare Ideen zu musikalischen Strukturen und Arrangements entwickelt. Für mich war ihre Arbeitsweise eine Offenbarung.«

Klein konnte hervorragend den Takt halten, die Harmonien treffen, und je länger er im Studio arbeitete, umso besser verstand er, wie es dort ablief. Er war Meilen von Jaco Pastorius entfernt, aber es war auch fast unmöglich, jemanden zu finden, der wie Jaco hoch droben über allem seine Runden drehte und dazu noch verlässlich war.

Wild Things Run Fast ist das einzige Album mit dem Credit »Produced by Joni Mitchell« und das letzte in diesem Jahrzehnt, das nicht voller Synthie-Klänge ist. Außerdem ist ihre Stimme im Wesentlichen noch die gleiche wie bei »Rolling Thunder«, obwohl die Veränderung kurz bevorstand. »Wie geht man bankrott?«, fragt Bill Gorton Mike Campbell in Hemingways 1926 erschienenem Roman *The Sun Also Rises*. »Auf zwei Arten«, antwortet dieser. »Erst allmählich, und dann ganz plötzlich.«

Der plötzliche Teil sollte bald kommen. »Ich glaube, es ist wichtig, im Auge zu behalten, dass Joni achtunddreißig war, als *Wild Things Run Fast* eingespielt wurde«, sagte Klein. »Vom Beginn unserer Zusammenarbeit an rauchte sie etwa vier Packungen Zigaretten pro Tag. Wenn man das mal zusammenrechnet, dann rauchte sie praktisch jeden Augenblick, in dem sie nicht schlief. Und wenn man das, was sie sagte, für bare Münze nimmt, dann hatte sie schon in ihrem neunten Lebensjahr damit angefangen. Eine solche Attacke auf die Kehle kann man nur so lange durchziehen, bis sich die Veränderungen tatsächlich in der ganzen Bandbreite von Vibrato, Stimmumfang und Intonation zeigen, dem rauen Ton. Außerdem glaube ich, dass wenn man das erst mal bei einem Sänger gemerkt hat, der einen auf die eine oder andere Art heftigen Lebensstil pflegt, dann verschärft sich das exponentiell, und man nimmt es immer häufiger wahr. [Joni] hat mehrfach versucht aufzuhören, aber immer erfolglos. Bei einem der Versuche bekam sie eine Spritze, die den Raucher die ersten Tage faktisch betäubte, denn das ist die brutalste Zeit. Sie hatte es einige Male zu Hause versucht, aber es stellte sich heraus, dass sie schnell übellaunig und feindselig wurde gegenüber allen, die während des Entzugs in ihrer Nähe waren, sodass ich schließlich sagte: ›Hier ... bitte rauch!‹ Ich hielt diese Stimmungsumschwünge einfach nicht aus.«

Klein bot an, sie nach Two Bunch Palms in Desert Hot Springs zu fahren, damit sie »an einem angenehmen Ort aus der Narkose erwachen konnte, an dem sie keinen Zugang zu Zigaretten hatte und [er] nicht greifbar war, um als Blitzableiter für die negativen Entzugserscheinungen zu dienen«, erzählte er. »Ich brachte sie in ihr Zimmer, arrangierte alles und fuhr zurück nach L. A.«

Nach ein paar Tagen rief er bei ihr an, aber niemand ging ans Telefon. Er begann, sich Sorgen zu machen, und stellte sich vor, dass die Spritze irgendwelche Nebenwirkungen gezeigt hat, von denen niemand wusste. Er fuhr wieder zurück in die Wüste. »Als ich dort ankam, entdeckte ich, dass sie sich von jemandem ein kleines Stingray-Fahrrad geborgt hatte und damit in den örtlichen Drogeriemarkt geradelt war, um diverse Packungen Zigaretten zu kaufen«, erzählte er mir. »Echt lustig. Wir haben uns prächtig darüber amüsiert. Vielleicht hätten wir es auch noch ein- oder zweimal mit einem anderen Verfahren versucht, aber letzten Endes habe ich kapiert, dass sie irgendwo ganz tief drin lieber sterben würde, als ohne Zigaretten zu leben.«

Kleins Aufopferung konnte man zu dieser Zeit sicher auch Liebe nennen – ein Gefühl, mit dessen Komplexität sie sich immer wieder beschäftigte, selbst wenn sie glaubte, damit durch zu sein. Der Song, der das Album beschließt, obwohl er als erster eingespielt wurde, heißt »Love«. Er entstand anlässlich eines Filmprojekts von Barry Levinson, dessen Film *Diner*, mit dem er bekannt wurde, im gleichen Jahr wie *Wild Things Run Fast* herauskam, nämlich 1982. Joni gehörte zu den neun Frauen, die folgende Einladung von Levinson erhielten: »Schreib ein zehnminütiges Skript zum Thema Liebe, vorzugsweise etwas Sexuelles. Ich produziere, was immer du schreibst.« Zu den anderen Frauen gehörten Liv Ullmann, die man aus Ingmar-Bergman-Filmen kannte, die irische Roman- und Theaterautorin Edna O'Brien sowie die New Yorker Filmkritikerin Penelope Gilliatt (die sich eine Stelle mit der wesentlich einflussreicheren Pauline Kael teilte). Rebecca West, Gloria Steinem und Jacqueline Onassis lehnten ab. Joni, die sich mehr als Cineastin denn als Lyrikern sah, sagte begierig zu. Sie sollte den Soundtrack komponieren, schrieb aber stattdessen einen Film über ihre alte Figur Art Nouveau, den schwarzen Zuhälter, der auf einer Kostümparty eine frühere Geliebte trifft. Sie spielte selbstverständlich die Hauptrolle in dem Film, den sie sogleich zu drehen begann. Levinsons Projekt wurde nie verwirklicht, aber Jonis Titelsong blieb.

In »Love« adaptierte Joni das 13. Kapitel des ersten Korintherbriefes. (Wie schon erwähnt, war Joni in der Zeit, in der sie viel unterwegs war, zu einer Bibelleserin geworden.) Der Heilige Paulus spricht zu den Menschen von Korinth mittels eines Briefes, der sowohl spirituelle als auch materielle Themen behandelt. Die Liebe steckt irgendwie dazwischen.

Hier die Version der King-James-Bibel, auf die Joni zurückgriff:

1. Though I speak with the tongues of men and of angels,
   and have not charity, I am become as sounding brass,
   or a tinkling cymbal.
2. And though I have the gift of prophecy, and
   understand all mysteries, and all knowledge; and though
   I have all faith, so that I could remove mountains,
   and have not charity, I am nothing.
3. And though I bestow all my goods to feed the poor,
   and though I give my body to be burned, and have not
   charity, it profiteth me nothing.
4. Charity suffereth long, and is kind; charity envieth not;
   charity vaunteth not itself, is not puffed up,

5. Doth not behave itself unseemly, seeketh not her own, is not easily provoked, thinketh no evil;
6. Rejoiceth not in iniquity, but rejoiceth in the truth;
7. Beareth all things, believeth all things, hopeth all things, endureth all things.
8. Charity never faileth: but whether there be prophecies, they shall fail; whether there be tongues, they shall cease; whether there be knowledge, it shall vanish away.
9. For we know in part, and we prophesy in part.
10. But when that which is perfect is come, then that which is in part shall be done away.
11. When I was a child, I spake as a child, I understood as a child, I thought as a child: but when I became a man, I put away childish things.
12. For now we see through a glass, darkly; but then face to face: now I know in part; but then shall I know even as also I am known.
13. And now abideth faith, hope, charity, these three; but the greatest of these is charity.

Joni musste all die »beareth«, »hopeth«, »endureth« und anderen Archaismen in einen modernen Kontext einbetten, um einen Song schreiben zu können, der gleichermaßen alt und doch nach Gegenwart klingt, und außerdem leidenschaftlich und lebendig. In dieser Art Prosagedicht schafft sie ein Reimpaar:

Love suffers long
Love is kind!
Enduring all things
Love has no evil in mind

Wild Things Run Fast ist geradezu gespickt mit Liebesliedern. Joni hatte das Gefühl, dass die Kritiker ihr die häufige

Verwendung (irgendjemand zählte siebenundfünfzig) des L-Wortes ankreideten. Sie war ausgelassen wie ein Teenager, und das am wohl zynischsten Scheideweg der Musikindustrie. Man hatte sie schon in der Vergangenheit ausgesperrt, etwa wegen der Sozialkritik auf *The Hissing of Summer Lawns*, ihrer kreativen Ausflüge mit Jazzmusikern auf *Hejira*, *Don Juan's Reckless Daughter* und *Mingus*, oder weil sie manchmal ihre Begabung für Melodien zurückstellte, um per Sprechgesang jene Worte in die Welt zu setzen, die wir in »Coyote«, »Don Juan's Reckless Daughter« und anderen Stücken hören. Aber jetzt, da sie Sachen machte, die mehr denn je an bodenständigen Rock and Roll erinnerten und die Segnungen der Ehe hochhielten, da vermissten sie die ironische Joni, die liebestolle Folkprinzessin von *Blue*.

Der allgemeine Hipness-Fimmel machte Joni wahnsinnig, und das nicht zuletzt, weil sie zum ersten Mal und mit großer Anstrengung versuchte, auf der Höhe der Zeit zu sein. AOR, der Album-orientierte Rock, war ein wichtiges Radioformat und 1982 das Jahr der fetten Gitarrensounds – doch trotz all ihrer Bemühungen wurden die Songs von *Wild Things Run Fast* weder im Radio noch bei MTV gespielt.

»Ich rief also den Präsidenten der Plattenfirma an und sagte: ›Sie werden erfreut sein zu hören, dass sich meine Musik mehr in Richtung Rock and Roll entwickelt‹«, erzählte Joni anlässlich der Veröffentlichung des Albums. »Man sollte meinen, dass er sich darüber gefreut hätte, aber man muss ihm wirklich zugutehalten, dass er sagte: ›Nein, nein, mach das bloß nicht, das fällt bestimmt auf …‹«[2]

Wurde sie noch immer für *Mingus* abgestraft? Joni hat so viele Songs über die Liebe geschrieben (die nicht immer Liebeslieder sind), dass sie 2013 die Produktion eines Balletts namens *Love* abbrach, das auf ihren Songs basierte, weil sie von der Menge des Materials, das sie zu diesem Thema hervorgebracht hatte, überwältigt war. Es schien unmöglich, das alles in einem einzigen Ballett zusammenzufassen. (Schließlich wurde eine Kassette daraus, die 2014 unter dem Namen *Love Has Many Faces* erschien; den Namen des Co-Produzenten Larry Klein hatte sie bei vielen der Tracks gestrichen.)

Wenn man Jonis Werkkatalog durchstöbert, dann stößt man dabei auf eine Qualität, die sich in den *Wild Things Run Fast*-Lovesongs nicht so recht widergespiegelt (mit der Ausnahme von »Love«): Doppeldeutigkeit. In »Cactus Tree« geht es darum, so viel Liebe wie möglich zu bekommen, indem man so viele Liebhaber wie möglich hat. »My Old Man« ist ein ehrlicher Lovesong für Graham Nash, aber die Akkorde werden erst mit der Bridge zum »lonesome blues« interessant, und darüber hinaus wenn sie singt, dass sie keine Bescheinigung vom Standesamt braucht. »Help Me« hat eine gewagte Melodie und einen Refrain, in dem es mehr um die Liebe zur Freiheit geht als um die Liebe selbst (was eigentlich die Freiheit meint, mehrere Liebhaber zu haben). »See You Sometime« ist wie »Blue Motel Room« ein Song über einen Liebhaber, den man vermisst (im ersteren Fall James Taylor, im letzteren John Guerin), obwohl man weiß, dass es auf beiden Seiten an Treue mangelt. In »A Strange Boy« geht es um einen unwürdigen Lover. »The Silky Veils of Ardor«, das Schlussstück von *Don Juan's Reckless Daughter*, basiert auf einem traditionellen Folksong und ist eine abschreckende Geschichte darüber, wie Leidenschaft zu Schmerz und Eifersucht führen kann. Was Joni glaubte, und was viele ihrer Fans für die nackte Wahrheit hielten, verriet sie mit »Amelia«: »Maybe I've never really loved / I guess that is the truth / I've spent my whole life in clouds at icy altitudes.« Diese schroffe Bildwelt entfaltet eine besondere Kraft, da sie sich aus der Unsicherheit eines »Maybe« heraus entwickelt.

Das war die Joni Mitchell unserer Träume, die aus dem Dunkel emporstieg, auf dem Fluss Schlittschuh fuhr, und wenn sie dann tatsächlich mal ihr Herz verloren hatte, wieder auftauchte, um uns die niederschmetternde Geschichte zu erzählen, wie sie es wiederfand. Joni schrieb ihre Lovesongs häufig am Ende einer Liebe oder während der Unsicherheiten zum Beginn einer neuen. Manchmal stellten ihre Songs auch die Liebe an sich infrage. Jonis Publikum reagierte auf sie, weil die Gefühle darin so nuanciert und exzentrisch erschienen wie die Akkorde, die sie begleiteten. Von dort ist es ein weiter Weg bis zum überschwänglichen – vielleicht zu überschwänglichen – »Yes I do, I love yah!« in »Underneath the Streetlights« auf *Wild Things Run Fast*. »Hot dog, darlin'«, singt sie ganz ungeniert in »Solid Love«; ein Song, der von den Ska-Crossover-Rhythmen von The Police inspiriert war (wenn auch ohne die der Werbung abgeschauten Wiederholungen, die aus deren Songs Hits werden ließen. Joni wollte The Police sogar als Begleitband haben, aber es ließ sich kein Termin finden, da sie ständig von einer ausverkauften Arena zur nächsten fuhren.)

Ein wesentlicher Aspekt eines Joni-Mitchell-Songs besteht darin, dass er nicht zwangsläufig den Erwartungen entspricht, was ein Joni-Mitchell-Song ist. Aber die Achtziger waren nicht die Siebziger, und die Umstände waren viel ungünstiger, um das weiter durchzuziehen. The Police waren als Punkband derart militant, dass Sting seine Bandkollegen überzeugen musste, sie würden sich nichts vergeben, wenn sie einen Song mit einem kitschigen Mädchennamen spielten. Dieses Mädchen war Roxanne, und Sting argumentierte, dass auch Elvis Costello seinen Ruf nicht mit einem reizenden Song über ein Mädchen beschädigt hatte – Alison –, und man ihnen diese Art Punk-Tango bestimmt nachsehen würde.

Joni hatte sicher ein schwereres Päckchen zu tragen als The Police. Sie hatte sich häufiger verändert, als man es Popstars normalerweise durchgehen lässt, und bei ihrem Schwimmen im Mainstream wäre sie schließlich beinahe untergegangen. Ihre Liebe zu Larry Klein war so aufrichtig wie überhaupt möglich, aber sie hatte noch nie versucht, bei den Massen hausieren zu gehen. Welch ein Kontrast zum vorigen Jahrzehnt, als sie 1973 eines Abends im Baked Potato auf L.A.Express gestoßen war und mit ihnen ein musikalisches Ruhekissen gefunden hatte. Aber jetzt schrieben wir die Achtziger, und alles war anders.

Eine Zeitlang mag die Dekade wie das goldene Zeitalter für eine bestimmte Art von Pop gewirkt haben, doch Erfolg war in diesen Jahren nicht so einfach zu haben, wie es die vielen radiokompatiblen Popsongs vielleicht aussehen ließen. Joni landete überhaupt keine kommerziellen Hits mehr. Sie spielte vier Alben für Geffen ein – und sie wusste, dass sich etwas ändern musste. Sie wusste, dass ihre Aufnahmen teuer waren. Sie hätte sie auch mit weniger Aufwand produzieren können, was die wieder einzuspielenden Kosten verringert hätte. Aber Erfolg macht ebenso süchtig wie jede andere Droge auch. Hat man erst mal davon gekostet, dann ist es schwer, darauf zu verzichten, besonders, wenn man Leute bezahlen und ein nobles Anwesen in Bel Air unterhalten muss sowie einen Lebensstil pflegt, der weit entfernt ist von den alten Zeiten des Boho-Dance. Jonis Karriere bewegte sich parallel zur Kultur – zumindest eine Zeitlang. *The Hissing of Summer Lawns* kam im gleichen Jahr heraus wie Tom Wolfes Essay »The ›Me‹ Decade« [»Me Generation«], *Hejira* im Jahr von Gail Sheehys Bestseller zur Midlifecrisis, *In der Mitte des Lebens*, und *Don Juan's Reckless Daughter* erschien zeitgleich mit *Der Stadtneurotiker* von Woody Allen. Joni erzählte ihren Zuhörern, wo und was sie waren, und als diese ihren Weg durch Selbsterkenntnisgruppen und diskursive Beziehungen gingen, begleiteten Jonis persönliche Äußerungen sie als Teil eines breiter angelegten Gesprächs. Aber um 1982 hatten diese Menschen bereits ein oder zwei Ehen hinter sich, die Frauen trugen Schulterpolster und waren Yuppies oder Menschen im mittleren Alter, die diesen nacheiferten. Ein paar von ihnen hatten sogar Reagan gewählt. Die Kritiker würdigten ausgefallene, coole, ironische Arbeiten. Verletzlichkeit, Emotionalität, Offenheit – diese hervorstechenden Qualitäten Jonis wurden als »total Siebziger« abgelehnt.

Wayne Shorter, der selbst Jazz-Orthodoxien zu vermeiden suchte (nicht immer mit Erfolg), blieb weiterhin ein emphatischer Kollaborateur, und Victor Feldman, der sich 1976 während der ganzen »The Hissing of Summer Lawns«-Tour über seinen Job als Keyboarder beklagt hatte, hörte auch jetzt, da er Vibraphon bei »Moon at the Window« spielen sollte, nicht damit auf. Feldman, der ein Buch mit dem Titel *Musicians Guide to Chord Progressions* geschrieben hatte, fand die Aufnahmesession unerträglich. »Ich glaube, dass ihn die Worte störten, denn er ist ein Familienmensch, und hier ging es um Menschen, die nicht lieben konnten«, erinnerte Joni sich später. »Ich fragte ihn: ›Stört dich der Text?‹ Er sagte: ›Ich hasse die Harmonien und wie sie sich entwickeln.‹ Ich musste die Session unterbrechen und ihn nach Hause schicken. Ich sagte: ›Man kann nicht etwas spielen, das man hasst!‹«[3]

Die außergewöhnlichste Enthüllung des Albums kam von einer angeknacksten Joni, bei der es immer um ausschließlich persönliche, nur-allzu-menschliche Dinge ging. »Chinese Café« hat alle Elemente eines frappierenden Joni-Mitchell-Songs, sie sang völlig offen über *das* Geheimnis ihres Lebens und ermutigte das Publikum, es zu ergründen. Im Gegensatz zu der blumigen Sprache von »Little Green«, die mit ihren märchenhaften Formulierungen eher verschleiert als Klarheit schafft, streckt sie hier die Hand nach Kelly Dale aus, die jetzt achtzehn sein muss. Sie wählt dazu in der Art von »Song for Sharon« das Gespräch mit ihrer kanadischen Freundin Carol und stellt sich den Weg vor, den sie damals in Saskatoon nicht beschritten hat. Wie Sharon Bell geht auch Carol den konventionellen Weg: Sie ist verheiratet, hat Kinder und ist inzwischen dazu verdammt zuzusehen, wie diese Richtung College verschwinden. Joni ist jetzt neununddreißig und tut das, was Gleichaltrige vielleicht zwanzig Jahre früher von ihr erwartet hätten: Sie hat einen Typ Mitte zwanzig gefunden und führt eine gute, stabile Ehe mit ihm. Joni beobachtet, wie Carols Tochter flügge wird und das Nest verlässt, und merkt an: »We look like our mothers now / when we were those kids' age.« Es ist der Kreislauf des Lebens, das »Circle Game« einer beinahe Vierzigjährigen.

Der Song beginnt harmlos – »Caught in the middle« – als Gespräch mit einer alten Schulfreundin, beide »middle-class« und »middle-aged«. (Joni hasste es, als »middle-class« bezeichnet zu werden, aber es bediente die Botschaft des Songs.) Vierzigjährige Schallplattenkäufer erinnern sich bestimmt an ihre wilden Jugendtage, und für Joni war es eine Erinnerung an die »Birth of rock 'n' roll days«, als sie die Nächte durchtanzte.

Dann hält sie sich nicht weiter mit Nebensächlichkeiten auf. Sie kommt sofort zur Sache, lauscht ihrer eigenen Zwiesprache. »Now your kids are coming up straight / And my child's a stranger / I bore her / But I could not raise her.« Jetzt ist es heraus, liegt offen auf dem Tisch, für alle sichtbar, das, was sie, wie sie später sagte, zur Ersatzmutter der Welt machte, wenn sie schon keine echte sein konnte. »Nothing lasts for long«, psalmodiert sie dreimal, und bei jedem Mal mit größerer Intensität. Je tiefer wir in Jonis Geheimnisse eintauchen, in ihren Schmerz über all das, was sie einmal hatte und aufgeben musste, desto mehr wird der Song zur Erinnerung an ihre Jugend, an die Träume, denen sie nachhing, als sie im Chinese Café der Jukebox lauschte.

Es gab tatsächlich so ein Café. Die Besitzer des CM Cafés, zwei Asiaten namens Artie und Charlie Mack, erlaubten es ihrer Kundschaft, dort einfach abzuhängen und immer mal wieder zehn Cent in die Jukebox zu werfen. Im Chinese Café saß Joni als Teenager, rauchte und hörte bösen Rock and Roll sowie schwülstige Balladen, und ihr eigener Song springt, wie eine assoziative Jukebox, auf letztere um: »Unchained Melody« von den Righteous Brothers. »Time goes by … / Are you still mine?« So, wie sie diese simplen Zeilen singt, klingt es, als würden sie mehr mit sich herumschleppen als die vergangenen zwanzig Jahre. Sie sind ein Aufschrei, gerichtet an die achtzehnjährige Kelly Dale, vielleicht auch an sich selbst. Wie lange noch kann ich die Welt bemuttern? Warum tue ich mir das alles an? Und wie verfliegt die Zeit?

Auch bei *Wild Things Run Fast* ging Joni wieder brav auf Tour. Am 28. Februar 1982 startete sie in Tokio, um am 30. Juli in Red Rocks, Colorado, zu enden. Es war ihre längste Tour überhaupt, und die Strapaze, eine elektrische Gitarre herumzuschleppen, war ihr deutlich anzusehen. Es sollte ihre letzte Tour als Solokünstlerin sein. Sie war hinreißend wie immer, aber an eine neue Grenze gestoßen, die sie nun im Begriff war zu überschreiten. Sie spielte mit Michael Landau zusammen, der, im krassen Gegensatz zu den subtilen Klangfarben eines Larry Carlton, Robben Ford oder Pat Metheny, mit einer schweren, aggressiven Rock-and-Roll-Gitarre dazwischen platzte, wie sie in Stadien gespielt wurde – in der Prä-Riot-Grrrl-Ära eher ein »Cock Rock«-Sound, den man nie mit Joni Mitchell in Verbindung gebracht hätte. Sie hielt ihn sogar für besser als Metheny, für einen Jazzer ein schockierendes Urteil. Olle Kamellen wie »Song for Sharon« wurden jetzt von einem neuen Hard-Rock-Groove aufgewertet.

Mehr Nostalgie wäre sicherlich lukrativer gewesen, aber Joni hatte es immer abgelehnt, eine menschliche Jukebox zu sein, selbst wenn sie jetzt alte Hits mit neuem Sound präsentierte. »Mike Landau war und ist ein großartiger Musiker«, erzählte mir Klein. »Vielleicht war sie etwas kritisch, was seinen Sinn für den musikalischen Aufbau betrifft, und das nicht zu Unrecht. Aber wir hatten eine tolle Zeit mit der Band. Jeden Abend eine Menge großartiger Musik. Alle spielten wunderbar und intuitiv und malerisch.«

Mit Klein als musikalischem Direktor – eine Rolle, die erst Pastorius und dann Metheney innegehabt hatten – war jetzt ein Bassist für die Stimmung zuständig, der gleichzeitig ein liebender Ehegatte war. »Sie wollte alles mitschneiden, selbst die Soundchecks, denn aus den improvisierten Stücken entstanden bei ihr häufig Songs«, erläuterte Klein. Die Tour an sich war idyllisch. »Jeder von uns liebte das Spiel des anderen, und Joni war ganz begeistert, wie die Band sie unterstützte. Es gab keine hierarchische Trennung zwischen Crew und Band; wir fanden es toll, zusammen abzuhängen, zu lachen, zu trinken und zu feiern. Für ein paar Drogen war immer gesorgt, und wir haben uns großartig amüsiert, anders kann ich das nicht sagen. Wenn man auf Tour ist, dann vereinzelt man schnell und kapselt sich ab, aber wir sind ein Jahr lang einfach gereist, haben ihre tollen Songs gespielt und die Gesellschaft genossen. Ich war der de facto musikalische Direktor, wenn also jemand seinen Part überzog oder es musikalisch in anderer Form problematisch wurde, dann war es meine Aufgabe, mit der Band daran zu arbeiten. Joan hasste es, diese Dinge selbst anzusprechen, weil sie richtigerweise glaubte, dass dann die Lockerheit verloren ging. In dieser Zeit haben wir uns wunderbar verstanden, das änderte sich erst später. Wenn wir an Platten arbeiteten oder auf Tour waren, kamen wir immer großartig miteinander aus. Bruchloses Zusammenspiel. Ständig am Verbessern. Unsere Gespräche über musikalische Themen wurden zu philosophischen Diskussionen und schweiften dann in andere Gefilde ab. Viel Gelächter und neckische, pfiffige Spitzen und dabei immer jede Menge Musik. Sie hatte eine ausgeprägte Persönlichkeit und war sehr meinungsstark, konnte aber trotzdem an unterschiedlichen Standpunkten Gefallen finden. Ich weiß noch, dass ich während der Refuge-Tour dachte, noch besser könnte das Leben nicht werden.«

Wenn sie den Dulcimer für »A Case of You« herausholte, musste sie ihn jedes Mal deutlich tiefer stimmen. Unterwegs hatten sie alle viel zu viel Spaß, um mitzubekommen, dass Joni keine hingebungsvolle Hüterin ihres Instruments war. Außerdem begann man in ihrer Stimme den Verschleiß durch das Rauchen zu hören. Das alles zeigte im Verbund mit den andauernden Problemen des Unterwegsseins – drei Tage lang singen und nur einen Tag Pause, Schlafmangel, weil ihre üblichen Tageszeiten praktisch auf den Kopf gestellt waren, weshalb es manchmal schwierig wurde, sie rechtzeitig zum nächsten Flug oder für Soundchecks wach zu bekommen – ihre mangelnde Widerstandskraft als Folge des Rauchens.

»Es lag nicht daran, dass sie zu laut singen musste, weil die Band so laut war, denn ich habe damals meistens persönlich ihren Monitor abgemischt, und auf der Bühne spielte die Band eher leise«, erklärte Klein. »Das führte dazu, dass der Sound in den Hallen in der Regel exzeptionell gut war, abgesehen von so Basketball-Arenen, da war einfach nichts zu machen. Und wenn es darum ging, dass sie unterwegs auf sich selbst aufpassen sollte, dann war sie einfach unverbesserlich. Sie wusste, dass sie Probleme beim Einschlafen haben würde, trank aber nach jedem Gig noch Cappuccino, und natürlich rauchte sie von morgens bis abends, die erste Zigarette gab es nach dem Aufwachen, die letzte unmittelbar vorm Einschlafen.«

Obwohl Joni sich abmühte, blieb am Ende der Tour praktisch kein Geld übrig. Nachdem Band und Crew ihre Schecks bekommen hatten, war beinahe alles verschwunden.

Klein berichtete: »Damals war Joni ziemlich naiv, was Gelddinge anging. Und ich auch! Sie ging nie zu Elliot Roberts und fragte: ›Wie viel springt denn unter dem Strich bei der Tour heraus?‹ Elliot kümmerte sich wenig um diese Gewinnspanne, denn er bekam, wie alle Manager, seinen Anteil vom Bruttoumsatz. Auf der anderen Seite schaffte sie es nicht, wie andere Sänger, das Arbeitspensum unterwegs durchzustehen. Das lag zum Teil am Rauchen, aber auch an den Schlafstörungen, die es ihr unmöglich machten, mal tief und fest zu schlafen, dann weiterzureisen und am selben Abend aufzutreten. Und mit einer großen Crew und Band wird jeder Ruhetag teuer.«

Joni änderte ihren Lebensstil nicht, aber wenn man auf so großem Fuß lebte wie sie, dann musste man sich schon Gedanken über Geld machen, und das umso mehr, nachdem die Tour gelaufen war. »Ich glaube, dass einige der finanziellen Rückschläge, die auf die in dieser Hinsicht enttäuschenden Tour folgten, Narben hinterließen und Joni danach immer bitterer wurde. Wut ist ein Gift, und diese Rückschläge führten dazu, dass sie immer mehr Zeit damit verbrachte, nach einem Schuldigen zu suchen, und da gar nicht mehr rauskam.«

Er erinnerte sich noch gut, wie Joni, die einmal die Königin des Rock and Roll gewesen war, finanziell ins Schwimmen geriet. »Sie hatte in Immobilien investiert, und das zu einer Zeit, als das jedem teuer zu stehen kam«, erzählte Klein. »Ständig wurde ihr versichert, dass ihre Finanzen bestens in Ordnung seien, aber das hielt sie nicht davon ab, nächtelang darüber zu grübeln, wer wohl gegen sie war und woher als Nächstes Gefahr drohen würde.«

So hatte sie auch den Verdacht, dass jemand in Elliot Roberts' Büro sich an ihrem Konto zu schaffen machte. Daraufhin kündigte sie und sagte, dass Elliot zwar immer noch ein guter Freund sei, aber ein Manager, der selbst einen Manager brauche. Stattdessen unterschrieb sie bei Peter Asher.

Zu dieser Zeit wurde Joni von ihrer Haushälterin Dora beschuldigt, sie geschlagen zu haben, erzählte Klein. »Der Fall wurde außergerichtlich beigelegt, und die Versicherung bezahlte. Ich war immer der Meinung, dass eine Menge davon erfunden war, aber nicht alles. Ich glaube, Joan hat sie körperlich angegriffen. Dora zufolge hat Joan sie quer durchs Zimmer geschleudert. Die Wahrheit liegt wahrscheinlich irgendwo dazwischen. Um die Sachen zu machen, die Dora ihr vorwarf, hätte man schon ein Hulk Hogan sein müssen. Joan behauptete, dass sie sie ans Schienbein getreten hat. Die Haushälterin war klein, kurzgewachsen. Joan sagte, dass Dora das geplant hätte und wusste, wie man sie wütend machte.« Die Frau bekam 250000 Dollar zugesprochen.

»Wenn man zu lange wütend ist«, sinnierte Klein, »dann frisst das an der Seele und macht krank. [...] Auf der einen Seite zögerte sie nicht, in einen Antiquitätenladen zu gehen und eine Lampe für 50000 Dollar zu kaufen, aber dann war sie die ganze Nacht wach, lief wütend hin und her und stellte irrationale Hypothesen auf, wie ihre Manager sie beklauten, und dass ein harmloser Kommentar von irgendjemandem eine verschleierte Beleidigung war. Und dazu die Angewohnheit, vier Packungen am Tag zu rauchen, und völlig unregelmäßige Schlafgewohnheiten. Das alles begann, sie zu zermürben.«

Außerdem wurde sie im Sommer 1985, als sie das nächste Album einspielte, fast von einem betrunkenen Teenager auf dem Pacific Coast Highway getötet, wobei ihr Wagen einen Totalschaden erlitt. Als sie den Unfallort Wochen später noch einmal aufsuchte, wurde sie beinahe wieder überfahren. Es war eine Zeit der schlechten Omen, in der sie versuchte, mit den Klängen des Mainstreams gegen den Mainstream aufzubegehren.

Joni wusste, dass ihr nächstes Album von Wut geprägt sein würde.

Kapitel 27

Dog Eat Dog

Inmitten all dieser Turbulenzen musste Joni ihre kostbare kreative Freiheit aufgeben. Bei ihren ersten elf Alben hatte sie den Luxus genossen, arbeiten zu können, ohne dass ihr die Anzugträger hineinredeten. Das änderte sich jetzt, da *Wild Things Run Fast* es nur bis auf Platz 25 der Charts schaffte – sogar *Mingus* war bis auf Platz 17 gekommen. Die mörderische, neunmonatige Tournee, die kaum die Kosten eingespielt hatte, war auch nicht hilfreich gewesen, und schlimmer noch: Joni zeigte erste Post-Polio-Symptome. In dem Filmmaterial der Tour, von der BBC und für ihr eigenes *Wild Things Run Fast*-Video mitgeschnitten, sieht man deutlich ihr schmerzgepeinigtes Gesicht, und die elektrische Gitarre um den Hals wirkt wie ein Klotz am Bein.

Und sie war wütend. Sehr wütend.

Dabei ist doch eigentlich eher die Melancholie das Gefühl, das man mit Jonis Songs verbindet. Natürlich ist es immer großartig, Gefühle ehrlich ausdrücken zu können, und wenn sie – ungeachtet einer immer noch gut funktionierenden Ehe – politische, theologische und gesellschaftliche Zustände beklagte, dann musste sie auch da ihrem Bauchgefühl folgen, wie sie das immer tat. Bevor sie ihn feuerte, hatte Elliot Roberts im Hinblick auf die schwachen Verkaufszahlen von *Wild Things Run Fast* darauf bestanden, dass sie einen Produzenten engagierte, der ihre Musik mit dem Sound der Achtziger versöhnen würde. Joni war diesen Artisten an den Reglern immer aus dem Weg gegangen, seit Paul Rothchild in Urlaub gefahren war und sie und Henry Lewy *Clouds* alleine fertiggestellt hatten.

Larry Klein hörte eine überzeugende elektronische Coverversion von »The Jungle Line« des Synthie-Genies Thomas Dolby, der auf MTV einen Hit mit der ausgelassenen und ansteckenden Tanzscheibe »She Blinded Me with Science« gelandet hatte. Dolby beherrschte nicht nur die neue Technologie, er hatte offenbar auch Spaß daran. Vielleicht konnte er helfen, Joni für die Achtziger und die Achtziger für Joni zu übersetzen. Joni hatte es zu etwas gebracht, weil sie ehrlich, unverblümt, ernsthaft und romantisch gewesen war; die Achtziger hingegen waren ironisch, ultra-hip, post-ironisch. Paul Simon, nur wenige Jahre älter als Joni, hatte einen Draht zu den neuen Sensibilitäten: »You Can Call Me Al« war tadellos clevere Stand-up-Comedy, voller Ironie und brodelnden Soweto-Rhythmen. Jonis neue Songs kamen ohne jeglichen Klamauk daher und harmonierten überhaupt nicht mit den neuen Sounds.

Laut Vertrag war Dolby Co-Produzent (so wie Toningenieur Mike Shipley, Larry Klein und Joni selbst), obwohl sie in ihm mehr einen Synthesizer-Berater sah. Klein hat sich kürzlich den neusten Fairlight CMI gekauft (Verkaufspreis 1985: ca. 100000 Dollar). Jetzt wollte er sehen, was er mit seinem neuen, teuren Spielzeug alles machen konnte. Und so wurde *Dog Eat Dog* zu einem in gewisser Weise wichtigen Album.

Aber was war 1985 denn wichtig? Tom Waits veröffentlichte in dem Jahr *Rain Dogs*, ein Album mit Brecht'scher Kaffeehausmusik, für das er sich einem Fairlight nicht mal auf einen Kilometer genähert hätte. Unterdessen ließ Sting sich von Jonis Songs der mittleren bis späteren Siebzigerjahre inspirieren und spielte sein erstes Soloalbum ein, *The Dream of the Blue Turtles*, mit Branford Marsalis und seiner Band als Begleitung. Obwohl es nicht mit dem schwindelerregenden Erfolg des Police-Albums *Synchronicity* mithalten konnte und man ihm anlastete, äußerst prätentiös zu sein – ein Vorwurf, mit dem umzugehen er sich eine gewisse Erfahrung aneignete, besonders, als er den Mainstream auch immer mal wieder hinter sich ließ –, gelangte das Album doch bis auf Platz 3 der britischen Charts. Wie bei Jonis *Shadows and Light*-Truppe war Marsalis Frontmann einer Band, die ihren Mitgliedern normalerweise mehr Raum für Soli ließ. Aber das Geld und die gewaltige Öffentlichkeit machten das mehr als wett. Joni hatte weniger Glück. Ihr wurde angekreidet, dass sie mit Jazzmusikern zusammenarbeitete, während Sting dafür gefeiert wurde.

Joni war Thomas Dolbys ganz persönliche Heldin. *Blue* war das erste Album, das er sich von seinem eigenen Geld gekauft hatte, und er träumte davon, in die Fußstapfen von Tom Scott und Jaco Pastorius zu treten und mit ihr zusammenzuarbeiten. Aber die Joni der Achtziger war eine andere Joni als die der Siebziger. Die Zeiten hatten sich geändert, und sie sich auch. »Sie spürte, dass das Gitarrengezupfe nicht der richtige Weg war, ihre Gefühle hinsichtlich der Achtziger auszudrücken«, erzählte mir Dolby. »Sie musste die Werkzeuge dieser Zeit benutzen, um sie ihnen ins Gesicht zu schleudern. Ich glaube, deshalb suchte sie nach jemandem, der die technische Seite für sie übernehmen würde. Darum ging es wohl.« Das Gitarrengezupfe stand sicher im Vordergrund, wenn sie ihre neuen Songs bei Benefizkonzerten für Farm Aid oder Amnesty International spielte. Aber die Leute schienen trotzdem nicht zuzuhören. Würden zeitgemäßere Instrumente mehr Erfolg für das neue Album bringen?

Mit diesem Problem sahen sich viele von Jonis Zeitgenossen konfrontiert. Linda Ronstadt scheiterte, als sie sich an New Wave versuchte; dann tat sie sich mit Nelson Riddle für ein Great American Songbook zusammen, und der Rubel rollte ohne Ende. Paul Simon war mit *Hearts and Bones* nicht erfolgreich, landete aber mit dem nächsten Album, *Graceland*, einen Riesenhit, womit er nie gerechnet hätte. James Taylor hatte noch ein paar Hits, war ansonsten aber von der Bildfläche verschwunden. Dylans *Oh Mercy* (1989) war ein Erfolg bei den Kritikern, aber für ein echtes Comeback musste er bis in die Neunziger hinein warten. Wie Dylan waren die Rolling Stones, McCartney und George Harrison zu groß, um zu scheitern. Auch Joni scheiterte nicht, aber weder waren die Kritiken noch ihre Umsätze gut. Die Ära musste zu Joni Mitchell kommen, und nicht anders herum.

Es blieb ihr nichts anderes übrig, als nach vorn zu schauen. Im Laufe der Siebziger war Jonis handwerkliches Können komplexer geworden, hatte sich vertieft. *The Hissing of Summer Lawns*, *Hejira*, *Don Juan's Reckless Daughter* und in geringerem Umfang auch *Mingus* – Alben, die sie alle mit L. A. Express einspielte – brachten ihr ein immer noch hingebungsvolles, aber kleines Publikum ein. Und während Jaco Pastorius auf *Wild Things Run Fast* vermisst wurde, hatte das Album bei all seinem kommerziellen Streben doch immer noch John Guerin am Schlagzeug, Wayne Shorter am Saxophon und die einzigartige, ungefilterte Joni zu bieten. *Dog Eat Dog* würde anders sein.

Wayne Shorter, für den Synthesizer nichts Neues waren, war immer noch an Bord, aber inzwischen fuhren sie auf der anderen, der synthetischen Spur der Straße. »Wir haben viel geredet, bevor es wirklich losging mit dem Album, mit den Aufnahmen, und mir war klar, dass Joni sich sehr über diese Zeiten ärgerte«, erinnerte sich Dolby. »Sie war wütend über die Rechtsaußen-Konservativen und die Heuchelei der Evangelikalen. Sie wunderte sich über die vielen Fernsehkanäle, zwischen denen man hin und her zappen konnte, von einem Prediger zum nächsten; offenbar hat sie das auch zu der Rod-Steiger-Rede inspiriert.« Ihre ganzen persönlichen Probleme und der Unmut darüber, wie die Welt sich veränderte, führten dazu, dass Joni die Achtziger persönlich nahm. »Es war wirklich Joni gegen den Rest der Welt«, sagte Dolby. »Ein paar Monate lang war das Studio eine kleine Oase für uns, und sie suchte, glaube ich, nach Wegen, um das auszudrücken.«

Das Album wird eingerahmt von einem Song über Freundschaft, »Good Friends«, über ihren Vermieter in Soho, den israelischen Bildhauer Nathan Joseph (mit einer Gesangsspur des »Doobie Brothers«-Sängers Michael McDonald, dessen Stimme auf Achtziger-Alben omnipräsent war), und einem Song über die Liebe, »Lucky Girl«, der auch auf ein früheres Album gepasst hätte, wenn man das Synth-Schlagwerk durch John Guerin ersetzt hätte. Durch das gesamte Album zog sich herbe Gesellschaftskritik, die bewusst mit einem verwirrenden Timbre daherkam. Es wurde das teuerste Album, das Joni je produzieren sollte. Und anstatt Thomas Dolby selbst über seine Vorgehensweise entscheiden zu lassen, bestand sie darauf, bei jedem Take dabei zu sein, und das bei Stundensätzen von ein paar Hundert Dollar. Auch wenn Dolby ihr als Mitarbeiter zur Seite gestellt worden war – sie wollte, dass die Dinge in ihrem Sinne liefen.

»Es war ihre Idee, mich dazu zu holen«, berichtete mir Dolby. »Es ist nicht so, dass die Plattenfirma mich ihr aufgedrängt hat. Wir gingen in der festen Überzeugung an die Sache ran, dass wir etwas Neues schaffen, aus zwei plus zwei fünf machen konnten. Das sagen mir auch meine Erinnerungen daran, wie es war, mit ihr zu arbeiten. Zum Teil sorgte es für Probleme, dass ich meine Songs Stück für Stück aufbaue. Ich programmiere eine Bassline und dann vielleicht einen Patch für die Akkorde. Ich programmiere diverse Sounds, die zusammenpassen, einige davon sind vielleicht nur für eine einzelne Melodiestimme gedacht, und ein paar Töne hier und da. Wenn Joni Keyboard spielt, hat sie diesen typischen »linke Hand / rechte Hand«-Stil, mit einer rollenden linken Hand. Ich programmiere also einen Sound von vielleicht zwanzig oder dreißig Minuten, und sie kommt und sagt: ›Ohhhh, das kling ja großartig, das versuche ich mal.‹ Dann setzt sie sich hin und spielt einen Klavier-Part zu dem Sound, den ich für drei oder vier Noten konzipiert habe. ›Ich weiß nicht, ob das wirklich funktioniert‹, sage ich, ›weil dadurch der Sound, an dem ich tagelang gearbeitet habe, matschig wird.‹ Und sie:

›Dann streich das, streich das! Wir legen da einfach was drüber.‹ Sie ist da sehr impulsiv. Das war alles ziemlich mühsam. Im Rückblick ist es eher komisch.«

Dreißig Jahre später war *Dog Eat Dog* für Joni eine besonders frustrierende Erfahrung. »Plötzlich schwang sich mein Bass spielender Ehemann zu meinem Produzenten auf«, sagte sie. »Und dann ernannte er den Toningenieur zum Produzenten. Aber wenn man einem Zwerg zu viel Macht gibt, dann plustert er sich unglaublich auf. Ich stand da also mit drei aufgeplusterten Zwergen. Und Klein ging es nur darum, seinen Anteil zu kriegen und zu beherrschen. Mit seiner Unsicherheit hat er meine ganzen Beziehungen ruiniert. Wenn man einen so tyrannischen, unsicheren und dazu noch sehr jungen Ehemann hat, dem man eine gute Frau sein soll, also da musste ich mein ganzes Verhalten infrage stellen.

Er bestand darauf, dass wir uns von einer 8-Spur-Maschine und einer idealen Arbeitsbeziehung verabschiedeten, von einem Toningenieur, der wusste, dass er ein Toningenieur war – und er war ein toller Ingenieur, der nicht davon träumte, die Karriereleiter hochzuklettern. Ich habe ihn für Sachen geholt, die vorher noch niemand gemacht hatte. Wir haben Bänder geschnitten – ich musste da sehr unorthodox arbeiten. Wie ein Filmmacher habe ich Bänder geschnitten und wieder zusammengeklebt. Ich habe Henry eine vergoldete Rasierklinge besorgt. Nach so vielen Jahren waren wir beide wie Hellseher. Die Leute haben ihn gefragt: ›Weißt du, wovon sie da redet?‹ Und Henry grinste und sagte: ›Na klar!‹ Schau dir dieses Bild von Henry und mir auf der Konsole an. Es war eine wunderbare Beziehung. Es war eine zauberhafte Beziehung, und Klein war vermutlich einfach nur eifersüchtig.

Klein hat alles kaputtgemacht, was mir lieb und teuer war. Ich kam also in dieses Studio, und neben mir stand Thomas. Wir schrieben inzwischen die Achtziger, und es gab diesen neuen Sound. Ich hasste ihn. Henry hasste ihn auch. Wir nannten ihn ›braten und brutzeln‹. Wir waren entschlossen, bei einem klassischen Sound zu bleiben, der nicht veralten würde. Wir beide standen auf gute Mikros, gute Musiker und alles, was nicht zu viel Trickserei war. Aber Klein war jung, und ich wusste schon mit 16, wie Hipness funktioniert. Von zwölf bis sechzehn habe ich damit herumgespielt. Ich hatte eine Kolumne, Fads and Fashions, mit der ich eine Mode initiieren und auch wieder beenden konnte. Ich wusste also schon mit sechzehn, dass Mode nichts als ein Herdentrieb ist. So wie wenn man sagt: ›Du hast diese ganzen Siebziger-Pflanzen.‹ Was ist Siebziger an einer Pflanze? Das ist so eine kranke und grassierende amerikanische Mentalität. Die Leute haben Angst, nicht hip zu sein, darum geht es doch bei einem Großteil der Märkte in Amerika – um seichte, dumme Leute, die die Wirtschaft in Schwung halten, indem sie ängstlich konsumieren. Amerika funktioniert nur so: Etwas ist ›in‹, oder es ist ›out‹.«

Joni Mitchell gab sich nicht kampflos geschlagen. Und was für ein Kampf es war. Trotzdem gibt es einen Song auf *Dog Eat Dog*, der die Produktion überlebt hat, bei dem die Klänge, die sie wählten, zu allem anderen passen, und das ist »Ethiopia«. Einmal sah Nina Simone Joni im Einkaufszentrum Beverly Center. Die beiden waren sich nie begegnet, aber Joni hatte eine Menge Respekt vor ihr und ihrer Arbeit, der zum Teil auf das zurückging, was Don Alias ihr von seiner Zeit als Ninas Schlagzeuger erzählt hatte. Auch wenn ihr Privatleben immer mehr in die Brüche ging, so behandelte sie doch, behauptete Don Alias, ihre Musiker immer mit allergrößter Achtung. Simone sah Joni, nachdem *Dog Eat Dog* herausgekommen war und negative Besprechungen erhalten hatte. Da war sie, die große und notorisch anspruchsvolle Nina Simone, die ihre besten Jahre schon hinter sich hatte, aber dennoch. Simone hob ihre ausgebreiteten Arme gen Himmel, ging auf

Joni zu und sagte: »Joni Mitchell! Joni Mitchell! ›Ethiopia‹!« Dann war sie verschwunden.

Sie hatte es klar erkannt: »Ethiopia« war ein niederschmetternder Song. Alle sind Teil des Problems, und niemand ist Teil der Lösung; das gilt ganz besonders für wohlmeinende, aber ineffektive Promis, die sich auf Wohltätigkeitsbasaren tummeln. Im Song klingt der untröstliche Kummer von jemandem durch, der weiß, dass auch er Teil des Problems ist. »On and on, the human greed profanes«, singt Joni in der ersten Strophe. Wir haben die Musik gebraucht, um uns selbst ins Gesicht zu sehen angesichts eines Problems, das zwar eine gutgemeinte Medienpräsenz hervorrief, von dem man aber trotzdem nicht wusste, wie man es lösen sollte. Und Joni weinte, um Gehör zu finden. Wir sind eben nicht die Welt. Wir wünschen uns nur, wir wären es.

»Ethiopia« tritt dieser komplexen menschlichen Katastrophe mit alarmierenden Akkorden entgegen. Der Song trifft uns an einem sehr empfindlichen Punkt, und seine Struktur verwirrt sogar Jonis scharfsinnigsten und wohlmeinendsten Zuhörer. Wayne Shorter, der Joni bisher in allem gefolgt war, störte sich an den Akkorden. Joni erinnerte sich an einen Anruf von ihm: An der Berklee School of Music heiße es, dass auf einen Vorhalteakkord nicht ein weiterer Vorhalteakkord folgen dürfe. »Was für Akkorde sind das überhaupt?«, fragte er. »Das sind keine Gitarrenakkorde. Das sind keine Klavierakkorde.« (Nebenbei bemerkt hatte Wayne Shorter einen Abschluss als Musikerzieher von der NYU, und die Berklee School hatte ihm den Ehrendoktor verliehen, obwohl er dort nie studiert hatte.) Sie konnte dazu nicht mehr sagen als: »Das ist ein Song über Menschen, die verhungern. Soll der etwa so klingen wie ›Wake Up Little Susie‹?«

Joni trat weder bei »We Are the World« noch »Live Aid« auf. Sie war mit von der Partie, als eine »Supergruppe« kanadischer Künstler 1985 einen Hungernothilfe-Song für Afrika aufnahm, »Tears Are Not Enough«, aber sie hatte ihre Zweifel, ob diese Events auch für etwas anderes gut waren als die Selbstvermarktung der Künstler. Und ihre Antwort auf das Leiden anderer war zutiefst persönlich. In den Sechzigerjahren eine mittellose Folksängerin in Toronto zu sein war sicher etwas völlig anderes, als in der Dritten Welt zu leben, aber damals war sie eine Mutter gewesen, die es sich nicht leisten konnte, ihre Tochter aufzuziehen. Die hilflose Mutter und ihr sterbendes Kind – das gehört zu den Bildern, die sich am tiefsten einprägen; der Song beginnt mit »Hot winds and hunger cries, Ethiopia / Flies in your babies' eyes, Ethiopia«. In der dritten Strophe beschreibt sie den TV-Moderator mit seinem »PR smile«, der das Baby »it« nennt. Und mit »You suffer with such dignity« besingt sie die Äthiopier, deren Hungern und Sterben in einem Video festgehalten sind. Dann geht sie auf das Leiden selbst ein. Und sie lag völlig richtig damit, das alles in Akkorde zu kleiden, die sogar einen Wayne Shorter in Staunen versetzten.

Der Schmerz über den Verlust ihrer Tochter versetzte sie in die Lage, sich den Schmerz einer Mutter vorzustellen, die ihre Kinder sterben sah, während sie selbst mit dem Tode rang. In »Ethiopia« macht Joni die Stimme der Mutter und des Kindes zu ihrer eigenen.

Thomas Dolby hatte durchaus gute Erinnerungen an Joni – wie sie ihm ihr blaues 69er Mercedes-Cabrio geliehen hatte, ihre Geschichten von den Höhlen in Matala, von Miles, der k. o. ging und dabei ihr Fußgelenk umklammert hielt, und an den gemeinsamen Kauf eines Klaviers (als er erfolglos versuchte, mit ihr zu ihren alten Songs zu jammen), aber irgendwann merkte er, wie sehr Joni ihn verabscheute. Aus den Interviews, die sie gab, um das Album zu bewerben, konnte er zweifelsfrei schließen, dass er nicht gerade zu ihren Lieblingsmenschen gehörte. Was gelinde gesagt eine Untertreibung war. Vierzig Jahre später nannte sie ihn ein »widerliches kleines Arschloch«.

Bei Joni klingt die Geschichte so: Einmal wollte sie von Dolby einen Click-Track – einen Track mit Audiosignalen zum Synchronisieren – von Marvin Gay's »Trouble Man« haben, den sie als rhythmische Basis von »Lucky Girl« verwenden wollte, den Schlusssong des Albums. Das Ergebnis war nicht befriedigend.

»Der Text von ›Trouble Man‹ ist sehr ehrlich und die Form sehr exzentrisch, aber auch sehr schön«, erzählte mir Joni. »Die Architektur, die Struktur der Musik ist unregelmäßig. Also habe ich gesagt: Mach mir einen Click-Track mit dem Groove von ›Trouble Man‹.«

»Den mag ich nicht«, sagte Dolby höhnisch grinsend.

»Mir ist völlig egal, ob du den magst oder nicht«, wies Joni ihn zurecht. »Mach mir einfach einen Click-Track in der Geschwindigkeit und mit dem Groove.«

Er stürmte beleidigt davon. Zwei Wochen später kam er zurück.

»Ich hab dir deinen Track gemacht«, sagte er. Aber was er ihr dann vorspielte, war, ihrer Erinnerung zufolge, ein »völlig verkitschtes Stück Musik, mit Hörnern und allem«.

»Das ist deine eigene Komposition«, sagte Joni. »Darum habe ich dich nicht gebeten. Ich wollte einen Click-Track haben. Gib mir einfach den Groove, damit ich dazu spielen kann, und dann leg noch ein anderes Schlagzeug darüber.«

Sie stritten um »Lucky Girl«, das einzige Liebeslied des Albums. Aber im Studio gab es keine Liebe. Joni regte sich so sehr auf, dass sie ihm einen Beeper umhängte und sagte: »Wenn wir dich brauchen, dann rufen wir dich.«

Sie versuchten, den Rhythmus-Track zu entfernen, und jetzt klang es für Joni richtig schrecklich.

»Egal«, sagte sie. »Ich blende das aus, wie Babygeschrei.«

»Ich habe mich so angestrengt, diesem Arschloch zu helfen, und er weigert sich einfach, und dann kommt er mit einem derart langweiligen, völlig seelenlosen Stück Musik an«, erinnerte sich Joni. »Ich habe also etwas draufgespielt, aber es war zu abstrakt, und alle haben sich die Ohren zugehalten. Dann habe ich es mit dem Klavier versucht, und als ich damit fertig war, habe ich alles wieder gelöscht und von vorn angefangen. Es war so abstrakt, dass ich nicht mal sagen konnte, wo der Downbeat war. Also habe ich einen Upbeat als Downbeat genommen, bis ich dann an diesen wirklich abgefahrenen Punkt gekommen bin. Als ich anschließend das Schlagzeug programmieren wollte, hatte ich ein Problem, weil der Beat auf der Zwei und auf der Vier lag, doch auf der Vier hatte ich schon meine eigenen Drums, die ich verwenden wollte, mit Jimmy Cliff als Perkussionisten. Und es musste auf der Vier sein. Nichts funktionierte.«

Als Shorter vorbeikam, war der Track immer noch nicht fertig. Er runzelte die Stirn, dann nahm er sein Tenorsaxophon, ging ins Studio und setzte das auf die Vier. »Wayne ist ein Genie. Er ging das Problem an, sah auf Anhieb, wo es lag, und hatte es sofort im Griff. Mit dem Schlagzeug hatte einfach nichts geklappt, und dann kam Wayne und spielte einen Ton bis runter zur Vier. Er griff sich sein Sopransaxophon und spielte – einfach genial. Und ich konnte kaum bis drei zählen, da hatte Thomas Dolby schon behauptet, er hätte den Song geschrieben. Totaler Schwachsinn. Da steckte kein einziger Ton von dem drin, was er programmiert hatte. Nichts als das Tempo, um das ich ihn gebeten hatte. Dafür musste ich diese ganzen verrückten Klänge ertragen. Und eine Schreiorgie mit ihm und seinem Manager am Telefon. Diese Dreistigkeit zu behaupten, er hätte an dem Song mitgeschrieben. Er ist einfach ein billiger kleiner Bastard. Das Einzige, was von ihm stammt, ist die Zeile ›Oh, I'm so exited‹ bei ›Shiny Toys‹. Davon abgesehen haben wir nur den für ihn typischen Sound benutzt, der total schnell wieder aus der Mode war. Aber das war mir schon vorher klar.«

»Warum zum Teufel stand ich bei der unangenehmsten Session meiner ganzen Karriere mit drei Produzenten da?«, überlegte Joni. Plötzlich gab es drei Männer, darunter ihr Ehemann, die alle sagten: »Das mag ich nicht.« Joni, die immer erbittert auf ihrer Unabhängigkeit bestanden hatte, diskutierte nun mit einem ganzen Männerkomitee. Elliot Roberts hatte diese Männer als Co-Produzenten angeheuert. Jetzt wurde er gefeuert, er, der Joni fast zwanzig Jahre lang begleitet hatte. »Damit ist Elliot weg, und Henry ist weg, und Klein macht klar Schiff«, erinnerte sich Joni. »Klein sagt mir, welche Freunde ich behalten darf.«

Es überrascht nicht, dass Klein von dieser Darstellung verblüfft ist. »Sie widerspricht sich selbst. Erst war ich der Böse, dann Elliot. Wenn ich also klar Schiff mache und Elliot weg ist, impliziert das, dass ich Elliot den Laufpass gegeben habe. Sie war so unglücklich, dass ich Thomas und Mike Shipley angeschleppt hatte, dass sie Elliot feuerte. Mann, das war vielleicht eine verrückte Nummer.«

Für Elliot Roberts kam Peter Asher, von dem Joni sagte, dass sie ihm nie getraut habe. Asher war in den Sechzigern die eine Hälfte des Duos Peter & Gordon gewesen und ein Bruder der Schauspielerin Jane Asher, mit der Paul McCartney auf dem Höhepunkt der Beatlemania liiert war. Peter & Gordon hatten Hit-Singles, darunter »A World Without Love« und andere Lennon-McCartney-Songs. Schließlich wechselte Asher die Seiten und wurde Musikmanager und -produzent; ihm ist es zu verdanken, dass der unerfahrene und unbekannte James Taylor die Aufmerksamkeit von McCartney und Apple Records erregte.

Joni erzählt, dass Asher ihr gegenüber immer kurz angebunden war; sie stritten sich ständig. Asher hat es anders in Erinnerung: »Natürlich bin ich mit ihrer Beschreibung von mir nicht einverstanden, aber das war ja zu erwarten«, sagte er mir. »Sie hat mich nicht genervt. Vielleicht bin ich kurz angebunden – wahrscheinlich sogar. Ich versuche immer, gleich auf den Punkt zu kommen. Elliot war das genaue Gegenteil. Er rauchte einen Joint und faselte herum.«

Asher denkt ein wenig länger darüber nach. Vielleicht, sagt er schließlich, hat Joni nicht ganz unrecht. »Wir alle haben uns damals jede Menge Koks reingezogen, auch Joni. Koks war damals omnipräsent. Dadurch waren wir noch schroffer. Mich machte das vielleicht eher schroffer, und Joni machte es noch redseliger.«

Joni war auch der Meinung, dass Asher in einem Interessenkonflikt steckte, weil er neben ihr Linda Ronstadt und James Taylor managte; 2015 war Joni davon überzeugt, dass sie aus dieser Rivalität als Verliererin hervorgegangen war. Nachdem sie Elliot gekündigt hatte, sagte sie mir, stand sie ohne Management da. »Klein musste das alles übernehmen. Weit und breit war kein anständiger Manager in Sicht, und dann kam eines Tages Peter zu mir und bot mir seine Dienste an: ›Elliot sagt, das ist o. k. für ihn.‹ Das war echt eine Dummheit von mir, denn Peter war mit Linda und James immer der Konkurrent von Elliot gewesen, der mich und Neil Young unter Vertrag hatte. Mit diesem Konkurrenzdenken hat Peter auch nie aufgehört, sodass er mir jeden Erfolg übelnahm, weil das eine Bedrohung für James darstellte. Er tat nichts lieber, als James gegen Carly ins Rennen zu schicken, und jetzt hatte er mich und James im selben Stall. Als ich *Dog Eat Dog* herausbrachte, kam von James ein anständiges, aber kein spektakuläres Album. Peter hatte Bedenken, dass die Presse *Dog Eat Dog* feiern könnte, aber nicht James' Album, und dass das eine unvorteilhafte Konkurrenz befördern würde. Also setzten sie auf James und sagten, *Dog Eat Dog* sei großkotzig, weil es so politisch war, und es war keine Zeit für Proteste, denn das ›Material Girl‹ schwebte über allem.«

Damit war für Peter Asher eine Grenze überschritten. »Sagt Joni, dass *Dog Eat Dog* besser war als das Album von James und bessere Presse hätte bekommen sollen, was dann nicht passierte, und das alles durch mich? Das riecht verdächtig nach Irrsinn. Das ist wirklich durchgeknallt. James und Linda hier und Joni und Neil da, das ist wirklich Tag und Nacht, besonders, was Linda betrifft. Lindas Karriere basierte auf Hit-Singles und nicht auf dem Schreiben von Songs, das ist doch eine völlig andere Welt. Ich habe Joni und Linda nie als Konkurrentinnen betrachtet. Das ist insofern erschütternd, weil es so aussieht, als würde ich jemanden managen, ohne ihm den größtmöglichen Erfolg zu wünschen. Warum sollte man das tun? Ich liebe Joni und halte sie für ein Genie. Nur aus diesem Grund habe ich mit ihr zusammengearbeitet. Wir haben ziemlich hart an *Dog Eat Dog* gearbeitet, haben alles versucht, um dem Album die größtmögliche Anerkennung und Aufmerksamkeit zu verschaffen. Ich bin kein Psychiater, aber das klingt fast wie diese Geschichten über die Mondlandung, die nicht stattgefunden haben soll, oder so was. Eine völlig andere Realität, und zudem völlig aus der Luft gegriffen. Das ist erschreckend. Das ist besorgniserregend.« Joni kochte vor Wut und war kurz davor zu explodieren. Sie hatte es vorausgesagt, damals auf *For the Roses*: Es war nur eine Frage der Zeit, bis man ihr das Blumengebinde um den Hals legen und sie für immer in den Ruhestand schicken würde. Wer war jetzt noch da, um schützend die Hand über sie zu halten?

Kapitel 28

Notaufnahme

Trotz des Debakels von *Dog Eat Dog* und dem finanziellen Druck schienen die Dinge zwischen Joni und Larry Klein gut zu laufen. Sie hatte das Gefühl, letzten Endes doch einen guten Ehepartner gefunden zu haben, und vermied es weiterhin, persönliche Songs über gebrochene Herzen zu schreiben. Aber das änderte sich gegen Ende 1985, als Joni überraschend schwanger wurde. Eine Schwangerschaft mit zweiundvierzig ist an sich schon heikel, und wenn die Mutter weiterhin vier Päckchen Zigaretten am Tag raucht, trinkt und anderen Lastern nachgeht, wird die Lage noch prekärer. Im Winter hatte Joni schließlich eine Fehlgeburt, was zu einem Riss in der Ehe mit Klein führte, der niemals verheilen sollte.

»Mir ging es hundeelend, und er machte Urlaub und schleppte mich durch ganz Europa«, erzählte mir Joni. »Verschwendete keinen Gedanken daran, dass seine Frau schwanger war und zum Arzt musste. [...] Wir aßen in Italien und Frankreich. Ich wurde immer grauer und grüner, und er merkte es nicht mal.«

Sie ist noch immer extrem verbittert. »Als ich die Fehlgeburt hatte, tröstete er mich nicht, legte nicht mal einen Arm um mich. Ich war verzweifelt, und in diesem Zustand war er nicht nur kein Trost für mich – das alles auch noch fünf Tage, bevor er seinen ersten seriösen Job als Produzent antrat –, er machte einfach so weiter, füllte die Vorräte im Kühlschrank auf, stieg in sein Auto und fuhr zum Flughafen. Die ganzen fünf Tage, bevor sein Job anfing: kein Trost ... An Fehlgeburten zerbrechen Ehen, gar nicht zu reden von so einem üblen Verhalten. Und zu seiner Entschuldigung sagte er, er hätte nicht gewusst, wie ernst das war, dabei blutete ich. Zehn Tage später blutete ich immer noch, und meine Freundin sagte: ›Du musst zu einem Arzt gehen.‹ Ich sagte: ›Ich kann nicht fahren, ich bin zu schwach.‹ Sie brachte mich hin, und dann musste ich eine Ausschabung bei einem Arzt durchstehen, der sagte: ›Ich kann nicht glauben, dass ich das bei Joni Mitchell mache.«

Der Superfan-Doktor erstarrte, erzählte sie. »Ich musste ihn da durchlotsen, den armen Kerl. Ich sagte einfach: ›Nicht zittern. Mach schon. Sei ein Profi. Vergiss, wer ich bin. Wir machen das jetzt einfach. Wir wissen, dass es wehtut. Sei objektiv, um Himmels Willen. Was für ein Arzt bist du eigentlich?‹«

Im Jahr 2015 hatte Klein eine Vorstellung davon entwickelt, wie die Fehlgeburt den Anfang vom Ende ihres Eheglücks einläutete. Allerdings wollte er ihre Version der Geschichte nicht so stehenlassen. »So, wie sie diese Situation wiedergibt, da muss ich einfach sagen ... Mit einigen Dingen bin ich völlig einverstanden, aber so, wie sie die Geschichte erzählt, ist sie weder korrekt noch vollständig. Sie wurde also zu ihrem eigenen – und auch zu meinem – Erstaunen schwanger. Dann waren wir unterwegs auf einer Pressetour oder so, und sie merkte nicht, dass sie eine Fehlgeburt hatte, aber sie steckte schon mittendrin. Das Traurige an dieser Sache ist – und das führte dann auch zu der Fehlgeburt, die natürlich eine Tragödie war, die unser ganzes Zusammenleben zerstörte –, jedenfalls gab sie nicht auf sich selbst acht und wollte auch nichts davon hören, wenn andere sagten, sie solle doch auf sich selbst achtgeben. Trotzdem ist das natürlich eine sehr traurige, schreckliche Geschichte.

Als das passierte, war ich in der Zwickmühle, denn der Rest der Leute, die mit dieser Benjamin-Orr-Platte zu tun hatten, war bereits in einem privaten Studio in England versammelt und wartete auf mich. Ich war also in einer schwierigen Situation. Wenn mir das jetzt oder irgendwann später passiert wäre, dann wäre alles ganz anders gelaufen. Dann wäre ich nie gefahren.«

Aber damals, noch jung und naiv, fragte er sie, was er tun solle. »Das ist eine schrecklich komplizierte Situation«, sagte Klein zu seiner Frau, die nach wie vor bettlägerig war. »Was soll ich machen? Ich halte dort den ganzen Betrieb auf. Soll ich ihnen einfach sagen, dass ich nicht kommen kann?«

»Nein, du kannst fahren«, sagte Joni. Er nahm das für bare Münze, was er später bedauern sollte.

»Natürlich sagte sie nachträglich: ›Warum hast du auf mich gehört?‹«, erinnerte sich Klein. »Rückblickend hätte ich nicht auf sie hören sollen. Ich hätte bleiben sollen. Ganz ehrlich, ich hatte nicht allzu viel Ahnung von all dem. Ich weiß nicht, wie oft wir darüber geredet haben, und ich dachte, wir hätten das Problem geklärt. Trotzdem hat sie wohl noch immer das Gefühl, dass ich sie verraten habe. Wenn man nach einem Dreh- und Angelpunkt sucht, der zu ihrem Gefühl des Im-Stich-gelassen-Seins und der Verbitterung führte, dann war das die Fehlgeburt. Ich habe zu ihr gesagt: ›Hör zu, ich habe nicht begriffen, welche Auswirkungen so eine Fehlgeburt hat. Meine Mutter hatte ein paar, aber das lief alles im Geheimen ab, sodass ich glaubte, es wäre nicht mehr als ein Schnupfen.‹

Mir war einfach nicht klar, welche emotionalen und psychologischen Auswirkungen das auf eine Frau hat, der so etwas passiert. Ich glaube, das geht vielen Männern meiner Generation so. Als ich aufwuchs, redete man nicht über Fehlgeburten. So was passierte Frauen, Kinder wurden davon ferngehalten. Und jetzt muss ich viele Jahre später aus Büchern erfahren, dass sie die Geschichte umschreibt. Plötzlich bin ich der einzige Bösewicht, weil ich sie alleingelassen habe. Das tut schon ziemlich weh.«

Kapitel 29

Spart euch das Geballer

Etwas Gutes hatte der Job bei Benjamin Orr doch. Larry Klein landete schließlich in Ashcombe House, Peter Gabriels Studio in der Nähe von Bath, Somerset, spielte, ohne einen Cent dafür zu verlangen, auf *So* mit und stellte seine neuen Freunde dann Joni vor, die diese wiederum aufforderte, auf ihrem nächsten Album mitzusingen. Und weil Klein es ablehnte, sich von Gabriel bezahlen zu lassen, lud dieser Joni ein, ihr nächstes Album bei ihm aufzunehmen, womit er Klein für seine Freundlichkeit dankte.

»Als ich nach England flog, um zusammen mit Mike Shipley Ben Orrs Album zu produzieren, arbeiteten wir in Somerset in einem Studio namens Wool Hall«, erinnerte sich Klein. »Es lag etwas außerhalb von Bath in einer ziemlich ländlichen Gegend, gehörte aber zu einer tollen Musikszene, die sich damals dort zusammengefunden hatte. Peter Gabriel lebte in der Nähe und hatte in ein garagenähnliches Gebäude namens Ashcombe House ein Studio eingebaut; die Typen von Tears for Fears trieben sich dort herum und waren Miteigentümer von Wool Hall. Auch Kate Bush, Peter Hammill und eine Reihe anderer interessanter Musiker dieser Zeit waren dort anzutreffen. Alle tauchten immer wieder in den Studios der anderen auf, die Musiker fragten sich gegenseitig, ob sie mal schnell reinschauen und etwas spielen könnten; der ganze Ort wirkte wie ein Katalysator. Ich war schon eine Weile dort, da fragte mich Peter Gabriel, der letzte Hand an ein Album legte, das dann *So* werden sollte, ob ich Bass zu einigen seiner Tracks spielen könnte. Ich war schon damals ein riesiger Fan von Peters Musik und deshalb total begeistert, dass er mich fragte. Der erste Track, den er mir dann vorspielte, entpuppte sich als ›Mercy Street‹. In meiner Jugend war ich ein Fan der Gedichte von Anne Sexton gewesen, und dieser Song berührte etwas ganz tief in mir drin. Ich glaube, ich habe fast geweint, als ich den Track zum ersten Mal hörte. Nach ein paar Tagen waren wir dann durch mit allem, was ich für sie tun sollte. Irgendwie war es mir peinlich, für meine Mitarbeit an dem Album Geld zu nehmen. Im Rückblick finde ich das merkwürdig. Ich glaube, ich hatte da bereits diese Noblesse-oblige-Haltung verinnerlicht, die bei bekannten Künstlern vorherrscht, wenn sie darum gebeten werden, auf den Alben eines anderen zu spielen oder zu singen.«

Am 15. Juni 1985 hatte Joni einen ihrer seltenen Auftritte im Fernsehen. Anlass war das »Conspiracy of Hope«-Benefizkonzert für Amnesty International. Joni legte ohne Gage einen richtig tollen Auftritt hin; außerdem spielte sie neue Songs, in denen sie die Achtzigerjahre hinterfragte. Aber stieß das bei dem Publikum im Stadium auf Verständnis – ganz zu schweigen von den wankelmütigen Fernsehzuschauern? Wie menschlich würde ein Publikum auf einem Konzert für Menschenrechte mit einer Künstlerin umgehen, an die es sich vielleicht kaum noch erinnerte – jemand, der 1971 als Headliner beim ersten Greenpeace-Konzert aufgetreten war, dem Jahr, als sie *Blue* einspielte? Wieviel Nächstenliebe zeigte das Publikum eines Wohltätigkeitskonzerts?

Sie trat unangekündigt zwischen Bryan Adams und U2 auf, sah sich einer Masse von etwa 80000-rüpelhaften Besuchern gegenüber, die alle Eintritt bezahlt hatten und auf Pete Townshend warteten, der aber nicht auftreten konnte. Und plötzlich waren sie mit Joni als Ersatz konfrontiert, die die leise Interpretation eines Songs vorstellte, den niemand kannte. Sie war zweiundvierzig, sah umwerfend aus und stimmte auf einer akustischen Gitarre einen Song vom durchgängig elektronischen Album *Dog Eat Dog* an. Im Lärm der Menge ging er praktisch unter.

Falls sich noch jemand an sie in ihren frühen Jahren erinnerte, dann hatte er hier zumindest eine Annäherung an die Joni, die in Folkclubs aufgetreten war. Der neue Song, »The

Three Great Stimulants«, war von Nietzsche und seiner Enttäuschung von Wagner inspiriert, er war »Joni gegen die Pop-Achtziger«. »Man macht heute nur Geld mit kranker Musik«,[1] schrieb Nietzsche 1880. Ein Jahrhundert später spürte Joni tief im Inneren, dass Nietzsches Prophezeiung zum Schicksal geworden war. Wenn Nietzsche schon von Wagner angewidert war, was hätte er erst zu Hall & Oates oder Phil Collins gesagt? Die Krankheit der Dekade befiel sogar Musik, die sonst vielleicht ganz gut gewesen wäre. Mit anderen Worten: Die Standards waren niedrig, und die Menschen Schafe.

The Police waren für das Konzert noch einmal zusammengekommen, und das Publikum stieg darauf ein, »sending out an S-O-S«. Peter Gabriel (mit Larry Klein am Bass) peitschte es mit einer leidenschaftlichen Vorstellung auf: In das »Biko«-»oh-oh-oooooh« für den ermordeten südafrikanischen Aktivisten fielen zehntausende von Stimmen ein. Bono machte sein Ding, er liebte die Kamera und alle anderen auch, liebte sich selbst sogar mehr, als er wollte, dass die Zuhörer ihn liebten. Lou Reed schien seinem Ruf als Misanthrop zu trotzen und mit allen der Ansicht zu sein, dass Amnesty International eine gute Sache war. Er sang einen klassischen Velvet-Underground-Song darüber, wie ein Leben durch Rock and Roll gerettet wurde, und hier bekam der Song eine völlig neue Bedeutung. Auch in der Dritten Welt konnte jemand durch Rock and Roll gerettet werden. Einen Monat nach dem Konzert vermeldete Anmesty International 45 000 neue Mitglieder.

Joni hätte auf die Bühne kommen und die Hymne »Woodstock« anstimmen können, und das Giants Stadium hätte ihr zu Füßen gelegen. Aber sie war nicht gekommen, um die Menschen zu trösten oder sie zu lieben. Sie war ganz alleine gekommen, um sich akustisch einzumischen. Sie war hier, um ihre düstere, von Nietzsche inspirierte Botschaft zu verbreiten: Wir sollten nicht zu positiv von uns selbst denken. Wir sind dekadent und haben uns weit, weit vom Garten entfernt. Wir sind vielleicht auch weit vom Kampfeslärm entfernt, sagt Joni, aber er ist da, er ist real, und wir sind inzwischen zu schwach und selbstgefällig geworden, um die Bestie zu stoppen. Sie sang »No tanks have ever rumbled through these streets« und sah mit ihrem im Sommerwind wehenden blonden Haar aus wie eine nordische Göttin in einem Stadium voller Rüpel. »And the drone of planes at night has never frightened me.«

Gerade als sie »frightened« sang, wurde sie von einem Eiswürfelregen überschüttet, der für ein paar Liter Cola ausgereicht hätte, und das live im Fernsehen. »Die Eiswürfel trafen ein Glas, und das Wasser spritze bis hoch zu meinen Augen«, berichtete mir Joni. »Aber das machten sie bei jedem, nur trafen sie dieses Mal etwas damit.« Sie fuhr wie wachgerüttelt mit der Zeile »I keep the hours and the company that I please« fort und warf ein »Not you!« dazwischen. Das alles passte wie die Faust aufs Auge. Sie schloss mit einer weiteren Wiederholung von »Oh, these brutal times!«.

Dann stieß sie einen Ton aus, den sie vor den Aufnahmen zu *Dog Eat Dog* nie eingespielt hatte. Er hatte nichts von Ekstase an sich, auch nicht von schönem, tragischem, wohlklingendem Schmerz. Es war ein alarmierendes Signal der Geringschätzung, das tief aus ihrem Thorax aufstieg. Mit diesen Falsetttönen musste sie vorsichtig sein – noch waren sie da, klangen aber längst nicht mehr so geschmeidig. Am Ende dieses Jahrzehnts würden sie völlig verschwunden sein, und New Jersey hatte sie an jenem Abend nicht verdient.

Als der Song vorbei war, ging sie ans Mikro und sagte: »He, spart euch das Geballer, so schlecht bin ich nicht, kapiert? Hört auf, diesen Scheiß hier hoch zu schmeißen!« Joni hatte nicht vor, sich dem Publikum anzubiedern. Warum auch? Doch keiner schien ihr zuzuhören. Es waren wirklich brutale Zeiten.

Später sah sie das etwas humorvoller. »Na ja, es kamen den ganzen Tag Sachen aus der Menge geflogen«, erinnerte sie sich. »Und als ich rausging, hatten sie schon ziemlich viel Übung. Sie zielten immer besser.«[2] Auf dem Video kann man sehen, wie amüsiert sie ist, als ihr die Absurdität der Situation klar wird. Der Text, dachte sie, passte auch wirklich zu gut: »Will they shower you with flowers / Or will they shun ya / When your race is run?« Werft nur, das ist großartiges Theater!

Aber sie hatte ja auch schon Schlimmeres überstanden.

Etwa ein Jahr nach Woodstock veranstalteten Ron und Ray Foulk vom 26. bis zum 30. August ein Musikfestival auf der Isle of Wight. Das Festival fand bereits zum dritten Mal in Folge statt; im Vorjahr war Bob Dylan hier aufgetreten, der nach seinem Motorradunfall drei Jahre zuvor zum ersten Mal wieder an einer Großveranstaltung teilnahm. Es war die Gelegenheit, »Woodstock« vor einer noch größeren Menge zu singen als jene, um die es in dem Song ging, und die sie verpasst hatte. Murray Lerner drehte einen Dokumentarfilm, in dem neben Leonard Cohen, Joan Baez, The Who, Miles Davis auch The Doors bei ihrem letzten gefilmten Auftritt zu sehen sind.

Das Festival war inzwischen eintrittsfrei, aber als Joni gerade auf die Bühne wollte, riss ein Mann, der Charles Manson nicht unähnlich sah und Yogi Joe genannt wurde (er hatte Joni tatsächlich eine Yogastunde gegeben), das Mikrofon an sich und ließ die Menge wissen, dass sie den Weg alles Irdischen gehen würden, während die Veranstalter sich die Taschen füllten. Die Security zerrte ihn von der Bühne, und Joni versuchte, die aufgebrachte Menge mit einer kleinen Ansprache zu beruhigen:

> Hört mir doch mal kurz zu. Also, hört zu ... Eine Menge Leute kommen hier hoch und singen ... Es macht Spaß, na klar, viel Spaß, mir macht es auch Spaß. Ich lass meine Gefühle durch

> meine Musik raus ... Aber, hört mal, es ist so wie letzten Sonntag, da war ich auf einer Hopi-Zeremonie, ein Tanz in der Wüste, da waren eine Menge Leute und auch Touristen ... Und es gab Touristen, die machten einen auf Indianer, und es gab Indianer, die machten auf Touristen ... und ... und ... ich glaube, ihr macht hier einen auf Touristen, Leute ... Behandelt uns doch etwas respektvoller.[3]

Mit dem zeremoniellen Hopi-Tanz, von dem sie hier spricht, ging ein schlechter Peyote-Trip mit James Taylor einher. Aber das hier war ein ganz realer schlechter Trip. Sie stand sechshunderttausend Krakeelern gegenüber und versuchte, ihr neues Stück »My Old Man« zu spielen. Aber weil sie Yogi Joe darin gehindert hatte zu erzählen, was er erzählen wollte, egal, wie zusammenhanglos es war, glaubte das Publikum, sie würde zum autoritären Festival-Establishment gehören, das zunächst Eintritt verlangt hatte und den ausgeflippten Hippie auf Drogen zum Schweigen brachte, der auch noch das Peace-Zeichen machte, während er von der Bühne gezerrt wurde. Als Joni schließlich eine überschwängliche Version von »Big Yellow Taxi« hinlegte, beklatschten sie dieselben Hippies, die sie kurz vorher noch ausgebuht hatten, mit Standing Ovations. »[Nach dem Auftritt] spürte ich mein Herz wild schlagen«, sagte sie. Das Publikum war weit davon entfernt, »stardust and golden« zu sein. Sie wusste, wie sie dieses große Biest zähmen konnte, aber so ganz kam sie über die Begegnung nie hinweg.

Jetzt, in New Rutherford, New Jersey, erinnerte sich Joni gerne an ihr Debüt 1969 in der Carnegie Hall, als die Dinge noch »stardust« und »golden« waren, und an das Transparent, das auf dem oberen Rang ausgerollt wurde: »New York Loves You, Joni.« Trotz der Krawallmacher beim Konzert in New Jersey liebte New York sie immer noch und stand nach den empörenden Ereignissen, die das Fernsehen gezeigt hatte, an ihrer Seite. Am nächsten Tag strahlte ein Radiosender ihren Auftritt aus. Joni und Klein waren im Loft in der Varick Street abgestiegen, den sie immer noch gemietet hatte, und Nathan Joseph kam und drehte den Ton lauter, damit Joni die Musik hören konnte. »Sie spielen deinen Auftritt von gestern!«, sagte er. Sieg – zumindest in Gotham City.

Als Joni und Klein an diesem Abend durch die Stadt schlenderten, waren sie gefeierte Märtyrer. »Wir sind an diesem Abend ausgegangen, und New York passte auf«, erzählte mir Joni. »Wir bummelten durch SoHo und Little Italy, da kommt ein Typ aus einem italienischen Restaurant und sagt: ›Joni! Im Namen von New York – es tut uns so leid! Was haben sie da bloß mit dir gemacht? Kommt rein, wir machen euch ein nettes Dinner!‹ Und dann haben sie ein großartiges Essen für uns veranstaltet, und zum Nachtisch gab es süße Limetten mit Puderzucker. Wir kamen an einer Lesbenbar vorbei, und da kamen ein paar Butches raus und sagten: ›Wir fanden dich richtig toll. Komm rein, und wir spendieren dir einen Drink.‹ Ich habe den Auftritt überlebt. Es war in Ordnung. Aber die hätten mich nicht so prominent aufs Programm setzen sollen. Vielleicht wusste der Großteil des Publikums gar nicht, wer ich war.«

Der *Rolling Stone* verlieh Joni für ihre Darbietung auf dem »Conspiracy of Hope«-Konzert die Auszeichnung des »Schlechtesten Auftritts des Jahres«. Wirklich? Bei all dieser kranken Musik des Jahres 1986? Offensichtlich war die Zeitschrift einer Meinung mit dem Pöbel vor der Bühne. Es ist jammerschade, dass nicht mehr Menschen den Song in dieser Fassung gehört haben, denn besser hat »The Three Great Stimulants« nie geklungen.

Kurz vor dem Konzert spielte Joni *Chalk Mark in a Rain Storm* in Peter Gabriels Studio in der Nähe von Bath ein. Ihr war klar, dass sie da nicht einfach mit einem anderen Hit-Garanten in einem Studio stand. Gabriel war Leadsänger von *Genesis* gewesen, als die Band noch eine unverhohlen stolze, nicht-kommerzielle Art-Rock-Band war. Er trat in abgefahrenen Kostümen auf, die ihn wie eine Amöbe aussehen ließen oder wie anderes Getier, das man nur durch ein Mikroskop aus der Zeit des Kalten Kriegs an britischen Staatsschulen zu sehen bekam. In der Band spielte ein kleiner, rundlicher Drummer namens Phil Collins. Niemand wäre auf den Gedanken gekommen, dass dieser Typ die Charts des nächsten Jahrzehnts beherrschen würde, am wenigsten Collins selbst. Als Gabriel seine Solokarriere startete, fand er mit weniger naheliegenden Hits wie »Shock the Monkey« seinen eigenen Weg in den Mainstream. Auf eine bizarre Art war MTV wie für ihn gemacht. Während Joni mit dreiundvierzig ein Comeback versuchte, stand Gabriel mit fünfunddreißig im Zenit seines Erfolgs.

Da Henry Lewy nicht länger für Joni arbeitete, schnitt sie das Album mit einem dritten Toningenieur, einem Praktikanten, der keine Ahnung von nichts hatte und nur die Konsole anschalten und jede Menge Fehler machen konnte. »Ich wollte eigentlich bloß ein paar Demos machen, aber dann nahm die Sache Fahrt auf«, erinnerte sie sich. Irgendwann bat Gabriel, der auf einem der Amnesty-International-Konzerte spielen sollte, sie um Rat. Er war noch nie bei einer solchen Gruppenveranstaltung aufgetreten, und diese sollte auch noch live im Fernsehen übertragen werden. Da fragte er genau die Richtige. Joni war nie darüber hinweggekommen, dass sie auf der Isle of Wight von einer halben Million Hippies in Grund und Boden gebrüllt worden war. Sie wusste, dass aus Phil Collins ein gewaltiger, schamlos kommerzieller Popstar geworden war, und erkannte sofort, dass das zu Eifersüchteleien führen konnte.

»Also«, sagte Joni, »meiner Meinung nach sind diese Gruppenveranstaltungen Festivals des Ego.«

Dann fügte sie hinzu: »Wahrscheinlich werden sie dich bitten, irgendwas Akustisches zu spielen.«

»Haben sie schon.«

»Tu das nicht«, riet Joni ihm dringend an. »Du kannst es mir glauben. Jeder, der akustisch spielt, geht unter. Ich weiß es aus eigener Erfahrung. Du kannst nicht laut genug spielen, um gegen das Gebrüll der Menge anzukommen. Die sind nicht wegen der Musik da – die sind nur da, weil es ein Event ist. Du brauchst also jede Unterstützung, die die Band dir geben kann, und du musst richtig laut sein. Zweitens, bring dein eigenes Team mit, denn die anderen sabotieren dich. Wenn jemand dich ausstechen will, und normalerweise gibt es immer so jemanden, und du hast kein eigenes Team, dann sabotieren sie dich. Wenn jemand meint, dass du zu gut bist und den anderen die Show stiehlst, dann machen sie deine Gitarre kaputt. Sie werden sich rächen.«

Peter Gabriel schaute Joni tief in die Augen. Sie hatten gerade einen Song von ihr eingespielt, »My Secret Place«, bei dem sie wechselseitig die Textzeilen zu Ende gesungen hatten. Ihre Stimmen waren im perfekten Gleichklang, sie schienen fast miteinander zu verschmelzen. Die zwei hatten ein kokettes Video gedreht, obwohl beide mit jemand anderem verheiratet waren. Wer war dieser Mensch, den er gerade so gut kennenzulernen glaubte? Und woher kam diese Paranoia bezüglich Musikfestivals? War das nicht die Frau, die »Woodstock« geschrieben hatte?

»Mit deinem Strahlen verdeckst du nur das Dunkel in dir«, sagte Gabriel aufgewühlt. Daraufhin wurde Joni wütend.

»Meine Güte«, antwortete sie. »Was bist du naiv! Mein Strahlen ist mein Strahlen, und mein Dunkel ist mein Dunkel. Nichts davon hat mit dieser Sache hier zu tun. Ich sage dir nur, wie es läuft. Du hast mich gefragt, wie das ist. Und ich sage dir, was alles schiefgehen kann. Du trittst da auf, um alle umzuhauen, und du willst nicht, dass Phil Collins derjenige ist, dem alle zujubeln. Du gehst da nicht ohne Absicht raus. Ich weiß, was du dir davon erhoffst, und ich will nicht, dass du Fehler machst. Bei mir ist das völlig anders, aber ich weiß, was um mich herum abgeht.«

Die Freundschaft mit Peter Gabriel und seiner Frau kühlte schnell ab. Es dauerte nicht lange, und er gab Dinge von sich, die sie für dumm und kleinkariert hielt. Dazu kam, dass Joni sich von seiner Frau bei einem Restaurantbesuch brüskiert fühlte. Wie enttäuschend! Larry Klein zufolge war es aber so, dass »Joni zu viele Abende mit [Gabriel] in der Küche des Studios verbrachte und ihn mit ihrer didaktisch-nihilistischen Weltsicht volllaberte«. Doch bevor es zu all dem kam, nahm Joni an der Amnesty-Show in L.A. teil und sagte zu Gabriel: »Ich freue mich sehr, dass du bei so einer Ausnahme-Tour dabei bist. Hier herrscht Kameradschaftsgeist und nicht dieser abartige Konkurrenzkampf. Du hast Glück. Vergiss, was ich gesagt habe.«

Wieder fingen die Songs an, sich zu stapeln, und Joni ging ins Studio, um das aufzunehmen, was *Chalk Mark in a Rain Storm* werden sollte (1988). Noch immer gehörten Synthesizer zur Klanglandschaft (Thomas Dolby spielte ihn bei »Fairlight Marimba«), aber jetzt war wieder ein Drummer dabei – Manu Katché aus Peter Gabriels Band. Leider wurde das Album nicht von Daniel Lanois produziert, der ein großer Fan von Joni und maßgeblich für den Sound von Peter Gabriels *So* verantwortlich war, ebenso wie für Bob Dylans Alben *Oh Mercy* und *Time Out of Mind* (letzteres wurde mit drei Grammys ausgezeichnet). »Sie wollte von Lanois' Talent nie etwas wissen«, sagte Klein. »Für meine Begriffe war es nicht so, dass man sie nicht produzieren konnte, aber sie wollte sich einfach nicht eingestehen, dass sie zum Plattenmachen de facto irgendjemanden brauchte. Deshalb erhielt Henry-›mehr als ein Toningenieur‹-Lewy auch Tantiemen. Sie brachte es nicht über sich, ihn als Produzenten aufzuführen. Sie musste sich einfach als völlig autarkes Wesen verstehen.«

Klein war in England damit beschäftigt, die Arbeit an Ben Orrs Album abzuschließen. »Irgendwann hatte ich den Eindruck, es würde Joni besser gehen, wenn sie zu mir käme«, sagte Klein. »Wir fanden ein Haus in Frome, einem kleinen Nachbarort. Die Plackerei der letzten Zeit hatte dazu geführt, dass sie wieder zu schreiben angefangen hatte, und in Frome machte sie sich daran, die ersten vier Songs fertigzustellen, die dann auf *Chalk Mark in a Rain Storm* zu hören waren.«

Klein ging davon aus, dass Gabriel ihm noch etwas für seinen Gratis-Beitrag zu *So* schuldete, und so fragte er ihn, ob Joni in seinem Studio aufnehmen dürfe. »Er war mächtig froh, dass wir in seinem Studio arbeiten wollten, also fing Joni am Nachmittag an, diese Tracks zu bearbeiten, und ich kam rüber, nachdem in Wool Hall alles erledigt war. Ich blieb schließlich bis in die frühen Morgenstunden in Peters Studio. Arbeitsmäßig war das zwar anstrengend, aber es war sehr belebend, all diese Musik simultan entstehen zu sehen. Die Atmosphäre war sehr kreativ. Mike und ich trafen Robert Plant, der in Wales lebte, nicht weit von uns, und ich spielte ihm ein paar der ersten Fassungen vor. Eine gefiel ihm besonders gut, und er fragte, ob er im Hinblick auf sein Album ein paar Textentwürfe schreiben dürfe. Ich war überglücklich, denn ich war schon in meinen frühen Jugendjahren ein großer Led-Zeppelin-Fan gewesen. Als ich Joan die Stücke vorspielte, fand sie alle großartig, auch das, was Robert haben wollte. Joni bestand darauf, dass sie alle drei haben wollte, und ich protestierte und sagte, dass Robert diesen Track bereits für sich reserviert hatte; ich konnte doch nicht mein Versprechen brechen? Joni führte das ›Privileg einer Ehefrau‹ ins Feld. Kleinlaut rief ich Robert an, und er war großzügigerweise einverstanden und sagte, das würde er nur mit sich machen lassen, weil es ›um Joni Mitchell ging‹. Diese drei Songs wurden dann ›Lakota‹, ›Snakes and Ladders‹ und ›The Tea Leafe Prophecy‹.«

Während sie noch dabei war, einige Songs in der Hoffnung zusammenzustellen, den Erfolg von Peter Gabriel kopieren zu können, trat sie in der ersten Sendung einer Show auf, die Herbie Hancock als Gastgeber verantwortete und die er *Showtime Coast to Coast* nannte; sie wurde am 29. August 1987 in New Orleans aufgezeichnet. Das Rezept war das gleiche, wie zwanzig Jahre später bei seinem Album *River: The Joni Letters,* das mit einem Grammy ausgezeichnet wurde. Hancock wählte, gemeinsam mit Wayne Shorter, zwei Songs von *Hejira* aus und sondierte, was man jazzmäßig damit anfangen konnte. Sie wurden dabei von Bobby McFerrin unterstützt, der zu der Zeit, als seine Platte »Don't Worry, Be Happy« herauskam (ebenfalls mit einem Grammy ausgezeichnet), bei Jazzmusikern immer noch Respekt genoss. (»Don't Worry, Be Happy« war eine A-capella-Nummer, die in jeder Hinsicht das Gegenteil eines Joni-Mitchell-Songs war.)

»Furry Sings the Blues« wurde lockerer präsentiert und »Hejira« mutierte zu wildem Samba. Joni rauchte, kaute Kaugummi und war so nervös, dass sie bei den Worten »waving truce« (»Hejira«) scheinbar versuchte, die Fernsehkameras zu verscheuchen. Dabei lieferte sie hier die feinste Musik ab, die sie seit fünf Jahren gemacht hatte, zumindest seit den herausragenden Tracks von *Wild Things Run Fast*. Die Heiserkeit, die sich inzwischen hier und da einschlich, ließ das Material umso eindringlicher klingen. Ihr Sopran war immer noch da, und selbst wenn er etwas rauchig klang, so hatte er doch einen aufrüttelnden und reichhaltigen Ausdruck. Auch Sarah Vaughans Stimme wurde tiefer, je älter sie wurde und je mehr sie rauchte, und sie entwickelte sich erst spät zu der großen Jazzsängerin, als die wir sie kennen. Erst jetzt schien das, was Joni von Mingus gelernt hatte – dem Mann, nicht nur dem Album –, zu fruchten. McFerrin wirkte aufdringlich, aber sein Verhalten beruhigte sie. »Ooooh, I'm travelling in some vehicle …«, sang sie in ihrem noch immer atemberaubenden hohen Register. Für eine einzige Session, die vom späten Abend bis in den frühen Morgen dauerte, leistete Joni es sich, ohne Synthesizer und mit Meistern des Jazz aufzutreten; hier erkennen wir die Richtung, in die es hätte gehen können, wenn sie die musikalischen Abenteuer von *Mingus* weiterverfolgt hätte.

Beim Amnesty-International-Debakel wurde das Publikum wach, als sie ankündigte, bei »Number One«, einem Track, der auf *Chalk Mark in a Rain Storm* erscheinen sollte, mit dem Drummer von Peter Gabriel zusammenzuspielen, und dass Dolette McDonald auch mit von der Partie sein würde. Es war klar, wem der Applaus galt, und es muss frustrierend für sie gewesen sein, Leute zu pushen, die den Erfolg hatten, der ihr verwehrt blieb. Der Song war eine vernichtende Anklage gegen das Rattenrennen, zu dem das Musikbusiness inzwischen geworden war. Bei Amnesty International schleuderte sie dem Publikum entgegen: »Win and lose, win and lose / To the loser go the heartsick blues / To the victor goes to spoilin' / Honey, did you win or lose?« Gewinn und Verlust waren etwas für die Erbsenzähler der Plattenfirmen – Schönheit und Wahrheit etwas für die Künstler. Joni versuchte, diese Missachtung in die Rhythmen und Klänge zu kleiden, die für andere funktioniert hatten.

Sie packte ihre Alben bis obenhin voll mit Promis. Kaufen Menschen Platten wegen der Stargäste? *Chalk Mark in a Rain Storm* war die Probe aufs Exempel. Don Henley wurde bei »You Dream Flat Tires« von Lionel Richie verdrängt – weil Ritchies Bandbreite größere Kontraste ermöglichte –, kam aber schließlich bei »Lakota« und »Snakes and Ladders« zum Zuge. (Zurückgezogen worden zu sein hatte ihm gar nicht geschmeckt, daraus hatte er keinen Hehl gemacht.) Benjamin Orr von The Cars – dessen Soloalbum natürlich Klein produziert hatte – sang bei »Number One« und »The Beat of Black Wings«. Wendy und Lisa aus der Band von Prince sangen »The Tea Leaf Prophecy«. Billy Idol und Tom Petty spielten Charaktere, die um Jonis Figur in »Dancin' Clown« kämpften. Willie Nelson, der *Read Headed Stranger* hochselbst, sang mühelos einen Cowboy-Part in »Cool Water«. All diese Menschen waren im Plattengeschäft erfolgreich, sei es als Solokünstler oder Teil einer Band. Würde Joni sie so einbinden können, dass sie bei Geffen wieder schwarze Zahlen schrieb?

Von all diesen Gastauftritten klingt nur einer nach einer wirklich überzeugenden Zusammenarbeit – nicht als Komposition, aber beim Sound –, nämlich das bereits erwähnte »My Secret Place« mit Peter Gabriel. Der Song, der das Album eröffnet, ist nach der synthetischen Attacke von *Dog Eat Dog* eine Erlösung für alle Joni-Fans. Statt eines programmierten Schlagzeug-Parts gibt es wieder einen echten Drummer, Manu Katché, eine Schlüsselfigur des »World Beat«-Sounds, der Gabriel in den Achtzigern große Erfolge bescherte. Katché spielt in allen Songs des Albums mit, eine begrüßenswerte und lebendige Erscheinung. »My Secret Place« klingt sogar wie ein Gabriel-Song. Rhythmisch ist er nicht allzu weit entfernt von »In Your Eyes« – ein Stück, das in Cameron Crowes Film *Say Anything* aus dem Ghettoblaster von John Cusack dröhnt, der damit seine Freundin zurückgewinnen will –, und vom Text her ist er völlig anders als alles, was Joni bisher gemacht hat. Sie singt zwar in der ersten Person, aber das lyrische Ich ist eindeutig eine fiktionale Figur, eine Frau, die in New York geboren wurde und dort aufwuchs und gerade dabei ist, sich mit Colorado anzufreunden. Jonis Stimme ist rauchig geworden, und sie und Gabriel beenden die Sätze des jeweils anderen mit der gleichen Tonhöhe und dem gleichen Timbre. Es geht um eine Verführung; einem möglichen Liebhaber wird ein Versteck gezeigt, ein Ort, an den sie sich zurückziehen könnten, sollten die Sterne ihnen gewogen sein. Der Song endet mit einer Frage: »Why did you pick me / For the secret place?« Aber wer fragt hier, und wer antwortet? Es wurde ein Begleitvideo in Schwarz-Weiß gedreht, das die Stimmung des Songs perfekt einfängt und zeigt, wie Joni und Gabriel spielerisch miteinander flirten. Doch so viel Charme »My Secret Place« auch hatte, dem 1986 erschienenen »Sledgehammer«, einer Auskopplung von *So*, die zum meistgespielten Video in der Geschichte von MTV wurde, konnte es doch nicht das Wasser reichen.

Gabriels Studio lag nur einen Höhenzug hinter den Start- und Landebahnen, von denen die Luftwaffe der USA 1986 ihre Angriffe auf Libyen flog. Die Angriffe begannen am 15. April und waren eine Reaktion auf den Bombenanschlag auf die Berliner Diskothek La Belle, die sich bei den seinerzeit in Berlin stationierten US-Soldaten großer Beliebtheit erfreute. Alles in allem waren vierzig libysche Todesopfer zu beklagen und zwei amerikanische Piloten, deren Maschine abgeschossen wurde. Kurz darauf, erinnerte sich Joni, »sahen wir nachts das orange Glühen auf den Landebahnen … In dieser Zeit dachten wir an nichts anderes als Krieg …«[4] Der Krieg inspirierte sie zu »The Beat of Black Wings«, ein Song über einen Soldaten, Killer Kyle, der das Gefühl hat, zu verschwinden wie »a chalkmark in a rainstorm« – ein Bild, das dann zum Titel des Albums wurde. Der Song hat namhafte Fans, darunter Janet Jackson, die ihn coverte, und Elvis Costello, der ihn »wunderschön, aber erschütternd« nannte. Die Luftangriffe versetzten Joni zurück nach Fayetteville, North Carolina, wo sie 1967 einen Soldaten getroffen hatte, der zum Vorbild für die Figur des Killer Kyle wurde. Er hatte dieser süßen jungen Lady mit ihren Liebesliedern erklärt, dass es, so wie er die Dinge sah, keine Liebe gab. »Ich werd dir sagen, was mit der Liebe passiert ist«, hatte er geknurrt. Am Ende lag er schluchzend in Jonis Armen.

Wie Joni hatte auch Killer Kyle ein Kind verloren, aber anders als Joni für immer. Seine Freundin hatte – »without even grievin'« – abgetrieben. Er hatte möglicherweise, wie viele Vietnam-Veteranen, Zivilisten umgebracht. Killer Kyle fühlt sich überflüssig und vom »Beat of the Black Wings« benebelt. Man hat ihm beigebracht zu töten, aber auf die Nachwirkungen hatte ihn niemand vorbereitet. Eine Hoffnung ohne Gegenstand ist nicht lebensfähig, schrieb Coleridge. Kyle lebte ohne Hoffnung:

The old hate the young
That's the whole heartless thing
The old pick the wars
We die in 'em
To the beat of the beat of black wings

Kyle war traumatisiert von einem Krieg, der nicht zu gewinnen war. Im Zuge der Veröffentlichung von Oliver Stones Film *Platoon* (1986) und der Einweihung von Maya Lins Vietnam Veterans Memorial in Washington, D.C., war es an der Zeit, Amerikas größte militärische Niederlage aufzuarbeiten. Der Krieg hatte viele Leben zerstört. Die Figur des Killer Kyle wirkt so lebensnah, weil sie auf einem echten Menschen basiert. Im Video zum Song schminkt Joni sich und spielt ihn als Schwarzen; es war das letzte Mal, dass sie eine weitere Variation ihrer Art-Nouveau-Figur verkörperte. Sie spielt diesen Typ tatsächlich als Betrunkenen in einer Seitenstraße, ein Mann, den ein lausiger Krieg ruiniert hat. Ihre

Performance, als auch die Figur auf dem Album gehören zum Besten, was sie jemals geschaffen hat.

Für jemanden, der den *Zeitgeist* [Deutsch im Original] der Sechzigerjahre eingefangen hatte – und den kulturellen Umwälzungen schon nachweinte, während sie noch stattfanden –, war 1989 ein weiteres Schlüsseljahr. Die Berliner Mauer fiel, und damit fand, mit Ausnahme von Albanien, im Ostblock auch die Ära des Kommunismus ein Ende. Etwas Neues kündigte sich an, und Joni Mitchell wurde ausgewählt, mit anderen Rockstars an der gerade abgerissenen Berliner Mauer aufzutreten. Der Kalte Krieg war endgültig vorbei.

Aber die alten Scharmützel setzten sich fort.

1990 trat Joni am Potsdamer Platz unter anderen mit Roger Waters, Sinéad O'Connor, Van Morrison, ehemaligen Mitgliedern von The Band, Cindi Lauper, Bryan Adams und den Scorpions in Pink Floyds »The Wall«-Show auf. Waters, der den größten Teil des Albums geschrieben, sich dann jedoch mit seinen Bandkollegen zerstritten hatte, inszenierte die Aufführung alleine und nutzte den Fall der Mauer, um die erneute Umwälzung zu feiern. Joni sang den Pink-Floyd-Song »Goodbye Blue Sky«, der ihrer Meinung nach »Ruby Tuesday« aufs Haar glich, aber darüber hinaus eine ökologische Botschaft hatte, mit der sie sehr sympathisierte. Ihr Gesang klang so unmelodisch wie nie zuvor bei einem ihrer öffentlichen Auftritte, vielleicht, weil Joni von oben, von den Resten der Mauer aus sang, und ihre Begleitung sich unten an deren Fuß befand. (Ihr Track wurde für den Film und die Platte überarbeitet.) Bei diesem Auftritt sah sie Thomas Dolby zum letzten Mal, er stand beim Finale – »The Tide Is Turning«, einer erhebenden Hymne von einem Waters-Soloalbum – neben ihr. Beim Singen hatte Joni den Arm um O'Connor gelegt, ihrer Meinung nach eine »leidenschaftliche kleine Sängerin«. Es wurde Zeit, den Stab weiterzureichen.

Aber davon abgesehen – und genau davor hatte sie Peter Gabriel beim Amnesty-International-Festival gewarnt – war der Backstage-Bereich eines so mit Stars gespickten Rock-and-Roll-Konzerts ein Minenfeld. »Als ich bei The Wall war, traf ich Thomas Dolby, und der streckte mir die Zunge raus«, berichtete mir Joni. »Cyndi Lauper sagte: ›Mein Freund kocht dir Tee. Für mich macht er das nie.‹ Dieses kindische Konkurrenzdenken und der Mangel an Professionalität – ich habe einfach keine Peergroup. Alle sind verwöhnte Kinder. Zufällig traf ich Bryan Adams, und er wollte ein Foto mit mir haben, also gab er seiner Freundin die Kamera. Er widersprach ihr ständig, putze sie runter und verspottete sie. Ein wirklich schreckliches Benehmen. Dann ging ich zum Trailer-Camp. Ich habe in Trailer-Parks nie etwas Schönes mit anderen Künstlern erlebt. Ich schaute also bei Cyndi Lauper vorbei und blieb nicht lange. Sinéad kam mit nackten Füßen [aus Laupers Trailer] und starrte auf sie herunter. Sie bohrte die Zehen in die Erde. Ohne den Kopf zu heben und mich anzusehen. Alle waren so sonderbar.

Dann ging ich zum Green Room, in dem Garth Hudson saß. Ich ging zu ihm und wollte Hallo sagen, schließlich war das ein gemeinschaftliches Projekt! Aber gabs da nur einen einzigen Erwachsenen? Nein. Nicht ein einziger Erwachsener unter der Meute. Garth Hudson warf mir einen Blick zu, glitt von der Klavierbank und ging in die andere Richtung. Später wollte meine Tochter auf ein Konzert von ihm in Toronto, also habe ich ihr Tickets und einen Backstage-Pass besorgt, und er sagte zu ihr: ›Oh, ich war immer so in deine Mutter verknallt.‹ Und ich dann: Sonst noch was? Diese Siebtklässler! Was soll das? Das bringt mich auf die Palme. Ich habe versucht, ein paar Leuten Hallo zu sagen, aber die Reaktionen waren ziemlich merkwürdig. Alle waren wie schlecht gelaunte Kinder.«

Als Joni oben auf den Mauerresten »Goodbye Blue Sky« sang, fand bereits der nächste Umbruch statt. Eine Band namens Jesus Jones verkündete in ihrem Song »Right Here, Right Now«, dass eine neue Zeit heranbrach, so anders als die der Woodstock-Generation. Sie sangen: »Bob Dylan didn't have this to sing about.« Aber Dylan hatte jede Menge anderer Dinge, über die er sang. Worüber würde Joni singen? Der Kalte Krieg war vorbei, ebenso wie die Achtziger. Gut so. Die Musik der nächsten Dekade würde tatsächlich karger und akustischer sein. Aber, wie Dylan schon sagte, man kann immer zurückgehen, doch nie bis zum Anfang. Jonis Stimme war mittlerweile ein rauchiger Alt. Der Sopran war für immer dahin, zuletzt nur noch an ein paar Stellen von *Chalk Mark in a Rain Storm* zu hören. Die Zeit und andere Diebe hatten die Vergangenheit mitgehen lassen. »Something's lost but something's gained«, hatte Joni ganz am Anfang in »Both Sides, Now« gesungen. Als die Achtziger begannen, hatte sie es anders ausgedrückt: Nichts ist von Dauer.

Kapitel 30

Turbulenzen

In der zweiten Hälfte der Neunziger wurde Joni für *Turbulent Indigo* mit einem Grammy für das Album des Jahres ausgezeichnet, gewann den prestigeträchtigen schwedischen Polar Music Prize und wurde schließlich nach vier Jahren in der Warteschleife in die Rock and Roll Hall of Fame aufgenommen. Dennoch sah es so aus, als könnte sie trotz aller positiven Kritik mit nichts, was sie tat, an den Erfolg ihrer frühen Jahre anknüpfen. (Weil die Rock Hall sich weigerte, die Reisekosten der Familie – 1500 Dollar für Eintrittskarten und Übernachtung – zu übernehmen, blieb sie der Zeremonie in Cleveland fern.)

Am Tag, nachdem sie 1995 den Grammy für das »Album of the Year« erhalten hatte (plus einen zweiten Grammy für das Coverbild, ein Selbstporträt, ausgeführt in einer eindrucksvollen Imitation von Van Goghs Pinselführung), erfuhr sie aus der Zeitung, dass sie zum alten Eisen gehörte. »Ich hatte einen Grammy für *Turbulent Indigo* bekommen, und am nächsten Tag erschien ein Artikel [über] Singer-Songwriter damals und heute, und ich landete in der Kategorie ›damals‹, *einen Tag, nachdem ich einen Grammy gewonnen hatte*«, sagte Joni.[1]

Als Dylan fünfzig Jahre alt geworden war, hatte alle Welt ihn als erledigt betrachtet, doch dann zeigte sich, dass es in seiner Karriere eine höchst lebendige späte Phase geben sollte. Was aber musste eine Frau in ihren Fünfzigern unternehmen, um in diesem Business noch Anerkennung zu finden?

* * *

Am Tag, bevor sie mit den Aufnahmen zu *Turbulent Indigo* begannen, reichten Joni und Larry Klein die Scheidung ein. »Last chance lost«, sang sie, »in the tyranny of a long goodbye.« An Thanksgiving 1992 war bei Klein die Schmerzgrenze überschritten. Er hatte mit Depressionen zu kämpfen und glaubte, das Ausmaß von Ärger und Bitterkeit, das Ehe und häusliches Leben inzwischen mit sich brachten, würde ihn krank machen. Er sagte zu Joni, dass sie beide etwas am Umgang miteinander ändern müssten. Klein zufolge antwortete Joni: ›Ich glaube nicht, dass ich mich jetzt noch groß ändern werde‹, und das wars dann.

Als sie (von ihrer Mutter) Donald Freed vorgestellt wurde, ihrem nächsten Liebesobjekt, fragte der sie, wie sie sich fühle. »Unterbewertet«, antwortete sie.

Joni fühlte sich schon seit einer ganzen Weile unterbewertet. Und selbst, wenn sie geehrt wurde, hatte sie das Gefühl, ihre Bewunderer würden sie nicht angemessen bewundern. Ärger und Groll fingen an, überhand zu nehmen, doch anders als bei *Dog Eat Dog* äußerten sie sich in Formen, die ihre Zuhörer viel besser zu goutieren vermochten. Das lag zum Teil an Jonis Rückkehr zu akustischer Gitarre und Klavier, hatte aber auch damit zu tun, dass sie in der Folge ihrer Scheidung das Herz wieder auf der Zunge trug, selbst wenn es um Kritik an der Gesellschaft ging. Was bei »Ethiopia« eine so exquisite Verbindung eingegangen war, kristallisierte sich auch bei den Songs auf *Turbulent Indigo* heraus. Von dem Album wurden 311 000 Exemplare verkauft – zu Gold fehlten etwa 200 000 Stück, allerdings erreichte es Gold in Kanada –, und bei den Kritikern herrschte Einigkeit, dass sie hiermit zu einer schon lange erwarteten Form zurückgefunden hatte (auch wenn das bereits 1991 mit *Night Ride Home* der Fall gewesen war). Und schließlich erhielt sie den schon so lange verdienten Grammy für das »Album of the Year«.

Joni und Klein nahmen die Auszeichnung Arm in Arm entgegen. Joni redete darüber, wie es war, gemeinsam ein Album zu machen, wenn man dabei war, sich zu trennen; wie sie dem Toningenieur zuliebe Kätzchen kaufte, um ihm die schlechten Schwingungen vom Hals zu halten, und überließ dann

Klein das Wort, nicht ohne zu versprechen, dass sie ihn ausreden lassen würde. Klein dankte ihr für »zehn Jahre Unterricht in allen Künsten«. Von der Kunst der Liebe bis zur Kunst der Kreativität – Klein wurde unterrichtet wie sonst niemand, auch wenn er manchmal grob behandelt wurde. Klein lebte von Mitte zwanzig bis Mitte dreißig mit Joni zusammen.

Aber das Leben ging weiter. Sie schafften es, befreundet zu bleiben, und arbeiteten auch weiterhin zusammen, was merkwürdig erscheinen könnte, wenn Joni nicht den Hang gehabt hätte, mit Ex-Liebhabern zusammenzuarbeiten. David Crosby wurde zum Ex-Liebhaber, während sie an *Song to a Seagull* arbeiteten. James Taylor war auf *Blue* dabei, kurz nachdem sie sich getrennt hatten; Graham Nash spielte ein paar Jahre nach ihrer Trennung in »You Turn Me On, I'm a Radio« Harmonika, und John Guerin blieb nach dem stürmischen Ende ihrer Beziehung drei weitere Alben ihr Drummer. Joni und Klein teilten sich mit Donald Freed und Kleins Freundin – eine Frau, von der Joni nur als »die Geliebte« sprach – sogar eine Limo zur Grammy-Preisverleihung.

Nachdem Joni und Klein sich getrennt hatten, bekam sie Besuch von Leonard Cohen, der Joshu Suzuki Roshi mitbrachte, seinen langjährigen Rinzai-Zen-Buddhismus-Lehrer. Joni erinnerte sich, dass vom Beginn ihrer Freundschaft an »Leonards eigentliches Problem Eifersucht war. Er war der Hohe Priester der Eifersucht«. Tatsächlich hatten Cohen die Eroberungen anderer gewaltig gewurmt, bevor er sich auf den Weg der Erleuchtung begab und mit »Hallelujah« schließlich noch mal richtig Kasse machte. Doch obwohl Lou Reed Cohen 2008 in die Rock and Roll Hall of Fame einführte, kam er nie über die eine hinweg, die Reed erobert hatte, was Cohen selbst nie gelingen sollte. »Ich habe Velvet Underground nie gehört, aber ich war in Nico verliebt. Ich fand gar nicht gut, dass die mit all diesen Typen von Velvet Underground zusammen war und mit allen ins Bett ging, nur mit mir nicht! Im Übrigen ist das ein gutes Beispiel dafür, wie das bei mir lief, ganz im Gegensatz zur öffentlichen Meinung.« Und während die Jahre vergingen, hörte Joni ihn singen: »First we take Manhattan, then we take Berlin«, und dachte: »Er redet immer noch davon, Eroberungen zu machen!« Sie hatte ihn 1967 um eine Leseliste gebeten und musste dann gequält hören, wie er auf seinem ersten Album sang: »Are your lessons done?« Wer war hier der Schüler, und wer der Lehrer?

Obwohl Jonis Beziehung zu Cohen immer kompliziert war, merkte sie doch, dass er einen großartigen Lehrer hatte und ein großartiger Schüler war. »Er hatte einen tollen Lehrer, und er arbeitete hart. Ich war kein Buddhist, während ich mit ihm abhing, aber als er Jahre später mit Roshi bei mir vorbeikam, lachten Roshi und ich über die gleichen Sachen. Wir fanden die gleichen Sachen witzig, und Roshi beschloss, bei mir einzuziehen. Und ich so: ›Toll.‹ Damals war er siebzig. Ich hatte das nie als Mann-Frau-Geschichte gesehen, überhaupt nicht. Er war einfach ein süßer kleiner buddhistischer Mönch. Dann kam er zu mir zu Besuch, und ich zeigte ihm ein Gästezimmer und sagte, dass er immer willkommen sei, wenn er in der Stadt war. Donald, mein damaliger Partner, war dabei, und natürlich war Leonard ein alter Liebhaber, und ich behandelte Roshi mit Respekt. Und plötzlich sprang er auf und sagte: ›Komm schon. Auf gehts. Roshi einsam! Roshi einsam!‹ Ich habe das erst überhaupt nicht verstanden. Aber ich habe nicht lange gebraucht und dann gedacht: ›Ach du Scheiße!‹ Ich hatte ihm Achtung entgegengebracht. Es war so rührend. Es war so süß. In diesem Augenblick wurde er total menschlich. Wer hätte das gedacht? Ich dachte: ›Herr im Himmel.‹ Ich *hatte* mich anders verhalten, als den beiden Jungs gegenüber. Zu viel Respekt.

Nachdem Graham und ich uns getrennt hatten, saß Graham neben Callie, seiner neuen Freundin, die er dann heiratete, und alberte herum, und als er sich dann an mich wandte, da zeigte er zu viel Respekt. Ich dachte: ›Ich weiß genau, warum.‹ Graham konnte mit mir einfach nicht so herumalbern wie mit seiner Frau. Zu viel Respekt. Macht einsam.« Irgendwie fühlte sie sich dem siebzigjährigen buddhistischen Mönch verbunden, der in ihr Bett hüpfen wollte. Auch Joni war einsam.

Bei *Night Ride Home* (1991) spürt man die Einsamkeit an allen Ecken und Enden, eine Kälte, der man sich nicht entziehen kann. »One must have a mind of winter«, schrieb Wallace Stevens, und man muss Stoiker sein, wenn die Liebe, nach der man sich sehnt, nicht in Reichweite ist, oder einen ausbeutet und missbraucht.

»Two Grey Rooms« beginnt mit einer so phänomenalen Akkordfolge und Melodie, dass Jeremy Lubbock, einer der Arrangeure von *Mingus*, davor auf die Knie ging und anbot, die Streicher auf eigene Kosten aufzunehmen und zu arrangieren. Das war 1982, und Joni legte eine andere Spur mit Diphtongen und nannte dieses so entstandene wunderbare Stück zunächst »Speechless«.

»Es schreit einfach danach, auf Französisch geschrieben zu werden«, dachte sie, und ihre Diphthonge muten tatsächlich sehr französisch an, lassen an Édith Piaf denken, deren Platten ihr als Kind Gänsehaut verursacht hatten. Glücklicherweise stolperte sie Jahre später über einen Artikel, der sich mit dem deutschen Filmemacher Rainer Werner Fassbinder beschäftigte, dessen legendäre Werke Joni in den Siebzigerjahren im Film Forum Manhattan gesehen hatte. Fassbinder, ein erotischer und emotionaler Hasardeur wie sie, hatte brillante, umwerfende Filme wie *In einem Jahr mit 13 Monden*, *Die Ehe der Maria Braun* und *Lili Marleen* gedreht, während sie in ihrem Loft in SoHo wohnte.

»Schließlich habe ich eine Geschichte gefunden, die zu dieser gerade erst entstandenen Melodie passte«, erzählte Joni in einem Interview, als das Album auf den Markt kam.[2] Dem Artikel zufolge war es eine Geschichte »über einen Burschen aus dem Umfeld von Fassbinder, ein schwuler, adeliger Deutscher, der in seiner Jugend einen Liebhaber hatte, den er nie vergaß, und jetzt, da er schon in seinen Vierzigern war, fand er heraus, auf welchem Weg dieser Mann zur Arbeit ging. Er zog also in so ein schäbiges Doppelzimmer, von dem aus er auf die Straße schauen konnte, und das nur, um das Vergnügen zu haben, den ehemaligen Geliebten ein Mal morgens und ein Mal abends vorbeigehen zu sehen.« In ihrem Text macht sie den Mann zehn Jahre älter und singt: »I loved you thirty years ago«; es könnte auch sein, dass sie sich selbst über die 47 Jahre trösten wollte, ihr Alter beim Erscheinen des Albums, oder sogar einen Mann in seinen Fünfzigern imaginierte. Aber der Joni von 1982 fehlte die Textur, die ihre Stimme erst später angenommen hatte, als sie auf die Fassbinder-Story stieß. Wie ein Method Actor, der sie dabei war zu werden, identifizierte sie sich völlig mit diesem verzweifelten und einsamen Ex-Lover, der von der Vergangenheit besessen war und für nichts anderes mehr lebte.

»Manche Dinge gehen mir gegen den Strich«, pflegte sie zu sagen, und diese Sache ging dem Mann sicher gegen den Strich. Die zwei grauen Zimmer sind möglicherweise auch das Gehirn selbst, in dem Erinnerungen gespeichert sind, die man nie wieder los wird. Das, was sie zur Künstlerin machte, hätte im Leben eines anderen Menschen sicher auch zu einem obsessiven, selbstzerstörerischen Verhalten führen können. Jeder, der in dem Song nach einem Geständnis oder autobiografischen Elementen sucht, wird enttäuscht. Sie hatte die »negative capability«[3], sich das Leben dieses Mannes zu eigen zu machen, seine Sehnsucht zu spüren und eine Melodie zu schmettern, die so klingt, als sei sie nicht einfach zu singen. Dieser Adelige lebt in einem Industriekomplex, nur um seinen

Ex-Lover zur Arbeit und wieder nach Hause gehen zu sehen. Der Song endet mit einer selbstzerstörerischen, schmerzlichen Schwärmerei. Es brauchte das Leid eines anderen Menschen, um das prächtige Gebäude von »Two Grey Rooms« zu errichten. Das alles hätte hervorragendes Material für einen Fassbinder-Film abgegeben. (Vielleicht jedenfalls, aber Fassbinder war mit siebenunddreißig an einer Überdosis gestorben, nachdem er einundvierzig Filme gedreht hatte.) Es gab sogar einen Schluss: Der Adelige, der nur lebte, um seinen ehemaligen Geliebten zu beobachten, sprach diesen nie an. Sieben Jahre lagen zwischen der Einspielung der Instrumentaltracks und der Fassung auf *Night Ride Home*. Der Song brauchte diese Jahre. Joni wuchs in die Figur dieses Songs hinein. Ihre jüngere Stimme wäre eine Fehlbesetzung gewesen. Ein Jammer, dass Fassbinder nicht lange genug lebte, um »Two Grey Rooms« zu hören.

An freudlosem Material aus Jonis eigenem Erfahrungsschatz herrschte wahrlich kein Mangel. Von all den Schwärmereien über ihre Jugend in der kanadischen Prärie ist »Cherokee Louise« die wohl lebendigste und am wenigsten nostalgische. Als sie den Song im Gene Autry Museum of Western Heritage aufführte und dabei beim Umstimmen der Gitarre über einem a-Moll-Riff improvisierte, erzählte sie nicht die Geschichte des Songs, sondern beschwor sein Umfeld herauf, gab Hinweise, aber sagte nicht, worum es tatsächlich ging. »Jetzt kommt ein Song, der auf einer anderen Brücke in Saskatoon spielt, diesmal auf der Broadway Bridge … Ich hatte eine beste Freundin, als ich aus North Battleford, Saskatchewan, nach Saskatoon zog, was hier bei uns einer Großstadt am nächsten kam. Das Paris des Nordens! Die Stadt der Brücken! Und die Broadway Bridge war eine Betonbrücke mit großer Spannweite. Die Jungs spielten da ihre Männlichkeitsrituale durch. Sie mussten auf dem Bauch von einem

Ende der Brücke zum anderen kriechen. Und der Fluss war da breit wie der Mississippi, das brauchte also Mut. Ich hatte eine Freundin, die von allen geschnitten wurde, hauptsächlich wegen ihrer Abstammung. Sie war ein Indianermädchen und lebte in einem Pflegeheim. Das ist ihre Geschichte.«[4]

Jonis Stimme trieft nur so vor Herablassung, wenn sie das kleine, provinzielle Saskatoon »das Paris des Nordens« nennt. Die Brücke, die sie besingt, hat nichts mit der Seine zu tun, aber alles mit der verkannten Freundin. Die Jungs mit ihren Männlichkeitsritualen haben eigentlich keinen rechten Platz in dem Song. Erinnerungsfetzen an Louise scheinen auf, die im einen Jahr noch im Wind schaukelt und im nächsten schon versucht, sich vor ihrem lüsternen Pflegevater in Sicherheit zu bringen. Während der ganzen grauenhaften Geschichte ist Wayne Shorter nicht nur ein musikalischer Begleiter, sondern der griechische Chor, der, wie auch wir, auf dieses arme Mädchen reagiert, das von den lokalen Rassisten nicht verstanden wird, ohne dauerhaftes Zuhause ist und mit einem Pflegevater zu kämpfen hat, der sie zwingt, ihn oral zu befriedigen. Es gibt keinen Übergang von den kindlichen Spielen zu der plötzlichen, ungewollten und gruseligen Sexualität der Erwachsenen, die über sie hereinbricht. An einem Tag legen sie noch Pennies auf die Eisenbahnschienen und hüpfen wie verrückt herum, am nächsten steht da Louises Pflegevater und »opens up a zipper / And he yanks her to her knees«. Unschuld und Vergewaltigung stoßen hier auf brutale Weise aufeinander.

2013 plante Saskatoon, Joni zu ihrem 70. Geburtstag zu ehren, aber die Pläne wurden schnell auf Eis gelegt, als Joni verkündete – und zwar laut und in aller Öffentlichkeit –, dass ihre Heimatstadt nicht weniger rassistisch sei als der tiefe Süden der USA. (1993 hatte sie noch kein Problem damit gehabt, seitens der Stadt eine Auszeichnung für ihr Lebenswerk zu akzeptieren – vielleicht, weil ihre Eltern da noch lebten.) Joni will dem Leid der Indigenen Gehör verschaffen und dafür sorgen, dass diese unverstandene junge Frau verstanden wird. Wenn der Song zu Ende ist, ist da nichts mehr falsch zu verstehen.

Im späten April 1992, *Night Ride Home* war ein gutes Jahr vorher herausgekommen, brachen in Los Angeles Unruhen aus, nachdem das Los Angeles Police Department vom Vorwurf, Rodney King verprügelt zu haben, freigesprochen wurde; das Ganze ließ Erinnerungen an die Unruhen in Watts 1965 wach werden. Auch als King sagte, er hoffe, dass alle miteinander auskommen würden, war klar, dass davon nicht die Rede sein konnte. Innerhalb weniger Tage wurden in South Central mindestens dreiundsechzig Menschen ermordet und etwa zweitausend verletzt. All das passierte weit entfernt von Bel Air, aber Joni hatte in Detroit gelebt, als dort 1967 die Rassenunruhen ausgebrochen waren, und hatte daher Erfahrungen mit einer Zeit und einer Stadt, in der, wie sie sagte, »everyone hates everyone«. Diese Formulierung findet sich in »Sex Kills«, dem zweiten Titel auf *Turbulent Indigo*, wieder. Der Song ist so dystopisch wie kein anderer; er ist das janusköpfige Gegenstück zu »Sisotowbell Lane« oder »California«. Oscar Wildes Landkarte, auf der »Utopia« verzeichnet ist, interessierte sie nicht mehr, weil sie Utopia mittlerweile für unmöglich hielt. Sie hatte den Eindruck, dass die Apokalypse bevorstand. Die Lage war bereits schlecht; und sie war sich sicher wie ein Prophet, dass sie noch schlechter werden würde. Sie erinnerte sich, dass sie einmal hinter dem Cadillac des Rappers Just-Ice geparkt hatte, auf dessen Nummernschild »JUST ICE« stand. Hatte sie sich jemals über »Justice« Gedanken gemacht? Was war das überhaupt – Gerechtigkeit? Etwas so Unbeständiges wie Eis? Oder so kalt? Jedenfalls war es schwer, daran zu glauben.

In »Sex Kills« gibt es keine Gerechtigkeit. Indianerhäuptlinge merken, dass die Balance ausgehebelt ist. Gasleitungen sind undicht, Öl läuft aus, Vergewaltiger suchen öffentliche Schwimmbäder heim, Kinder packen Waffen in ihre Schulranzen, und – zumindest da hat der Song eine gewisse Leichtigkeit – »Lawyers haven't been this popular since Robespierre slaughtered half of France«. Das ist einen Augenblick lang lustig, aber der Song als Ganzes ist sehr düster und gipfelt in der Erkenntnis: Sex sells, und Sex tötet. Bis hierher ist es ein langer Weg vom Garten, ein langer Weg von »love the one you're with«. Im buchstäblichen Sinn meint Sex hier AIDS, und 1992, in den Tagen vor den HIV-Proteaseinhibitoren, tötete AIDS. Aber Sex tötet auch emotional. Und wenn eine Ehe anfängt sich abzunutzen, dann ist auch Sex kein Trost mehr. Sex kann aber nicht nur verletzen, zum Beispiel durch einen untreuen Partner, Sex kann tatsächlich töten. Man kommt aus der Kälte nach Hause, und findet auch dort – selbst in Südkalifornien – nur Eis.

Joni startete eine Medienkampagne und sang den Song von Westen (1995 bei Jay Leno, ihr erster Auftritt im US-Fernsehen, seit sie 1970 in der *Johnny Cash Show* zu Gast gewesen war) bis Osten (bei David Letterman). »Sex Kills« hatte keine erfreuliche Botschaft, aber Joni wurde diese Plattform geboten, sie zu verbreiten, ob sich das nun als Flop erweisen würde oder nicht. »Sex Kills« geht mit sehr Vielem scharf ins Gericht. Joni hatte keine Illusionen mehr, was die Entwürdigung des menschlichen Geistes anging – und in diesem Fall des menschlichen Körpers. Wenn der Song das Gegenstück zu der lieblichen Hommage an »California« war, dann doch ebenso eine Fortsetzung von »Down to You«, wo auf den lockeren Spaß nur Stress folgt, der viel zu langsam verfliegt (und eine Nacht, die dich wie ein Feigenblatt bedeckt, während im Garten schon der Ärger wartet).

Aber Joni hält auf *Turbulent Indigo* nicht nur Moralpredigten. Sie spricht auch darüber, was Kunst ist und was nicht, und für sie, für Joni, ist Kunst alles. Bei »Not to Blame« geht eine ihrer eindringlichsten Melodien Hand in Hand mit einem Text, der zeigt, dass sie durchaus nachtragend sein kann. Im September 1992 war ihr Ex-Lover Jackson Browne in allen Boulevardblättern zu finden. Obwohl keine Anklage erhoben wurde, warf die Schauspielerin Daryl Hannah Browne vor, sie krankenhausreif geschlagen zu haben; Hannahs Onkel, der Kameramann Haskell Wexler, stützte ihre Aussage. Auch während Brownes Beziehung mit Joni hatte es Gewalttätigkeiten gegeben – angeblich von beiden Seiten –, und in diesem Song findet ihr Groll noch zwanzig Jahre später Ausdruck:

> Your charitable acts
> Seemed out of place
> With the beauty
> With your fist marks on her face

Mit »charitable acts« bezieht Joni sich auf Brownes Auftritte bei »No Nukes«, »Farm Aid« und »Amnesty International«-Konzerten (Joni trat ebenso bei allen dreien auf); Browne war außerdem einer der Gründer von »Musicians United for Safe Energy« (MUSE), »Nukefree.org« und der »Success Through the Arts«-Stiftung, die sich um jene Kinder in South Central L.A. kümmerte, die von den Unruhen betroffen waren, über die Joni in »Sex Kills« singt.

Damit auch keine Zweifel bleiben, von wem sie da singt, erwähnt sie in der dritten Strophe noch einmal den Selbstmord seiner Frau Phyllis Major. Sie hatte bereits in »Song for Sharon« auf *Hejira* darauf hingewiesen (»A woman I knew just drowned herself …«), doch jetzt fuhr sie deutlich schwerere Geschütze auf: »I heard your baby say when he was only three / ›Daddy, let's get some girls, one for you and one for me.‹« Ethan Zane Browne war drei Jahre alt, als seine Mutter sich umbrachte.

»Dieses Bild meines Sohnes, der den Tod seiner Mutter auf die leichte Schulter nimmt, war wirklich übler Missbrauch«, sagte Browne ein paar Jahre, nachdem *Turbulent Indigo* herausgekommen war. »Ich meine, er war ein dreijähriges Kind. Das ist unentschuldbar.«[5]

Aber inmitten all dieser Gewalt und der persönlichen Angriffe – und das alles über einen Mann, der ihr zwanzig Jahre zuvor unrecht getan hatte – kommt der Song mit einer eindringlichen und gefühlvollen Melodie daher, und Schönheit und Wahrheit überwiegen am Schluss doch. Während ihrer Medienkampagne wurde Joni immer wieder gefragt, ob dies ein Song über Browne sei. Sie hat das nie bestätigt, aber auch nie verneint. Manchmal sagte sie, es sei ein Song über häusliche Gewalt im Allgemeinen, dann wieder – ein typischer Songwriter-Winkelzug –, die Figur im Song sei eine Mischung, zu der auch Browne gehören könnte. (Browne hat nie bestritten, dass er »Fountain of Sorrow« für Joni geschrieben hatte.) Wenn Joni aber im Allgemeinen auf prügelnde Ehemänner schimpfte, warum coverte sie dann einen unbedeutenden James-Brown-Song – »How Do You Stop« – auf diesem Album? Natürlich zieht niemand in Zweifel, dass der »Godfather of Soul« ein großartiger Musiker war, aber seine Version dieses absolut mediokren Songs wurde 1986 eingespielt, genau zu der Zeit, als allgemein bekannt wurde, dass er seine Frau schlug. Allerdings liebte Joni ja auch Picasso und Miles Davis, die beide bekanntermaßen ihre Ehefrauen misshandelt hatten. »Unglücklicherweise sind die meisten meiner Helden Monster, und es sind Männer«, sagte sie 1992. »Wenn man ihre Persönlichkeit von ihrer Kunst trennt, dann sind Miles Davis und Picasso schon immer meine größten Helden gewesen.«[6]

Ein Album mit dem Buch Hiob abzuschließen, hat schon etwas Endgültiges – »The Sire of Sorrow (Job's Sad Song)«. Was bleibt da noch zu sagen? Männer schaffen Leid, und auch wenn die Geschichte damit endet – gibt es eine Rettung, bevor der Vorhang fällt?

1994 hatte Joni in der kanadischen Fernsehshow *Intimate and Interactive* einen Auftritt, für den sie den Gemini Award (der »Emmy« Kanadas) gewann. Sie kam in weißem Hemd und beiger Latzhose auf die Bühne, in der Hand eine akustische Gitarre. Sie sang eine ganze Reihe Songs. Die Gastgeberin, Denise Donlon, war von ihr fasziniert und sagte: »Ich hatte keine Ahnung, dass du so lustig bist.« Auch wenn Jonis eher burschikose Aufmachung einer gewissen Ironie nicht entbehrte, so war absolut nichts Lustiges an den Songs, die sie spielte. Über deren Entstehung erzählte sie weit abschweifende Geschichten, und es war, als hätte sie mit fünfzig wieder zu ihren frühen Tagen in den Cafés zurückgefunden. Die Geschichte von »The Magdalene Laundries« breitete sie mit einem fast forensischen Detailreichtum aus:

»Ich bin so oft wie möglich in British Columbia. Aber weil ich nicht immer da sein kann, kümmert sich ein Mann namens Hans mit seiner Familie um mein Haus. Hans, eine Pfeife im Mund, sagte eines Tages zu mir: ›Weißt du, Joni, du bist ja im Grunde ein fröhlicher Mensch, aber du schreibst so melancholische Songs. Ich habe den Eindruck, du solltest häufiger tagsüber schreiben. Du schreibst immer nachts.‹ Also setzte ich mich auf einen Felsen in die Sonne und stimmte meine Gitarre so, wie der Tag war, denn ich spiele mit offenen Stimmungen … Ich stimmte sie also nach den Krähen und den Möwen und was sonst noch an Klängen da war. Das ergab eine ziemlich fröhliche Akkordfolge. Nur ein ganz klein wenig melancholisch, denn Schönheit hat nun mal etwas Melancholisches. Ich wollte einen fröhlichen Text dafür schreiben, aber dann fuhr ich zum Supermarkt, um Lebensmittel einzukaufen, und als ich an der Kasse stand, lag da zwischen dem *Enquirer* und dem *Star* die *Vancouver Sun*. Ich habe noch nie im Leben eine Zeitung gekauft. Was mich da geritten hat, weiß ich nicht. Ich habe zu der Zeitung gegriffen, bin aber nie über die erste Seite hinausgekommen.

Links auf der Seite stand ein Artikel über Irland. Das Frauenkloster ›The Sisters of Our Lady of Charity‹ außerhalb von Dublin hatte viereinhalb Hektar Land an einen Immobilienmakler verkauft. Der Makler ließ das Land zwecks Erschließung umpflügen, und dabei kamen über hundert Skelette aus nicht gekennzeichneten Gräbern aus den Jahren von etwa 1800 bis 1970 zum Vorschein – ein Skandal, der ganz Dublin erschütterte. In den Magdalene Laundries, von denen es vor jeder größeren Stadt Irlands eine gab, und vielleicht auch vor ein paar kleineren [...], arbeiteten gefallene Frauen als Sklaven. Als gefallene Frauen galten üblicherweise [...] Prostituierte, unverheiratete Mütter, die häufig von ihrem Gemeindepfarrer geschwängert wurden, ihrem Vater, ihrem Bruder. Aber das Schlimmste war, dass eine unverheiratete Frau in ihren späten Zwanzigern, der die Männer hinterherschauten, bei den Gemeindemitgliedern und sogar bei ihrer eigenen Familie als unmoralisch galt, weil sie sich nicht für einen Partner entscheiden konnte; dann wurde sie lebenslang weggesperrt, oder zumindest so lange, bis sie jemand herausholen konnte ... Das wurde auch ›Dickens'sche Verhältnisse‹ genannt. Na ja, das wars dann mit meinem fröhlichen Song.«[7]

Es wurde ein Joni-Mitchell-Song, für den Joan Baez sie bewunderte, jene Art von Protestsong, die Joni normalerweise vermied. Es war allerdings ein entsetzliches moralisches Lehrstück mit korrupten Priestern, herzlosen Nonnen (die sie an eine Schwester auf der Polio-Station erinnerten) und einer scheinheiligen katholischen Kirche.

Es gab verschiedene Kategorien von »gefallenen Mädchen«, aber Joni schreibt aus der Perspektive einer Frau, die nichts getan hat, sondern nur so angestarrt wird, als hätte sie etwas getan:

I was an unmarried girl
I'd just turned twenty-seven
When they sent me to the sisters
For the way men looked at me

Als Joni mit einundzwanzig schwanger wurde, fühlte sie eine Scham, die mit der der gemarterten Wäscherinnen vergleichbar war, auch wenn sie nicht deren schrecklichen Preis zahlen musste. So wie »Ethiopia« aus Empathie mit Frauen entstand, die nicht genug Geld hatten, um ihre Babys zu ernähren, war auch »The Magdalene Laundries« kein autobiografischer Song, der Auskünfte über Jonis Leben gab. Ihr lange gehütetes Geheimnis jedoch sollte bald gelüftet werden.

In ihren Songs hatte Joni schon einige Male die Hand nach jener Tochter ausgestreckt, die sie weggegeben hatte. Bei »Little Green« in einer so blumigen Sprache versteckt, dass kein Musikkritiker dahinterkommen konnte. In »Banquet« heißt es: »Some watch their kids grow.« Und zehn Jahre später noch deutlicher in »Chinese Café«: »My child is a stranger / I bore her but I could not raise her.«

Als die Boulevardpresse 1995 schließlich Jonis Suche nach ihrer Tochter enthüllte, bestätigte Joni die Meldung ohne Wenn und Aber. Ihre Eltern, der Hauptgrund, warum sie ihre Tochter all die Jahre verheimlicht hatte, waren inzwischen in den Achtzigern und konnten damit umgehen. Und so kam es, dass sie in der Aprilausgabe von *Vogue* unverblümt sagte: »Ich hatte ein Kind und keinen einzigen Pfennig in der Tasche ... Und dann traf ich Chuck Mitchell, der sagte, er wolle uns aufnehmen. In gewisser Weise hatte ich keine andere Wahl ... wir haben nie zueinander gepasst. Ich trat mit ihm vor den Traualtar und dachte: ›Das kann doch alles nicht wahr sein.‹«[8] Bam. Joni Mitchells größtes Geheimnis war enthüllt. 1995 war es für jemanden, der im Licht der Öffentlichkeit stand, schwierig, sein Privatleben abzuschirmen, und Joni hatte den Kampf mit der Bestie aufgegeben. In dieser Sache waren sie und die Presse auf derselben Suche.

Etwa um diese Zeit traten die einunddreißigjährige Kilauren Gibb, alleinerziehende Mutter und Laufsteg-Model aus Toronto, die die Leute an die junge Joni Mitchell erinnerte und in der Joni schließlich ihre jugendliche Mutter wiederzuerkennen meinte, und Wally Breese, der Gründer von jonimitchell.com, über das Internet miteinander in Kontakt – ein Schauplatz, den Joni ganz bewusst vermied. Aber bevor all das passierte, brachte Joni noch ein weiteres Album heraus.

Kapitel 31

Wir sehen uns dann

Jonis Hass auf das Musikbusiness hatte einen kritischen Punkt erreicht. Aber der herausragende junge Jazzschlagzeuger Brain Blade erinnerte sie daran, warum sie Musik liebte. Sämtliche musikalischen Exzentrizitäten, die Jonis Kritiker und normale Musiker aus dem Konzept gebracht hatten, griff Blade nur zu gern auf und brachte sie ihr wieder zurück. Blade trat in Jonis Leben, als sie gerade so weit war, das Handtuch zu werfen. Er wurde 1970 in Shreveport, Lousiana, geboren und war schon früh ein Bewunderer von Jonis Musik. So wie der meisterhafte Drummer Tony Williams jeden Rimshot und jedes Ride-Becken-Pattern verinnerlicht hatte, das je von Philly Joe Jones auf Miles-Davis-Platten gespielt worden war, hatte Blade schon seit seiner Jugend, seit *Hejira* großen Respekt vor Jonis Alben. Blade begann sich Mitte der Neunzigerjahre zunächst als Drummer beim Altsaxophonisten Joshua Redman in den Vordergrund zu spielen, als die großen Labels sich zum letzten Mal für Jazz interessierten und ihre Manager noch auf der Suche nach dem nächsten Wynton Marsalis waren. Der attraktive und charismatische Redman – Sohn des Freejazz-Saxophonisten Dewey Redman und Harvardabsolvent, der die Yale Law School ausgeschlagen hatte – war Gründer eines Quartetts, aus dem einige der dynamischsten und aufregendsten Jazzmusiker der Neunziger hervorgehen sollten, darunter der Pianist Brad Mehldau und der Bassist Christian McBride, beide Ausnahmeerscheinungen an ihren Instrumenten. Es war eine Band voller Stars, noch bevor diese Stars geworden waren, und schon damals war klar, dass sie mehr Begleit- als Gastmusiker waren.

Wie Tony Williams in seiner Blütezeit ging Blade sein Instrument äußerst feinfühlig an, mit größtmöglicher Aufmerksamkeit gegenüber all seinen Mitmusikern, und zwar nuanciert, rhythmisch und emotional; seine Justierung war mikrotonal. Wie Wayne Shorter, in dessen Quartett er ab

Anfang 2000 spielte, wusste Blade genau, wann er glänzen und wann er zurückstecken musste – und alles, was dazwischenlag. Seine Herangehensweise war äußerst elaboriert. Mit den Stöcken heizte er an, mit den Besen beruhigte er und mit den Klöppeln polterte er geheimnisvoll. Sein Spiel war – ähnlich wie das Russ Kunkels, doch variantenreicher – innig wie ein Herzschlag. Blade war, wie Jonis geliebter Miles Davis, ein Meister des Raums und des Minimalismus. Und wie Joni verstand auch Blade das kinematografische Element ihrer Auftritte. Nicht umsonst sagte Shorter, bevor er mit Blade und dem Rest der Band auf die Bühne ging: »Wir sehen uns dann.«

Joni hatte von ihren Schlagzeug-Lovern vieles über Jazz gelernt, zunächst von John Guerin und dann von Don Alias. Jetzt redete sie mit einem dreiundzwanzigjährigen Wunderkind, und es war, als würde das alles zu ihr zurückkommen, und zwar auf genau die richtige Art. Als sie das erste Mal zusammenspielten, sagte sie zu ihm: »Junge, du bist das i-Tüpfelchen auf meiner Musik.« Jonis i-Tüpfelchen zu sein grenzte für Blade an ein Wunder, doch bevor Jonis Musik zu neuem Leben erweckt werden konnte, war sie davon überzeugt, dass ihre Muse sie verlassen hatte und sie demnächst aus dieser verrückten Szene aussteigen würde.

Auf Blade hatte Joni der Produzent Daniel Lanois aufmerksam gemacht, und von 1993 an telefonierte sie immer mal wieder mit dem jungen Talent. Joni lud Blade ein, am 6. Mai nach New Orleans zum »Jazz and Heritage«-Festival zu kommen – ihr Schwanengesang, wie sie meinte. Sie hatte Schallplattenaufnahmen von Blade gehört, aber nie mit ihm zusammen gespielt, geschweige denn ihn persönlich getroffen.

»Ich spiele da unten auf dem Jazzfestival«, ließ sie ihn wissen. »Komm doch und mach mit.« Blade war überrascht über das Vertrauen, das sie ihm entgegenbrachte. Und er war gleichermaßen geknickt, weil er bereits Joshua Redman versprochen hatte, an diesem Abend mit ihm zu spielen. Im Rückblick hatte er das Gefühl, dass ihn jemand auf die Probe stellen wollte. Würde er seinen Prinzipien treu bleiben, oder seinem Traum folgen? »Eins habe ich in New Orleans von meinen Helden gelernt: Wenn du einmal dein Wort gegeben hast, dann kannst du es nicht einfach zurücknehmen, weil sich etwas anscheinend Besseres ergeben hat – oder etwas, das du dir mehr gewünscht hast«, erinnerte sich Blade. »Ich habe es auf die harte Tour gelernt. Im Nachhinein würde ich sagen, dass ich das Richtige getan habe, so schmerzhaft es auch war.«

Joni hörte heraus, dass sie beide auf gleicher Wellenlänge lagen. »Aber Brian Blade gehört zu einer anderen Spezies«, sagte sie 2015, als alles, was sie schätzte, immer weniger wurde. »Da ist ein junger Jazzer, der alles liebt, was mit Jazz zu tun hat, aber auch akustische Gitarre und Wörter. Er ist einfach eine neue Spezies. Früher war alles voneinander abgegrenzt. Jazz hatte seine eigenen Rubriken. Mingus war ein Akustiker, und es gab nicht allzu viel, was er mochte. Bei mir verhält es sich nicht anders. Was mir zurzeit gefällt? Nicht gerade viel. Ich höre zu gut, und ich brauche die Reinheit des Geistes.«

Diese Reinheit des Geistes fand sie bei Blade. Zum ersten Mal spielten sie bei einer Veranstaltung zugunsten der People for the American Way Foundation zusammen, die Garry Trudeau und Norman Lear organisiert hatten. Der nächste Gig fand im Fez statt, dem Kellergeschoss unter dem Time Café im NoHo-Bezirk von Manhattan. Bei dieser Veranstaltung musste Chrissie Hynde, die Sängerin der Pretenders, davon abgehalten werden, ihre Verehrung für Joni etwas zu überschwänglich zu zeigen.

»Da oben steht eine echte Sängerin!«, grölte sie, und Carly Simon versuchte, sie im Zaum zu halten.

Was war denn bloß los mit Chrissie Hynde? Natürlich liebte sie Joni, aber musste sie deshalb so über sie herfallen, um das zu beweisen? Am Vorabend war Joni mit Hynde und deren Manager Tony Secunda Backstage. »Ich muss dich warnen«, sagte Secunda, »sie ist wirklich schlecht drauf.« Hynde tigerte in der Garderobe herum. Die Pretenders hatten gerade in L.A. gespielt, und sie schimpfte auf ihr Publikum. »Ich hab damit doch nicht angefangen, damit sich mir Mädchen an den Hals werfen!«, meckerte sie. Nur einen Abend später kam Hynde zu Jonis Gig ins Fez und betrank sich mit Natalie Merchant und anderen jungen Singer-Songwriterinnen.

Joni war von Hyndes Verhalten entsetzt. »Chrissie saß direkt neben Carly Simon. Sie wurde einfach immer betrunkener und johlte: ›DU ROCKST, JONI!‹«, erinnerte sie sich. »Es war ein kleiner Raum, und Carly sagte ihr, sie solle den Mund halten, und versuchte, sie zu beruhigen, doch Chrissie fing an, Carly zu beleidigen, sodass diese mir schließlich ein paar Worte der Entschuldigung schrieb und ging. Dann kam Chrissie hinter die Bühne und warf sich mir buchstäblich an den Hals. Dabei hatte sie sich erst am Abend vorher über all die Frauen beschwert, die sich ihr an den Hals geworfen hatten. Das war ein bizarrer Kontrast.«

So heftig von jemandem geliebt zu werden, der selbst heftig geliebt wurde, war zwar etwas merkwürdig, aber auch schmeichelhaft. Joni würde demnächst zweiundfünfzig werden, aber plötzlich hatte sie das Gefühl, dass sie doch noch nicht so weit war, alles hinzuschmeißen. Sie setzte Blade obskure Songs vor – »Moon at the Window« oder »The Three Great Stimulants« –, nur um zu sehen, ob er etwas damit anfangen konnte. Doch selbst dem unbekanntesten Song von Joni Mitchell konnte Blade noch etwas abgewinnen, und er wollte es offenbar nur zu gerne mit ihr bis zum Ende durchziehen. Das Blade-Mitchell-Duo trat auch im Fernsehen auf, darunter bei *CBS This Morning* (»Ein Gig am Morgen«, erinnerte sich Blade. »Für Joni sicher nicht das Gelbe vom Ei.

Aber sie war ja ein alter Hase.«), und Jay Leno, wo sie mit dem neuen Song »Love Puts on a New Face« auftraten. Für Blade war jeder neue Song von Joni eine Rettungsleine.

»Ich nenne Brian meinen Jüngsten, weil er in jungen Jahren so offen war und sagte: ›Hör dir *das* an, Joni‹«, erzählte sie mir, als ihr eigener musikalischer Enthusiasmus nachzulassen begann. »Er fand alles einfach großartig. Jetzt ist er nicht mehr ganz so offen, denn wenn man älter wird, dann blickt man mehr durch. Außerdem braucht man etwas, womit man seinen Lebensunterhalt verdienen kann, und man wächst ja weiter. Das wird nicht einfacher. Darum hat Miles am Ende auch nur noch drei Töne gespielt und ist dann auf der Bühne herumgelaufen, denn seine Bands waren so schrecklich, und nichts inspirierte ihn noch.«

Joni wollte nie so werden. Blade half ihr dabei, sich noch eine Zeitlang etwas jünger zu fühlen. Ihrer beider sporadische Trips zum Studio häuften sich, bis sie genügend Songs für *Taming the Tiger* hatte. Bei einigen der Songs, die Joni live mit Blade spielte, fehlt auf dem Album das Schlagzeug, aber das war schon bei *Hejira* so, auf dem Guerin auch nur dann und wann zu hören ist. Wayne Shorter ist bei sechs Songs dabei, Blade bei fünf. Larry Kleins Bass erklingt auf drei Tracks, während Joni die Bassspuren bei den anderen Songs per Synthesizer selbst einspielt. (Um 1997 klangen Synthesizer deutlich besser als zu Zeiten von *Dog Eat Dog* und längst nicht mehr so künstlich.) Mit vierundfünfzig war Joni immer noch verliebt, immer noch wütend, immer noch dabei, in den Spiegel ihrer Traurigkeit zu schauen, immer noch verspielt, und sie wollte immer noch tanzen. Sie hasste das Musikgeschäft – das war keine Überraschung. Trotzdem war sie nach wie vor für die eine oder andere private oder musikalische Überraschung gut. Die Frage, ob sie noch immer in Bestform war, schien irrelevant. Für ihr Publikum im Jahr 1998 war das die einzige Joni Mitchell, die es bekommen konnte. Ihr Sopran war Vergangenheit, aber ihr Alt war ein raues, unverwüstliches Werkzeug, weiterhin gut für eine sinnliche Erinnerung an die Zeit, als sie ein ›Bad Girl‹ war (»Harlem in Havana«), für Trauer und Melancholie (»Man from Mars«, aus Allison Anders Film *Grace of my Heart*), einen waschechten, stinksauren Rocksong, der mit einem »Kiss my ass!« eröffnet (»Lead Balloon«), dem Ich-hasse-das-Musikbusiness-Song, vor dem sie ihre Zuhörer schon in Interviews gewarnt hatte (»Taming the Tiger«), und für das Anprangern all derer, die in den Vergewaltigungsskandal des U.S.-Militärs auf Okinawa verwickelt waren (»No Apologies« reimt sich auf »outraged Japanese«). Epische Songs der Größenordnung von »The Sire of Sorrow« oder »Come in from the Cold« fehlten völlig; kein Track war länger als fünf Minuten. »The Crazy Cries of Love«, in dem ihr damaliger Freund Donald Freed namentlich auftaucht, beginnt mit den Worten »It was a dark and stormy night« und war ihr Vorschlag für den Bulwer-Lytton Fiction Contest, bei dem der schlechteste Romananfang prämiert wird. (Sie reichte den Song nie ein.)

Noch während sie letzte Hand an *Taming the Tiger* legte, traf Joni schließlich ihre Tochter, Kilauren Gibb. Einige sind der Meinung, dass Jonis Stimme sich nach dem Treffen auf einigen der Tracks verändert hätte. Viele glaubten, dass Joni »Stay in Touch« für Kilauren geschrieben hatte. In ihrer »American Masters«-Doku unterlegt Susan Lacy Material zu diesem Wiedersehen mit Mark Ishams gefühlvoller, gedämpfter Trompete. Auch wenn »Stay in Touch« so gemeint gewesen sein sollte, lag der Ursprung des Songs doch in jener Nacht, als sie Donald Freed kennenlernte und die beiden gemeinsam das I Ging warfen. Beide warfen das Zeichen für »Veränderung«, und Joni notierte sich:

This is really something
People will be envious
But our roles aren't clear
So we mustn't rush

Taming the Tiger kam am 29. September 1998 heraus und blieb für die nächsten zehn Jahre Jonis letztes Album mit Originalkompositionen. Die CD verkaufte sich schlappe 133 000 Mal, weniger als die Hälfte von *Turbulent Indigo*. Joni schien das kommen zu sehen, besonders wegen des giftigen Titelsongs. Erfreulicherweise sollte es eine Tournee geben, um das Album zu unterstützen. Beim letzten Mal hatte die »Refuge of the Roads«-Tour sie 1983 fast zugrunde gerichtet – kaum die Kosten eingespielt, ihre Stimme strapaziert und durch einen erneuten Post-Polio-Anfall den Rücken geschädigt. Aber 1998 ging sie mit ihrem alten Freund Bob Dylan auf Tour, dessen Album *Time Out of Mind* ihm zum ersten Mal den »Grammy of the Year« eingebracht und zu einer Art Wiedergeburt geführt hatte. Indem sie sich mit ihm und auch Van Morrison zusammentat, konnte sie unbesorgt sein. Sie musste die Tour nicht ganz alleine auf die Beine stellen. Sie würde mit Dylan zusammen sein, der seit 1988 auf seiner Never Ending Tour war und sich auf der Straße wie zu Hause fühlte.

Bei Joni war das nicht der Fall. Die Luft aus Klimaanlagen sowie andere Reizstoffe beeinträchtigten ihr Immunsystem. Und es gab Tage, an denen war sie so erschöpft, dass sie sich kaum bewegen konnte. »Geh!«, befahl sie ihren Füßen und setzte einen vor den anderen. Sie musste sich jeden einzelnen Schritt befehlen, weil Gehen nicht mehr automatisch funktionierte. In San Jose hat sie eine Grippe so schwer erwischt, dass sie den Tag in einer Dampfkammer verbrachte, um den ganzen Schmodder loszuwerden und weitermachen zu können. Bei jedem hohen Ton fürchtete sie, wegen der Verstopfung ihres Kopfes in Ohnmacht zu fallen. Sie delirierte, als sie auf die Bühne kam, und warnte das Publikum: »Nur damit ihrs wisst, ich kann hier jeden Augenblick umkippen.« Immer der Artist auf dem Hochseil.

Zwei Dinge hielten sie bei der Stange: die Freude, mit Brian Blade zusammenzuarbeiten, und der Roland VG-8-Digitalprozessor für ihre Gitarre, der es ihr erlaubte, all ihre verschiedenen Stimmungen zu programmieren, und der außerdem den entscheidenden Vorteil hatte, dass sie – bei ihren Rückenproblemen infolge des Poliorückfalls – ein viel leichteres Instrument um den Hals trug. Plötzlich war die Gitarre nicht mehr ein solcher Klotz am Bein. Es war keine perfekte Lösung: Der Roland VG-8 klang wie die computergenerierte Annäherung einer Gitarre mit Schnupfen, ein Rhythmusinstrument mit digitalem Anstrich. Aber es war notwendig, um Joni im Spiel zu halten. Zu den Menschen, die den Klang ihrer akustischen Gitarre vermissten, sagte sie: »Ihr könnt mich mal!« Das Herumrutschen auf den Gitarrenbünden war zu einer Qual geworden. In ihrem angegriffenen Zustand war es ein Wunder, dass sie 1998 überhaupt noch Musik machen konnte.

Jonis anhänglichste Fans, die selbst die Synthesizer-Einöde von *Dog Eat Dog* mitgemacht hatten, waren zu diesem Zeitpunkt durchaus bereit, das elektronische Timbre zu tolerieren, denn sie wollten Joni treu bleiben und wussten, dass nach allem, was sie mit dieser Künstlerin bereits erlebt hatten, so etwas nur an der Oberflächliche kratzte. Viele besuchten das Konzert aus Loyalität zu ihrer Lieblings-Joni, die die meisten von ihnen in den Siebzigern verorteten. Einige Anhänger Jonis waren zugleich Dylan- oder Van-Morrrison-Fans. Bruce Springsteen nahm seine Mutter mit zu einem dieser Konzerte. In seiner Autobiografie *Born to Run* beschreibt er bewegend, wie ihn dieses Konzert dazu animierte, die E Street Band neu zu formieren und wieder auf Tour zu gehen.

In der *Chicago Tribune* lobhudelte Greg Kot: »Während Larry Kleins Bass mit den Rhythmen dahingleitet und Brian Blade die Besen über das Schlagzeug tanzen lässt, dirigiert Mitchell mit ihren exquisiten Gitarrenintonationen die Band. Das Quintett zaubert selbst bei den leisesten Passagen noch opulente Klänge hervor, wobei die Pedal-Steel-Gitarre von Greg Leisz in Mitchells brillantem ›Amelia‹ wie Tumbleweed durch die Wüste treibt.«[1]

»Ich bin an riesige Hallen nicht gewöhnt«, sagte Joni. »Und meine Musik hallte von den Wänden wider. Das war mir 1976 schon mal passiert, und bei diesem ganzen Hall kann ich nicht singen. Ich habe mein Echo gehört. Also fuhren wir die Lautstärke runter. Es dröhnte immer noch. Wir wurden immer leiser, bis es perfekt war und der Hall aufhörte.«

Anders gesagt: Joni machte das Unmögliche möglich. Sie regelte die Musik so weit runter, bis sie zu hören war. »So was würde nur eine Frau machen«, dachte Joni. Groß, laut, schnell: Das war männliche Ästhetik. »Solche Shows sind immer zu laut.«

»Dylan regte sich mächtig auf, weil die positive Besprechung an mich ging. Und er feuerte Fast Eddie, der ein toller Tontechniker ist. Bevor wir zu unserer Tournee aufbrachen, ging ich zu einem Konzert von Bob, und man konnte kein Wort verstehen. Er war einfach nicht zu hören. Der Sound war matschig.« Fast Eddie – oder Ed Wynn – galt im Musikbusiness als einer der Besten. Er war schon bei der »Refuge of the Roads«-Tournee 1983 Jonis Tontechniker gewesen, als sie ihn sich noch leisten konnte. Wynn und Schlagzeuger Vinnie Colaiuta waren nach der Tour bei größeren und besser bezahlten Gigs beschäftigt. Joni wusste, was Wynn damals geleistet hatte und was er wieder leisten konnte. Wenn es um Klang ging, dann war Joni eine unerbittliche Kritikerin, und Wynn konnte ihre Anforderungen erfüllen.

Joni sprach mit Elliot Mintz, Dylans damaligem Medienberater.

»Hör mal«, sagte sie, »er hat dieses ganze neue Zeugs, und ich verstehe kein Wort. Kannst du nicht Eddie aus der Mottenkiste holen?«

»Nein, Bob findet das gut so. Er findet es gut, rätselhaft zu sein.«

»Eddie war mein Tontechniker«, erzählte mir Joni. »Aber nachdem alle anderen ihn engagiert hatten, konnte ich ihn mir nicht mehr leisten. Er ist ein toller Tontechniker. Und Bob feuert ihn! Und stellt einen neuen Tontechniker ein, als wäre es Eddies Schuld gewesen, dass ich eine gute Besprechung bekommen hatte. Nein! Ich habe die Lautstärke runtergedreht. Hast du *This Is Spinal Tap* gesehen, wo die Verstärker bis auf 11 hochgefahren waren? Da braucht man nur gesunden Menschenverstand. Mit Vorhalteakkorden ist es genau das Gleiche. Nur eine Frau konnte da Harmonien entdecken, die vorher noch niemand in der Geschichte der Harmonielehre verwendet hat.«

Larry Klein stimmt Jonis Sicht der Dinge zu. »Ich habe auch gehört, dass er Ed gefeuert hat, als diese Besprechung über Chicago rauskam und unser Teil gelobt und Bobs Klang schlechtgemacht wurde«, erinnerte sich Klein. »Der Grund war, dass wir viel leiser spielten. Damit hat der Haustontechniker in einer großen Basketballarena eine kleine Chance, etwas hörbar zu verändern. Wenn die Band auf der Bühne laut ist, dann ist es gelaufen.«

Auf dieser Tour spielte Jonis (wie sie ihn nannte) »prachtvoller Ex-Ehemann« Bass, und ihr aktueller Freund war unterwegs mit dabei. Die beiden Männer kamen gut miteinander aus. Cool zu bleiben – besonders angesichts einer angeschlagenen Gesundheit und verletzter Egos – war das Gebot der Stunde. »Wir verstanden uns trotz der Trennung gut«, erinnerte sich Klein. »Aber sie hatte eine Beziehung mit Don Freed, der schon ein ungewöhnlicher Typ war – wobei er sich auch in der ziemlich ungewöhnlichen Lage befand, mit ihr auf Tour zu sein und ihren Ex-Mann an Bord zu haben. Er saß meistens herum und hatte Kopfhörer auf, summte vor sich hin. Wahrscheinlich war das seine Art, mit den Gesprächen mit Joan umzugehen, die zunehmend zu Monologen ihrerseits wurden.«

Wieder zu Hause musste Joni in ein Leben zurückfinden, das sie noch nie geführt hatte. Plötzlich hatte Joni, eine Frau mit Herz und Verstand, die aber nie ein Kind großgezogen hatte, eine Tochter – und sogar Enkelkinder. Jetzt, dachte sie, war ihr Leben vollständig. Sie hatte 1965 kurz nach der Geburt mit dem Songwriting angefangen, und irgendwie war jeder Song eine Botschaft an ihre Tochter gewesen oder an die Welt, in der sie aufwuchs. Jetzt hatte sie ihre Tochter zurück und damit den ultimativen Vorwand, sich aus dem Musikgeschäft zurückzuziehen. Sie hielt etwa zehn Jahre an dieser Argumentation fest, auch als sie 2005 von der Kulturkritikerin Camille Paglia interviewt wurde. Das Interview begann mit dem Satz: »Ich interessiere mich für deinen kreativen Prozess.«[2] Paglia hatte Joni in eine Anthologie namens *Break, Blow, Burn* aufgenommen, die die ihrer Meinung nach besten englischen Gedichte umfasste, mit Shakespeare anfing und mit »Woodstock« endete. Paglia bezeichnete sich selbst als »Sex-positive Feministin«, auch wenn ihre Schriften häufig darauf angelegt waren, normative Feministinnen zu ärgern, besonders in einem Meinungskommentar in der *New York Times* mit dem Titel »Madonna: Finally, a Real Feminist«. Joni hatte Madonna mal mit Nero verglichen, und doch gab es Gemeinsamkeiten zwischen ihr und der Pop-Ikone: Beide waren zähe, unabhängige Frauen, die sich nicht mit konventionellen Feministinnen identifizierten. Allerdings war der

»kreative Prozess« etwas, über das Joni nicht in der Gegenwartsform sprechen konnte; sie hatte sich schon seit Längerem eine Auszeit vom Songwriting genommen. Gegen Ende des Interviews erklärte Joni, warum sie schrieb und warum sie aktuell nicht mehr schrieb. »Ich schreibe überhaupt nicht mehr«, erklärte sie Paglia. »Ich habe '97 damit aufgehört, als meine Tochter zurückkam. Ich habe Musik gemacht, um mit der enormen Unruhe klarzukommen, die ihr Verlust bei mir ausgelöst hat. Es fing an, als sie verschwand, und endete, als sie zurückkam. Ich war diese dreiunddreißig Jahre, in denen ich kein Kind großziehen konnte, emotional tief gestört, obwohl ich mir nach außen hin nichts anmerken ließ. Stattdessen habe ich die Welt bemuttert und die Welt, in der mein Kind sich bewegte, mit den Augen einer Soziologin betrachtet. Und alles, was ich damals befürchtet habe, hat sich als wahr herausgestellt.«

Das war eine ungeheuerliche Behauptung, die aber zu dieser Zeit ganz sicher ihren Gefühlen entsprach. Das Thema der unterdrückten Mutterschaft war implizit in »Ethiopia« enthalten und explizit in »Little Green« oder »Chinese Café« zu hören; jetzt behauptete sie noch radikaler, dass jeder Schmerz und jede Auseinandersetzung in ihren Songs auf den unterdrückten Schmerz zurückzuführen war, der mit dem Verlust ihrer Tochter einherging. Es wäre sicher eine stark verkürzende Perspektive, ihr ganzes Werk nur unter diesem Gesichtspunkt zu sehen, aber das war die Joni, die sich mit der gleichen Intensität in eine Beziehung mit einer problembeladenen jungen Frau stürzte wie in ein Liebesabenteuer – was es in gewisser Weise auch war. Aber Jonis Liebesabenteuer endeten entweder nicht gut, oder waren im besten Fall einfach zu Ende. Auch diese Liebesgeschichte sollte ihre Höhen und Tiefen haben. Auf ihrem nächsten Album, *Shine* (2007), fand sich kein einziges Liebeslied. Zu dieser Zeit hatte sich die Begeisterung über ihr Wiedersehen auch schon wieder gelegt. Die ersten Differenzen waren überwunden, aber Jonis Versuch, der Tochter ein paar elterliche Ratschläge zu geben, wurde ärgerlich zurückgewiesen. Joni beschloss, keine Ratschläge mehr zu erteilen, ohne darum gebeten worden zu sein. Trotzdem wurde alles immer komplizierter. Joni war der Ansicht, dass Kilauren ein »verletzter« Mensch sei, der ihr nie vergeben würde, sie im Stich gelassen zu haben. Als Joni einen Freund bat, ihre Tochter einigen Gästen im Viper Room vorzustellen, einem Nachtclub am Sunset Strip, kam dieser mit dem Fazit zurück, dass Kilauren ihr »überhaupt nicht ähnlich« und eine »Barschlampe« sei, »jemand, der in Bars herumhängt und eine große Klappe hat«.

Hatte Joni ein Kind ohne Probleme erwartet? Glaubte sie, dass sie sich ähnlich wären, nur weil sie sich ähnlich sahen? Joni war, wie auch Kilauren, eine Rebellin, jemand, der in keinerlei institutionelle Zusammenhänge passte. Aber Joni war ein Genie, und wie großartig sie war, wurde schon früh deutlich. »Ich war mit ›Urge for Going‹, meinem zweiten Song, kurz nach der Geburt von Kilauren im Fernsehen«, erinnerte sich Joni. Damals war sie gerade zweiundzwanzig und dabei, ihr ganz eigenes Gitarrenspiel zu entwickeln; sie hatte bereits »Urge for Going« und »The Circle Game« geschrieben, und ein Jahr später kam »Both Sides, Now« dazu. Als die beiden sich wiederfanden, war Kilauren dreiunddreißig, hatte verschiedene Universitäten abgebrochen (dar unter die University of Toronto und eine Gasthörerschaft in Harvard). Sie lebte von Studiendarlehen und studierte Desktop-Publishing am George Brown College in Toronto. Ihre einzige Berufserfahrung bestand in zehn Jahren Modelling für die Agentur Elite. Sie hatte zwei Kinder von zwei verschiedenen Vätern und brachte jede Menge emotionaler Probleme mit in Jonis Leben.

Als besonderes Problem erwies sich ihre Verbitterung darüber, dass ihre leibliche Mutter sie weggegeben hatte. Sie fand das Argument, dass Joni damals keinen Pfennig hatte und Kilauren so besser aufgehoben war, nicht überzeugend. In vielerlei Hinsicht ging es ihr bei der wohlmeinenden Familie der oberen Mittelklasse, die sie adoptiert hatte, tatsächlich wesentlich besser. Denn von einer Karriere konnte man bei Joni am 19. Februar 1965 wirklich nicht sprechen. Mit dem Schreiben von Songs, ihrer ersten und auch dauerhaftesten Einnahmequelle, fing sie erst später in jenem Jahr an, und wenn sie ihre Tochter nicht weggegeben hätte, wäre vielleicht überhaupt nichts daraus geworden – jedenfalls stellte Joni es in einer Reihe von Interviews so dar.

Im Lauf der Jahre gewöhnte Joni sich an diese Auf-und-ab-Beziehung mit Kilauren. Beim Luminato-Festival 2013, auf dem alle Künstler zum Schluss »Woodstock« intonierten, holte sie sie mit auf die Bühne. »Die beiden ersten Wochen mit Kilauren waren wunderbar, aber danach wurde sie feindselig«, sagte Joni 2015. Enttäuschung und Bitterkeit waren noch immer spürbar. Tony Simon zufolge fehlte Kilauren auf der Liste der Verwandten, als Joni einen medizinischen Handlungsbevollmächtigten brauchte, und als Kilauren aufgefordert wurde, zu ihrer Mutter zu kommen, die in einem Krankenhausbett im Haus in Bel Air lag, behauptete sie, kein Geld für einen Flug von Toronto zu haben.

Trotzdem gab die Beziehung Joni etwas, wonach sie sich lange gesehnt hatte, nämlich die Möglichkeit, in den Kindern der Tochter ihre eigenen Eltern zu erkennen. Joni mag so schnell wie sie konnte aus der kanadischen Provinz geflohen sein, aber sie trug sie in sich, machte ihre Schönheit zu Musik und trug diese hinaus in die Welt. Sie erzählte mir: »Mein Enkel Marlin ist ein Denker, er denkt ganz eigenständig. Schon mit fünf hat er zugehört und mich angeguckt, um zu sehen, was ich dachte, und dann rückte er mit seinen eigenen Schlussfolgerungen raus. Er ist ziemlich süß und klüger, als man denken würde. Als Erwachsener wurde er ziemlich still – er ist ein guter Zuhörer. Er begreift, was man sagt, und dann lacht er. In gewisser Weise ist er wie mein Vater. Mein Vater war auch so. Er hatte einen ziemlich ungewöhnlichen Kopf, so wie ich auch. Ich glaube, wie ein Mensch des Orients.«

Auch von ihrer Enkeltochter erzählte sie voller Stolz. »Daisy ist eine Einser-Schülerin, eine ›cum laude‹-Studentin. Sie lernt Ukulele, und ich habe sie gefragt, ob sie mir etwas vorspielen könne, und sie sagte: ›Nein, nein. Ich bin doch erst im zweiten Jahr.‹ Zweites Jahr? Ich konnte das alles nach sechs Monaten. Marlin hat eine andere Mentalität. Ich glaube, das liegt am Samen-Blut. Norweger haben normalerweise nicht so hohe Wangenknochen. Aber da, wo ich herkomme, nahe an der Grenze zu den Samen – da haben sie die. Zum Schrecken meines Vaters weiß ich, dass Samen-Blut in uns fließt.«

Die Schwierigkeiten mit der Tochter wurden durch die Freude an den Enkeln aufgewogen. Aber sie war sich nicht sicher, ob das Songwriting zurückkommen würde, jetzt, da sie Kilauren wiederhatte. Also erfüllte Joni ihren Plattenvertrag, indem sie sich von den Arbeiten anderer inspirieren ließ und ihr frühes Material in neue Formen goss; Vince Mendoza schrieb die Arrangements und dirigierte die Aufnahmen von *Both Sides Now* (2000) und *Travelogue* (2002).

Plötzlich und ohne ein anderes Instrument als ihre Stimme – und ganz ohne neue Songs – konnte sie das Schreiben und Orchestrieren anderen überlassen. Kurz vor dem Ende ihres kurzen Lebens spielte Billie Holiday *Lady in Satin* ein, wobei sich ihre in vielen Schlachten geschundene Stimme umwerfend mit Ray Ellis opulentem Orchester mischte. Es sollte das letzte Album werden, das Lady Day vollenden konnte, und das Spröde ihrer stimmlichen Mittel vertiefte den Herzschmerz nur noch, den sie besang. Bei den Aufnahmen war sie zweiundvierzig Jahre alt, aber es klang, als hätte sie schon mehrere Leben hinter sich gebracht. In ihren Fünfzigern ähnelte Joni in Intonation und Stimmumfang der späten Billie Holiday. Und auch wenn Vince Mendoza die Arrangements sorgfältig austariert hatte und sie ihrem Stimmumfang entsprachen, so war das Ergebnis doch ebenso unmittelbar wie *Lady in Satin*.

Was die Arbeit betraf, war Joni immer ehrlich gewesen, egal ob ihre Stimme mehrere Oktaven umfasste oder, während die Jahre und Zigaretten sich ansammelten, ihr Umfang bis zu einem Punkt schrumpfte, wo er immer noch süß, aber auch bitter war. Zunächst arbeitete Joni mit Mendoza an Kyle Eastwoods Album *From Here to There* (1998), wobei sie sich zum ersten Mal an Marvin Gayes »Trouble Man« versuchte. Was im Studio rauchig klang, wurde perkussiver und präziser, je häufiger sie es auf Konzerten darbot. »Trouble Man« reicht zurück bis ins Jahr 1972, als *For the Roses* herauskam und Joni sich noch nicht von ihrem schwarzem zweiten Ich inspiriert gefühlt hatte. Die Zeile »I feel the kind of protection that's all around me« wurde zu »I see the kind of pretension that's all around me«, und genau dafür ist so etwas wie ein »Jive Detector« natürlich da.

Joni wies immer wieder auf ihre Zusammenarbeit mit Charles Mingus hin und bezeichnete diese als ihre musikalische Lehrzeit, doch bei den Alben, die unmittelbar auf *Mingus* folgten – besonders das elektronische *Dog Eat Dog* – war davon nichts zu spüren. Als sie schließlich mit Herbie Hancock bei *Gershwin's World* auftrat – sie sang »Summertime« und »The Man I Love« –, wurde deutlich, dass ihre Phrasierungen und das Konzept an sich weit über das *Court and Spark*-Cover von »Twisted« und sogar die hybriden Experimente auf *Mingus* hinausgingen. Damals ließ Hancock Joni wissen, sie sei die beste lebende Jazz-Sängerin. Joni beschwerte sich später über Gershwins Grenzen als Texter – »Schäm dich, Ira Gershwin!«, sagte sie und bezog sich dabei auf die Zeile »And so all else above« –, aber es konnte auch kein Zweifel bestehen, dass Gershwins Melodien das perfekte Vehikel für Joni waren, mit dem sie ihre neuen Jazz-Qualitäten unter Beweis stellen konnte. Sie wurde mit den Jahren immer sinnlicher und war nicht länger die Naive, die ihre Hausaufgaben gemacht hatte. Sie klang wie die Erfahrung an sich.

Mr. Kratzmann hatte ihr in der 7. Klasse nicht nur ihre Klischees vor Augen geführt, sondern auch gesagt: Wenn du mit Farben malen kannst, dann kannst du das auch mit Worten. Da sie kein neues Material präsentieren konnte, war Interpretation das Gebot der Stunde, und ihre Wort-Malerei wurde, im Verbund mit ihrem Method Acting, noch präziser. Wayne Shorter, der Jonis bildliche Herangehensweise teilte, stand zur Verfügung, Vince Mendoza stimmte Arrangements und Dirigat mit Larry Klein ab, und alles folgte dem Plan, sich selbst mittels fremdem Material neu zu erfinden, oder mit eigenen Songs, die ein anderes Ich geschrieben hatte.

Joni schien ihre Plattenkarriere mit einem volltönenden Orchestersound beenden zu wollen, der ganz im Gegensatz zum Minimalismus der ersten Scheiben stand, den David Crosby bei *Song to a Seagull* eingeführt hatte und der den Ton für *Clouds, Ladies of the Canyon* und *Blue* setzte. Damals deckte Jonis Stimme drei Oktaven ab, ein fast orchestraler Umfang, der jedes reale Orchester überflüssig machte. Aber sie hatten es ja auch nicht auf ein Sinatra-Publikum abgesehen, jedenfalls noch nicht. In ihren Fünfzigern war sie so weit, eine eigene Fassung von »It Was a Very Good Year« zu singen, mit Zärtlichkeit zurückzuschauen, mit Bedauern, ein wenig Wehmut und mehr als nur ein wenig Melodram. Jeder, der mit *Both Sides Now* zu tun hatte, wusste, dass die Aufnahme von Bill Carey und Carl Fischers »You've Changed« (ein Song, der von vielen legendären Musikern gecovert worden war, darunter Nat King Cole, Sarah Vaughan und sogar Marvin Gaye) einen Vergleich mit Billie Holidays »Sturm und Drang«-Version auf *Lady in Satin* provozieren würde; einem Album, das aufs Schönste die ästhetischen Möglichkeiten eines strapazierten Kehlkopfs plus Streicher ausschlachtete.

Die beiden Versionen scheinen sich zu ähneln, taugen aber eher für eine Studie über Unterschiede. Holiday hatte ihren Stimmumfang verloren und auch die Puste. Jonis Stimmumfang war ausreichend, sie konnte es dem Song überlassen, die Geschichte zu erzählen, und war nicht auf den Pathos der Sängerin angewiesen. »Es gibt eine Theorie, die besagt, dass man selbst gescheitert sein muss, um den Text von ›You've Changed‹ zu verstehen, aber wenn man das nicht ist, ergibt sich eine andere Lesart«, erinnerte sich Vince Mendoza. »Wenn man erkennt, dass die Person, die man liebt, nicht so ist, wie man geglaubt hat, könnte man das als tragisch betrachten, oder eine andere Lesart wählen, und den tragischen Part in diesem Stück übernahm das Orchester. Man musste da mit transponierten Nonen drangehen, mit Schönberg und einem postromantischem Verständnis des Orchesters, und nicht wie ein Orchester, das einen Jazz-Standard begleitet. Joni ging das Singen viel geschmeidiger an. Sie hatte es nicht nötig, tragisch zu sein. Sie lässt einfach die Worte erzählen. Ich stimme völlig mit ihrer Theorie überein, dass der Sänger sich in die Figur hineinversetzen muss. Bei jedem Part, an dem ich arbeite, muss ich mich in die Figur hineinversetzen, um zu verstehen, was der Text ausdrücken soll. Es sollte etwas Tragisches sein. Aber sie musste das nicht mit ihrer Stimme vermitteln.«

Das Stück von *Both Sides Now*, das den tiefsten Eindruck hinterließ, war der Titel-Track – eine Neuinterpretation, die mit der bevorstehenden Jahrtausendwende korrespondierte und an die verschiedenen Bedeutungsschichten erinnerte, die sich aus den vielen Leben übereinander geschoben hatten, die Joni gelebt hatte, seitdem sie den Song geschrieben und ein paar Monate später Judy Collins bei dieser verheißungsvollen Begegnung am Telefon vorgesungen hatte. Joni hatte es sich in vielerlei Hinsicht verdient, ihren Song zu singen. In den Siebzigern hatte sie Mabel Mercers Version gehört – da war Mercer in ihren eigenen Siebzigern – und war anschließend hinter die Bühne gegangen, um ihr (ohne sich als Autorin des Songs vorgestellt zu haben) zu sagen, dass nur eine ältere Frau wie sie den Song richtig rüberbringen könne. Mercer war beleidigt, und die noch junge Joni lernte dabei, dass eine Frau nie eine ältere Frau ist. Aber als für sie die Zeit kam, den Song erneut und mit der Ernsthaftigkeit ihrer angesammelten Jahre einzuspielen, da entschied Joni aus dramaturgischen Gründen, dass eine Frau manchmal doch eine ältere Frau sein kann. Wenn der Lohn für all die Demütigungen des Alters Weisheit war, dann würde sie ihn an sich reißen und damit wegrennen. Als Joni den Song im Studio aufpolierte, kamen dem Orchester (darunter auch Mitglieder des London Symphony Orchestra) die Tränen, und Mendoza hatte Schwierigkeiten, seine Musiker bei der Stange zu halten.

»›Both Sides, Now‹ hat so viele Ebenen, auf denen etwas passiert«, erinnerte sich Mendoza. »Die Frau, die den Song geschrieben hatte, verstand die Bedeutung des Textes erst viele Jahre später, in der Lesart einer älteren Frau. [...] Der Song selbst – die Melodie ist so wunderschön. Ich hatte furchtbare Angst, als wir uns daranmachten, denn ich bin praktisch mit diesem Song aufgewachsen. Ich wusste nicht, wie ich ihm gerecht werden sollte, ohne ihn zu ruinieren, und dem Ganzen ein Orchester hinzuzufügen würde es vielleicht so verändern, wie wir das niemals gewollt hätten. Ich bin also froh, dass es so gut funktioniert hat. Im Studio merkte man schon bei der ersten Zeile, die sie sang, dass es genau das Richtige war. Schon verrückt, jetzt dieses Pathos, und früher das genaue Gegenteil. Wenn man mit dreiundzwanzig davon singt, älter zu sein, dann weiß man trotzdem, dass man erst dreiundzwanzig ist. All ihre frühen Texte waren viel reifer, als sie selbst es war. Soweit ich mich an die Sessions erinnern kann, war sie hocherfreut, wie ihre Stimme und das Orchester zusammenpassten, und durch die Orchestrierung wurden bestimmte Textteile noch mal herausgestellt. Ich kann mich allerdings nicht erinnern, dass sie auch nur einmal Gefühle gezeigt hätte. Einmal lächelte sie leicht. Sie war begeistert, zeigte aber keinerlei Gefühle. Die Musiker hingegen brachen in Tränen aus.«

Joni wusste genau, was sie da tat, und welche Wirkung es hatte. Der Arrangeur und die Musiker wurden mitgerissen, aber Joni lächelte. Sie hatte sie genau da, wo sie sie haben wollte. Ihr war bewusst, dass sie allein dadurch, dass sie im Alter auf einen Song zurückgegriffen hatte, den die Leute zu kennen meinten, etwas spektakulär Theatralisches geschaffen hatte. Der Song war schon mehr als drei Jahrzehnte alt und einer ihrer am häufigsten gecoverten Titel – von Künstlern quer durch alle Genres, von Dolly Parton und Frank Sinatra über Doris Day und Dizzy Gillespie bis hin zu Kandidaten von *American Idol*.

1967 war Joni sich sicher, das Thema Realität und Fantasie nicht auch nur annähernd in einem kurzen Popsong darstellen zu können. Doch die Abgeklärtheit des Alters ließ sie die Problematik anders angehen, und ihr nikotingebeizter Mezzosopran klang so müde wie die Worte, die sie sang. Ihre Stimme mochte Klarheit, Umfang und Geschick verloren haben, aber sie hatte an Emphase gewonnen, und Wayne Shorters filigranes Sopransaxophon – das sich in einer Tonlage bewegte, die die dreiundzwanzigjährige Joni stimmlich hätte erreichen können – verkörperte den Refrain des Songs: »Something's lost, but something's gained.« Das heimatlose Folk-Straßenkind im pastellfarbenen Minikleid gehörte schon lange der Vergangenheit an. Zwischen den Zeilen schnappte Joni nach Luft, aber dieser Kampf war ein wesentlicher Teil der Darbietung. Der Text war bekannt, der Vortrag überraschend. Als sie ein Mädchen war, waren »clouds« wie »ice cream castles in the air«. »Now«, knurrte Joni mit fünfundfünfzig und voller stoischer Weisheit, »they only block the sun / They rain and snow on everyone.« Sie lässt sich Zeit zwischen den Worten: »So many things … I … could have done … but clouds got in my way.« Als das London Symphony Orchestra die Fassung verlor und weinte, beklagte es vielleicht die verschwundene, mehrere Oktaven umspannende Stimme, dieses makellose und wohlklingende, jetzt aber reduzierte Instrument. Vielleicht weinten die Musiker auch, weil sie zum ersten Mal begriffen, worum es in diesem Song wirklich ging. Joni hatte all diese Jahre gebraucht, bis sie endlich so klang, als hätte sie das Leben von beiden Seiten kennengelernt. »Es war schon erstaunlich, dass ein englisches Orchester seinen Gefühlen so freien Lauf ließ«, erinnerte sich Klein.[3]

Joni ging auf eine kurze Tournee – zwölf Auftritte waren es im Jahr 2000. Sie war von hervorragenden Musikern umgeben, darunter Herbie Hancock am Klavier und Wallace Roney an der Trompete. Mendoza stand zur Verfügung, um die Orchester zu dirigieren, in jeder Stadt ein anderes. Wallace Roney, den Wayne Shorter empfohlen hatte, war ständiger Begleiter. Roney hatte das ultimative Aschenputtel-Erlebnis eines Jazztrompeters, als ein kränkelnder Miles Davis 1991 mit Quincy Jones in Montreux auf der Bühne stand und zu schwach war, die Parts zu spielen, die er mit Gil Evans als Arrangeur so hervorragend ausgetüftelt hatte. Miles Davis schaute nie zurück und bat nie um Hilfe. Jetzt musste er beides, und Roney – mit einunddreißig so alt wie

Davis auf dem Gipfel seiner Kunst – war durch sein hervorragendes musikalisches Können bestens dazu in der Lage, für ihn einzuspringen. Er hatte Shorter kennengelernt, als man ihn ausgewählt hatte, den Part von Miles Davis zu übernehmen, als Shorter, Herbie Hancock, Ron Carter und Tony Williams 1992 die »Tribute to Miles«-Band formten. Acht Jahre später fand er sich als einziger ausgewiesener Solist mit Joni und einem Orchester auf Tour wieder. »Ich stand jeden Abend direkt neben Joni«, erinnerte sich Roney. »Ich reiste nicht mit dem Orchester. Ich reiste mit ihr und der Band. Sie reiste mit uns, aber in einem eigenen Wagen. Sie war cool. Sie hatte schon immer Jazz gespielt, die ganze Zeit, auch wenn er als Folk-Rock daherkam. Sie war immer eine Künstlerin, die improvisierte. Wenn sie die Gelegenheit hatte, auf ihre Jazz-Einflüsse zurückzugreifen – Miles und Billie Holiday –, dann tat sie es auch.«

Die Tournee dauerte nur einen knappen Monat, startete am 12. Mai im Greek Theatre in Los Angeles und endete am 2. Juni im Blockbuster-Sony Music Entertainment Centre in Camden, New Jersey. Roney hatte keine Ahnung, ob es Jonis letzte Tour sein würde, auch wenn andere darüber spekulierten. Auf der Bühne ließ er die Bedeutung ihrer Worte und deren Tonfall auf sich wirken. Auf jeden Fall war er da, um ganz er selbst zu sein. »Ich weiß noch, dass ›Comes Love‹ das erste Stück war, das wir zusammen spielten«, erinnerte sich Roney. »Mark Isham, mein Vorgänger, spielte jeden Abend Harry ›Sweets‹ Edisons Eröffnung. Ich fand, das war ein bisschen viel Hollywood. Ich kannte Sweets Edison, er war einer meiner Ziehväter. Ich würde das nie so machen. Ich habe das so aus dem Augenblick heraus gespielt, wie Sweets es machte, wenn er an der Reihe war. Joni hatte kein Problem damit. Jeder Abend stand im Geist dieser Musik – im Geist des Augenblicks.« Die Standards ihrer Setliste kannte er bereits – »You're My Thrill«, »At Last«, »Comes Love« und so weiter. »Trouble Man« ging ihm leicht von der Hand. Da er ihr Starsolist war – der Saxophonist Bob Sheppard kam für ein Solo aus dem Ensemble – hatten sie eine eigene Garderobe. Miles war das permanente Thema: seine wunderbare Musik und sein schlechtes Benehmen. Von Don Alias sprach Joni im Präsens, als läge ihre Romanze nicht schon fast zwanzig Jahre zurück.

Diese kurze Tournee belastete Joni gesundheitlich schwer, und so war es kein Wunder, dass es ihre letzte werden sollte. »Ich war sehr krank und musste mich von Menschen fernhalten, um keine Energie zu verschwenden«, berichtete mir Joni. »Um die Tournee durchzustehen, musste ich mich abschotten. Ich hatte Glück, dass ich nicht umfiel. Die Krankheit war schon im Anmarsch, und ich wusste noch nicht, was es war. In jeder Stadt hatten wir ein anderes Orchester mit miserablen Bläsern. Wir brauchten einen Haupttrompeter, weil die Bläser so lausig waren. In Boston haben wir uns Wallace geschnappt. Wir hatten nur Schlagzeug, Bass und Saxophon dabei, und eine erste Geige. L.A. und New York waren nicht schlecht, in diesen Städten gibt es sehr viele Musiker. Florida war ziemlich schlimm, Atlanta hatte gute Bläser, aber die Streicher waren ätzend, obwohl ich sie bei einem Klassikradio hörte, und da waren sie besser. Detroit war einfach grauenhaft schlecht. Aber in Boston gab es diesen großartigen Trompeter. Wir haben ihn einfach mitgenommen, weil wir in den anderen Städten einen führenden Kopf für die Bläser brauchten, und wir hatten Detroit, Chicago und Philadelphia noch vor uns.«

Joni mischte inzwischen mehr und mehr eigene Songs ins Programm, darunter das bombastische »For the Roses«, das Beethoven'sche »Judgement of the Moon and Stars« und eine abgekühlte Version von »Be Cool«, einem Juwel, das sich auf *Wild Things Run Fast* versteckte. Obwohl sie keine Gitarre mehr stimmen musste, erzählte sie, wie damals vor ihrem Folkpublikum, viele weitschweifige Geschichten, darunter in der Einführung zu »Judgement of the Moon and Stars« folgende Anekdote, die bestens zu ihrer gegenwärtigen Abscheu vor der Musikindustrie passte: Beethoven komponierte eine kleine Melodie für eine Musikbox, die der Erfinder des Metronoms gebaut hatte – Joni nannte ihn »Metronomio«. Sie wurde in ganz Europa ein Superhit, sagte sie, und Beethoven wurde von der Vorstellung gepeinigt, er würde den meisten Menschen mit dem größten Mist, den er je geschrieben hatte, in Erinnerung bleiben. Dieses Problem hatte Joni nicht.

Sie blieb den meisten Menschen mit Arbeiten in Erinnerung, die sie geschrieben hatte, als sie jung war – was ziemlich frustrierend sein kann, wenn man nicht mehr jung ist. Logischerweise führten diese Auftritte zu *Travelogue*, einem Projekt, mit dem sie zum einen den Verpflichtungen aus ihrem Plattenvertrag nachkam und sich zum anderen aus der Perspektive der älteren Frau, die sie jetzt war (ungeachtet dessen, was sie aus ihrer Begegnung mit Mabel Mercer gelernt hatte), ihres Frühwerks wieder annahm – nicht nur durch American Spirits gefiltert, sondern auch durch jahrzehntelange Erfahrung. Eine Billigproduktion kam dabei nicht infrage. Vorbei die Tage, als eine Gitarre und ein paar Mikrophone reichten, jetzt wurde sie von einem siebzigköpfigen Orchester begleitet. Entscheidend für das Projekt war aber ihre Zusammenarbeit mit Jazzmusikern, von denen einige inzwischen zu ihrer musikalischen Familie gehörten, darunter Brian Blade, Wayne Shorter und Herbie Hancock. »Jazzmusiker nehmen normale Melodien als Vehikel für Improvisationen wahr«, erinnerte sich Mendoza. »Die Texte sind nicht so wichtig wie die [Akkord-]Wechsel und die darunterliegenden Rhythmen [...]. Wenn ein Songwriter so ein Stück wieder aufgreift, dann muss er die wichtigen Elemente, die Bedeutung des

Textes bewahren. Ich glaube nicht, dass Herbie, Wayne und Brian sich überhaupt um die Originalversionen gekümmert haben. Sie interessierte nur das, was sie im jeweiligen Augenblick machten.«

Die gute Nachricht war, dass Mendoza einen Grammy für sein Arrangement von »Woodstock« gewann. Die schlechte, dass von dem Album, dessen Produktionskosten etwa 300 000 Dollar betragen hatten, nur etwa 72 000 Stück über den Tresen gingen, bei Weitem die schlechtesten Verkaufszahlen all ihrer Platten. Die Schuld daran gab Joni Warner Bros., die sie auf das Label Nonesuch abgeschoben hätten, einem, wie Joni es nannte, »Gemischtwarenladen«, auf dem damals das Kronos Quartet, die Experimentalkünstler Don Byron und John Zorn sowie etwas kommerziellere Musiker wie die Black Keys und Natalie Merchant erschienen waren. Joni war nicht beeindruckt. In ihren Augen war das schlicht ein Abstieg. Ihre einzige Werbung war ein Interview im *W Magazine*, in dem sie sich James Reginato gegenüber festlegte: »Danach ist bei mir Schluss, weil die Musikindustrie sich so widerlich verhalten hat.« (Später fügte sie noch hinzu: »Ich hoffe, das klingt nicht allzu respektlos.«)

Ihre vertraglichen Verpflichtungen hatte sie erfüllt. Was Songs betraf, war sie einfach leer, und Energie für eine weitere Tournee hatte sie ganz bestimmt nicht. Man hörte nur von ihr, wenn sie mal wieder die Trommel für einen der Sampler mit ihren am wenigsten populären Arbeiten aus den Achtziger- und Neunzigerjahren rührte, an denen aber außer den Gemälden auf den Covern nichts neu war. Meistens malte sie, lebte ihr Leben, versuchte, ihre angeschlagene Gesundheit in den Griff zu bekommen, von Post-Polio bis zu Symptomen der Morgellons-Krankheit, die das medizinische Establishment nicht als solche anerkennt oder als psychosomatisch abqualifiziert, die sich aber für jene, die darunter leiden, also auch Joni, unbestreitbar real anfühlt. »Ich habe diese bizarre, unheilbare Krankheit, die scheinbar Aliens eingeschleppt haben«, sagte sie der *Los Angeles Times*. »Garbo und Dietrich haben sich verkrochen, weil die Leute sich darüber aufgeregt haben, dass sie ihnen beim Altern zusehen mussten, aber das hier ist schlimmer. Aus meiner Haut wachsen Fasern in allen möglichen Farben wie Pilze nach einem heftigen Regen: Forensisch kann man sie nicht zuordnen, sie sind weder tierisch, pflanzlich noch mineralisch. Morgellons ist ein langsamer, unberechenbarer Killer – eine terroristische Krankheit: Sie lässt eines deiner Organe anschwellen, und dann liegst du ein Jahr im Bett. Aber ich habe einen gewaltigen Lebenswillen. Ich habe schon eine andere Pandemie überstanden – ich habe Polio überlebt und weiß daher, wie konservativ der Medizinbetrieb sein kann. In Amerika wird Morgellons immer als ›Parasitenwahn‹ diagnostiziert, und damit wird man zum Psychiater geschickt. Ich versuche gerade, das Musikbusiness hinter mir zu lassen, um für die Morgellons-Kranken zu kämpfen, damit sie die Glaubwürdigkeit erfahren, die man ihnen schuldet.«

Sie fuhr nicht zu den Grammy Awards 2007, als Herbie Hancock für *River: The Joni Letters* ausgezeichnet wurde. Sie liebte den Glamour, sie liebte Auszeichnungen, aber was sie mit ihrem Gesicht anstellte – sie pulte daran herum und schälte die Haut Schicht um Schicht ab –, konnte auch noch so viel Make-up nicht verdecken. Sie kam zu der Überzeugung, dass die Krankheit nicht nur ihre Haut ruinierte, sondern ebenso an ihrem Gehirn nagte. Die Ärzte verschrieben ihr Antibiotika, doch die halfen überhaupt nicht. Und so wie Joni Hinweise auf ihre ungewollte Schwangerschaft und die Adoption in »Little Green« und »Chinese Café« versteckt hatte, sang sie jetzt in »The Sire of Sorrow (Job's Sad Song)« von »pompous physicians« and »nights without sleep and festering flesh«.

Man fing an, sie für eine Einsiedlerin zu halten, obwohl sie weiterhin dann und wann Interviews gab, den Großteil ihrer Mahlzeiten in Restaurants einnahm und, wenn ihr danach war, Leute ins Gespräch zog. Es sollte weitere vier Jahre dauern, bis die Muse ein letztes Mal zurückkehren würde.

Kapitel 32

Der Vorhang fällt

Als die Songs 2006 zurückkamen, lag dies an einer Kombination von Dankbarkeit und aufziehendem Unheil, und beides hing untrennbar zusammen. Von Jonis beständigstem und kompliziertestem Thema – der Liebe – war nichts mehr geblieben, zumindest nicht im romantischem Sinn. Sie liebte die Erde, und die Landschaft um ihr Grundstück in British Columbia inspirierte sie, aber auch dort drohte ein weiteres Paradies in einen Parkplatz verwandelt zu werden. Sie liebte ihren Enkel, dessen altkluge Bemerkung »bad dreams are good in the great plan« sie zu Überlegungen inspirierte, was für Gutes sie in der Plünderung des Ökosystems oder dem Krieg im Irak finden konnte, der auf Lug und Trug beruhte. Gegen den Irak-Krieg bezog sie viel unverblümter Stellung als gegen den Vietnam-Krieg, und alles, was sie kreierte, war entweder implizit oder explizit Protestkunst in verschiedenen Medien. Und so sprudelten nach zehn dürren Jahren Songs aus ihr heraus, die meistens, wie sie sagte, Anklageschriften in Sachen Ökologie und Theologie waren.

Ein Instrumentalstück in der Tradition von Mahlers *Das Lied von der Erde* mit dem Titel »One Week Last Summer« sollte 2007 den Grammy für das beste Instrumentalstück gewinnen. Der Titelsong des Albums, auf dem er erschien, hieß *Shine*. *Shine* fordert dazu auf, alles ans Licht zu bringen: die Umweltverschmutzer und die Verseuchten, die Kirchen und ihre Häretiker, die Zivilisation und das Unbehagen an ihr. Wie Dylan, der 1964 in »Chimes of Freedom« eine Gruppe Menschen Schutz vor einem Starkregen suchen lässt, die so bunt gemischt ist, wie in einem Song nur möglich, bezieht Joni sich auf den Gospel-Standard »This Little Light of Mine« und ruft dabei nach einem Licht, dem nichts entgeht:

Shine on good humor
Shine on good will

Shine on lousy leadership
Licensed to kill

Joni lässt ihr Licht dahin scheinen, wo es am dringendsten gebraucht wird: auf sterbende Soldaten, Geisteskranke, »Dickens, Rembrandt and Beethoven« – ihre Vorbilder –, sogar auf das »asshole passing on the right«. Joni bringt alles ans Licht, von oben bis unten, von den Inspirierten bis zu den Gebrochenen, und was immer dazwischen liegt.

Geht es bei diesem Licht einfach um poetische Illuminationen, oder ist es Teil einer Art Suchkommando? Inmitten des fast acht Minuten langen Epos, das durchgängig von den erhabenen Schwingungen der Ride-Becken und den weichen Rimshots des wie immer virtuosen Brian Blade begleitet wird, hat der Song ein größeres Herz als die Sängerin, oder auch als wir alle. Ans Licht bringen heißt, nicht zu vergeben. Es könnte bedeuten: Wenn wir die Welt, auch da, wo sie am erbärmlichsten ist, mit aller Leuchtkraft, die uns zur Verfügung steht, betrachteten, dann könnten sich unsere allzu menschlichen und ramponierten Herzen ein wenig weiter öffnen.

Joni packt Bild auf Bild, und alles dreht sich um ein einziges Thema, wie sie es vor so vielen Jahren schon bei »Both Sides, Now« gemacht hatte. Dieser Song, sagte sie, »könnte eine Million Strophen haben. Und was sind die relevanten Dinge, die man in diesen Zeiten ans Licht bringen sollte? Es fängt an mit ›Shine on Wall Street and Vegas / Place your bets‹. Ich habe etwa sechzig verschiedene Strophen und sich reimende Couplets dazu geschrieben und zwölf davon behalten. ›Shine on the dazzling darkness that restores in deep sleep / Shine on what we throw away and what we keep.‹ Habe ich die besten behalten? Ich weiß es nicht. Ich könnte jede Woche sechzig weitere schreiben. Was sind die zwölf wichtigsten Dinge, die man ins Licht bringen sollte? Es ist erdrückend.«

Als die Inspiration zu Joni zurückkehrte, tat sie das so reichhaltig, dass es den Eindruck erweckte, sie würde nie wieder versiegen. Und als sie gerade wieder mit dem Songwriting begonnen hatte (ihr zehnjähriges Schweigen dauerte länger als die gesamte Plattenkarriere der Beatles), schrieb ihr der frankokanadische Choreograph Jean Grand-Mâitre, der gar nicht wissen konnte, dass Joni wieder Songs schrieb, und lud sie zu einem Projekt in einem Medium ein, das sie schon immer fasziniert hatte.

»Bitte entschuldigen Sie mein etwas fehlerhaftes Englisch, da ich aus Quebec komme«, schrieb Grand-Mâitre. »Nächstes Jahr feiert das Alberta Ballet seinen 40. Jahrestag, und als künstlerischer Leiter wäre ich entzückt, ein Ballet zu Ihrer brillanten und höchst bewegenden Musik zu choreografieren.

Ich würde sehr gerne nach Los Angeles fliegen und Sie für einen sehr kurzen Augenblick treffen.« Dieser »sehr kurze Augenblick« wurde zu einem Gesprächsmarathon, der sich bis in die frühen Morgenstunden hinzog. Tanz gehörte seit Mädchentagen zu Jonis größten Leidenschaften, und ein Tanzstück zu schreiben war für sie das Natürlichste der Welt. Nachdem sie die Kinderlähmung besiegt hatte, tanzte Joni in Saskatoon so oft sie konnte die Nächte durch, und das nicht nur an den Wochenenden, sondern manchmal auch am Mittwoch, weil sie es einfach nicht erwarten konnte. »I want to wreck my stockings in some jukebox dive«, sang sie in »All I Want«, dem ersten Song auf *Blue*, ein Album, das eher für seine Introspektion als für die Freude am Tanz bekannt war.

Joni mochte Grand-Mâitre vom ersten Augenblick an und fand ihn beseelt. Seine ursprüngliche Idee gefiel ihr allerdings nicht – eine Retrospektive namens »Dancing Joni« mit einer blonden australischen Ballerina im Mittelpunkt, die imaginierte Ereignisse aus Jonis Leben tanzte. Sie sagte ja zum Ballett, warf aber das Konzept über den Haufen. Zusätzlich zu den Songs für *Shine* war sie mit einem neuen Kunstprojekt beschäftigt, angeregt durch ihren Flachbildfernseher, der den Geist aufgegeben hatte und seitdem alles in grün tauchte. Das Gerät lieferte mit der Grünfärbung der Busby-Berkeley-Musicals, der CNN-Nachrichten, des History Channel und der Bilder aus dem Irakkrieg einen verblüffenden Kommentar zur Zeit. Deshalb nahm sie eine Fotoinstallation mit dem Titel *Green Flag* in Angriff, die in New York und L. A. gezeigt werden sollte.

Ein Teil des Bildmaterials wurde auch für das Ballett benutzt, das jetzt unter dem Titel *The Fiddle and the Drum* lief, nach ihrer A-capella-Antikriegsballade von *Clouds* (1969). In dem Song gab es keinerlei Anspielungen auf Vietnam oder andere aktuelle Themen, insofern war er für den Krieg gegen den Terror genauso relevant wie für den Kalten Krieg. Inmitten einer gefährdeten Umwelt und einem Krieg, der immer weniger öffentliche Unterstützung genoss, je mehr Fakten bekannt wurden, war dies ein Weg, um Jonis neuste (und am wenigsten gewürdigte) Arbeit live mit jungen Tänzern auf die Bühne zu bringen, die Herzschlag und Leidenschaft ihrer Musik verkörperten. Und mit dem Schwerpunkt auf ihren kaum gewürdigten Songs aus den Achtzigern und Neunzigern – die den Rhythmus stärker betonten als ihre früheren Arbeiten – würde sie die Aufmerksamkeit auf ihre am häufigsten vernachlässigten Werke lenken. Aber Grand-Mâitres Choreografie und Jonis Musik waren auch eine lautstarke Warnung. »Es gilt höchste Alarmbereitschaft, was die jetzige Lage der Erde betrifft«, sagte Joni. »Wir verschwenden unsere Zeit mit diesem Ammenmärchen-Krieg, während der wahre Krieg gegen Gottes Schöpfung geführt wird. Niemand kämpft für Gottes Schöpfung.«

Für Grand-Mâitre war das ein großes Wagnis. Er verprellte nicht nur einige seiner Sponsoren in der Öl-Stadt Calgary –

Joni hatte inzwischen auch das Konzept des Projekts an sich gerissen, die Songs und das Thema geändert und das Ganze mit der Kunstausstellung verknüpft. Mit dem Tanz selbst hatte sie allerdings nichts zu tun, und niemand wusste, wie sie reagieren würde. Wenn sie mit allem glücklich war, sollte es um zwei Uhr morgens ein Dinner geben, und für den gegenteiligen Fall war ein Plan B erdacht worden. Die Tänzer waren darauf trainiert, erst bei der Vorstellung ihr Bestes zu geben und hielten sich während der Proben vorsätzlich zurück. Grand-Mâitre sah Joni im Dunkeln sitzen, wie sie sich Notizen machte und, wenn ihr danach war, sich zu den Rhythmen ihrer eigenen Musik wiegte. Näher würde sie der Bühne nicht mehr kommen – so nah und doch so fern.

»Ich habe ihr nie genau erklärt, wie ich die Körper choreografiert habe, sondern eher, wie ich sie inszeniert habe«, erinnerte sich Grand-Mâitre. »Etwa als Maria Magdalena während ›Sex Kills‹ auf einer Leinwand erscheint, oder wenn Killer Kyle in ›The Beat of Black Wings‹ erst unschuldig ist und dann aggressiv wird. Ich sagte ihr, dass ich das mit einer Tanzperformance darstellen wollte. Sie fand es großartig.« Sie begegnete ihm mit dem gleichen Vertrauen, das sie auch Brian Blade entgegengebracht hatte, als sie ohne vorheriges Proben mit ihm aufgetreten war. »Komm doch und mach mit«, hatte sie gesagt. Aber das hier war ein völlig neues Medium für sie. Es war Neuland.

* * *

Joni strahlte. Das war die Joni, die fest entschlossen war, den Arzt an der eisernen Lunge von seinem Unrecht zu überzeugen. Sie würde bis Weihnachten wieder laufen können. Sie würde nicht untergehen. Liebhaber würden kommen und gehen, die Popularität würde zu- und abnehmen, populär zu sein hatte Vor- und Nachteile. Sie hatte sich bei den Live-Schultänzen in Saskatoon die Nächte um die Ohren geschlagen und später im Studio 54, ja sogar bei einer Privatveranstaltung im Performing Arts Center in Calgary. Die Körper auf der Bühne waren jung und voller Lebenslust. Ihre Musik hatte eine neue Aufgabe. Sie würde wieder jemanden finden, der mit ihr zusammenarbeitete. Bevor die Welt in die Binsen ging, würde die Musik ihr wieder eine Rettungsleine zuwerfen. Nietzsche schrieb, er würde nur an einen Gott glauben, der zu tanzen verstünde. An diesem Abend glaubte Joni ganz bestimmt an den Tanz an sich. Sie musste Werbung für ein neues Album machen, und für eine neue Kunstausstellung.

»Ich arbeite drei Schichten«, sagte sie damals. »Ich mache die Arbeit von vier Zwanzigjährigen. Noch nie in meinem Leben habe ich so hart gearbeitet, mit der Kunstausstellung, dem Ballett und dem neuen Album.« Mit dreiundsechzig stand Joni erneut im Zentrum eines kreativen Wirbelsturms. Am Ende hatte ihre Muse sie doch nicht verlassen. Und während draußen die Prärie unter Schnee begraben wurde, feierte *The Fiddle and the Drum* am 8. Februar 2007 im Southern Alberta Jubilee Auditorium in Calgary Premiere. Journalisten raunten begeistert, und Fotografen brachten ihre Kameras in Stellung. Aber Joni war noch nicht bereit. Sie war seit dem Jahr 2000 nicht mehr aufgetreten, und das hier war doch eine überraschende Rückkehr ins Rampenlicht. Sie war hektisch mit ihrer Garderobe beschäftigt, wusste, dass sie im Blitzlichtgewitter der Kameras stehen und ihr ungeliftetes Gesicht mit Bildern eines jüngeren Ichs verglichen werden würde. Am Morgen hatte sie sich bei der Kostümprobe vor dem Spiegel gefragt: »Muss ich überhaupt gut aussehen?«

Sie hatte sich für ein tarnfarbengrünes Kleid mit ausgestelltem Rock aus gerippter Gaze entschieden, das an der Hüfte von einem Marcramé-Gürtel mit Tasche zusammengehalten wurde, was einen gleichermaßen glamourösen als auch erdverbundenen Effekt ergab. Im letzten Moment hatte sie noch eine grüne Baskenmütze hinzugefügt, ein Geschenk von Graham Nash zum 60. Geburtstag und vielleicht auch eine Anspielung auf den Antikriegsgedanken und das Farbschema des Balletts. Als sie sich auf den Weg zur Bühne machte, hatte sie trotz dieser Unsicherheit keine Zweifel daran, dass sie hier genau richtig war. Ihr Gesicht leuchtete, ihr Körper war sich der Musik vollkommen bewusst. Die Lichter wurden gedimmt, und wenn man auf dem richtigen Platz saß, konnte man sehen, wie sie auf die Tänzer reagierte. Nach einem Jahrzehnt des Schweigens feierten zwei ihrer neuen Songs in diesem Ballett ihre Weltpremiere. Grand-Mâitre schob Joni vor die Vorhänge auf die Bühne, und das Publikum in Calgary tobte. Die Tänzer und Tänzerinnen verneigten sich gleichzeitig, und obwohl Joni das bei der Kleiderprobe geübt hatte, konnte sie sich einfach nicht mit der Truppe verbeugen. Sie musste sich alleine verbeugen. Das Publikum verlangte jubelnd nach mehr.

Kapitel 33

Just Like This Train

Als man Joni am 31. März 2015 bewusstlos in ihrer Küche fand, hatte sie dort schon drei Tage gelegen. Sie hatte ein geplatztes Aneurysma im Gehirn und schwerwiegende Schädigungen erlitten. Ein Rettungswagen brachte sie schnellstens ins Krankenhaus, wo sie einer Notoperation unterzogen und auf der Intensivstation untergebracht wurde. (Bei vollem Bewusstsein war Joni gegen die westliche Medizin, aber jetzt unterlag ihre Behandlung den Bestimmungen des Bundesstaats Kalifornien.) Der frühere Manager von Crosby, Stills, Nash & Young, Leslie Morris, wurde zu ihrem medizinischen Sachverwalter bestimmt. Alle Experten beurteilten ihre Aussichten als nicht besonders gut. Schließlich wurde sie zurück in ihr Haus in Bel Air entlassen. Wenn sie gewusst hätte, dass alle Ärzte und Schwestern, die sich um sie kümmerten, von der David Geffen School of Medicine kamen, hätte sie vielleicht gelacht. (Man sieht sich immer zweimal im Leben!) Nach einer Weile fing sie wieder zu reden an, und irgendwann bat sie um Zigaretten. Man sagte ihr, dass sie tun und lassen könne, was sie wolle, sobald sie wieder dazu in der Lage sei, ohne Hilfe zu laufen.

Als sie wieder reden, aber noch nicht laufen konnte, kam Larry Klein zu Besuch (in den Monaten vor dem gerissenen Aneurysma hatte er zu denen gehört, die sie absolut nicht sehen wollte) und zeigte ihr Fotos von ihrer Hochzeit. Er fragte sich, ob sie noch wusste, wie es zuletzt um sie beide gestanden hatte, glaubte aber, es sei besser, das Thema nicht aufzubringen. (Wie bei vielen Überlebenden von Gehirntraumata war ihr Langzeitgedächtnis besser als ihr Kurzzeitgedächtnis.) Sie hielten Händchen und redeten herzlich miteinander. Jonis Freund, der Musiker und Neurowissenschaftler Daniel Levitin, besuchte sie regelmäßig. Er brachte CDs mit, von denen er wusste, dass sie sie toll fand. Aber im Dunkeln zu liegen und CDs zu hören reichte einfach nicht. Für sie musste es schon etwas mehr sein.

Sie beschloss, den Jazzpianisten Chick Corea, mit dem sie bei einer der *Mingus*-Sessions zusammengearbeitet hatte, im Catalina Bar and Grill in Hollywood zu treffen. Herbie Hancock begleitete ihn. Obwohl sie dank der Krankengymnastik schon wieder kurze Strecken laufen konnte, fühlte sie sich noch immer schwach, und der dunkle Nachtclub war voller möglicher Stolperstellen, weshalb sie in einem Rollstuhl geschoben wurde. Als sie zehn war, betete sie zum Weihnachtsbaum: *Gib mir meine Beine zurück, du wirst es nicht bereuen!* Mit dreiundsiebzig, als die Welt sich gegen sie verschworen hatte, kam Joni einmal mehr zurück. Die Bilder verbreiteten sich wie ein Lauffeuer.

Joni trug einen schwarzen Umhang über einem schwarz-orangenen Kleid. Hancock wirkte begeistert. Joni schaute herausfordernd drein. Sie hielten Händchen, aber nicht weil sie Rückhalt nötig hatte. Sie sah heiter aus, geradezu gelassen. Sie hatte vor, mehr Veranstaltungen zu besuchen. In der folgenden Woche spielten Herbie Hancock und Wayne Shorter in der Hollywood Bowl. (Chick spielte im Blue Note in New York, und sie überlegte hinzufahren. Jetzt, da niemand sie rauchen ließ, war das Reisen einfacher.) Sie arbeitete hart mit ihren Physiotherapeuten. Einer von ihnen tanzte mit ihr, und sie lächelte. Jeden Tag wurde sie wieder mehr sie selbst. Und das Klavier wartete auf sie, Gitarren warteten, neue Akkorde, vielleicht würden sogar neue Worte kommen. Larry Klein hatte ihr Musik-Apps auf ihr iPad geladen. Neue Leinwände wollten bemalt werden.

Nach der Show saß sie mit Herbie und Chick zusammen, und sie redeten eine Stunde lang. Gelegentlich verlor sich mitten im Satz ihre Stimme, und wenn das passierte, wusste niemand genau, was los war. »Hast du den Faden verloren?«, wurde sie gefragt. Es gab keinen anderen Weg als vorwärts. Die Worte, die sie als junge Frau geschrieben hatte und die bei so vielen Sommercamps gesungen und in so vielen Highschool-Jahrbüchern zitiert wurden, waren wahrer als jemals zuvor. Wir sind Gefangene im Karussell der Zeit. Wir können nicht zurückgehen, wir können nur schauen, woher wir gekommen sind.

Was kam als Nächstes? Würde es ein weiteres Gemälde geben? Einen weiteren Song? Würde sie jemals wieder singen? *The seasons, they go 'round and 'round. I really don't know life at all. All romantics meet the same fate. Help me, I think I'm falling. I'm always running behind the time, just like this train. Each of us so deep and superficial from the cradle to the stone. Nothing lasts for long. She says she's leaving, but she don't go. This time you went too far.*

»Joni, bist du aus dem Konzept geraten?«

»Ja«, sagte sie schließlich. »Ja. Aber für jemanden, der schreibt, ist das gar nicht so schlecht.«

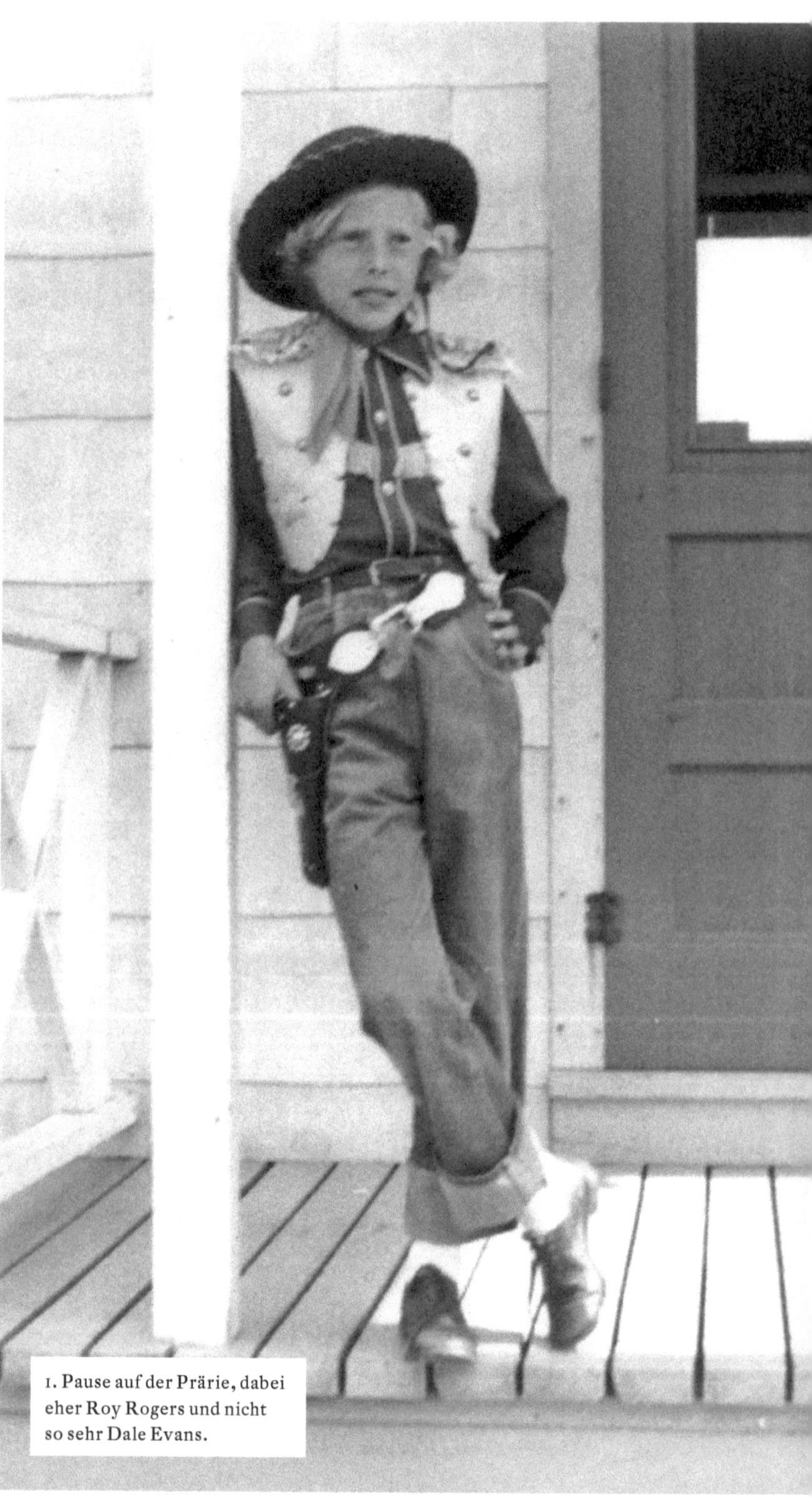

1. Pause auf der Prärie, dabei eher Roy Rogers und nicht so sehr Dale Evans.

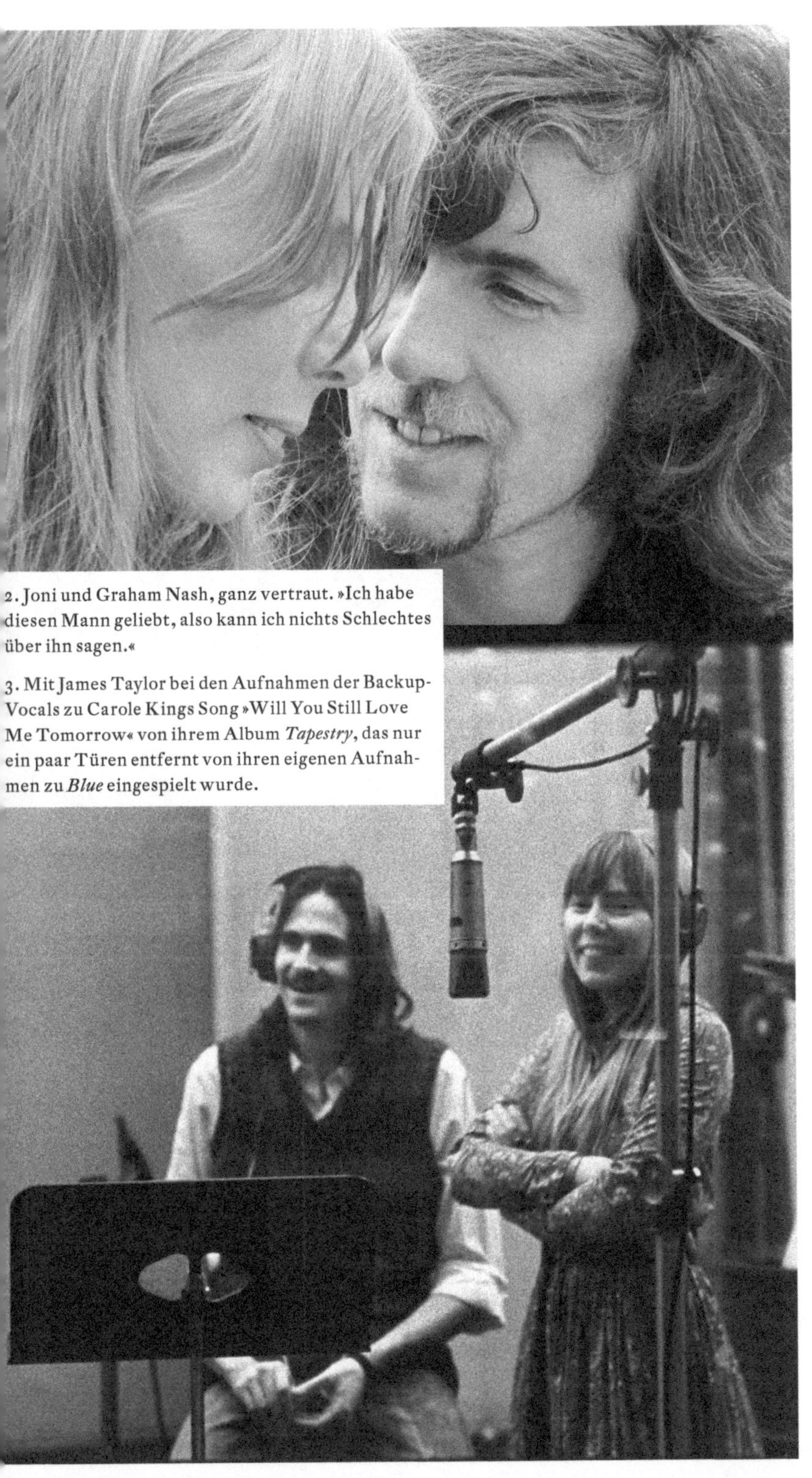

2. Joni und Graham Nash, ganz vertraut. »Ich habe diesen Mann geliebt, also kann ich nichts Schlechtes über ihn sagen.«

3. Mit James Taylor bei den Aufnahmen der Backup-Vocals zu Carole Kings Song »Will You Still Love Me Tomorrow« von ihrem Album *Tapestry*, das nur ein paar Türen entfernt von ihren eigenen Aufnahmen zu *Blue* eingespielt wurde.

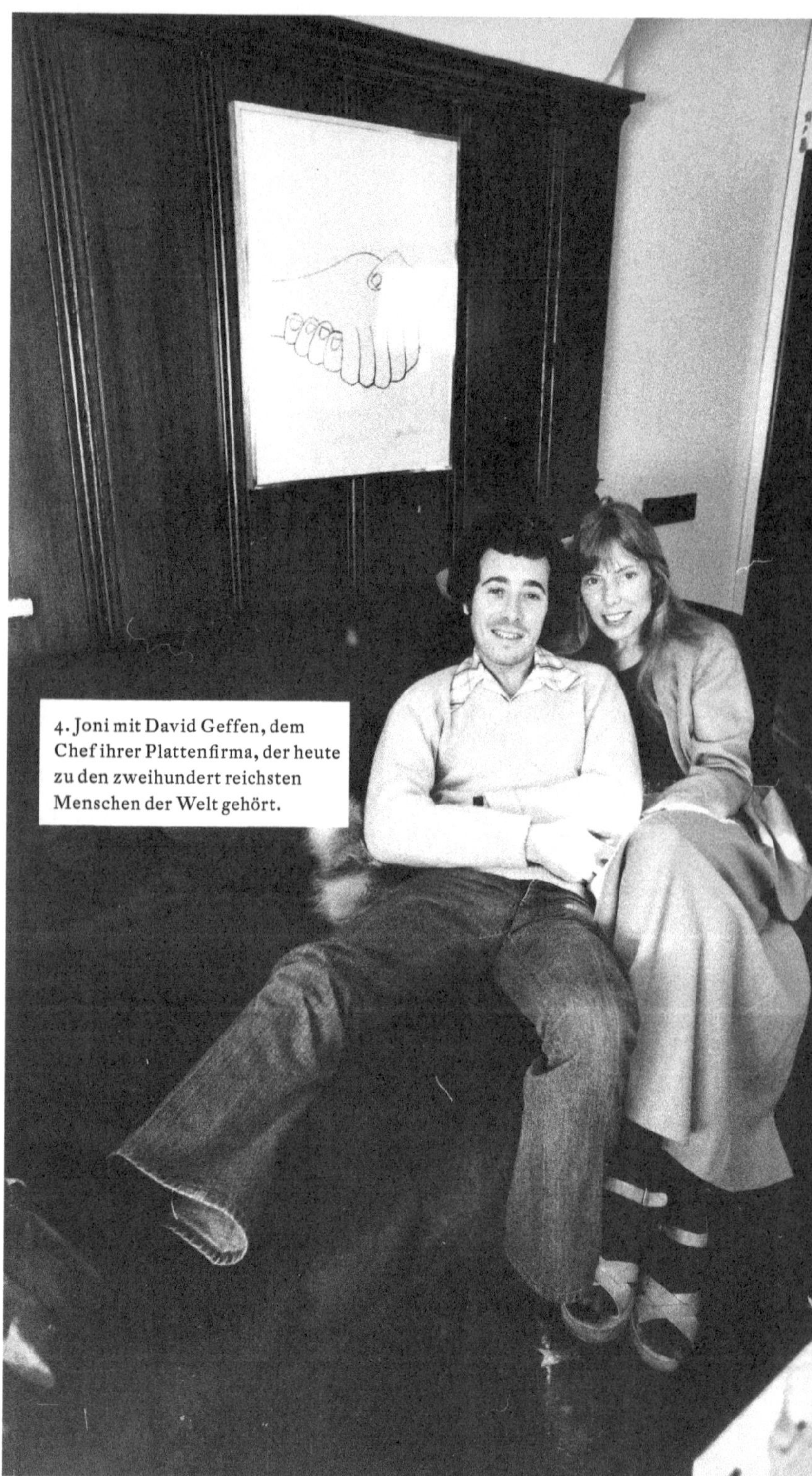

4. Joni mit David Geffen, dem Chef ihrer Plattenfirma, der heute zu den zweihundert reichsten Menschen der Welt gehört.

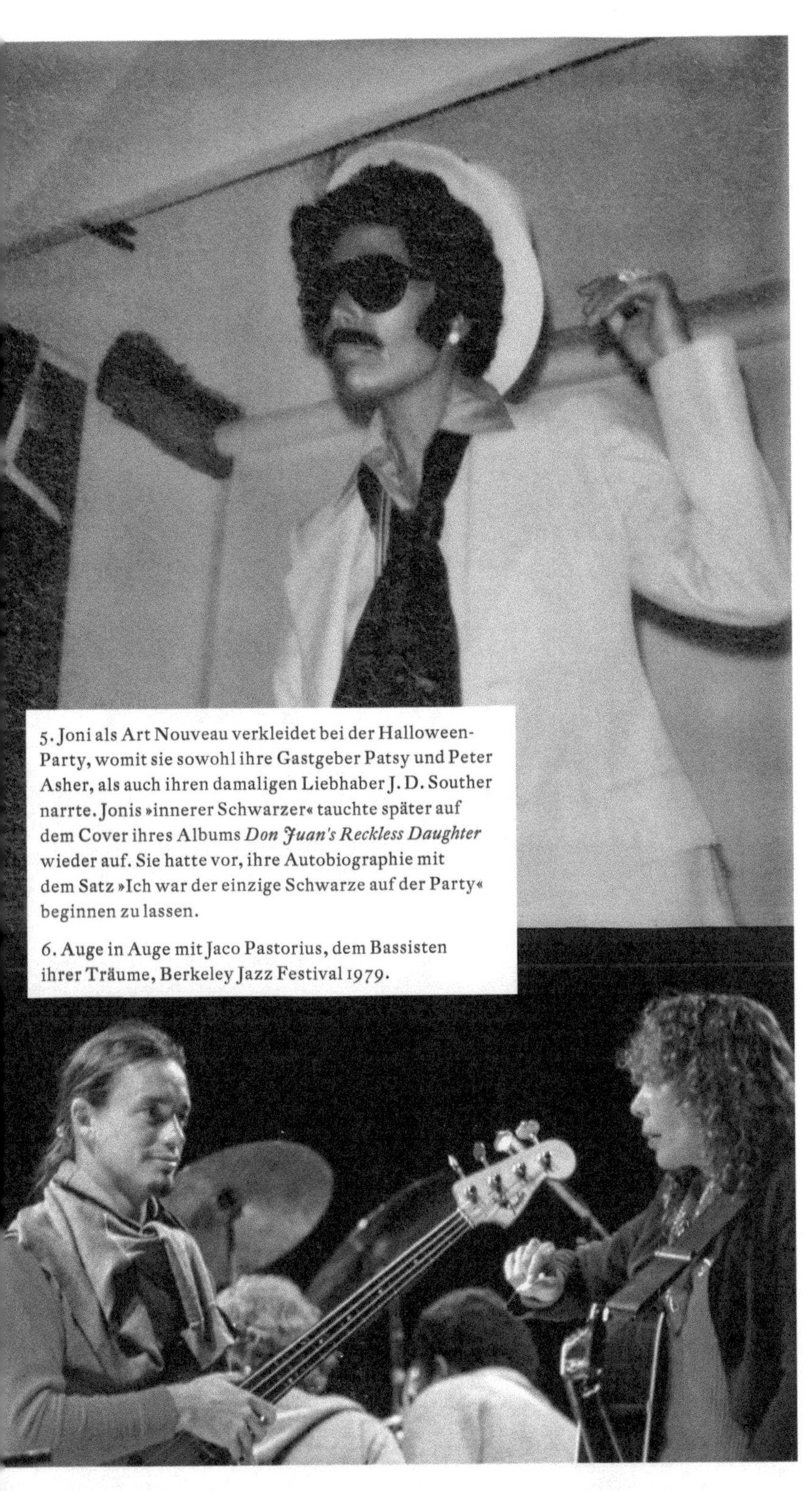

5. Joni als Art Nouveau verkleidet bei der Halloween-Party, womit sie sowohl ihre Gastgeber Patsy und Peter Asher, als auch ihren damaligen Liebhaber J. D. Souther narrte. Jonis »innerer Schwarzer« tauchte später auf dem Cover ihres Albums *Don Juan's Reckless Daughter* wieder auf. Sie hatte vor, ihre Autobiographie mit dem Satz »Ich war der einzige Schwarze auf der Party« beginnen zu lassen.

6. Auge in Auge mit Jaco Pastorius, dem Bassisten ihrer Träume, Berkeley Jazz Festival 1979.

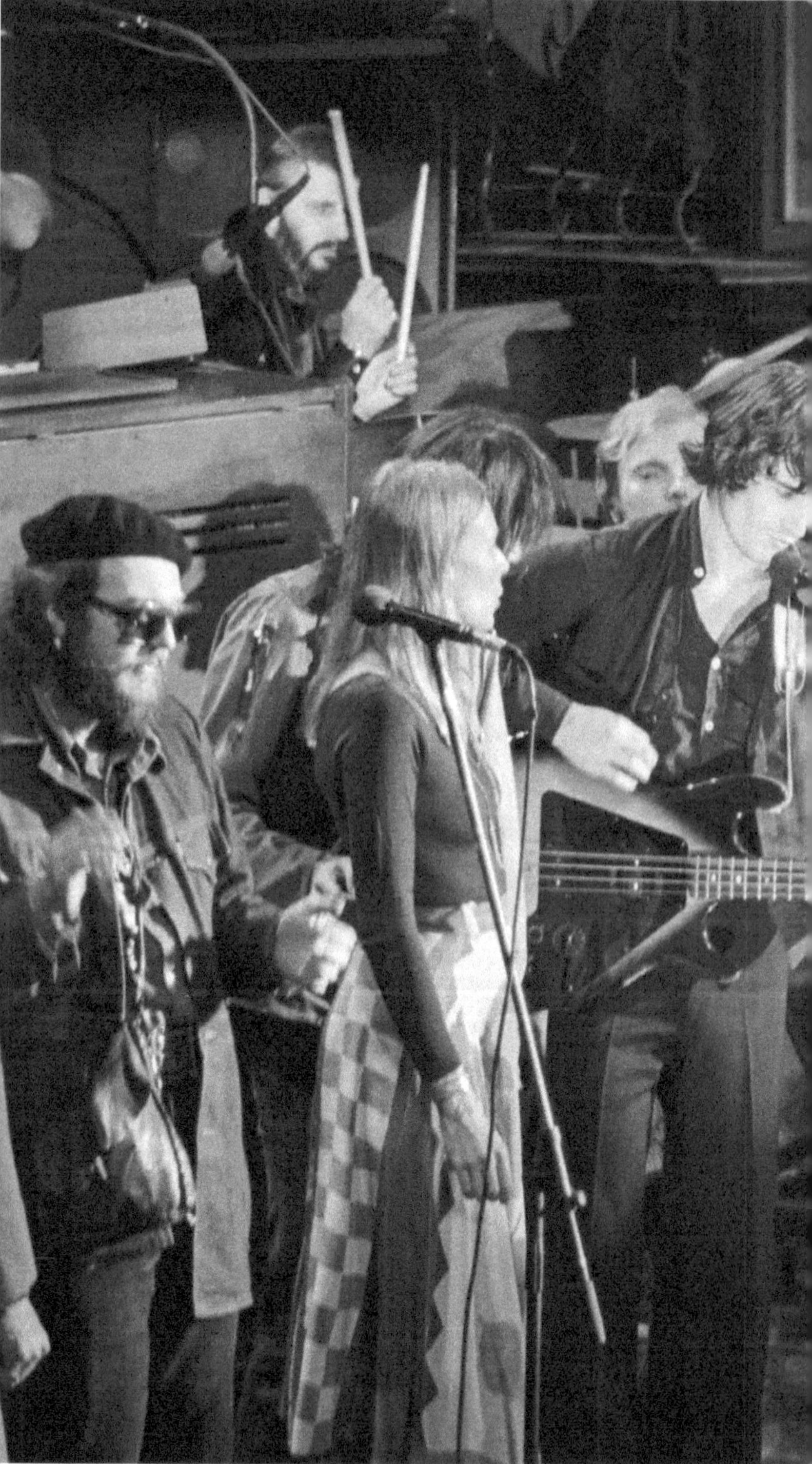

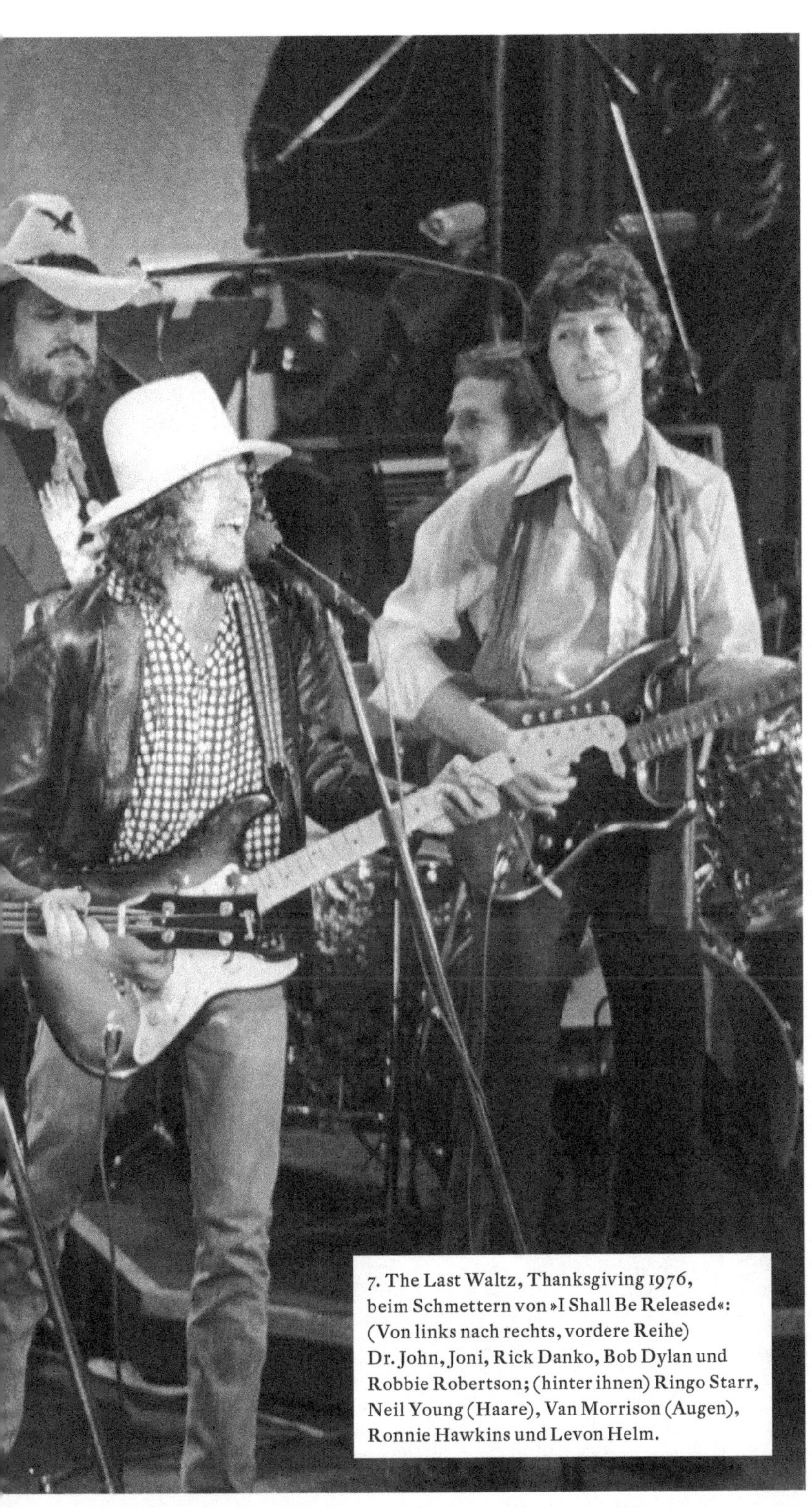

7. The Last Waltz, Thanksgiving 1976, beim Schmettern von »I Shall Be Released«: (Von links nach rechts, vordere Reihe) Dr. John, Joni, Rick Danko, Bob Dylan und Robbie Robertson; (hinter ihnen) Ringo Starr, Neil Young (Haare), Van Morrison (Augen), Ronnie Hawkins und Levon Helm.

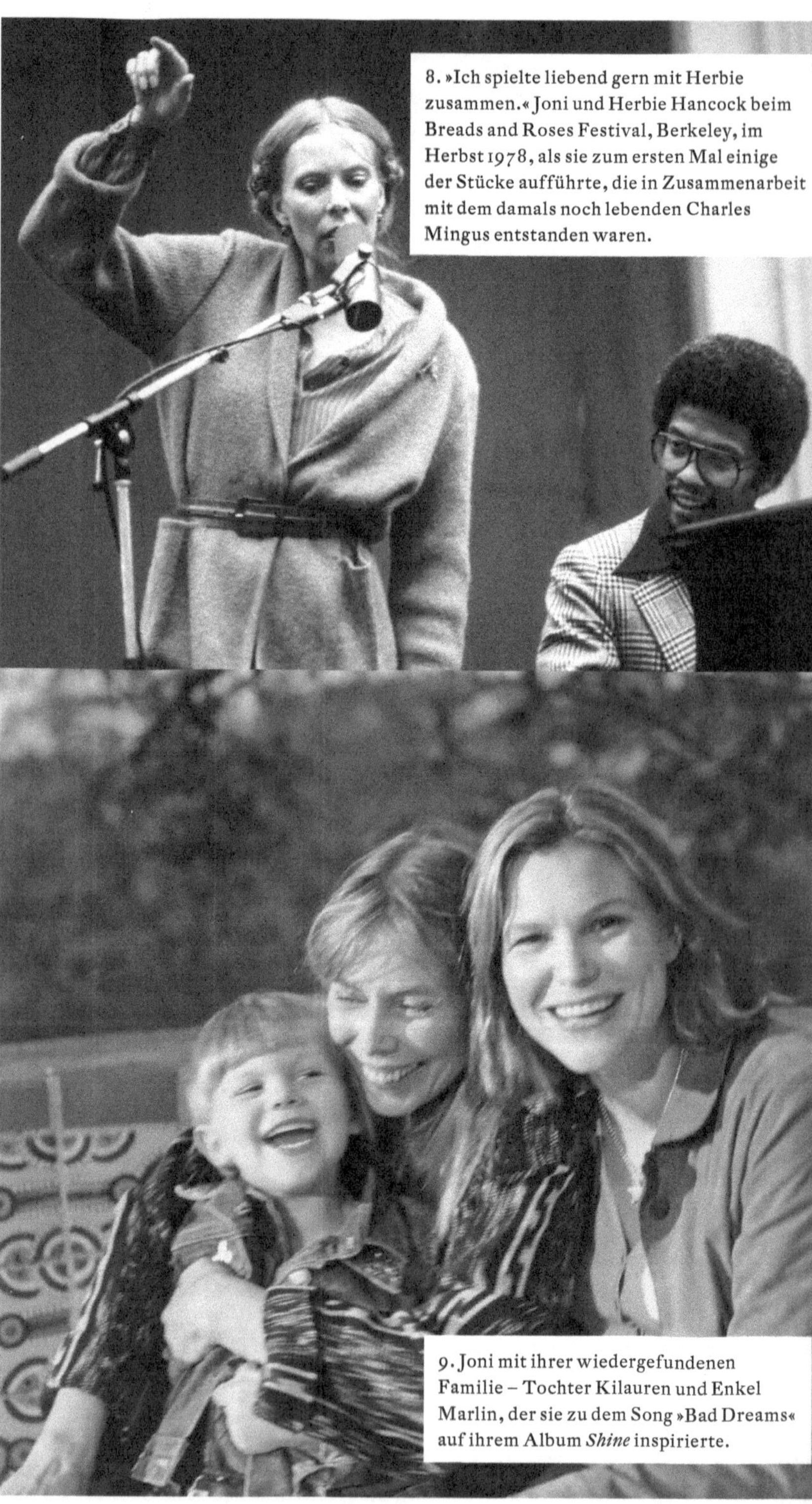

8. »Ich spielte liebend gern mit Herbie zusammen.« Joni und Herbie Hancock beim Breads and Roses Festival, Berkeley, im Herbst 1978, als sie zum ersten Mal einige der Stücke aufführte, die in Zusammenarbeit mit dem damals noch lebenden Charles Mingus entstanden waren.

9. Joni mit ihrer wiedergefundenen Familie – Tochter Kilauren und Enkel Marlin, der sie zu dem Song »Bad Dreams« auf ihrem Album *Shine* inspirierte.

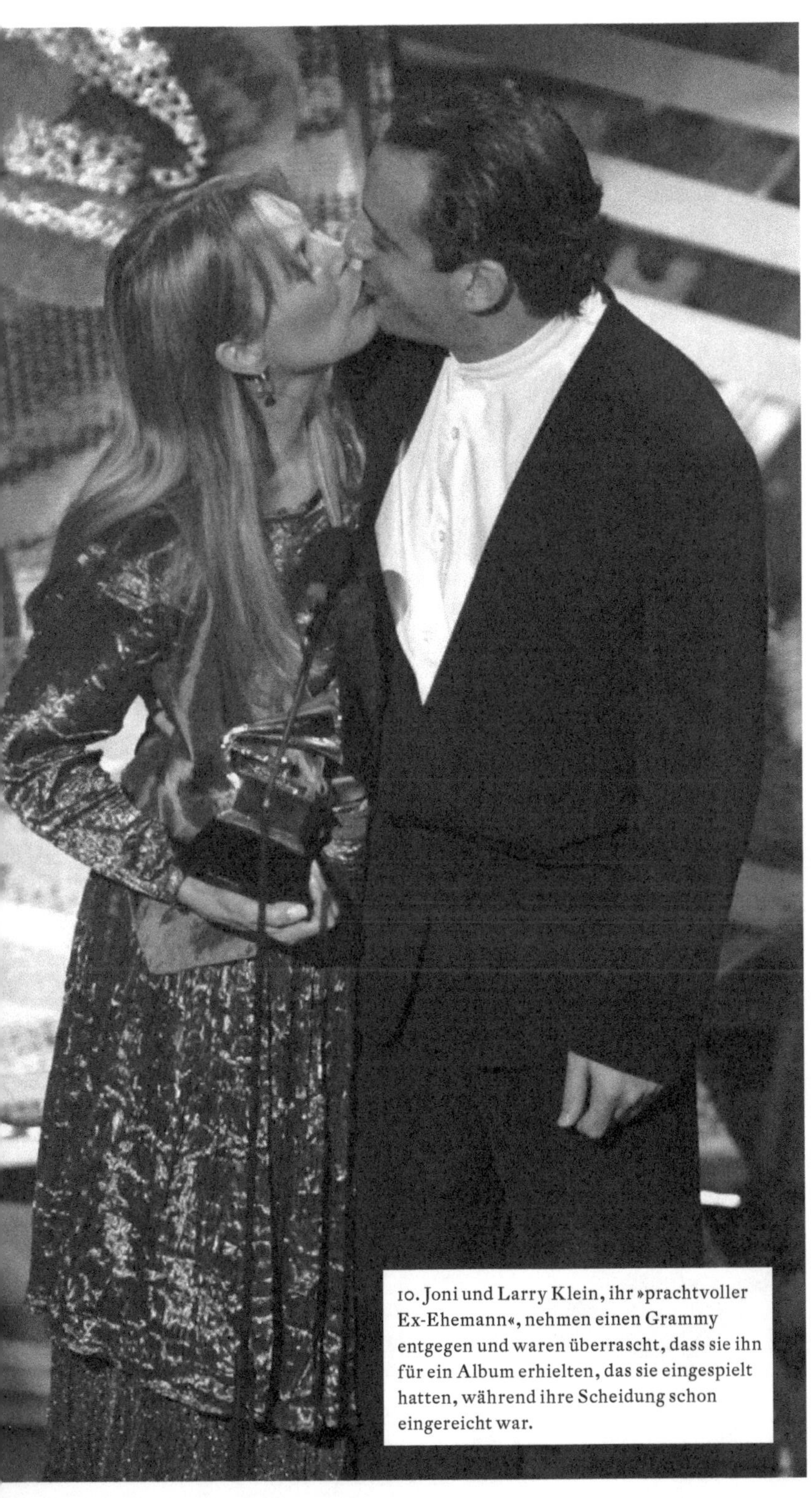

10. Joni und Larry Klein, ihr »prachtvoller Ex-Ehemann«, nehmen einen Grammy entgegen und waren überrascht, dass sie ihn für ein Album erhielten, das sie eingespielt hatten, während ihre Scheidung schon eingereicht war.

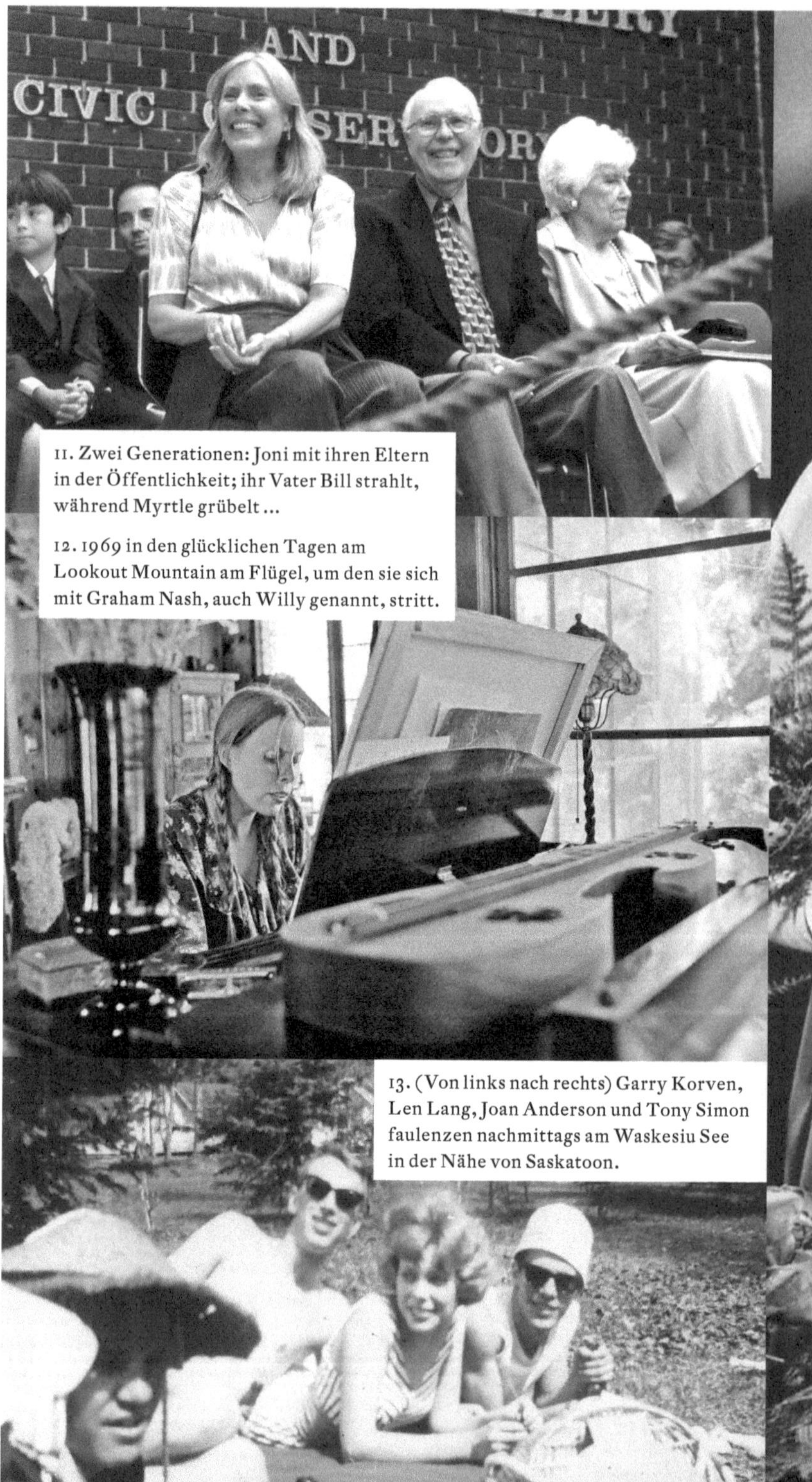

11. Zwei Generationen: Joni mit ihren Eltern in der Öffentlichkeit; ihr Vater Bill strahlt, während Myrtle grübelt …

12. 1969 in den glücklichen Tagen am Lookout Mountain am Flügel, um den sie sich mit Graham Nash, auch Willy genannt, stritt.

13. (Von links nach rechts) Garry Korven, Len Lang, Joan Anderson und Tony Simon faulenzen nachmittags am Waskesiu See in der Nähe von Saskatoon.

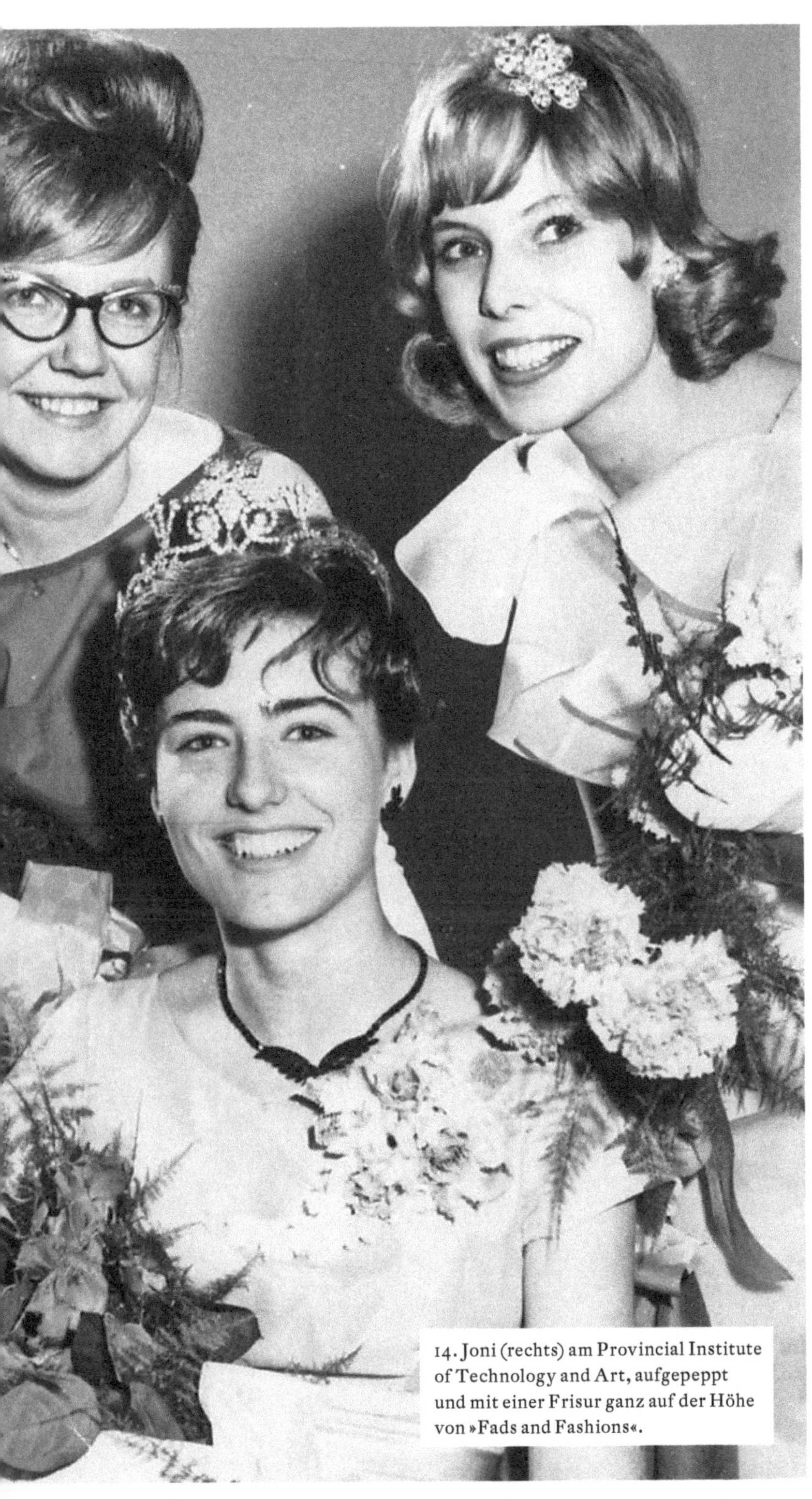

14. Joni (rechts) am Provincial Institute of Technology and Art, aufgepeppt und mit einer Frisur ganz auf der Höhe von »Fads and Fashions«.

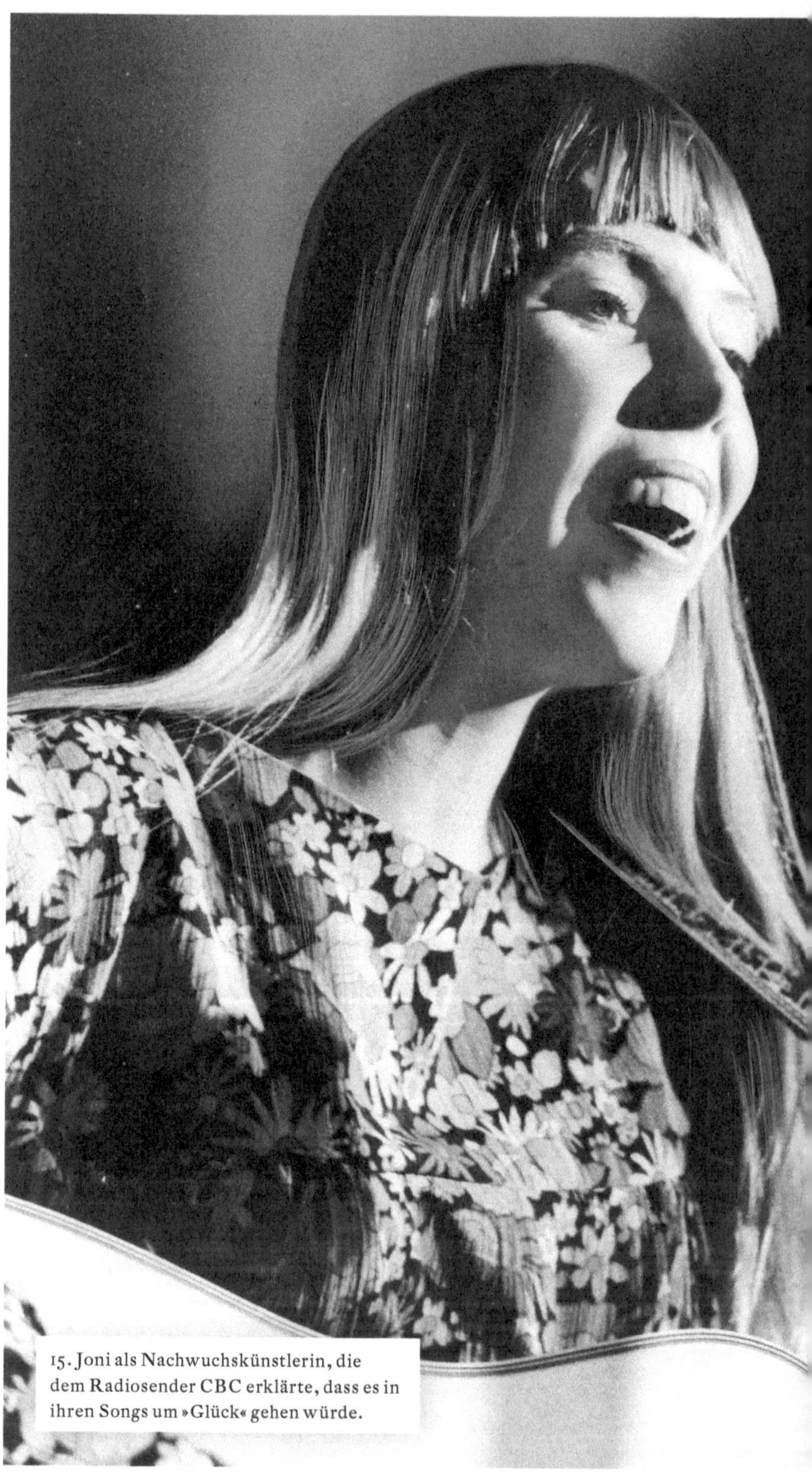

15. Joni als Nachwuchskünstlerin, die dem Radiosender CBC erklärte, dass es in ihren Songs um »Glück« gehen würde.

THE CHESS MATE
(COFFEE HOUSE)
NO AGE LIMIT

16. Joni und Chuck Mitchell, der Gewerkschaftsmitglied war und es ihr so ermöglichte, in den besseren Clubs von Yorkville aufzutreten – vom Clef Club bis zum Riverboat.

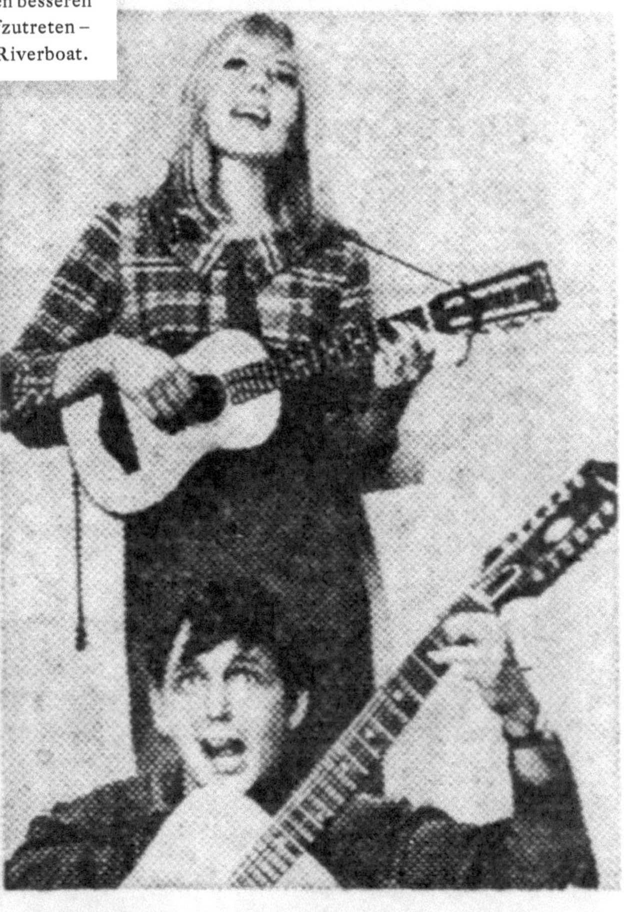

JONI AND CHUCK
MITCHELL
DETROIT'S FAVORITE FOLK SINGERS
Appearing Nitely Thru Sun., Jan. 30
17126 LIVERNOIS
at McNichols
PHONE 862-1554
Jazz Every Fri. & Sat.
2 A.M. 'til 6 A.M.

17. Joni und Leonard Cohen am Tag, als sie sich 1967 beim Newport Folk Festival kennenlernten. »Part of yours poured out of me / In theses lines from time to time.«

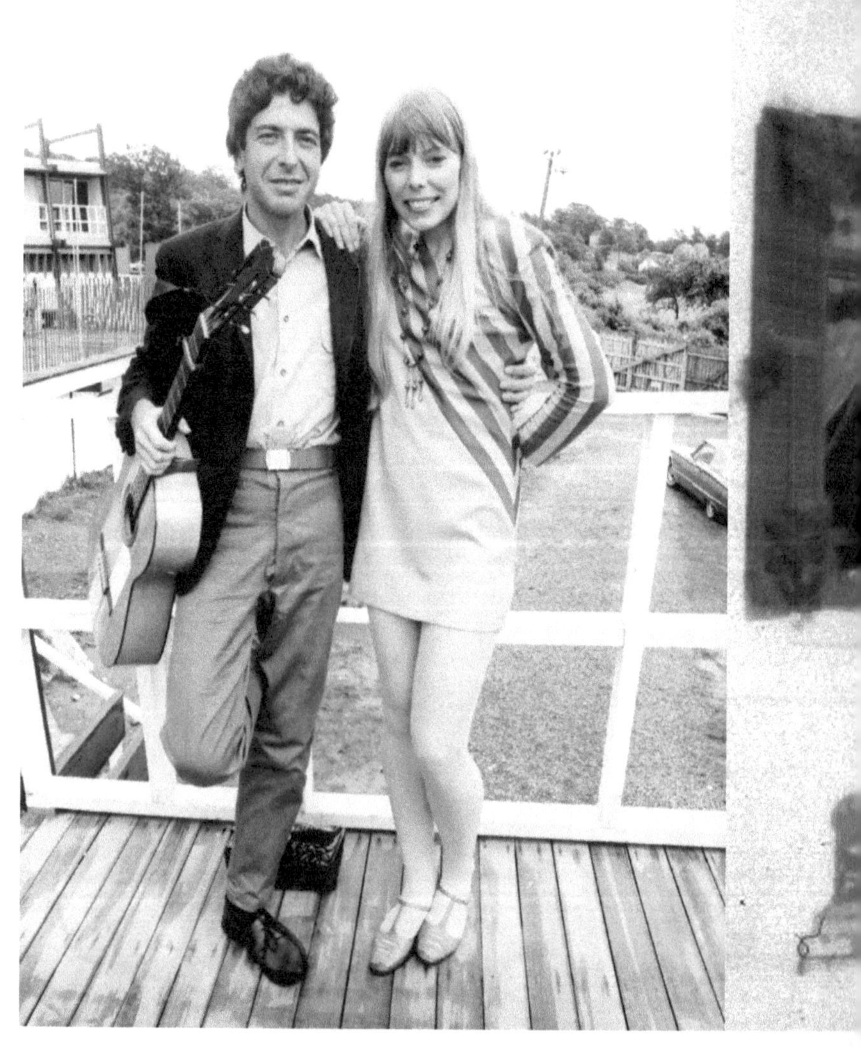

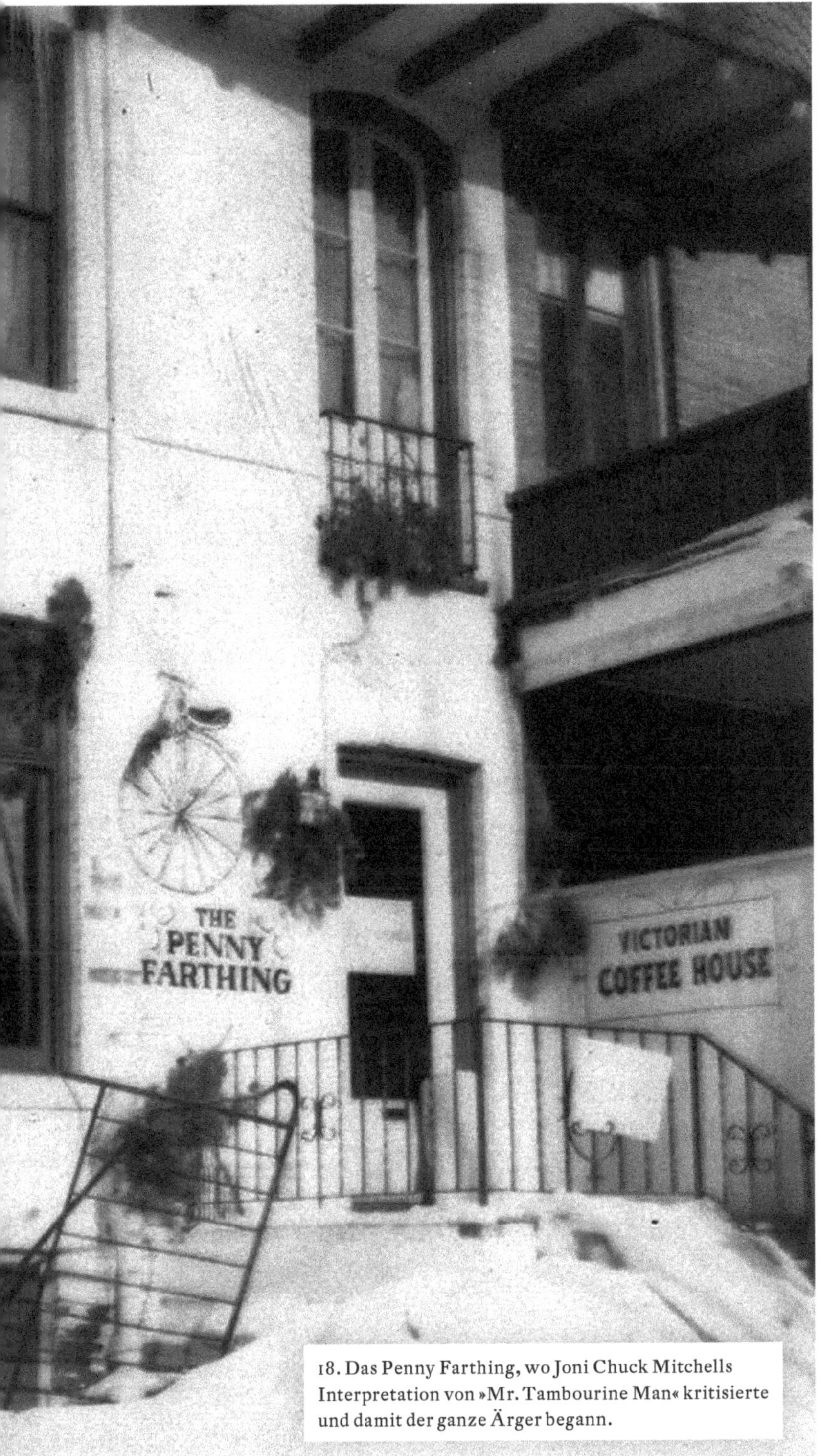

18. Das Penny Farthing, wo Joni Chuck Mitchells Interpretation von »Mr. Tambourine Man« kritisierte und damit der ganze Ärger begann.

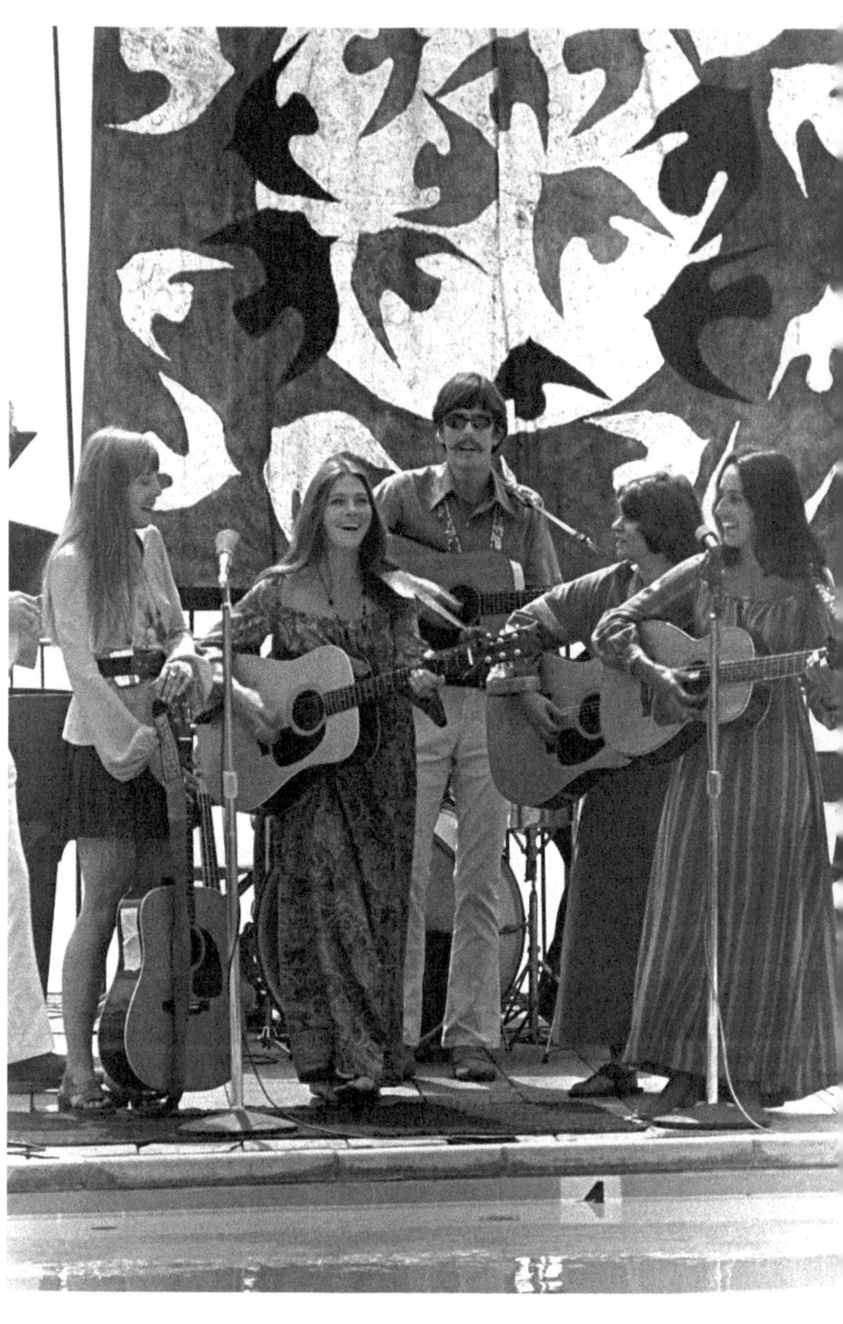

19. (Von links nach rechts) Die drei »J«s – Joni, Judy und Joan – 1968 beim Big Sur Festival (mit den Festivalgründern John Byrne Cooke und Nancy Carlen).

Nachwort
Von Thomas Steinfeld

Gelegentlich bringt die populäre Kultur auch Musik hervor, die vor allem Erwachsene anspricht. Diese Musik bildet einen eigenen Katalog in der Geschichte des volkstümlichen Hörens. Der Katalog ist in seiner Größe überschaubar, vor allem, wenn man ihn an der Menge des Materials misst, das dem Sehnen, dem Kummer, dem Schwärmen und all den anderen Gefühlen gewidmet ist, mit denen sich ein Mensch einen anderen Zustand seiner selbst herbeiwünscht. Ein Teil dieses Katalogs für Erwachsene, und es ist nicht der geringste, wurde von der kanadischen Komponistin, Sängerin und Gitarristin Joni Mitchell geschrieben. »Since I was seventeen / I've had no one over me«, singt Joni Mitchell in ihrem Lied »Don't Interrupt the Sorrow« aus dem Jahr 1975, »Seit ich siebzehn war, / gab es keinen mehr, der über mich bestimmt hätte«. Kinder müssen etwas werden, deswegen gelten ihnen alle Hoffnungen. Erwachsene aber sind etwas, im Guten und im Schlechten, und sie sind etwas geworden. Der Erwachsene hat folglich eine Geschichte, und wenn er weiß, was er tut, kennt er seine Fähigkeiten, seine Eigenarten und seine Beschränkungen. Er weiß, wann er sich selbst betrügt, und er ahnt zumindest, wann er betrogen wird. Davon handeln die Lieder Joni Mitchells, und sie tun es, wie es sich für einen Erwachsenen geziemt, auf eine selbstständige Weise.

Neunzehn Alben gibt es von Joni Mitchell, siebzehn mit jeweils neuen Werken, zwei Live-Alben. Entstanden sind sie zwischen den Jahren 1968 und 2007, und auch wenn sie, oberflächlich betrachtet, nicht nur von einem Wandel der Zeiten, sondern auch vom Wandel der Genres zeugen – von der Folkmusik zum Rock, vom Jazz zum elektronischen Pop –, so ist ihnen doch nicht nur die Selbstständigkeit gemein, sondern auch ein aufgeklärter, nicht kalter, aber nüchterner Blick auf das unmittelbare Gegenüber und sich selbst. Die Texte der meisten Lieder, die Joni Mitchell schrieb, sind von einer Art, die man im Englischen »conversation pieces« nennt: Sie bestehen aus Rede und Widerrede, oder aus Rede und imaginierter Widerrede. Beteiligt daran sind meistens zwei Liebende im Wissen darum, dass es mit ihrer Liebe bald zu Ende gehen wird oder eigentlich schon zu Ende gegangen ist. Joni Mitchell selber findet, wie oft, eine knappere, prägnantere Formulierung für den klaren Blick auf sich selbst: »I can keep myself cool at poker, / But I'm a fool when love's at stake«, heißt es im »Song for Sharon« (1976), »Beim Poker kann ich ruhig bleiben, / aber ich bin eine Närrin, wenn es um Liebe geht«.

Eines der schönsten Beispiele dafür ist das frühe Lied »Carey«, zuerst publiziert auf dem Album *Blue* aus dem Jahr 1971. Es reflektiert eine Liebschaft, auf die sich Joni Mitchell eingelassen hatte, als sie einige Monate zuvor für kurze Zeit in einer Gemeinschaft von Hippies auf Kreta gelebt hatte: »He gave me back my smile / but he kept my camera to sell« – »Er gab mir mein Lächeln zurück, / aber er behielt meine Kamera, um sie zu verkaufen«. Überhaupt wandern die Liebhaber in einem Maß durch Joni Mitchells Stücke, dass sich anhand der Songs eine amouröse Biografie schreiben ließe: David Crosby und David Geffen, der Musikmanager, Leonard Cohen und Sam Shepard, der Dramatiker, sie alle und viele andere gehören in die lange Reihe ihrer Partner, die sich in Stoff für Liedtexte verwandelt fanden. Über Letzteren heißt es in »Coyote«, einem Song aus dem Album *Hejira* aus dem Jahr 1976: »He's staring a hole in his scrambled eggs / He picks up my scent on his fingers / While he's watching the waitresses' legs« – »Er starrt ein Loch in sein Rührei / Er sucht meinen Geruch an seinen Fingern / Während er die Beine der Kellnerinnen betrachtet«. Vor allem die dritte Zeile intoniert Joni Mitchell so, als wolle sie sagen: »Ich habe dich genau gesehen, aber ich mache dir dein Verhalten nicht zum Vorwurf.«

Diese Distanz gegenüber anderen wie gegenüber sich selbst scheint von vornherein gegenwärtig gewesen zu sein, erkennbar schon an ihren frühesten Liedern wie etwa »Both Sides, Now«, einem Song, den Joni Mitchell vermutlich im Jahr 1967 schrieb und der zuerst in einer Aufnahme der amerikanischen Sängerin Judy Collins bekannt wurde. Sie muss diese Art der distanzierten Reflexion auf sich selbst aus der Weite der kanadischen Prärie mitgebracht haben, in der sie die ersten zweiundzwanzig Jahre ihres Lebens verbracht hatte, zuerst in Fort MacLleod im Süden der Provinz Alberta, dann in Saskatoon in Saskatchewan. Kein Blick auf die Landkarte erklärt, was es mit diesen Gegenden auf sich hat: mit den weltverlorenen Siedlungen in einem end- und baumlosen Land, in dem man im Winter oft wochenlang nicht das Haus verlassen kann, der Kälte und des Windes wegen, und wo die nächste Stadt, die einen solchen Namen verdient, mindestens tausend Kilometer entfernt ist. Die kanadische Zivilisation besteht zum größten Teil aus einem dünnen Streifen von Siedlungen, der sich unmittelbar an der Grenze zu den Vereinigten Staaten entlangzieht. Wenn sich aber südlich der Grenze auch nur Prärie erstreckt, besteht die Verbindung zum Rest der Welt – für ein Kind in den Fünfzigerjahren, wohlgemerkt – vielleicht tatsächlich aus kaum mehr als Fernsehen, Rundfunk (die »Top Forty«, selbst eine Erfindung aus der amerikanischen Provinz) und den Katalogen der Versandhäuser.

Die Distanziertheit jedenfalls nahm Joni Mitchell mit sich, als sie zuerst nach Toronto ging, um sich dort von einer zukünftigen Malerin in eine Musikerin zu verwandeln, dann nach New York, wo sie anfing, Schallplatten unter eigenem

Namen zu veröffentlichen, und schließlich nach Los Angeles, wo sie berühmt wurde – als Teil einer Bewegung, zu der neben ihr Jackson Browne, das Trio David Crosby, Stephen Stills und Graham Nash (zu dem bald auch Neil Young stieß), James Taylor und etliche andere gehörten. Alle zusammen schufen sie einen Stil, der vielleicht »Country Rock« heißt, hauptsächlich von der amerikanischen Westküste stammt und bis heute nicht aus dem Äther verschwunden ist, im Gegenteil. In Los Angeles muss Joni Mitchell, wie ihr Biograf David Yaffe erzählt, wie ein Wundertier herumgereicht worden sein: als ein Talent, das auch deshalb so außerordentlich war, weil es mit niemandem wirklich gemeinsame Sache machte. In welchem Maße sie für sich blieb, ist sogar an »Woodstock« zu hören, dem Lied, das, vorgetragen von Crosby, Stills, Nash & Young, zur Hymne einer losen Bewegung wurde, die man, je mehr Zeit verging, sogar für eine Generation hielt.

Joni Mitchell selbst hielt diesen Song für ein Klagelied, »a dirge«, eine Bezeichnung, die sich sofort erschließt, wenn man die Originalaufnahme hört, wie sie auf dem Album *Ladies of the Canyon* aus dem Jahr 1970 veröffentlicht wurde: Joni Mitchell singt das Stück allein, während sie sich selbst auf einem elektrischen Klavier begleitet. Aber was heißt da allein? Hinter der eigenen Solostimme hatte sie einen ganzen Chor aufgebaut, der wiederum nur ihre eigene Stimme vervielfältigt. Das klingt nicht nur angenehm: Die Stimme wirkt vor allem in den Höhen angestrengt, der Chor scheint aus weiblichen Waldtrollen zu bestehen, und das Piano tremoliert in dunklen Glockentönen. Die Hymne des Glücks und der Hoffnung, die »Woodstock« vermeintlich ist, wirkt in dieser Darbietung wie eine etwas erratische Reflexion auf das Alleinsein, fern von den vielen Menschen, die sich auf »Yasgur's Farm« versammeln, um auf einer großen Wiese die berühmtesten Musiker ihrer Zeit zu hören. Je genauer man hinhört, desto gespenstischer klingt dieses Lied, bis hin zu den unsauberen Reimen: »We are stardust / Billion year old carbon / We are golden / Caught in the devil's bargain.« Sternenstaub soll es sein, hervorgegangen aber ist er aus einem Pakt mit dem Teufel.

Gewiss wollte Joni Mitchell populär werden. Aber sie wollte es nicht um jeden Preis: David Geffen, dem Chef ihrer Plattenfirma (und vorübergehenden Liebhaber), widmete sie 1972 ein Lied mit dem Titel »You Turn Me On, I'm a Radio« – »Du machst mich an, ich bin ein Radio« –, ein Lied, das genauso ironisch ist, wie es der Titel ankündigt. Dabei kann man den Song mitsingen, er ist leicht zugänglich, und wenn man wollte, könnte man ihn beinahe für ein Liebeslied halten. Indessen erstreckt sich die Selbstständigkeit Joni Mitchells nie allein auf den Text. Sie definiert auch die Musik, die von Anfang an die einfachen Schemata eines »folk songs« durchbrach, sowohl in der Behandlung von Vers und Strophe als auch im Umgang mit der Harmonik. Vers und Strophe unterwarf sie einer musikalischen Rhetorik, der sich die Musik der Sprache unterzuordnen scheint. Tatsächlich aber geschieht etwas anderes: Die Sprache entbindet die Musik aus ihrer Gefolgschaft gegenüber der strengen poetischen Form.

Überhaupt gibt es in Joni Mitchells Repertoire nur wenige schlichte, symmetrisch aufgebaute Lieder: Songs mit einem strikten Aufbau in zwölf, sechzehn oder zweiunddreißig Takten. Viele ihrer kleinen Werke sind als Dramoletts aufgebaut. Und eines solchen Miniaturdramas wegen wird zum Beispiel das achttaktige Schema, das dem Lied »Shades of Scarlett Conquering« aus dem Album *The Hissing of the Summer Lawns* (1975) zugrunde liegt, durch einen neunten Takt gesprengt. Es gerät noch ein träumerisches Zwischenspiel hinein, ohnehin wird die Stimmung des Stücks durch Vorhaltakkorde geprägt, und am Ende wird die harmonische

Auflösung verweigert. Der Text handelt von einer Schönheit aus dem amerikanischen Süden, unter der man sich vermutlich eine selbsterklärte Anhängerin Scarlett O'Haras, der Heldin des Romans *Vom Winde verweht* von Margaret Mitchell (oder besser: seiner Verfilmung) vorstellen muss. Wie aber die Dinge genau liegen, erfährt man nicht. Das Stück changiert zwischen kecken Auftritten und Anfällen von Bitterkeit, zwischen Hoffnungen und vorweggenommenen Enttäuschungen, und es endet in einer offenen Frage, aus der ein Satz in Befehlsform heraustritt: »A woman must have everything.« Dieser Satz ist von äußerster Bestimmtheit und äußerster Unbestimmtheit zugleich: Die Sängerin verwandelt die Parole, indem sie diese ein zweites Mal ausspricht, in ein Zitat.

Von Anfang an war Joni Mitchells Musik geprägt von einer schwebenden, zuweilen schon fast bedrohlich wirkenden Harmonik. Dafür gibt es eine praktische Erklärung: Im Alter von neun Jahren war sie an Polio erkrankt. Danach war die Muskulatur ihrer linken Hand so geschwächt, dass sie beim Gitarrenspiel auf die einfachen Griffe angewiesen war. Sie glich die körperliche Beschränkung dadurch aus, dass sie die Stimmung ihres Instruments veränderte: Die Gitarre war also von vornherein auf einen Akkord gestimmt, wobei sie Septakkorde bevorzugte, des fehlenden Leittons wegen (dadurch geriet sie, ob willentlich oder nicht, in eine gewisse Nähe zum Jazz). Schnell muss sie entdeckt haben, dass diese Harmonik eine kompositorische Ressource barg: Dabei stieß sie nicht nur auf die Kirchentonleitern, sondern auf ein beinahe unendliches Register möglicher und unmöglicher Akkorde. Mehr als fünfzig solcher Stimmungen soll sie verwendet haben, und während dieser Aufwand auf der einen Seite bedeutete, dass ihr Gitarrentechniker viel zu tun hatte, lieferte die Harmonik andererseits einen festen Rahmen für modale Experimente, von denen manche dem Jazz nahekommen, andere aber in

Eruptionen von Klängen, die in plötzliche Krachattacken oder Alltagsgeräusche münden. Viele dieser Stimmungen tragen gar keine Namen, sondern sind als Joni Mitchells »weird chords«, als »schräge Akkorde«, in die Geschichte der Musik eingegangen.

Das Lied »Hejira« auf dem gleichnamigen Album aus dem Jahr 1976 baut nicht nur auf einem solchen »verrückten Akkord« auf, sondern enthält auch die programmatische Zeile: »Coming through the snow and the pinewood trees / I'm porous with travel fever / But you know I'm so glad to be on my own« – »Durch den Schnee und die Kiefern kommend, / bin ich von Reisefieber durchdrungen, / aber weißt du, ich bin so froh, allein zu sein«. Vielleicht zog sie tatsächlich so dahin, in den Achtzigerjahren, als sie mit Synthesizern und »Drum Machines« arbeitete, bevor sie mit dem Album *Turbulent Indigo* (1994) zu ihren Anfängen im Folk zurückzukehren schien und noch einmal Erfolg hatte – aber da war ihre Stimme, die einst schneidend klar hatte sein können, schon tief, brüchig und heiser geworden, vor allem des Nikotins wegen. Es erschienen dann noch ein paar Alben, aber es kam auch das Erschrecken, wie sie 2001 noch einmal »Both Sides, Now« sang, die zarte, fast freundliche Ballade, mit der sie mehr als dreißig Jahre zuvor hervorgetreten war. Was man zuletzt von ihr hörte, waren hauptsächlich Nachrichten von seltenen Krankheiten und von Ohnmachten.

Joni Mitchell muss sich schon lange für den Jazz interessiert haben, bevor sie mit *Court and Spark* aus dem Jahr 1974 und dem darauf folgenden Live-Mitschnitt *Miles of Aisles* Alben aufnahm, die dezidiert nach Jazz klangen. Denn der Jazz ist schon auf frühen Alben zu hören, beispielsweise in der Klavierbegleitung des Stücks »The Arrangement« auf dem Album *Ladies of the Canyon* aus dem Jahr 1970. Sie benutzt das Idiom, so scheint es, weil es ihr größere Freiheiten gewährt, nicht nur harmonisch, sondern auch strukturell: etwa auf dem Album *Hejira*, wo sie oft mehr spricht als singt und wo die Musik gleichsam die Szenerien liefert, auf deren Grundlage sich dann ein langes Gedicht entfaltet. Der Jazz erlaubte ihr, diese Szenerien länger und komplexer zu gestalten und zu Veranstaltungen erweiterter musikalischer Ausdruckskunst werden zu lassen. Bei diesem Album kommt hinzu, dass sie zu jener Zeit einen echten Partner in musikalischen Angelegenheiten hatte. Den einzigen, dem sie je erlaubte, als ihr Gegenüber zu fungieren, im Studio wie auf der Bühne: den Bassisten Jaco Pastorius, einen genialen Abenteurer auf seinem Instrument, mit dem sie, in zunehmender Entfernung vom großen Publikum, auf szenische Wanderungen ging. Das Lied »Coyote« auf dem Album *Hejira* ist ein Beispiel für ein solches Werk: Die Gitarre schlägt einen Rhythmus in offenen Akkorden, der Bass bildet einen Kontrapunkt und setzt einzelne Akzente, und die eine Passage, die einem Refrain nahekommt, besteht aus den Zeilen: »You just picked up a hitcher / a prisoner of the white lines on the freeway« – »Du hast gerade einen Anhalter mitgenommen / einen Gefangenen der weißen Striche auf der Landstraße«. Es fällt schwer, die beiden Verse nicht programmatisch zu verstehen.

Auf dem Album *Mingus* aus dem Jahr 1979 trieb sie solche Exzentrik ins Äußerste, in einer Annäherung nicht nur an die Musik, sondern auch an den Charakter des Jazzbassisten Charles Mingus. Das Album enthält fertige Stücke, in einem Idiom, das man zur Not auch Jazzrock nennen könnte, darüber hinaus aber Skizzen, Mitschnitte aus Gesprächen, kleine Improvisationen. Die Initiative für dieses Unternehmen war von Charles Mingus ausgegangen, der an einer unheilbaren Krankheit litt, wusste, dass er bald sterben würde, und sich eine Art künstlerischen Nachruf wünschte. Joni Mitchell erfüllte dieses Begehren, schrieb Texte zu den musikalischen Skizzen, die der Bassist hatte aufzeichnen lassen, sang mit ihm kleine Duette. Aber sie tat es zu ihren eigenen Bedingungen, und mehr, als dass dieses Album ein Nekrolog auf Charles Mingus wäre, ist es dasjenige Werk Joni Mitchells, in dem sie die Grenzen ihrer Kunst am weitesten ausdehnt: Sie hatte, vielleicht ohne es zu wissen oder gar zu wollen, das Kunstlied neu erfunden, in einem strengen Sinn des Wortes, auf eine späte und nicht zu wiederholende Weise. Das Album *Mingus* ist nicht das historische, aber das systematische Ende dieser Entwicklung.

Joni Mitchell ist ein Solitär in der populären Musik. Wie anders sie war (und immer noch ist), merkt man spätestens daran, dass sie zwar Bewunderer und Verehrer fand, aber nie die treu ergebene, philologisch beseelte Gefolgschaft, die zum Beispiel Bob Dylan durch die Jahre begleitete und zum Teil immer noch begleitet – oder Neil Young oder Leonard Cohen. Umgekehrt machte sie es selbst denen nicht leicht, die sie schätzen. Das gilt insbesondere für die Alben, die sie in den Achtzigerjahren schuf, mit Hilfe von Synthesizern, Schlagzeugmaschinen und Computern (merkwürdigerweise fehlen auf diesen Alben auch die Auseinandersetzungen mit wechselnden Liebhabern). Gewiss, es gibt späte Aufnahmen von Joni Mitchell, denen man gern zuhört, *Turbulent Indigo* zum Beispiel oder auch *Shine* (2007), Alben, auf denen gelegentlich Momente des freien Sinns und der Verwegenheit aufscheinen, die sie in den Siebzigerjahren so überreich besaß. Doch je älter sie wurde, desto bitterer schien sie zu werden, und in späteren Jahren konnte sie in Interviews herrisch, arrogant und erratisch wirken. Übelnehmen würde man ihr dieses Verhalten nicht: einer Meisterin auf eigene Faust, unberechenbar, souverän, ein wenig jenseitig und ungemein erwachsen.

Im Jahr 2002 veröffentlichte Joni Mitchell ein Doppelalbum mit dem Titel *Travelogue*, für das sie zweiundzwanzig ihrer Songs noch einmal aufgenommen hatte, mit ihrer neuen, heiseren und tiefen Stimme und begleitet von einem großen Orchester. Das Werk ist von großer Eigenheit, insofern es, obwohl die Stücke darauf jeweils neu gedacht zu sein scheinen, weniger wie eine Wiederaufnahme unter veränderten Bedingungen wirkt als wie eine Erinnerung. Das Orchester sorgt dafür, dass die Songs wie aus einer anderen Zeit herübergeweht zu kommen scheinen: Die Musik Annunzio Mantovanis, des Orchesters mit den dicken, weichen Streichern, gehörte zu den prägenden Einflüssen ihrer Jugend. Doch je länger man dabei zuhört, desto klarer wird, was da geschieht: Hier muss nichts neu gemacht werden, hier reicht die Erinnerung und das Spiel mit der historischen Ferne. Denn hier war immer alles schon da, auf eine Weise, wie es nur wirklich klassische Werke sind.

Anmerkungen

Joni Mitchells Geschichte ist von vielen Menschen geprägt worden – solchen, deren Musik ich gehört habe, und anderen, die so freigiebig waren, mir ihre Erinnerungen und Beobachtungen anzuvertrauen. Um ein derart komplexes und facettenreiches Leben schildern zu können, muss man viele andere Geschichten und viele andere Leben erzählen. Ich bin allen dankbar, die implizit und explizit dazu beigetragen haben.

Große Teile dieses Buches wurden durch Interviews geprägt, die ich zwischen 2007 und 2017 mit den folgenden Personen geführt habe: Joni Mitchell, Sharon Bell Veer, Jeanine Hollingshead, Sharolyn Dickson, Lorrie Wood, Tony Simon, John Uren, Chuck Mitchell, Nick Jennings, Murray McLauchlan, Buffy Sainte-Marie, Jonathan Rosenbaum, Leonard Cohen, Judy Collins, David Crosby, Graham Nash, Dick Cavett, Ron Stone, Russ Kunkel, Annie Ross, Boyd Elder, Joan Baez, Kinky Friedman, Ronee Blakley, Garth Hudson, J. D. Souther, Larry Carlton, Max Bennett, Robben Ford, Miles Greer, Chaka Khan, Wayne Shorter, Herbie Hancock, Mike Gibbs, Peter Erskine, Sy Johnson, Bob Mintzer, Nathan Joseph, Rafi Zabor, Sue Mingus, Larry Klein, Thomas Dolby, Peter Asher, Greg Leisz, Brian Blade, Vince Mendoza, Wallace Roney, Sue McNamara, Simon Montgomery und Daniel Levitin. Quellen von Zitaten, die nicht aus diesen Interviews stammen, sind detailliert untenstehend aufgeführt.

Vorwort

Nichts ist von Dauer

Dieses Kapitel beruht auf Interviews mit Joni Mitchell, die ich in den Jahren 2007 und 2015 geführt habe.

1 Rudyard Kipling, »Wenn«, in: *Die Ballade von Ost und West*, Zürich 1992, S. 259.

Kapitel 1

Eigentlich würde ich doch lieber tanzen

Dieses Kapitel beruht auf Interviews mit Joni Mitchell, Sharon Bell Veer, Jeanine Hollingshead, Sharolyn Dickson, Robben Ford und Tony Simon, die ich in den Jahren 2012 bis 2015 geführt habe.

1 Malka Marom, *Joni Mitchell: In Her Own Words*, Toronto 2014, S. 3.
2 Cameron Crowe, »Joni Mitchell Defends Herself«, in: *Rolling Stone*, 26. Juli 1979 {www.rollingstone.com/music/music-news/joni-mitchell-defends-herself-61890/}, letzter Zugriff 26. Januar 2019.
3 Joni Mitchell, »Joe Smith Interviews Joni«, {www.jonimitchell.com/library/view.cfm?id=13}, letzter Zugriff 25. Januar 2019. Alle zitierten Zeitungsartikel, wenn nicht anders angegeben, sind zu finden auf jonimitchell.com/library/.
4 Ebd.
5 Margaret Atwood, in: *A Tribute by Margaret Atwood*, jonimitchell.com, 28. Januar 2007, {www.jonimitchell.com/library/video.cfm?id=386}, letzter Zugriff 26. Januar 2019.
6 James Brooke, »For Joni Mitchell, Artist, Singing Was Not Enough«, in: *New York Times*, 22. August 2000 {www.nytimes.com/2000/08/22/arts/arts-abroad-for-joni-mitchell-artist-singing-was-not-enough.html}, letzter Zugriff 26. Januar 2019.
7 Marom, *Joni Mitchell*, S. 9.
8 Ebd.
9 Michael Small, »She's Looked at Life from Up and Down, So Joni Mitchell Has New Ways to Write About Both Sides Now«, in: *People*, 16. Dezember 1985.
10 Warwick McFayden, »The Teacher and the Debt«, in: *The Age*, 15. Dezember 2002.
11 Susan Lacey: *Woman of Heart and Mind*, CBC, 2003.
12 McFayden, »The Teacher and the Debt«.
13 Joni Mitchell, *The Charlie Rose Show*, PBS, 15. November 2007.
14 Crowe, »Joni Mitchell Defends Herself«.

15 Timothy White und Joni Mitchell, »Joni in conversation with Timothy White«, März 1988, {jonimitchell.com/library/view.cfm?id=390}, letzter Zugriff 25. Januar 2019.
16 Elio Iannacci, »The Interview: Joni Mitchell«, in: *Maclean's*, 22. November 2014.
17 Marom, *Joni Mitchell*, S. 2.
18 Susan Gordon Lydon, »In Her House, Love«, in: *New York Times*, 20. April 1969.

Kapitel 2

Let the Wind Carry Me: Lernen, eine Frau zu sein

Dieses Kapitel beruht auf Interviews mit Joni Mitchell, Sharon Bell Veer, Jeanine Hollingshead, Sharolyn Dickinson, Lorrie Wood und Tony Simon, die ich in den Jahren 2012 bis 2015 geführt habe.

1 Joni Mitchell, in: *Pamela Wallin Live*, CBC TV, 19. Februar 1996, {jonimitchell.com/library/video.cfm?id=252}, letzter Zugriff 21. November 2019.
2 Daniel J. Wilson, *Living with Polio. The Epidemic and Its Survivors*, Chicago 2007, S. 126.
3 Mitchell, in: *Pamela Wallin Live*.
4 Ebd.
5 Cameron Crowe, »Joni Mitchell Defends Herself«, in: *Rolling Stone*, 26. Juli 1979.
6 Malka Marom, *Joni Mitchell: In Her Own Words*, Toronto 2014, S. 10 f.
7 Crowe, »Joni Mitchell Defends Herself«.
8 Ebd.
9 Marom, *Joni Mitchell*, S. 14 f.
10 Ebd., S. 15.
11 Ebd., S. 14.
12 Loriane Alterman, »Songs for the New Woman«, in: *New York Times*, 11. Februar 1973.

Kapitel 3

Will You Still Love Me Tomorrow?

Dieses Kapitel beruht auf Interviews, die ich in den Jahren 2012 bis 2015 mit Joni Mitchell, Sharon Bell Veer, Jeanine Hollingshead, Sharolyn Dickson, Lorrie Wood, Tony Simon und John Uren geführt habe.

1 Joni Mitchell, in: Deirde Kelly, »I Sing My Sorrow and I Paint My Joy«, in: *Globe and Mail*, 8. Juni 2000.

2 David Fricke, »Guitar Gods«, in: *Rolling Stone*, 1. April 1999.
3 Ben Fong-Torres, »Introducing Joni Mitchell«, in: *Rolling Stone*, 17. Mai 1969.
4 Joni Mitchell, in: *Pamela Wallin Live*, CBC TV, 19. Februar 1996.

Kapitel 4
Ein modernes Alltagsmärchen

Dieses Kapitel beruht auf Interviews, die ich in den Jahren 2012 bis 2015 mit Joni Mitchell, Chuck Mitchell, David Crosby, Joan Baez und Murray McLauchlan geführt habe.

1 Malka Marom, *Joni Mitchell: In Her Own Words*, Toronto 2014, S. 18 f.
2 Sheila Weller, *Girls Like Us. Carole King, Joni Mitchell, Carly Simon – and the Journey of a Generation*, New York 2008, S. 10.
3 Ebd., S. 147.
4 Ebd., S. 209.
5 Ebd., S. 212.
6 Marom, *Joni Mitchell*, S. 21.
7 Weller, *Girls Like Us*, S. 213.
8 Ebd., S. 215.
9 Ebd., S. 216.
10 Timothy Crouse, »Joni Mitchell: Blue«, in: *Rolling Stone*, 5. August 1971.
11 Susan Lacey: *Woman of Heart and Mind*, CBC, 2003.
12 Ebd.

Kapitel 5
Bleib dir selbst treu

Dieses Kapitel beruht auf Interviews, die ich in den Jahren 2008, 2013, 2015 und 2017 mit Joni Mitchell und Judy Collins geführt habe.

1 Robert Hilburn, »Both Sides, Later«, in: *Los Angeles Times*, 8. Dezember 1996.
2 Saul Bellow, *Der Regenkönig*, München 1976, S. 269.
3 Ebd., S. 42.
4 Susan Lacy: *Woman of Heart and Mind*, CBC, 2003.
5 James Taylor, in: ebd.
6 Joni Mitchell, in: »Footnotes to *Both Sides, Now*. Joni in Conversation with Gene Shay«, 12. März 1967, {jonimitchell.com/chronology/detail.cfm?id=1040}, letzter Zugriff 15. Januar 2019.

Kapitel 6

Der Mann der Worte: Leonard Cohen

Dieses Kapitel beruht auf Interviews, die ich in den Jahren 2007, 2013, 2015 und 2017 mit Joni Mitchell, Leonard Cohen und Judy Collins geführt habe.

1 Robert Enright, »Words and Pictures: The Arts of Joni Mitchell«, in: *Border Crossings*, Februar 2001.
2 Leonard Cohen, »A Few Lines for Joni«, geschrieben anlässlich des Luminato Festivals, Toronto 2013.
3 Karl Dallas, »Joni, the Seagull from Saskatoon«, in: *Melody Maker*, 28. September 1968.
4 Ian Popple, »Honouring Joni«, in: *McGill Reporter*, 28. Oktober 2009.
5 Malka Marom, *Joni Mitchell: In Her Own Words*, Toronto 2014, S. 38.
6 Larry Sloman, *On the Road with Bob Dylan*, New York 1978, S. 383.

Kapitel 7

Experienced

Dieses Kapitel beruht auf Interviews, die ich in den Jahren 2007, 2009, 2013 und 2015 mit Joni Mitchell und David Crosby geführt habe.

1 Als Svengali bezeichnet man eine Person, die eine andere Person unbemerkt stark beeinflusst oder manipuliert, etwa den besonders einflussreichen Manager eines Künstlers.
2 Elliot Roberts, *Woman of Heart and Mind*, Regie Susan Lacy, CBC, 2003.
3 Ben Fong-Torres, »Introducing Joni Mitchell«, *Rolling Stone*, 17. Mai 1969.
4 Barney Hoskyns, »Lady of the Canyon«, in: *Guardian*, 16. Oktober 2005.
5 Sheila Weller, *Girls Like Us: Carole King, Joni Mitchell, Carly Simon – and the Journey of a Generation*, New York 2008, S. 248.
6 Malka Marom, *Joni Mitchell: In Her Own Words*, Toronto 2014, S. 34.
7 Ebd., S. 110.
8 Ebd., S. 110–112.
9 Weller, *Girls Like Us*, S. 244.
10 Mitchell, in: *Woman of Heart and Mind*.
11 Ben Fong-Torres, »Introducing Joni Mitchell«, *Rolling Stone*, 17. Mai 1969.
12 Wally Breese, »A Conversation with David Crosby«, 15. März 1997 {jonimitchell.com/library/view.cfm?id=1357}, letzter Zugriff 15. Januar 2019.

13 Joni Mitchell, »Footnotes to *Night in the City*«, 15. November 1966 {jonimitchell.com/music/song.cfm?id=163}, letzter Zugriff 15. Januar 2019.
14 Wallace Stevens, »Menschen aus Worten gemacht«, in: »Menschen aus Worten gemacht«. Aus dem Amerikanischen von Kurt Heinrich Hansen, Berlin 1989, S. 71.
15 Jimi Hendrix, in: »Oh What a Night! Joni and Jimi Come Together«, *Ottawa Citizen*, 24. Oktober 1998.
16 Mitch Mitchell, *Jimi Hendrix: Inside the Experience,* New York 1990, S. 132.
17 Karl Dallas, »Joni, the Seagull from Saskatoon«, in: *Melody Maker*, 28. September 1968.
18 David Crosby, in: Susan Lacy: *Woman of Heart and Mind*, CBC, 2003.

Kapitel 8
Clouds

Dieses Kapitel beruht auf Interviews, die ich in den Jahren 2013 und 2015 mit Joni Mitchell, Larry Klein und Dave Douglas geführt habe.

1 Ben Fong-Torres, »Introducing Joni Mitchell«, in: *Rolling Stone*, 17. Mai 1969.
2 Joni Mitchell, »Joni Mitchell in Conversation with Barney Hoskyns«, 14. September 1994, {jonimitchell.com/library/view.cfm?id=2143}, letzter Zugriff 25. Januar 2019.
3 Timothy White, »Joni Mitchell – A Portrait of the Artist«, in: *Billboard*, 9. Dezember 1995.
4 Robert Hilburn, »Both Sides, Later«, in: *Los Angeles Times*, 8. Dezember 1996.
5 Judy Collins, *Sweet Judy Blue Eyes: My Life in Music*, New York 2011, S. 218.
6 Mark Bego, *Joni Mitchell*, Latham 2005, S. 48.
7 William Shakespeare, »Schönheit zu reich! Für diese Welt zu rein!«, in: *Romeo und Julia*, 1. Akt, 2. Szene.

Kapitel 9
Our House

Dieses Kapitel beruht auf Interviews, die ich in den Jahren 2007, 2009, 2013 und 2015 mit Joni Mitchell, David Crosby und Dick Cavett geführt habe.

1 Robert Hilburn, »Out of the Canyon«, in: *Los Angeles Times*, 24. Februar 1991.
2 Elliot Roberts, in: Susan Lacy, *Woman of Heart and Mind*, CBC, 2003.
3 Bill Flanagan, ebd.
4 Graham Nash, ebd.
5 Graham Nash, *Wild Tales. Ein Rock and Roll-Leben*, Hamburg 2014, S. 6 f.
6 Roberts, in: *Woman of Heart and Mind.*
7 Susan Gordon Lydon, »In Her House, Love«, in: *New York Times*, 20. April 1969.
8 Nash, in: *Woman of Heart and Mind.*
9 Nash, *Wild Tales,* S. 146.
10 Ben Fong-Torres, »Introducing Joni Mitchell«, in: *Rolling Stone*, 17. Mai 1969.
11 Mitchell, in: *Woman of Heart and Mind.*
12 Nash, in: ebd.
13 David Geffen, in: ebd.
14 Mitchell, in: ebd.
15 Dave Zimmer, *Crosby, Stills & Nash. The Biography*, New York 1984, S. 101 f.
16 »Joni Mitchell Remembers the Time She Never Got to Woodstock«, *MTV-News*, 14. August 1998, {jonimitchell.com/library/view.cfm?id=462}, letzter Zugriff 25. Januar 2019.
17 Nash, in: ebd.
18 Crosby, in: ebd.
19 Cameron Crowe, »Joni Mitchell Defends Herself«, in: *Rolling Stone*, 26. Juli 1979.
20 Graham Nash, Interview von Terry Gross, »Graham Nash Has Wild Tales to Spare«, *Fresh Air*, 25. Dezember 2013, {https://www.npr.org/2013/12/25/256590871/graham-nash-has-wild-tales-to-spare}, letzter Zugriff 21.11.2019.
21 Nash, in: *Woman of Heart and Mind.*
22 Mitchell, in: ebd.

Kapitel 10

Ladies of the Canyon

Dieses Kapitel beruht auf Interviews, die ich in den Jahren 2007, 2009 und 2015 mit Joni Mitchell und David Crosby geführt habe.

1 Don Heckman, »Ladies of the Canyon«, in: *New York Times*, 5. April 1970.

2 Joni Mitchell, »Footnotes to *Conversation*. Joni's Introduction to the Song on October 12, 1967, at the Second Fret in Philadelphia«, {jonimitchell.com/music/song.cfm?id=95}, letzter Zugriff 25. Januar 2019.
3 Jim Beebe, »Joni Mitchell Has Matured«, in: *Toronto Daily Star*, 4. Juli 1970.
4 Geoffrey Cannon, »Heart's Spokesman«, in: *Guardian*, 28. April 1970.
5 Annie Burden, »Thoughts on the Song *Ladies of the Canyon* and the Time«, 4. Mai 2008 {jonimitchell.com/library/view.cfm?id=1867}, letzter Zugriff 15. Januar 2019.
6 Ebd.
7 Trina Robbins, »Trina Talks About the Song *Ladies of the Canyon*«, 19. April 2008, {jonimitchell.com/library/view.cfm?id=1864}, letzter Zugriff 15. Januar 2019.
8 Estrella Berosini, »Estrella Talks About the Song *Ladies of the Canyon*«, 25. März 2008 {jonimitchell.com/library/view.cfm?id=1872}, letzter Zugriff 15. Januar 2019.
9 William W. Yates, »Waikiki Beach Has Tidal Wave of New Visitors«, in: *Chicago Tribune*, 10. Januar 1960.
10 Rachel Carson, *Der stumme Frühling*, München 1963.
11 Heckman, »Ladies of the Canyon«.

Kapitel 11
Sand

Dieses Kapitel beruht auf Interviews, die ich in den Jahren 2007, 2009, 2013 und 2015 mit Joni Mitchell, David Crosby und Ronee Blakley geführt habe.

1 Joni Mitchell, in: Susan Lacy, *Woman of Heart and Mind*, CBC, 2003.
2 Graham Nash, *Wild Tales*, S. 204.
3 Ebd. Bei den eingeklammerten Sätzen handelt es sich um Passagen, die in der deutschen Übersetzung nicht übernommen worden sind.
4 Ebd., S. 157.
5 »A Day in the Garden«, in: *Entertainment Weekly Online*, 18. August 1998.

Kapitel 12
Blue

Dieses Kapitel beruht auf Interviews, die ich in den Jahren 2007, 2013 und 2015 mit Joni Mitchell und Russ Kunkel geführt habe.

1 Mark Bego, *Joni Mitchell*, Latham 2005, S. 84.
2 Carole King, *A Natural Woman*, New York 2012, S. 209.
3 Ebd.
4 Emily Dickinson, *Sämtliche Gedichte*, München 2015.
5 Malka Marom, »Self-Portrait of a Superstar«, in: *Maclean's*, Juni 1974.
6 Cameron Crowe, »Joni Mitchell Defends Herself«, in: *Rolling Stone*, 26. Juli 1979.
7 Malka Marom, *Joni Mitchell: In Her Own Words*, Toronto 2014, 56 f.
8 Joni Mitchell, in: Susan Lacy, *Woman of Heart and Mind*, CBC, 2003.
9 Joni Mitchell, Interview von Renée Montagne, »The Music Midnight Makes: In Conversation with Joni Mitchell«, NPR, *Morning Edition*, 9. Dezember 2014 {www.npr.org/2014/12/09/369386571/the-music-midnight-makes-in-conversation-with-joni-mitchell}, letzter Zugriff 21. November 2019.
10 Eric R. Danton, »Beth Orton Covers Joni Mitchell's ›River‹ for Holiday Playlist (Exclusive Premiere)«, in: *Wall Street Journal*, 5. November 2014.
11 J. Freedom Du Lac, »How a ›Thoroughly Depressing‹ Joni Mitchell Song Became a Christmas Classic«, in: *Washington Post*, 7. Dezember 2016.
12 Peter Reilly, »Joni Mitchell Sings Her Blues«, in: *Stereo Review*, Oktober 1971.
13 Don Heckman, »Pop: Jim Morrison at the End, Joni at a Crossroads«, in: *New York Times*, 8. August 1971.

Kapitel 13

Zwischen Durchbruch und Zusammenbruch

Dieses Kapitel beruht auf Interviews, die ich 2015 mit Leonard Cohen geführt habe.

1 David Leeming, *James Baldwin. A Biography*, New York 2015, S. 2.
2 Michael Watts, »Joni Mitchell: The Public Life of a Private Property«, in: *Sunday Times of London*, 17. April 1983.
3 Joni Mitchell in: Jon Pareles, *Joni Mitchell and Brian Blade Interview: TimeTalks Luminato*, YouTube, 16. Juni 2013 {https://www.youtube.com/watch?v=B8VQgRnghb8}, letzter Zugriff 21. November 2019.
4 Joni Mitchell, in: Susan Lacy, *A Woman of Heart and Mind*, CBC, 2003.
5 Timothy Crouse, »Joni Mitchell: Blue«, in: *Rolling Stone*, 5. August 1971.
6 Ein Wortspiel, das auf ihren Wohnort, Los Angeles, und das englische Wort für »flachlegen« anspielt.
7 Mitchell, in: *Woman of Heart and Mind*.

8 Jack Hafferkamp, »Ladies and Gents, Leonard Cohen«, in: *Rolling Stone*, 4. Februar 1971.
9 Michelle Mercer, *Will You Take Me As I Am: Joni Mitchell's Blue Period*, New York 2009, S. 104.
10 »Critics' Choices; Albums as Mileposts in a Musical Century«, *New York Times*, 3. Januar 2000.
11 Joni Mitchell, »Joe Smith Interviews Joni«, 3. November 1986, {jonimitchell.com/library/video.cfm?id=405}, letzter Zugriff 15. Januar 2019.

Kapitel 14
Die Sunshine Coast

Dieses Kapitel beruht auf Interviews, die ich 2007, 2013 und 2015 mit Joni Mitchell, Tony Simon und Leonard Cohen geführt habe.

1 Richard Ouzounian, »Joni Mitchell Opens Up to the Star After Years Away from Spotlight«, in: *Toronto Star*, 11. Juni 2013.
2 Graham Nash, *Wild Tales*, S. 146.
3 Ouzounian, »Joni Mitchell Opens Up …«.
4 Offenbar schon vor dem Internet fälschlicherweise Nietzsche zugeschrieben, stammt dieser Sinnspruch tatsächlich aus Gordon W. Allports Vorwort des Buches *Man's Search for Meaning* von Viktor E. Frankl {https://atkinsbookshelf.wordpress.com/2018/09/18/to-live-is-to-suffer-to-survive-is-to-find-meaning-in-the-suffering/#comment-13247}, letzter Zugriff 28. Januar 2019.
5 Friedrich Nietzsche, *Werke in drei Bänden*. München 1954, Bd. 2, S. 947.
6 J. W. N. Sullivan, *Beethoven. His Spiritual Development*, Toronto 2017.
7 Ouzounian, »Joni Mitchell Opens Up …«.
8 Joni Mitchell, *Judgement of the Moon and Stars – Joni Mitchell – LIVE*, 19. Mai 1972, YouTube {www.youtube.com/watch?v=OD3mpc2pG68}, letzter Zugriff 6. Juni 2019.

Kapitel 15
For the Roses

Dieses Kapitel beruht auf Interviews, die ich 2013 und 2015 mit Joni Mitchell und Russ Kunkel geführt habe.

1 »Footnote to *For the Roses*. Joni's introduction to the song at Carnegie Hall on February 23, 1972«, {jonimitchell.com/music/song.cfm?id=116}, letzter Zugriff 25. Januar 2019.

2 Robert Hilburn, »Out of the Canyon«, *Los Angeles Times*, 24. Februar 1991.
3 Hubert Saal, »The Girls – Letting Go«, in: *Newsweek*, 14. Juli 1969.
4 Joni Mitchell, in: Susan Lacy, *Woman of Heart and Mind*, CBC, 2003.
5 Mark Bego, *Joni Mitchell*, Latham 2005, S. 107 f.
6 Robert Hilburn, »Joni Mitchell's New *For the Roses*«, in: *Los Angeles Times*, 21. November 1972.
7 Cameron Crowe, »Joni Mitchell Defends Herself«, in: *Rolling Stone*, 26. Juli 1979.
8 Stephen Davis, »Joni Mitchell: For the Roses«, in: *Rolling Stone*, 4. Januar 1973.
9 Friedrich Nietzsche, *Nietzsche kontra Wagner*, Kap. 1, {http://gutenberg.spiegel.de/buch/nietzsche-kontra-wagner-3263/1}, zuletzt abgerufen am 28. Januar 2019.
10 Don Heckman, »Concert Is Given by Joni Mitchell«, in: *New York Times*, 25. Februar 1972.
11 Hubert Saal, »The Girls – Letting Go«.
12 Carol Hanisch, »The Personal Is the Political. The Woman's Liberation Movement with a new explanatory introduction by Carol Hanisch«, Februar 1969, {www.carolhanisch.org/CHwritings/PIP.html}, letzter Zugriff 28. Januar 2019.
13 Davis, »Joni Mitchell: For the Roses«.
14 Geffen, in: *Woman of Heart and Mind*.

Kapitel 16

Star-Crossed

Dieses Kapitel beruht auf Interviews, die ich 2015 und 2017 mit Joni Mitchell, Larry Klein und Judy Collins geführt habe.

1 Malka Marom, *Joni Mitchell: In Her Own Words*, Toronto 2014, S. 64.

Kapitel 17

Court and Spark: Etwas Merkwürdiges geschieht

Dieses Kapitel beruht auf Interviews, die ich 2013, 2014 und 2015 mit Joni Mitchell, Russ Kunkel, Max Bennett, Larry Carlton und Annie Ross geführt habe.

1 Jon Landau, »Joni Mitchell: Court and Spark«, in: *Rolling Stone*, 28. Februar 1974.
2 Sean Nelson, *Joni Mitchell's Court and Spark*, New York 2007, S. 16 f.
3 Malka Marom, »Self-Portrait of a Superstar«, in: *Maclean's*, Juni 1974.

4 »The Press: People's Premiere«, in: *Time*, 14. März 1974.
5 Peter Lyle, »Why Do So Many Escape Mitchell's Web?«, in: *Guardian*, 12. September 2007.
6 Joni Mitchell, Interview von Brian Stewart, »Interview«, in: *CBC Magazine*, 11. Februar 2000.
7 Cameron Crowe, »Joni Mitchell Defends Herself«, in: *Rolling Stone*, 26. Juli 1979.
8 Nick Hornby, *High Fidelity*, München 2003, S. 31.
9 »Vocalese«: Vocalese ist ein Stil des Jazz-Gesangs, bei dem das Spiel von Instrumenten wie dem Saxophon von einem Sänger oder einer Sängerin nachgebildet wird. Im Gegensatz zum Scat-Gesang werden dabei nicht Nonsense-Silben verwendet, sondern ein (oft parodierender, manchmal improvisierter) Liedtext.
10 *Call me Ishmael* (erschienen 1967, Deutsch 1969) ist Charles Olsons grundlegende Studie über Herman Melville und sein Meisterwerk *Moby Dick*.
11 Cameron Crowe, »The Durable Led Zeppelin«, in: *Rolling Stone*, 13. März 1975.
12 Stephen Davis, *Hammer of the Gods: Led Zeppelin – Die Saga*, Hamburg 2018.
13 Ethan Brown, »Influences: Joni Mitchell«, in: *New York*, 9. Mai 2005.
14 *Globe and Mail*, Oktober 1994.

Kapitel 18
Miles of Aisles

Dieses Kapitel beruht auf Interviews, die ich 2013 bis 2015 mit Joni Mitchell, Robben Ford und Max Bennett geführt habe.

1 Barbara Gail Rowes, »Joni Mitchell's Search for Satisfaction«, in: *Circus*, Juni 1974.

Kapitel 19
The Queen of Queens

Dieses Kapitel beruht auf Interviews, die ich 2013 bis 2015 mit Joni Mitchell, Robben Ford, Max Bennett, Joan Baez, Kinky Friedman und Boyd Elder geführt habe.

1 Sam Shepard, *True West*, New York 1981, S. 58 f.
2 Ders., *The Rolling Thunder Logbook*, New York 1977, S. 122.

3 Chris O'Dell, *Miss O'Dell: My Hard Days and Long Nights with The Beatles, The Stones, Bob Dylan, Eric Clapton, and the Women They Loved*, New York 2009, S. 328.
4 Les Ledbetter, »Knocking on Hurricane's Door«, in: *Rolling Stone*, 15. Januar 1976.
5 Phil Sutcliffe, »Joni Mitchell«, in: *Q Magazine*, Mai 1988.

Kapitel 20

Hejira und die Kunst des Verlusts

Dieses Kapitel beruht auf Interviews, die ich 2013 bis 2015 mit Joni Mitchell und Max Bennett geführt habe.

1 Perry Meisel, »An End to Innocence: How Joni Mitchell Fails«, in: *The Village Voice*, Januar 1977.

Kapitel 21

Crazy Wisdom

Dieses Kapitel beruht auf Interviews, die ich 2013 bis 2015 mit Joni Mitchell, Robben Ford und Sharon Bell Veer geführt habe.

1 Malka Marom, *Joni Mitchell: In Her Own Words*, Toronto 2014, S. 193.
2 Pema Chödrön, geb. als Deirdre Blomfield-Brown in New York City, ist eine buddhistische Nonne und Schriftstellerin. Sie war Schülerin von Chögyam Trungpa, der sie 1986 zur Leiterin von Gampo Abbey, einem tibetischen Kloster der Karma-Kagyü-Linie des Vajrayana auf der kanadischen Kap-Breton-Insel, ernannte. Damit war sie die erste Amerikanerin, die zur Leiterin eines tibetisch-buddhistischen Klosters ernannt wurde.
3 Pema Chödrön, »Unconditionally Steadfast«, in: *Tricycle*, Herbst 1999.
4 Joni Mitchell, »The Life and Death of Jaco Pastorius«, in: *Musician*, Dezember 1987.
5 Bill Milkowski, *Jaco: The Extraordinary and Tragic Life of Jaco Pastorius*, New York 2006, S. 95.
6 Albert Camus, *Tagebücher 1935–1951*, Hamburg 2015, S. 21.
7 Doug Fischer, »The Trouble She's Seen«, in: *Ottawa Citizen*, 8. Oktober 2006.

Kapitel 22
Discokugel

Dieses Kapitel beruht auf Interviews, die ich 2007, 2014 und 2015 mit Joni Mitchell, Garth Hudson und Michael Gibbs geführt habe.

1 Robbie Robertson, in: Martin Scorsese, *The Last Waltz*, United Artists, 1978.
2 Bert Cartwright, »The Mysterious Norman Raeben«, in: *The Wayback Internet Archive* {http://www.oocities.org/steve_lescure/raeben.htm}, letzter Zugriff 6. Juni 2019.

Kapitel 23
Don Juan's Reckless Daughter

Dieses Kapitel beruht auf Interviews, die ich 2007, 2014 und 2015 mit Joni Mitchell, Chaka Khan und Wallace Roney geführt habe.

1 Janet Maslin, »Joni Mitchell: Don Juan's Reckless Daughter«, in: *Rolling Stone*, 9. März 1978.
2 Phil Sutcliffe, »Joni Mitchell«, in: *Q Magazine*, Mai 1988.
3 Ende des 19. Jahrhunderts zementierten eine Reihe von Gesetzen die eigentlich abgeschaffte Rassentrennung, besonders in den Südstaaten. Sie wurden erst im Zuge der Bürgerrechtsbewegung der 50er- und 60er-Jahre wieder aufgehoben.

Kapitel 24
Mingus

Dieses Kapitel beruht auf Interviews, die ich 2007, 2013, 2014 und 2017 mit Joni Mitchell, Sue Mingus und Rafi Zabor geführt habe.

1 Mark Bego, *Joni Mitchell*, Latham 2005, S. 193.
2 T. S. Eliot, *Das öde Land*, Berlin 2008, S. 19 ff.
3 Vic Garbarini, »Joni Mitchell Is a Nervy Broad«, *Musician*, Januar 1983.
4 T. S. Eliot, *Das öde Land*.
5 Garbarini, »Joni Mitchell Is a Nervy Broad«.
6 Gene Santoro, *Myself When I Am Real: The Life and Music of Charles Mingus*, New York 2001, S. 152.
7 Charles Mingus, *Autobiografie – Beneath the Underdog*, Hamburg 1986, S. 5.
8 W. E. B. DuBois, *Die Seelen der Schwarzen – The Souls of Black Folk*, Freiburg 2008, S. 35.

Kapitel 25

Ein penetrantes Weibsstück

Dieses Kapitel beruht auf Interviews, die ich 2015 mit Joni Mitchell geführt habe.

1 Louis Menand, »The Iron Law of Stardom«, *The New Yorker,* 24. März 1997.
2 Dave Blackburn, »A Conversation with Alex Acuna«, 4. Dezember 2013, {jonimitchell.com/library/view.cfm?id=2719}, zuletzt abgerufen am 24. Januar 2019.
3 Carla Hall, »The New Joni Mitchell: The Songbird of Woodstock Soars into Jazz«, in: *Washington Post*, 25. August 1979.
4 Vic Garbarini, »Joni Mitchell Is a Nervy Broad«, in: *Musician*, Januar 1983.
5 John Ephland, »Alternate Tunings«, in: *Down Beat,* Dezember 1996.
6 Brantley Bardin, »Joni Mitchell Q and A«, in: *Details*, Juli 1996.
7 Hall, »The New Joni Mitchell«.
8 Joni Mitchell, *Joni Mitchell – Canadian Music Hall of Fame Induction*, 5. Februar 1981, YouTube {www.youtube.com/watch?v=cbor U4lOkjA}, letzter Zugriff 15. Januar 2019.

Kapitel 26

Wild Things Run Fast

Dieses Kapitel beruht auf Interviews, die ich 2015 mit Joni Mitchell und Larry Klein geführt habe.

1 Carla Hall, »The New Joni Mitchell: The Songbird of Woodstock Soars into Jazz«, in: *Washington Post*, 25. August 1979.
2 Mick Brown, »Happy Talkin' Joni«, in: *Guardian*, 22. April 1983.
3 John Ephland, »Alternate Tunings«, in: *Down Beat*, Dezember 1996.

Kapitel 27

Dog Eat Dog

Dieses Kapitel beruht auf Interviews, die ich 2007, 2013 und 2015 mit Joni Mitchell, Larry Klein, Thomas Dolby und Peter Asher geführt habe.

Kapitel 28

Notaufnahme

Dieses Kapitel beruht auf Interviews, die ich 2013 und 2015 mit Joni Mitchell, Larry Klein, Thomas Dolby und Peter Asher geführt habe.

Kapitel 29
Spart euch das Geballer

Dieses Kapitel beruht auf Interviews, die ich 2013 und 2015 mit Joni Mitchell, Larry Klein und Thomas Dolby geführt habe.

1 Friedrich Nietzsche, *Der Fall Wagner*, Leipzig 1888
2 David Wild, »A Conversation with Joni Mitchell«, in: *Rolling Stone*, 30. Mai 1991.
3 Joni Mitchell, *Joni Mitchell Scolding Audience at Isle of Wight Festival 1970*, 8. Mai 2016, YouTube {www.youtube.com/watch?v=WtyGup KbpfY}, letzter Zugriff 6. Mai 2019.
4 Craig MacInnis, »Joni Mitchell Fields the Silliest Questions with Humor«, in: *Toronto Star*, 23. März 1988.

Kapitel 30
Turbulenzen

Dieses Kapitel beruht auf Interviews, die ich 2014 und 2015 mit Joni Mitchell und Larry Klein geführt habe.

1 Mary Aikins, »Heart of a Prairie Girl«, in: *Reader's Digest*, Juli 2005.
2 Wally Breese, »Biography: 1990–1995 Return to Roots«, Januar 1998, in: JoniMitchell.com {jonimitchell.com/library/view.cfm?id=2036}, letzter Zugriff 15. Januar 2019.
3 Von John Keats (1795–1821) geprägter Begriff, der die Fähigkeit eines Menschen beschreibt, »der Ungewissheiten, Mysterien und Zweifel aushält, ohne dabei nervös nach Tatsachen oder Gründen zu suchen« (Keats in einem Brief an seine Brüder, 22.12.1818). {www.genius.com/John-keats-negaztive-capability-letter-to-george-and-tom-keats-annotated}, letzter Zugriff 28. Januar 2019.
4 Joni Mitchell, *Cherokee Louise (live @ Gene Autry Western Heritage Museum)*, 26. Januar 1995, YouTube {www.youtube.com/watch?v=jsgz-RAN4yw}, letzter Zugriff 15. Januar 2019.
5 Al Brumley, »Feud Takes a Public Turn«, in: *Dallas Morning News*, 24. September 1997.
6 David Wild, »Q&A: Joni Mitchell«, in: *Rolling Stone*, 15. Oktober 1992.
7 Joni Mitchell, in: »Interview – Intimate & Interactive«, MuchMusic, 23. September 1994, YouTube {https://www.youtube.com/watch?v=2Wn2qaUhtxM}, letzter Zugriff 25. Januar 2019.
8 Charles Gandee, »Triumph of the Will«, in: *Vogue*, April 1995.

Kapitel 31

Wir sehen uns dann

Dieses Kapitel beruht auf Interviews, die ich mit Joni Mitchell, Larry Klein, Brian Blade, Wallace Roney und Vince Mendoza in den Jahren 2013 bis 2015 geführt habe.

1 Greg Kot, »Rock Review, Joni Mitchell at United Center«, in: *Chicago Tribune*, 26. Oktober 1998.
2 Camille Paglia, »The Trailblazer Interview«, in: *Interview Magazine*, August 2005.
3 Mark Bego, *Joni Mitchell*, Latham 2005, S. 300.

Kapitel 32

Vorhang

Dieses Kapitel beruht auf Interviews, die ich mit Joni Mitchell in den Jahren 2007 und 2015 geführt habe.

Bildnachweise

1. Myrtle Anderson
2. Copyright © Jim Marshall Photography LLC
3. Jim McCrary
4. Julian Wasser / The LIFE-Images Collection / Getty Images
5. Ginny Winn / Michael Ochs Archives / Getty Images
6. Ed Perlstein / MusicImages.com
7. Ed Perlstein / MusicImages.com
8. Ed Perlstein / MusicImages.com
9. Mark Lipson
10 AP Photo / Eric Draper / © 2017 The Associated Press
11. Anne Bayin
12. Jim Marshall Photography LLC
13. Abdruck mit freundlicher Genehmigung von Tony Simon.
14. Abdruck mit freundlicher Genehmigung des SAIT Archivs.
15. Frank Lennon / Toronto Star Collection / Getty Images
16. Detroit Free Press / ZUMAPRESS.com
17. David Gahr / Premium Archive / Getty Images
18. Abdruck mit freundlicher Genehmigung von Lesley [Dalrymple] O'Neil
19. Robert Altman / Michael Ochs Archives / Getty Images

Dank

An erster Stelle muss ich Joni Mitchell danken: für ihre Musik, ihren Einfluss auf mein Denken und Fühlen, dafür, dass sie mein Schreiben und mein Lehren beflügelt hat, mich über das menschliche Herz und Vorhaltakkorde und noch so viel mehr belehrt und so viele Stunden mit einer solchen Aufrichtigkeit und persönlichen Offenheit mit mir gesprochen hat. Ich werde mich den Rest meines Lebens an diese Gespräche erinnern. Wir haben 2007 einige Interviews geführt und 2015 noch ein paar weitere, und jedes Mal hat sie mehr und mehr von sich preisgegeben. Ich sagte ihr einmal, dass sie schon lange, bevor ich sie traf, meine Lehrerin gewesen sei. Das wird sich nie ändern.

Ich danke aufrichtig meinem Agenten, meinem leidenschaftlichen Fürsprecher und Freund Chris Calhoun. Er hat felsenfest an dieses Buch und auch an mich geglaubt, und ohne diesen Glauben wäre es wohl nicht entstanden.

Zutiefst dankbar bin ich auch meiner Lektorin, Sarah Crichton, die dieses Buch mit ihrer Geduld, ihrer Weitsicht und ihrem enormen Anspruch unterstützt hat. Die enge Zusammenarbeit mit ihr hat mich immer wieder an meine Grenzen getrieben, hat mich dann besser gemacht, als ich mich schon in Bestform wähnte, und das wieder und wieder. Sie hat mich im Umgang mit dem geschriebenen Wort geschult, und das werde ich nicht vergessen, solange ich den blinkenden Cursor über den Bildschirm jage. Ich verdanke ihr alles.

Ebenso danke ich Kate Sanford und Rob Sternitzky vom Verlag Farrar Strauss Giroux; John McGhee (Lektor); Rebecca Caine und Chandra Wohleber (Korrektorinnen); und Robert Guinsler von Sterling Lord Literistic, der mir an kritischen und entscheidenden Stellen des Buches weiterhalf.

Mein Dank gilt auch Amy Leal, meiner großartigen Ex-

Frau, für Schönheit und Wahrheit. Sie liebte und unterstützte mich selbstlos, während ich dieses Buch ausbrütete, und las es mit all ihrer unnachahmlichen literarischen und spirituellen Weisheit. Ich bewundere, wie hingebungsvoll sie sich unserem Sohn Julian widmet, und hoffe, dass er eines Tages diese Seiten lesen und Musik lieben wird.

Ich danke allen, die dieses Buch als Manuskript lasen und Verbesserungsvorschläge einbrachten. Jaya Chatterjee kümmerte sich in ganz außergewöhnlicher Weise um Manuskript und Autor. Auch danke ich dem verstorbenen Charis Conn, Jamie Malanowski und besonders Veronica Chambers für Einfallsreichtum und ausgezeichnetes literarisches Fingerspitzengefühl. Dank auch an die überaus kluge Julia Mead für die gewissenhafte faktische Überprüfung. David Hajdu danke ich für kollegiale Tipps, Ratschläge und Freundschaft.

Die Syracuse University zeigte sich überaus großzügig, als sie mich von Herbst 2013 bis Frühjahr 2015 zum Dean's Fellow in the Humanities ernannte und mir so Zeit zum Schreiben gab. Besonders danke ich Nancy Cantor, Eric Spina, George Langford, Gerry Greenberg, Karin Ruhlandt, Kal Alston, Harvey Teres, Silvio Torres-Saillant, Brooks Haxton und Ken Frieden für ihre Unterstützung. Syracuse hat mir jegliche akademischen Freiheiten eingeräumt, unter anderem jene, Veranstaltungen über Joni anzubieten – was mir eine unendliche Freude bereitete.

Andere Freunde halfen mir durchzuhalten, ganz besonders Jeff Cassvan, John Matteson, Matthew Gasda, Krin Gabbard, Aram Veeser, Keri Walsh, Joe Hooper, Fred Kaufman, Adam Shatz, Ansel Elkins, Severin Garanzuay, Tony Torn, Lee Ann Brown, Nick Mills, Elon Green, Adam Bradley und Salima Yacoubi-Soussane. Am Anfang waren Jessica Firger und George Hodgman ganz besonders hilfreich.

Als es aufs Ende zuging, erwies Sheila Weller mir einen

riesigen Gefallen. Ich danke Idil Mese und allen anderen, die dafür sorgen, dass es mit meiner Musik immer weitergeht. Und ich danke Monica Lawty, die mich mit Jonis Musik bekanntmachte, als ich fünfzehn war, die mit beiden Beinen fest im Leben steht und mit der man wunderbar lachen kann.

Besonderen Dank schulde ich meinem Freund Bob Faggen, der mich als Gould Faculty Fellow in the Humanities an das Claremont McKenna College berufen hat, wo ich meine erste Joni-Mitchell-Vorlesung hielt, in deren Rahmen eine Exkursion nach Laurel Canyon stattfand. Bob leitete auch einen unvergesslichen Abend mit Leonard Cohen in die Wege, und ich schätze mich glücklich, dessen Einblicke und Einsichten für dieses Buch verwenden zu dürfen.

Les Irvin, Webmaster von jonimitchell.com, verwies mich immer wieder an die richtigen Menschen, um die Informationen zu bekommen, die ich gerade benötigte. Sehr häufig sprach ich mit Tony Simon, der eine große Hilfe war, wenn ich mit Jonis Freunden in ihrer Heimat Kontakt aufnehmen wollte. Larry Klein übertraf all meine Erwartungen, in den Gesprächen und Interviews mit ihm lernte ich eine Menge. Außerdem danke ich Sharon Bell Veer, Jeanine Hollingshead, Sharolyn Dickinson, Lorrie Wood, John Uren, Nick Jennings, Murray McLauchlan, Buffy Sainte-Marie, Leonard Cohen, Judy Collins, David Crosby, Dick Cavett, Ron Stone, Russ Kunkel, Annie Ross, Boyd Elder, Joan Baez, Kinky Friedman, Ronee Blakeley, Garth Hudson, J. D. Souther, Larry Carlton, Max Bennett, Robben Ford, Chaka Khan, Wayne Shorter, Herbie Hancock, Mike Gibbs, Peter Erskine, Sy Johnson, Nathan Joseph, Rafi Zabor, Sue Mingus, Donald Fagen, Thomas Dolby, Peter Asher, Greg Leisz, Brian Blade, Vince Mendoza, Wallace Roney, Sue McNamara, Simon Montgomery, Lee Mergner, Sam Stone und Daniel Levitin für die Gespräche, die ich mit ihnen führen durfte.

Ich bin sehr glücklich, dieses Buch meinen Eltern zu widmen, Martin und Connie Yaffe, die mich auf meiner lebenslangen Entdeckungsreise durch die Musik immer unterstützten. Sie lernten sich in Toronto kennen, wo mein Vater mit Ian and Sylvia in eben jenem Club fünfsaitiges Banjo spielte, in dem Joni ein Jahr später ihre ersten Auftritte haben sollte. Mit meiner Geburt begannen sie ein neues Leben. Dieses Buch ist jenem Teil meines Vaters gewidmet, der »Last Night I Had the Strangest Dream« sang, und jenem Teil meiner Mutter, der immer noch tanzt wie eine Gipsy-Königin.

Diese Publikation erscheint in der Reihe *Die Ganze Welt*, herausgegeben und gefördert von Jan Szlovak.

Die Ganze Welt N°4
Zweite Auflage Berlin 2020

Göhrener Str. 7 | 10347 Berlin
info@matthes-seitz-berlin.de

Umschlaggestaltung: Pauline Altmann, Berlin
Satz: Laura Fronterré, Bielefeld
Druck und Bindung: GGP Media GmbH, Pößneck

ISBN 978-3-95757-848-8
www.matthes-seitz-berlin.de

James Gordon Farrell
Troubles

Aus dem Englischen von Manfred Allié,
mit einem Nachwort von John Banville
544 Seiten, Broschur

Irland 1919: Verläuft das Wiedersehen nach dem Ersten Weltkrieg von Major Archer mit seiner Verlobten im Hotel Majestic an der Ostküste Irlands auch gänzlich anders als erhofft, lässt er sich doch bald auf die verbliebene Schar von Katzen, skurrilen Diener und Bewohner des Hauses ein und gerät immer tiefer in den Sog des Verfalls des riesigen ehemaligen Prachthotels und seines polternden Besitzers Edward Spencer.

Posthum mit dem Man Booker Prize ausgezeichnet.

»Troubles ist eine überwältigend farbige und verrückte,
mitreißend erzählte Geschichte [...].«

Der Spiegel

James Gordon Farrell

Die Belagerung von Krishnapur

Aus dem Englischen von Grete Osterwald,
mit einem Nachwort von Pankaj Mishra
474 Seiten, gebunden mit Schutzumschlag

Indien 1857: Der Berichterstatter George Fleury bereist den isolierten britischen Außenposten Krishnapur. Das Land ist in Aufruhr, doch die Vertreter der Britischen Ostindien- Kompanie halten Tea Time. Als sie tatsächlich unter Belagerung geraten, kämpfen sie nicht nur um ihr Leben, sondern auch um jeden Rest von viktorianisch geprägtem Anstand und Würde. Der historische Aufstand der indischen Sepoy-Soldaten Mitte des vorletzten Jahrhunderts bildet den Hintergrund dieser brillanten Erzählung um den wackeren George Fleury.

»Selten zuvor wurde kolonialer Hochmut und kultureller Dünkel derart bittersüß zerlegt: Unterhaltsam, lehrreich, mit Haltung – großartig.«

Martin Oehlen, *Frankfurter Rundschau*

Matthes & Seitz Berlin

James Gordon Farrell
Singapur im Würgegriff

Aus dem Englischen von Manfred Allié,
mit einem Nachwort von Derek Mahon
828 Seiten, Broschur

Walter Blackett, Direktor eines britischen Kautschukunternehmens, weiß sich von der bewährten alten Ordnung britischer Kolonialherrschaft getragen, als er die Feierlichkeiten zum hundertjährigen Jubiläum seiner Firma ausrichtet. Das Geschäft mit dem Kautschuk boomt, nicht zuletzt wegen des Weltkriegs und der Marktmanipulation durch Blackett selbst, doch als japanische Flieger das völlig unvorbereitete Singapur, das Juwel in der Krone britischer Vormacht in Asien bombardieren, kann der Schock größer nicht sein. Und während der ausgemachte Schwiegersohn und rechtmäßige Erbe der Firma Blacketts Matthew noch herauszufinden versucht, was es mit dem ›Würgegriff von Singapur‹ auf sich hat, vor dem er bei seiner Ankunft gewarnt wird, ist der Mythos von der Uneinnehmbarkeit Singapurs bereits brutal zerschlagen.

»Auf eine dermaßen schrecklich-komische Weise wie
in diesem Roman ist selten ein Weltreich untergegangen.«

Frank Junghänel, *Berliner Zeitung*

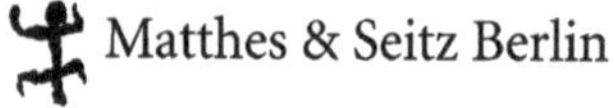

Peter Trawny

kamikaze musike playlist

167 Seiten, Klappenbroschur

Das Schreiben über Musik hat ihre Popularisierung schon immer begleitet. Doch während die einen über Pop schreiben, um einen Kanon zu erstellen, schreiben andere, um genau diesen zu kritisieren. Peter Trawny schlägt mit seinen kurzen persönlichen Essays eine andere Note an: über Pop zu schreiben, eröffnet einen Raum, die eigene Biografie zu reflektieren. Denn wir leben nicht nur unser Leben, sondern erleben es mit dem uns ganz eigenen Soundtrack. Entstanden ist neben einer persönlichen Reflexion ein Entwurf für eine kleine Theorie der Popmusik von Beyoncé/The Carters über Pink Floyd bis Luigi Nono. Peter Trawny schildert Hörerfahrungen von Marc Bolan bis Arnold Schönberg und stellt damit nicht nur die Definition von Popmusik als das Gegenteil von E-Musik infrage, sondern entwirft eine Philosophie des Musikhörens, deren grundlegende These lautet, dass Pop keinen Kanon beschreibt, sondern eine Erscheinung des je individuellen Lebens dessen ganz eigene Playlist – ist.

Eugene Thacker

Im Staub dieses Planeten

Horror der Philosophie

Aus dem Englischen von Frank Born

250 Seiten, gebunden mit Schutzumschlag

Die Welt ist zunehmend undenkbar geworden: Umweltkatastrophen, Pandemien, und am Horizont grinst die Fratze des Aussterbens der Menschheit. Angesichts dieser Szenarien sind neue Weltbetrachtungen vonnöten. Der Philosoph Eugene Thacker taucht dafür ein in die Horrorwelten in Literatur, Film, Comics und Musik und lotet die Grenzen der Verstehbarkeit unserer Welt aus. Für ihn ist Philosophie keine akademische Logikübung, stattdessen integriert er Okkultismus, Dämonologie und Mystik und zeigt nebenbei, dass Horror viel mehr ist als prickelndes Gruseln und Kunstblut.

»Ein Buch über Horror-Philosophie, das dem Macher der Fernsehserie *True Detective* als Inspiration diente.«

Betsy Morais, *The New Yorker*

Berthold Seliger

Klassikkampf

Ernste Musik, Bildung und Kultur für alle

496 Seiten, Broschur

Auch die glamouröse Eröffnung der Hamburger Elbphilharmonie konnte die tiefe Krise der klassischen Musik nicht überdecken: Sie ist im Ritual erstarrt, das Repertoire bleibt konventionell, und Konzertbesuche dienen oft nur dem elitären Distinktionsbedürfnis. Unterdessen versuchen die Musikkonzerne mit Entspannungs-CDs für gestresste Manager und der cleanen Inszenierung geigender Schönheiten gegen sinkende Verkäufe anzukämpfen. Dennoch schreitet die Entfremdung der Masse der Menschen von der klassischen Musik immer weiter fort. Angesichts dieses Elends fordert Berthold Seliger einen neuen Klassikkampf um die verdrängten Potenziale der Musik. Er verlangt nichts weniger als die Rettung des rebellischen Glutkerns der Klassik, die nur über ihre breite gesellschaftliche Wiederaneignung gelingen kann und die wie Bildung in der Vergangenheit immer wieder aufs Neue erkämpft werden muss. So ist seine schonungslose Kritik an der gegenwärtigen Misere am Ende eine flammende Liebeserklärung an die Musik.

»Nach der Lektüre stellt sich eine wunderbare Euphorie ein – ist der Klassikbetrieb erst einmal umgekrempelt, sind die Musiktheater dieser Welt einmal erobert, wird die Revolution nicht mehr lange auf sich warten lassen! «

Paul Schuberth, *Versorgerin*

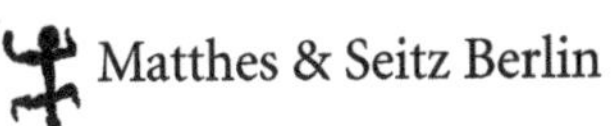